Nord- und Mittelengland

John Sykes

Reise-Handbuch

Inhalt

Wissenswertes über Nord- und Mittelengland

Wissenswertes für die Reise

Unterwegs
in Nord- und Mittelengland

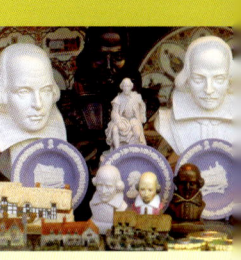

Inhalt

Kapitel 3 Der Nordosten

Kapitel 4 Yorkshire

Kapitel 5 Mittelengland

Kapitel 6 Ostengland

Inhalt

Themen

Alle Karten auf einen Blick

▶ Dieses Symbol im Buch verweist auf die
Extrakarte Nord- und Mittelengland

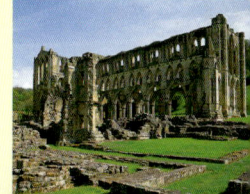

Die Seen Bassenthwaite und Derwentwater im Lake District

Wissenswertes über Nord- und Mittelengland

Ein Reiseland für Individualisten

Steilküste und Sandstrände, wilde Berge und sanfte Hügel – die Vielfalt der Landschaft in Nord- und Mittelengland begeistert Wanderer und Aktivurlauber. Ein reiches Kulturangebot bieten Domstädte wie York und Durham, die mittelalterlichen Universitäten Oxford und Cambridge, die Shakespeare-Stadt Stratford oder Großstädte wie Manchester und Liverpool, die in den letzten Jahren zu neuer Blüte erwacht sind.

England hat sich gewandelt. Viele Jahre wirtschaftlichen Wachstums bis Mitte 2008 machen sich im Standard von Hotels, Restaurants und Einkaufszonen sowie in renovierten Stadtzentren bemerkbar. Trotz Finanzkrise sind das dauerhafte Fortschritte. Doch bei allen Veränderungen bleibt das beliebte ›Old England‹ bestehen. Als Beispiel sei der Nordosten genannt, eine Region mit wunderbaren einsamen Sandstränden, romantischen Burgruinen an der Küste und kostbar ausgestatteten Herrensitzen im Hinterland. Man findet Dörfer und Marktstädte, die den Klischeebildern aus Miss-Marple-Filmen entsprechen – *tea-shops* in strohgedeckten Häuschen, rote Telefonzellen, weißgekleidete Bowls-Spieler. Hinzu kommt das Neue, wie innovative Gartenkunst in Alnwick Castle und wegweisende Architektur in Newcastle-upon-Tyne.

Man ist nirgends weiter als 100 km von der Küste entfernt. Um Whitby in Yorkshire ragen die Klippen fast 200 m hoch auf. Relativ menschenleer ist die Küste von Northumberland mit ihren Burgen, Steilhängen und schönen Sandstränden. Dünen und Watt findet man im Westen nördlich von Liverpool, im Osten um den Meerbusen The Wash und an der Küste von Norfolk und Suffolk.

Grüne Täler bestimmen den Westen des Landes. Die Flüsse Severn – der längste Großbritanniens – und Wye entspringen in den walisischen Bergen. An ihren Ufern liegen die Domstädte Gloucester, Worcester und Hereford. Ackerbau und Milchwirtschaft herrschen vor, und in Städten wie Shrewsbury und Chester sieht man viel Fachwerk.

Die Cotswold-Hügel nördlich der oberen Themse sind für gutes Baumaterial bekannt, und der schöne Cotswold-Stein prägt das Bild vieler Dörfer und Marktstädte. Am Rande der Cotswolds liegen zwei der am meisten besuchten Städte Englands: Stratford-upon-

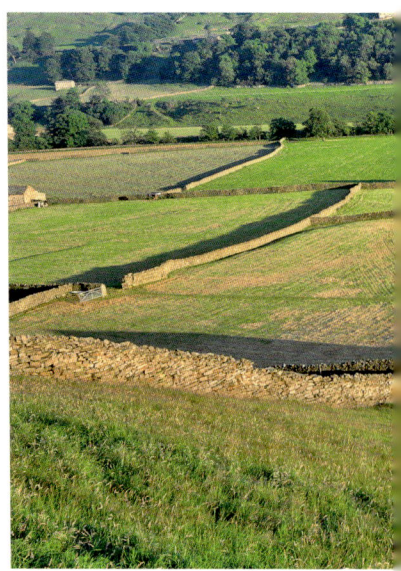

Avon, der Geburtsort von William Shakespeare, und Oxford, die vorwiegend aus Cotswold-Stein gebaute Universitätsstadt an der Themse.

Das Hochland von Nordengland ist geprägt von der Schafzucht – typisch für die nordenglischen Berge sind deshalb grüne, baumlose Hänge und Feldmauern aus Naturstein. Die höchsten Berge liegen im Nordwesten, im Seengebiet Lake District. Die Pennine-Kette ist auf ihrer gesamten Länge ein gutes Wandergebiet, etwa die Torfmoore im Peak District und die Kalksteinformationen der Yorkshire Dales. Yorkshire ist nicht nur landschaftlich überaus reizvoll, sondern besitzt auch viele historische Stätten. Die Flüsse, die im Pennine-Gebirge entspringen, fließen in der Ebene um York, der alten Hauptstadt des Nordens, zusammen.

Cambridge, das östliche Gegenstück zu Oxford, ist ebenfalls seit Jahrhunderten ein Zentrum der Gelehrsamkeit mit einer bemerkenswerten Konzentration von historischen Gebäuden. Nördlich von Cambridge liegt das ehemalige Sumpfgebiet The Fens und die etwas verschlafene, rustikale Grafschaft Lincolnshire um die Stadt Lincoln, eine römische Gründung mit einer der schönsten Kathedralen des Landes. Östlich von Cambridge erstreckt sich das fruchtbare Agrarland von Norfolk und Suffolk, seit jeher dicht besiedelt und reich an Kulturschätzen.

Die Ballungszentren Nord- und Mittelenglands werden als Reiseziel immer attraktiver: imposante Architektur, interessante Museen zu Industrie, Technologie und Kunst sowie ein reges Kulturleben. Sogar das in der Vergangenheit oft kritisierte Birmingham, die zweitgrößte Stadt des Landes, hat sich herausgeputzt und kann stolz auf eine neu gestaltete Stadtmitte, viele Kunstschätze und eine hervorragende asiatische Küche verweisen.

Ob Hoch- oder Flachland, von der Nähe zu London oder zu Schottland geprägt, alle Regionen haben eines gemeinsam: Das Land ist mit schönen Marktstädten, Dörfern, Herrensitzen, Burgen und anderen Zeugnissen einer bewegten Geschichte übersät. Liebhaber von Natur und Kultur kommen gleichermaßen auf ihre Kosten.

In den Yorkshire Dales

Steckbrief Nord- und Mittelengland

Daten und Fakten

Fläche: 82 000 km^2
(United Kingdom insgesamt: 245 000 km^2)

Einwohner: Knapp 31 Mio., die sich folgendermaßen auf die Regionen aufteilen: North West 6,9 Mio., North East 2,6 Mio., Yorkshire 5,3 Mio., West Midlands 5,5 Mio., East Midlands 4,5 Mio., East of England 5,8 Mio.
Amtssprache: Englisch
Bedeutendste Städte: Birmingham (ca. 1 Mio. Einw.), die nach London zweitgrößte Stadt Großbritanniens, und Manchester (500 000 Einw., Ballungsraum: 2,6 Mio.)

Währung: Britisches Pfund (GBP oder £), unterteilt in 100 Pence (100 p).
Zeitzone: Greenwich Mean Time (GMT) im Winter, British Summer Time im Sommer. Das entspricht Mitteleuropäischer Zeit (MEZ) minus eine Stunde.
Landesvorwahl: + 44
Internet-Kennung: z. B. co.uk, gov.uk, org.uk

Landesflagge: Die englische Landesflagge zeigt ein rotes Kreuz (das Kreuz des Nationalheiligen Georg) auf weißem Grund. Die bekanntere britische Fahne (Union Jack) setzt sich aus drei Nationalflaggen zusammen: der schottischen mit dem Andreaskreuz (weiß diagonal auf blauem Grund), der englischen und der irischen (rotes Diagonalkreuz auf weißem Grund).

Geografie

Weniger als 1 % der Fläche Englands ist von Wasser bedeckt. 8 % ist bewaldet, davon 80 % Nadelholzplantagen.
Die längsten Flüsse: Severn (354 km), Themse (352 km) und Trent (275 km).
Größter See: Windermere (18 km lang).
Höchster Berg: Scafell Pike (978 m) im Lake District. Das Pennine-Gebirge, das sich wie ein Rückgrat von der schottischen Grenze bis nach Mittelengland zieht, erreicht knapp über 600 m. The Fens in Ostengland sind die tiefstliegenden Gebiete des Landes.
Nationalparks: In Nord- und Mittelengland liegen sechs Nationalparks – Lake District, Northumberland, North York Moors, Yorkshire Dales, Peak District, Norfolk Broads.

Geschichte

Seit dem 10. Jh. existiert England als politische Einheit, nachdem die Könige von Wessex (Südwestengland) die nördlichen und östlichen Teile des Landes von dänischen Wikingern eroberten. Seit dem 11. Jh. etablierte sich London als Hauptstadt. Großbritannien entstand durch die Eroberung von Wales unter König Edward I. (1272–1307) und den freiwilligen Anschluss von Schottland (gemeinsame Monarchen seit 1603, Union seit 1707).

Staat und Politik

Konstitutionelle Monarchie. Staatsoberhaupt ist seit 1952 Königin Elizabeth II., Thronfolger Charles, Prinz von Wales (wohl künftiger König Charles III.).

Im Parlament verfügen die beiden großen Parteien seit Jahrzehnten abwechselnd über die absolute Mehrheit. Die Labour-Partei stellte 1945–51, 1964–70, 1974–79 und 1997–2010 die Regierung. Sonst regierten in den letzten 60 Jahren die Konservativen (Tories). Die dritte Kraft, heute genannt Liberal Democrats, spielt selten eine bedeutende Rolle, ist aber seit 2010 Zünglein an der Waage und Koalitionspartner. Als Folge des Wahlsystems erhalten kleine Parteien auf nationaler Ebene keinen Einfluss. Jeder Wahlkreis schickt einen mit einfacher Mehrheit gewählten Kandidaten ins Parlament. Nordengland und die großen Städte sind das Stammgebiet der Labour-Partei, während die Konservativen eher im Süden sowie in ländlichen Gebieten ihre Hochburgen haben.

Wirtschaft und Tourismus

Der Niedergang traditioneller Wirtschaftszweige erschwert eine einfache Übersicht. Arbeiteten im Jahr 1900 jeweils etwa 1 Mio. Briten im Kohlebergbau und in der Textilindustrie, waren es 2010 unter 10 000 in den Bergwerken und unter 150 000 in den Textilfabriken. Die meisten Briten sind im Dienstleistungssektor beschäftigt, und nur 12 % des Bruttosozialprodukts entfällt auf die Industrie (1994 noch 21 %). Diese Entwicklung sowie die guten Verkehrsverbindungen zum europäischen Festland haben die Landesteile um London begünstigt und zu einem deutlichen Nord-Süd-Gefälle geführt.

Die höchsten Arbeitslosenraten Englands sind – mit Ausnahme einiger sozialer Brennpunkte in London – in den Ballungszentren Nord- und Mittelenglands zu finden. Bis zur Wirtschaftskrise 2008/09 blickte die britische Wirtschaft auf mehr als 15 Jahre ununterbrochenen Wachstums zurück. In den ehemals heruntergekommenen Städten wie Leeds, Manchester und Newcastle-upon-Tyne wurde der neue Wohlstand unübersehbar.

Tourismus: Über 30 Mio. Auslandsbesucher kommen jährlich nach Großbritannien. Damit ist der Tourismus die fünftgrößte Wirtschaftsbranche der Insel und schafft 2,6 Mio. Arbeitsplätze.

Bevölkerung und Religion

Um die Städte Birmingham, Manchester, Liverpool, Leeds und Newcastle-upon-Tyne befinden sich die fünf größten englischen Ballungszentren nach London. In Großbritannien wächst die Bevölkerung mit ca. 400 000 pro Jahr stärker als in anderen großen europäischen Ländern. Zwei Drittel des Zuwachses ist die Folge von Zuwanderung; während in England insgesamt die Bevölkerung zwischen 2001 und 2010 um 5,6 % wuchs, betrug das Wachstum in Nordengland nur ca. 2,5 %. Spitzenreiter unter den Regionen war Ostengland mit 8 % Wachstum.

Ethnische Minderheiten: In England insgesamt ca. 5,5 Mio. (10,7 % der Bevölkerung), darunter 2,9 % afro-karibischer oder afrikanischer und 7,8 % asiatischer Herkunft (die meisten aus Indien, gefolgt von Pakistan, Bangladesh und China).

Die Amtskirche Church of England hat mittlerweile weniger aktive Mitglieder als die römisch-katholische Kirche. Neben den Angehörigen anderer protestantischer Kirchen (wie Methodisten und Reformierten) sowie Juden gibt es unter den Einwanderergruppen u. a. viele Muslime, Hindus und Sikhs.

Natur und Umwelt

England ist eine seit Jahrtausenden besiedelte Kulturlandschaft. Die unterschiedlichen Naturräume wie Hochland, Niederung und Steilküste veränderte der Mensch durch Nutzung für die Schafzucht oder als Acker-land. So entstand eine abwechslungsreiche Landschaft mit einsamen Hochmooren und intensiv genutzten Flusstälern.

Das Pennine-Gebirge bildet ein Rückgrat, das sich von der Landesmitte bis zur schottischen Grenze zieht. Dort breiten sich die Berge aus: zur Westküste hin Cumbria und in Richtung Nordosten die Cheviot-Kette. Auf beiden Seiten des Hochlands und südlich davon, zwischen der walisischen Grenze und der Ostküste, liegen niedrige Hügel und Flusstäler mit fruchtbarem Ackerland.

Zu der topografischen Vielfalt kommen die unterschiedlichen geologischen Verhältnisse und die Einwirkungen des Menschen. Im Bergland wechseln sich Sandstein und Kalkstein ab, aber auch Schiefer und Gestein vulkanischen Ursprungs kommen vor. Diese Verhältnisse prägen die Formen der Landschaft, wie die Kalksteinhöhlen in den Nationalparks der Yorkshire Dales oder die schroffen Felsformationen der Berge von Cumbria. Die Geologie der Region ist auch an der Architektur abzulesen, denn an englischen Häusern liegt der Naturstein in der Regel nicht hinter Putz und Verkleidung versteckt.

Das nordenglische Hochland

Lake District

Fünf der sechs in diesem Band beschriebenen Nationalparks sind nordenglische Berglandschaften. In allen, am auffälligsten im Lake District, wo einige Gipfel über 900 m hoch sind, schuf die letzte Eiszeit die Grundformen: Gletscher hobelten die Berge ab,

rundeten die Täler und höhlten die Mulden für kleine Seen aus, *tarns,* die sich auf halber Höhe in den Bergen verstecken. Seitengletscher bildeten Hängetäler, aus denen sich die Bäche über Wasserfälle ins Haupttal ergießen. Das Eis vertiefte die Haupttäler und blockierte ihre Ausgänge mit Geröll, sodass die größeren Seen entstehen konnten. Nach dem Rückzug der Gletscher wuchsen Wälder, aber bereits in der Steinzeit begann die Rodung der Wälder durch Menschen, die auch den grünen vulkanischen Stein zu Äxten verarbeiteten und in andere Teile der Insel exportierten. Der Lake District hat eine komplexe Geologie. Im Norden herrschen Schiefer und Schieferton vor. Sie sind weicher und erodierten zu runden Formen im Gegensatz zu den scharfkantigen Silhouetten der vulkanischen Gesteine im Zentrum des Nationalparks.

Auch die Bauern veränderten die Landschaft, vor allem als nach der normannischen Eroberung das Land in die Hände der Abteien kam. Die Mönche überließen die Berge ihren Schafen und schufen damit die Form der Landwirtschaft, die dort bis heute noch vorherrscht. Die Schafzucht verhindert den Wuchs neuer Wälder und bestimmte das heutige Landschaftsbild. Aus der Zeit von 1750 bis 1850 stammen die meisten Feldmauern, die manchmal schnurgerade an den steilsten Hängen bergauf führen.

Einige Reste der ursprünglichen Wälder mit Eichen, Birken und Stechpalmen sind noch vorhanden. Zu Ostern blühen im Lake

District Narzissen, die William Wordsworth in seinem beliebten Gedicht ›Daffodils‹ feierte. Seine Inspiration bezog Wordsworth von einer kleinblütigen Art, die er am südlichen Ufer des Ullswater sah.

Pennine-Gebirge

In der langen Gebirgskette der Pennines gibt es Erhebungen von meist 500–600 m Höhe, wobei die höchsten Gipfel der Yorkshire Dales über 700 m erreichen. Auch hier sind die oberen Hänge meist baumlos. Vor 2000 Jahren schon interessierte die Römer das Vorkommen von Kupfer und Blei im Peak District und in Yorkshire. Um das aus den Bergwerken geförderte Erz schmelzen zu können, wurde der Wald gerodet, sodass von den Laubwäldern nur noch kleine Flächen übrig blieben. Auch weite Teile der Pennines sind seit dem Mittelalter der Schafzucht gewidmet, was eine flächendeckende Wiederaufforstung verhinderte. Wie im Lake District teilen mörtellose Steinmauern, ein markanter Aspekt der Landschaft, die Weideflächen.

Bestimmend für das Pennine-Gebirge ist der Wechsel zwischen Kalkstein- und Sandsteingebieten. In den Yorkshire Dales gibt es Karstlandschaft und die hohen Kalksteinerhebungen ›Three Peaks‹. Hier entstanden ausgedehnte Höhlensysteme im porösen Kalkstein. Zu den Pflanzenarten gehören Kalk liebende Orchideen, während im unwirtlichen oberen Tees-Tal seit dem Ende der Eiszeit alpine Arten wie Gletscherhahnenfuß und Roter Steinbrech wachsen. Die meist breiten, U-förmigen Täler der Yorkshire Dales stehen im Kontrast zu den engen, tief eingeschnittenen Flusstälern weiter südlich im Sandsteingebiet. Den dunklen grobkörnigen Stein, wegen der Verwendung für Mühlenstein Millstone Grit genannt, sieht man hier an den Häusern und Feldmauern. Den südlichen Teil der Pennines bildet der Nationalpark Peak District, wo zwischen dem hellen Kalkstein des sanfteren White Peak und dem felsigen Sandsteingebiet Dark Peak unterschieden wird.

Der hohe Niederschlag führte zur Bildung von weitflächigen Mooren mit karger Vegeta-

Schroff und karg präsentieren sich die höheren Lagen des Lake District

Natur und Umwelt

tion wie Glockenheide und Wollgras. Beispiele für feuchte Hochmoore sind das obere Tal Arkengarthdale in den Yorkshire Moors und im Peak District die Hochebene Kinder Scout.

North York Moors und Northumberland

Die östlich der Pennines gelegenen Nationalparks besitzen einen etwas anderen Charakter. Die North York Moors erheben sich nur wenig über 300 m und haben geringere Niederschlagsmengen. Hier herrscht an Stelle der feuchten Deckenmoore das trockenere Heidemoor. Das niedrige Heidekraut-Dickicht ist der Lebensraum für Moorhühner, Brachvögel und Kiebitze. Weitere typische Pflanzen sind Blaubeeren und Stechginster. An den Wasserläufen gedeihen heimische Arten des gemischten Laubwalds wie Erle und Eberesche, aber vorherrschend ist der Nadelwald, mit dem etwa 20 % der Fläche des Nationalparks im 20. Jh. aufgeforstet wurde. Weiter nördlich im Northumberland National Park wurden großflächige Holzplantagen geschaffen, die auf Grund ihrer Artenarmut nur wohl-

wollend als Biotop bezeichnet werden können. Hier bieten die offenen Grasflächen auf den Granithügeln der maximal knapp über 500 m hohen Cheviot-Kette Abwechslung. Die sauberen Bäche dieser Region sind der passende Lebensraum für den Otter und zahlreiche Fischarten, aber auch für Vögel wie Wasseramsel und Gebirgsstelze.

Das mittelenglische Tiefland

Die Flusstäler und niedrigen Hügel Mittelenglands sind dicht besiedelt und werden landwirtschaftlich intensiv genutzt. Nach der Rodung von Hecken, der Beseitigung von Teichen und Waldstücken sowie der Begradigung von Bächen bedecken große Weizenfelder Landesteile wie Norfolk. In anderen Gegenden, z. B. Suffolk, blieb das kleinteilige Landschaftsbild mit hohen Hecken, Waldparzellen und grünen Wiesen erhalten. Viele Hecken sind einige hundert Jahre alt und werden mit zunehmendem Alter von immer mehr Pflanzenarten besiedelt. Wenn sie zerstört

Im April bilden vielerorts *bluebells* einen duftenden blauen Teppich

werden, verschwinden Insekten und Vögel, die keine Nahrung mehr finden. Unter den heimischen Vögeln sind die auf Agrarland nistenden Arten wie Lerche und Wachtelkönig am meisten gefährdet.

Biotope für Blumen

Durch die Landwirtschaft und das Trockenlegen ehemaliger Sumpfgebiete hat die englische Flora in den letzten Jahrzehnten an Reichtum verloren. Zwar stellte sich bei einer umfassenden Untersuchung im Jahr 2002 heraus, dass seit den 1930er-Jahren nur zehn Arten ausgestorben sind, doch das Vorkommen beliebter Pflanzen wie die Kornblume, sowie die Verbreitung von Kalk liebenden Pflanzen auf ehemaligen Trockenrasen, die zu Ackerland wurden, gingen stark zurück. Dafür wächst im Land der passionierten Gärtner die Zahl der exotischen Arten, die den Garten verlassen und sich in der Landschaft etablieren. Im April blühen am Waldboden die wunderschönen *bluebells,* Hasenglöcken (Hyacinthoides non-scripta), und bilden einen dichten, duftenden Teppich. Wer sich zu dieser Jahreszeit in England aufhält, sollte fragen, wo ein *bluebell wood* zu finden ist.

Die Rückkehr der Otter

Zur relativ artenarmen Tierwelt dieser Landesteile gehören Rotfuchs, Dachs, Mauswiesel und Feldhase. Vor 400 Jahren wurden Wildschweine auf den britischen Inseln ausgerottet. Am ehesten sieht man auf einer Englandreise Rotwild, das in vielen Landesteilen gedeiht, nicht immer zum Wohl der Wälder. Im Jahr 2005 begann ein Versuch, in der Grafschaft Gloucestershire den Biber nach vielen Jahrhunderten wieder heimisch zu machen. In den letzten Jahrzehnten wurden die Flüsse sauberer. Fische kehren zurück und mit ihnen der Otter, der noch im späten 20. Jh. durch die Jagd und den Einsatz bestimmter Pestizide in den meisten Regionen nicht mehr vorkam, aber jetzt sogar in den Wasserwegen von Großstädten wie Birmingham und Leeds gesichtet wird.

Besondere Landschaftstypen des ostenglischen Tieflands sind die größtenteils trocken gelegten Fens, die Norfolk Broads mit Süßwasserseen und Sümpfen mit Schilfbeständen und das trockene, weitgehend aufgeforstete Breckland.

Die Küste

Die englische Küste mit Klippen und vorgelagerten Inseln, Flussmündungen und Sumpfgebieten, Sandstränden und Dünen ist recht vielfältig. Besonders schutzwürdige Küsten sind als ›Heritage Coast‹ ausgezeichnet, in England und Wales insgesamt 1350 Küstenkilometer, darunter sieben Gebiete vor allem an der Ostküste von Nord- und Mittelengland.

Steilküste

Die vielen Fischarten britischer Gewässer bilden die Nahrungsgrundlage für international bedeutende Seevogelbestände, die an den Felskanten der Klippen und auf Inseln nisten. Zu den wichtigsten Schutzgebieten gehört die Küste von Yorkshire, wo am Kap Flamborough Head mit den 5 km langen Bempton Cliffs über 200 000 Papageitaucher, Trottellummen, Dreizehenmöwen und Eissturmvögel nisten. Hier gibt es auch die einzige Basstölpelkolonie auf dem Festland. Weiter nördlich liegen die Farne-Inseln mit Silber- und Heringsmöwen, Kormoranen, vier Seeschwalbenarten und Tausenden Papageitauchern.

Geologisch und für Fossiliensammler interessant sind die Klippen um Whitby. Die schönsten Klippenformationen an der Westküste sind bei St Bees Head, einer aus rotem Sandstein bestehenden Landzunge.

Dünen

Das größte zusammenhängende Dünengebiet Englands befindet sich nördlich von Liverpool und erstreckt sich bis zum Seebad Southport. Hier sieht man sowohl Erosion durch Wind und Wellen wie auch die Bildung neuer Dünen, die von Gräsern stabilisiert werden. Im Naturschutzgebiet bei Formby kann man beobachten, wie die Anzahl der

Natur und Umwelt

Pflanzenarten mit zunehmender Entfernung vom Meer zunimmt. Hier gibt es Pflanzen wie die Stranddistel im trockenen, strandnahen Bereich und in den feuchten Tälern zwischen den rückwärtigen Dünen eine Vielzahl von Blumen, auch Orchideenarten. In den Kiefernwäldern hinter den Dünen in Formby befindet sich eine der wenigen Kolonien von heimischen roten Eichhörnchen. Diese Tierart ist in England auf dem Rückzug, da die aus Nordamerika eingewanderten grauen Eichhörnchen sich im Kampf um Nahrungsmittel stärker behaupten. Weitere Bestände der roten Eichhörnchen haben im Lake District und Northumberland überlebt. An der Ostküste findet man auf der Insel Lindisfarne und südlich davon sowie in der Grafschaft Lincolnshire ausgedehnte Dünengebiete.

Flachküste

An und nahe der ostenglischen Küste sowie an der Mündung des Flusses Ribble an der Irischen See gibt es für Zugvögel bedeutende Feuchtgebiete. Gänse, Enten und Schwäne überwintern in großer Zahl auf der Insel. In den Wattbereichen des Meerbusens The Wash liegen bei Ebbe weite Flächen mit nahrungsreichem Schlick frei. Zu den Arten, die im Watt und den reetumstandenen Lagunen dieser Küste heimisch sind, gehören Uferschnepfen und Entenarten. Die Vogelschutzorganisation RSPB unterhält hier das Reservat Titchwell Marsh mit Beobachtungshütten. Weiter südlich in Suffolk, wo die Küste zwischen Southwold and Aldeburgh so unterschiedliche Lebensräume wie Strand, Sumpf, Tannenwald und Trockenheide bietet, wurden

Vogelschutz: Die RSPB (Royal Society for the Protection of Birds, The Lodge, Sandy, Bedfordshire SG19 2DL, Tel. 01767 68 05 51, www.rspb.org.uk) unterhält rund 200 Vogelschutzgebiete im ganzen Land. Auch die Privatinitiative Wildfowl and Wetlands Trust (www.wwt.org.uk) pflegt für Besucher gut erschlossene Naturschutzgebiete für Wasservögel.

im Reservat Minsmere mehr als 100 Vogelarten gesehen: verschiedene Watvögel, Enten, Gänse und seltene Arten wie Säbelschnäbler und Rohrdommel.

Waldgebiete

England hat im Vergleich zu europäischen Nachbarn wenig Wald. Besteht in Deutschland und Frankreich rund 30 % der Landesfläche aus Forstgebiet, liegt die Zahl für England bei nur etwa 8,5 %. Die Ursprünge dieser Situation liegen in vorgeschichtlicher Zeit. Zwischen 4000 v. Chr. und 1947 schrumpfte die Waldfläche von annähernd 100 % der Landesfläche auf unter 6 %.

Seit 60 Jahren bemüht sich die staatliche Forestry Commission um Wiederaufforstung. Zuerst baute man mit Nadelholzplantagen die Holzproduktion auf. Heute betrachten Umweltschützer diese Entwicklung als ökologische Sünde, denn die heimische Flora und Fauna benötigt Laubwald: Eine Eiche bietet Lebensraum für 284 Insektenarten, eine Fichte nur für 16. Ein Umdenken hat mittlerweile stattgefunden, sodass die mit Nadelwald bepflanzte Fläche seit 1980 sank, während sich die Laubwaldbestände mehr als verdoppelten.

Obwohl in England großflächige Waldgebiete fehlen, kann man sich hier über eine breite Vielfalt an Baumarten erfreuen. Neben Griechenland ist Großbritannien das europäische Land mit den meisten wirklich alten Bäumen. Dies liegt zum einen daran, dass viele Waldparzellen seit Jahrhunderten nicht bewirtschaftet wurden; zum anderen, dass in den Parks der Herrensitze mächtige Zierbäume über Generationen gepflegt werden. Auch Städte und Gartenbesitzer sorgten für einen interessanten Baumbestand und pflanzten so viele Exoten an, dass heute 1600 verschiedene Arten im Land gezählt werden. Nur 32 Arten gelten als im engen Sinne heimisch. Das sind Bäume wie Erle, Eberesche, Wacholder, Eibe und Weidenarten, die vor 8000 Jahren, nach der Eiszeit, in britischen Wäldern gediehen.

Das Klima –
In England wird es wärmer   Thema

Man könnte meinen, erhöhte Temperaturen seien im kühlen England ein Grund zum Feiern. Doch hat der Klimawandel Folgen, die nicht nur erfreulich sind: für englische Gärten und Wälder, für die Trinkwasserversorgung und den Schutz von Wohngebieten vor Überschwemmungen.

Im August 2003 brach Jubel aus, als englische Wettergeschichte gemacht wurde. Am Flughafen London-Heathrow stieg das Thermometer auf 37,9 °C, d. h. 100,2° Fahrenheit. Zum ersten Mal seit dem Beginn der Aufzeichnungen 1659 wurde die 100°-Marke erreicht. Die Meteorologen sehen darin einen langfristigen, mit der globalen Erwärmung zusammenhängenden Trend. Badeorte wie Blackpool und Scarborough, die seit 40 Jahren einen aussichtslosen Kampf gegen Urlaubsziele am Mittelmeer führen, wittern Morgenluft. Die 350 englischen Winzer erweitern ihre Anbauflächen, und Zeitungen melden mit mehr als einer Prise Optimismus, die trockenen Kalkböden im südenglischen Kent und Sussex böten bald günstigere Bedingungen für die Produktion von Schaumwein als die französische Champagne-Region.

Der Klimawandel ist jedoch ein zweischneidiges Schwert. Er bringt nicht nur einen wärmeren, trockenen Sommer, sondern auch einen milderen, regenreichen Winter. Die Anzahl der Tage mit starken Regenfällen, d. h. über 15 mm Niederschlag, hat in vielen Regionen, vor allem im Westen, um ein Drittel zugenommen. Auch Perioden von fünf Tagen oder länger mit Dauerregen kommen öfter vor: Mitte der 1980er-Jahre durchschnittlich dreimal jährlich, seit 2000 fünfmal jährlich. Überschwemmungen, z. B. im November 2009 mit verheerenden menschlichen und wirtschaftlichen Folgen im Lake District, werden immer häufiger mit entsprechenden Folgen für die Landwirtschaft und viele Wohngebiete. Hinzu

kommt der Anstieg des Meeresspiegels, der an der Ostküste ernste Auswirkungen haben könnte.

Für viele ist es unglaublich, aber bereits seit einer Generation Tatsache: England leidet zum Teil unter Wassermangel. Die Wasservorräte im dicht bevölkerten Südosten werden in den Sommermonaten immer knapper, denn der Regen fällt vor allem im Norden und Westen. Darunter leidet auch ein nationales Heiligtum, der englische Rasen, wenn in manchen Gebieten Verbote ausgesprochen werden, den Rasen mit Leitungswasser zu sprengen.

Auswirkungen in der Natur sind teils klar, teils unabsehbar. Der Frühling beginnt früher und der Herbst später als vor 20 Jahren. Zugvögel erreichen die Insel früher und bleiben länger. Die Laubfärbung tritt erst ab Oktober ein, und die Blätter fallen Wochen später, als man es gewohnt ist. Die Folgen für den Wald als Lebensraum, für kleine Organismen und Insekten, auch für die Bäume selber sind noch nicht bekannt. Bäume, denen die Ruhezeit im Winter fehlt, sind für Krankheiten anfälliger. Buchen, die das Erscheinen vieler englischer Wälder prägen, vertragen die nassen Böden im Winter schlecht.

So hat der Klimawandel komplexe Folgen. Englische Winzer lassen mit eigenen Erzeugnissen die Sektkorken knallen; Förster, Besitzer von Häusern nahe Flussufern und Gärtner, die jetzt im Winter den Rasen mähen müssen und ihn im Sommer nicht so recht genießen können, sehen die Lage weniger rosig.

19

Wirtschaft, Soziales und aktuelle Politik

Die Wirtschaftskrise seit 2008 wirft einen Schatten auf den Wohlstand, den anhaltendes Wachstum in den 15 Jahren zuvor ermöglichte. Der Wandel von einer Industrie- zur Dienstleistungsgesellschaft ließ Großstädte wie Manchester aufblühen, hinterließ aber auch soziale Probleme, vor allem in den Gegenden, die man auf einer Urlaubsreise nicht sieht.

Wohlstand und Ungleichheit

Vor 30 Jahren galt Großbritannien noch als ›kranker Mann Europas‹. Die von Streiks und hoher Inflation geplagte Wirtschaft wuchs langsamer als in den europäischen Nachbarländern. Doch in den frühen 1990er-Jahren kam es zur umgekehrten Entwicklung. 15 Jahre lang wuchs die britische Wirtschaft ununterbrochen. Die Inflation hat man in den Griff bekommen, und die Arbeitslosenrate sank zeitweilig auf unter 5 % (Ende 2011: 7,7 %). Man blickte nicht mehr neidvoll auf das europäische Festland. EU-Gegner sehen sich in ihrer Ablehnung der Euro-Währung bestätigt.

Wer zuletzt vor längerer Zeit England besuchte, merkt bei der Wiederkehr schnell, dass mehr Briten als früher teure Autos fahren, dass infolge gestiegener Kaufkraft Shopping zur beliebtesten Freizeitbeschäftigung auf der Insel geworden ist, dass die Städte einen gepflegteren Eindruck machen. Dies gilt auch für ehemals ramponierte Industriestädte, die stolz ihre schicke, wohlhabende Stadtmitte zeigen, wie Manchester, Leeds und das einst trostlose Birmingham.

Doch es gibt auch Schattenseiten. Hinter den Zahlen über Arbeitslosigkeit und durchschnittliches Einkommen verbergen sich Missstände, mit denen man als Urlauber oder Geschäftsreisender kaum in Berührung kommt: Der neue Reichtum ist ungleich verteilt. Die Jugendarbeitslosigkeit ist hoch. Das Ende der Billigkredite bedeutet, dass der Wohnungsmarkt der jüngeren Generationen verschlossen bleibt: Sie können sich keine Immobilie kaufen, und als Mieter haben sie in England wenige Rechte. Man spricht von einer verlorenen Generation. Armenviertel existieren im neureichen Leeds und Manchester weiterhin, fruchtbarer Boden für die im Sommer 2011 aus London überschwappten Krawallen. Und es gibt ein deutliches Nord-Süd-Gefälle.

Norden und Süden

Seit Jahrzehnten ist das Wohlstandsgefälle zwischen Südengland, vor allem der Londoner Region, und dem Norden bemerkbar. Einige der in diesem Band behandelten Regionen sind im wirtschaftlichen Dunstkreis der Hauptstadt anzusiedeln. Die Elite-Universitäten Oxford und Cambridge sind innerhalb einer Stunde von London erreichbar und profitieren als Forschungszentren von der boomenden südenglischen Wirtschaft. Selbst in Birmingham und in der Grafschaft Lincolnshire siedeln sich Firmen und sogar Pendler an, die London schnell erreichen wollen. Auf Erholungsgebiete wie die Cotswold-Hügel und die Nordküste der Grafschaft Norfolk fällt das Geld der Londoner Szene wie warmer Regen.

In einem Land, in dem die meisten Menschen ein eigenes Haus besitzen, zeigen die

Immobilienpreise die Richtung: Je weiter man sich von London entfernt, desto niedriger sind tendenziell die Preise. Nach der Jahrtausendwende schien sich eine Änderung anzubahnen. Im Norden stiegen die Hauspreise schneller an, und zum ersten Mal seit 70 Jahren wuchs die Bevölkerung in Nordengland, vor allem in den attraktivsten ländlichen Gegenden. Die Hauspreise im Süden schreckten junge Menschen ab. Außerdem erschien vielen die Lebensqualität im Norden besser zu sein, denn bei den Preisen in London braucht man ein hohes Gehalt, um anständig zu leben. Legt man Kaufkraft statt Einkommen zu Grunde, schneiden viele Gebiete im Nordwesten und Yorkshire genau so gut ab wie die betuchten Londoner Stadtteile. Die Dienstleistungsbranche ist der Konjunkturmotor. In Leeds beispielsweise, nach London das zweitwichtigste Zentrum für Finanzdienstleistungen, stieg die Zahl der in dieser Branche Beschäftigten auf über 100 000. In der Qualität und Erscheinung der Einkaufsmeilen, Nachtklubs und Restaurants ist die neue Kaufkraft in der Provinz unübersehbar.

Trotz des Wachstums im Norden ist nicht damit zu rechnen, dass die Ballungszentren um Manchester, Leeds und Newcastle auf Dauer den Anschluss an den reichen Süden finden. Durch die Nähe zu London und dem europäischen Festland haben Süd- und Ostengland langfristige Vorteile gegenüber dem Norden, wo es noch erheblichen Aufholbedarf gibt. Ein wichtiges Kriterium für Lebensqualität ist die Gesundheit. Statistiken für die Lebenserwartung zeigen, dass die meisten armen englischen Kommunen in den Städten Nordenglands zu suchen sind. 2006 war die Lebenserwartung in Manchester mit 76 Jahren ganze zehn Jahre weniger als im reichen Londoner Stadtteil Kensington oder in wohlhabenden Regionen an der Südküste. Die wichtigsten Gründe dafür sind schlechte Ernährung und Alkoholmissbrauch.

Regionale Autonomie fehlt

Den englischen Regionen fehlt die Kontrolle über ihr eigenes Schicksal. Die starke Zentralmacht lässt den 46 Grafschaften *(Counties)*

und den Kommunen keine große Bedeutung zukommen. Seit Schotten und Waliser 1999 eigene Parlamente erhielten, wurden jedoch Forderungen nach einer Teilautonomie auch für englische Regionen laut. Behörden für Wirtschaftsförderung in neun Regionen (Nordwest-, Nordost-, Ost-, Südwest- und Südostengland, East Midlands, West Midlands, Yorkshire und London) entstanden und sollten die Basis für bescheidene politische Vollmachten bilden. Bei einem als Testfall veranstalteten Referendum Ende 2004 über den Vorschlag, ein Parlament für den Nordosten ins Leben zu rufen, entschieden sich die Wähler aber mit großer Mehrheit dagegen. Seit über 1000 Jahren ist England eine politische Einheit. Ein föderalistisches System wie das der deutschen Bundesländer hat keine Wurzeln. Bei allen Vorbehalten der Nordengländer gegen das südenglische Establishment steht eine Umverteilung der politischen Macht zugunsten der Regionen nicht auf der politischen Tagesordnung.

Stadt und Dorf

Das typische Dorf zwischen Ideal …

Viele britische Stadtbewohner hegen einen Traum von der Dorfidylle. Demnach besteht das ideale Dorf aus einigen Straßen, die weder breit noch gerade sind, mit hübschen kleinen Cottages, Häuschen mit stets blühenden Vorgärten und Kletterrosen an den Wänden. Den Mittelpunkt des Dorfes bilden eine ehrwürdige Kirche, der Pub, das Postamt, die Schule und der Dorfladen. Außerhalb steht das große Haus des Gutsherrn oder Squire, der neben Priester, Arzt, Wirt und Dorftrottel zu den Hauptpersönlichkeiten der Gemeinde zählt.

Einzelne Bestandteile dieses Traumes sind in der Realität anzutreffen. Besuchern der touristisch attraktivsten ländlichen Gegenden scheinen die Orte äußerlich dem Idealtypus nahe. Eine Pfarrkirche der Church of England gibt es fast in jedem Dorf, obwohl der Pfarrer jetzt oft mehr als eine Gemeinde betreut. Die

Wirtschaft, Soziales und aktuelle Politik

Kirchtürme kündigen aus der Ferne die Siedlung an. Viele Dörfer sind weit über tausend Jahre alt. In den über viele Generationen erweiterten und veränderten Kirchen sind Aspekte der Sozialgeschichte des Landes abzulesen. Monumente erzählen die Familiengeschichte des örtlichen Kleinadels – die jungen Offiziere, die im Dienste ihres Monarchen in Indien, auf den Schlachtfeldern des Ersten Weltkriegs oder auf See starben –, während Grabmäler auf den wie Gärten gepflegten Friedhöfen lapidar über das Leben der weniger Einflussreichen berichten.

Das neben der Kirche wichtigste Gebäude ist der Pub; wenn man Glück hat, einer mit altertümlichem Flair, einem Kaminfeuer, *local characters,* die an der Theke schwatzen und einem herzlichen Wirt. Sehr oft steht das große Haus des Squire, dessen Familie die ländliche Gesellschaft bis ins 20. Jh. hinein führte, an der Stelle, wo sich der Familiensitz im Mittelalter befand und wird manchmal noch von den Nachfahren der Gutsherren, die hier zu Shakespeares Zeiten residierten, bewohnt. In anderen Fällen wurde das Haus abgerissen, vielleicht sind Neureiche oder ein Hotel eingezogen. Die bescheidenen Dorfhäuser schmücken gepflegte Vorgärten und Kletterrosen.

… und Wirklichkeit

Die Qualität des Lebens auf dem Lande und in Dörfern ist allem Anschein zum Trotz eine in Medien und Parlament heiß diskutierte Frage. Dörfer verlieren ihre Identität, wenn wohlhabende Neuankömmlinge die alten Einwohner verdrängen. Hauspreise steigen und werden für junge Einheimische unerschwinglich. Zwischen Zuwanderern und Alteingesessenen entsteht eine Kluft, jede Gruppe frequentiert einen anderen Pub. Dorfschulen und kleine Geschäfte schließen. Der Ort bleibt hübsch und verschlafen, so wie es die ›Neuen‹ gerne haben, das Dorfleben verkümmert. Nicht immer tragen die Zugezogenen die Schuld. Die Konzentration im Lebensmittelhandel führte in England mehr noch als anderswo dazu, dass wenige große Discounter vorherrschen. Alle, die ein Auto besitzen, fahren in die Stadt zum nächsten ›Superstore‹. Wer keins besitzt, ist auf selten verkehrende Buslinien angewiesen, denn bereits in den

Malerische Cottages gehören zum englischen Traum der Dorfidylle

1960er-Jahren wurde eine große Anzahl von ländlichen Bahnstrecken stillgelegt.

Die Gesamtzahl der Kneipen, kleinen Läden und Bankfilialen in Großbritannien sinkt von Jahr zu Jahr, und unrentable ländliche Postämter wurden geschlossen – in der Stadt keine Katastrophe, auf dem Land eine Besorgnis erregende Entwicklung. Prinz Charles gründete eine Initiative zur Rettung der Dorfkneipe. Zu den rettenden Ideen gehören Beispiele von erweiterten Dienstleistungen: Pubs sollen je nach Bedarf als Friseurladen, Abholstelle für Medikamente und Kleidung aus der chemischen Reinigung, als Dorfladen, Kinderhort, Post, Standpunkt des Geldautomaten und Versammlungsraum für Gottesdienste fungieren – ob solche Ideen Früchte tragen, hängt ganz von der Lage, Größe und Attraktivität des Dorfes und von den wirtschaftlichen Verhältnissen der Gegend ab.

Die Klagen der Bauern

Es ist mittlerweile zehn Jahre her, dass die englische Landwirtschaft international für negative Schlagzeilen sorgte. Die Krise um Rinderwahn und Maul- und Klauenseuche ist überwunden, man setzt auf Diversifizierung. Manche Bauern konzentrieren sich auf höherwertige Produkte, wie Gemüse aus ökologischem Anbau oder eigene Käsesorten. Stellenweise grasen Exoten wie Wasserbüffel, Lamas und Straußenvögel in den nordenglischen Hügeln. Andere wenden sich eher dem Tourismus zu und bieten Urlaub auf dem Bauernhof mit Outdoor-Aktivitäten an.

Zankapfel Fuchsjagd

Die Wut auf die Regierung wuchs, als 2005 das Verbot der Fuchsjagd mit Hundemeute Gesetz wurde. Zuvor hatte es erbitterten Widerstand gegeben, denn einerseits gingen viele aus der ländlichen Oberschicht leidenschaftlich der Jagd nach, andererseits beschäftigten die Haltung von Pferden und Hunden sowie Herstellung und Verkauf von Reit- und Jagdzubehör zahlreiche weniger begüterte Menschen. Hunderttausende Landbe-

wohner demonstrierten in London gegen alle Übel, die sie bewegten: Verbot der Fuchsjagd, hohe Benzin- und Hauspreise, die Agrarpolitik der EU, Schließungen von Postämtern etc. Die ländliche Lobby setzte auf einen Sieg der Konservativen bei der Parlamentswahl 2010, doch die neue Koalitionsregierung hat die Fuchsjagd nicht wieder eingeführt.

Schafzüchter als Landschaftspfleger

In der Tat müssen Bauern vielfältigen Anforderungen gerecht werden. Als Beispiel seien die Schafzüchter im nordenglischen Bergland genannt. Der National Trust, dem Ländereien im Lake District gehören, verpflichtet seine Pächter, Schafe der alten Herdwick-Rasse zu halten, damit diese Züchtung nicht ausstirbt. Herdwick-Schafe sind besonders zähe Tiere, die selbst in den höheren Lagen der Berge von Cumbria überleben, wo andere Schafe verhungern würden. Ihre Wolle ist trotz schöner natürlicher Farben und der Tatsache, dass sie wasserdicht bleibt, wenig gefragt, weil sie rau ist und nicht gefärbt werden kann. Mit Herdwick-Schafen ist kein Geld zu verdienen. Im Flachland gebären die Schafe durchschnittlich fast zwei Lämmer jährlich, doppelt so viele wie Herdwicks. Der National Trust wünscht als Grundbesitzer gute Erträge, aber das Land darf trotzdem nicht zu intensiv genutzt werden. Große, moderne Ställe, in denen mehr Schafe überwintern könnten, dürfen die Pächter nicht bauen, da sie die Schönheit der Landschaft beeinträchtigen würden.

Bei allen Bemühungen um Diversifizierung ist im Bergland die Schafzucht nicht zu ersetzen, denn die Erhaltung der Landschaft selber liegt in den Händen der Bauern. Überlassen wir einem der gebeutelten Schafzüchter des Lake District das Wort:

»Nur die Arbeit der Farmer erhält die Berglandschaft. Wer würde sonst die alten Steinmauern reparieren und die Farmgebäude instand halten? Wenn hier keine Schafe grasten, würden die Felder nach und nach mit Farn, Gestrüpp und Bäumen so überwachsen sein, dass der beliebte Lake District nicht mehr erkennbar wäre.«

23

Geschichte

Die spannende Geschichte des Inselreichs lässt sich anhand von Zeugnissen aus allen Epochen verfolgen. Steinkreise, verfallene Burgen und noch bewohnte Herrensitze erzählen von den Menschen, die seit 7000 Jahren in England wohnen. Ob man sich für die Römer, Maria Stuart oder historische Eisenbahnen interessiert – in dieser Region kann man die Spuren lesen.

Von der Steinzeit zu den Römern

Die Anfänge

Wann beginnt die Geschichte Englands oder Großbritanniens? Ein möglicher Anfangspunkt ist die Zeit um 5000 v. Chr., denn mit dem Anstieg des Meeresspiegels nach der letzten Eiszeit dehnte sich die Nordsee aus, die Landbrücke zum europäischen Festland verschwand und das Inseldasein begann. Historiker, die sich neuerdings der Erkenntnisse der Gentechnik bedienen, und Archäologen glauben, dass die Besiedlung des Landes seit dem Ende der Eiszeit eine Kontinuität aufweist und dass das Erbgut der frühen Einwanderer und aller nachfolgenden Völker in der britischen Bevölkerung bis heute vorhanden ist. Man sieht in dieser Zeit eher Beweise für die ständige Assimilation der Neuankömmlinge als für die Ausrottung und Verdrängung der alten Bevölkerung.

Im vierten vorchristlichen Jahrtausend begann der Ackerbau, und die Gesellschaft, die sich damals entwickelte, war zu Leistungen wie dem Bau der großen Steinkreises Stonehenge (3000–1600 v. Chr.) in der Ebene von Salisbury in Südengland fähig. 1998 legten die Wellen an der Küste von Norfolk einen aus 55 Eichenpfählen bestehenden Kreis frei: ›Seahenge‹, im Jahr 2049 v. Chr. errichtet. Während dieser Epoche schätzt man die Bevölkerung von Großbritannien auf 500 000 Menschen. Metallwerkzeuge erleichterten in den folgenden Jahrhunderten die Rodung der Wälder. Für die Zeit um 1000 v. Chr. stellt man sich eine offene Agrarlandschaft mit einzelnen Waldgebieten vor.

Eisenzeit

Das letzte vorchristliche Jahrtausend bezeichnet man als Eisenzeit auf der Insel. Aus den Gesellschaften der Bronzezeit ging eine Vielzahl von Stämmen hervor. Sie hatten Hügelfestungen, die heute überall im Lande noch zu sehen sind und führten Krieg gegeneinander, betrieben aber auch Handel miteinander und mit Völkern auf dem europäischen Kontinent. In den Hügelfestungen entstanden stadtähnliche Siedlungen mit verschiedenen Handwerkszweigen. Die Archäologie scheint die ehemalige Vorstellung einer Eroberung früherer Einwohner durch keltische Stämme zu widerlegen. Als die Römer Britannien erreichten, verständigten sich die Bewohner in keltischen Sprachen, doch dies geschah wahrscheinlich durch die Übernahme keltischer Kultur.

Die römische Eroberung

55 v. Chr. führte Julius Caesar eine militärische Expedition über den Ärmelkanal. Er wollte verhindern, dass die Briten den Galliern auf dem Festland zu Hilfe kamen, mit denen die Römer in Streit lagen. Auch stellte er

sich möglicherweise einen großen Triumph vor, der seine innenpolitische Stellung stärken würde. Die Eroberung gelang ihm nicht, und erst 90 Jahre später kamen die Römer wieder. Ab 43 n. Chr. nahm Kaiser Claudius die Insel in Besitz und gründete Camulodunum (heute Colchester), die erste römische Stadt der Insel. Eine Rebellion der Königin Boudica in East Anglia 60 n. Chr. konnte die 30 Jahre dauernde Eroberung nicht verhindern, doch gelang es den Römern nicht, das heutige Schottland zu unterwerfen. Ab dem Jahr 121 ließ Kaiser Hadrian eine Mauer zwischen dem Solway Firth an der Westküste und der Tyne-Mündung an der Nordsee errichten, um die nördliche Grenze des Imperiums zu markieren.

Britannia unter den Römern

Die bedeutendsten Stützpunkte der Legionen im Norden waren Chester und York, während Gloucester und Lincoln den Status ›Colonia‹ (Siedlung von Veteranen mit Rechten eines römischen Bürgers) erhielten. Im 4. Jh. blühten noch die Städte und Landwirtschaft Britanniens, aber Überfälle der Sachsen bedrohten die Ost- und Südküste und führten zusammen mit Angriffen der Pikten und Skoten aus dem Norden zum Zusammenbruch römischer Herrschaft. Als romanisierte Briten im Jahr 410 beim Kaiser Honorius militärische Hilfe ersuchten, erhielten sie die Antwort, sie müssten sich selber verteidigen. Der Zusammenbruch römischer Zivilisation war kein abrupter Vorgang. Stellenweise lebten germanische Siedler neben den romanisierten Briten in den langsam verfallenden Städten und nutzten römische Bauwerke weiter.

Manche englische Überlandstraßen folgen dem Verlauf römischer Militärstraßen – die schnurgerade geführten Routen sind auf modernen Landkarten leicht zu erkennen.

Ein Überbleibsel Britannias: Fort Hardknott im nördlichen Lake District

Angelsächsische Zeit: 400–1066

Im 5. und 6. Jh. drangen Angeln und Sachsen, Friesen und Jüten aus Nordwesteuropa immer tiefer in das römische Britannien. Die schriftlichen Quellen sprechen von Kriegen, und die Geschichtsschreibung sah traditionell ein Zurückdrängen der römisch-britischen Bevölkerung in das Bergland im Westen und Norden. Man versteht die Figur des legendären Königs Artus als einen Führer der Briten gegen die Eindringlinge. Archäologische Quellen berichten häufig von einer friedlichen Landnahme, beispielsweise Siedlungen der Sachsen am Rande weiter existierender römischer Städte, die nur langsam verfielen.

Obwohl viele wichtige Erkenntnisse über diese Zeit fehlen, sicher ist, dass die Sprachen der germanischen Siedler nach und nach das Land eroberten. Die meisten modernen englischen Ortsnamen haben einen angelsächsischen Ursprung. Bis zum Jahr 800 kristallisierten sich aus einer Vielzahl kleiner Königreiche vier bedeutende Herrschaftsbereiche heraus: Mercia in Mittelengland, Northumbria im Norden, Wessex im Südwesten und East Anglia im Osten.

Christianisierung und Wikinger-Überfälle

Das Christentum hatte sich in Britannien unter römischer Herrschaft etabliert, aber infolge der Expansion der heidnischen Angeln und Sachsen blieb die Kirche im 5. und im 6. Jh. nur im Westen der Insel, vor allem in Cornwall und Wales, stark. Im 7. Jh. wurde das Land aus zwei Richtungen christianisiert. 597 begann die Missionierung der Angelsachsen durch die römische Kirche, die zur Gründung der beiden heute bestehenden Erzbistümer von Canterbury und York führte. Gleichzeitig breitete sich im Norden das keltische Christentum aus. 628 wurde König Edwin von Northumbria getauft, und sein Nachfolger Oswald entschied sich für den aus Irland und Schottland eingeführten keltischen Ritus. 664 fiel auf der Synode von Whitby die

Entscheidung für die römische Kirche im ganzen Land. Die folgenden 100 Jahre waren eine Zeit kultureller Blüte in Northumbria, vor allem in den Klöstern. Missionare aus Northumbria bekehrten germanische Stämme auf dem europäischen Festland.

Im Jahr 790 begannen Angriffe der Wikinger. Sie zerstörten Klöster in Northumbria, und bis 870 brachten dänische Wikinger Nord- und Mittelengland unter ihre Kontrolle. Einzig das südenglische Königreich Wessex unter Alfred dem Großen (regierte 871–899) ging nicht unter. Das Land wurde zweigeteilt: Nordöstlich der Römerstraße von Chester nach London bestanden dänische Reiche. Ortsnamen und Dialektwörter in diesem Gebiet zeugen noch davon. Athelstan aus dem Haus von Wessex besiegte 927 das Wikingerreich um York und wurde erster König des gesamten angelsächsischen Reichs. Angesichts der erneuten Bedrohung aus Dänemark und Norwegen und dem neuen Machtzentrum in der Normandie wurde die Herrschaft seiner Nachfolger immer unsicherer.

Mittelalter

1066: England unter den Normannen

Das Jahr 1066 stellt einen Bruch dar. Wenn ein Engländer nur ein einziges Datum aus der Landesgeschichte kennt, dann dieses. Der Herzog der Normandie besiegte König Harold in der Schlacht von Hastings und wurde als William I. König von ganz England. Die Normannen schlugen den Widerstand der Angelsachsen mit großer Härte nieder und bauten Burgen, um ihre Macht zu sichern. Einem Aufstand in Northumbria 1069 begegnete William mit einer systematischen Politik der verbrannten Erde. Die neue, einen nordfranzösischen Dialekt sprechende Oberschicht übernahm die Macht in Kirche und Staat. Von 1400 Lehnsherren, die vor der Eroberung dem König direkt unterstanden, hatten nach 20 Jahren nur noch zwei ihren alten Besitz. Angelsächsisch war die Sprache der unteren Schichten, einer unterdrückten Mehrheit im eigenen Land. Die Normannen heirateten untereinander und schlossen in den ersten Generationen kaum Ehen mit ihren Untertanen.

Mehr als 300 Jahre sprachen die Könige von England als Muttersprache Französisch und hatten Länder beiderseits des Ärmelkanals. Auch nach dem Verlust der Normandie an die französische Krone 1204 durch König John Lackland (›ohne Land‹) blieben die Könige bis ins 15. Jh. im Besitz großer Teile des heutigen Südwestfrankreichs. Es dauerte noch lange, bis sich die Monarchen als Engländer verstanden.

Das erste Parlament

1154 kam mit Henry II. der erste König des Hauses Plantagenet, eines Zweigs der normannischen Herrscherfamilie, auf den Thron. Die Anfänge wichtiger Institutionen des späteren englischen Staates datieren aus der Zeit der Plantagenets. Unter Henry II. entwickelte sich das englische Rechtssystem – bekannter ist seine Regierungszeit allerdings für den Streit mit Thomas Becket, Erzbischof von Canterbury, der mit dem Tod des Kirchenmannes endete. 1215 zwang ein Aufstand der Barone König John zur Anerkennung ihrer Rechte mit der Magna Charta, die als Beginn einer freiheitlichen Tradition angesehen wird. 1265 tagte in einer Zeit der Unruhen das erste Parlament mit Vertretern der Städte, d. h. mit der Beteiligung Nicht-Adeliger am politischen Geschehen.

Der Hundertjährige Krieg

1277–1283 eroberte Edward I. das Fürstentum Wales. Seit dieser Zeit heißt der Thronfolger Prince of Wales. Edwards Feldzüge gegen Schottland führten nicht zur Unterwerfung des Nachbarlandes, aber zu jahrhundertelangen Grenzkriegen. Die folgende Zeit wurde vom Hundertjährigen Krieg (1337–1453) gegen Frankreich geprägt. Das Herzogtum Aquitaine war noch im Besitz der englischen Krone. Ab 1429 wurden die Engländer endgültig aus Frankreich vertrieben. Nur Calais verblieb im Besitz der englischen

Krone. Als Folge der Kriegsführung zwang finanzielle Not die Könige, zwecks Steuererhebung die Parlamente öfter einzuberufen und stärkte so den Einfluss des Unterhauses.

Ab 1348 reduzierten Pestepidemien die Bevölkerung um mindestens ein Drittel und beschleunigten den gesellschaftlichen Wandel. In Zeiten knapper Arbeitskräfte wurde es für Leibeigene einfacher, ihre Freiheit zu erlangen. Ab dem späteren 14. Jh. setzte sich eine dem heutigen Englisch ähnliche Sprache in allen sozialen Schichten durch.

Die ›Rosenkriege‹

Die ›Rosenkriege‹ zwischen den Häusern Lancaster und York ab 1455 waren eine Zeit innenpolitischer Wirren. Erst 1485 mit dem Sieg von Henry Tudor (Henry VII.) über den Yorkisten Richard III. wurden stabile Verhältnisse geschaffen. In traditionellen Geschichtsbüchern markierte der Dynastiewechsel 1485 das Ende des Mittelalters.

Reformation und Revolution

Die Regierungszeit der Tudor-Dynastie (1485–1603), vor allem zweier überragender Monarchen Henry VIII. und Elizabeth I., wird als große Epoche verherrlicht. In diese Zeit fällt die Reformation in England. Elizabeth I. verteidigte die protestantische Erbfolge gegen die katholische Weltmacht Spanien. Englische Seekapitäne, allen voran der Weltumsegler Sir Francis Drake, besiegten 1588 die spanische Armada. Entdeckungsreisen ab 1497 führten zur Gründung erster Kolonien in der Karibik und Nordamerika. Das spätere 16. Jh. war eine Zeit kultureller Blüte in der Literatur – hier sind neben William Shakespeare auch Dramatiker wie Christopher Marlowe und Dichter wie Edmund Spenser zu nennen – aber auch in der Musik und der profanen Architektur.

Heinrich VIII. im Streit mit Rom

Durch seinen Bruch mit Rom, weil der Papst die Scheidung seiner Ehe mit Katharina von

Aragon nicht absegnen wollte, und die aus finanzieller Not geborene Auflösung der Klöster 1535-40 leitete Henry VIII. die Reformation ein. Seitdem ist der Monarch auch Oberhaupt der Amtskirche ›Church of England‹. Der grausame, sechsmal verheiratete Henry, der in der Volkstradition als ›echter Kerl‹ bewundert wird, blieb in Glaubensfragen katholisch. Erst seine Kinder, Edward VI. und Elizabeth I., machten England durch Reform der Liturgie zu einem protestantischen Land.

Stuart-Macht, Bürgerkrieg und Cromwell-Diktatur

Als Elizabeth I. 1603 unverheiratet starb, übernahm mit James I., Sohn der von Elizabeth enthaupteten Maria Stuart, das schottische Königshaus die Regentschaft.

Der zweite englische Monarch der Stuart-Dynastie, Charles I., war Verfechter des Königtums durch Gottes Gnade gegen die Ansprüche des Parlaments. Sein enger Berater Erzbischof Laud provozierte den Zorn der einflussreichen Puritaner durch den Versuch, eine autoritäre Kirchenhierarchie und eine prunkvollere Gestaltung des Gottesdienstes durchzusetzen. Der Konflikt zwischen Krone einerseits und Parlamentariern und Puritanern andererseits gipfelte 1642-48 im Bürgerkrieg. Charles verlor 1649 seinen Thron und Kopf, doch das bald unbeliebte republikanische Regime unter Oliver Cromwell musste 1660 der Restauration der Stuart-Dynastie weichen. Unter dem aus dem französischen Exil zurückgekehrten Sohn Charles' I., dem Lebemann Charles II., setzte eine Reaktion gegen die Sittenstrenge der puritanischen Herrschaft ein.

›Glorious Revolution‹

Charles jüngerer Bruder James II. war bestrebt, die Macht der Monarchie auszudehnen und den römisch-katholischen Glauben zu stärken. 1688 gipfelte der Widerstand gegen diese Pläne in der ›Glorious Revolution‹. Der Hochadel setzte James II. ab und bot seiner Tochter Mary und ihrem Ehemann, dem niederländischen Statthalter Wilhelm von Oranien, William of Orange, den Thron an. Die konstitutionelle Monarchie wurde 1701 durch den bis heute maßgeblichen Act of Settlement bestätigt. Demnach darf der Monarch nicht katholisch sein. Diese Regelung sicherte 1714 die Thronfolge der Kurfürsten von Hannover gegen die im Exil lebende Rom-treue Stuart-Dynastie.

Die Weltmacht Großbritannien

Die Entwicklung zur Weltmacht: 1714–1815

Unter der eher unspektakulären Herrschaft der Hannoveraner mit dem als erstem Premierminister geltenden Sir Robert Walpole (1721–42) kehrten stabile politische Verhältnisse ein, obwohl die Stuart-Dynastie 1715 und 1745 Umsturzversuche unternahm. Im Parlament bildete sich ein rudimentäres Parteiensystem heraus, unter George III. etablierte sich der Begriff ›seiner Majestät Opposition‹, d. h. Regierungsgegner waren nicht mehr mit dem Makel des Verrats behaftet. Das Ende der politischen Wirren und neue finanzielle Institutionen wie die Bank of England begünstigten den Handel und die Innovation in der Landwirtschaft. Dies wiederum schuf Kapital und Märkte als Voraussetzungen für die ab 1760 einsetzende Industrialisierung. Die ersten Kanäle wurden gebaut, frühe Textilfabriken nutzten im Pennine-Gebirge die Wasserkraft, 1769 patentierte James Watt die Dampfmaschine.

1763 nach dem Siebenjährigen Krieg erhielt die britische Krone Kanada und Teile Indiens. 1783 verlor Georg III. seine amerikanischen Kolonien, aber die Vorherrschaft der königlichen Kriegsmarine während der Koalitionskriege gegen Frankreich ermöglichte die Erweiterung britischer Macht weltweit.

Die Heldenfiguren dieser Epoche sind Admiral Nelson, der 1805 in der Seeschlacht von Trafalgar die Gefahr einer französischen Invasion beendete, und der Herzog von Wellington, der 1815 mit dem Preußen Blücher in der Schlacht von Waterloo Napoleon besiegte.

Industrie und Empire: 1815–1900

Manchester entwickelte sich zur ersten Industriestadt der Welt. Elende Slumviertel entstanden, und der Verlust von Arbeitsplätzen durch Mechanisierung führte nach 1815 zu sozialen Unruhen. Ab 1825 gab der Bau des Eisenbahnnetzes neue Impulse. Städte wie Liverpool, Birmingham, Newcastle-upon-Tyne und Leeds wurden in der Regierungszeit von Königin Victoria (1837–1901) zu wichtigen Häfen und Wirtschaftszentren der führenden Weltmacht.

Als Gipfel britischer Herrschaft galt 1897, das Jahr des 60-jährigen Thronjubiläums von Queen Victoria, doch der Einfluss des Inselreichs ging im Vergleich zu dem Deutschlands und der USA bereits zurück. Zum Empire gehörten u. a. Indien und Ceylon, weite Teile von Afrika, Birma und Malaysia, Inseln in der Karibik und im Pazifik. Kanada, Australien und Neuseeland verwalteten sich weitgehend selbst.

Tief greifende politische und gesellschaftliche Ereignisse begleiteten die wirtschaftliche Entwicklung. Die Ausdehnung des Wahlrechts 1832 erfolgte zugunsten des Mittelstands, aber nicht der Arbeiterschaft, doch 1867 und 1884 folgten weitere Demokratisierungsmaßnahmen. Nach der ersten historischen humanitären Maßnahme des neuen Zeitalters, der Abschaffung des Sklavenhandels 1807, dauerte es noch eine Generation, bis Gesetze die Arbeitsbedingungen in den Fabriken regelten und überfällige sanitäre Maßnahmen in den Städten getroffen wurden. 1880 wurde die Schulpflicht eingeführt. Der Beginn einer Gewerkschaftsbewegung ist unter Queen Victoria zu verzeichnen.

1848 veröffentlichten Marx und Engels in London ›Das Manifest der kommunistischen Partei‹. Revolutionen erschütterten die kontinentaleuropäischen Monarchien, aber trotz aller sozialen Missstände blieb England von Revolutionen verschont. Eine langsame Evolution der Institutionen ohne große Brüche, Umstürze oder Invasionen durch fremde Mächte ist bis in die Gegenwart ein Merkmal der Inselgeschichte.

Auf dem Weg in die Moderne

Niedergang und Erholung

Spätestens im Ersten Weltkrieg wurde deutlich, dass Großbritannien nicht mehr die führende Weltmacht war. In der Nachkriegszeit verdrängte die 1906 gegründete Labour-Partei allmählich die Liberalen als Gegner der Konservativen. Soziale Unruhen gipfelten 1926 im Generalstreik, doch weder dieses Ereignis noch die bittere wirtschaftliche Not der 1930er-Jahre gefährdete ernsthaft die demokratische Ordnung. Der Zweite Weltkrieg überforderte die öffentlichen Finanzen und leitete eine Periode sozialen Wandels ein. 1945 wurde Premierminister Churchill abgewählt. Die Labour-Regierung verstaatlichte Teile der Industrie und schuf soziale Leistungen wie das Gesundheitssystem. Die beherrschenden Probleme der Nachkriegszeit waren wirtschaftlicher Niedergang und der Verlust des Weltmachtstatus.

Auflösung des Empire und EU-Mitgliedschaft

Die Unabhängigkeit Indiens 1947 war der Auftakt zur Auflösung des britischen Weltreichs, die eine Generation später fast abgeschlossen war – 1997 kam als Nachtrag die Aufgabe der Kronkolonie Hongkong. Dagegen ist das Verhältnis zu Europa umstritten. Viele schätzen an der EU nur den gemeinsamen Wirtschaftsraum, die Bestrebungen zur politischen Integration nicht. Großbritannien trat dem Schengen-Abkommen und der Euro-Währung nicht bei.

Die Turbulenzen der 1980er-Jahre, als Premierministerin Thatcher gegen die Gewerkschaften vorging, gehören mittlerweile einer vergangenen Ära an. Unter Premierminister Tony Blair ab 1997 gab sich das wirtschaftlich blühende Land wieder selbstbewusst. Auch politische Institutionen kamen in Bewegung: Die Macht des erblichen Adels im Parlament wurde beschnitten, Schottland und Wales erhielten eigene Parlamente und die Rolle der Monarchie liefert weiterhin Diskussionsstoff.

Zeittafel Nord- und Mittelengland

ca. 5000 v. Chr. Der Meeresspiegel steigt, die Landbrücke zwischen Ost- und Süd-england und Europa verschwindet: Britannien wird zur Insel.

bis 3000 v. Chr. Übergang zum Ackerbau. Steinkreise wie in Castlerigg entstehen.

ca. 2100 v. Chr. Beginn der Bronzezeit, ›Seahenge‹ an der Küste von Norfolk.

43 n. Chr. Beginn der römischen Eroberung, die nach der Niederschlagung der Rebellion der Königin Boudica in East Anglia 61 abgeschlossen ist.

2.–3. Jh. Errichtung der Mauer Hadrian's Wall (ab 121). Blüte der Veteranen-Städte Gloucester und Lincoln und der Stützpunkte Chester und York.

450–550 Die Angeln gründen drei Königreiche: Mercia in Mittelengland, Nor-thumbria und East Anglia.

628 Taufe Edwins von Northumbria. Edwins Nachfolger Oswald entschei-det sich für den keltischen christlichen Ritus.

664 Die Synode von Whitby führt den römischen Ritus in ganz England ein. Northumbria, das führende Königreich, erlebt eine kulturelle Blüte und schickt Missionare aufs europäische Festland. Gründung des Erzbistums York (735).

ab ca. 790 Angriffe der Wikinger. Zerstörung der Klöster von Northumbria.

865–870 Dänische Wikinger erobern Nord- und Mittelengland.

1069 Der normannische Eroberer William I. schlägt den Widerstand der Angelsachsen brutal nieder, baut Burgen in Durham und York.

1296 Der Feldzug von Edward I. gegen Schottland ist der Auftakt zu jahr-hundertelang andauernden Grenzkriegen.

1455–85 ›Rosenkriege‹ zwischen Lancaster und York; Richard III. von York verliert die Schlacht von Bosworth: Beginn der Tudor-Dynastie. Blüte von Wollhandel und Tuchherstellung in Suffolk und den Cots-wolds.

1536 Die Auflösung der Klöster und die Verteilung ihrer immensen Reich-tümer an staatstreue Adlige führt zu Rebellionen in Nordengland.

Mary I. (›Bloody Mary‹) versucht eine Gegenreformation. Prominente Reformatoren sterben in Oxford auf dem Scheiterhaufen. **1553 – 58**

Während des Bürgerkriegs werden viele königstreue nordenglische Burgen vom Heer der Parlamentarier beschädigt. **1642 – 48**

Frühindustrialisierung östlich und westlich der Pennines und um Birmingham. Kanalbau, Mechanisierung der Textilindustrie, bessere Technologie in der Eisenindustrie. Bevölkerungswachstum. **ab 1760**

Manchester ist die erste Industriestadt der Welt. Elende Slums, die Mechanisierung führt zu Arbeitsplatzverlust und sozialen Unruhen. **1815**

Bau des Eisenbahnnetzes: neue Impulse für die Industrialisierung. Der Manchester-Liberalismus fordert freien Handel. Gesetze regeln die Arbeitsbedingungen in Fabriken, Gewerkschaftsbewegung. **ab 1825/30**

Beim 60-jährigen Thronjubiläum von Queen Victoria scheint Britannien auf dem Gipfel der Macht. Liverpool ist eine der bedeutendsten Hafenstädte der Welt, Manchester, Birmingham und Newcastle sind die Werkstätten des selbstbewussten Empire. **1897**

›Hungermarsch‹ von Jarrow am Fluss Tyne nach London, der bekannteste Arbeiterprotest dieser Krisenjahre. **1936**

Bombenangriffe (›Blitz‹) richten in allen Hafen- und Industriestädten, vor allem im mittelenglischen Coventry, große Schäden an. **1940**

Die Beatles sind ein Symbol der ›Swinging Sixties‹, aber ihre Heimat Liverpool teilt den Niedergang der Industriegebiete. **1960er-Jahre**

Unter Margaret Thatcher wirtschaftlicher Umbruch, Privatisierung, hohe Arbeitslosigkeit, soziale Polarisierung. **1979 – 90**

Kanaltunnel: Ende der 7000-jährigen ›Isolation des Kontinents‹. **1994**

Nach 13-jähriger Regierungszeit verliert die Labour-Partei. Die konservativ-liberale Koalitionsregierung ordnet harte Sparmaßnahmen an. In der Finanzkrise isoliert sich Premierminister Cameron von den anderen europäischen Ländern. **2010 – 2011**

Gesellschaft und Alltagskultur

Über 52 Mio. der Briten sind Engländer, ein Volk mit einer starken, aber schwer zu definierenden Identität. Hartnäckig hält sich das Klassensystem mit Königshaus und Aristokratie an der Spitze, für Wandel in der Gesellschaft sorgt Zuwanderung aus der ganzen Welt.

Bevölkerung und Lebensweise

Englisch oder britisch?

Viele, Engländer wie Nicht-Briten, verwenden die Wörter ›englisch‹ und ›britisch‹ als austauschbare Begriffe. Wer als Ausländer durch Großbritannien reist, ist gut beraten, dies nicht zu tun, denn Schotten und Waliser werden nicht gern für Engländer gehalten. Dass die Frage ›englisch oder britisch?‹ bei den Engländern selber Verwirrung auslöst, deutet auf ein Thema, das seit der Teilautonomie für Schottland und Wales im Jahre 1997 aktueller wurde.

England hat wenige nationale Symbole. Die Muttersprache teilt man mit vielen Ländern in der ganzen Welt. Eine Landestracht oder eine Nationalhymne (›God Save the Queen‹ gilt dem Monarchen des gesamten Vereinigten Königreichs) gibt es nicht. Spezifisch englische politische Institutionen fehlen, denn im Parlament sitzen Repräsentanten der Waliser und Schotten. Der Tag des Nationalheiligen Georg wird kaum gefeiert und ist ein normaler Arbeitstag. Nur wenige können das Datum (23. April) nennen. Nur in Bezug auf Sport, vor allem Fußball, kommt der rein englische Patriotismus auf: Während Europa- und Weltmeisterschaften flattert millionenfach die Fahne mit dem Georgskreuz, und die britische Union-Jack-Flagge tritt in den Hintergrund.

Sehr wohl besitzen die Engländer patriotische Gefühle, und das seit Jahrhunderten.

Nach der Vereinigung mit Schottland 1707 und vor allem zur Glanzzeit des British Empire löste sich das englische Wir-Gefühl in der allgemeinen britischen Identität auf und hat sich nicht wieder herausgebildet. Anders ist es bei den Schotten und Walisern, die sich als unterdrückte Randgruppen empfanden und an ihren Symbolen festhielten. Bei Befragungen geben sie ihre Nationalität mehrheitlich als schottisch oder walisisch an, seltener als britisch, obwohl es rechtlich gesehen nur die eine, britische Nationalität gibt. Die Engländer sind dagegen gespalten: rund 50 % halten sich für englisch, 50 % für britisch. Für Immigranten stellt die Wahl zwischen zwei Alternativen eine Erleichterung dar: Ein hoher Anteil der in Großbritannien geborenen Asiaten und Schwarzen sieht sich als britisch und kann sich so mit dem Land identifizieren, obwohl Angehörige dieser Gruppen sich eher nicht als ›Engländer‹ fühlen (s. Thema S. 34).

Regionale Unterschiede

Im Verhalten und Temperament bestehen, wie in anderen Ländern, beträchtliche Unterschiede zwischen verschiedenen Regionen und gesellschaftlichen Gruppen. Viele im Süden des Landes betrachten die Nordengländer als direkter, aber auch warmherziger. Eine Untersuchung über das Verhalten der Briten in öffentlichen Situationen wie im Verkehr und in Geschäften fand tatsächlich heraus, dass freundliche Antworten und Hilfsbereitschaft eher im Norden als im Süden anzutreffen sind, wobei Liverpool und Newcastle-upon-Tyne am besten abschnitten, Birmingham am schlechtesten.

Religion

Großbritannien ist nicht von starker Religiosität geprägt. Nur 20 % der Briten sehen sich als Mitglieder der Amtskirche Church of England. Die Hälfte gibt an, keiner Religion anzugehören. Unter den 6 %, die einen nicht-christlichen Glauben praktizieren, sind die ca. 2 Mio. Muslime die stärkste Gruppe, gefolgt von über 500 000 Hindus, ca. 350 000 Sikhs und etwa 270 000 Juden.

Die Muslime sind hauptsächlich Sunniten unterschiedlicher Strömungen, je nach Herkunftsgebiet. In Birmingham sind 14 % der Einwohner Muslime, in Bradford sogar 16 %. Unter den Christen sind zahlreiche Konfessionen vertreten. Seit Jahrzehnten ist ein Wachstum der römisch-katholischen Kirche, teils zu Lasten der Amtskirche Church of England, zu verzeichnen. Nach der Reformation waren Katholiken eine unterdrückte Minderheit und galten als potenzielle Landesverräter. Im 19. Jh. wurden die repressiven Gesetze aufgehoben und die römisch-katholische Kirche erhielt Zuwachs, auch durch irische Immigranten.

Der Church of England als offizieller Institution fehlt es mitunter an Ausstrahlung, obwohl sie in Fragen von Liturgie und Geschmack ein breites Spektrum abdeckt: ›High Church‹ heißt die Richtung, die auf einen Gottesdienst mit viel Zeremonie, mit schmuckvollen Priestergewändern und sogar Weihrauch Wert legt und sich in Glaubensfragen nur wenig von Rom unterscheidet. ›Low Church‹-Gemeinden bevorzugen einen schlichten Gottesdienst und betonen die Unterschiede zur katholischen Kirche.

Seit 1992 dürfen auch Frauen als Priester geweiht werden, doch über die Frage von weiblichen Bischöfen scheiden sich die Geister. Am Thema, ob Homosexuelle das Priesteramt ausführen dürfen, drohte die weltweite Gemeinschaft der Anglikaner zu zerbrechen. Kontrovers ist das Thema Rasse längst nicht mehr: 2005 wurde der in Uganda geborene Dr. John Sentamu in York als erster Schwarzer Erzbischof in England.

›An Englishman's Home is his Castle‹ – englische Wohnkultur

Zwei Drittel aller britischen Staatsbürger wohnen im Eigenheim. Überall fällt diese Vorliebe für ein eigenes Haus auf, denn man sieht in englischen Städten keine Mehrfamilienhäuser mit vier und fünf Stockwerken, sondern Viertel mit kleinen Einfamilien- oder Doppelhäusern: die Suburbs, die jede Stadt umringen. Beliebt sind ruhige Vororte, wo es Bäume an den Straßen und ausreichend große Grundstücke mit Platz für eine Garage und einen kleinen Garten vor sowie einen größeren hinter dem Haus gibt. Eine niedrige Hecke oder Mauer begrenzt den Garten zur Straße, damit Passanten sehen, wie gut die Blumenbeete gepflegt sind. Hinten liebt man es privater mit Bäumen und Zaun, aber diese sind nicht so hoch, als dass es unmöglich wäre, ein Schwätzchen mit dem Nachbarn zu halten.

Die Devise lautet nicht ›Häusle baue‹, sondern kaufen. Die meisten neu errichteten Häuser sind Fertigbauten. In jedem Stadtteil sind Büros der Immobilienmakler zu sehen, und in fast jeder Straße stehen ihre ›For Sale‹-Schilder. Man kauft ein Haus selten für das ganze Leben. Ein junges Paar leistet sich sobald wie möglich ein kleines Reihenhaus. Wenn das Einkommen steigt und die wachsende Familie mehr Platz braucht, wird etwas Größeres gekauft, vielleicht eine Doppelhaushälfte, ein *semi-detached.* Beruflich Erfolgreiche beziehen irgendwann ein frei stehendes Einfamilienhaus, ein *detached house,* in einem vornehmen Viertel. Wenn sie alt sind, verkaufen sie es möglicherweise wieder und erwerben eine kleine, praktische Eigentumswohnung.

Warum wollen so viele Engländer ihr Eigenheim? Finanziell schien es immer sinnvoller, eine Hypothek abzuzahlen, als sein Geld dem Vermieter zu geben. Immobilienpreise sind – über einen Zeitraum von Jahrzehnten betrachtet – stark gestiegen, weshalb der Kauf eines Hauses eine günstige Kapitalanlage darstellte. Auch der englische Hang zum In-

Zuwanderer aus aller Welt

Einwanderer aus dem ehemaligen britischen Weltreich, aus Indien, Pakistan, Bangladesh, Hongkong und aus der Karibik – sind ein auffälliger Teil der englischen Bevölkerung. Die Aufnahme unterschiedlicher Gruppen über 60 Jahre ergibt ein komplexes Bild: Die alte Vorstellung von Rassenspannungen zwischen Weiß und Schwarz erweist sich als falsch.

Früher wurde die rund 500 000 starke afro-karibische Bevölkerung als Problemgruppe angesehen, doch hat diese am Wohlstand partizipiert und ist vielerorts gut integriert: Laut Studien betrachten sich die meisten als Briten, nicht als z. B. Jamaikaner. Diese Gruppe hat eine ähnlich niedrige Geburtenrate wie die weißen Engländer. Es gibt heute mehr Kinder aus ›gemischten‹ Beziehungen als aus Beziehungen zwischen zwei afro-karibischen Partnern. Zu Spannungen zwischen Schwarz und Weiß kommt es in Einzelfällen, auf breiter Ebene aber nicht. Die Ausschreitungen im Sommer 2011 in London und anderen Städten, die von Brandstiftungen und Plünderungen begleitet wurden, werden nicht als Rassenkrawalle angesehen. Eher gibt es Konflikte zwischen verschiedenen Immigrantengruppen, wie die Gewalt zwischen afro-karibischen und asiatischen Gruppen 2005 und 2011 in Birmingham gezeigt hat.

Einwanderer aus Indien gelten als Beispiel für die gelungene Integration, da sie am lang anhaltenden Wirtschaftswachstum seit den 1990er-Jahre teilnahmen. Gründeten sie in früheren Jahrzehnten kleine Betriebe, wie Restaurants und rund um die Uhr geöffnete ›Corner Shops‹, gibt es jetzt indische Millionäre in vielen Branchen. Nicht selten fallen Kinder indischer Abstammung durch sehr gute Leistungen in der Schule auf. Die erfolgreicheren Gruppen sind die Sikhs und Hindus. Schlechter bezahlte Tätigkeiten werden öfter von Muslimen aus Pakistan und Bangladesh übernommen.

Mit dem Erfolg vieler asiatischer Familien kommt der Wandel. 2004 beschäftigten die 9000 asiatischen Restaurants des Landes über 50 000 Mitarbeiter, mehr als z. B. die Schiffswerften, und sicherten indirekt bis zu 150 000 weitere Arbeitsplätze. Doch die jüngere Generation sieht sich für andere Berufe qualifiziert als für die schlecht bezahlten Jobs im Eckladen oder Curry House. In den Restaurants herrscht Personalmangel, und man ringt mit dem Innenministerium um Quoten für neue Einwanderer.

Ein Beispiel für soziale Brennpunkte ist die Stadt Bradford, die knapp eine halbe Million Einwohner zählt. Über 20 % von ihnen gehören Minderheiten an, die meisten davon Muslime vom indischen Subkontinent und ihre in Yorkshire geborenen Kinder. Sie kamen nach Bradford, um in den Textilfabriken zu arbeiten. Der Niedergang dieser Industrie führte zu Arbeitslosigkeit in allen Bevölkerungsgruppen und zu Rassenspannungen. Weiße Eltern in Schulen mit einem hohen Anteil asiatischer Kinder äußern Angst vor ›Überfremdung‹. Andererseits lehnen manche muslimische Eltern es ab, Mädchen und Jungen gemeinsam unterrichten zu lassen. Der ›Kampf gegen Terrorismus‹ nach dem Attentat am 11. September 2001 stellte muslimische Einwanderergruppen vor Probleme, da einzelne radikale Prediger und junge britische Muslime, die in Afghanistan oder im Irak gegen ihre eigene Regierung kämpften, eine gesamte Minderheit in Verdacht bringen. Von Muslimen aus Yorkshire verübte Bombenanschläge in London im Juli 2005 verschärften die Spannungen.

Unübersehbar ist der Beitrag der Immigranten zum kulturellen Leben der Nation. Dazu zählt die Reggae-Musik der Jamaikaner und die asiatische Küche. Viele erfolgreiche britische Leichtathleten und Fußballspieler der letzten Jahrzehnte waren Schwarze.

Schließlich ist man auf die Arbeitskraft der Immigranten angewiesen. So gehören knapp ein Viertel der britischen Ärzte Minderheiten an – neuerdings vor allem Filipinos. Fast die Hälfte aller verheirateten afro-karibischen und 20 % der asiatischen Männer haben eine Ehefrau aus einer anderen ethnischen Gruppe. Neuesten Schätzungen zufolge ist 1,6 % der britischen Bevölkerung ethnisch gemischter Herkunft, ein Anteil, der kontinuierlich steigt.

England gilt zu Recht als tolerantes Land, doch islamistische Terroranschläge und die Verschlechterung der wirtschaftlichen Lage seit 2008 haben Spannungen verschärft. Beispiele für fehlende und für gelungene Integration sind gleichermaßen zu finden. Die sich ständig verändernde Situation macht ein gutes Nebeneinander wichtig: Seit den 1990er-Jahren kamen die meisten Einwanderer aus Afrika, dem arabischen Raum und den Philippinen. Schließlich reisten seit dem Eintritt osteuropäischer Länder in die EU am 1. Mai 2004 Zehntausende Polen und andere auf Arbeitssuche nach England ein.

Chinatown in Manchester

Aristokratische Wohnkultur – zu bewundern u. a. im Duncombe Park House

dividualismus spielt eine Rolle. Laut Umfragen will die überwältigende Mehrheit der Engländer ein eigenes Haus, das mit Geborgenheit und Freiheit assoziiert wird. Innerhalb der eigenen vier Wände will man seinen individuellen Freiraum genießen. Es gilt also der Spruch, »An Englishman's home is his castle«, und der Reisende wird kaum übersehen, dass er sich in einem Land aufhält, in dem es millionenfach kleine Privatburgen gibt.

Lords und Ladies

Was bedeutet es, im 21. Jh., Herzog zu sein? Von der königlichen Familie abgesehen, gibt es 26 Träger dieses ranghöchsten Titels, die mit wenigen Ausnahmen reiche Männer sind. Dabei spielt Grundbesitz noch eine wichtige Rolle. Häufig befinden sich die Ländereien in unwirtschaftlichen Regionen, z. B. in den schottischen Highlands, aber dem Herzog von Westminster, 2011 der viertreichste Bewohner Englands nach zwei ausländischen Stahlmagnatenund dem Russen Roman Abramowitsch, gehören neben Landgütern in Cheshire, Lancashire und Schottland die feinsten Stadtteile Londons. Sein Vermögen wird auf 7 Mrd. Pfund geschätzt.

Die hohe Erbschaftssteuer hat zur Folge, dass nur noch wenige Familien ihre Herrenhäuser ausschließlich privat nutzen. Wenn ein historisches Bauwerk für das Publikum geöffnet wird, erhalten die Besitzer steuerliche Erleichterungen. Sie können noch relativ ungestört in einem Flügel ihres Hauses wohnen, wie der Herzog von Devonshire in Chatsworth House oder der Herzog von Marlborough in Blenheim Palace. Eintrittsgelder decken jedoch nur 20–50 % der Unterhaltskosten. Den Rest erwirtschaften Ackerbau und Viehzucht, Andenkenläden, Privatzoos und unzählige Sonderveranstaltungen: Oldtimer-Treffen, Sportereignisse wie Springreitturniere oder Wassersport auf dem See im Park, Antikmessen, Ritterturniere usw. Ein Herrensitz mit Gut ist ein mittelständisches Familienunternehmen. Andere Familiensitze, große Aristokratenpaläste sowie kleinere Landhäuser, wurden unter der Bedingung, dass eine Wohnung der Familie vorbehalten bleibt, dem National Trust vermacht.

So überlebt die englische Aristokratie mit beschränktem Einfluss. Sie verlässt sich auf den Grundsatz, der sich in der Vergangenheit bewährt hat: Privileg vor Macht. Die Großen des Landes passten sich immer an und überstanden so die Reformation, die Regierungszeit Cromwells und der Puritaner, die Absetzung der Stuart-Dynastie und die Thronbesteigung des neuen Königshauses aus Hannover 1714. Im 18. Jh., dem goldenen Zeitalter des Adels, wurden die absolutistischen Ansprüche des Königshauses zurückgewiesen und die gesellschaftlichen Veränderungen der Industriellen Revolution, die die Vormachtstellung des Adels beenden sollten, zeigten erst im 19. Jh. durchgreifende politische Auswirkungen.

Im Oberhaus des Parlaments sitzen seit 1999 nicht mehr alle erblichen Lords. Sie wählen aus ihren Reihen 75 Vertreter, die gegenüber den vom Premierminister auf Lebenszeit ernannten Life Peers eine kleine Minderheit stellen. Den Familien des Hochadels bleiben noch ihr Reichtum, obwohl dieser im Vergleich zu früheren Epochen abgenommen hat, und ein hoher gesellschaftlicher Status. Als Beispiel sei der Marquess of Cholmondely (sprich: Tschummli), Jahrgang 1960, erwähnt. 1990 erbte er seinen Titel, 118 Mio. Pfund und den verantwortungsvollen Posten des Lord Great Chamberlain, dessen Hauptaufgabe es ist, in der Prozession anlässlich der jährlichen Parlamentseröffnung rückwärts zu gehen, sein Gesicht dem Monarchen zugewandt. Interessant sind die Aristokraten noch für die Klatschspalten der Zeitungen, nicht zuletzt, weil der Hochadel Beziehungen zur königlichen Familie unterhält.

Für die Touristen, die gnädig gegen Entgelt in ehrwürdige Familiensitze Einlass finden, gehört ein solcher Besuch zu den unerlässlichen Erlebnissen einer England-Reise. Die Aristokratenschlösser sind mehr als nur Bauwerke, sie sind in Gärten und Parklandschaften eingebettete Gesamtkunstwerke. Dazu gehören Stuckdecken, Holzschnitzereien, Stilmöbel, Ahnenbilder, Sammlungen von Silber, Glas, Keramik und anderen Objekten ebenso wie die Räume der Diener, die Ställe und die Kü-

che, die in manchen Häusern noch samt Einrichtung zu sehen sind. Außer einem der berühmten Herrensitze sollte man auch eines der Landhäuser des niederen Adels besichtigen. Diese besitzen oft viel mehr Charme und Geschmack als die großen, protzigen Paläste und sind in allen Landesteilen dicht gesät.

Feste

Die sehenswerten Veranstaltungen sind regional recht unterschiedlich. Religiöse Feste und Feiertage mit geschichtlichem oder patriotischem Hintergrund werden kleiner geschrieben als in den meisten europäischen Ländern. Dafür findet man ein breites Angebot an Brauchtum, Jahrmärkten und kulturellen Veranstaltungen.

Feiertage

Weihnachten ist, wie in anderen Ländern, eine Familienfeier – zumindest ab dem Ersten Weihnachtstag, in England dem Tag der Bescherung. Heiligabend wird ausgelassen gefeiert und ist für Pubs der umsatzstärkste Tag des Jahres. **Silvester** (New Year's Eve) ist ein ausgesprochener Party-Abend. **Karneval** wird seit Jahrhunderten nicht mehr gefeiert. Als Überrest aus früheren Zeiten bleibt der Brauch, am Karnevalsdienstag, Shrove Tuesday oder Pancake Day, Pfannkuchen zu essen. **Ostern** ist ein langes freies Wochenende mit Feiertagen am Karfreitag und am Ostermontag. In vielen Orten finden Veranstaltungen in Zusammenhang mit Ostereiern statt, wie Wettrennen oder das Rollen der Eier einen Hang hinunter. Obwohl **Mayday** eine

Staatliche Feiertage
1. Januar (New Year's Day)
Karfreitag (Good Friday)
Ostermontag (Easter Monday)
erster und letzter Montag im Mai
letzter Montag im August (Bank Holiday)
Erster und Zweiter Weihnachtstag
(Christmas Day und Boxing Day)

Cricket

Ein Klischeebild der Engländer zeigt ältere, weiß gekleidete Herrschaften, die auf einem perfekten Rasen mit großen Kugeln Bowls spielen. Das wahre und heiß geliebte Sommerspiel der Engländer ist aber Cricket, ein skurriler und extrem erklärungsbedürftiger Mannschaftssport.

Auf Dorfangern kann man im Sommer häufig ein rätselhaftes und gemächliches Spiel beobachten: Cricket. An warmen Tagen dient das Spiel den Zuschauern als Anlass, einen Nachmittag in der Sonne mit einem Picknick zu verbringen. Internationale Spiele dauern bis zu fünf Tage bei sechs Stunden Spielzeit täglich und werden nicht selten nach diesem Zeitraum für beendet erklärt, weil die Zeit zu kurz ist, um zu einem Ergebnis zu kommen. Sogar die Beschränkung auf fünf Tage war einmal eine Neuerung, die nötig wurde, als im Jahr 1939 ein Länderspiel in Südafrika nach zehn Tagen abgebrochen werden musste, damit die englische Mannschaft rechtzeitig den Passagierdampfer für die Heimreise erreichen konnte. Es wurde behauptet, dass Gott dieses Spiel erfand, um den Engländern eine Vorstellung von Ewigkeit zu vermitteln. Puristen bedauern die Einführung der schnellen Version des Spiels, die nur einen Tag dauert und dem echten Cricket angeblich nur noch so ähnelt wie Fast Food einem mehrgängigen Dinner. Weil das Spiel vom späten Vormittag bis zum frühen Abend dauert, muss es auch für richtige Mahlzeiten unterbrochen werden: Um 13 Uhr gehen die Spieler zum Lunch, um 16 Uhr zum Nachmittagstee.

Der Spruch »It's not cricket« bedeutet »Das ist kein Fair Play«. Der Ausdruck wird heute nur noch ironisch verwendet, da Cricket als hoch bezahlter Profisport seine Unschuld verloren hat. Trotzdem kommt diese Sportart dem Besucher zu Recht wie ein Überbleibsel des Old England vor. Die Cricket-Literatur ist recht umfangreich und weist zum Teil eine Qualität auf, die in Büchern oder Journalismus über Fußball kaum zu finden ist. Darin wurde früher in poetischer Sprache das Spiel als Ausdruck ländlicher Idylle, als Inbegriff des ›Englishness‹ und zu Kolonialzeiten als Charakter bildende Sportart angepriesen. Vor 100 Jahren förderten die Privatschulen, Kaderschmieden der Kolonialbeamten, das Cricket-Spiel, das in alle Länder des British Empire getragen wurde.

Cricket wird nach so komplizierten Regeln gespielt und ist taktisch so raffiniert, dass nur diejenigen, die von Kindheit an mit dem Spiel vertraut sind, die Feinheiten wirklich verstehen können. Es ist keinesfalls mit Croquet zu verwechseln, das mit langstieligen Holzhämmern gespielt wird, und hat oberflächliche Gemeinsamkeiten mit Baseball.

Hier eine äußerst grobe Zusammenfassung der Regeln: Zwei von elf Spielern einer Mannschaft versuchen, Punkte zu erzielen, indem die Spieler ein aus drei Holzstäben bestehendes Tor mit einem Schläger verteidigen. Wenn der harte Lederball das Tor trifft, muss der Spieler, der den Schläger trägt, das Feld verlassen. Gelingt es ihm, den Ball wegzuschlagen, rennt er zwischen den beiden Toren, die etwa 20 m auseinanderliegen, hin und her. Für jede zurückgelegte Länge gewinnt er einen Punkt. Die elf im Feld stehenden Gegner versuchen, den Ball einzufangen und zurückzuwerfen, bevor er das andere Tor erreicht hat.

lange Tradition hat, wird am 1. Mai normal ge-arbeitet. Statt dessen sind der erste und letzte Montag im Mai Feiertage **(Spring Bank Holiday)**. Bei manchen örtlichen Kirchenfesten oder Frühlingsfeiern sieht man das rustikale Morris dancing. Zu Akkordeonmusik tanzen Gruppen von Männern mit Glöckchen am Armband und schwenken dabei Stäbe und Taschentücher. Krönender Abschluss des Sommers ist **Summer Bank Holiday** am letzten Montag im August, der mit den längsten Verkehrsstaus des Jahres begangen wird.

Sommerfeste

Eine bunte Vielfalt von Sommerveranstaltungen bietet dem Besucher Einblicke in die Lebensweise der Engländer. Sehr beliebt sind **Flower Shows** und **Agricultural Shows.** Für Blumenzüchter, Obst- und Gemüsebauern gehört eine solche Schau zu den Höhepunkten des Jahres. In riesigen Zelten werden die größten Kartoffeln und die schönsten Rosen stolz präsentiert und mit Goldmedaillen ausgezeichnet. Die großen Shows, oft **County Show** genannt, sind eine Mischung aus Jahrmarkt, Verkaufsmesse und Kirmes, häufig mit weiteren Attraktionen wie Fallschirmspringen, Feuerwerk und Reitturnieren.

Weitere beliebte Ereignisse im Sommer sind sogenannte **Carnivals,** örtliche Festtage mit Parade und Kirmes, und Umzüge in historischem Kostüm – Schlachten des Bürgerkriegs im 17. Jh. werden von Civil War Societies gerne nachgestellt – sowie Oldtimer-Autotreffen und Steam Days, Zusammenkünfte von Liebhabern restaurierter Dampfmaschinen. Solche Veranstaltungen finden oftmals im Park eines Herrenhauses statt.

Guy Fawkes und Halloween

In den letzten Jahren wurde **Halloween,** die Nacht der Hexen und Geister am 31. Oktober, wiederbelebt. Kinder ziehen mit Laternen und Masken von Haus zu Haus. Der 5. November heißt **Guy Fawkes Day** oder auch Bonfire Night. Am 5. November 1605 versuchte Guy Fawkes, Anführer einer Gruppe von katholischen Regimegegnern, König und Parlament in die Luft zu sprengen. Das Misslingen dieses Vorhabens galt zur damaligen Zeit als Anlass zur Freude und wird heute noch mit Feuerwerk und dem Verbrennen einer Strohpuppe (›Guy‹) auf einem Scheiterhaufen gefeiert.

Veranstaltungen

Eine große Zahl von Kulturfestivals verteilt sich über das Jahr und die Regionen. Darunter sind Veranstaltungen mit Musik aller Richtungen, Kunst, Tanz, Literatur. Manche sind gut etabliert und haben überregionale oder internationale Bedeutung, beispielsweise das Liverpool Biennial für Kunst und Aldeburgh Music Festival in Suffolk. Zwei Städte, die sich mit Festivals erfolgreich profilieren, sind Cheltenham und York.

Kulturfestivals

Feb.: York Viking Festival
Ende März: Oxford Literary Festival
Mai: York Early Music Festival
Juni: Aldeburgh Musikfestival
Anfang Juli: Cheltenham Musikfestival
Juli: Buxton Festival
Zweite Aug.-Woche: Chorfestival, abwechselnd in Gloucester, Hereford und Worcester
Ende Aug.: Beatles Week, Liverpool
Mitte Sept.–Mitte Nov.: Liverpool Biennial, 2012, 2014
Okt.: Cheltenham Festival of Literature

Blumen, Ländliches, Jahrmärkte

Ende April: Harrogate Spring Flower Show
Ende Juni: Lincoln Show, Jahrmarkt, Midsummer Fair, Cambridge und Royal Norfolk Show, Norwich
Anfang–Mitte Juli: Great Yorkshire Show
Ende Aug.: Kilnsey Show, Yorkshire Dales, Grasmere Lakeland Sports and Show mit Berglaufen, Ringen, Hundewettbewerb
Anfang Sept.: Chatsworth Country Fair im Park des Herrenhauses
Mitte Sept.: Great Autumn Flower Show, Harrogate
Okt.: Goose Fair, Kirmes in Nottingham

Architektur und Kunst

Zu den Spitzenleistungen englischer Kultur gehören gotische Kathedralen und die Gartenkunst. Klassizistische Herrensitze bilden mit ihren Landschaftsgärten, der Möblierung und den Gemäldesammlungen Gesamtkunstwerke. Neben Ruinen von Burgen und Abteien imponieren die Industriearchitektur und neue Bauwerke in den Großstädten.

Welterbe

Auf die Frage, für welche Architektur es sich lohnt, England und gerade Nord- und Mittelengland anstatt eines anderen Teils der Erde zu bereisen, gab die UNESCO eine überzeugende Antwort: Acht Stätten verlieh sie den Status Welterbe. Es sind ein Denkmal der Römerzeit (Hadrian's Wall), eine mittelalterliche Stätte mit Kathedrale und Burg (Durham), eine in einen Landschaftspark integrierte Abteiruine (Fountains Abbey), ein aristokratisches Schloss (Blenheim), drei Denkmäler der Industriellen Revolution (Ironbridge, Saltaire und das Derwent-Tal) sowie die Hafenbauten in Liverpool.

Streifzug durch die Architekturgeschichte

Vorzeit

Die Geschichte der Architektur in England beginnt mit Zeugnissen aus **prähistorischer Zeit.** In allen Teilen des Landes finden sich Spuren einer frühen Zivilisation, wie Erdwälle auf Anhöhen und kleinere Grabhügel. Die spektakulärsten Zeugnisse aus vorgeschichtlicher Zeit, wie Stonehenge und das neusteinzeitliche Dorf Skara Brae auf der Insel Orkney, fallen nicht in den Rahmen dieses Bands, aber auch in Nord- und Mittelengland gibt es interessante Stätten wie den Steinkreis Castlerigg bei Keswick, die Feuersteingruben Grime's Graves in Norfolk und Hügelfestungen der Ei-

senzeit wie Mam Tor bei Castleton, am Herefordshire Beacon nahe Great Malvern, Bredon Hill nahe Pershore, Erdwälle an der Burg von Thetford. Die Eichen von Seahenge wurden konserviert und können in der Stadt King's Lynn besichtigt werden.

Die eindrucksvollste Hinterlassenschaft aus der **Römerzeit** in England ist zweifellos Hadrian's Wall. Andere römische Bauwerke sind meist nur noch als Ruinen erkennbar, wie in York, Chester, Wroxeter bei Shrewsbury, Colchester und am Hardknott Pass im Lake District. Eine seltene Ausnahme bildet das erhaltene Stadttor von Lincoln, Newport Arch.

Frühes Mittelalter: Anglo-Saxon bis Norman

Der Begriff **Anglo-Saxon** bezeichnet die Periode vom 6. Jh. bis 1066. Es blieben wenige, meist etwas primitive Beispiele der angelsächsischen Architektur. Erwähnenswert sind Zeugnisse der Blüte monastischer Kultur im alten Königreich von Northumbria: die Kirchen in Jarrow und Monkwearmouth sowie die Krypten der Kirche von Hexham und der Kathedrale von Ripon. Sichtbare Relikte dieser Zeit in der Grafschaft Suffolk sind West Stow Anglo-Saxon Village bei Bury St Edmunds und die Grabhügel mit Besucherzentrum in Sutton Hoo bei Woodbridge. Bedeutende Stätten, allerdings mit Bauten aus späterer Zeit, sind Lindisfarne und Whitby.

Die englische Form der **Romanik,** die Einflüsse aus der Normandie aufweist, heißt **Norman** und umfasst den Zeitraum von 1066 bis ca. 1200. Erkennungsmerkmale sind Rundbogen und schweres Mauerwerk. Mit mächtigen Burgen sicherten die Normannen ihre Herrschaft. Auch an den Kathedralen und Klöstern entfaltete sich eine rege Bautätigkeit. Zu den schönsten Beispielen normannischer Architektur in Nord- und Mittelengland zählen Burg und Kathedrale von Durham, Clifford's Tower in York, die Burg von Newcastle-upon-Tyne, die Abteien Fountains und Rievaulx sowie die Kathedralen von Norwich und Peterborough.

Vielfalt der Formen: Gotik

Das Zeitalter der **Gotik** hat in England eigenständige Formen hervorgebracht, die sich oft von der kontinentaleuropäischen Gotik unterscheiden. Die Gotik wird in England in verschiedene Perioden unterteilt, beginnend mit **Early English** (ca. 1170–1240). Lanzettfenster und gebündelte Säulen um die Arkaden im Innenraum sind Merkmale dieses Stils. Beispiele sind das Schiff von Lincoln Cathedral und die Querhäuser von York Minster. Die Architektur der folgenden Periode, **Decorated** (ca. 1240–1330), erkennt man an den mehrbahnigen Fenstern mit reichem Maßwerk. Zu der großen Formenvielfalt dieser Epoche gehören geometrische, eher gradlinige Entwürfe, aber auch fließende Formen im Maßwerk, wie beispielsweise im York Minster. **Perpendicular** ist der Name einer Stilrichtung, die ab ca. 1330 in Erscheinung trat und bis ins 16. Jh. bestimmend blieb. Fenster und Wandflächen werden von einem gitterartigen Netzwerk überzogen, es entstanden fantasievolle Gewölbeformen. Ein frühes Beispiel ist der Chor der Kathedrale von Gloucester, ein spätes die atemberaubende King's College Chapel in Cambridge. Unzählige Pfarrkirchen bezeugen die Dominanz dieses Stils.

In fast jedem Dorf des Landes zeigen die Pfarrkirchen vorwiegend gotische Formen. Im Bereich der profanen Architektur gibt es zahlreiche Burgen, sowohl Ruinen wie in Yorkshire und Northumberland als auch zu Herrensitzen umgebaute Festungen, z. B. Warwick Castle und Alnwick Castle. Auch die Universitäten Oxford und Cambridge besitzen einen reichen Schatz an mittelalterlichen Bauten.

Im Perpendicular-Stil erbaut: Die Bodleian Library in Oxford

Architektur und Kunst

Herrenhäuser und Landsitze von Tudor bis Regency

Tudor bezeichnet korrekterweise die Regierungszeit der gleichnamigen Dynastie (1484–1603), in der der Perpendicular-Stil fortbestand und die ersten Renaissance-Einflüsse erkennbar sind. Im Volksmund bedeutet ›Tudor‹ das allgegenwärtige schwarz-weiße Fachwerk. Viele Bauten der Städte Chester und Shrewsbury und einzelne Häuser wie Little Moreton Hall sind Beispiele hierfür. In der zweiten Hälfte der Tudor-Periode (Elizabethan, 1558–1603) ließ der Hochadel großartige Herrensitze wie Hardwick Hall und Burghley House errichten. Traurige Reste dieser Zeit sind die im ganzen Land anzutreffenden Abteiruinen. Die Reformation führte zu unschätzbaren Verlusten an Architektur und religiöser Kunst: Gemälde, Bücher, Statuen, Schreine, Glasfenster, Werke der Goldschmiedekunst wurden zerstört. **Jacobean** nennt man die Bauwerke aus der Regierungszeit von König James I. (1603–25).

Der große Baumeister des späten 17. Jh. in England, Sir Christopher Wren, wirkte hauptsächlich in London. Das Sheldonian Theatre in Oxford stammt von ihm. Im 17. und 18. Jh. setzte sich der Barock-Stil in England nicht durch, obwohl Bauwerke wie Blenheim Palace von diesem Stil beeinflusst wurden. Statt dessen herrschen klassizistische Stilrichtungen vor und prägen die Epochen **Georgian** (1720–1810) bzw. **Regency** (1810–30). In dieser Zeit entstanden die meisten Herrensitze, manche davon im Palladianischen Stil, dessen Architekten sich von den Werken Andrea Palladios inspirieren ließen. Nirgendwo in England muss man weit fahren, um einen Herrensitz aus dieser Epoche zu sehen; Kirchenarchitektur aus dieser Zeit ist dagegen relativ dünn gesät. Beispiele für den eleganten Regency-Stil sind die Stadthäuser der Kurorte Cheltenham und Leamington Spa.

Industriedenkmäler

Die Erfordernisse der Industrialisierung stellten neue Herausforderungen an die Baukunst. Herausragende Beispiele für Industriearchitektur sind **Albert Dock** in Liverpool und **Salt's Mill** in Saltaire bei Bradford. Nordengland war die Wiege der Industriellen Revolution, Manchester im ausgehenden 18. Jh. die erste Industriestadt der Welt. Der Besuch eines der vielen Museen mit Zeugnissen dieser Zeit ist für das Verständnis einer Region, die von der Frühindustrialisierung geprägt wurde, sehr wertvoll.

In den bekanntesten Museen und Freilichtmuseen findet man Vorführungen von alten Herstellungs- und Handwerkspraktiken und sorgfältig restaurierte Maschinerie in zum Teil prächtigen Bauten – die Industriellen sahen ihre Fabriken gern als Tempel, Paläste, neue Weltwunder. Für einen Ausflug empfehlen sich das **Ironbridge Gorge Museum** bei Telford, **Quarry Bank Mill** bei Manchester, im Nordosten das **Beamish Open Air Museum** und in West Yorkshire das **Leeds Industrial Museum Armley Mills**.

Zum industriellen Erbe des Landes gehören auch die beiden für Touristen erschlossenen Verkehrssysteme, die die frühe Entwicklung der englischen Industrie ermöglichten: die **Kanäle** (s. S. 326) und das **Eisenbahnnetz** (s. S. 287).

Viktorianische Architektur

Victorian, ca. 1830–1900, ist von einer Vielfalt von historisierenden Stilen wie neugotisch, neuromanisch und klassizistisch geprägt. Ein Spaziergang durch das Zentrum fast jeder Stadt zeigt den eklektischen viktorianischen Geschmack, der in zahllosen Kirchen, in aus Glas und Gusseisen errichteten Bahnhöfen und Einkaufspassagen, in repräsentativen öffentlichen Bauwerken wie Rathäusern und Museen Ausdruck findet. Die größte Konzentration viktorianischer Architektur ist in den Stadtzentren von Leeds, Liverpool, Manchester und Newcastle-upon-Tyne zu sehen.

20. und 21. Jh.

Das **20. Jh.** lässt sich für Nord- und Mittelengland nur stellenweise in ein gutes Licht rücken, denn nach den großen Leistungen der Viktorianer kam eine lang anhaltende Periode der Stagnation. Jugendstil ist in England nicht ausgeprägt – dafür hielten sich lang der Einfluss der Arts-&-Crafts-Bewegung (s. S. 120) und historische Stile, wie in der gotischen Kathedrale in Liverpool. Die Nachkriegszeit bis zu den 1970er-Jahren ist vor allem von verfehlter Stadtplanung gekennzeichnet. Seit etwa zwanzig Jahren wendet sich das Blatt. Man besinnt sich auf die Tugenden des 19. Jh., renoviert alte Bausubstanz, beseitigt Bausünden und passt Neues dem Alten an.

Das **21. Jh.** beginnt hoffnungsvoll. Wohlstand ermöglicht Investitionen und Neugestaltung. Unter den Aufsehen erregenden einzelnen Bauten profilierter Architekten in der Region vor allem zwei zu nennen: In Newcastle-upon-Tyne die Konzerthalle The Sage aus der Firma von Lord Norman Foster sowie in Manchester das Imperial War Museum von Daniel Libeskind.

Gartenkunst

Zu den wesentlichen englischen Beiträgen zur Zivilisation zählt ohne Zweifel die Gartenkunst. Napoleon soll die Engländer verächtlich als Krämervolk bezeichnet haben; Volk von Gärtnern wäre eher richtig. Die Gartentradition der Insel ist zum Teil auf das Klima zurückzuführen. Der Winter ist kurz und, außer in den Bergen, mild. Im Sommer muss der Rasen zwar häufig gesprengt werden, aber das wechselhafte, oft kühle Wetter trocknet die Gärten nicht aus.

Es gab auch andere Gründe für die Gartenliebe der Engländer. Die Aristokratie besaß im 18. Jh. die finanziellen Mittel, um große Landschaftsgärten zu gestalten. Diese Tradition wurde nicht durch Krieg oder Revolution unterbrochen, sondern sickerte im 19. Jh. in andere soziale Schichten durch. Der hohe Anteil an Eigenheimen und die Bevorzugung von kleinen Ein- bis Zweifamilienhäusern bedeutet, dass viele Engländer einen eigenen, wenn auch oft bescheidenen Garten besitzen. Auf dem Lande und in Dörfern gedeiht der *cottage garden,* ein intensiv bepflanztes, blühendes Paradies um ein kleines Haus. Der traditionelle Cottage-Garten ist ein

ungezwungenes, jedoch geplantes Durcheinander von Zier- und Nutzpflanzen: Blumen, Kletterpflanzen an den Mauern, Gemüsebeete sowie Obstbäume und -sträucher. Gartenbesuche gehören zu den beliebtesten Freizeitbeschäftigungen der Engländer, denn das Angebot an öffentlich zugänglichen Gärten ist in allen Landesteilen reichhaltig.

Der englische Landschaftsgarten des 18. Jh.

Viele der bekanntesten Gärten gehören zu großen Herrenhäusern. Es waren die Gärtner des Hochadels, die im 18. Jh. den ersten spezifisch englischen Beitrag zur Gartenkunst leisteten, den Landschaftsgarten. Vorher herrschten französische, holländische und italienische Einflüsse vor. Gartengestaltung war formell, Hecken, Teiche, Wege und Blumenrabatten waren geometrisch angeordnet. Der Landschaftsgarten dagegen betonte natürliche Formen. Es war die Aufgabe des Gärtners, sich die natürlichen Gegebenheiten des Landes zunutze zu machen, der Natur zu noch größerer Vollkommenheit zu verhelfen.

Eines der ersten Beispiele für diese neue Form der Gartengestaltung ist **Rousham Park** bei Oxford, wo der ursprüngliche Plan von **William Kent** (um 1735) weitgehend erhalten ist. Kent arbeitete mit den Formen von Tal und Hügel, verschönerte die Konturen mit Baumgruppen und verzichtete darauf, den Fluss Cherwell in einen Kanal zu verwandeln. Die auf ferne Tempel und Ruinen gerichteten Blicke der Besucher verbanden den eigentlichen Garten mit der umliegenden Landschaft. Auch die Erfindung des Ha-Ha, einer im Graben versteckten Mauer an der Parkgrenze, verwischte die Grenzen zum umliegenden Gelände. Der frühe Landschaftsgarten vertrat eine politische Idee, nämlich eine Betonung des freiheitlichen Gedankens gegenüber den steifen Barockgärten, die den französischen Absolutismus symbolisierten.

Der berühmteste aller Landschaftsgärtner war **Lancelot ›Capability‹ Brown.** Brown erhielt den Beinamen aufgrund seiner Gewohnheit, seinen adligen Mäzenen gegenüber die

scheinung und lange Haare feinen Besuchern eine schaurige Überraschung bereiteten.

Vom 19. Jh. bis heute

Ab 1800 wurden immer mehr exotische Pflanzen kultiviert: Schon 1789 kamen die ersten Dahlien aus Mexico, dann neue Rosenzüchtungen aus China, Fuchsien aus Südamerika, ab 1830 Rhododendren aus Amerika und dem Himalaya. Auch fremdartige architektonische Formen erschienen in Gestalt von chinesischen Pagoden und Gartenhäuschen im islamischen oder im Hindu-Stil. **Biddulph Grange** in Staffordshire, nördlich von Stoke-on-Trent, ist ein Beispiel für den viktorianischen Stilpluralismus.

Am Ende des 19. Jh. kündigte sich ein einfacherer Stil an, der vom Cottage-Garten beeinflusst war und bis heute besteht. Intimere Gärten mit einer üppigen, farblich abgestimmten Blumenpracht in einem architektonischen Rahmen zeigen Geschmack ohne Protz. **Hidcote Manor Garden** im Cotswold-Gebiet ist einer der beliebtesten Gärten dieser Tradition.

Das Gartenfieber grassiert weiterhin. Am Familiensitz **Alnwick Castle** investiert der Herzog von Northumberland eigene Millionen und EU-Gelder in den ersten großen Landschaftsgarten seit dem 19. Jh. Der Garten wird zeitgemäß gestaltet, d. h. interaktiv, behindertenfreundlich und – welch ein Bruch mit der Tradition! – europäisch: Die Gartenarchitekten sind Belgier.

Malerei und Bildende Kunst

Maler aus Ostengland

Zu den berühmtesten englischen Malern des 18. Jh. gehört der in Sudbury in Suffolk geborene **Thomas Gainsborough** (1727–88). Er machte als Porträtmaler im Kurort Bath Karriere, wo sich alles, was Rang und Namen hatte, zur Erholung traf. In den folgenden Jahren malte Gainsborough Hunderte von Porträts, die in den großen Museen der Welt und in vielen englischen Herrensitzen hängen.

Seine Spezialität war das Freilichtporträt, auf dem man hinter die elegant gekleideten, grazilen Figuren seiner Mäzene Parklandschaften sieht, wie sie der englische Adel im 18. Jh. gestalten ließ. Besonders charmant sind Gainsboroughs Kinderporträts, und im 20. Jh. fanden auch seine Landschaften Anerkennung.

Unter den Gegenden Englands, die mit Kunst assoziiert werden, gehört das Tal des Stour an der Grenze von Suffolk zu Essex. Diese Region ist allgemein als ›Constable Country‹ bekannt. **John Constable** (1776–1837) war kein Mitglied der High Society, obwohl er in London und Paris ausstellte und später in die Royal Academy aufgenommen wurde. Der Sohn eines wohlhabenden Müllers, Besitzer der Wassermühle Flatford Mill am Stour, fand seine schöpferische Kraft in der Natur, die er genau beobachtete, insbesondere in der Landschaft seiner Jugend um die Orte East Bergholt und Dedham.

Während die Gemälde der aus East Anglia stammenden Maler Constable und Gainsborough in alle Welt verstreut sind, blieben die Werke einer Gruppe ostenglischer Maler, die als **Norwich School** bezeichnet wird, zum größten Teil in der Provinz, wo sie entstanden. Die bekanntesten Maler der Gruppe, John Sell Cotman (1782–1842) und John Crome, führten die englische Aquarellmalerei zu einem Höhepunkt (s. Thema S. 388).

Die Präraffaeliten

Im Revolutionsjahr 1848 hatten sich drei junge Künstler, **Dante Gabriel Rossetti** (1828–82), **John Everett Millais** (1829–96) und **William Holman Hunt** (1827–1910), zu einer Bruderschaft namens ›Pre-Raphaelite Brotherhood‹, zusammengeschlossen. Sie wandten sich gegen die formelhafte Kunst der verkrusteten Royal Academy und wollten der Malerei neue Impulse geben, indem sie die vermeintliche Natürlichkeit und Echtheit der Kunst in der Zeit vor Raffael als Ideal propagierten – daher der Name. In dem einflussreichen Kunstkritiker **John Ruskin** (1819–1900) fanden sie große Unterstützung, die ihnen binnen weniger Jahren zu Ansehen und Erfolg verhalf. Vorbilder der Präraffaeliten waren die deut-

National Trust und English Heritage

Thema

Viele der schönsten Herrenhäuser, Landschaftsgärten und Industriedenkmäler sowie ausgedehnte Flächen schutzwürdiger Landschaft gehören der Organisation, die sich als Hüter des nationalen Kulturgutes das Eichenblattsymbol gewählt hat: der National Trust.

Der National Trust, 1895 als eingetragener Verein gegründet, besitzt oder kümmert sich um 350 historische Häuser, Denkmäler und Gärten, darunter viele Herrensitze mitsamt Parks und Kunstschätzen, ganze Dörfer inklusive Pubs, ca. 50 Mühlen und Industriedenkmäler und 1100 km Küste. Mit über 4 Mio. Mitgliedern und über 14 Mio. Besuchern jährlich ist der Trust eine wahre Massenbewegung.

Zu den Angestellten des Trust gehören Architekten, Kunsthistoriker und -restauratoren, Förster, Archäologen, Gärtner, Liegenschaftsverwalter und Experten für alle Aspekte der Landschaftspflege. Die Hälfte der 248 000 ha Grund, die sich im Besitz des Trust befinden, wird an Landwirte verpachtet, die verpflichtet sind, traditionelle Methoden der Landwirtschaft anzuwenden. Ohne solche Pflege würden Lebensräume, die über Jahrhunderte entstanden sind, verschwinden. Die Ländereien wurden teils dem Trust vermacht, wie beispielsweise die zu Herrenhäusern gehörenden Güter, oder wurden – finanziert durch Spendenaktionen – wegen ihrer ökologischen Bedeutung gekauft.

In früheren Jahren musste sich der Trust den Vorwurf gefallen lassen, sich zu sehr um ›tote‹ Kultur, also um die museale Seite der alten Herrensitze, zu kümmern. Die Kritik trifft nicht mehr zu. Mit Mitgliedsbeiträgen und Spenden werden Moore, Dünen und Heidelandschaften wiederhergestellt, Naturschutzgebiete geschaffen, erosionsgeschädigte Pfade in den Bergen repariert, Bäume ge-

pflanzt, vom Aussterben bedrohte Schafrassen gerettet, Küstenabschnitte mit Klippen, Stränden und Dünen für nachfolgende Generationen gesichert. Auch um die Kultur des einfachen Mannes kümmert sich der Trust. Arbeiterhäuser in Birmingham werden samt Einrichtung im Originalzustand bewahrt, ein Armenhaus in Southwell bei Nottingham wurde restauriert. Medienwirksamer war der Erwerb von zwei einfachen Wohnhäusern in Liverpool: Im engen Haus, 20 Forthlin Road, wuchs Paul McCartney auf, in dem geräumigeren Haus Mendips John Lennon.

Eintrittsgelder und die Einnahmen der Andenkenläden und Tea Shops decken die Unterhaltskosten selbst in viel besuchten Häusern nicht, und der Trust ist auf die Spenden von Natur- und Kunstliebhabern angewiesen. Trotzdem erkannte die dem Umweltministerium unterstehende Organisation English Heritage, die hauptsächlich Burgen, Abteiruinen und vorgeschichtliche Denkmäler besitzt, dass durch bessere Vermarktung ein Teil der Unterhaltskosten gedeckt werden kann. So gibt es an den 400 English-Heritage-Stätten Cafés, Bücher und Andenken, Ferienwohnung in alten Gemäuern und Veranstaltungen wie Konzerte.

English Heritage bietet Besuchern aus dem Ausland einen Urlaubspass (s. S. 83) für eine oder zwei Wochen. Wer sich für Herrensitze und Gärten interessiert, sollte überlegen, eine Jahresmitgliedschaft im National Trust zu erwerben. Sie lohnt sich bereits nach vier bis fünf Besuchen.

schen Nazarener, die glaubten, die Malerei solle moralischen Zielen dienen und der eitlen Virtuosität der Renaissance-Zeit zu Gunsten der Ideale des Mittelalters abschwören.

Die frühen Bilder der Präraffaeliten unterschieden sich von der konventionellen Malerei der Zeit durch ihre brillanten Farben, da sie in Anlehnung an die Fresko-Technik die Farben auf feuchten, weißen Malgrund auftrugen. Neu war auch die detailgetreue Wiedergabe der Natur – sie malten schon lange vor den Impressionisten unter freiem Himmel. Hinzu kam die Wahl von bedeutungsschweren Sujets aus der Bibel, aus mittelalterlichen Epen oder aus der Dichtung, etwa von John Keats und Alfred Tennyson mit mittelalterlich-romantischer Thematik.

Zu den Malern, die später ebenfalls zur Gruppe gezählt wurden, gehörten **Ford Madox Brown** (1821–93) ab den 1850er-Jahren sowie **Edward Burne-Jones** (1833–98) und **William Morris** (1834–96), deren Arbeiten nicht nur auf Leinwand, sondern auch auf den Glasfenstern vieler englischer Kirchen zu sehen ist. Dabei wurde der Begriff ›präraffaelitisch‹ zunehmend verwässert und bezeichnet heute im allgemeinen Bewusstsein gefällige Gemälde voller Realitätsflucht in romantisch verklärte Welten des Mittelalters.

Bilder der Präraffaeliten hängen in fast allen bedeutenden Kunstsammlungen in Nord- und Mittelengland, vor allem in der Walker Art Gallery in Liverpool und der Birmingham City Art Gallery. Das Rathaus in Manchester schmücken Wandmalereien von Ford Madox Brown. Glasmalereien von Burne-Jones sind in der St Philip's Cathedral in seiner Heimatstadt Birmingham zu sehen. In der Kirche St-Martin-on-the-Hill in Scarborough wurden Decke, Glasfenster und Ausstattung von Morris, Burne-Jones, Ford Madox Brown und Rossetti gestaltet.

Film

Britische Filmregisseure beherrschen die Kunst, eine Geschichte mit Witz und gleichzeitig mit Tiefgang zu erzählen. Ohne an-

strengende Betroffenheit beleuchten sie ernste Themen, sind sozialkritisch und verlieren dabei ihren – oft tiefschwarzen – Humor nicht.

Harte soziale Wirklichkeit

Eine Reihe solcher Filme befasste sich in den letzten Jahren mit Nordengland, vor allem mit den Folgen des Niedergangs alter Industrien für die Arbeiterklasse. Zwei davon waren auch im deutschsprachigen Raum Kassenschlager: ›Billy Elliot‹ (Regie Stephen Daldry, 2001) ist die Geschichte eines Jungen aus dem Nordosten, der gegen den Willen seines im Kohlebergbau beschäftigten Vaters Balletttänzer werden will; ›Ganz oder gar nicht‹ (englisch ›The Full Monty‹, Regie Peter Cataneo, 1997) handelt von Arbeitslosen in der Stahlstadt Sheffield, die ihr Glück im Männer-Striptease versuchen. Andere Filme mit ähnlicher Thematik liefen eher in Programm- als in kommerziellen Kinos. In ›Mit Pauken und Trompeten‹ (englisch ›Brassed Off!‹, Regie Mark Herman, 1996) ging es um die Blaskapelle einer Kohlezeche, die geschlossen werden soll.

Wenn man einfach laut lachen möchte, dann sind die auf Basis von Plastilin-Figuren erstellten Trickfilme (›Wallace und Gromit‹) von Nick Park nicht zu übertreffen. Die Studios sind im südwestenglischen Bristol, die Filme stellen liebevoll-ironisch die Welt heruntergekommener Textilstädte nördlich von Manchester dar. Die harte gesellschaftliche Kritik sollte Kinogänger nicht von einer England-Reise abhalten: Die beschriebenen Filme zeigen eine in einem schmerzlichen Wandlungsprozess begriffene Welt, der man während einer Urlaubsreise nicht begegnet, auch in den mittlerweile aufblühenden Großstädten nicht.

Seebad-Nostalgie

Zwei weniger bekannte aber wirklich sehenswerte Filme spielten in der altmodischen Welt der Seebäder: ›Tödliche Scherze‹ (englisch ›Funny Bones‹, Regie Peter Chelsom, 1995), ein urkomischer Streifen über die dunklen Ursprünge von Humor, bei dem einem das La-

chen im Hals stecken bleibt, spielt in Blackpool; ›Little Voice‹ über die verworrene Familiengeschichte einer Sängerin (Regie Mark
Herman, 1998) in Scarborough.

Literatur

Bereits während der angelsächsischen Zeit
entstanden beachtliche Werke wie der Vers-
epos ›Beowulf‹, aber meist werden die Anfänge einer großen Tradition im späten 14. Jh.
gesucht. Damals schrieben die Dichter
Chaucer (›The Canterbury Tales‹) und **Lang-
land** (›Piers Plowman‹) die wichtigsten frühen
Werke der englischen Literatur.

Seit der glanzvollen Zeit in der zweiten
Hälfte des 16. Jh. mit den Dramen von **William Shakespeare** und **Christopher Marlowe** wurde die Reihe großer Schriftsteller nie
unterbrochen. Jedes Zeitalter brachte große
Dichter und Dramatiker hervor, und ab dem
18. Jh. entwickelte sich der Roman zur einer
dominanten literarischen Gattung. London
war schon immer der Mittelpunkt der Szene,
aber auch in anderen Landesteilen wurden
bedeutende Werke geschaffen. Drei im Rahmen dieses Bands beschriebene Orte sind
Ziele einer Wallfahrt für Literaturfreunde: Stratford-upon-Avon als Geburtsort von Shakespeare und Theaterstadt, Haworth in Yorkshire als Wirkungsstätte der **Brontë-Schwestern** und der Lake District, Heimat des
Romantikers **William Wordsworth.**

Musik

Auf Leistungen in zwei recht unterschiedlichen Bereichen der Musik kann das Land
stolz verweisen: Auf die kirchliche und klassische Tradition seit dem Mittelalter, aber
auch auf die Beiträge zur Rock- und Pop-Kul-
tur der letzten 50 Jahre.

Die klassische Tradition
Zur kulturellen Blüte des 16. Jh. gehören
große Namen in der Musik, vor allem **Thomas Tallis** (1505–85), der vorwiegend sakrale

Kompositionen schuf, und **William Byrd**
(1543–1623), der Motetten, Messen und Ma-
drigale komponierte. Unter den Lieder-Kom-
ponisten der englischen Renaissance um
1600 sind **Thomas Morley** (1558–1602) und
John Dowland (1563–1626) zu nennen. Der
überragende Vertreter der Barockzeit war
Henry Purcell (1659–95). Seine sakrale und
höfische Musik betrachten viele als das
Größte, das die Insel hervorbrachte. Nach
ihm geschah etwas Merkwürdiges: 200 Jahre
lang gab es keinen britischen Komponisten
von internationalem Rang.

Erst **Edward Elgar** (1857–1934), der ›englische Brahms‹, leitete eine neue Glanzzeit ein.
Zu den bedeutenden Komponisten des
20. Jh. gehören **Ralph Vaughan Williams**
(1872–1958), dessen Orchesterwerke den
Einfluss englischer Volkslieder aufweisen, **Michael Tippett** (1905–98; Opern, Werke für
Chor und Orchester) und an erster Stelle **Benjamin Britten** (1913–76). Der für seine Opern
und sein Kriegsrequiem bekannte Britten
gründete an seinem Wohnsitz in Aldeburgh,
Suffolk, ein vielbeachtetes Festival. Zahlreiche
Musikfestivals und die ausgezeichneten
Chöre in Kathedralen und in den Universitäten Oxford und Cambridge pflegen diese mu-
sikalische Tradition.

Pop und Rock
Wenn es um Pop und Rock geht, denkt man
zuerst an die **Beatles** und die unverwüstli-
chen **Rolling Stones.** Die Liste der Weltstars,
auch aus Nord- und Mittelengland, ist tatsächlich viel länger. Der 1951 in Wallsend bei
Newcastle als Sohn eines Milchmanns auf
die Welt gekommene Gordon Matthew Sum-
ner ist unter seinem Künstlernamen **Sting**
besser bekannt. Der in Glasgow geborene
Mark Knopfler wuchs ebenfalls in Newcastle
auf und hatte seine ersten Auftritte in den
Clubs von Leeds.

Aus Manchester stammen die Gallagher-
Brüder mit ihrer Band **Oasis** sowie die Musi-
ker **Morrissey** und **Badly Drawn Boy,** aus
Oxford die Gruppe **Radiohead,** aus dem mit-
telenglischen Stoke-on-Trent der Popstar
Robbie Williams.

Essen und Trinken

Wenn die Erwartungen gering sind, kommt unverhoffte Freude auf. Für die verrufene Gastronomie auf der Insel brechen neue Zeiten an. Zu den alten Stärken wie Frühstück und Afternoon Tea gesellt sich die ›neue britische Küche‹. Der Einfluss asiatischer Einwanderer und die Rückbesinnung auf traditionelle regionale Zutaten sind weitere Lichtblicke.

Der schlechte Ruf der englischen Küche hat Tradition. Ein italienischer Reisender des 17. Jh., der in seiner Heimat gastronomische Vielfalt und religiöse Uniformität gewohnt war, berichtete entsetzt über die protestantische Insel, dort gebe es 500 Sekten und nur eine einzige Soße. Heute ist das Bild differenzierter: Die englische Gastronomie nimmt eine insgesamt erfreuliche Entwicklung, und doch erlebt man immer wieder Enttäuschungen. Auslandsurlaub, die Küche von Einwanderern, ein höheres Einkommen und die Beliebtheit von Kochen als Hobby und Fernsehunterhaltung haben den Geschmack der Briten positiv beeinflusst. Zu einem entsprechenden Preis findet man in jeder Region vorzügliche Gastronomie; wer preiswert essen will, holt am besten vor Ort Empfehlungen ein. Wenn man sich informiert und bei der Wahl der Lebensmittel und Lokale Mühe gibt, kann eine Englandreise kulinarisch sehr befriedigend verlaufen. Überlässt man alles dem Zufall, werden die alten Schwächen bemerkbar.

Vom Frühstück zum Nachmittagstee

English Breakfast

English breakfast und *afternoon tea* sollte man unbedingt probieren. Mit einem *english breakfast* nimmt der Urlaubstag einen guten Anfang. Wenn man richtig Appetit hat, besteht das englisch Frühstück aus Orangensaft, Cornflakes oder Müsli, *bacon and egg –* gebratenem Schinken mit Spiegelei – und Tomaten, vielleicht auch Würstchen, Champignons und *baked beans* (weiße Bohnen in Tomatensoße) und schließlich viel Toast mit Orangenmarmelade, damit man auf das Mittagessen verzichten kann. Zu Hause nehmen Engländer selten ein so umfangreiches Frühstück ein, aber Gasthäuser und Hotels bieten es fast immer an. Besucher, denen das alles zu viel ist, können *continental breakfast,* d. h. Toast und Marmelade, bestellen. Der Schriftsteller Somerset Maugham meinte, in England sollte man zu jeder Mahlzeit *breakfast* bestellen.

Pub Lunch

Wer zwischen *breakfast* und *afternoon tea* noch Hunger verspürt, dem sei ein *pub lunch* empfohlen, das man zwischen 12 und 14 Uhr in vielen Pubs bekommt. *Pub lunch* ist in der Regel preiswerte, solide Hausmannskost. Ein beliebter Imbiss heißt *ploughman's lunch (ploughman* = Pflüger), Brot und Käse, mit etwas Salat und einer pikanten Beigabe zurechtgemacht. Rustikal geht es weiter mit *shepherd's pie,* Rindergehacktem unter einer Schicht Kartoffelpüree im Ofen überbacken, auch keine Haute Cuisine, aber eben typisch englisch. Ein *pub lunch* bietet oft Salate mit Käse, kaltem Braten oder Fisch. Lachs wird viel gegessen, auch im Pub zum Salat.

Afternoon Tea

Zum Afternoon Tea sucht man am besten einen *tea shop* oder *tea room* auf. Der ›Fünf-

Essen und Trinken

Uhr-Tee‹ des *afternoon tea* ist ein alter Brauch der Oberschicht und besteht traditionell aus kleinen, dünn geschnittenen Butterbroten und Kuchen, dazu reichlich Mengen einer guten Teesorte, vielleicht Earl Grey.

Das Sandwich, ein englischer Beitrag zur Esskultur, wurde laut Überlieferung zuerst im 18. Jh. für den gleichnamigen Grafen zubereitet. Der Earl of Sandwich wollte einen deftigen Imbiss, der ihn nicht vom Spieltisch ablenkte. Im *tea room* bestellt man zum Nachmittagstee verschiedene getoastete Backwaren, *teacakes, crumpets* oder *muffins,* die mit Butter und Marmelade bestrichen gegessen werden. Englischer Kuchen ist oft sehr gut, besonders der *fruit cake.* Sahnetorte ist nicht die Stärke der Briten. Die beste Mahlzeit der Nachmittagsküche heißt *cream tea* und besteht aus *scones* (Rosinenbrötchen) mit Erdbeermarmelade und Sahne. Sehr beliebt ist dazu *clotted cream,* eine feste, gelbliche, besonders fetthaltige Sahne. Der Tee ist preiswert, besonders wenn man ›*a pot of tea for two*‹ bestellt, da es dann gelegentlich eine große Kanne mit Tee und eine zweite mit heißem Wasser zum Nachgießen gibt.

Inzwischen haben auch in England Espressomaschinen Einzug gehalten, und auf jeder Hauptstraße haben sich Coffee Shops mit teurem, aber echtem Kaffee in allen Variationen der italienisch-amerikanischen Kaffeekultur etabliert.

Typische Gerichte

Fish and Chips

Das sättigende Nationalgericht **Fish and Chips** ist Backfisch mit Pommes Frites. Als Fisch wird heute meist Schellfisch *(haddock)* verwendet, da die Bestände an Kabeljau *(cod)* stark zurückgegangen sind; Kartoffelchips heißen in England *crisps* und werden in rauen Mengen und abenteuerlichen Geschmacksvarianten verzehrt, vor allem im Pub zum Bier. Die Zahl der spezialisierten *Fish and Chip Shops* geht zurück. Man sollte sich Empfehlungen vor Ort holen, denn es gibt ausgezeichnete Fischrestaurants mit die-

sem preiswerten Gericht und andere, die zu einer annehmbaren Fischportion ungenießbare Pommes Frites servieren.

Pie und Pudding

Eine Stärke der englischen Küche ist *pie,* ein gefüllter Mürbe- oder Blätterteigkuchen mit Boden und Deckel, der als Hauptgericht oder als Nachtisch gegessen wird. Die Füllung kann aus Fleisch bestehen, wie bei *Steak and Kidney Pie* (Rindfleisch mit Niere) und *Pork Pie* (Schweinefleischfüllung) oder auch Obst. Besonders beliebt ist *Apple Pie,* aber auch Rhabarber, Stachelbeeren und andere Obstsorten werden verwendet. Als Nachtisch wird *pie* mit Sahne oder heißer Vanillesoße *(custard)* gegessen. Das Wort *pudding* wird als allgemeiner Begriff für Nachtisch verwendet. Unter den heißen Pudding-Sorten ist *Sticky Toffee Pudding* zu nennen. Er hat einen intensiven Karamell- oder Melassengeschmack, ist kalorienreich und bei kompetenter Zubereitung wirklich köstlich. Ein Höhepunkt unter den kalten Desserts ist *Summer Pudding,* aus Brot und sommerlichem Beerenobst.

Der englische Sonntagsbraten

Das Traditionsgericht schlechthin ist Roast Beef. Der Ausbruch des ›Rinderwahns‹ oder BSE verminderte kurzfristig den Konsum von Roastbeef, aber die Liebe der Briten zum Sonntagsbraten, ob von Rind, Schwein oder Lamm, hat bisher jeden Lebensmittelskandal überdauert. Engländer essen Fleisch öfter medium oder durchgebraten als ›englisch‹. Der Braten ist meistens das Beste an dieser traditionellen Mahlzeit, die Gemüsebeilagen sind nicht immer optimal zubereitet. Zum Rinderbraten isst man traditionell *Yorkshire Pudding,* kurz gebratene kleine Teigküchlein aus Mehl, Eiern und Milch, und zum Lammbraten gibt es Minzsoße aus frischen, gehackten Minzblättern in Essig. Auf das heimische Lammfleisch ist man in vielen Regionen zu Recht stolz. Wenn die Herkunft angegeben wird, z. B. *Yorkshire Dales lamb,* ist es wahrscheinlich, dass der Gastronom einen guten, ihm vielleicht persönlich bekannten Lieferanten hat. *Traditional Sunday lunch* ist bei gu-

Kippers – geräucherte Bücklinge – sind eine Spezialität im Norden

ten Köchen zu Hause und in besseren Lokalen ein wahrer Genuss, gehört aber in vielen Pub-Restaurants zu den mittelmäßigen Gerichten, die alte Vorurteile bestätigen.

Käse

Englische **Käsesorten** verdienen viel mehr Anerkennung: Cheddar und Stilton, ein blauer Schimmelkäse, sind die bekanntesten, aber die Auswahl ist wesentlich größer. Cheshire-, Lancashire- und Wensleydale-Käse sind typisch für den Norden, während in Mittelengland vorzügliche Zubereitungen wie der Red Leicester mit Walnüssen oder Cotswold-Käse mit Schnittlauch hergestellt werden. Beim jährlichen Fest der britischen Käsehersteller werden 600 und mehr Sorten präsentiert. War früher fast nur aus Kuhmilch gewonnener Käse vertreten, gibt es jetzt viele Sorten aus Ziegen- und Schafsmilch.

Britisch, asiatisch, europäisch

›Moderne britische Küche‹ entspringt der Erkenntnis, dass die einheimische Küche durchaus Stärken hat, die es hervorzuheben und gegebenenfalls mit den Vorzügen ausländischer Traditionen zu verbinden gilt. Auf Lieferanten aus der Gegend als Quelle frischer Zutaten sowie auf Nennung der Herkunft wird ebenso Wert gelegt wie auf die Wiederentdeckung von Fisch und Meeresfrüchten aus heimischen Gewässern. Gleichzeitig ist in der Zubereitung der Einfluss französischer oder mediterraner Küche erkennbar.

Hier zur Erläuterung einige Auszüge aus der Karte eines nordenglischen Restaurants mit Michelin-Stern (Northcote Manor in Longridge), das zu den Vorreitern der Bewegung der ›modernen englischen Küche‹ gehört. Hauptgerichte: Lendenstück von Herdwick-Hammelfleisch mit Artischockenpüree und Honig-Minz-Sauce; gebackener Heilbutt mit Fondue von Shorrocks Lancashire-Käse, Speck von der Sillfield Farm und Ascrofts Tempura-Blumenkohl. Nachtisch: Yorkshire-Rhabarber mit Vanillecreme; vier gereifte Käsesorten von Beacon Fell. Auch viele Restaurants, die mit keinem Stern ausgezeichnet wurden, legen Wert auf gute Zutaten aus der Gegend, deren Herkunft sie nennen.

Vor nicht allzu langer Zeit war Ziegenkäse eine Rarität und kam aus Frankreich, niemals aus Wales; luftgetrockneter Schinken aus

Real ale – ein Plädoyer   Thema

Eine Wiederbelebung traditioneller Braukunst – Stichwort: *real ale* – hat die Auswahl an Bier-Sorten in englischen Pubs erweitert und die Qualität erheblich verbessert. Trotzdem beherrschen geschmacksarme, industriell hergestellte Marken den Massenmarkt. Wie findet man auf der England-Reise die guten *ales*? Hier wird der Unterschied erklärt.

Bei der ersten Bierprobe im Pub stellt man fest, dass die Engländer einen anderen Geschmack haben. Das deutsche Reinheitsgebot gilt nicht, das Bier wird nicht immer kühl serviert, und auf eine Schaumkrone wird wenig Wert gelegt. Schaut man genauer hin, entdeckt man nicht nur grundlegende Unterschiede zwischen den Biersorten der Insel, sondern auch – hoffentlich – das echte, handwerklich hergestellte englische Bier: *real ale.*

Das traditionelle Bier ist das dunkle, obergärige Bitter. Einen dominanten Marktanteil hat aber inzwischen das helle Lager, das an kontinental-europäisches Bier erinnern soll. Lager ist im Gegensatz zu Bitter untergärig und teurer. Der Haltbarkeit wegen wird Lager – in den großen Brauereien auch Bitter – gefiltert und pasteurisiert. Für die Produktion im großen Maßstab wird an den Zutaten gespart, beispielsweise durch den Einsatz von Reis statt Gerstenmalz und von weniger aromatischen Hopfen. Um zu verbergen, dass dieses Produkt ein totes, eher chemisches Getränk mit wenig Geschmack ist, wird das Bier kalt ausgeschenkt und mit Kohlendioxid aus einem Gaszylinder künstlich ›beatmet‹. Diese Lagersorten haben mit einem Pils wenig gemein. Teilweise werden sie unter der Lizenz einer weltbekannten Marke produziert, aber mit einer anderen, billigeren Rezeptur als das Original. In den 1970er-Jahren setzte eine Reaktion gegen diese Herstellmethode ein. Die Organisation CAMRA, Campaign for Real Ale (*ale* ist ein Synonym für traditionelles Bier), kämpfte erfolgreich um den Erhalt der verbleibenden ›reinen‹ Biersorten. Für die besten *ales* werden Hopfen-, Malz- und Hefesorten verwendet, die dem Bier viel Aroma und einen komplexen Geschmack verleihen – wie bei einem guten Wein. Bei der Abfüllung des unfiltrierten, unpasteurisierten (d. h. lebenden, hefehaltigen) Biers in Fässer traditioneller Bauweise (›casks‹) wird ein wenig Zucker hineingegeben. Dadurch wird das Bier einer zweiten Reifung im Fass unterzogen, was den Geschmack anreichert. Der Kneipenwirt muss die angelieferten Fässer ruhen lassen und das natürliche Kohlendioxid kontrolliert entweichen lassen. Dann wird *real ale* bei Kellertemperatur (ca. 12 °C) mit der Hand ohne Zusatz von Kohlensäure gepumpt. Es ist weniger haltbar als industriell gefertigtes Bier und erfordert sorgfältige Behandlung durch den Wirt.

Viele regionale Brauereien und eine wachsende Zahl von Kleinstbrauereien beherrschen diese traditionelle Brauweise. Gab es in den 1970er-Jahren nur noch 200 britische Brauereien, wird die Zahl heute auf ca. 900 geschätzt – darunter viele »Microbreweries«, die von zunehmendem Qualitätsbewusstsein profitieren. Der Geschmack des englischen *real ale* ist für manche Mitteleuropäer zuerst gewöhnungsbedürftig (›nicht kalt genug! Wo ist die Schaumkrone?‹), es lohnt sich aber ihn kennenzulernen. Schauen Sie, ob an der Theke Handpumpen stehen und suchen Sie nach den Stichworten ›real ale‹ und ›cask-conditioned‹ (Fassreifung).

dem Mittelmeerraum, nicht aus Cumberland. Traditionalisten verwendeten Olivenöl zur Behandlung von Ohrenschmerzen, nicht um die guten alten englischen Stampfkartoffeln zu verunreinigen!

Im Trend: Gastropubs

Gewandelt hat sich also einiges, doch noch nicht genug. Es kommt vor, dass Restaurants sich den neuen Trends verschreiben, und das Ergebnis mehr gewollt als gekonnt ist. Die Beschreibungen auf der Karte klingen köstlich, die Ausführung lässt manchmal zu wünschen übrig. Umstritten ist die rapide Verbreitung der so genannten ›Gastropubs‹, d. h. Pubs mit Küche gehobener Klasse. Ambitionierte Köche übernehmen ländliche Kneipen, renovieren und sprechen mit einer multikulturellen Menükarte einen neuen Kundenkreis an. Diese Entwicklung hat vielerorts das kulinarische Niveau spürbar verbessert; in anderen Fällen geht der Charakter eines wunderbaren Pubs verloren, und die Qualität der englisch-italienisch-thailändisch-amerikanischen Speisen kann sich mit den Preisen nicht messen.

Asiatische Küche

Groß ist die Zahl der Restaurants, die gar keine englische Küche bieten. Neben französischen und italienischen Lokalen gibt es sehr viele chinesische und indische Restaurants. Die Qualität der chinesischen Restaurants ist im Allgemeinen höher als in Deutschland, und manche gehören zur Spitzenklasse: Im chinesischen Viertel von Manchester finden sich ausgezeichnete Restaurants. Die indische Küche ist überall vertreten. Nicht alle Gerichte sind scharf gewürzt – man kann sich eine böse Überraschung ersparen, wenn man weiß, dass ›hot‹ auf der Speisekarte nicht auf ein warmes, sondern auf ein scharf gewürztes Gericht hinweist. ›Indische‹ Restaurants, die z. T. von muslimischen Immigranten aus Pakistan und Bangladesh geführt werden, sind auch deshalb preiswert, weil sie keine alkoholischen Getränke servieren: Man bringt Wein oder Bier selber mit. Hochburgen dieser Küche sind Manchester, Bradford und Birmingham.

In Pub und Restaurant

Ende 2005 wurden die Öffnungszeiten im Pub liberalisiert. Bis dahin war die Gesetzgebung eisern: Kurz vor 23 Uhr wurde eine Glocke geläutet, der Wirt rief »Last orders, please!«, und man drängte sich an die Theke für eine letzte Runde. Punkt 23 Uhr wurde »Time gentlemen, please!« gerufen, Bestellungen nicht mehr entgegengenommen, und das Personal fing prompt an, Gläser wegzuräumen und Stühle auf die Tische zu stellen. Jetzt darf jeder Pub eine verlängerte Lizenz beantragen. Erste Anzeichen deuten darauf hin, dass jeder dritte oder zweite dies tun wird. Seit 2007 gilt ein generelles Rauchverbot.

Im Pub gibt es keine Tischbedienung: Um zu bestellen, muss man sich zur Theke drängeln und um Aufmerksamkeit kämpfen. Das disziplinierte Schlangestehen, das an Ladentheken und Bushaltestellen zu beobachten ist, funktioniert im Pub nicht. Wenn man in einer Gruppe in den Pub geht, gibt jeder der Reihe nach eine Runde aus. Wein ist überall erhältlich, aber die Qualität ist oft bescheiden. Heute kann man meist auch Kaffee bestellen.

Im Restaurant sind Sitzordnung und Öffnungszeiten zu beachten. Manchmal ist es unerwünscht, dass Gäste hereinspazieren und sich direkt an einen Tisch setzen. Statt dessen wird einem der Tisch zugewiesen oder man wird zu einer Lounge begleitet, bestellt dort ein Getränk, liest die Menükarte und geht anschließend zum Tisch. Außerhalb der Großstädte sind Öffnungszeiten oft restriktiv. Vor allem sonntags sollte man sich vor 20 Uhr einen Tisch sichern. In vielen Restaurants kann man am frühen Abend zu günstigen Preisen essen, wenn man sich an das zeitlich begrenzte Angebot, z. B. Bestellung vor 19 Uhr, hält.

Trinkgeld

Trinkgeld wird im Pub nicht gegeben. In Restaurants gibt es keine festen Regeln. Ist man zufrieden, ist ein Trinkgeld von ca. 10 % der Rechnungssumme durchaus üblich – jedoch nicht, wenn ein entsprechendes Entgelt *(service charge)* bereits aufgeschlagen wurde.

Kulinarisches Lexikon

Im Restaurant

bill	Rechnung
main course	Hauptgericht
menu	Speisekarte, Menü
pudding	Süßspeise, meist warm
side dish	Beilage
soup	Suppe
specials	Tagesgerichte
starters,	Vorspeisen
hors d'oeuvre	
wine list	Weinkarte

Frühstück

bacon	Schinkenspeck
baked beans	weiße Bohnen in Tomatensauce
cereals	Cornflakes u. a.
continental/	kontinentales/
cooked breakfast	Englisches Frühstück (warme Mahlzeit)
coffee	Kaffee
egg	Ei
boiled egg	gekochtes Ei
fried egg	Spiegelei
poached egg	pochiert
scrambled egg	Rührei
jam	Marmelade
kippers	warme Räucherbücklinge
marmalade	Orangenmarmelade
porridge	warmer Haferbrei
sugar	Zucker
tea	Tee

Getränke

ale	Bier
cider	Apfelwein
fruit juice	Obstsaft
draught beer	Fassbier
ice cube	Eiswürfel
lemonade	Zitronenlimonade
milk	Milch
soft drinks	alkoholfreie Getränke
spirits	Spirituosen
stout	dunkles Bier (Guinness)
wine	Wein

dry/sweet wine	trockener/süßer Wein
mulled wine	Glühwein
red/white wine	Rot-/Weißwein
sparkling	Schaumwein

Gemüse und Obst

apple	Apfel
asparagus	Spargel
beetroot	rote Bete
blackberry	Brombeere
blackcurrant	schwarze Johannisbeere
Brussels sprouts	Rosenkohl
cabbage	Kohl
carrots	Karotten
cauliflower	Blumenkohl
celery	Staudensellerie
celeriac	Selleriewurzel
cherry	Kirsche
corn on the cob	Maiskolben
courgettes	Zucchini
cucumber	Gemüsegurke
French beans	grüne Bohnen
gooseberry	Stachelbeere
grapes	Weintrauben
leek	Porree, Lauch
lemon	Zitrone
lettuce	Kopfsalat
mushroom	Pilz
onion	Zwiebel
pea	Erbse
peach	Pfirsich
pear	Birne
plum	Pflaume
potato	Kartoffel
boiled	Salzkartoffel
chips,	Pommes
French fries	frites
mashed	Püree
roast	im Ofen gebraten
raspberry	Himbeere
red cabbage	Rotkohl
redcurrant	rote Johannisbeere
rhubarb	Rhabarber
spinach	Spinat
strawberry	Erdbeer

Fleisch und Wurst

beef	Rindfleisch
black pudding	Blutwurst
chicken	Hühnchen
chop, cutlet	Kotelett
duck	Ente
game	Wild
gravy	Bratensauce
grouse	Moorhuhn
goose	Gans
lamb	Lammfleisch
kidney	Niere
liver	Leber
loin	Lendenstück
medium	medium gebraten
minced meat	Hackfleisch
mutton	Hammelfleisch
partridge	Rebhuhn
pheasant	Fasan
pork	Schweinefleisch
poultry	Geflügel
rabbit	Kaninchen
rare	rosa gebraten
rib	Rippe
roast	Braten
roast beef	Rinderbraten
sausage	Wurst, Würstchen
stew	Ragout
turkey	Truthahn, Pute
veal	Kalbfleisch
venison	Hirsch, Reh
well done	durchgebraten

Fisch und Meeresfrüchte

cod	Kabeljau
crab	(Taschen-)Krebs, Krabbe
crayfish	Languste
eel	Aal
haddock	Schellfisch
halibut	Heilbutt
lobster	Hummer
mussels	Muscheln
oyster	Auster
plaice	Scholle
prawn	Garnele

salmon	Lachs
scallop	Jakobsmuschel
shellfish	Schalentiere
sea bass	Seebarsch
shrimp	Krabben
sole	Seezunge
trout	Forelle
tuna	Thunfisch
turbot	Steinbutt

Würzen und Zubereiten

basil	Basilikum
fried	in Öl gebraten
deep fried	frittiert
garlic	Knoblauch
garnished	garniert
ginger	Ingwer
herbs	Kräuter
horseradish	Meerrettich
hot	heiß, oder: scharf
mint	Minze
mustard	Senf
olive oil	Olivenöl
parsley	Petersilie
pepper	Pfeffer; Gemüse: Paprika
pickled	sauer eingelegt
roast	im Ofen gebraten
sage	Salbei
salt	Salz
seared	kurz o. scharf angebraten
smoked	geräuchert
spices	Gewürze
vegetarian	vegetarisch
vinegar	Essig

Gebäck und Nachtisch

buns	Küchlein und Brötchen
cream	Sahne
gateau	Sahnetorte
pancake	Pfannkuchen
pie	Teigtasche, Pastete
roll	Brötchen
scone	süßes Kuchenbrötchen
slice	Scheibe
tart	Kuchen, Torte

Der kleine Fischerort Staithes an der Ostküste Englands

Wissenswertes für die Reise

Informationsquellen

Internet

So gut wie jedes einzelne Reiseziel wirbt für sich im Internet, teils mit Seiten in Deutsch. Manche Seiten sind recht informativ, andere lassen den Besucher über Suchfunktionen die Daten selbst herausfinden, ohne viel Orientierung zu geben. Hilfreiche Webadressen sind Ort für Ort in den Kapiteln ›Unterwegs in Nord- und Mittelengland‹ angegeben.

www.visitbritain.de Die Website der British Tourist Authority ist eine unerschöpfliche Informationsquelle mit Links, Reisevorschlägen und praktischen Informationen über Anreise, Reisen im Lande, Unterkunft, Sehenswürdigkeiten, Aktivurlaub und vieles mehr.
www.enjoyengland.com Ebenso informativ und hilfreich wie visitbritain.de.
www.visitbritaindirect.de Hier können Pässe mit Ermäßigung, Tickets, Karten usw. bestellt werden.
www.streetmap.co.uk Eine Alternative zu Google Maps: jede Straße im Lande, auch über die Postleitzahl, ist auf dieser Website zu finden.
http://traveline.info/ Hier können Fahrten mit allen Verkehrsmitteln geplant werden.
www.bbc.co.uk/weather oder http://uk.weather.com/ Wettervorhersagen nach Ort oder Postleitzahl.
www.royal.gov.uk Natürlich hat die erste Familie des Landes ihren Internetauftritt. Auch im Gebiet, das dieser Band vorstellt, besitzt die Königin einen Palast: Sandringham.

Nationalparks
Über die englischsprachigen Websites findet man viel Nützliches:
Lake District National Park:
www.lake-district.gov.uk
Norfolk Broads:
www.broads-authority.gov.uk
Northumberland National Park:
www.nnpa.org.uk

North York Moors National Park:
www.visitnorthyorkshiremoors.co.uk
Peak District National Park:
www.peakdistrict.org
Yorkshire Dales National Park:
www.yorkshiredales.org.uk

Fremdenverkehrsämter

In Deutschland
Britain Visitor Centre
Dorotheenstr. 54
10117 Berlin
Im deutschsprachigen Raum unterhält das Büro des Britischen Fremdenverkehrsamts (British Tourist Authority, BTA) einen Beratungsservice nur noch für Firmenkunden der Reisebranche und erteilt auch telefonisch keine Auskünfte mehr an Reisende, sondern verweist auf folgende deutschsprachige Webseiten:

www.visitbritain.de für Deutschland
www.visitbritain.at für Österreich
www.visitbritain.ch für die Schweiz
www.visitbritainshop.de für die Bestellung von Eintrittskarten, Reisepässe usw.

Auskunft über einzelne Regionen
Informationen zu den verschiedenen Regionen des Landes erteilen die regionalen Tourist Information Offices in England:

Lake District
Cumbria Tourism, Windermere Road, Staveley, Kendal, Cumbria, LA8 9PL
Tel. 015398 222 22
www.golakes.co.uk, info@golakes.co.uk

East Anglia
Visit East Anglia
Carlton House, Market Place
Reepham

Norfolk NR10 4JJ
Tel. 01603 87 54 86
info@eet.org.uk
www.visiteastofengland.com

Cotswolds-Gebiet (Westen)
Cotswold District Council, Trinity Road,
Cirencester, Gloucestershire, GL7 1PX
Tel. 01285 62 30 00
tourism@cotswold.gov.uk
www.cotswold.gov.uk

Nordwesten
www.visitmanchester.com
www.visitchester.com
www.visitlancashire.com
www.visitliverpool.com
www.visitenglandsnorthwest.com

Nordosten
www.visitnortheastengland.com
Mit Links zu Informationsstellen in einzelnen
Orten und zu den Büros der vier Regionen im
Nordosten: www.visitnorthumberland.com
(nördliche Gebiete), www.newcastlegates
head.com für das Ballungsgebiet um Newcastle, www.thisisdurham.com für die Grafschaft Durham und www.visitteesvalley.co.
uk für die Täler direkt nördlich der Yorkshire
Dales.

Yorkshire
Welcome to Yorkshire
Dry Sand Foundry, Foundry Square
Holbeck, Leeds LS11 5WH
www.yorkshire.com
info@yorkshire.com

Diplomatische Vertretungen

In England
Botschaft Bundesrepublik Deutschland
23, Belgrave Square, London SW1X 8PZ

Tel. 020 78 24 13 00
Fax 020 78 24 14 49
www.london.diplo.de

Österreichische Botschaft
18, Belgrave Mews West, London SW1X 8HU
Tel. 020 73 44 32 50
Fax 020 73 44 02 92
www.bmeia.gv.at/en/embassy/london.html

Schweizer Botschaft
16–18 Montagu Place, London W1H 2BQ
Tel. 020 76 16 60 00
Fax 020 77 24 70 01
www.eda.admin.ch/london

In Deutschland
Britische Botschaft
Wilhelmstr. 70–71, 10117 Berlin
Tel. 030 204 57-0
www.britischebotschaft.de

In der Schweiz
Britische Botschaft
Thunstr. 50, 3005 Bern
Tel. 03 13 59 77 00
Fax 03 13 59 77 01
http://ukinswitzerland.fco.gov.uk

In Österreich
Britische Botschaft
Jauresgasse 12, 1030 Wien
Tel. 01 716 13-0
www.britishembassy.at

Britisches Generalkonsulat
In Deutschland
Yorckstr. 19, 40476 Düsseldorf
Tel. 0211 94 48-0
Fax 0211 48 81 90
http://ukingermany.fco.gov.uk/de

Konsulardienste in Österreich und der
Schweiz werden über die Botschaften (s. o.)
angeboten.

Karten

Wer die Landschaft abseits der Hauptstraßen entdecken möchte, sollte sich im Lande oder auf der Fähre einen guten Straßenatlas kaufen. Diese werden oft sehr preiswert angeboten. Der ›Ordnance Survey Motoring Atlas of Great Britain‹ und ähnliche Bände kosten kaum mehr als die üblichen Faltkarten, die im deutschen Buchhandel erhältlich sind, und enthalten wesentlich genauere Informationen.

Lesetipps

Praktische Hinweise, Hintergrundinformationen

Fischer, Paul: Kleines England-Lexikon. C. H. Beck 1995; **Gelfert, Hans Dietrich:** Typisch englisch. Wie die Briten wurden, was sie sind. C. H. Beck 2002; **Großbritannien** in der Reihe Kulturaustausch des Instituts für Auslandsbeziehungen, 2010.

Literatur auf Deutsch

Ackroyd, Peter: Shakespeare: Die Biographie, btb Verlag 2008. Ackroyd ist ein herausragender literarischer Kulturhistoriker. Diese genau recherchierte Biografie ist sehr leicht zu lesen und voller kluger Einblicke – ein Genuss nicht nur für ausgesprochene Shakespeare-Fans.

Brontë, Emily: Sturmhöhe, Insel-Verlag 2009. Eines der meist gelesenen Werke der Brontë-Schwestern bietet den besten Einblick in die Umgebung und Landschaft von Yorkshire, in deren Abgeschiedenheit die Schwestern lebten.

Bryson, Bill: Reif für die Insel. Goldmann 2007. Zur unterhaltsamsten Reiseliteratur gehört dieses Buch, das der amerikanische Journalist mit Blick für die Exzentrizitäten der Briten über seine Wahlheimat schrieb.

Fontane, Theodor: Glückliche Fahrt. Impressionen aus England und Schottland. Aufbau-Verlag 2003. Mitte des 19. Jh. bereiste der preußische Schriftsteller neben London und Schottland u. a. Manchester, Liverpool, Chester und Oxford.

Kluxen, Kurt: Geschichte Englands. Kröner 2001. Ausführliches Standardwerk über englische Geschichte.

Maletzke, Elsemarie: Das Leben der Brontës. btb Verlag 2000. Die Biografie erzählt einfühlsam die Familiengeschichte.

Maurer, Michael: Kleine Geschichte Englands. Reclam 2007. Eine kurze und leicht zu lesende Einführung.

Pückler-Muskau, Hermann von: Reisebriefe. Aufbau-Verlag 2002. Eine ältere Reisebeschreibung, die vor allem Fans der ehrwürdigen Herrensitze mit Freude lesen werden. Fürst Hermann von Pückler-Muskau, reiste im 19. Jh. auf Brautschau nach England, weil er durch die Ehe mit einer reichen Erbin seine verheerende Finanzlage zu bessern versuchte.

Sager, Peter: Oxford und Cambridge. Schöffling 2004, ders.: Englische Gartenlust. Insel 2007. Kurzweilige Beschreibungen von Erlebnissen in England, verfasst von einem ausgesprochenen Kenner des Landes.

Sebald, W. G.: Die Ringe des Saturn. Eichborn 2001. Der deutsche Autor lebte viele Jahre in Ostengland und starb dort im Jahr 2001. Sein Meisterwerk über eine Reise durch die Region verrät seine Liebe zum Melancholischen und Skurrilen und gibt viele Stimmungen wieder, die man vor Ort nachempfinden kann.

Literatur auf Englisch

Marr, Andrew: A History of Modern Britain, Pan Books 2009. Der prominente BBC-Journalist schreibt witzig und kenntnisreich über politische, wirtschaftliche und vor allem gesellschaftliche Entwicklungen seit 1945.

Paxman, Jeremy: The English, Portrait of a People. Penguin 2007. Der führende Fernsehjournalist schrieb ein scharfsinniges und unterhaltsames Porträt seiner Landsleute.

Bis auf die Tatsache, dass die Hauptstadt London im Süden liegt, bietet Nord- und Mittelengland nahezu alles, was man von einer Englandreise erwartet. In der 80 000 km^2 großen Region findet sich eine Vielfalt von Landschaftsformen – Steilküste, Sandstrände mit Dünen, wilde Berge, Niederungen, hübsche Hügellandschaften – mit einem breit gefächerten Angebot für den aktiven Urlaub. Groß ist auch das kulturelle Angebot, denn knapp 30 Mio. Menschen leben in dieser Region.

Vorschläge für Rundreisen

Auch drei bis vier Wochen reichen nicht aus, um alle Regionen eingehend zu bereisen. Die beiden folgenden Routen zeigen einen Querschnitt des Landes. Für Autofahrer ist der Zeitplan leichter einzuhalten als für Reisende mit öffentlichen Verkehrsmitteln.

Drei bis vier Wochen durch den Westen und den Norden
Anreise, 1 Tag;
Oxford, Universitätsstadt, 1–2 Tage;
Cotswold Hills, Landschaftsgebiet mit kleinen Orten und dem Kurstädtchen **Cheltenham,** 2–4 Tage;
Shakespeare-Stadt **Stratford-upon-Avon,** 1 Tag;
Landschaft im Westen: entweder die **Malvern-Hügel** mit der Domstadt **Worcester,** die grüne Grafschaft **Herefordshire** oder das ländliche **Shropshire** mit der Gourmetstadt **Ludlow** und dem Industriedenkmal **Ironbridge Gorge,** 3 Tage;
das römische und mittelalterliche **Chester,** 1 Tag;
die Großstädte **Liverpool** oder **Manchester,** 1–2 Tage;
Berg- und Seenlandschaft **Lake District,** 3–5 Tage;
Hadrian's Wall, 1 Tag;
Küste von Northumberland, 3–4 Tage;
Newcastle-upon-Tyne, 1 Tag;
Durham und nördliches **Pennine-Gebirge,** 2 Tage;
Rückreise zum Fährhafen, 1 Tag.

Zwei Wochen durch Ostengland und Yorkshire
Anreise, 1 Tag;
ländliches **Suffolk,** 1 Tag;
Cambridge, Universitätsstadt, 2 Tage;
historisches **Norwich,** 1 Tag;
Norfolk Broads Fluss- und Seengebiet oder **Küste von Nord-Norfolk,** 1 Tag;
Lincoln, 1 Tag;
Nationalpark **Peak District** mit Bergen und Herrensitzen, 2 Tage;
York, 1 Tag;
Nationalpark **Yorkshire Dales,** 2 Tage;
Nationalpark **North York Moors** und Steilküste um **Whitby,** 2 Tage;
Rückreise zum Fährhafen, 1 Tag.

Vorschläge für Städte- und Kurzreisen

Die Flugstrecken zu allen Landesteilen mit zum Teil günstigen Preisen machen es möglich: ein langes Wochenende in einer englischen Großstadt oder in reizvoller Landschaft. Im Folgenden finden Sie einige Vorschläge für Kurzreisen. Ausgangspunkt sind sieben verschiedene Flughäfen.

Cambridge
Die Elite-Universität am Fluss Cam mit um Höfe und Gärten gruppierten College-Gebäuden aus acht Jahrhunderten strahlt einen einzigartigen Zauber aus. Die vielen Studenten sorgen für eine lebhafte Kulturszene und ein variantenreiches gastronomisches Angebot.
Sehenswert: Kings College mit Kapelle, Trinity College, Kahnfahrt *(punting)* auf dem Cam, Blick vom Kirchturm von Great St. Ma-

ry's, College-Gärten z. B. Clare oder Sidney Sussex College.

Anfahrt: Direkte Bahnverbindung ab Flughafen London-Stansted.

Ausflug: Domstadt Ely, 26 km nördl. Reizende Kleinstadt am Ouse mit einer wunderschönen Kathedrale.

Liverpool

Vor allem mit dem Beatles-Tourismus profiliert sich Liverpool, die europäische Kulturhauptstadt des Jahres 2008, die auch über zwei Kathedralen, interessante Museen, eindrucksvolle Architektur am Hafen und eine lebhafte Kulturszene verfügt.

Sehenswert: Beatles-Führungen, Hafengebiet Albert Dock mit Beatles-Museum und Kunst im Tate Modern, die anglikanische Kathedrale, Rundfahrt mit Mersey Ferries.

Anfahrt: Kurze Bus- oder Taxifahrt vom John-Lennon-Flughafen in die Innenstadt; direkte Bahnverbindung ab Flughafen Manchester.

Ausflug: Mittelalterliches Chester (40 Min. Bahnfahrt); Seeluft und Dünen nördl. in Formby (30 Min. Bahnfahrt).

Von Newcastle-upon-Tyne an die Nordostküste

Man hat die Wahl zwischen geschäftig und beschaulich: Die regionale Hauptstadt Newcastle-upon-Tyne erwacht zu neuer Blüte und rühmt sich eines pulsierenden Nachtlebens. Ruhiger ist Durham, das berühmt ist wegen der herrlich gelegenen Kathedrale und Burg. Sehr ruhig: An der Küste im Norden gibt es einsame Sandstrände und spektakuläre Burgen.

Sehenswert: Newcastle mit dem Baltic Arts Centre und den Brücken am Tyne, Durham mit einer der schönsten englischen Kathedralen in einer kompakten historischen Innenstadt.

Anfahrt: Metro-Bahn vom Flughafen nach Newcastle. Weiter nach Durham mit dem Zug.

Ausflug: Mit Mietwagen oder Bus nach Bamburgh oder Holy Island.

Wandern und Kultur im Peak District

Hier kann man in rauer oder lieblicher Landschaft wandern, zwei der prächtigsten englischen Herrensitze, schöne Dörfer und den Kurort Buxton besichtigen.

Sehenswert: Der 400 Jahre alte Herrensitz Hardwick Hall, Chatsworth House, der Sitz der Herzöge von Devonshire und die Landschaft um Castleton und Edale.

Anfahrt: Mietwagen ab Flughafen Nottingham/East Midlands; auch die Flughäfen Manchester und Liverpool sind nicht weit entfernt.

Von Birmingham zu den Cotswold Hills

Die Großstadt Birmingham hat sich sehr gemausert und ist mittlerweile als Reiseziel interessant. Für das ›typisch englische‹ Erlebnis empfiehlt sich eine Fahrt durch die Cotswold Hills. Hier gibt es sehr gute Hotels und Restaurants in reizvollen Dörfern.

Sehenswert: Kleine Orte wie Broadway, Burford, Chipping Campden; für Gartenfreunde: Hidcote Manor Garden.

Anfahrt: Zur Stadtmitte von Birmingham mit der Bahn ab Flughafen Birmingham International; für eine Kurzreise zu den Cotswolds braucht man einen Mietwagen.

Ausflug: Die Shakespeare-Stadt Stratford-upon-Avon und die Universitätsstadt Oxford liegen südlich von Birmingham.

Manchester

Die Stadt hat ihre alte Größe wieder. Das Erbe der Industriellen Revolution, imposante Architektur und bedeutende Industriedenkmäler; die Stadt wurde saniert und um interessante Neubauten ergänzt. Die Kulturszene, das Nachtleben und das Shopping-Angebot sind vielseitig, trendige Hotels und Restaurants zeugen vom neuen Wohlstand.

Sehenswert: Das Industriedenkmal Quarry Bank Mill; das Rathaus und die John Rylands Library in überbordender Neugotik; im Imperial War Museum North geben sowohl die Ausstellung als auch die Architektur von Daniel Libeskind Denkanstöße; Fußballfans, die keine Eintrittskarte für Manchester United ergattern, können an einer Stadionführung teilnehmen.

Anfahrt: Straßenbahn vom Flughafen Manchester in die Stadtmitte.

Ausflug: Mit dem Mietwagen zu den Seen und Bergen des Lake District.

Reiseorganisation

Auto oder öffentliche Verkehrsmittel?

Da die Fähren nicht billig sind und die Autofahrt von dem deutschsprachigen Raum nach Nord- und Mittelengland je nach Fährhafen und Zielgebiet mehrere hundert bis weit über 1000 km beträgt, lohnt es sich zu prüfen, ob man nicht besser fliegt und die Kosten eines Mietwagens in Kauf nimmt.

Man kann das ganze Land ohne Auto bereisen, muss aber natürlich etwas vorsichtiger planen und sich mehr Zeit lassen als bei einer Autoreise. Relativ unproblematisch sind Ausflüge von einem größeren, zentral gelegenen Standort in die nähere Umgebung. Die Nationalparks bemühen sich um eine Reduzierung des Autoverkehrs und organisieren in den Sommermonaten Busverbindungen auf den wichtigsten Strecken. Zu anderen Jahreszeiten kann es mühsam sein, ländliche Gebiete mit Bus und Bahn zu erkunden.

Organisierte Reisen

Verschiedene große deutsche Reiseveranstalter haben England-Rundreisen im Programm. Informationen über kleinere England-Spezialisten erhält man bei www.visitbritain.de (unter »Angebote«). Zu den thematischen Schwerpunkten dieser Spezialreisen gehören u. a. Antiquitäten, Architektur, Eisenbahn, Gärten, Geschichte und Denkmalpflege, Gourmetreisen, Kunstgeschichte, Literatur, Malkurse, Militärgeschichte, Musik und Tanz, Naturkunde, Radfahren, Theater, Wandern.

Wer über die entsprechenden Englischkenntnisse verfügt und in einer Gruppe mit Briten zusammen den Urlaub verbringen will, findet in den Reisekapiteln dieses Bandes einige Adressen für Aktivurlaub. Über das Internet oder englische Zeitungen werden Reisen in sämtliche Regionen und mit allen nur erdenklichen sportlichen und kulturellen Aktivitäten angeboten.

Die Tourist Offices vor Ort vermitteln Fremdenführer, die man aber auch über das Internet buchen kann (www.touristguides.org.uk). Speziell ausgebildete Fremdenführer mit hoher Qualifikation tragen den Titel ›Blue Badge Guide‹.

Reisen mit Kindern

An kindergerechten Unterhaltungsmöglichkeiten fehlt es in England nicht. Die unzähligen Burgen, Dampfeisenbahnen, kleinen und großen Tierparks seien an erster Stelle erwähnt. Viele Museen, insbesondere die Industriemuseen, sind kinderfreundlich gestaltet, wie z. B. das North of England Open Air Museum in Beamish. Viele Herrensitze bieten eine Farm oder einen Abenteuerspielplatz.

Gaststätten sind nicht immer kinderfreundlich. Manche Besucher machen gute Erfahrungen in Restaurants, die Kindermenüs anbieten und Hochstühle bereitstellen, während andere Gäste über einen kühlen Empfang berichten. Zu Pubs hat man laut der kaum eingehaltenen Gesetzgebung erst ab 14 Jahren Zutritt, auch in Begleitung. Tatsächlich kann man jedoch in die meisten Pubs, die Essen servieren, auch Kinder mitnehmen. Viele ländliche Pubs haben einen schönen Garten, in dem sich bei gutem Wetter auch Familien mit Kindern aufhalten können. Fast-Food- und preiswerte Restaurant-Ketten haben ihre Speisekarten und Einrichtungen vielfach den Wünschen von Kindern angepasst.

Reisen mit Handicap

In vielen Hotels, nahezu allen öffentlichen Ge- bäuden und zahlreichen Sehenswürdigkeiten sind die Eingänge und Wege rollstuhlgerecht gestaltet. In Broschüren und auf Websites ist es üblich, unter dem Stichwort ›Access‹ da- rauf hinzuweisen, ob die Bedürfnisse von Be- suchern mit Behinderungen berücksichtigt werden. Bei öffentlichen Verkehrsmitteln ist auf diesem Gebiet noch einiges zu tun.

Die regionalen Tourist Boards (Adressen s. S. 59) veröffentlichen Broschüren mit Aus- künften über Urlaubsangebote und Sehens- würdigkeiten, die für Behinderte geeignet sind. Weitere Infos: www.visitbritain.de, auf ›Reisetipps‹ klicken.

Das **National Accessibility Scheme** hat Logos entwickelt, die für Menschen mit Geh-, Hör- oder Sehbehinderung die für sie geeig- neten Unterkünfte auszeichnen. Diese Logos sind auf den Webseiten der Anbieter sichtbar. Erklärungen des Konzepts findet man bei www.visitbritain.co.uk; auf Accommodation und National Accessible Scheme klicken.

OpenBritain führt eine umfangreiche Da- tenbank für Menschen mit Behinderung über Unterkunft, Restaurants, Transportmittel und Sehenswürdigkeiten: www.openbritain.net. Für Unterkunft: www.accessibleaccommo dation.com. Folgende Organisationen bieten Unterstützung:
Tourism for All
c/o Vitalise, Shap Road
Industrial Estate, Shap Road
Kendal, Cumbria LA9 6NZ
info@tourismforall.org.uk
www.tourismforall.org.uk

Disability Sport
Belle Vue Centre, Pink Bank Lane
Manchester M12 5GL
Tel. 0161 953 24 99
www.disabilitysport.org.uk

Historische Eisenbahnen

Die schönsten Strecken
North Yorkshire Moors Railway: Die Dampf- züge dieser landschaftlich wunderschönen Strecke (s. S. 251) erhielten die höchste Ehre: Sie wurden für die Harry-Potter-Verfilmungen ausgewählt. Bahnhöfe, Waggons und Loko- motive werden liebevoll gepflegt.
Keighley and Worth Valley Railway: Diese Strecke am Rande des Pennine-Gebirges in West-Yorkshire beförderte Passagiere bis zur Schließung 1962, wurde aber bereits 1968 von Eisenbahnliebhabern wieder mit Dampf- loks und alten Waggons in Betrieb genom- men. (s. S. 296).

Unterwegs durch Yorkshire mit der Keighley and Worth Valley Railway

Ravenglass and Eskdale Railway: Schmal-spurbahn am Rand des Lake District, die 1875 für den Transport von Schiefer und Erz gebaut wurde. Heute werden nur noch Touristen befördert (s. S. 287).

Strecke zwischen Carlisle und Settle: Zwischen Carlisle an der schottischen Grenze und Settle im Pennine-Gebirge fahren Züge durch wilde Landschaft. Der Ribbleshead Viaduct ist eine imponierende Leistung viktorianischer Ingenieure (s. S. 207).

Working holidays –
Arbeit und Aktivurlaub

›Working holidays‹ sind nicht nur für Jugendliche eine Gelegenheit, den Urlaub mit Sport, Bildung oder einer nützlichen Betätigung zu kombinieren.

Über das British Council erhält man eine Übersicht der verschiedenen Anbieter und Informationsstellen:

British Council
Alexanderplatz 1
10178 Berlin
(Eingang gegenüber der ›Weltzeituhr‹)
Tel. 030 31 10 99 0
www.britishcouncil.de
Unter www.visitbritain.de gibt es Seiten mit Tipps für junge Leute.

Arbeitsgruppen für Umwelt-schutz- und andere Projekte
Praktische Naturschutzarbeit
BTCV, Sedum House, Mallard Way
Doncaster DN4 8DB
Tel. 01302 38 88 83
information@btcv.org.uk, www.btcv.org.uk

Der **National Trust** bietet für alle ab 16 Jahren Working Holidays in der Natur und an historischen Stätten z. B. Steinmauern bauen, Mithilfe bei archäologischen Ausgrabungen oder im Naturschutz (www.nationaltrust.org.uk, Suchbegriff »working holidays« eingeben).

Restaurieren von Kathedralen und Kirchen
Cathedral Camps
237 Pentonville Road
London N1 6NJ
Tel: 020 76 43 13 95
cathedralcamps@csv.org.uk
www.cathedralcamps.org.uk
Für junge Leute von 16 bis 30 Jahre

Studium in England

Informationen über British Council (s. o.) und:
Deutscher Akademischer Austauschdienst,
Kennedyallee 50, 53175 Bonn
Tel. 0228 882-0
Fax 0228 882-444
www.daad.de

Der British Council hat eigene Webseiten mit Informationen über das Bildungsangebot in Großbritannien: www.educationuk.org.

Sprachkurse

Wer englische Sprachkenntnisse in einem ganz normalen Familienalltag erwerben oder verbessern möchte, hat besonders gute Chancen in Nord- und Mittelengland. Denn während insbesondere die Städte an der südenglischen Küste im Sommer von einer Flut junger Sprachschüler überschwemmt werden, ist man in anderen Landesteilen eher gezwungen, sich ausschließlich auf Englisch zu verständigen.

Für den Uneingeweihten ist die Vielfalt des Angebots völlig unüberschaubar. Bei der Wahl eines Sprachkurses sind folgende Punkte zu beachten: Wie viele Teilnehmer sind in jeder Klasse? Haben die Sprachschüler unterschiedliche Muttersprachen (wenn die Gruppe nur aus dem deutschsprachigen Raum stammt, sind die Lernerfolge oft gering)? Wie viele Stunden pro Woche werden angeboten? Beinhaltet der Preis Unterkunft, Mahlzeiten und Ausflüge? Bei Familienunter-

kunft: Wie viele Schüler pro Familie? Welcher Teilnehmerkreis wird angesprochen? – Es gibt Kurse für Geschäftsleute, Teenager, Erwachsene, Prüfungskandidaten, usw. Wird die Schule im Prospekt namentlich genannt (manche Vermittler nehmen zahlreiche Buchungen entgegen und teilen ihre Kunden erst später einer bestimmten Schule zu) und ist diese Schule Mitglied der Organisation English UK?

English UK ist ein Berufsverband, dessen Mitglieder sich den eingehenden Qualitätsprüfungen des British Council unterziehen und sich dazu verpflichten, einen Verhaltenskodex über Kundenbetreuung, Transparenz der Informationen und Kosten usw. einzuhalten. Eine vollständige Liste der über 350 vom British Council anerkannten Schulen erhält man vom British Council unter www.education uk.org/english oder von English UK.

Adressen
English UK
219 St John Street
London EC1V 4LY
Tel. 020 76 08 79-60
info@englishuk.com
www.englishuk.com (mit Seiten in deutscher Sprache)

In Deutschland
s. British Council, Seite 65

In Österreich
The British Council
Siebensterngasse 21,1070 Wien
office@britishcouncil.at,
www.britishcouncil.org/de/austria

In der Schweiz
The British Council
P. O. Box 532, Sennweg 2
3000 Bern 9
Tel. 03 15 60 37 94
www.britishcouncil.org/switzerland

Einreise- und Zollbestimmungen

Für Deutsche, Schweizer und Österreicher genügt der Personalausweis, wobei Nicht-EU-Bürger eine Besucherkarte an der Grenze ausfüllen müssen. Eine Aufenthaltsgenehmigung ist erst bei mehr als sechs Monaten Aufenthalt erforderlich.

Tiere

Die Mitnahme von Tieren ist nur unter strengen Auflagen möglich. Hunde und Katzen, denen nach der Impfung gegen Wildtollwut ein Zeugnis ausgestellt und ein Mikrochip implantiert wurde, dürfen einreisen. Weitere Informationen erhält man über die British Tourist Authority (s. S. 58), die britische Botschaft in Berlin (s. S. 59) sowie auf der Website des zuständigen Ministeriums:

www.defra.gov.uk/wildlife-pets/pets/travel/pets/
Tel. 0044 870 241 17 10
Fax 0044 1245 45 87 49
pettravel@ahvla.gsi.gov.uk

Zollbestimmungen

Einfuhrbeschränkungen aus EU-Ländern bestehen für Tabakwaren und Alkoholika nur noch in Mengen, die den persönlichen Bedarf übersteigen: 3200 Zigaretten, 400 Zigarillos, 200 Zigarren und 3 kg Tabak sowie 10 l Spirituosen, 20 l weinhaltige Getränke, 90 l Wein (davon maximal 60 l Sekt), 110 l Bier.

Für außerhalb der EU zollfrei eingekaufte Waren gelten folgende Freimengen: 2 l Wein, 1 l Spirituosen über 22 % oder 2 l andere Getränke unter 22 % oder zusätzlich 2 l Wein, 250 g Tabak oder 50 Zigarren oder 200 Zigaretten oder 100 Zigarillos, 60 ml Parfüm, 250 ml Eau de Toilette, andere Waren im Wert von 145 £.

Die Ein- und Ausfuhr von Zahlungsmitteln unterliegen keinerlei Einschränkungen.

Anreise

Durch den Tunnel

Der Eurotunnel verbindet die französische Autobahn A 16 (Ausfahrt 13) mit der englischen M 20. Fahrzeuge werden in einen Zug geladen und am anderen Ende entladen. Man bleibt während der Fahrt im Fahrzeug oder bewegt sich im Waggon. Sowohl die Verladezeit als auch die Fahrtzeit (35 Min.) ist wesentlich kürzer als bei der Überfahrt mit der Fähre. Das Ticket ist im Reisebüro oder an der Tunneleinfahrt erhältlich. Bei vier Abfahrten pro Stunde tagsüber und einer Abfahrt stündlich in der Nacht ist eine Reservierung nicht unbedingt notwendig, jedoch zu den Hauptreisezeiten im Sommer ratsam.

Die Eurotunnel-Züge transportieren auch Wohnwagen, Wohnmobile, Motorräder und Fahrräder. Man bezahlt einen Festpreis pro Fahrzeug, unabhängig von der Anzahl der Passagiere.

Auskunft und Reservierung in Deutschland:
Tel. 0180 500 02 48
www.eurotunnel.com

Mit der Fähre

Als Reaktion auf die Konkurrenz durch den Kanaltunnel bemühen sich die Fährgesellschaften, die Schifffahrt als stilvollste Reisemöglichkeit attraktiver zu machen. Autofahrer können unter zahlreichen Fähren über den Ärmelkanal oder die Nordsee wählen. Die kürzesten Routen führen von Calais nach Dover an der englischen Südküste. Für Urlauber, die auch Südengland und London sehen möchten, sind diese Routen ideal.

Wer Ost-, Mittel- oder Nordengland ansteuern will, sollte die längere Überfahrt nach Harwich, Hull oder Newcastle an der Ostküste in Betracht ziehen, die nicht unbedingt teurer ist, wenn man die Kosten und Mühen der dabei ersparten Autobahnkilometer berücksichtigt.

Fährpreise: Der Fährpreis hängt von Reise-dauer (für Kurzfahrten bis 5 Tage gibt es Son-derpreise), Saison und Uhrzeit (im Winter und in der Nacht billiger) sowie davon ab, ob man sich länger im Voraus festlegt oder kurzfris-tig und dann mit flexiblen Abfahrtzeiten bucht. Für die kurze Überfahrt Calais–Dover gibt es 5-Tages-Angebote für ein Auto inkl. Passagieren bereits ab 70 €. Für eine längere Reise im Sommer sind Preise um 100 € bei rechtzeitiger Buchung möglich.

Calais–Dover:
mit P & O Ferries und Seafrance
Dunkerque–Dover:
mit DFDS Seaways
Hoek van Holland–Harwich:
6 Std. 30 Min. mit Stena Line
Zeebrugge–Hull bzw. Rotterdam–Hull:
mit P & O North Sea Ferries über Nacht
Ijmuiden/Amsterdam–Newcastle:
mit DFDS Seaways über Nacht

Die Fährfahrten können entweder über das Reisebüro oder auch direkt telefonisch bzw. im Internet gebucht werden:
DFDS Seaways
Högerdamm 41, 20097 Hamburg
Tel. Amsterdam–Newcastle: 01805 890 10 51; Dünkirchen–Dover: 0044 208 127 83 03
www.dfds.de
P & O Ferries: Tel. 01805 00 71 61,
www.poferries.com
Seafrance: Tel. 061 96 77 30 60,
www.seafrance.co.uk
Anfang 2012 war es noch unklar, ob diese Verbindung bestehen bleiben wird.
Stena Line: Tel. 01805 91 66 66,
www.stenaline.de

Mit der Bahn

Eurostar heißt der Hochgeschwindigkeitszug, der in nur 2 Std. von Brüssel Midi und in 2 Std. 15 Min. von Paris durch den Kanaltun-nel zum Bahnhof London-St Pancras Interna-tional fährt. Die schnellste Verbindung nach Brüssel bietet der Hochgeschwindigkeitszug Thalys ab Köln (Köln–London 4 Std. 40 Min. – 5 Std. 10 Min.). Kombinierte Tickets für Tha-lys und Eurostar erhält man über Reisebüros mit DB-Agentur. Für Eurostar-Buchungen in GB: Tel. 08432 18 61 86, www.eurostar.com. Die geplante Direktverbindung Frank-furt–Köln–London lässt noch auf sich warten.

Für all jene, die ungern in einem Tunnel fahren, empfiehlt sich die Fährverbindung Hoek van Holland–Harwich. Harwich liegt günstig für die Erkundung Ostenglands. Die Fahrt von dort nach London dauert etwa 90 Minuten.

Da die großen Londoner Bahnhöfe Kopf-bahnhöfe sind, muss man das Zentrum der Hauptstadt durchqueren, am besten mit der U-Bahn, um weiter in Richtung Norden zu fahren. Die Züge vom Kanaltunnel kommen im Bahnhof St Pancras an, die von den Ka-nalhäfen im Bahnhof Victoria, die Züge von Harwich im Bahnhof Liverpool Street.

Weiterfahrt ab London nach:
... East Anglia: Liverpool Street Station oder Fenchurch Street Station
...Oxford und walisische Grenze: Pad-dington Station
... Birmingham, Manchester, Liverpool: Euston Station
... Yorkshire und in den Nordosten: King's Cross Station oder St Pancras Station

Informationen zu den britischen Eisenbah-nen, Fahrzeiten, Preise und aktuelle Infor-mationen findet man unter www.national rail.co.uk, Tel. in GB 0845 748 49 50 oder ab Deutschland 0044 20 72 78 52 40; oder http://traveline.info/ (Website für alle Ver-kehrsmittel), Tel. 0871 200 22 33.

Mit dem Bus

Eine billige, aber langsame Reisealternative nach England ist die Fahrt mit dem Bus. Von

München, Stuttgart, Nürnberg, Frankfurt, Köln und anderen Städten fahren Linienbusse nach London-Victoria. Die Fahrt von München dauert 18 Std., von Köln 12 Std. Nähere Informationen unter:

Deutsche Touring GmbH
Am Römerhof 17
60486 Frankfurt/Main
Tel. 069 790 35 01
www.touring.de

Weitere Büros z. B. in Dortmund, Düsseldorf, Frankfurt, Hannover, Köln, Leipzig, München und Stuttgart.

Eurolines-Kontakt in GB
Tel. 087 17 81 81 78
www.eurolines.co.uk

Mit dem Flugzeug

Von allen internationalen Flughäfen in Deutschland, Österreich und der Schweiz gibt es Linienflüge nach England. Mittlerweile gibt es ein kaum noch überschaubares, sich ständig änderndes Angebot preiswerter Direktflüge nach Birmingham, Leeds-Bradford, Liverpool, Manchester, Nottingham/East Midlands oder Newcastle-upon-Tyne. Im Folgenden ein Überblick der wichtigsten direkten Verbindungen (Stand Januar 2012):

Nordengland
Leeds-Bradford: jet2 von Düsseldorf, Genf, Salzburg
Liverpool: Easyjet von Berlin, Genf, Innsbruck
Manchester: Lufthansa von Düsseldorf, Frankfurt, Hamburg, München und Stuttgart; Easyjet von Berlin, Genf, Hamburg, München; Flybe von Düsseldorf, Frankfurt, Hannover; Germanwings von Köln-Bonn; Jet2 von Genf, Salzburg; Ryanair von Frankfurt/Hahn.
Newcastle: Easyjet von München; Lufthansa von Düsseldorf.

Mittelengland
Birmingham: Lufthansa von Düsseldorf, Frankfurt und München; BMIBaby von Genf; Easyjet von Genf; flybe von Düsseldorf, Hamburg, Hannover, Stuttgart.
Nottingham (East Midlands): Ryanair von Berlin; BMIBaby von Genf, Köln, München.
London-Luton (Easyjet von Berlin, Dortmund, Genf, Hamburg, Salzburg, Zürich) liegt auch für Mittel- und Ostengland günstig.

Ostengland
Der Flughafen **London-Stansted,** der nordöstlich von London an der Bahnstrecke nach Cambridge liegt, bietet sich als Zielflughafen für Ostengland an. Zu den zahlreichen Verbindungen nach Stansted gehören:
Air Berlin von Düsseldorf; German Wings von Hannover, Köln-Bonn, München, Stuttgart; Easyjet von Genf, München; Ryanair von Berlin, Bremen, Frankfurt-Hahn, Graz, Karlsruhe-Baden, Klagenfurt, Leipzig, Linz, Lübeck, Memmingen, Niederrhein-Weeze und Salzburg.

Autofahren

Man gewöhnt sich schnell an den Linksverkehr. Nur bei Überholmanövern auf Landstraßen ist der Fahrer eines kontinentaleuro-

Mit Billigfluglinien nach England: Die meisten Billigfluglinien bieten mittlerweile auch England-Flüge an. Doch aufgepasst: Nur wer hartnäckig surft, findet die beste und jeweils günstigste Verbindung! Außerdem ist mit Änderungen, Streichungen oder auch Ergänzungen zu rechnen. Ein Blick auf folgende Websites lohnt: www.germanwings.com, www.easyjet.com, www.tuifly.com, www.ryanair.com, www.bmibaby.com, www.airberlin.com, www.flybe.com, www.jet2.com.

päischen Wagens deutlich benachteiligt. Das Straßennetz ist gut ausgebaut und im Allgemeinen gut beschildert. Es gibt vier Kategorien von Straßen: Autobahnen *(motorways)*, die mit M nummeriert sind, nummerierte A- und B-Straßen und unklassifizierte Straßen ohne Nummern. *Dual Carriageway* heißt eine Straße mit zwei Spuren in jeder Richtung und einem Mittelstreifen.

Verkehrsregeln

Vorfahrt: Grundsätzlich gilt rechts vor links, doch wird fast immer angezeigt, wer Vorfahrt hat. Das Schild ›Give Way‹ und gestrichelte Doppellinien bedeuten, dass man keine Vorfahrt hat. Beim Kreisverkehr *(roundabout)* fährt man im Uhrzeigersinn, und meistens hat derjenige Vorfahrt, der sich schon im Kreis befindet, d. h. von rechts kommt.

Geschwindigkeitsbegrenzungen: Innerhalb geschlossener Ortschaften 30 mph (48 km/h), auf Landstraßen 60 mph (96 km/h), auf Autobahnen und vierspurigen Straßen 70 mph (112 km/h).

Licht: Das Aufkleben eines schwarzen Dreiecks oder eines Abdeckbands auf den Scheinwerfern verhindert, dass der entgegenkommende Verkehr geblendet wird.

Dokumente: Personalausweis oder Reisepass, Wagenpapiere und nationaler oder internationaler Führerschein sind erforderlich.

Alkohol am Steuer: 0,8 Promille ist die Grenze.

Telefonieren mit dem Handy am Steuer ist auch in Großbritannien verboten.

Parken

Die doppelte gelbe Linie am Straßenrand bedeutet absolutes Halteverbot. Eine einzelne Linie, durchgezogen oder unterbrochen, bedeutet eingeschränktes Parkverbot, dessen Zeiten ausgeschildert sind. Das Parkproblem wird auch in englischen Städten immer größer, und Maßnahmen gegen rücksichtsloses Parken werden dementsprechend verschärft.

Hinweis zu pay & display: Vorsicht beim »pay & display«-Parken, wo man am Automat zahlt und den Parkschein von innen an die Windschutzscheibe klebt. Überschreiten Sie nicht die bezahlte Parkzeit! Es gibt skrupellose private Anbieter von Parkplätzen, die bei jedem kleinen Verstoß die Parkkralle anbringen – dann wird's teuer! Von den Kommunen betriebene Parkplätze sind sicherer.

Es bleibt nicht bei der Verteilung von Strafmandaten, sondern in manchen Städten werden die Pkw abgeschleppt oder durch das Anbringen von ›clamps‹ (Parkkrallen) an den Rädern festgesetzt.

Auch ausländische Parksünder bleiben nicht verschont.

Pannenhilfe

Die beiden Organisationen **AA** (Automobile Association, Tel. international 0044 161 333 00 04, www.theAA. com, Notruf bei Panne Tel. 0800 88 77 66, customer.services@theaa. com) und **RAC** (Royal Automobile Club, Auskunft Tel. 0844 891 31 11, Pannenhilfe 0800 82 82 82, www.rac.co.uk) bieten ihren Mitgliedern Pannenhilfe an, sind aber nicht verpflichtet, anderen Verkehrsteilnehmern zu helfen.

Es empfiehlt sich daher, vor Antritt der Reise einen im Ausland gültigen Schutzbrief zu erwerben. Deutsche und englische Automobilklubs haben Vereinbarungen über gegenseitige Hilfe abgeschlossen.

Autovermietung

Die bekannten internationalen Autovermieter sind fast überall vertreten, Buchungen über deutsche Reisebüros sind möglich. Preiswerter sind die kleineren Anbieter im Lande. Normalerweise benötigt man neben dem Führerschein eine Kreditkarte, um ein Auto zu mieten. Viele Anbieter haben ein Mindestalter, in der Regel 23 Jahre, eingeführt.

Öffentliche Verkehrsmittel

Im Internet

http://traveline.info/: Fahrplanauskunft und Links für alle Verkehrsmittel
www.nationalrail.co.uk: Fahrplanauskunft (oder Tel. 08457 48 49 50)

Bahn

In dem dichten, aber modernisierungsbedürftigen Netz der britischen Eisenbahnen kommt es infolge von Gleisarbeiten zu zahlreichen Verzögerungen. Hochgeschwindigkeitszüge fehlen, aber die Inter-City-Züge verkehren häufig mit Geschwindigkeiten bis zu 200 km/h. Viele Strecken, insbesondere in Nordengland, sind landschaftlich sehr reizvoll.

BritRail bietet Bahnreisenden innerhalb Englands eine Auswahl von **Sonderfahrkarten.** Es gibt den Britrail England Consecutive Pass für das englische Eisenbahnnetz mit einer Gültigkeit von 2, 4, 8, 15, 22 oder 30 aufeinanderfolgenden Tagen und den BritRail GB Flexi Pass für ganz Großbritannien. Der BritRail England Flexi Pass (bzw. BritRail GB Flexi Pass für ganz GB) gilt an 2, 3, 4, 8 oder 15 frei wählbaren Tagen in einem Zeitraum von 30 Tagen. Es gibt Ermässigungen für Jugendliche, Kinder, Senioren und Gruppen.

Eine Alternative dazu ist ein zwei Monate lang gültiges *Point-to-Point Ticket,* das eine einfache Fahrt oder Hin- und Rückfahrt zwischen zwei Orten mit Fahrtunterbrechungen erlaubt. Nähere Infos gibt es in größeren DB-Bahnhöfen oder in DER Reisebüros.

Die Pässe, die auf allen fahrplanmäßigen Zügen gültig sind, müssen vor Reiseantritt gekauft werden, sind also nicht in Großbritannien erhältlich.

Bestellung in Deutschland: Visit Britain (s. S. 58), www.visitbritaindirect.com oder online bei www.britrail.com.

Wie in anderen Ländern auch gibt es eine komplexe Preisstruktur. Im privatisierten Netz fahren Züge unter dem Namen vieler verschiedener Firmen, aber zwecks Kartenverkauf funktioniert die Kooperation unter den Wettbewerbern recht gut. Wenn man sich mindestens eine Woche vor der Fahrt festlegen kann und Stoßzeiten meidet, kann man einiges Geld sparen. Fahrkarten online: www.thetrainline.com.

Bus

Überlandbusse *(coaches)* verbinden alle Landesteile und sind wesentlich preiswerter als die Eisenbahn. Expressbusse verkehren zwischen London und größeren Städten, aber andere Verbindungen sind oft recht langsam. Bei vielen längeren Routen muss man in Birmingham umsteigen, was meistens mit einer längeren Pause verbunden ist. Die Brit-Xplorer-Pässe für das gesamte Netz mit einer Dauer von 7, 14 oder 28 Tagen sind über National Express zu beziehen (www.nationalexpress.com/coach/Offers/britXplorer.cfm). Vor Ort sind Ermäßigungen möglich für Reisende unter 26 Jahren und für über 60-Jährige sowie für Familien. Auch Online-Buchung spart Geld.

Fahrplanauskunft und Buchung: National Express Tel. 087 17 81 81 78 oder www.nationalexpress.com.

Auf Hauptstrecken fährt man sehr preiswert mit **Megabus** (www.megabus.com). Auch die Firma **Stagecoach** (www.stagecoachbus.com) verbindet viele Reiseziele, und manche vielbefahrene Routen haben eigene Anbieter, z. B. **OxfordTube** für London–Oxford (www.oxfordtube.com).

Flugzeug

Verschiedene Fluggesellschaften, z. B. British Airways, British Midland, Ryanair, Go und Easyjet, verbinden die Städte Nord- und Mittelenglands miteinander und mit London. Wichtigste Flughäfen: Birmingham, East Midlands (nahe Nottingham), Stansted (östlich von London), Norwich, Manchester, Liverpool, Leeds-Bradford und Newcastle (Nordosten).

Hotels

Jede Preisklasse ist vertreten, darunter die sogenannten **Country House Hotels,** die die Atmosphäre eines kleinen Landsitzes vermitteln, im besten englischen Geschmack eingerichtet sind und nicht selten eine hervorragende Küche bieten.

Das Preis-Leistungs-Verhältnis britischer Hotels hängt für Besucher aus der Euro-Zone von den Schwankungen der Wechselkurse ab. Es wird immer schwieriger, ein gutes Hotel unter 100 £ pro Doppelzimmer inkl. Frühstück zu finden. Es ist deshalb oft besser, ein Bed and Breakfast in gehobener Qualität zu suchen, als in einem altmodischen Hotel mit mittelmäßigem Service zu übernachten.

Müde Autofahrer finden eine preiswerte (DZ 50–60 £) und bequeme Übernachtung in den **Lodges,** verkehrsgünstig gelegene moderne Herbergen, die an wichtigen Landstraßen, am Rande vieler Städte und oftmals auch in Stadtzentren liegen. Eine charaktervolle Unterkunft hat man hier nicht, aber für eine Übernachtung während einer längeren Fahrt oder in der Großstadt, wenn man wenig Zeit im Zimmer verbringt, kann dies eine sinnvolle Möglichkeit darstellen. Die bekanntesten Ketten sind Premier Inn (www.premierinn.com) und Travelodge (www.travelodge.co.uk).

Ein erfreulicher Trend der letzten Jahre, allerdings nur für diejenigen, die nicht knapp bei Kasse sind: In den größeren Städten entstanden kleine, geschmackvoll eingerichtete **Boutique Hotels** bzw. **Town House Hotels.**

Broschüren über Unterkünfte aller Kategorien erhält man von den englischen Tourist Information Centres. **Im Internet** bieten die Seiten www.visitbritain.de oder www.theaa.com über die Suchfunktion eine riesige Auswahl an.

Sehr in Mode sind auch **Design Hotels.** Es handelt sich oft um fantasievoll umgebaute Fabriken oder Lagerhallen. Zwei Firmen, die darauf spezialisiert sind: Malmaison Hotels (www.malmaison.co.uk) und die Kette Hotel du Vin (www.hotelduvin.com). Das jährlich veröffentlichte Buch »The Good Hotel Guide« ist ein Standardwerk im Lande.

Bed and Breakfast (B & B)

Bed and Breakfast ist eine gute Chance, Land und Leute kennenzulernen. Man erhält einen Eindruck, wie die Engländer leben und kommt oft mit ihnen ins Gespräch. Bed and Breakfast, abgekürzt ›B & B‹, ist meist billiger als ein Hotel, aber auch hier gibt es verschiedene Preisklassen. B-&-B-Guesthouses haben kein Restaurant oder Schwimmbad, aber der Komfort steht dem eines guten Hotels oft in nichts nach. Andere B & Bs sind dagegen recht einfach. In vielen wird Barzahlung erwartet.

Fast immer ist *Full English Breakfast* ein Genuss, so reichlich wie ein gutes Abendessen. Immer mehr B & Bs servieren Lebensmittel aus Bio-Anbau, eine Liste der Häuser gibt es unter www.organicplacestostay.com.

Dem zunehmenden Wohlstand und Stilbewusstsein der Briten tragen auch immer mehr B & Bs mit moderner und luxuriöser Einrichtung Rechnung. Die Wolsey Lodges ist eine Vereinigung solcher Häuser: www.wolseylodges.com.

Die Fremdenverkehrsbüros einzelner Städte und Regionen verschicken Broschüren mit B & B-Adressen bzw. stellen sie online zur Verfügung. Wer nicht vor Reiseantritt buchen möchte, kann im Lande in den Tourist Information Centres den Zimmervermittlungsdienst in Anspruch nehmen. Die Guesthouses werden regelmäßig geprüft und nach einem Bewertungssystem (1–5 Sterne) ausgezeichnet.

Bed and Breakfast – oftmals stilvoller und preiswerter als Hotels

Urlaub auf dem Bauernhof

Eine ganze Reihe Farmer bieten neben B & Bs oder Ferienhäusern zugleich Einblick in den bäuerlichen Betrieb einer *working farm.* Einen Katalog kann man beziehen über:

Farm Stay UK Ltd
National Agricultural Centre
Stoneleigh Park, Warwickshire CV8 2LZ
Tel. 024 76 69 69 09
www.farmstayuk.co.uk

Ferienwohnungen

Self-catering, d. h. sich selbst verpflegen, und *Country Cottages,* Landhäuschen, sind die Schlüsselbegriffe bei der Buchung von Ferienhäusern und -wohnungen. Man kann Cottages oder Apartments, die nicht selten reizvoll gelegen sind, über eine Vielzahl verschiedener Veranstalter mieten. Adressen findet man unter www.visitbritain.de.

Die Denkmalschutzorganisationen National Trust und Landmark Trust bieten ungewöhnliche Unterbringungsmöglichkeiten mit Stil und geschichtlichem Hintergrund:

National Trust Holiday Cottages
P. O. Box 536, Melksham
Wiltshire SN12 8SX
Tel. 0844 800 20 70
www.nationaltrustcottages.co.uk

Landmark Trust
Shottesbrooke, Maidenhead
Berkshire SL6 3SW
Tel. 01628 82 59 25
www.landmarktrust.org.uk

Weitere Webadressen: www.ruralretreats. co. uk, www.english-country-cottages.co.uk, www. sykescottages.co.uk; http://lakeland-hideaways.co.uk und http://heartofthelakes. co.uk (Lake District), www.hideaways.co.uk (Westen), http://bestofsuffolk.co.uk, www.norfolkcottages.co.uk und www.suffolkcottage holidays.com (Osten), www.countryretreat suk.com (Yorkshire und Nordosten), www.dales-holiday-cottages.com (Yorkshire Dales), www.coastalretreats.co.uk (Nordosten).

Jugendherbergen und Universitäten

Die Youth Hostels Association (YHA) unterhält über 300 Jugendherbergen und hat die Zeichen der Zeit erkannt: Im Vergleich zu vergangenen Jahrzehnten wird viel mehr Wert auf Komfort gelegt. Die Jugendherbergen werden bewertet und mit Sternen ausgezeichnet (fünf Sterne wurden bisher nicht vergeben), manche genießen sogar einen guten Ruf für ihre Küche. Nähere Infos unter

YHA Customer Services
P. O. Box 6029, Trevelyan House
Dimple Road, Matlock DE4 3XN
Mitgliedschaft und Reservierungen:
Tel. 01629 59 27 00
www.yha.org.uk

Internationale Mitgliedskarte bei:
Deutsches Jugendherbergswerk
Bismarckstr. 8, 32756 Detmold
Tel. 05231 74 01-0
www.djh.de

In den Wandergebieten ist das Netz der Jugendherbergen besonders dicht. Die Mitgliedschaft bei der YHA kann man vor Ort für 15,95 £ erwerben, die Übernachtung im Mehrbettzimmer kostet meist 12–20 £. Die YHA organisiert außerdem Aktivurlaub mit einer breiten Palette von Sportarten (s. S. 76).

Eine weitere preiswerte Unterkunft sind Studentenwohnheime während der Trimesterferien (Ostern sowie Juli–Sept.):

Tipp: Private Backpacker- und Wandererherbergen sind oft gemütlicher als die von der YHA. Infos dazu unter: www.independenthostelguide.co.uk und www.backpackers.co.uk.

Venuemasters, The Workstation
Paternoster Row, Sheffield, S1 2BX
Tel. 0114 249 30 90
www.venuemasters.com

Camping

Eine Reihe von Publikationen gibt Auskunft über die Campingplätze des Landes, die sehr dicht gesät und oft mit Restaurant, Lebensmittelgeschäft, Sport- und Unterhaltungsmöglichkeiten ausgestattet sind. Die Automobile Association hat einen »Caravan and Camping Guide« als iPhone-app herausgebracht. S. auch www.ukcampsite.co.uk.

In beliebten Feriengebieten, z. B. im Lake District, können die Campingplätze im Sommer überfüllt sein. Eine vorherige Anmeldung ist deshalb ratsam. Wildes Campen ist nicht erlaubt. Die Kosten pro Übernachtung für ein Zelt oder ein Wohnmobil und zwei Personen betragen während der Hochsaison (Juli/Aug.) 15–25 €.

Bestimmungen für Wohnwagen im Straßenverkehr: maximale Länge 7 m, maximale Breite 2,30 m. Höchstgeschwindigkeit 80 km/h auf Landstraßen, 96 km/h auf Autobahnen und vierspurigen Straßen. Auf dreispurigen Autobahnen ist die Benutzung der äußeren Spur für Autos mit Wohnwagenanhängern untersagt.

Zwei nützliche Adressen von Organisationen, die eigene Camping-Plätze unterhalten:

The Caravan Club
East Grinstead House, East Grinstead
West Sussex RH19 1UA
Tel. 01342 32 69 44
www.caravanclub.co.uk

The Camping and Caravanning Club
Greensfield House, Westwood Way
Coventry CV4 8JH
Tel. 0845 130 76 32 und 024 76 47 54 26
www.campingandcaravanningclub.co.uk

Angeln

Für das Angeln in Flüssen und Seen (nicht aber im Meer) braucht man überall eine Erlaubnis. Zuerst muss man von der für die betreffende Region zuständigen Wasserbehörde eine *rod licence* (Angelerlaubnis) einholen. Zusätzlich braucht man die Genehmigung des Besitzers der Fischereirechte, denn die meisten Binnengewässer sind in Privatbesitz. Die örtlichen Tourist Information Offices geben Auskunft.

Es wird bei der Süßwasserfischerei zwischen *game fishing,* d. h. Angeln auf Lachs *(salmon)* und Forelle *(trout),* und *coarse fishing,* alle anderen Fischarten, unterschieden. Unter vielen beliebten Lachsflüssen seien erwähnt: der Wye an der walisischen Grenze, die Flüsse Lune und Eden im Nordwesten und der Coquet im Nordosten.

Die Schonzeit für Lachs und Forelle ist regional unterschiedlich, die Schonzeit für *coarse fishing* dauert meist von März bis Juni. Beliebte *coarse fishing*-Reviere sind vor allem die Gewässer Ostenglands, die Fens und die Broads. Lizenzen für *coarse fish* oder *salmon* und *sea trout* für einen Tag, acht Tage oder ein Jahr kauft man im Postamt. Auskunft erhält man am besten vor Ort, vor allem von Hotels, die sich an eine Anglerkundschaft wenden, oder auch über folgende Internetseiten:

The Salmon & Trout Association
www.salmon-trout.org/
The Stillwater Trout Fisheries Association
www.troutfisheries.co.uk

Bootsurlaub auf Kanälen und Flüssen

Die Flüsse und Kanäle der englischen Midlands sind ideal geeignet für den Bootstourismus. Das Angebot beinhaltet die traditionellen *narrowboats* (s. S. 326) sowie moderne Kabinenkreuzer. Auch auf den *narrowboats* kann man mit einer bequemen Ausstattung rechnen, sofern der Platz dies erlaubt. Je nach Größe sind zwei bis zwölf Schlafplätze vorhanden. Man muss sich mit passender Kleidung eindecken und dabei bedenken, dass das Bedienen von Schleusen im Regen einen guten Wetterschutz erfordert. Gleitsichere Schuhe mit Gummiprofil sollte man auf jeden Fall mitnehmen.

Wer nicht selbst in der kleinen Küche *(galley)* kochen will, findet meist ein nettes Pub unweit der Anlegestelle. Die Bootsvermieter weisen Unerfahrene ein und können im Falle einer Panne oder Havarie helfen.

Im Gegensatz zum Straßenverkehr fährt man auf den Wasserwegen rechts. Karten der Route sollten an Bord vorhanden sein; bei der Planung soll man mit der Kilometerzahl nicht zu ehrgeizig sein, besonders wenn viele Schleusen zu überwinden sind. Man kann direkt in England oder über Agenturen in Deutschland Broschüren anfordern und buchen.

Bootsvermieter in England

Westengland und Wales
Anglo Welsh Waterway Holidays
The Hide Market, West Street,
Bristol BS2 0BH
Tel. 0117 304 11 22
www.anglowelsh.co.uk

Norfolk Broads
(auch Segelbootverleih)
Blakes Holiday Boating
Spring Mill, Earby, Barnoldswick
Lancashire, BB94 0AA
Tel. 0844 856 70 60
www.blakes.co.uk

Hoseasons Holidays
Lowestoft, NR32 2LW
Tel. 0844 847 13 56
www.hoseasons.co.uk

Bootsvermieter in Deutschland und Österreich

Connoisseur & Emerald Star
c/o Crown Blue Line
Theodor-Heuss-Str. 53–63
61118 Bad Vilbel
Tel. 06101 55 7 91 35
www.connoisseur.de

Hausboot Böckl
Zeppelinstr. 73
81669 München
Tel. 089 54 29 01 09
www.hausboot-boeckl.de

Haizingergasse 33
1180 Wien
Tel. 01 470 47 08
www.hausboot-boeckl.at

Golf

Diese Sportart hat ihren Ursprung in Schottland, doch gibt es auch in England eine Vielzahl schön gelegener Golfplätze. Golf ist in Großbritannien ein Massensport und nicht nur eine Beschäftigung der Wohlhabenden. Wenn man es aber exklusiv haben will, dann gibt es Golfschulen und gediegene Golfhotels, die jedem Anspruch genügen.

Übersicht über britische Golfplätze:
www.englishgolf-courses.co.uk und
www.theaa.co.uk
Anbieter von Komplettangeboten:
Golf Vacations UK
Tel. 01228 59 80 89
www.golfvacationsuk.com

Jagd

Mit ›hunting‹ meinen Engländer meist die berittene Fuchsjagd mit Meute, die allerdings mittlerweile verboten ist. Andere Jagdarten heißen *shooting* oder, bei Rot- und Rehwild, *stalking.* Obwohl *deer-stalking* in Nordengland möglich ist, fährt man dafür in der Regel nach Schottland. In den Bergen von Nordengland werden vor allem Moorhühner *(grouse)* erlegt, in allen Landesteilen Fasane und Rebhühner. Über Schonzeiten, Lizenzen und Hotels, die Jagdurlaub anbieten, informiert:
The British Association for Shooting and Conservation
Marford Mill, Rossett
Wrexham, LL12 0HL
Tel. 01244 57 30 00
www.basc.org.uk

Klettern

Das Pennine-Gebirge und die Berge des Lake District bieten gute Klettermöglichkeiten. Auskunft:
British Mountaineering Council
177–179 Burton Road
Manchester, M20 2BB
Tel. 0161 445 61 11
www.thebmc.co.uk

Mountainbiking

Die staatliche **Forestry Commission** (www.forestry.gov.uk/england-cycling) hat im Grizedale Forest (s. S. 194), im Kielder Forest Park (s. S. 219) und am Cannock Chase nördlich von Birmingham mit neu angelegten Strecken, auch für ambitionierte Biker, viel Lob geerntet. Für Biking in Yorkshire s. S. 254.

Outdoor-Aktivitäten

Verschiedene Outdoor-Aktivitäten speziell für junge Leute und Familien bieten folgende Organisationen:

Outward Bound Trust
Hackthorpe Hall, Hackthorpe
Penrith, Cumbria CA10 2HX
Tel. 01931 74 00 00
www.outwardbound-uk.org

Youth Hostels Association
Sommerlager für 10- bis 19-Jährige
Tel. 01629 59 25 30
www.doit4real.co.uk

Radfahren

England ist im Allgemeinen kein Radlerparadies, obwohl die kurzen Entfernungen zwischen sehenswerten Orten einen Fahrradurlaub begünstigen. Erst langsam entstehen Radwege für Freizeitradler. Im Nordosten und in den Nationalparks, die auch auf die Bedürfnisse von Mountain-Bikern eingehen, ist die Situation günstiger. Die Organisation Sustrans (Adresse s. unten) ist dabei , ein landesweites Netz von weitgehend autofreien Radwegen aufzubauen.

Da es relativ wenige Radwege gibt, sollte man Karten kaufen, die auch kleine Landstraßen zeigen. Auf diese Weise können Radler das dichte Straßennetz voll ausnutzen und die viel befahrenen A-Straßen meiden.

Für diejenigen, die ein Gebiet näher erforschen möchten, sind die Karten im Maßstab 1:50 000 des offiziellen Vermessungsamtes Ordnance Survey, die jeweils ein Gebiet von 40 mal 40 km abdecken, gut geeignet. Vor Ort findet man eine Vielzahl von Radführern und -karten. Abseits der asphaltierten Straßen darf auf den mit blauen Pfeilen markierten Reitwegen, ›Bridleways‹, geradelt werden.

Flug- und Fährgesellschaften befördern Fahrräder kostenlos oder gegen einen geringen Aufpreis. In Eisenbahnen können Fahrräder mitgenommen werden; auf manchen Strecken und zu bestimmten Stoßzeiten gibt es Einschränkungen und Gebühren. Informationen zum Radwegenetz:

Sustrans
2 Cathedral Square, College Green
Bristol BS1 5DD

Es müssen nicht immer Extremsportarten sein

Tel. 0845 113 00 65
www.sustrans.co.uk
Hinweise auch auf den Websites der Nationalparks (s. S. 58) und im Kapitel ›Unterwegs
in Nord- und Mittelengland‹ (ab S. 96).

Anbieter von Fahrradreisen

Folgende Veranstalter bieten Fahrradverleih
oder organisierten Radurlaub:
CTC (Cyclists' Touring Club)
Parklands, Railton Rd,
Guildford, Surrey GU2 9JX
Tel. 00844 736 84 50
www.ctc.org.uk

Cotswolds, Lake District
Compass Holidays
Cheltenham Spa Railway Station
Queens Road, Cheltenham GL51 8NP
Tel. 01242 25 06 42
www.compass-holidays.com

Ostengland
Suffolk Cycle Breaks
P. O. Box 82, Needham Market
Suffolk IP6 8BW
Tel. 01449 72 15 55
www.cyclebreaks.co.uk

Cheshire und Shropshire
Byways Bike Breaks
27 Harthill Avenue
Liverpool, L18 6HY
Tel. 0151 722 80 50
www.byways-breaks.co.uk

Reiten

Reitschulen bieten eine große Auswahl an Ur-
laubsmöglichkeiten, vom Anfängerkurs bis
zum mehrtägigen Trekking. Es gibt auch
Fernwege für Reiter wie der Pennine Bridleway (www.nationaltrail.co.uk) und eine Strecke im North York Moors National Park.

Empfehlenswert sind Veranstalter, die von der
British Horse Society kontrolliert werden:
The British Horse Society
Abbey Park, Stareton, Kenilworth
Warwickshire CV8 2XZ
Tel. 024 76 84 05 18
www.bhs.org.uk

Wassersport

Die englische Küste ist schön, die Strände
sind zunehmend sauber und die meisten entsprechen den EU-Mindeststandards. Im Allgemeinen schneidet die Ostküste besser als
die Nordwestküste ab.
www.goodbeachguide.co.uk:
Auskunft nur über die Wasserqualität.
www.seasideawards.org.uk:
Auskunft über Strand- und Wasserqualität.

Kanusport

England hat viele Flüsse und Kanäle, die ausgezeichnete Freizeitmöglichkeiten für Kanu-
freunde bieten:
British Canoe Union
18 Market Place, Bingham
Nottingham NG13 8AP
Tel. 0845 370 95 00, www.bcu.org.uk

Segeln

An der Küste und an vielen Binnengewässern
gibt es Segelclubs. Entsprechend groß ist
auch das Angebot an Segelkursen:
Royal Yachting Association (RYA)
RYA House, Ensign Way, Hamble
Southampton, SO31 4YA
Tel. 02380 60 41 00
www.rya.org.uk.

Surfen

Surfer fahren meist nach Südwestengland zur
Küste von Cornwall. Doch auch die Küste von
Nordostengland, vor allem Whitby und die
Strände nördlich davon, bietet gute Wellen.

Die Nordsee ist allerdings kühler als die Gewässer um Cornwall und die Surfszene weniger entwickelt.

Wandern

Die Insel ist mit einem gut ausgeschilderten Netz von Wanderwegen überzogen. Darunter sind über 15 gut gepflegte Fernwanderwege mit dem Status National Trail. Der bekannteste ist der mittlerweile überbeanspruchte **Pennine Way,** der vom Peak District bis zur schottischen Grenze führt (s. S. 250). Zu den längeren gehören der **Coast to Coast Path,** von St Bees an der Irischen See in Cumbria nach Robin Hood's Bay an der Nordsee, und der **Offa's Dyke Footpath** entlang der alten Grenze zu Wales (s. S. 139). Es gibt kaum ein historisches Gebiet und kaum einen Landschaftstyp, der sich nicht auf einem Fernwanderweg erkunden ließe, sei es **Robin Hood's Way** durch Sherwood Forest, der **Viking Way** von den East Midlands bis zum Fluss Humber oder der **Norfolk Coast Path** in Ostengland. Wer nur eine Tageswanderung unternehmen will, findet überall eine Möglichkeit (Informationen: www.nationaltrail.co.uk).

Ramblers' Association
87–90, Albert Embankment
London SE1 7TW
Tel. 020 73 39 85 00
www.ramblers.org.uk

Wegerecht

Wegerecht *(right of way)* hat man auf Public Footpaths, die meist als solche ausgeschildert sind. Right of way ist ein historisch überliefertes Recht, das sich grundsätzlich nur auf den Weg selbst, also nicht auf das benachbarte Grundstück, bezieht. Ende 2005 wurde ein neues Gesetz über ›Open Access‹, Wanderfreiheit, landesweit in die Praxis umgesetzt. Dadurch werden ausgedehnte Landstriche im Privatbesitz dem Wanderer frei gegeben. In solchen Gebieten, hauptsächlich Berg-, Moor- und Heideland, muss man sich nicht an den markierten Pfad halten. Dies gilt aber nicht generell und umfasst in Privatbesitz befindliche Wälder, Flussufer und Küstenabschnitte nicht. Die neuen Ordnance Survey-Karten kennzeichnen ›Open Access‹-Gelände. Die Wanderfreiheit bezieht sich auf das Wandern, Klettern und Laufen, nicht auf Reiten und Radeln.

Wanderkarten und Wanderführer

In englischen Buchhandlungen findet man ein riesiges Angebot an Wanderkarten und -führern, in den Tourist Offices Broschüren über Wanderungen in der Gegend.

Das Vermessungsamt Ordnance Survey gibt hervorragende Landkarten heraus. Die Reihe im Maßstab 1:50 000 deckt alle Landesteile ab, für beliebte Wandergebiete wie Lake District, Peak District und Yorkshire Dales sind Karten im Maßstab 1:25 000 erhältlich. Für begeisterte Lake-District-Wanderer ist die Bücherreihe von A. Wainwright wie eine Bibel. Über Jahrzehnte widmete Wainwright sich der Aufgabe, sämtliche Wege des Gebirges von Cumbria zu beschreiben. Die Bücher sind in seiner eigenen Handschrift mit seinen schönen Zeichnungen und Karten gedruckt.

Wegmarkierungen
Gelber Pfeil: ›Public footpath‹ – nur Fußgänger/Wanderer
Blauer Pfeil: ›Public bridleway‹ – Wanderer, Reiter; auch Radfahrer, die jedoch anderen den Vortritt einräumen müssen
Roter Pfeil: ›Byway‹ – alle Verkehrsteilnehmer zugelassen, Autofahrer lassen anderen den Vortritt.
Weißer Pfeil: ›Concessionary path‹ – kein öffentliches Wegerecht, aber der Grundbesitzer erlaubt die Nutzung des Weges.

Einkaufen

Souvenirs

Es gibt unzählige **Craft Shops,** die Kunsthandwerk anbieten, daneben Töpfereien und andere Handwerksbetriebe mit passenden Souvenirs für jeden Geschmack. Auch die **Gift Shops** (Geschenkläden), die man in jedem Museum und Herrensitz findet, bieten attraktive Andenken, denn die Briten betrachten eine Besichtigung nicht nur als Bildung, sondern auch als Möglichkeit zum Shopping.

Antiquitäten

Früher waren überall Schnäppchen zu finden. Mittlerweile sind die Preise kräftig angestiegen, auch in weniger wohlhabenden Landesteilen. Doch das Angebot an Besteck, Schmuck und Nippes oder dekorativen Kleinigkeiten bis hin zu größeren Möbelstücken ist äußerst reichhaltig.

Bücher

Die marktbeherrschende Kette Waterstones hat dafür gesorgt, dass auch in kleineren Städten eine gut sortierte Buchhandlung zu finden ist. Antiquariate sind in den Universitätsstädten, z. B. Cambridge, Durham, Oxford und York, dicht gesät. Ausgesprochene Bücherwürmer sollten die Bücherstadt Hay-on-Wye an der englisch-walisischen Grenze ansteuern.

Mode

England als Modeland? Franzosen und Italiener würden über diese Vorstellung lachen, doch mit Wohlstand kommen Veränderungen, wie man in jeder Einkaufszone feststellen kann. Gute Designer gibt es in England sehr wohl, nicht nur in London. Nottingham gehört zu den Städten, die sich über die Modebranche profiliert. Mit der jungen, kreativen, auch schrillen Mode, die in Schaufenstern zu sehen ist, lässt z. B. Manchester manch deutsche Großstadt recht bieder aussehen. Traditionell Englisches findet man nach wie vor, für Damen beispielsweise in den Laura-Ashley-Läden.

Outdoor-Ausrüstung

Geschäfte für Sportkleidung und -geräte, Ausstattung für Aktivitäten wie Wandern, Reiten, Golf, Anglerbedarf usw. sind in den Großstädten und den relevanten Regionen gut vertreten. Die ziemlich hohen Standardpreise werden durch Sonderangebote oft gemildert: Stöbern lohnt sich.

Charity shops

Charity shops sind eine sehr englische Institution und in den meisten Einkaufsstraßen gut vertreten. Viele verschiedene karitative Organisationen *(charities)* betreiben solche Second-Hand-Läden. Die Ware ist oft von guter Qualität, und beim Stöbern erhält man allerlei Einblicke ins Leben der Briten. Ein Geheimtipp sind die in noblen Vororten gelegenen Charity Shops, wo wohlhabende Damen ihre einmal getragenen Kleider abgeben.

Öffnungszeiten: Die Geschäftszeiten sind unübersichtlich. Generell gilt Mo–Sa 9–17.30 Uhr, in Vororten an einem Tag der Woche, *early closing day* (örtlich verschieden) bis 13 Uhr. Supermärkte und Geschäfte größerer Ketten haben bis 19 Uhr oder später geöffnet, sogar rund um die Uhr. Die Öffnungszeiten dehnen sich auch auf Sonn- und Feiertage aus. Kleine Lebensmittelgeschäfte, die häufig Immigrantenfamilien gehören, haben fast immer auf (»Eight till late«).

Eine beliebtes Ziel der Shopping-Fans: Die Antiquitäten- und ›Nippes‹-Läden

Gartencenter

Im Land der Hobbygärtner blühen die Garden Centres. Kleine Gärtnereien an viel befahrenen Straßen mausern sich zu regelrechten Ausflugszielen; sie bieten neben einer erstklassigen Auswahl an Pflanzen, Samen und Gartengeräten auch Lebensmittel, Mode, Haushaltseinrichtung und ein Café.

Lebensmittel

Fortschritte in der Gastronomie machen sich auch im Lebensmittelhandel bemerkbar. Gute Delikatessengeschäfte sind besser vertreten als früher und die Bauernmärkte, **Farmers' Markets,** bringen kleine Erzeuger qualitätvoller Lebensmittel in die Shoppingmeilen der Städte. Meist einmal im Monat können Bäcker, Hersteller von Käse oder Konfitüren, Bio-Bauern, Pilzsammler usw. an einem Stand ihre Produkte anbieten. Die Markttermine erfährt man im Tourist Office. Siehe auch die Website www.localfoods.org.uk.

Viele Bauernhöfe verkaufen ihre Erzeugnisse direkt im **Farm Shop** und machen Autofahrer mit einem Straßenschild darauf aufmerksam. Eine breite Auswahl bei zuverlässiger Qualität bieten **Supermärkte** wie Sainsbury und Tesco. Für hochwertige Produkte ist die Waitrose-Kette die beste Wahl. Selbstversorger, die nicht viel Zeit am Herd verbringen möchten, können auf Fertiggerichte der Kette Marks & Spencer zurückgreifen.

Country Shows

Die traditionellen Jahrmärkte, die verschiedentlich *country* bzw. *county show, agricultural show, flower show* heißen, kommen ohne Stände mit einem breit gefächerten Warenangebot nicht aus, darunter Kurioses und Exzentrisches: Alles für Haus, Haustier und Garten, Kunsthandwerk und Kitsch, Lebensmittel (Senf, Chutney, Marmeladen, Kuchen, Pies) von kleinen Erzeugern.

Mit 30 Mio. Einwohnern bietet Nord- und Mittelengland ein Nacht- und Kulturleben für jeden Geschmack. In den Reisekapiteln dieses Bandes stehen Informationen für die einzelnen Orte. Hier einige allgemeine Hinweise:

Nachtszene

In allen größeren Städten gibt es eine lebhafte, auch schnelllebige Nachtszene, zu der Clubs für verschiedene Musikrichtungen und modern-coole Bars zählen. Zunehmend gibt es Lokale, die keiner Kategorie eindeutig zuzuordnen sind: Sie sind tagsüber Café, abends Cocktailbar und Restaurant, haben auch eine Tanzfläche.

Pubs

Die Kneipenlandschaft ist recht durchwachsen. Auf dem Land und in kleinen Orten gibt es herrliche historische Pubs, in den Städten Pubs mit extravaganter Einrichtung aus viktorianischer Zeit. Zu oft wurden Pubs von großen Konzernen übernommen und durch genormte Inneneinrichtung verdorben. Das so genannte Sturztrinken *(binge drinking)* macht den Aufenthalt in Amüsiervierteln der Großstädte, aber auch in den Pubs kleinerer Städte, häufig unangenehm. Wer den Abend lieber stilvoll und ruhig als laut und lustig verbringt, sollte vor Ort fragen, welche Lokale zu empfehlen sind.

Die vielfältigste Nachtszene findet man in den folgenden Städten: Newcastle-upon-Tyne, vor allem im Quayside-Viertel; in der Stadtmitte von Leeds, wo einige Megaclubs eine Kundschaft aus ganz England anziehen; in Manchester, sowohl im Northern Quarter als auch im Gay Village und der Stadtmitte; in Liverpool, z. B. um die Mathew Street; in Birmingham um die Broad Street aber auch in neuen Ausgehzielen wie der Custard Factory; und in Nottingham. Auch Universitätsstädte wie Cambridge, Durham, Oxford und Norwich verfügen über eine blühende, natürlich studentisch geprägte Nachtszene. In allen diesen Städten gibt es neben DJ-Abenden Live-Musik in Clubs, großen Konzerthallen und Kneipen. Darüber informiert man sich tagesaktuell vor Ort im jeweiligen City-Magazin.

Kultur am Abend

Das ganzjährige Programm in den Städten und das Angebot der Kulturfestivals sind reichhaltig. So mangelt es nicht an Gelegenheiten, Theater, Tanz, Oper und Konzerte während einer England-Reise zu erleben. Hierfür stehen sowohl herrliche alte Säle wie die viktorianischen Theater in Newcastle und Leeds als auch hochmoderne Veranstaltungsorte mit ausgefeilter Akustik zur Verfügung. Aufführungen der Royal Shakespeare Company in Stratford-upon-Avon gehören zu den Höhepunkten des Schauspiels. Erstklassige Konzerte bieten das Birmingham Symphony Orchestra und das Hallé Orchestra in Manchester, beide in beeindruckenden neuen Konzerthallen. Die führenden Tanzensembles der Region sind das Royal Ballet in Birmingham und das Northern Ballet Theatre in Leeds. Mit der Opera North verfügt Leeds über ein vielbeachtetes Opernensemble.

Kino

Es gab in England wie anderswo einen Trend zu Großkinos mit mehreren Leinwänden. Diese befinden sich oft außerhalb der Stadtmitte in ehemaligen Sanierungsgebieten. In größeren Städten und denjenigen mit vielen Studenten findet man Programmkinos, z. B. das Zentrum für neue Medien und Kino in Liverpool, FACT (s. S. 168).

Elektrizität

Das britische Netz liefert Wechselstrom mit 240 V/50 Hz. Elektrogeräte mit 220 V können benutzt werden, aber man sollte sich vor Reiseantritt einen entsprechenden Adapter besorgen: Kontinentaleuropäische Stecker passen nicht in die englischen Steckdosen, und nicht alle Hotels bieten in den Zimmern Euro-Stecker.

English Heritage und National Trust

Die für den Denkmalschutz zuständige Behörde heißt ›English Heritage‹ (EH). Diese Behörde verwaltet mehr als 400 historische Stätten. Während der National Trust sich eher um möblierte oder zumindest überdachte Häuser, um Gärten und Landschaftsgebiete kümmert, ist der English Heritage für sehr viele Ruinen (Burgen und Klöster) zuständig. Wer durch Yorkshire oder Northumbria reist, wird besonders viele vom English Heritage gepflegte Sehenswürdigkeiten besuchen können, doch in allen Landesteilen sind beide Organisationen mit interessanten Angeboten vertreten (s. auch Thema S. 46).

Maße und Gewichte

Offiziell gilt das metrische System, jedoch mit zwei Ausnahmen: Entfernungen misst man noch in Meilen, Flüssigkeiten in *pints*. Auf andere alte Maßeinheiten trifft man aber immer noch.

1 inch (in)	= 2,54 cm
1 foot (ft)	= 12 inches = 30,48 cm
1 yard	= 3 feet = 91,44 cm
1 mile	= 1,61 km
1 acre	= 0,4 ha
1 pint	= 0,57 l
1 gallon	= 8 pints = 4,55 l
1 ounce (oz)	= 28,35 g
1 pound (lb)	= 16 ounces = 454 g
1 stone	= 14 pounds = 6,4 kg

Temperaturangaben

Wettervorhersagen in Zeitungen, Fernsehen und im Radio nennen Celsius, aber die meisten Engländer denken immer noch in Fahrenheit. Um einen Wert von Grad Fahrenheit in Grad Celsius umzurechnen, muss man 32 abziehen, das Ergebnis durch 9 dividieren und mit 5 multiplizieren.

0 Grad Celsius = 32 Grad Fahrenheit
100 Grad Celsius = 212 Grad Fahrenheit

Trinkgeld

Ein Trinkgeld *(tip, gratuity)* von 10 % ist bei Taxifahrten üblich. In Restaurants und Hotels sollte man darauf achten, ob die Bedienung *(service charge)* bereits im Preis inbegriffen ist oder als ›Vorschlag‹, den man bei Unzufriedenheit ablehnen kann, bereits dazugerechnet wurde. Falls nicht im Preis enthalten, ist auch hier ein Trinkgeld von 10 % üblich.

Umgangsformen

Gibt es sie, die feine englische Art? Viele Besucher aus dem Ausland empfinden die Engländer als ausgesprochen höflich – was mit offener Gastfreundlichkeit, aber auch mit kühler Zurückhaltung in Verbindung gebracht wird. Im Verhalten und Temperament bestehen natürlich, wie in anderen Ländern auch, diverse Unterschiede zwischen den verschiedenen Regionen und gesellschaftlichen Gruppen (s. a. S. 32). Nichtsdestotrotz gibt es einige Verhaltensregeln, die man grundsätzlich bei Reisen in England beachten sollte, um selbst nicht als unhöflich empfunden zu werden.

Schlange stehen

Es ist kein Mythos, dass Engländer an Bushaltestellen und in Geschäften eine ordentliche Schlange bilden. Soziologen wollen festgestellt haben, dass in der Hektik des modernen Lebens die Bereitschaft, geduldig zu warten, abnimmt, aber einer Studie der Universität von Manchester aus dem Jahr 2003 zu Folge verbringen die Briten jährlich 1,3 Milliarden Stunden in einer Warteschlange, d. h. jedes Jahr einen ganzen Tag pro Person.

Im Gespräch

Gespräche werden tatsächlich mit einem kurzen Austausch über das Wetter eröffnet, da das Thema unverfänglich ist und es dazu immer etwas Neues zu berichten gibt. Wer eine Begegnung mit der Frage »How are you?« beginnt, erwartet eine sehr kurze Antwort, gefolgt von einer höflichen Rückfrage – nicht aber eine echte Auskunft über das seelische oder gesundheitliche Befinden des Gesprächspartners. Richtig ist auch, dass bestimmte Höflichkeitsfloskeln im täglichen Sprachgebrauch häufiger verwendet werden als im Deutschen: insbesondere »please«, »thank you« und »sorry«. Es gibt Engländer, die unaufhörlich »Sorry« sagen, anscheinend ohne Anlass. Es wurde sogar behauptet, ein Gentleman der alten Schule sei daran zu erkennen, dass er sich auch dann entschuldigt, wenn man ihm einen heftigen Tritt gegen das Schienbein verpasst.

In Pub und Restaurant

Aktueller ist eine unerfreuliche Erscheinung. An Wochenenden sind der exzessive Alkoholkonsum englischer Jugendlicher und dessen Folgen in Klein- wie Großstädten unübersehbar. Nicht nur in Hinblick darauf beklagen viele den Verfall der guten Sitten.

Zweifel an den feinen Sitten kommen auch auf, wenn man sich – wie im überfüllten Pub üblich – zur Theke drängeln und mit einem Geldschein winken muss, um bedient zu werden. Aber auch hier sind Regeln zu beachten: Man bestellt nicht für sich alleine, sondern gibt nacheinander für alle in der Gruppe eine Runde aus. Im Restaurant sucht man die Aufmerksamkeit der Bedienung nicht mit einem »Hallo«-Ruf, sondern mit »Excuse me!«.

Einladungen

Wird man bei Engländern zu Hause eingeladen, werden Gastgeschenke gern gesehen – Blumen oder ein Andenken aus der Heimat, wie etwa deutscher Wein, der in England viel getrunken wird. Wer zuhause gute Manieren hat, wird auch in England nicht unangenehm auffallen.

Humor und Bescheidenheit

Wichtigtuer sind in Großbritannien noch weniger erwünscht als anderswo. Es ist eine wirklich ausgeprägte Eigenschaft der Briten, sich selber nicht zu ernst zu nehmen. Dazu gehört beispielsweise, dass man nicht ausführlich über sich redet, es sei denn, der Gesprächspartner interessiert sich dafür; auch werden ständig Witze gemacht, weil man nicht zu ernst wirken will.

Zeit

Bei Ankunft in England stellt man die Uhr um eine Stunde zurück. Es gilt Greenwich Mean Time im Winter und British Summer Time im Sommer. Das entspricht Mitteleuropäischer Zeit minus eine Stunde.

Zeitangaben

Die 24-Stunden-Zeitrechnung ist in England außer im Flug- und Bahnverkehr kaum verbreitet. Stattdessen verwendet man ›a. m.‹ (von lat. ›ante meridiem‹) für die Zeit zwischen Mitternacht und Mittag und ›p. m.‹ (›post meridiem‹) für die Nachmittags- und Abendstunden, d. h.

4 p. m. = 16 Uhr; 4 a. m. = 4 Uhr

Währung

100 Pence = 1 Pound (£). Pence wird abgekürzt p, ausgesprochen ›Pi‹. Es gibt Münzen zu 1, 2, 5, 10, 20 und 50 Pence sowie 1 und 2 Pfund, Scheine im Wert von 5, 10, 20 und 50 Pfund. Ein- und Ausfuhrbeschränkungen für Devisen bestehen nicht.

Geldwechsel

Die üblichen Kreditkarten werden fast überall genommen. Deutsche EC-Karten werden von den meisten Geldautomaten sowie in vielen Hotels, Restaurants und Geschäften akzeptiert.

Öffnungszeiten der Banken

Mo–Fr 9–16.30 Uhr (manche Zweigstellen auch Sa vormittags). Die Building Societies sind nicht nur Bausparkassen, sondern bieten auch die Dienstleistungen einer normalen Bank an.

Reisekasse

England ist kein billiges Reiseland. Wie teuer die Reise wird, hängt von der Stärke des britischen Pfunds gegenüber dem Euro ab. Wechselkurs: 1 £ = ca. 1,20 €, 1,47 sFr (Stand: Januar 2012).

Vor allem die Leistungen, die Touristen in Anspruch nehmen, sind häufig teuer: Hotels, Eisenbahnfahrten, Eintritt zu Sehenswürdigkeiten, Restaurants. Es gibt im Lande ein deutliches Preisgefälle: Von London leicht erreichbare Regionen wie die Cotswolds und Suffolk sind recht teuer, Nordengland ist dagegen ein relativ preiswertes Reiseziel.

Einige Spartipps

Jugendherbergen, sowohl die der Youth Hostel Association und die unabhängigen Backpackerherbergen, sind nicht alle spartanisch. Ein wirklich gutes B & B-Haus, z. B. mit offizieller 4-Sterne-Auszeichnung von Visit Britain, ist häufig komfortabler und preiswerter als ein Hotel. Viele Restaurants haben am frühen Abend zeitlich eingeschränkte Sonderangebote.

Wer viele Burgen, Herrensitze, Gärten usw. besucht, sollte überlegen, eine Urlaubsmitgliedschaft von English Heritage (s. S. 83) oder sogar die Jahresmitgliedschaft des National Trust zu erwerben.

Die Überfahrt nach Großbritannien mit der Autofähre ist nicht billig. Für Alleinreisende und zwei Personen kann es preiswerter und zudem zeitsparender sein, einen Billigflug und Mietwagen zu buchen. Benzin ist billiger bei den Tankstellen der großen Supermärkte (Morrissons Tesco usw) als bei BP, Shell und Co.

Preisbeispiele

Eintritt zu einem Herrensitz: 10–20 €
Topattraktionen bis 25 €
Kinokarte: 8–12 €
Ein Pint (0,57 l) Bier: 3–4 €
Cream Tea: 7–10 €
1 l Normalbenzin: 1,56 €

Sperrung von EC- und Kreditkarten bei Verlust oder Diebstahl*:

+49 116 116

oder +49 30 4050 4050
(* Gilt nur, wenn das ausstellende Geldinstitut angeschlossen ist, Übersicht: www.sperr-notruf.de)
Weitere Sperrnummern:
– MasterCard: +49 69 79 33 19 10
– VISA: +49 69 79 33 19 10
– American Express: +49 69 97 97 2000
– Diners Club: +49 69 66 16 61 23
Bitte halten Sie Ihre Kreditkartennummer, Kontonummer und Bankleitzahl bereit!

Lake District: Auch – oder vielleicht gerade – bei stark bewölktem Himmel schön

Reisezeit

Es gibt keine Jahreszeit, die für einen Urlaub in England überhaupt nicht in Frage kommt. Im März und April kann es auf der Insel frühlingshaft sein, während es auf dem Kontinent noch friert, aber letztendlich ist das Wetter Glückssache. Wer es ruhig liebt, sollte die Hauptsaison der Schulferien im Sommer meiden: etwa vom 20. Juli bis Anfang September. Von November bis März bzw. Ostern gelten in der Regel eingeschränkte Öffnungszeiten für Sehenswürdigkeiten.

Das Wetter

»Drei schöne Tage und ein Gewitter.« So beschrieb Charles II., der über zehn Jahre im französischen Exil verbrachte, den Sommer in seinem Königreich. Das Wetteramt in London meldet von November bis Januar durchschnittlich 15 Tage Niederschlag pro Monat

und elf bis dreizehn Tage in allen anderen Monaten. Eine trockene Jahreszeit existiert also nicht. Die Realität ist jedoch viel komplizierter, als irgendeine Statistik zeigen kann, denn das vom Golfstrom beeinflusste Wetter ist vor allem unbeständig, mit vielen, oft kurzen Regenschauern. Ein Tag mit Niederschlag kann deshalb auch einige Stunden Sonnenschein bieten.

Man behauptet, England habe kein Klima, sondern nur Wetter. Außerdem gibt es beträchtliche regionale Unterschiede. Im Westen der Insel, insbesondere in den Bergen, ist das Klima feucht, da die vorherrschenden Winde Wolken vom Atlantik mitbringen. Der Osten ist wesentlich trockener, und den geringsten Niederschlag weist East Anglia auf. Mit 4400 mm jährlich wird die höchste Niederschlagsmenge in den Bergen des Lake District, am kleinen See Styhead Tarn, registriert. Dagegen fallen im trockensten Ort des Landes, Great Wakering in der Grafschaft Essex, nur 490 mm Regen. Zum Vergleich: In

Bonn sind es 660 mm Niederschlag jährlich. Die Temperatur weist ein Nord-Süd-Gefälle auf, das vom Meereseinfluss überlagert wird. Am Meer ist es, verglichen mit anderen Landesteilen, im Sommer kühler, im Winter wärmer. Die durchschnittliche Temperatur in Nord- und Mittengland beträgt zwischen 15 und 17 °C im Juli (Bonn 18,5 °C) und im Januar 3–4 °C (Bonn 2 °C). Das Klima ist also von milden Wintern und kühlen Sommern gekennzeichnet.

Man sollte sich auf alles vorbereiten und auf die Wettervorhersagen achten. Wenn man Glück hat, ist es viel trockener und wärmer als erwartet. Wenn man Pech hat, dann mögen folgende Überlegungen ein wenig trösten: Bei einem trockenen Klima wäre die Landschaft nicht so wunderbar grün, die berühmten englischen Gärten nicht so duftend und schön. Ständig heiterer Himmel brächte die wechselnden Stimmungen, die vor allem in den Bergen und an der Küste zu erleben sind, nie zur Geltung; große Maler wie Turner und Constable hätten keine Inspiration in vorbeiziehenden Wolken gefunden. Oft hört der Regen schnell wieder auf. Wenn er länger anhält, findet man in jeder Gegend eine interessante überdachte Sehenswürdigkeit.

Wettervorhersage

Wettervorhersagen nach Ort oder Postleitzahl sortiert findet man im Internet unter
www.bbc.co.uk/weather

Kleidung/Ausrüstung

Dass man einen Regenschirm nach England mitnimmt, ist eigentlich selbstverständlich. Die Unbeständigkeit des Wetters bedeutet, dass man mit Regenmantel und Pullover, aber auch mit Sonnencreme und -hut im Sommer für alle Fälle vorsorgen sollte. Wer wandert, ist gut beraten, sich mit warmer, regendichter Kleidung auszurüsten, denn im Gebirge sind plötzliche Wetterumschwünge an der Tagesordnung und der gefühlte Temperaturunterschied zwischen geschütztem Tal und windigem Gipfel ist beträchtlich – auch bei Gipfeln von nur 700–800 m Höhe.

Klimadaten Oxford

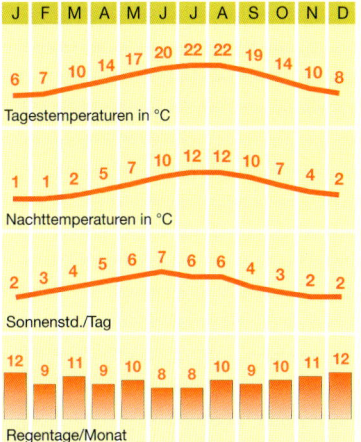

Klimadaten Liverpool

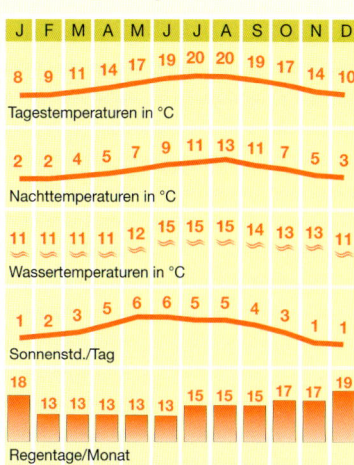

87

Gesundheit und Sicherheit

Gesundheit

Ärztliche Versorgung

Der staatliche Gesundheitsdienst **National Health Service (NHS)** bietet auch allen ausländischen Besuchern des Landes kostenlose ambulante Notfallbehandlung sowohl bei niedergelassenen Ärzten als auch in den Unfallstationen der Krankenhäuser (›Casualty Department‹, ›Accident and Emergency‹ bzw ›A & E‹) an. Eine europäische Krankenversicherungskarte sollte man bei sich haben.

Häufig haben sich mehrere Ärzte in einem so genannten ›Health Centre‹ zusammengeschlossen. Solche Einrichtungen findet man in fast jedem Ort oder, bei Städten, in nahezu jedem Stadtteil.

Rezepte *(prescriptions)* und stationäre Behandlungen müssen bezahlt werden, es sei denn, man führt als Bürger eines EU-Landes die entsprechenden Krankenversicherungsnachweise mit, in der Regel genügt die Versicherungskarte.

Da die Wartezimmer der dem National Health Service angeschlossenen Ärzte oft überfüllt sind, kann es von Vorteil sein, vor Antritt der Reise eine Reisekrankenversicherung abzuschließen, die die Kosten einer Privatbehandlung und evtl. auch eines Rücktransports übernimmt. Die meisten Arztpraxen werden von Allgemeinmedizinern geführt, die eine erste Untersuchung und routinemäßige Behandlungen vornehmen und in schwierigeren Fällen an den Facharzt überweisen.

Adressen der ortsansässigen Ärzte und Krankenhäuser findet man im Internet unter der Adresse www.nhs.uk.

Apotheken

Apotheken heißen ›Dispensing Chemist‹ oder ›Pharmacy‹. Nicht alle sind kleine, von einem selbstständigen Apotheker geführte Läden: Der größte und bekannteste Apotheker des Landes ist die Firma Boot's, die Hunderte von Drogeriegeschäften besitzt, die meisten davon mit einer Apotheke.

Auch in vielen großen Supermärkten findet man eine Abteilung mit Medikamenten. Eine große Zahl nichtrezeptpflichtiger Produkte, auch Aspirin, können in Supermärkten oder in den Drogeriemärkten gekauft werden und sind im Vergleich zu Deutschland relativ preiswert.

Sicherheit

Mit der persönlichen Sicherheit verhält es sich in Nord- und Mittelengland nicht anders als im deutschsprachigen Raum. Jede Großstadt hat soziale Brennpunkte, mit denen man jedoch im Urlaub kaum in Berührung kommt. Aufpassen sollte man abends am Freitag und Samstag in den Amüsiervierteln. Dort führen eine hohe Konzentration von Lokalen und der Hang der Engländer zum Sturztrinken immer wieder zu brenzligen Szenen, wenn Betrunkene die Konfrontation geradezu suchen. Meist merkt man schnell, ob man in die falsche Kneipe geraten ist.

Taschendiebstahl ist in Nord- und Mittelengland kein besonderes Problem. Trotzdem sollte man im Gedränge bei Großveranstaltungen und in geschäftigen Shopping-Meilen aufpassen. Der Ratschlag, keine Gegenstände sichtbar im Auto zu lassen, gilt besonders für ausgesprochen touristische Stätten.

Notruf

Der allgemeine Notruf für **Polizei** *(police)*, **Feuerwehr** *(fire brigade)* und **Krankenwagen** *(ambulance)* lautet:

Tel. 999

Die Nummer gilt landesweit und ist kostenfrei.

Internet

Für eine Liste von Internetcafés siehe www.cybercafes.com. Sie sind weniger dicht gesät als vor einigen Jahren, da kabelloses Surfen zunehmend zum Standard wird. Viele Gaststätten und Hotels bieten einen preiswerten, sogar kostenlosen kabellosen Anschluss (WiFi) an. Wer unterwegs ohne hohe Gebühren surfen will, kann einen Surfstick (»dongle«) eines britischen Anbieters auf fast jeder Haupteinkaufsstraße erwerben.

Post und Porto

Öffnungszeiten der Postämter: Mo–Fr 9–17.30 Uhr, meist auch Sa 9–12.30 Uhr.

Briefmarkenhefte sind auch in Läden erhältlich, die durch das Schild ›Stamps sold here‹ kenntlich gemacht sind.

Porto für Postkarten und Briefe bis 20 g in Europa per Luftpost, d. h. mit dem Aufkleber ›Air Mail‹: 68 p.

Radio und Fernsehen

Die etablierten Fernsehkanäle sind: **BBC 1,** der älteste Kanal; **BBC 2,** der kulturell anspruchsvollere Sendungen ausstrahlt, aber auch Seifenopern; **ITV**, ein kommerzieller Sender, der wie BBC 1 eine Mischung aus leichter Unterhaltung, Reportagen, Dokumentarfilmen und mitunter qualitativ hochwertigen Serien anbietet; **Channel 4,** dessen Programm sich zum Teil an den Interessen von Minderheiten orientiert und der etwas experimentierfreudiger ist als der Schwestersender ITV; und **Channel Five,** der neueste, der zwischen Sensationslust und Anspruch auf Seriosität schwankt. Die privaten Satellitensender, allen voran die verschiedenen Sky-Kanäle, haben sich mittlerweile auch gut etabliert.

Auch Radio ist längst kein BBC-Monopol mehr, wenn auch landesweit nach wie vor am beliebtesten, aber regionale Sender, sowohl private als auch der BBC, haben an Boden gewonnen.

Telefonieren

Vorwahl für Großbritannien: 0044
Ländervorwahlen von Großbritannien aus: Deutschland 0049; Österreich 0043; Schweiz 0041. Auskunft Inland: 11 85 00, Auskunft Ausland: 11 85 05, Störungen (Operator) 100. Dabei entfällt jeweils die anfängliche Null der Ortsvorwahl.

Telefonzellen: Mindestbetrag 60 p. Akzeptiert werden 10 p, 20 p, 50 p und 1-£-Münzen. Telefonkarten gibt es nicht mehr, dafür viele Telefonzellen, die Kreditkarten nehmen.

Mit dem aus dem Heimatland mitgebrachten **Handy** zu telefonieren ist in England fast immer unkompliziert, da die Betreiberfirmen gegenseitige Abkommen haben bzw. es sich um dieselben Konzerne handelt. Netzempfang hat man fast überall – in den Bergen weist die Deckung an manchen Stellen Lücken auf.

Zeitungen

Die nationale Presse ist für Urlauber interessanter als regionale Zeitungen. Die beiden auflagenstärksten Zeitungen sind ›Daily Mirror‹ und ›The Sun‹. Der ›Daily Mirror‹ steht politisch links, ›The Sun‹ rechts, aber beide widmen ihre Spalten lieber Sport und Sex als dem politischen Geschehen. Die rechtsgerichteten ›Daily Mail‹ und ›Daily Express‹ sind nur wenig anspruchsvoller.

Die seriösen Zeitungen sind von rechts nach links ›The Daily Telegraph‹, ›The Times‹, ›The Independent‹ und ›The Guardian‹. Geschäftsleute spricht die ›The Financial Times‹ an.

Sprachführer

Allgemeines

Danke	Thank you
Gern geschehen, bitte	My pleasure, you're welcome
Wie bitte?	Pardon?
Guten Morgen	Good morning
Guten Tag	Good afternoon
Guten Abend	Good evening
Schön, Sie zu sehen	Nice to see you
Auf Wiedersehen	Good bye
Bis bald (später)	See you soon (later)
Ich heiße …	My name is …
Ich komme aus …	I come from …
Wie geht's?	How are you?
Danke, gut	Thanks, fine
Wie viel	How many, how much
Wo ist …	Where is …
Wann	When
Wie	How

Unterwegs

vierspurige Straße	dual carriageway
Autobahn	motorway
einspurige Straße	single track road
Tankstelle	petrol station
Benzin	petrol
(Auto)-Werkstatt	garage
Bahnhof	railway station
Busbahnhof	bus station
Touristeninformation	tourist information
rechts	right
links	left
geradeaus	straight ahead, straight on
ein Auto/	rent a car/
ein Fahrrad mieten	a bike
eine Fahrkarte nach	a ticket to …
einfach/	single,
hin und zurück	return

Zeit

3 Uhr (morgens)	3 a. m.
15 Uhr (nachmittags)	3 p. m.
Stunde	hour
Tag	day

Woche	week
Monat	month
Jahr	year
Montag	Monday
Dienstag	Tuesday
Mittwoch	Wednesday
Donnerstag	Thursday
Freitag	Friday
Samstag	Saturday
Sonntag	Sunday
Feiertag	public holiday
Winter	winter
Frühling	spring
Sommer	summer
Herbst	autumn
heute	today
morgen	tomorrow
gestern	yesterday

Einkaufen

Geschäft/Laden	shop
geöffnet	open
geschlossen	closed
Briefmarken für	stamps for
einen Brief/	a letter/
eine Postkarte nach	a postcard to
… Deutschland/	Germany/
… Österreich/	Austria/
… in die Schweiz	Switzerland
Geldautomat	cash machine
Ich möchte	I would like to
Geld wechseln.	change money.
Kreditkarte	credit card
bar	cash
Quittung	receipt
bezahlen	pay

Essen und Trinken

einen Tisch bestellen	book a table
Frühstück	breakfast
Mittagessen	lunch
Abendessen	dinner
Getränke	beverages
Essen	food
Ich möchte bestellen	I would like to order

Flasche	bottle	Medikamente	medicine, drugs
Glas	glas	Apotheke	pharmacy
Löffel	spoon	Krankenhaus	hospital
Gabel	fork	Rettungswagen	ambulance
Messer	knife		

Übernachten

Einzelzimmer	single room
Doppelzimmer	double room
mit zwei Betten	with twin beds
mit Bad	with bathroom
mit Dusche	with shower
mit WC	ensuite
Frühstück	breakfast
Halbpension	half board

Notfall

Notfall	emergency
Polizei	police
Unfall	accident
(Auto)Panne	breakdown
Arzt	doctor
Zahnarzt	dentist

Zahlen

1	one	18	eighteen
2	two	19	nineteen
3	three	20	twenty
4	four	25	twenty-five
5	five	30	thirty
6	six	40	fourty
7	seven	50	fifty
8	eight	60	sixty
9	nine	70	seventy
10	ten	80	eighty
11	eleven	90	ninety
12	twelve	100	one hundred
13	thirteen	150	one hundred and fifty
14	fourteen		
15	fifteen	200	two hundred
16	sixteen	1000	a thousand
17	seventeen	2000	two thousand

Die wichtigsten Sätze

Allgemeine Floskeln

Entschuldigen Sie!	Sorry, excuse me
Ich verstehe nicht.	I don't understand you
Ich spreche kein Englisch.	I don't speak English.
Sprechen Sie Deutsch?	Do you speak German?

Im Lokal

Guten Appetit!	Enjoy your meal!
Prost	Cheers!
Bitte die Speisekarte!	Could I have the menu please?
Ich möchte …	I' ll have …
Wie viel kostet …	How much is …?
Bezahlen, bitte!	The bill, please.
Wo sind die Toiletten?	Where are the toilets?

Auf der Straße

Ich will nach …	How do I get to …
Wo kann man … kaufen?	Where can I buy …?
Wo ist hier eine Apotheke?	Where can I find … a pharmacy?
Welcher Bus geht nach …?	Which bus goes to …?

Im Hotel

Haben Sie noch freie Zimmer?	Do you have any vacancies??
Ich habe ein Zimmer bestellt.	I have booked a room.
Wie viel kostet das Zimmer pro Tag/ pro Woche?	How much is the room per night/ per week?

91

Mit *Punts* auf der Themse staken – in Oxford ist das möglich

Unterwegs in Nord- und Mittelengland

Liebevoll gepflegt: Ein Cottage Garden in den Cotswolds

Kapitel 1

Der Westen

Während die Reize anderer, von der Industrialisierung geprägter Landstriche Englands in den letzten Jahren erst entdeckt werden mussten, lag es schon immer auf der Hand, warum sich eine Reise in die Gegend zwischen Oxford, Stratford-upon-Avon und der walisischen Grenze lohnt. Im südlichen Teil dieser Region, vor allem im Gebiet der Cotswold Hills, zeigt sich England von seiner lieblichsten Seite: Zwischen sanft gerundeten Hügeln, eingebettet in die Täler seichter Flüsse, liegen kleine Orte mit ihren alten Bauten aus goldbraunem Stein. Sie zeugen bis heute vom Wohlstand vergangener Jahrhunderte.

Die Städte im Westen Englands sind vielseitig: Oxford als älteste Universitätsstadt des Landes verführt mit prächtiger Architektur aus fast tausend Jahren und einem regen kulturellen Leben. Cheltenham hat sich das elegante Ambiente des 19. Jh. bewahrt, als sich Kolonialbeamte hier zur Ruhe setzten.

Das pittoreske Stratford-upon-Avon wird von Bewunderern des hier geborenen William Shakespeare besucht. Rund um Shrewsbury, die Stadt mit dem imposantesten Fachwerkbau-Ensemble Englands, findet man einen vom Tourismus noch relativ unentdeckten Landesteil mit einer zur walisischen Grenze hin wilder werdenden Hügellandschaft, in der sich ›Überraschungen‹ wie die Gourmetstadt Ludlow verstecken.

Für nicht allzu anstrengende Wanderungen ist diese Landschaft ideal. Aber auch Freunde von Kultur und Natur werden eine Reise durch den englischen Westen genießen.

Der Westen

Sehenswert

Cheltenham: Mondäner Kurort mit schickem Shopping-Angebot, Parks und eleganter Architektur (s. S. 110).

Stratford-upon-Avon: Die Shakespeare-Stadt wäre ein Ausflug wert, auch wenn es den Dichter nicht gegeben hätte (s. S. 125).

1 Oxford: Historische Höfe, Gärten, Kapellen und Bibliotheken bilden einen prunkvollen Rahmen für die über 800 Jahre alte Universitätsstadt (s. S. 98).

2 Cotswolds: Die grüne, mit sehenswerten Kleinstädten und Herrensitzen übersäte Landschaft gilt vielen Engländern als das romantische Urbild des Old England (s. S. 115).

3 Ironbridge Gorge: Diese Wiege der industriellen Revolution bietet viele Museen in schöner Umgebung (s. S. 148).

Schöne Routen

Rundfahrt durch die Cotswold Hills: Eine Fahrt durch die lieblich-sanfte Landschaft nach Cirencester, Bibury, Burford, Stow-on-the-Wold, Chipping Campden und Broadway gehört zu den schönsten Erlebnissen eines England-Urlaubs (s. S. 115).

Von Stratford-upon-Avon durch das Avon-Tal: Durch das fruchtbare Flusstal geht es zu den Abteiruinen in Evesham, zur Fachwerkstadt Tewkesbury und zu den Malvern Hills mit Blick auf die Severn-Ebene, in der die Domstadt Worcester liegt (s. S. 124).

Durch das Tal des Wye: Das südliche Wye-Tal gehört zu den Gegenden, in denen vor 200 Jahren die Reize des Landschaftstourismus zuerst entdeckt wurden. Durch das grüne, ländliche Herefordshire geht es zum historischen Hereford, Zentrum des englischen Apfelweins (s. S. 138).

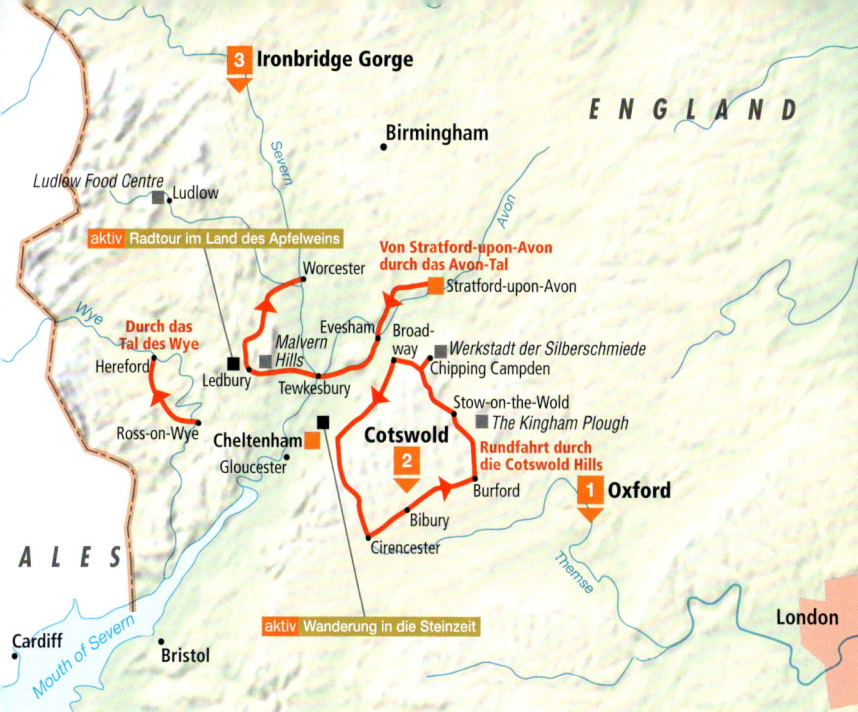

Meine Tipps

Werkstatt der Silberschmiede: Im wunderschönen Chipping Campden arbeiten Silberschmiede in der vierten Generation in einer Werkstatt, die vor über 100 Jahren auf dem Höhepunkt der einflussreichen Arts-and-Crafts-Bewegung gegründet wurde (s. S. 120).

Die gemütlichsten Bars: Die allerschönsten Kneipen befinden sich oft nicht in touristischen Orten, sondern in kleinen Dörfern. Ein Beispiel: The Kingham Plough im Osten der Cotswolds (s. S. 118).

Gourmet-Paradies für Selbstversorger: In Ludlow kann man in erlesenen Restaurants viel Geld lassen. Das Ludlow Food Centre liefert Zutaten und fertige Speisen für preiswertes Schlemmen in der Ferienwohnung und fürs Picknick (s. S. 145).

aktiv unterwegs

Belas Knap – Wanderung in die Steinzeit: Von der Wanderer-freundlichen Kleinstadt Winchcombe geht ein 8,5 km langer Rundweg ohne große Anstrengung oder Orientierungsschwierigkeiten bergauf zu einem besonderen Ort: der fast 6000 Jahre alten Grabkammer Belas Knap. Auf dem Weg dorthin ergeben sich immer wieder fantastische Ausblicke über die Cotswolds-Hügel (s. S. 123).

Cider Cyling – Radtour im Land des Apfelweins: Die köstlichen Apfel- bzw. Birnengetränke *Cider* und *Perry* sind Spezialitäten der Grafschaft Herefordshire. Die süffigen Erzeugnisse mit ausgeprägtem Charakter und starkem Alkoholgehalt kann man während einer ›Cider-Cycling-Route‹ kosten (s. S. 142).

Oxford und Umland

Die älteste Universität Englands, eine traditionelle Kaderschmiede für das britische Weltreich und die Politik, bezaubert bis heute mit malerischen Höfen und Gärten, historischen Bibliotheken und Kapellen, mit idyllischen Bootspartien und Spaziergängen an den Ufern der beiden Flüsse Themse und Cherwell.

1 Oxford ▶ J 17

Cityplan: S. 100/101

Die einzigartige Sammlung erlesener Bauwerke, die den historischen Stadtkern von Oxford bildet, wirkt nicht nur ästhetisch, sondern auch machtvoll. Seit dem hohen Mittelalter werden an diesem Ort Gelehrsamkeit und gewachsene Tradition gepflegt, was den hier Studierenden das Gefühl vermittelt, einer Elite anzugehören. Fast die Hälfte aller britischen Premierminister studierte in Oxford – darunter Margaret Thatcher, Tony Blair und David Cameron. Auch mit Ehemaligen aus anderen Ländern wie Richard von Weizsäcker, Bill Clinton und dem japanischen Kronprinzen kann sich die Universität brüsten.

Nicht nur das äußere Bild der 120 000 Einwohner zählenden Universitätsstadt, sondern auch ihre Struktur und Organisation, der Alltag und das kulturelles Leben werden in erster Linie von den Colleges geprägt, die seit dem 13. Jh. hier entstanden: Jeder Student und Dozent gehört einem dieser Colleges an. Die selbstverwalteten Körperschaften erzielen Einkommen aus Ländereien, die teilweise auf Stiftungen aus dem Mittelalter zurückgehen. Die Universitätsgebäude haben im Lauf der Jahrhunderte die Stadtmitte fast völlig vereinnahmt. Gotischer Einfluss überwiegt, aber es finden sich auch klassizistische Kapellen, Bibliotheken und Aulen.

Durch manchmal elegante, manchmal eher unscheinbare Toreingänge betritt man die einzelnen Colleges, deren Wohn- und Studientrakte um mehrere Höfe herum angelegt sind; sie werden in Oxford als *Quadrangle* oder schlicht *Quad* bezeichnet. Jedes College bildet eine kleine geschlossene Gesellschaft mit Wohnräumen für Studenten und Professoren, Freizeiteinrichtungen wie eigenen Sportmannschaften und Vereinen und gemeinsamen Mahlzeiten in der Aula, wo die Studenten unter den Augen der porträtierten Ehemaligen – Bischöfe, Diplomaten, Generäle und sonstige Vorbilder – gemeinsam die Mahlzeiten zu sich nehmen.

In Oxford finden sich mehr als 600 unter Denkmalschutz stehende Gebäude, und durch fast jeden Toreingang ist ein schöner Hof zu betreten. Manche, oft auch die wunderschönen Gärten, sind für Besucher allerdings nicht zugänglich.

Die St Aldate's entlang

Der Rundgang durch das Zentrum beginnt am Aussichtsturm **Carfax Tower** 1, dem stumpfen Rest einer Kirche aus dem 13. Jh., an der Kreuzung von High Street und St Aldate's (tgl. 10–17.30 Uhr), und führt zunächst die leicht abschüssige St Aldate's entlang. Im Rathaus auf der linken Seite der Straße befindet sich das **Museum of Oxford** 2 mit einer Ausstellung zur Stadtgeschichte (s. S. 104). Rund 300 m weiter erhebt sich auf der linken Seite die imposante Fassade des **Christ Church College** 3, das 1525 von Kardinal Wolsey, Minister von Henry VIII., gegründet wurde. Die aufwendigen College-Bauten spiegeln die damalige Macht des Kardinals wider. Er war es, der Henrys Scheidung von Katharina von Aragon bewirkte, die zu einem Bruch mit dem Papst führte und so die Reformation in England einleitete. Seinem argwöhnischen Monarchen jedoch erschien Wolsey zu ehrgeizig; er wurde verhaftet und starb wenig später.

Die Kirche des Colleges, deren älteste Teile aus dem 12. Jh. stammen, fungiert seit der Reformation als **Kathedrale** 4 . Man erreicht sie über den größten Hof von Oxford, den Tom Quad, der durch den Eingangsturm Tom Tower betreten wird. Sehenswert sind auch die Treppe zur Aula, rechts neben dem Portal der Kathedrale, und der Peckwater Quad mit einer Bibliothek aus dem 18. Jh. Der Eindruck von aristokratischer Macht trügt nicht: Christ Church hat 13 Premierminister hervorgebracht (www.chch.ox.ac.uk, Mo–Sa 9–17, So 14–17 Uhr). In der **Picture Gallery,** die über den Canterbury Quad zu erreichen ist, hängen Gemälde von Tintoretto, Van Dyck und Carracci sowie Skizzen von Michelangelo und Leonardo da Vinci (Mo–Sa 10.30–17, So 14–17 Uhr, Okt.–April 13–14 Uhr geschl.).

Zum Merton College

Wieder auf St Aldate's zurückgekehrt, halten wir uns rechts und biegen in die erste Straße auf der rechten Seite ein, die enge Blue Boar Street. Diese schlängelt sich zwischen alten Häusern hindurch, bis sie nach etwa 200 m auf einen kleinen Platz, Oriel Square, mündet. Das **Oriel College** 5 , eine Gründung von 1324, liegt gegenüber. Wir halten uns aber rechts und biegen dann nach links in die Merton Street ein. Das erste College auf der rechten Seite, **Corpus Christi** 6 , besitzt im Toreingang ein schönes Gewölbe aus dem 16. Jh. Vorbei an an diesem College und dem eisernen Gittertor, das zu den Wiesen und Baumalleen von Christ Church Meadow am Zusammenfluss der Themse mit dem Cherwell führt, gelangen wir zum **Merton College** 7 , dessen breiter, stattlicher Kirchturm nicht zu übersehen ist.

Merton, 1264 von dem gleichnamigen Bischof von Rochester gegründet, streitet mit Balliol und University College darüber, welches das älteste in Oxford ist. Die Chapel von Merton wurde 1290 begonnen; aus der ersten Bauphase stammt das schöne Maßwerk im Ostfenster. Der Turm wurde gegen 1450 vollendet, aber zum Bau des Schiffes kam es nie. Der daraus resultierende T-förmige Grundriss wurde zum Muster für viele andere College-Kapellen. Zur Kapelle gelangt man vom ersten Hof aus über eine kleine Passage rechts neben der Aula und dann über Mob Quad, den ältesten Hof von Oxford, ca. 1304 begonnen und 1378 vollendet. Auf zwei Seiten des Mob Quad befindet sich die Bibliothek. Das Obergeschoss beherbergt seit über 600 Jahren die Old Library mit einer kostbaren Bücher- und Handschriftensammlung (Führungen Juli–Sept. tgl. 14, 15, 16 Uhr).

Auf der High Street

Nach der Besichtigung des Merton Colleges biegen wir rechts in die Merton Street ein und folgen dem Straßenverlauf bis zur High Street. Das viktorianische Gebäude auf der Ecke links heißt **Examination Schools** 8 ; hier finden Vorlesungen und Prüfungen statt. Nach rechts führt die High Street am sehenswerten Botanical Garden, einer Gründung des 17. Jh. (tgl. 9–17 Uhr), vorbei zum **Magdalen College** 9 auf der gegenüberliegenden Straßenseite. Magdalen (sprich: Modlin) ist an dem hohen grazilen Turm, zwischen 1492 und 1506 errichtet, leicht zu erkennen. Das College wurde 1458 vom Bischof von Winchester, William of Wayneflete, gegründet. Aus dieser Zeit stammen der gewölbte Kreuzgang, die Aula und die Kapelle, in der die Knaben der collegeeigenen Chorschule die Abendmesse singen. Zu den zahlreichen berühmten Ehemaligen des Colleges zählt Oscar Wilde. Das Cherwell-Ufer und ein Wildpark laden zu schönen Spaziergängen ein (www.magd.ox.ac.uk, tgl. 13–18 Uhr).

Wir kehren zur High Street zurück und gehen dann rechts zurück in Richtung Zentrum. Die sanft geschwungene Straßenführung der High Street erlaubt ständig wechselnde Blicke auf die ehrwürdigen Fassaden und Türme. Auf der rechten Seite befinden sich

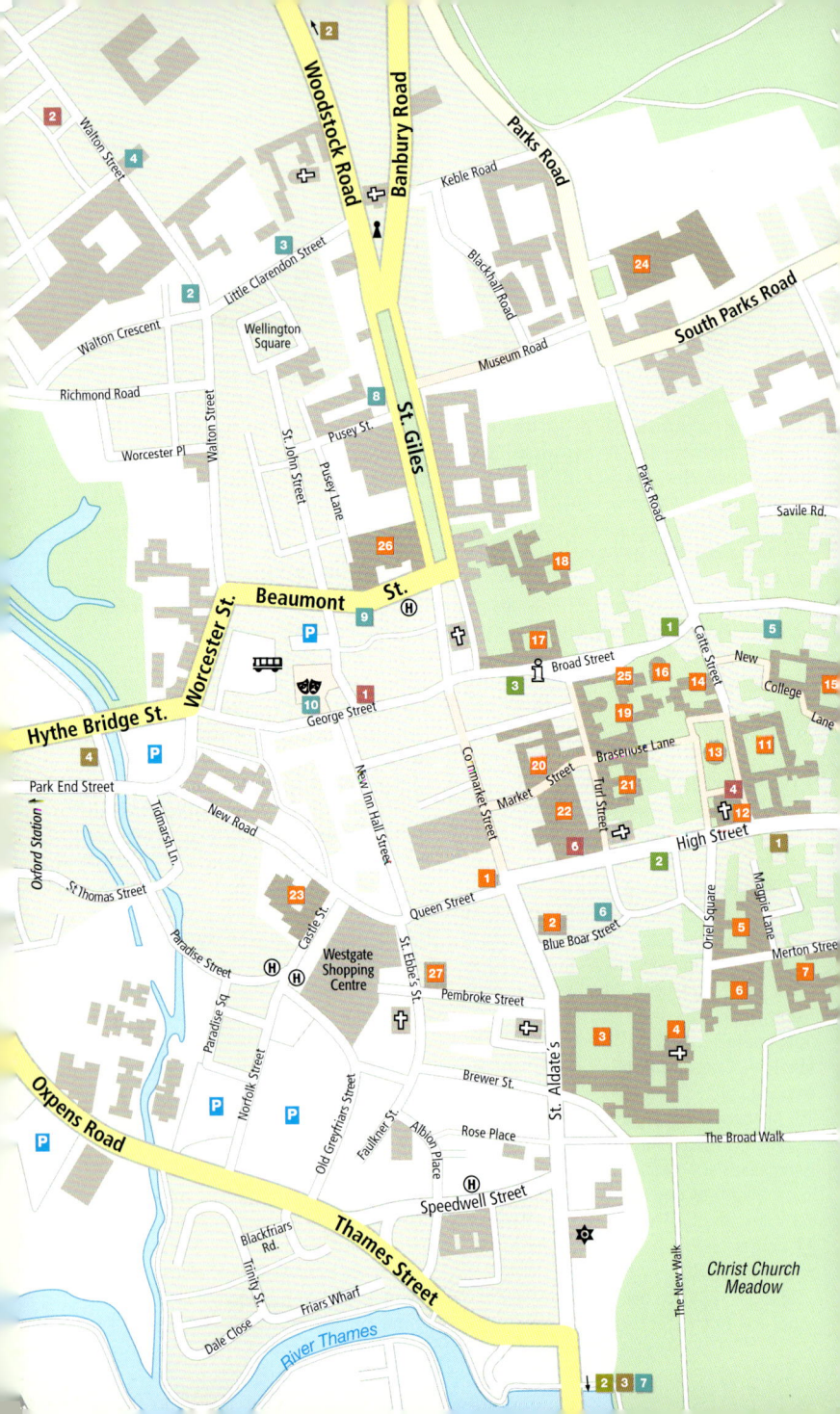

Oxford

Sehenswert

1 Carfax Tower
2 Museum of Oxford
3 Christ Church College
4 Kathedrale
5 Oriel College
6 Corpus Christi College
7 Merton College
8 Examination Schools
9 Magdalen College
10 Queen's College
11 All Souls College
12 University Church of St Mary the Virgin
13 Radcliffe Camera
14 Bodleian Library
15 New College
16 Sheldonian Theatre
17 Balliol College
18 Trinity College
19 Exeter College
20 Jesus College
21 Lincoln College
22 Markthalle
23 Oxford Castle
24 University Museum
25 Museum of the History of Science
26 Ashmolean Museum
27 Modern Art Oxford

Übernachten

1 Old Bank Hotel
2 Marlborough House Hotel
3 Green Gables
4 Oxford Backpackers Hostel

Essen & Trinken

1 Jamie's Italian
2 Le Petit Blanc
3 Aziz
4 Vaults & Garden Café
5 Grand Café
6 Georgina's Coffee Shop

Einkaufen, Abends & Nachts

sowie **Aktiv** siehe S. 102

Oxford

das im klassizistischen Stil erbaute **Queen's College** 10, unweit davon das **All Souls College** 11, eine Gründung aus dem 15. Jh., die sich den Luxus erlaubt, keine Studenten aufzunehmen, sondern einer forschenden Elite vorbehalten zu bleiben. Hinter All Souls erhebt sich die **University Church of St Mary the Virgin** 12 mit ihrem hohen Spitzturm. Die spätgotische Kirche ist innen hell und wohlproportioniert und bietet einen schönen Ausblick vom Turm (tgl. 9–17 Uhr).

Radcliffe Camera und Bodleian Library

Zwischen All Souls und der Kirche führt die Catte Street zu einem der schönsten Bauwerke Oxfords, der **Radcliffe Camera** 13. Der elegante Rundbau, 1737–48 vom schottischen Architekten James Gibbs erbaut, beherbergt eine Bibliothek für Geschichte, deren schöne Kuppel Generationen von Studenten von der Lektüre ihrer Bücher abgelenkt hat.

Im Nachbargebäude befindet sich eine der bedeutendsten Bibliotheken der Welt, die **Bodleian Library** 14. Der Bücherbestand und der Gebäudekomplex gehen auf eine Stiftung des Herzogs Humphrey von Gloucester, Bruder von Henry V., im 15. Jh. zurück. Nach großen Verlusten während der Reformation erfolgte die Neugründung 1598 durch Sir Thomas Bodley. Die 4,5 Mio. Bände können nicht ausgeliehen werden.

Im südlichen Flügel des Innenhofes befindet sich die **Divinity School,** die ehemalige Theologische Fakultät, mit einem bemerkenswerten Gewölbe aus dem 15. Jh. Hier finden wechselnde Ausstellungen der über 50 000 Handschriften der Bodleian-Samm-

lung statt (www.bodley.ox.ac.uk, Führungen März–Okt. Mo–Sa 10.30, 11.30, 14, 15 Uhr, Rundgang mit Audioführung Mo–Fr 9–16.15, Sa 9.15–15.30, So 11–16.15 Uhr).

Die verwinkelte Gasse, die von der Catte Street unter einer Brücke hindurch nach rechts führt und der wir um zwei Ecken folgen, heißt New College Lane. Wer jetzt eine Erfrischung braucht: Eine kleine Gasse führt links zum malerischen Pub Turf Tavern. Der bescheidene Eingang zum **New College** 15 täuscht: Dieses College gehört zu den imposantesten in Oxford, 1379 von einem weiteren mächtigen Bischof von Winchester, William of Wykeham, gegründet. Besonders sehenswert sind der große Hof mit Kapelle und Aula, beides hervorragende Beispiele des Perpendicular-Stils des 14. Jh., der Kreuzgang sowie der Garten, in dem Reste der mittelalterlichen Stadtmauer erhalten blieben (tgl. 11–17, Winter 14–16 Uhr).

Rund um die Broad Street

An der Ampel am Ende der Catte Street biegen wir nach links in die Broad Street. Im streng klassizistischen Gebäude an der Ecke, dem Clarendon Building, ist ein Teil der Universitätsverwaltung untergebracht. Nach einigen Schritten erreicht man das **Sheldonian Theatre** 16, das erste Werk von Christopher Wren, dem Architekten der St Paul's Kathedrale in London. Wren, Professor der Astronomie und begabter Mathematiker, entwarf einen für die damalige Zeit statisch kühnen Bau, der seit 1669 für Universitätszeremonien genutzt wird. Von der achteckigen Dachkuppel genießt man den Blick auf Oxfords berühmte Skyline (Mo–Sa 10–12.30, 14–16.30 Uhr). Auf der Nordseite der Straße befinden sich die Colleges **Balliol** 17 (dessen Gebäude weitgehend im 19. Jh. entstanden) und **Trinity** 18 (1555 gegründet, Hall und Chapel 17. Jh.).

Von der Broad Street biegt man links in die hübsche Turl Street ein. An der Ecke befindet sich das **Exeter College** 19, eine mittelalterliche Gründung, dessen Gebäude jedoch fast ausschließlich aus dem 19. und 20. Jh. stammen. Auf der rechten Seite der Turl Street liegt **Jesus College** 20 mit zwei Höfen aus dem 17. Jh. Aus dieser Zeit stammen auch Aula, Kapelle und Bibliothek. Schräg gegenüber von Jesus College liegt das 1427 gegründete **Lincoln College** 21, dessen schönstes Gebäude die Chapel (1610–33) ist. Die zweite Straße nach rechts, Market Street, bringt uns zur **Markthalle** 22, deren aromatisch riechende, altmodische Lebensmittelgeschäfte zeigen, dass Oxford nicht nur Geistiges zu bieten hat. Durch den Markt erreicht man wieder die High Street. Dann geht es an Carfax Tower vorbei über Queen Street und New Street zu **Oxford Castle** 23. Die 1071 erbaute Burg, die bis 1996 als Gefängnis diente, beherbergt jetzt ein Luxushotel und eine Besucherattraktion (Unlocked; tgl. 10–17 Uhr) über die wechselvolle Geschichte des Orts.

Museen

Im Laufe jahrhundertelanger Forschungen und Entdeckungsreisen haben die Gelehrten der Universität wertvolle und z. T. kuriose Sammlungen zusammengetragen. Das **University Museum** 24 in der Parks Road, ein 1855–60 erbautes Kuriosum der viktorianischen Gotik, beherbergt die naturwissenschaftlichen Sammlungen: Zoologie, Geologie und die Abteilungen für Völkerkunde des **Pitt Rivers Museums,** das neben Gegenständen, die Captain Cook von seinen Entdeckungsreisen im Pazifik mitbrachte, auch makabre Stücke wie südamerikanische Schrumpfköpfe enthält (University Museum: www.oum.ox.ac.uk, tgl. 10–17 Uhr, Pitt Rivers Museum: www.prm. ox.ac.uk, Mo 12–16.30, Di–So 10–16.30 Uhr).

Das **Museum of the History of Science** 25 in der Broad Street sammelt seltene wissenschaftliche Instrumente, darunter Mikroskope, Uhren, astronomische, chemische und medizinische Apparate (www.mhs.ox. ac.uk, Di–Fr 12–17, Sa 10–17, So 14–17 Uhr).

Das 1683 gegründete, 2009 mit gelungenen modernen Erweiterungsbauten wiedereröffnete **Ashmolean Museum** 26 in der Beaumont Street, nach eigenen Angaben das

Kreative Pause vor dem klassizistischen Hintergrund des Clarendon Building

Oxford und Umgebung

älteste öffentliche Museum der Welt, besitzt bedeutende Grabungsgegenstände aus dem Mittelmeerraum, Ägypten und dem Nahen Osten, Gemälde englischer und europäischer Meister seit der Renaissance, eine ausgezeichnete Sammlung fernöstlicher Kunst und Exponate aus angelsächsischer Zeit, die nach dem neuen Ausstellungskonzept »Crossing Cultures Crossing Time« einander gegenübergestellt werden (Tel. 01865 27 80 00, www.ashmolean.org, Di–So 10–18 Uhr).

Das **Museum of Oxford** **2**, im Rathaus an der Ecke St Aldate's/Blue Boar Street untergebracht, erzählt die Geschichte der Stadt und der Universität (Tel. 01865 25 27 61, www.museumofoxford.org.uk, Di–Do, Sa 10–17 Uhr). Nicht alles in Oxford ist alt: **Modern Art Oxford** **27** in der Pembroke Street genießt landesweit einen Ruf als innovative Galerie; auch wer sich für moderne Kunst nicht interessiert, findet dort ein gutes Café (Tel. 01865 72 27 33, www.modernartoxford.org. uk, Wechselausstellungen Di/Mi 10–17, Do–Sa 10–19, So 12–17 Uhr).

Infos

Tourist Information Centre: 15/16 Broad St., Tel. 01865 72 68 71, Fax 01865 24 02 61,

Blick auf den eleganten Rundbau Radcliffe Camera und das All Souls College

www.visitoxford.org, Mo–Sa 9.30–17, So 10–16 Uhr.

Stadtführungen: Allgemeine Führung Mo–Sa 10.45 und 14, So 14 Uhr; außerdem Sonderthemen wie z. B. Gärten, Oxford im Film.

Infos über Kino, Konzerte etc.: www.dailyinfo.co.uk.

Übernachten

Schicker Umbau ▶ **Old Bank Hotel** **1**: 92–94 High St., Tel. 01865 79 95 99, www.old-bank-hotel.co.uk. Stilvoll mit allem Luxus, in bester Lage und mit einem erschwinglichen Restaurant. DZ 185–250 £.

Angenehme Lage ▶ **Marlborough House Hotel** **2**: 321 Woodstock Rd., Tel. 01865 31 13 21, www.marlhouse.co.uk. Im schönen Wohngebiet von Nord-Oxford. DZ 80 £.

B & B ▶ **Green Gables** **3**: 326 Abingdon Rd., Tel. 01865 72 58 70, www.greengablesoxford.co.uk. Gepflegtes Haus, neun Nichtraucher-Zimmer mit Bad. Die Stadtmitte ist bequem zu Fuß oder mit dem Bus erreichbar. DZ 80 £.

Studentenunterkunft ▶ **Oxford Rooms:** In verschiedenen historischen Colleges, ab 40 £ inkl. Frühstück. Buchung über Internet: www.oxfordrooms.co.uk.

Zentral und preiswert ▶ **Oxford Backpackers Hostel** **4**: 9A Hythe Bridge St., Tel. 01865 72 17 61, www.hostels.co.uk. Nahe dem Busbahnhof gelegen, mit Bar und großem Gemeinschaftsraum. 15,50–21 £ pro Person.

Essen & Trinken

Vom Promi-Koch ▶ **Jamie's Italian** **1**: 24–26 George St., Tel. 01865 83 83 83, tgl. 12–23 Uhr. Köstliche, erschwingliche Gerichte machen Jamie Oliver's italienische Kette zu Recht beliebt. Pasta- und Fleischgerichte 10–13 £.

Edel ▶ **Le Petit Blanc** **2**: 71–72 Walton St., Tel. 01865 51 09 99. Französische Küche von Raymond Blanc, der südlich von Oxford bei Abingdon eines der besten Restaurants Großbritanniens betreibt. Zwei-Gang-Menü 14 £.

Im Ethno-Viertel ▶ **Aziz** **3**: 230 Cowley Rd., Tel. 01865 79 49 45. Bangladeshi-Restaurant mit hervorragenden vegetarischen Gerichten. Hauptgerichte ab 9 £.

Unter der Kirche ▶ **Vaults & Garden Café** **4**: Radcliffe Square, Tel. 01865 27 91 12. Suppe, Salat, viel Vegetarisches, preiswert und gut. Hauptgerichte ab 7 £.

Für Tea-Time ▶ **Grand Café** **5**: 84 High St., Tel. 01865 20 44 63. Für Nachmittagstee oder Frühstück gut.

Günstig lunchen ▶ **Georgina's Coffee Shop** **6**: s. Tipp S. 106.

Viele Restaurants, vor allem asiatische, befinden sich an der **Cowley Road.**

Einkaufen

Bücher ▶ **Blackwell's 1**: 50 Broad St. Dieser Buchladen besticht durch sein enormes Sortiment.

Oxford-Souvenirs ▶ **University of Oxford Shop 2**: Bodleian Library Shop, 106 High St. Hier kann man T-Shirts, Bücher, Kaffeebecher usw. erwerben. Einen weiteren Shop der Bodleian Library, **Oxford Campus Stores 3**, gibt es in 10 Broad St.

Abends & Nachts

Abtanzen ▶ **O2 Academy Oxford 1**: 190 Cowley Rd., Tel. 0905 020 39 99. Die führende Adresse der Stadt für Club-Abende und Livemusik.

Trendiges Pflaster ▶ Nördlich der Stadtmitte liegen coole Lokale, z. B.: Cocktails im **Raoul's 2**, 32 Walton St., oder **Duke of Cambridge 3**, 5 Little Clarendon St.; das **Freud's 4**, 119 Walton St., bietet Livemusik und am Wochenende Disco in einer umgebauten Kirche.

Niedrige Deckenbalken ▶ **The Turf Tavern 5**: In einer von der New College Lane abgehenden Gasse versteckt. Biergarten und verwinkelte Räume.

Schlips mitnehmen ▶ **The Bear 6**: Alfred St. Klein und urig und mit einer riesigen Krawattensammlung.

Tipp: Günstig lunchen

Günstig lunchen: Ein preiswertes Mittagessen findet man nicht nur in den vielen Pubs der City, sondern auch im stets belebten **Georgina's Coffee Shop 6** in der zwischen Market Street und High Street gelegenen **Markthalle 22**. Das Café in der ersten Etage ist über eine unauffällige Treppe zu erreichen. Als Alternative kaufen Sie in den einladenden Lebensmittelgeschäften des Markts Zutaten für ein Picknick, das Sie auf Christ Church Meadow mit Themseblick genießen können (Zugang in der Merton Street zwischen Merton College und Corpus Christi College).

Mit Blick auf die Boote ▶ **The Head of the River 7**: Folly Bridge (nahe Christ Church). Etwas touristisch, aber schön am Fluss gelegen.

Tolkiens Stammlokal ▶ **The Eagle and Child 8**: St Giles. In dieser stimmungsvollen Kneipe traf sich in der Nachkriegszeit die Schriftstellergruppe ›Inklings‹, u. a. J. R. R. Tolkien und C. S. Lewis (»Narnia«-Bücher).

Schauspiel ▶ **Oxford Playhouse 9**: Beaumont, Tel. 01865 30 53 05, www.oxfordplayhouse.com. Klassische Dramen, Tanz und Musicals.

Musiktheater und Tanz ▶ **New Theatre 10**: George St., Tel. 01865 32 07 60, www.newtheatreoxford.org.uk. Von Oper und Ballett bis Komödie und Rockkonzert.

Aktiv

Flusspartie mit dem Stakkahn ▶ **Oxford Punting 1**: Bootsvermietung an der Magdalen Bridge (östl. Ende der High St.), Tel. 018 65 20 26 43, www.oxfordpunting.co.uk. Als Passagier: **Salter's 2**: Tel. 01865 24 34 21, www.salterssteamers.co.uk, veranstaltet Fahrten auf der Themse ab Folly Bridge an der Straße St Aldate's.

Spaziergänge an den Flüssen ▶ Durch das Magdalen College zu Magdalen Grove und Addison's Walk am Cherwell; von der Merton St. (zwischen Merton College und Corpus Christi College oder von St Aldate's südl. von Christ Church College) gelangt man zu Christ Church Meadow und zu den Bootshäusern.

Termine

Oxford Literary Festival (Ende März): renommierte Veranstaltung mit hochkarätigen Autoren, www.oxfordliteraryfestival.com.

May morning (1. Mai): Um 6 Uhr singt der Chor von Magdalen College kaum vernehmbar auf dem hohen Chapel-Turm, danach gibt es überall in der Stadt Sektfrühstück.

Eights Week (Ende Mai): Ruderrennen der Colleges in Oxford.

Studententheater in den College-Gärten (Juni): Nicht professionell, aber oft sehenswert, nicht zuletzt der stimmungsvollen Umgebung wegen.

Das Phänomen Oxbridge · Thema

Die Verballhornung der Namen der beiden ältesten Universitäten des Landes, Oxford und Cambridge, ist in England ein vielsagender Begriff. Hinter den Mauern der mittelalterlichen Höfe steckt eine privilegierte Welt, die seit 800 Jahren Traditionen pflegt und zahlreiche große Staatsmänner, Wissenschaftler und Schriftsteller hervorgebracht hat.

Oxbridge steht nicht nur für gute Bildung, sondern auch für Privileg, Einfluss und die Werte der herrschenden Klasse. Fast die Hälfte aller Premierminister studierte in Oxford – auch Margaret Thatcher und Tony Blair. Da es bis 1832 keine anderen Universitäten in England gab, waren die führenden Persönlichkeiten der Nation meistens ›Oxbridge‹-Ehemalige: Staatsmänner, Literaten, Juristen, die Verwalter des Empire, Philosophen, Wissenschaftler und Bischöfe. Die Tradition setzte sich auch nach der Gründung anderer Universitäten fort, sodass Einfluss und Prestige von Oxford und Cambridge, wenn auch etwas schwächer, heute noch fortbestehen.

Mit einer über 800-jährigen Geschichte blickt Oxford auf die längere Tradition zurück, aber kurz nach 1200 war auch Cambridge ein bedeutendes Gelehrtenzentrum. Diese Universitäten bilden seitdem eine akademische und gesellschaftliche Elite. In Cambridge, wo Isaac Newton im 17. Jh. zu Ruhm gelangte, arbeiten auch heute die besten Mathematiker und Physiker des Landes. Gute Schulnoten sind für die begehrten Studienplätze erforderlich, wobei der Anteil von Kandidaten aus Privatschulen (die irreführend *Public Schools* genannt werden) unverhältnismäßig hoch ist.

Auch wenn fleißig gelernt wird, ist das Studentenleben hier stilvoller als an modernen Universitäten. Hinter den alten Mauern verstecken sich wunderschöne Gärten, die an Sommerabenden die Kulisse für Freiluftinsze-

nierungen der Werke Shakespeares bilden. Im Juni finden elegante Bälle statt, und in den Ruderwochen tragen manche Zuschauer, die ihre Aufmerksamkeit eher Cocktails und dem Geplauder am Ufer als den Wettkämpfen auf Themse und Cam widmen, Strohhüte und weiße Blazer mit Emblemen in den Farben ihrer Colleges. Einmal jährlich findet auf der Themse in London das Bootsrennen zwischen Oxford und Cambridge statt. Es ist nicht nur ein gesellschaftliches Ereignis, sondern auch Ausdruck der Rivalität zwischen den beiden Universitäten.

Mit dieser Tradition geht eine konservative Lebenseinstellung Hand in Hand. Bis 1950 entsandten Oxford und Cambridge jeweils zwei eigene Repräsentanten ins Unterhaus des Parlaments. Durch die Tatsache, dass Dozenten erst ab 1874 heiraten durften, blieben die Colleges bis in das 20. Jh. Junggesellengemeinschaften, die Frauen mit Misstrauen begegneten. Ab 1881 wurden Frauen zu den Prüfungen in Cambridge zugelassen, aber bis vor 30 Jahren gab es in beiden Universitäten separate Colleges für Männer und Frauen. Oxford verfügte bis 2002 noch über eigene Ordnungskräfte, *Bulldogs* genannt, die innerhalb eines vier Meilen großen Kreises um die Universität die gleichen Befugnisse wie Polizisten besaßen. Wer sieht, dass die Studenten zu manchen Anlässen noch in Talaren und viereckigen Akademikerhüten durch die Straßen gehen, erkennt, dass das 21. Jh. noch nicht überall eingezogen ist.

Oxford und Umgebung

Encaenia (Ende Juni): Die alljährliche Verleihung akademischer Titel an verdiente, oft berühmte Personen ist ein buntes Spektakel im und um das Sheldonian Theatre.

Verkehr

Flugzeug: Die nächsten Flughäfen sind London Heathrow und Birmingham; von Heathrow fährt der Bus **Rail-Air Link** nach Reading; ab dort weiter mit der Bahn.

Bahn: Verbindungen 2 x stdl. ab London-Paddington über Reading (Fahrzeit 1 Std.), der Zug fährt weiter nach Birmingham und zum Flughafen Birmingham.

Bus: Preiswerter als die Bahn und genauso schnell sind die Busse ab Busbahnhof London-Victoria. Verbindungen ins Umland, z. B. nach Woodstock, Stratford-upon-Avon, Cheltenham und Burford.

Blenheim Palace ▶ J 17

In einem Land, dessen Ortsnamen manchmal recht verwirrend ausgesprochen werden, mag der deutschsprachige Besucher sich freuen, auf den heimatlich anmutenden Namen Blenheim zu stoßen. Tatsächlich klingt Blenheim, 12 km nördlich von Oxford bei dem hübschen Dorf Woodstock gelegen, aus dem Mund eines Engländers ›Blennem‹. Der Name geht zurück auf eine Schlacht unweit der Donau – im deutschsprachigen Raum als Schlacht von Höchstädt bekannt –, in der John Churchill, Herzog von Marlborough, 1704 in der Nähe des Ortes Blindheim die Heere der Franzosen und Bayern besiegte. Die dankbare Königin Anne übertrug Marlborough das Gut von Woodstock, und das Parlament bewilligte die Mittel, um einen Palast

Der Blenheim Palace dokumentiert eindrucksvoll die Macht der Aristokratie

zu bauen. Das Projekt Blenheim Palace schluckte in den nächsten 20 Jahren riesige Summen und sorgte für viel Ärger mit der streitsüchtigen Witwe des Generals, aber die Architekten John Vanbrugh und Nicholas Hawksmoor schufen mit dem Geld Ungewöhnliches. Schon der Beiname ›Palast‹, im Gegensatz zum üblichen House oder Hall, weist auf die Dimensionen des Bauwerks hin.

Blenheim zelebriert die Macht der Aristokratie und atmet einen völlig anderen Geist als die nahe Universitätsstadt. **Das Gebäude** ist im Stil des englischen Barock gebaut. Hinter einer Fassade mit Türmen und weit ausladenden Flügeltrakten liegen Fluchten von aufwändig gestalteten Sälen. Die monumentale, 20 m hohe Eingangshalle bereitet Besucher auf das vor, was sie im weiteren Verlauf der Führung erwartet. Kostbare Möbel,

Wandtapisserien mit Szenen von den Siegen des ersten Herzogs, Familienporträts, das Deckengemälde der Halle, Silber und Porzellan belegen die große Bedeutung der Familie Churchill. Kein Wunder, dass der 1874 hier geborene Winston sich sein Leben lang zu großen Taten berufen fühlte.

Die kurze Reise von Oxford lohnt sich auch des 850 ha großen **Parks** wegen. In Blenheim erreichte die Kunst, die Natur als Landschaftsgarten zu zähmen, einen ihrer Höhepunkte. Capability Brown schaffte Vanbrughs geometrisch angelegte Gärten ab und machte aus dem Kanal einen natürlich aussehenden See. Der Terrassengarten vor dem Haus, im französischen Stil angelegt, ist eine Schöpfung von Duchène aus den Jahren 1925–32. Berühmt ist der Blick auf Brücke und See mit dem Palast im Hintergrund. Spazierwege und ein Naturlehrpfad führen durch den Park mit Wild und altem Baumbestand. Auch in der Natur entkommt man dem Familienruhm nicht: Es gibt einen Triumphbogen und eine Siegessäule, um die herum verschiedene Baumgruppen die Stellungen der Armeen zu Höchstädt darstellen, und für Familienausflügen eine Kleinbahn zu den Pleasure Gardens mit Labyrinth und einem Schmetterlinghaus (www.blenheimpalace. com, Mitte Feb.–Mitte Dez. tgl. 10.30–16.45 Uhr, Park: ganzjährig 9–18 Uhr bzw. bis zur Dämmerung).

Infos

Tourist Information Centre: Oxfordshire Museum: Part St., Woodstock, Tel./Fax 019 93 81 36 32.

Übernachten, Essen

In historischem Gemäuer ▶ **The King's Arms:** 19 Market St., Tel. 01993 81 36 36, www.kings-hotel-woodstock.co.uk. 15 sehr komfortable und moderne Zimmer (DZ 150 £) mit WLAN, viel Leder und Holz in der Bar, Restaurant mit Hauptgerichten ab 14 £.

Verkehr

Bus: Häufige Verbindungen von Woodstock nach Oxford (Fahrzeit: 30 Min.).

Von Cheltenham durch die Cotswold Hills

Im eleganten Kurort Cheltenham oder dem historischen Gloucester beginnt die Reise durch ein Gebiet, das viele Engländer als das ›englischste‹ des Landes betrachten: die Cotswold Hills mit hübschen Landschaften und Dörfern wie aus dem Bilderbuch. Gute Restaurants, komfortable Hotels und erlesene Antiquitätengeschäfte muss man in dieser Gegend nicht lange suchen.

Zwei gänzlich unterschiedliche Nachbarstädte, Cheltenham und Gloucester, liegen im Tal des Flusses Severn. Während die einstige Römerstadt **Gloucester** schon bessere Tage gesehen hat und in erster Linie wegen der Zeugnisse vergangener Pracht, des Hafengebiets und der Kathedrale sehenswert ist, besitzt **Cheltenham** eine elegante, weltgewandte Ausstrahlung.

Östlich von Cheltenham und nordwestlich der Themse bei Oxford erheben sich die niedrigen **Cotswold Hills.** Diese Landschaft mit seichten, langsam fließenden Flüssen, Weiden, Feldern und vereinzelten Laubwäldern ist für ihre pittoresken Dörfer und altertümlichen Marktstädte berühmt. Das Besondere an den wohlhabenden Cotswolds, begehrtes Wohngebiet und Touristenziel zugleich, ist die Harmonie, mit der die Siedlungen sich in die Landschaft einfügen.

Fast alle alten und viele der modernen Bauten entstanden aus dem herrlichen Kalkstein der Gegend. Der *Cotswold stone* weist eine Palette von hellbraunen bis orange- und honigfarbenen Tönen auf. Häufig bestehen die Dächer aus schweren, mit dunkelgrünen Mooskissen bedeckten Steinplatten. Im Mittelalter grasten in den Cotswolds große Schafherden. Von dem florierenden Wollhandel zeugen bis heute eine Vielzahl imposanter Kirchen *(wool churches)* und repräsentative Kaufmannshäuser, die die Marktplätze säumen.

Die Nähe zu London und die Möglichkeit, in einem stattlichen Landhaus abgeschieden zu leben, hat viele Prominente angelockt: Filmstars wie Kate Winslet, Liz Hurley und Hugh Grant, Top-Model Kate Moss, Modedesignerin und Beatle-Tochter Stella McCartney und auch Prince Charles, der seit 1980 das Gut Highgrove südöstlich von Cirencester besitzt. Einheimische beklagen sich darüber, dass reiche Londoner die Preise in die Höhe treiben und dass der ländliche Lebensstil darunter leidet, wenn die Dorfkneipe in einen modischen ›Gastropub‹ mit gehobener Küche und das Lebensmittelgeschäft in eine teure Boutique verwandelt wird.

Für viele England-Reisende ist diese Entwicklung jedoch eher von Vorteil. Ein gutes Netz an Wanderwegen und ruhigen Nebenstraßen, dicht beieinander liegende Orte, die Fülle netter Pubs und Hotels sowie große und kleine Touristenattraktionen prädestinieren die Cotswold Hills vor allem für Fahrrad- oder Wandertouren.

Cheltenham ▶ H 17

Spätestens seit der kranke Monarch George III. 1788 hierher kam, gehört der Kurort Cheltenham am nordwestlichem Rand der Cotswold-Hügel zu den vornehmsten Städten des Landes; mit 90 000 Einwohnern ist er heute die attraktivste und lebendigste Stadt der Region. Die eleganten Häuser entstanden hauptsächlich im Regency-Stil des frühen 19. Jh.: Fassaden aus Backstein oder weißem Stuck, wohlproportionierte Türen und Fenster, Gitter aus Schmiedeeisen. Der Duke of Wellington, Sieger in der Schlacht von Waterloo 1815, gab seinen Offizierskollegen ein Beispiel, als er wegen seines Leberleidens nach Cheltenham kam. Auch Kolonialbeamte setzten sich hier zur Ruhe. Die angesehenste englische Privatschule für Mädchen, das Cheltenham Ladies' College, ist dort, wo das Heilwasser 1715 entdeckt wurde.

Nicht einzelne herausragende Bauten, sondern das Gesamtbild mit Alleen, Parks und stattlichen Häusern macht den Reiz der Stadt aus; der größte Teil des Zentrums steht unter Denkmalschutz. Ein schöner Spaziergang beginnt im Park **Montpellier Gardens** und führt über die breite Prachtstraße **Promenade** in Richtung Norden zum grünen Stadtteil **Pittville** und zum Kuppelbau der Kureinrichtungen, **Pittville Pump Room,** der als schönstes Gebäude der Stadt gilt.

Kulturell profiliert sich Cheltenham mit qualitätvollen Musik- und Literaturfestivals und verfügt zudem über ein sehenswertes **Art Gallery and Museum** mit Gemälden britischer und niederländischer Künstler, Keramik aus China und Werken der englischen Arts-and-Crafts-Bewegung (Clarence St., www.cheltenhammuseum.org.uk, 2012 wg. Restaurierung geschl.). Ein beliebter Termin im High-Society-Kalender sind die alljährlich Mitte März stattfindenden Pferderennen.

Infos

Tourist Information Centre: 77 Promenade, Tel. 01242 52 28 78, www.visitcheltenham. com, Mo–Sa 9.30–17.15 Uhr.

Übernachten

Historisches Landhaus ▶ The Greenway: Shurdington, Tel. 01242 86 23 52, Fax 01242 86 27 80, www.the-greenway.co.uk. 5 km südwestl. der Stadt an der A 46, Luxushotel in einem Herrenhaus aus dem Jahr 1584 mit sehr gutem Restaurant und einem Park. DZ ab 200 £.

Ortstypisch ▶ Georgian House: 77 Montpellier Terrace, Tel. 01242 51 55 77, www.georgianhouse.net. Ein Reihenhaus der Regency-Zeit, stilgemäß und bequem eingerichtet, in einem schönen Stadtviertel. DZ 90–115 £.

Preiswertes B & B ▶ Parkview: 4 Pittville Crescent, Tel. 01242 57 55 67, www.parkviewguesthouse.me.uk. Große Zimmer in einem Haus der Regency-Zeit. DZ 50–70 £.

Essen & Trinken

Top-Restaurant ▶ Le Champignon Sauvage: 24–26 Suffolk Rd., Tel. 01242 57 34 49, Di–Sa 12.30–13.30, 19.30–20.45 Uhr. Überregional bekanntes Restaurant mit hervorragender französischer Küche, montags Jazz. 2-Gänge-Menü 48 £.

Ehemaliges Art-déco-Kino ▶ The Daffodil: 18–20 Suffolk Parade, Tel. 01242 70 00 55. Internationale Küche unten, Cocktailbar oben. Hauptgerichte 13–20 £.

Szenelokal ▶ Montpellier Wine Bar: Montpellier St., Tel. 01242 52 77 74, tgl. 10–21.30 Uhr. Hauptgerichte ab 12,50 £.

Einkaufen

Modegeschäfte ▶ In den Straßen The Promenade und Montpellier Street.

Antiquitäten ▶ Kleine Läden in der Suffolk Street.

Abends & Nachts

Im **Montpellier-Viertel** gibt es stilvolle Lokale. Mit einigen Nachtclubs ist Cheltenham regionaler Anziehungspunkt für die junge Szene.

Drink mit Musik ▶ Subtone: 117 Promenade, Tel. 01242 57 59 25. Club und Piano-Bar auf drei Etagen, DJs und Livemusik.

Schauspiel ▶ Everyman Theatre: Regent St., Tel. 01242 57 25 73.

Aktiv

Radfahren ▶ Compass Holidays: Railway Station, Queens Rd., Tel. 01242 25 06 42. Radverleih.

Rundgänge ▶ Geführte Wanderungen zu den Höhepunkten der georgianischen und

Pittville Pump Room, ein Beispiel für den eleganten Regency Style in Cheltenham

Regency-Architektur, Auskunft erteilt das Tourist Office.
Schwimmen ▶ Sandford Parks Lido: Keynsham Rd., Tel. 01242 52 44 30, großer Pool in einem schönen Park.

Termine

Pferderennen (Mitte März): Ein Höhepunkt des englischen Pferdesportkalenders, den viele Wettbegeisterte aus Irland besuchen.
Jazzfestival (Ende April/Anfang Mai): Das führende britische Jazzfestival zieht international bekannte Künstler in die Stadt.
International Music Festival (Anfang Juli): Hauptsächlich Klassik, aber auch keltische Musik und Blaskapellen.
Festival of Literature (Okt.): Seit über 50 Jahren ein wichtiger Event für die Literaturszene. Neben Dichtern und Romanautoren treten auch Komiker und Politiker auf.
Nähere Infos zu allen Veranstaltungen unter www.cheltenhamfestivals.co.uk; Kartenbestellung: Tel. 01242 50 54 44.

Verkehr

Bahn: Einige Direktverbindungen tgl. ab London-Paddington, weitere über Bristol und Birmingham.
Bus: Nach Oxford, Gloucester, Tewkesbury, Evesham und Cotswolds-Orten: Broadway, Bourton-on-the-Water, Cirencester, Chipping Campden, Moreton-in-Marsh und Stow-on-the-Wold.

Gloucester ▶ H 17

Die 97 000 Einwohner zählende Domstadt Gloucester (sprich: Gloster) verfügt mit der Kathedrale und dem Hafenbecken über zwei touristische Höhepunkte, besitzt aber ansonsten ein enttäuschendes Stadtbild, das auf gefühllose Bautätigkeit des 20. Jh. und fehlenden Wohlstand zurückzuführen ist. Der Name deutet wie andere englische Ortsnamen mit den Nachsilben -chester, -caster und -cester auf eine römische Gründung hin.

Überreste aus der Römerzeit finden sich zwar heute in Gloucester kaum noch, aber die Siedlung war damals eine der wichtigsten des Landes, eine Veteranenkolonie und strategisch günstig am längsten Fluss der Insel gelegen.

Kathedrale

Das herausragende Bauwerk der Stadt ist die Kathedrale. Wie in so vielen anderen Orten kam der Impuls zum Bau einer bedeutenden Kirche von den normannischen Eroberern, die energisch, zuweilen rücksichtslos und mit einem ausgeprägten Sinn für Ordnung ihr neues Reich schnell in den Griff bekamen. William I. war mehrmals in Gloucester und gab hier 1085 den Befehl, eine große Untersuchung über Englands Reichtum durchzuführen. Er wollte genau wissen, was seine Untertanen besaßen. Historiker können in diesem Dokument noch lesen, wie viele Kühe, Mühlen und Hektar Ackerland es vor 900 Jahren in jeder Gemeinde des Landes gab. So genau wurde alles festgehalten, so unwiderruflich schien das Urteil über die Steuerpflicht eines jeden Grundbesitzers, dass das Werk den Namen Domesday Book, das ›Buch des Jüngsten Tages‹, erhielt.

Die Abteikirche von Gloucester, die infolge der Auflösung der Klöster während der Reformation zur Kathedrale wurde, entspricht strukturell noch weitgehend dem 1100 geweihten normannischen Bau, aber ihre Schönheit verdankt die Kirche diversen Umbauten während der Gotik. Der 1360 umgestaltete Chor gehört zu den frühesten Beispielen des Perpendicular-Stils, bei dem das Maßwerk der Fenster durch senk- und waagerechte Linien gegliedert wird; auch die Wandflächen wurden mit einem Gitternetz überzogen. Das ist nicht nur optisch äußerst reizvoll, sondern war dank der geraden Linien billiger im Bau als Elemente mit komplexen Kurven, sodass dieser Stil sich überall im Land durchsetzte und 150 Jahre lang maßgebend war. Den östlichen Abschluss zum Chor des Domes bildet ein riesiges Fenster im Perpendicular-Stil, fast 25 m hoch und 12 m breit. Das Fächergewölbe im stimmungsvollen Kreuzgang, einem Drehort für die Harry-Potter-Filme, gilt als erstes seiner Art in England.

In der Kathedrale befinden sich die Grabdenkmäler zweier Herrscher, die beide mit wenig Erfolg regierten: Die elegante Figur aus Eichenholz in der Mitte des Chors stammt aus dem Jahr 1280 und stellt Robert Curthose (Kurzhose) dar, den ältesten Sohn des Eroberers William I. 1106 unterlag Robert in einer Schlacht seinem Bruder Henry, dem späteren König Henry I., dessen Gefangener er bis zu seinem Tode blieb. An der Nordseite des Chors befindet sich das Alabastergrab von Edward II., dem Sohn des gleichnamigen Königs, der die Schotten und Waliser zähmte. Der zweite Edward zeigte in keiner Weise die politischen Fähigkeiten seines Vaters. Empörung über seine Misswirtschaft und homosexuellen Neigungen führten zu einer Machtübernahme durch seine Gattin und ihren Liebhaber, die Edward 1327 auf grausame Weise ermorden ließen.

Mehrere Kirchen weigerten sich, seine Gebeine aufzunehmen, doch die bankrotte Abtei von Gloucester sah eine Gelegenheit, ihr reparaturbedürftiges Gotteshaus zu retten. Der junge Thronfolger Edward III. ließ seinem Vater in Gloucester ein prächtiges Grabmal errichten und der zu Lebzeiten unbeliebte Monarch wurde nach seinem Tode als Märtyrer verehrt. Die Pilgerscharen brachten der Stadt viel Geld und ermög-

Tipp: Zur Aussprache englischer Ortsnamen

Ähnlich wie die Stadt Gloucester (sprich: Gloster) werden weitere Ortsnamen mit der Nachsilbe ›-cester‹ ausgesprochen: Leicester im östlichen Mittelengland heißt ›Lester‹, zwei Kleinstädte nordöstlich von Oxford, Bicester und Towcester, werden zu ›Bister‹ und ›Toaster‹, und die benachbarte Domstadt Worcester, ebenfalls am Severn gelegen (s. S. 136), wird – mit englischem W – ›Wuster‹ ausgesprochen.

Von Cheltenham durch die Cotswold Hills

lichten die Verschönerung der Kirche im neuen Perpendicular-Stil (Führungen Mo–Sa 10.45–15.15 Uhr).

Fachwerkarchitektur

Auf einem Spaziergang durch Gloucester sind Bauten aus vielen Epochen der Stadtgeschichte zu sehen. Das **Gloucester Folk Museum** in der Westgate Street ist der Heimatkunde gewidmet und steht inmitten einer Gruppe von Fachwerkhäusern aus dem 15. und 16. Jh. (Di–Sa 10–17 Uhr). Das **City Museum and Art Gallery** beherbergt Ausstellungen über Stadtgeschichte, Natur und Kunsthandwerk (Brunswick Rd., Di–Sa 10–17 Uhr).

Die sehenswerteste historische Gebäudegruppe ist der Gasthof **New Inn** in der Northgate Street. Hier wurde der Überlieferung zufolge Lady Jane Grey 1553 zur Königin ausgerufen. Die 16-jährige Kandidatin der protestantischen Partei regierte neun Tage und wurde hingerichtet, nachdem die katholische Mary Tudor die Macht ergriff. Das vielfach umgebaute, in ein Privathaus umgewandelte **Kloster Blackfriars** gilt als besterhaltenes Beispiel eines Dominikanerkonvents in England (Blackfriars Lane, über die Southgate St. und Ladybellegate St. zu erreichen, Neueröffnung 2012 nach Renovierung, Öffnungszeiten im Tourist Office erfragen).

Hafen

Besuchenswert ist auch die Hafenanlage am Kanalbecken. Nach der Fertigstellung des Sharpness-Kanals im Jahre 1827 war dies der Umschlagplatz, von dem aus die industrialisierten Midlands mit Proviant versorgt wurden. In Neubauten sind Restaurants, Cafés und Geschäfte untergebracht. Das **Antiques Centre** in einem ehemaligen Lagerhaus bietet auf fünf Etagen jedes erdenkliche sammelbare Objekt zum Verkauf an, von teuren Antiquitäten bis hin zu billigem Trödel.

Ein anderes Lagerhaus beherbergt das **National Waterways Museum,** das einen unterhaltsamen Einblick in die frühere Lebensweise der Binnenschiffer bietet (tgl. 10–17 Uhr).

Infos

Tourist Information Centre: 28 Southgate St., Tel. 01452 39 65 72, www.gloucester.gov.uk, Mo–Sa 9.30–17 Uhr.

Übernachten

In Gloucester fehlen schöne Hotels mit Atmosphäre. Sucht man eine attraktive Herberge mit guter Küche, dann empfiehlt sich die kurze Fahrt nach Cheltenham oder eine Übernachtung in der Cotswolds-Region.

Übernachten, Essen

Historisches Ambiente ▶ New Inn: 16 Northgate St., www.newinngloucester.com, Tel. 01452 52 21 77. Schön restauriertes Gebäude mit einem Hof aus dem Mittelalter (s. o.), Pub und Restaurant. Traditionelle englische Küche, Hauptgerichte ab 10 £. DZ ab 75 £.

Einkaufen

Große Auswahl ▶ Gloucester Antiques Centre: Am Hafen (s. o.). Viele Händler auf drei Etagen. Ebenfalls am Hafen: **Gloucestershire Arts & Crafts Centre** mit Kunsthandwerk aus der Gegend und Café.

Vom Bauer ▶ Gloucester Farmers Market: The Cross/Gate St., Fr 9–15 Uhr. Probieren Sie Double Gloucester-Käse.

Aktiv

Auf dem Kanal ▶ Bootsausflüge ab Merchants Quay am Hafen, im Sommer ab Mittag stdl., Infos im Waterways Museum.

Termine

Three Choirs' Festival (2. Aug.-Woche): Seit 1715 veranstalten die Chöre der Kathedralen von Gloucester, Hereford und Worcester dieses Musikfestival abwechselnd in einer der drei Städte: 2012 Hereford, 2013 Gloucester, 2014 Worcester. Näheres unter www.3choirs.org.

Verkehr

Bahn/Bus: Züge fahren ab London-Paddington stdl. (Fahrzeit: 2 Std.), Verbindungen per Bus und Zug nach Cheltenham.

Karte: oben

2 Rundfahrt durch die Cotswolds

Cirencester ► H 17

Erste Station unserer Rundfahrt ab Cheltenham durch die Cotswolds ist **Cirencester** **1**. Mit 15 000 Einwohnern ist es einer der größeren Orte der Gegend, ein lebhafter Marktflecken und bekannt als Austragungsort von Polo-Spielen, an denen manchmal sogar Mitglieder des Königshauses teilnehmen. Hier lag einst die zweitgrößte Stadt der

römischen Provinz Britannia. Das moderne, besucherfreundlich gestaltete **Corinium Museum** gewährt Einblick in die Lebensweise der Römer. Um freigelegte Fußbodenmosaike wurden römische Wohnräume rekonstruiert. Auch neue archäologische Funde aus angelsächsischen Siedlungen sowie die zweite Blütezeit der Stadt, die Ära der mittelalterlichen Wollhändler, sind anschaulich dargestellt (Park St., April–Okt. Mo–Sa 10–17, So 14–17 Uhr, sonst bis 16 Uhr).

Im Jahre 577 zerstörten Sachsen die römische Stadt, aber Cirencester blieb bewohnt und wurde im 12. Jh. Standort einer Augus-

Von Cheltenham durch die Cotswold Hills

tiner-Abtei. Die Mönche beherrschten die Stadt im Mittelalter und hatten wiederholt Streit mit den Bürgern.

Von der Abtei existiert heute nur noch das Nordtor; die **Pfarrkirche St John the Baptist,** die größte der Gegend, blieb dagegen als Denkmal des Selbstbehauptungswillens der Bürger erhalten. Der hohe Turm wurde Anfang des 15. Jh. mit dem Geld errichtet, das die Stadt von König Henry IV. erhielt, weil die Bürger zwei aufständische Grafen gefangen genommen und hingerichtet hatten. Ein zugeschütteter römischer Graben schwächte die Fundamente und verhinderte die Vollendung des Turms, für den ursprünglich ein Spitzhelm vorgesehen war. Sehr schön ist das dreistöckige Südportal von 1490. Im Innenraum beeindrucken vor allem das Fächergewölbe im Chor und die Messingplatten auf den Gräbern reicher Wollhändler.

Die typischen Häuser im Stil der Cotswolds und die kleinen Geschäfte am **Marktplatz** und entlang der schmalen Gassen laden zu einem Stadtbummel ein. Das 1714–18 gebaute **Cirencester House** am Rande des Stadtzentrums mit einem Park im französischen Stil wird von der Stadt durch eine riesige Fibenhecke abgeschirmt. Das Haus, Sitz der Grafen von Bathurst, ist nicht zugänglich, aber im Park kann man spazieren gehen und gelegentlich den Hochadel beim Polo-Spiel beobachten.

Infos

Tourist Information Cotswolds: Die Internetsite www.cotswoldsaonb.com bietet nützliche Informationen für die gesamte Region. Ebenfalls hilfreich ist die Website www.thecotswolds.org.

Tourist Information Cirencester: Corn Hall, Market Place, Tel. 01285 65 41 80, Fax 012 85 64 11 82.

Übernachten

Traditionshotel ▶ **Corinium Hotel:** 12 Gloucester St., Tel. 01285 65 97 11, www.corin iumhotel.co.uk. Kleines Hotel mit Bar und Restaurant in einer Wollhändler-Residenz des 16. Jh. DZ ab 95 £.

Essen & Trinken

Kneipe mit Charakter ▶ **The Wild Duck Inn:** In Ewen, 7 km südl. über die A 429 zu erreichen, Tel. 01285 77 03 10, www.thewild duckinn.co.uk. Gutes Pub-Essen, auch Übernachtungsmöglichkeit (DZ ab 110 £). Hauptgerichte 16–28 £, mittags ab 7,50 £.

Gutes Fleisch ▶ **Jesse's Bistro:** Blackjack St., Tel. 01285 64 14 97, Di–Sa 12–14.30, 19–21.30 Uhr. Fisch- und Fleischgerichte aus dem Holzofen. 2-Gang-Menü ab 16,50 £.

Herrlicher alter Pub ▶ **The Crown of Crucis:** Am Fluss im Dorf Ampney Crucis, 4 km östl., Tel. 01285 85 18 06. Herberge mit einfallsreicher internationaler Küche. Gute Desserts. Hauptgerichte ab 12 £.

Aktiv

Wassersport ▶ **Cotswold Water Park:** 8 km südl. der Stadt, ein Naturschutzgebiet mit 133 Baggerseen und diversen Wassersportmöglichkeiten (tgl. 9–17 Uhr).

Termin

Cotswold Show: Cirencester Park, erstes Juli-Wochenende. Rustikaler Jahrmarkt.

Verkehr

Bahn: Züge auf der Hauptstrecke London–Westengland halten in Swindon.
Bus: Verbindungen ab Swindon, Gloucester und Bahnhof Kemble; außerdem Verbindungen zu den umliegenden Orten.

Bibury   ▶ H 17

Bibury **2**, an der B 4425 zwischen Cirencester und Burford gelegen, nannte der Künstler und Schriftsteller William Morris im 19. Jh. »das hübscheste Dorf Englands«. Das **Swan Hotel** aus dem 17. Jh. liegt malerisch am Fluss Coln, wo sich früher ein römisches Gut und danach eine angelsächsische Münsterkirche befanden. Auf dem Friedhof sind üppig verzierte Grabsteine von reichen Wollhändlern zu sehen. Die **Arlington Row Cottages** wurden im 14. Jh. als Schafställe gebaut und später zu Wohnhäusern für Wollweber umgestaltet. Der Charme des Orts zieht viele Besucher an, weshalb man ihn an Sommerwochenenden besser meidet.

Wie aus einer Märchenwelt: Die Arlington Row Cottages in Bibury

117

Übernachten

Cotswolds-typisch ▸ **The New Inn:** im südöstl. gelegenen Nachbardorf Coln St Aldwyns, Tel. 0844 815 34 34, www.new-inn.co.uk. Hotel aus dem 16. Jh., 14 bequeme Zimmer bestechen mit historischem Ambiente; mit Restaurant und gutem Pub (Menü im Restaurant ab 32 £, Gerichte im Pub ab 12 £). DZ ab 140 £.

Burford ▸ H 17

15 km weiter auf der B 4425 erreicht man **Burford** 3 im schönen Tal des Flusses Windrush. Das Zentrum bildet eine breite, von kleinen Grünflächen und herrlichen alten Häusern gesäumte Straße, die steil zum Fluss hinunterführt. Ein Spaziergang durch den kleinen Ort lohnt sich wegen der Antiquitätengeschäfte, die erlesene Stücke zu entsprechenden Preisen anbieten, aber auch wegen des Blicks über die Hauptstraße. Die Fassaden der Häuser mit ihren unregelmäßigen Giebeln stammen aus den unterschied-

---

Tipp:
Die gemütlichsten Bars

Die allerschönsten Pubs mit uriger Einrichtung, Kaminfeuer und guter Küche sind sehr häufig in Dörfern zu finden. Die große Zahl wirklich verlockender Herbergen in dieser Region würde eigentlich einen eigenen Reiseführer verdienen, aber in diesem Kapitel werden zumindest einige Pubs in Dörfern und kleinen Orten hervorgehoben. Lassen Sie sich im Hotel oder B & B einen »nice country pub with good food« empfehlen und dort einen Tisch bestellen.

Eine Dorfkneipe, die auf jeden Fall einen Umweg wert ist: **The Kingham Plough:** Kingham (▸ H 17), Tel. 01608 65 83 27, www.thekinghamplough.co.uk, ca. 10 km westl. von Stow-on-the-Wold, Dorf von der B 4450 ausgeschildert, Mo–Sa 12–14, 19–21, So 12–14.30 Uhr, unbedingt vorbuchen, Hauptgerichte ab 14 £. Moderne britische Küche vom Feinsten, geschmackvolle Zimmer zum Übernachten (DZ 115 £).

---

lichsten Epochen der Baukunst seit der Tudor-Zeit. Die große **Church of St John the Baptist** mit ihrem Spitzturm (12.–15. Jh.) spiegelt den Wohlstand des Ortes im späten Mittelalter wider. Namen wie The Lamb Inn in der Sheep Street erinnern ebenfalls an die Bedeutung des Wollhandels. Auffällig in diesem Ensemble ist die barocke **Methodist Chapel.**

Südlich von Burford an der A 361 stellt der Zoo **Cotswold Wildlife Park** 4 mit 250 Tierarten, darunter Löwen, Pinguine und Krokodile, ein lohnendes Besuchsziel dar (tgl. 10–18, im Winter 10–16.30 Uhr).

Infos

Tourist Information Centre: The Brewery, Sheep St., Tel. 01993 82 35 58.

Übernachten

Stil und Luxus ▸ **Burford House Hotel:** 99 High St., Tel. 01993 82 31 51, www.burfordhouse.co.uk. Hübsches Cotswold-Haus aus dem 16. Jh., an der schönen Hauptstraße. DZ 179 £.

B & B mit Niveau ▸ **Westview House:** 151 The Hill, Tel. 01993 82 47 23, www.westviewhouse.co.uk. Sehr bequemes B & B in einem schönen alten Haus. DZ 80 £.

Essen & Trinken

Schön gelegen ▸ **The Swan Inn:** Swinbrook (Dorf 3 km östlich), Tel. 01993 82 33 39, www.theswanswinbrook.co.uk. Ehemalige Wassermühle am River Windrush. Fisch aus Cornwall, Cotswolds-Fleisch. Gerichte 15–20 £. Auch sechs Zimmer (DZ ab 120 £).

Verkehr

Bus: Mehrmals tgl. Verbindungen nach Cheltenham; auch Busse nach Oxford.

Bourton-on-the-Water ▸ H 17

Bourton-on-the-Water 5 unweit von Stow an der A 429, ist der vielleicht bekannteste Ort der Cotswolds und derjenige, der sich am meisten auf den Tourismus eingestellt hat. Schön ist das Green, die Grünanlage zu beiden Ufern des Windrush, der von flachen, steinernen Fußgängerbrücken überquert wird. Fast alle Häuser um das Green beherbergen Geschäfte und Cafés, denn Engländer lieben es, auf Tagesausflügen Andenken zu kaufen und anschließend Tee zu trinken. Hauptattraktionen des kleinen Städtchens sind das **Model Village,** eine akribisch genaue Darstellung des Dorfes im Maßstab 1:9 (April–Okt. tgl. 9–17.45 Uhr), die **Bourton Model Railway,** eine 50 m² große Modelleisenbahn, die Besucher selber bedienen dürfen (tgl. 10–17 Uhr), und **Birdland,** ein Vogelpark mit vielen exotischen Arten (April–Okt. tgl. 10–18, Nov.–März 10–16 Uhr).

Eine ruhige Stunde ohne Besucherscharen verbringt man bei einem Spaziergang im **Greystones Farm Naturschutzgebiet** am östlichen Rande des Dorfes.

Übernachten

Historisch mit Antiquitäten ▶ **Dial House Hotel:** High St., Tel. 01451 82 22 44, www.dialhousehotel.com. Wunderschön möbliertes Bauernhaus aus dem Jahre 1698, mit gutem Restaurant (Drei-Gang-Menü 55 £). DZ 155–245 £.

Bequem ▶ **Lansdowne Villa Guest House:** Tel. 01451 82 06 73, www.lansdownevilla.co.uk. Zwölf B & B-Zimmer in einem schönen Cotswold-Haus. DZ 59–65 £.

Essen & Trinken

Tolle Dorfkneipe ▶ **King's Head Inn:** Im Dorf Bledington, östl. an der B 4466, Tel. 016 08 65 83 65. Hauptgerichte ab 14 £, probieren Sie den Käseteller mit Cotswold-Brie.

Verkehr

Bahn: Der Bahnhof Kingham mit Zügen nach London ist 13 km entfernt.
Bus: Verbindungen nach Cirencester und Cheltenham.

Stow-on-the-Wold ▶ H 17

Stow-on-the-Wold 6, 8 km nördlich von Bourton, liegt auf einem Hügel, von dem aus man einen herrlichen Blick über das Cotswold-Gebiet genießt. Auf dem breiten, von pittoresken Häusern umgebenen Markt mit einem Kreuz aus dem 15. Jh. wurden zu den großen Zeiten der Wollindustrie bis zu 20 000 Schafe am Tag verkauft. Heute noch findet zweimal jährlich ein Pferdemarkt hier statt. Durch die geschlossene Gestaltung des Markplatzes, zu dem kleine Gassen führen, konnte man die vielen Schafe leiten und unter Kontrolle halten. Die Kirche entstand in verschiedenen Bauphasen zwischen dem 11. und 15. Jh. Das Hotel- und Restaurantangebot ist größer als in den meisten Orten der Umgebung.

Übernachten

Bequemes Bett, gute Küche ▶ **Grapevine Hotel:** Sheep St., Tel. 01451 83 03 44, www.vines.co.uk. Das Haus aus dem 17. Jh. wurde erweitert und mit Geschick zu einem sehr komfortablen Hotel modernisiert. 22 Zimmer. Das teure Restaurant (2-Gang-Menü 31 £) macht gute Werbung für die moderne britische Küche; im Bistro La Vigna gibt es italienische Küche ab 9 £ und Tapas. DZ ab 125 £.

Das älteste Hotel? ▶ **The Royalist Hotel:** Digbeth St., Tel. 01451 83 06 70, Fax 01451 87 00 48, www.theroyalisthotel.com. Hier wurde im Jahr 947 eine Herberge erwähnt – weshalb The Royalist nach eigenen Angaben das älteste Hotel Englands ist. 14 Zimmer im altenglischen Stil. 2-Gänge-Menü im Restaurant 947 AD 29 £, Hauptgerichte im angeschlossenen Pub Eagle and Child 13–16 £. DZ ab 125 £.

Gemütlich ▶ **Cross Keys Cottage:** Park St., Tel./Fax 01451 83 11 28. Kleines B & B, vier Zimmer nahe dem Marktplatz. DZ 65–80 £.

Für das kleine Portemonnaie ▶ **Jugendherberge:** Stow-on-the-Wold YHA, The Square, Tel. 0845 3 71 95 40, Fax 01451 87 01 02, 18 £ pro Person. In einem Haus aus dem 17. Jh., mit Café.

Essen & Trinken

Ländlich ▶ **The Fox:** im Dorf Oddington, 3 km östl. an der A 436, Tel. 01451 87 05 55, tgl. 12–14, 18.30–21.30 Uhr. Alter Pub, ruhige Umgebung, auch Übernachtung möglich. Hauptgerichte 12–16 £.

Tipp: Werkstatt der Silberschmiede

Ein Haus in der Sheep Street in **Chipping Campden** dient heute als Werkstatt von Silberschmieden, die als Nachfolger des Arts-and-Crafts-Movement des 19. Jh. arbeiten. Die Künstler, die diese Bewegung im Jahr 1861 ins Leben riefen, wollten ein Gegengewicht zur unmenschlichen Arbeit an Maschinen schaffen und durch gutes, erschwingliches Kunsthandwerk die Würde der Beschäftigten wieder herstellen. Der kommerzielle Erfolg der Gründer war bescheiden, aber sie schufen kostbare Gegenstände.

Prominentester Vertreter der Bewegung war William Morris, dessen Teppiche, Buchkunst, Stoffe, Keramik und Möbel dieses Prinzip verkörperten. Sein Anhänger Charles Ashbee gründete 1888 die Guild of Handicraft und kam 1902 mit 50 Handwerkern – Buchbinder, Silberschmiede, Holzschnitzer, Möbelschreiner und andere – von London in die angenehmere Umgebung der Cotswolds.

Mit Charles Ashbee kam auch der Silberschmied George Hart nach Chipping Campden, dessen Nachfahren bis heute den Betrieb fortführen. Vor den Augen der Besucher stellen sie in einer fast unveränderten Werkstatt die gleichen Produkte her wie vor 100 Jahren: Schüsseln, Dekanter, Messer, Tee-Services, Pokale, Gerät für die Messe in Kirchen (**Hart Silversmiths,** Tel. 01386 84 11 00, www.hartsilversmiths.co.uk).

Über die Arts-and-Crafts-Bewegung, die in den 1890er-Jahren zum europäischen Jugendstil enge Kontakte hatte und später das Bauhaus beeinflusste, kann man sich an weiteren Stellen in den Cotswolds informieren. Die **Cheltenham Art Gallery** (www.artsandcraftsmuseum.org.uk) besitzt eine bedeutende Sammlung. Das wunderschöne **Haus von William Morris,** Kelmscott Manor an der Themse, kann ebenfalls besichtigt werden (über die A 417 zwischen Lechlade und Farringdon, April–Sept. Mi u. Sa 11–17 Uhr). **Rodmarton Manor** wurde ab 1909 mit einer kompletten Arts-and-Crafts-Ausstattung gebaut (über die A 433 zwischen Cirencester und Tetbury, Mai–Sept. Mi und Sa 14–17 Uhr, www.rodmarton-manor.co.uk).

Einkaufen

Trendig ▶ **Daylesford Organic Farm Shop:** 6 km ostl. an der A 436, Tel. 01608 73 17 00. Hier findet man die Zutaten für ein erlesenes Picknick im Grünen; die biologisch-dynamischen Lebensmittel dieser Farm sind überregional bekannt; auch Kleidung, Wohnungseinrichtung und Wellness-Produkte.

Zeitgenössisch ▶ **Red Rag Gallery:** Church St. Moderne britische Kunst.

Verkehr

Bus: Verbindungen von Stow-on-the-Wold nach Cheltenham und Moreton-in-Marsh (dort Bahnhof).

Moreton-in-Marsh ▶ H 17

Moreton-in-Marsh **7** liegt auf dem Fosse Way (hier die A 429), einer römischen Straße, die schnurgerade durch das Land von Lincoln bis zur Südküste in Devon führt. Die Steinfassaden der Häuser um den breiten Marktplatz stammen zum größten Teil aus dem 17. und 18. Jh., aber die Sehenswürdigkeiten befinden sich außerhalb des Orts: **Batsford Arboretum** ist ein teils orientalisch anmutender Park mit vielen exotischen Baumarten, den Lord Redesdale in den 1880er-Jahren anlegte (Feb.–Nov. tgl. 9–18 Uhr).

Sezincote, ein stilistisch extravagantes Landhaus aus dem Jahr 1810 in einem wunderschönen Garten, wurde von indischer Architektur inspiriert (3 km südwestl. an der A 44, Garten: Jan.–Nov. Do–Fr 14–18, Haus: Mai–Sept. Do–Fr 14.30–17.30 Uhr).

5 km südöstlich, abseits der A 44, liegt ein weiterer Herrensitz, **Chastleton House.** Der besondere Reiz des 1605–12 erbauten Hauses liegt in der original erhaltenen Ausstattung der Innenräume, die der National Trust

nach dem Kauf 1991 vorfand. Es sieht aus, als hätte man seit 400 Jahren nichts weggeworfen und nichts geputzt (April–Sept. Mi–Sa 13–17 Uhr).

Übernachten

Klein und fein ▶ **Wren House:** Donnington (3 km südl. von Moreton-in-Marsh), Tel. 014 51 83 17 87, www.wrenhouse.net. B & B der Extra-Klasse, zwei wunderschön eingerichtete Zimmer im Haus aus dem 15. Jh. DZ 110 £.

Traditionsherberge ▶ **Redesdale Arms:** High St., Tel. 01608 65 03 08, www.redesdalearms.com. 24 Zimmer, modernes Design, mit Restaurant (Hauptgerichte ab 15 £). DZ ab 105 £.

Einkaufen

Markttag ▶ Jeden Di auf dem Marktplatz.

Verkehr

Bahn: Fast stdl. fahren Züge nach Worcester, Oxford und London (Fahrzeit: 100 Min.). **Bus:** Verbindungen nach Stratford-upon-Avon, Cheltenham und zu Nachbarorten.

Chipping Campden ▶ H 16

Chipping Campden **8**, 12 km nordwestlich von Moreton-in-Marsh, entstand entlang einer breiten Marktstraße in den großen Zeiten des Wollhandels. Besonders schön sind die **Market Hall** (17. Jh.), das **William Grevel's House,** Wohnsitz eines reichen Kaufmanns aus dem 14. Jh., die **Wollbörse** von 1340 und die **St James' Church** im Perpendicular-Stil mit einem Turm, der dem der Kathedrale von Gloucester nachempfunden wurde. Die großzügig angelegten *almshouses* (Armenhäuser) stammen aus dem frühen 17. Jh. Ihr J-förmiger Grundriss ist eine Anspielung auf den Namen des Königs James I.

7 km nordöstlich von Chipping Campden, über die B 4632 nach Stratford-upon-Avon zu erreichen, liegt **Hidcote Manor Garden** **9**, der als einer der schönsten Gärten Englands gilt. Hidcote besteht aus einer Gruppierung von kleinen, durch Hecken und Mauern getrennten Gärten, die mit seltenen Sträu-

chern und Bäumen, alten Rosensorten und exquisiten Blumenbeeten bepflanzt sind (Mitte März–Okt. Sa–Mi 10–18 Uhr).

Übernachten

Luxuriös ▶ **Noel Arms:** High St., Tel. 01386 84 03 17, www.noelarmshotel.com. In diesem Bau aus dem 14. Jh. übernachtete König Charles II. im Jahre 1651. DZ 150 £. Noch komfortabler, aber geradezu sündhaft teuer ist das benachbarte Schwesterhotel, **Cotswold House Hotel,** beliebt bei reichen Londonern: www.cotswoldhouse.com, Tel. 013 86 84 03 30, DZ ab 220 £.

Kleines B & B ▶ **Sandalwood House:** Back Ends, Tel./Fax 01386 84 00 91. B & B nahe der Ortsmitte, zwei Zimmer in einem Neubau. DZ 73–75 £.

Essen & Trinken

Gute, teure Küche gibt es in den Hotels an der High St.

Bessere Pub-Küche ▶ **The Eight Bells:** Church St, Tel. 01386 84 03 71, www.eightbellsinn.co.uk. Englische Küche, mit Gästezimmern nahe der Kirche. Hauptgerichte 13–20 £.

Am Dorfanger ▶ **The Howard Arms:** im Dorf Ilmington nahe Hidcote Manor, Tel. 01608 68 22 26, tgl. 12–14.30, 18.30–21.30 Uhr. Sehr gute Küche. Hauptgerichte 14–18 £.

Aktiv

Wandern ▶ **The Cotswold Way:** Dieser Fernwanderweg führt von Chipping Campden nach Bath. Auskunft über die Route und Unterkünfte erteilt das Tourist Office in Cirencester (s. o.), Infos auch unter www.nationaltrail.co.uk/Cotswold/.

Verkehr

Bus: Verbindungen zu den Bahnhöfen Evesham und Moreton-in-Marsh.

Broadway ▶ H 16

Broadway **10** gehört zu Recht zu den beliebtesten Cotswold-Orten. Die breite Hauptstraße säumen herrliche Steinhäuser, deren Fassa-

Von Cheltenham durch die Cotswold Hills

den in der Abendsonne golden leuchten. Bekannt ist der Ort für noble Antiquitätengeschäfte, Werkstätten für die Herstellung von Stilmöbeln sowie ein berühmtes Gasthaus, das Lygon Arms Hotel. Reisende mit hohen Ansprüchen finden hier die geeignete Unterkunft und eine Küche, die den schlechten Ruf der englischen Kochkunst Lügen straft.

Die Landschaft östlich von Broadway ist heute Naturschutzgebiet. Den Blick über das Land genießt man am besten von **Broadway Hill,** auf dem ein Aussichtsturm (1797) im mittelalterlichen Stil steht. Sehr zu empfehlen ist der Besuch des 5 km entfernten **Snowshill Manor** **11**. Der National-Trust-Besitz stammt aus der Tudor-Zeit und wurde um 1700 mit einer neuen Fassade versehen. Verschiedene kuriose Sammlungen sind zu betrachten, denn das Haus ist mit 22 000 Exponaten voll gestopft: Uhren, Musikinstrumente, Spielzeug, japanische Kriegerrüstungen, Fahrräder, Werkzeuge der Tuchindustrie, Feuerwehrgeräte u. v. a. Der schöne Garten wurde im Arts & Crafts-Stil gestaltet (April–Okt. Mi–So 12–17 Uhr).

Übernachten

Sehr edel ▶ Lygon Arms: High St., Tel. 08 70 1 68 88 33, www.barcelo-hotels.co.uk, auf Our Hotels klicken. Quintessenz des altenglischen Luxus, eines der berühmtesten Hotels im Lande mit einem entsprechend noblen Restaurant. DZ ab 180 £.

Unterkunft für Nichtraucher ▶ Southwold Guest House: Station Rd., Tel. 01386 85 36 81, www.cotswolds-broadwaysouthwold.co. uk. Acht Nichtraucher-Zimmer in einem B & B mit Familiencharakter. DZ ab 80 £.

Essen & Trinken

Köstlich ▶ Russell's: 20 High St., Tel. 013 86 85 35 55, www.russellsofbroadway.co.uk. Ambitioniertes ›restaurant with rooms‹, Übernachtung in schick-luxuriösen Zimmern (DZ ab 105 £). Hauptgerichte 17–23 £.

Bier und Musik ▶ Crown and Trumpet: Church St., Tel. 01386 85 32 02. Lokal mit Blues- und Jazz-Abenden, auch Übernachtung möglich. Hauptgerichte ab 9 £.

Einkaufen

Antiquitäten ▶ Verlockend, aber nicht für das kleine Portemonnaie sind die Antiquitätengeschäfte an der Hauptstraße.

Verkehr

Bus: Verbindungen nach Cheltenham und zu den Bahnhöfen Evesham und Moreton-in-Marsh.

Winchcombe ▶ H 17

Über **Winchcombe** **12** führt die B 4632 von Broadway zurück nach Cheltenham zum Ausgangspunkt dieser Rundfahrt. Die Kleinstadt liegt wunderschön an der Kante der Cotswold-Hügel und wird von der Fernwanderstrecke Cotswold Way durchquert. Am Stadtrand befindet sich **Sudeley Castle**. Die Burg, die sich heute noch in Privatbesitz befindet, wurde im 12. Jh. errichtet, dann im 15. Jh. schlossartig ausgebaut. Während des Bürgerkriegs unterhielt Charles I. zeitweise sein Hauptquartier in Sudeley. Die Burg wurde während der Belagerung 1643–44 stark beschädigt, danach aber wieder als Wohnhaus hergerichtet. Aus dem 15. Jh. stammen die Kapelle mit dem Grab von Catherine Parr, sechste und letzte Ehefrau von Henry VIII. In den wohnlichen Innenräumen befinden sich Familienporträts, Tapisserien, kostbare Möbel, Ausstellungen zur Geschichte der Familie und der Burg. Es fehlt die kalte Pracht der größeren Herrensitze (April–Okt. tgl. 10.30–17 Uhr).

Von Winchcombe kann man zu einem frühzeitlichen Hügelgrab wandern (s. aktiv unterwegs S. 123).

Übernachten

Wanderer-freundlich ▶ The White Hart Inn: Tel. 01242 60 60 23 59, www.whitehartwinch combe.co.uk. Zimmer ohne eigenes Bad für Cotswold-Way-Wanderer 40–80 £, mit Bad und mehr Luxus ab 110 £, gute Küche mit echter Metzgerwurst (ab 10 £).

Verkehr

Bus: Verbindungen nach Cheltenham und Broadway.

aktiv unterwegs

Belas Knap – Wanderung in die Steinzeit

Tour-Infos

Start: In Winchcombe am Kriegsdenkmal, Abbey Terrace; Bus 606 ab Cheltenham
Länge: 8,5 km
Dauer: 3–4 Std.
Schwierigkeitsgrad: relativ leicht, stellenweise aber steil

Diese Rundwanderung zu einem neusteinzeitlichen Hügelgrab bietet wunderschöne, weite Blicke über das Cotswold-Gebiet. Am **Kriegsdenkmal** in Winchcombe sehen wir gegenüber das Pub Plaisterer's Arms, gehen nach rechts, dann links in die Vineyard Street und hinunter zur Steinbrücke, um auf den markierten **Fernwanderweg Cotswold Way** zu treffen. Hier geht es rechts durch das Tor und über die Wiese zum Tor auf der anderen Seite. Der gekennzeichnete Weg über die Felder erreicht nach gut 1 km eine Straße. Hier halten wir uns links und verlassen die Straße nach knapp 1 km durch ein breites Tor nach rechts, immer dem Cotswold Way folgend, am Sportplatz vorbei und links durch ein weiteres Tor. Von hier führt der Weg bergauf zum Wäldchen am Hügel.

Oben angekommen hat man einen schönen Blick auf Winchcombe. Hier verlassen wir den Cotswold Way und gehen nach rechts auf der baumbestandenen Straße. Nach ca. 2 km erscheint rechts **Hill Barn Farm.** Kurz hinter diesem Bauernhof biegen wir von der Straße links ab und sind wieder auf dem Cotswold Way.

Auf der gegenüberliegenden Seite der Wiese liegt der Grabhügel mit dem Namen **Belas Knap.** Er ist 54 m lang, 18 m breit und 4,3 m hoch, wurde etwa 3800 v. Chr. angelegt und enthält vier Grabkammern, in denen seit der ersten Ausgrabung im Jahr 1863 die Reste von 31 Menschen gefunden wurden. Was auf den ersten Blick wie ein aus mörtel-

losen Steinen gebauter Eingang aussieht, ist ein Scheintor und bietet keinen Einlass.

Von Belas Knap folgen wir dem Cotswold Way etwa 1 km weiter bis zur nächsten Straße. Ein steinerner Tritt führt über eine Mauer, dann verläuft der Weg entlang Wiesen. An der Straße verlassen wir den Cotswold Way und halten uns rechts. Nach 400 m biegen wir nach links auf einen breiten Weg, passieren kleine Häuser (Humblebee Cottages) und genießen einen weiten Blick.

Der Weg führt an **Wadfield Farm** vorbei und geht zwischen einem Metallzaun und einer Hecke auf einen Zauntritt zu. Winchcombe und Sudeley Castle sind gut zu sehen. Bergab geht es mit deutlichen Markierungen über die Felder zur Straße, die links zum Anfang dieser Wanderung zurückführt.

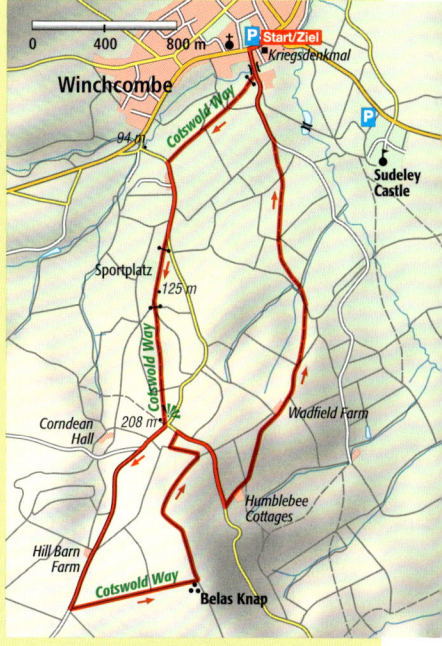

Von Stratford-upon-Avon ins Severn-Tal

›Das Herz von England‹ ist die treffende Bezeichnung für die Shakespeare-Stadt Stratford-upon-Avon und ein Gebiet mit sehenswerten Burgen und Herrensitzen. Eine Fahrt durch das hübsche Tal des Avon führt zum längsten Fluss des Landes, dem Severn, mit der Domstadt Worcester. Wanderungen über die Malvern-Hügel bieten ein Panorama der Severn-Ebene.

Eine kleine Stadt südlich von Birmingham ist zum Anziehungspunkt für Besucher aus aller Welt geworden. **Stratford-upon-Avon** ist ein pittoresker Ort, sehenswert wie so viele englische Kleinstädte, doch eine Besonderheit unterscheidet ihn von anderen Städten: Hier wurde vor 450 Jahren der Dichter William Shakespeare geboren. Eine regelrechte Shakespeare-Industrie ist in dem kleinen Ort entstanden. Nicht weniger als fünf restaurierte, in Museen umgewandelte Häuser besitzen eine Verbindung zum Dichter oder zu seiner Familie. Auf der Bühne des Royal Shakespeare Theatre standen die herausragenden Vertreter der britischen Theaterszene, und auch heute ist das Ensemble für erstklassige Aufführungen bekannt.

Für die Region um Stratford-upon-Avon erfand die Tourismusorganisation VisitBritain die Bezeichnung »The Heart of England«, wo-

Shakespeare über alles – in Stratford ist der Dichter allgegenwärtig

mit den Marketingstrategen ein wirklich zutreffender Begriff einfiel. Hier schlägt das Herz von England nicht nur im Sinne einer geografischen Mitte, sondern auch in Hinblick auf die Stimmung und das Erscheinungsbild von Old England. Die Landschaft ist hier hübsch, nicht wild oder spektakulär, und die Städte, von Industrie wenig berührt, besitzen eine sympatische, teils altmodische Ausstrahlung, einen zurückhaltenden, eben typisch englischen Charme.

Im von Stratford wenige Kilometer entfernten **Warwick** findet man das meist besuchte Schloss des Landes. Im Umland lohnen aber noch weitere, weniger überlaufene Sehenswürdigkeiten einen Besuch. **Kenilworth Castle** ist eine eindrucksvolle Ruine, und **Leamington Spa** pflegt das Ambiente eines eleganten Kurorts. Der Avon, ein ruhiges Gewässer für Kabinenkreuzer und die traditionellen *narrow boats* der englischen Kanäle, fließt durch sein fruchtbares Tal nach Westen und vereint sich mit dem längsten Fluss der Insel, dem Severn. Auf dieser Route fährt man durch attraktive Marktstädte wie **Evesham** und **Tewkesbury.** Am Ufer des Severn liegt die Domstadt und historische grafschaftliche Hauptstadt **Worcester,** Heimat einer pikanten Sauce und eines feinen Porzellans.

Stratford-upon-Avon

▶ **H 16**

Cityplan: S. 127

Shakespeares Geburtshaus 1

Ob Shakespeare im Jahr 1564 wirklich im ›Geburtshaus‹ zur Welt kam, ist nicht mehr zu beweisen. Trotzdem ist Shakespeare's Birthplace, ein großes Fachwerkhaus in der Henley Street mit einem modernen Besucherzentrum, ein Muss für Shakespeare-Touristen. In einem ursprünglich zwei Häuser wohnte die Familie, im anderen hatte Shakespeares Vater, ein Handschuhmacher, sein Geschäft. Die Räume des Geburtshauses sind mit zeitgenössischen Möbeln ausgestattet, von denen manche bereits zum Be-

sitz der Familie gehörten. Kostümierte Museumsführer geben Erklärungen zur Einrichtung des Hauses und zum täglichen Leben im England des 16. Jh. Mit eingeritzten Unterschriften in den Scheiben des nunmehr ausgebauten Fensters des vermeintlichen Geburtszimmers haben sich Literaten und Theaterschaffende schon im 19. Jh. mit ihren Unterschriften verewigt.

Der Status von Stratford als Pilgerziel ist also gar nicht neu: 1769 veranstaltete der Schauspieler David Garrick das erste Shakespeare-Festival in der Stadt. Schön ist an dem Geburtshaus, dass es nicht schwarz-weiß lackiert und fein herausgeputzt wurde, so wie man es lange Zeit bei elisabethanischem Fachwerk für ›echt‹ hielt, sondern in den natürlichen Holz- und Erdfarben belassen wurde. Bei der Renovierung ließ man an einem Fach der Fassade den Putz weg, um das Flechtwerk sichtbar zu machen. Im Garten werden Kräuter und Blumen gezogen, die der Dichter in seinen Stücken erwähnt (April/Mai und Sept./Okt. tgl. 9–17, Juni–Aug. tgl. 9–18, Nov.–März tgl. 10–16 Uhr).

Zur Holy Trinity Church

Von der Henley Street biegt man rechts in die High Street und erreicht nach wenigen Metern **Harvard House** 2, das eine prächtige Fassade aus dem Jahr 1596 besitzt. Die Mutter von John Harvard, Gründer der gleichnamigen amerikanischen Universität, wohnte hier. Jetzt gehört das Haus der Harvard University und bietet eine kleine Ausstellung mit Erzeugnissen aus Zinn (Di–Sa 10–16 Uhr, So 10.30–16.30 Uhr).

Auch die Hotels und Gaststätten von Stratford sind sehenswert. Neben dem Harvard House steht das **Garrick Inn,** ein Fachwerkbau des späten 16. Jh., und in der Chapel Street, der Verlängerung der High Street, das **Shakespeare Hotel** 1, ein Bau des frühen 16. Jh. Gegenüber dem Falcon Hotel, dessen dreigeschossiges Fachwerk aus dem späten 15. Jh. stammt, stand **New Place** 3, das repräsentative Stadthaus, nunmehr abgerissen, in dem der wohlhabend gewordene Shakespeare seinen Ruhestand verbrachte. Auf dem Grund-

Stratford-upon-Avon

stück wurde ein Garten im Stil des 16. Jh. angelegt. Man betritt diesen Garten durch das **Nash's House,** das (ebenfalls mit Stilmöbeln eingerichtete) Haus, das dem ersten Mann der Enkelin von Shakespeare gehörte – mit solch gründlichen Recherchen hat sich Stratford auf den Besuch der Literaturpilger vorbereitet (April–Okt. tgl. 10–17, Nov.–März tgl. 11–16 Uhr).

Ein besonders schönes Beispiel des Fachwerkbaustils ist die Gebäudegruppe der ehemaligen Guild of the Holy Cross an der Ecke Church Street und Chapel Lane. Die **Guild Chapel** 4, die mittelalterliche Wandmalereien enthält, wurde Ende des 13. Jh. erbaut, der Turm 1540 vollendet. Direkt angrenzend steht die 1416 gebaute Guildhall. In dem vorkragenden Obergeschoss war die Grammar School untergebracht, die Shakespeare wahrscheinlich besuchte. Das gleiche schwarz-weiße Muster zeigen nebenan die *almshouses,* von der Gilde im 15. Jh. für bedürftige alte Stadtbewohner errichtet.

Die Church Street führt nach links in die Old Town Street und zu **Hall's Croft** 5, dem mit zeitgenössischen Möbeln ausgestatteten Haus von Shakespeares Tochter Susanna und ihrem Ehemann John Hall, einem Arzt. Hier findet man eine ernüchternde Ausstellung über Medizin im 17. Jh. (April–Okt. tgl. 10–17, Nov.–März 11–16 Uhr).

Am Ende der Old Town Street hält man sich rechts und sieht die **Pfarrkirche Holy Trinity** 6 aus dem 13. bis 15. Jh. Mit bunten Glasfenstern, Holzschnitzerei am Chorgestühl und aufwendigen Grabdenkmälern besitzt die Kirche eine reiche Innenausstattung.

Hier liegen Shakespeare, seine Ehefrau Anne Hathaway und andere Familienmitglieder begraben.

Am Avon entlang

Der Spaziergang am Avon führt zum **Royal Shakespeare Theatre** 7, für viele Besucher noch mehr als Geburtshaus und Grab des Dichters eine ›heilige Stätte‹. Schon im 19. Jh. wurde ein Theater eigens für Shakespeare-Aufführungen gebaut. Der klobige Nachfolgebau aus den 1930er-Jahren musste umgebaut werden, weil der Zuschauerraum als nicht mehr zeitgemäß galt. Da die alte Bühne Theatergeschichte geschrieben hat, wurde das Haus jedoch nicht komplett abgerissen: Das schöne Art-déco-Foyer und andere Teile wurden in den Neubau integriert. Es gibt nun eine zweite Bühne, The Swan Theatre, aber das Studiotheater The Other Place wurde geschlossen. Die besten englischen Regisseure und Schauspieler führen hier ganzjährig vor ausverkauften Häusern Stücke von Shakespeare und anderen Autoren auf. Das künstlerische Niveau ist hoch und die Werke auch zugänglich – wenn man gute Englischkenntnisse besitzt.

Von hier sind es nur ein paar Schritte zur **Clopton Bridge** 8, einer Brücke aus dem 15. Jh. Vor allem an Tagen, wenn viele Besucher in die Stadtmitte strömen, lohnt es sich, die Brücke zu überqueren und einen Spaziergang am Flussufer zu unternehmen. Ein 5,5 km langer Rundweg flussabwärts mit Rückkehr am anderen Ufer ist ausgeschildert, oder man geht einfach über die Tramway Bridge (neben Clopton Bridge) zu den Gärten

auf der Stadtseite des Avon zurück. An der Schleuse, die den Birmingham–Stratford–Canal mit dem Avon verbindet, kann man die langen, bunt bemalten Kanalboote beobachten. Sie werden durch die hölzernen Schleusentore bugsiert und eingeschlossen, sinken langsam zum Niveau des Flusses ab und fahren dann auf der anderen Seite behutsam, an den Schwänen vorbei, hinaus.

Anne Hathaway's Cottage und Mary Arden's House

Für den unermüdlichen Shakespeare-Freund gibt es weitere Sehenswürdigkeiten am Rande der Stadt zu entdecken. **Anne Hathaway's Cottage** **9** im Ortsteil Shottery

ist ein reizendes altes Farmhaus mit Strohdach, von einem gepflegten Blumengarten umgeben. Im Garten befinden sich ein Skulpturenpark und ein Labyrinth aus Eibenhecken. Der gut ausgeschilderte Weg dorthin eignet sich für einen schönen Spaziergang. Das Cottage stammt aus dem 15. Jh. und ist mit Stücken aus der Zeit Shakespeares möbliert (April–Okt. tgl. 9–17, Nov.–März 10–16 Uhr).

Ebenfalls außerhalb der Stadt, in Wilmcote nordwestlich von Stratford, liegt **Mary Arden's Farm** **10**. In diesem großen, sehr malerischen Haus aus Fachwerk und Ziegeln soll Shakespeares Mutter ihre Kindheit verbracht haben. Als Shakespeare Countryside Mu-

Der Ruhm des
William Shakespeare   Thema

Shakespeare ist eine Ikone der Briten, seine Werke werden wie heilige Schriften verehrt, häufig aufgeführt und immer wieder verfilmt. Doch sind die Erkenntnisse über sein Leben so spärlich, dass früher Zweifel aufkamen, ob ein Mann mit solch bescheidener Herkunft im unbedeutenden Stratford-upon-Avon solche Werke geschrieben haben kann.

Wer war der Mann, dessen Ruhm seinen Geburtsort zu einer Pilgerstätte machte? Nur die wichtigsten Daten im Leben Shakespeares sind sicher belegt. 1564 wurde er in der Marktstadt Stratford als ältester Sohn gut situierter Eltern geboren. Sein Vater war Kaufmann, später auch Bürgermeister von Stratford, und die Familie seiner Mutter besaß Grundbesitz außerhalb der Stadt.

Über Shakespeares Jugend ist wenig überliefert. Er ging auf die *Grammar School* (Lateinschule) und interessierte sich in seiner Freizeit, wenn Passagen seiner Werke nicht trügen, für die Natur und für Sportarten wie Bogenschießen und die Jagd. Mit achtzehn Jahren heiratete er die acht Jahre ältere Anne Hathaway. Der Geburt einer Tochter folgten kurz darauf Zwillinge. Um 1586 nutzte Shakespeare die Gelegenheit, der Kleinstadt zu entkommen und schloss sich einer in Stratford gastierenden Theatergruppe an, die einen Spieler verloren hatte. Mit dieser Truppe kam er nach London und das in einer Blütezeit der englischen Literatur und besonders der dramatischen Kunst. Er trat zuerst nur als Schauspieler auf, schrieb aber bald selbst die Werke, die die Truppe aufführte. Seine Fähigkeit, scheinbar mühelos zwei längere Stücke pro Jahr zu dichten, bewies Shakespeares Vielseitigkeit als Autor von Komödien, Tragödien und patriotischen Geschichtsdramen sowie eine erstaunliche Energie. Das Theater war in dieser Zeit ein populäres Vergnügen, auf das Shakespeares manchmal blutrünstige, lustige und zotenhafte Szenen zugeschnitten waren. Der Ruhm seiner Bühnenstücke reichte ihm aber nicht, und der junge Literat aus der Provinz maß sich auch als Dichter von Sonetten mit seinen gebildeten Zeitgenossen, die in Oxford und Cambridge studiert hatten. Die Qualität seiner Werke und das breite Wissen, das er darin offenbarte, hat bei manchen Kritikern Zweifel hervorgerufen, ob ein Schauspieler aus der Kleinstadt tatsächlich Autor dieser großen Dramen gewesen sein könnte.

Als Mittdreißiger war er schon Teilhaber einer erfolgreichen Theatertruppe, besaß in seiner Heimatstadt ein großes Haus und weiteren Besitz und genoss das Ansehen eines Gentleman. Er erwarb ein Familienwappen mit dem stolzen Wahlspruch *Non sans Droit,* »Nicht ohne Recht«. Die Truppe errichtete ein neues Theater in London, einen hölzernen Rundbau. Als der Schotte James I. den englischen Thron bestieg, erhielt die Truppe unter seiner Schirmherrschaft den Namen *The King's Men* und spielte am Hof. Shakespeare wusste sich den neuen Machtverhältnissen geschickt anzupassen: ›Macbeth‹ spielt in Schottland und enthält Hexenszenen, ein Lieblingsthema des Königs.

In seinen letzten Lebensjahren schrieb Shakespeare weniger und verbrachte wahrscheinlich mehr Zeit in Stratford. Dort starb er 1616 im Alter von 52 Jahren. Seit über 300 Jahren wird er als größter englischsprachiger Dichter gefeiert – *Non sans Droit*.

128

seum beherbergt es heute eine Ausstellung über das bäuerliche Leben der Zeit (April–Okt. tgl. 10–17, Nov.–März geschl.).

Infos

Tourist Information Centre: Tel. 0870 160 79 30, www.shakespeare-country.co.uk und www.shakespeare.org.uk.

Übernachten

Fachwerkpracht ▶ Shakespeare Hotel 1: Chapel St., Tel. 0118 971 47 00, www.shakespeare-hotel.com. Stilvoll eingerichtet hinter einer Fachwerkfassade des 17. Jh. DZ ohne Frühstück 140–195 £.

Am Stadtrand ▶ Cross o' th' Hill Farm 2: Clifford Rd., Tel. 01789 20 47 38, www.cross-o-th-hill-farm.com. Am südlichen Stadtrand über Shipston Road (A 3400), drei große, geschmackvoll eingerichtete Zimmer in einem Bauernhaus. Die Stadtmitte ist zu Fuß erreichbar. EZ 67 £, DZ 94 £.

Günstig gelegen ▶ Stretton House Hotel 3: 38 Grove Rd., Tel. 01789 26 86 47, www.strettonhouse.co.uk. Kleines Familienhotel für Nichtraucher, vom Bahnhof aus schnell erreichbar. DZ 50–70 £.

Jugendherberge ▶ Hemmingford House 4: Alveston, Tel. 0845 371 96 61, www.yha.org.uk. Ein wunderschöner Herrensitz mit Garten im Dorf Alveston, 3 km östlich von Stratford. Doppel-, Familien- und Mehrbettzimmer. Eine bequeme Herberge mit Restaurant und Bar.

Essen & Trinken

Asien im alten England ▶ Thai Boathouse 1: Swan's Nest Lane, Tel. 01789 29 77 33, tgl. 12–14.30 (außer Sa), 17.30–22.30 Uhr. Das Bootshaus mit viel Holz und alten Balken nahe den Theatern ist das ideale Ambiente für thailändische Küche auf gehobenem Niveau. 2-Gänge-Menü ab 21,50 £.

Angebot für Theatergänger ▶ Lambs of Sheep Street 2: 12 Sheep St., Tel. 01789 29 25 54, Di–So 12–14, tgl. 17–21 Uhr. In einem Fachwerkhaus aus dem 16. Jh., internationale Küche. Hauptgerichte 12–18 £, 3-Gänge-Menü für Theaterbesucher 16 £.

Rustikal ▶ Baraset Barn 3: Pimlico Lane, Alveston, Tel. 01789 29 55 10, Mo–Sa 12–14.30, 18.30–22, So 12–15 Uhr. 3 km östl. über B 4086, schöner Umbau einer Scheune, internationale Küche. Hauptgerichte 14–25 £.

Gemütliches Bistro ▶ The Oppo 4: 13 Sheep St., Tel. 01789 26 99 80, Mo–Sa 12–14, 17–21.30, So 18–21 Uhr. Stimmung und Küche sind gleich gut in diesem Bistro. Hauptgerichte ab 12–16 £.

Einfaches Vergnügen ▶ Kingfisher Fish Bar 5: 13 Ely St. Ein Lokal für Freunde von Fish and Chips.

Abends & Nachts

Kopf einziehen ▶ Windmill Inn 1: Church St. Altes Gemäuer mit niedrigen Balken. Gemütlich, schöner Biergarten, einfache Pub-Küche bis 19.30 Uhr.

Schauspielerlokal ▶ The Dirty Duck 2: 44 Waterside. Einfaches Pub-Essen, gute Flowers Ales, signierte Fotos der großen Shakespeare-Interpreten.

Spitzentheater ▶ Royal Shakespeare Company 7: Nach einem längeren Umbau ist das Theater wieder geöffnet. Theaterkarten: Box Office, Royal Shakespeare Theatre, Waterside, Stratford-upon-Avon CV37 6BB, Tel. 0844 8 00 11 10, online unter www.rsc.org.uk.

Verkehr

Bahn: Züge fahren ab Warwick (nach London dort umsteigen) oder stdl. ab Birmingham-Moor Street (Fahrzeit: 50 Min.) nach Stratford. **Bus:** Verbindungen ab London; Regionalbusse fahren ins Umland.

Herrensitze in der Umgebung von Stratford

Mit Stratford-upon-Avon als Standquartier sind zahlreiche lohnende Ausflüge möglich. 8 km östlich der Stadt liegt **Charlecote Park,** seit über 700 Jahren Sitz der Familie Lucy, inmitten eines Landschaftsgartens am Avon. Laut Überlieferung basiert Shakespeares Figur Justice Shallow (›Richter Seicht‹) in »Die lustigen Weiber von Windsor« auf Sir Thomas Lucy, der den jungen Dichter beim Wildern

Reizender Landsitz in Familienbesitz: Charlecote Park

auf seinem Gut ertappte und selber verurteilte. Das Äußere des Gebäudes ist für den Tudor-Baustil typisch, die Innenräume sind dagegen nach dem Geschmack des 19. Jh. möbliert (mit dcm Auto über die B 4086, Bus 18A ab Stratford, Haus: März–Okt. Fr–Di 11–16.30 Uhr; Garten: tgl. 10–17.30 Uhr).

Nicht mehr in Familienbesitz ist der imposante Herrensitz **Compton Verney,** den Fußballtoto-Millionär Sir Peter Moores vor dem Verfall rettete und 2004 als Kunstmuseum dem Publikum öffnete. Das Haus, das Werk eines der besten Architekten der georgianischen Zeit, Robert Adam, entstand um 1760. Jetzt beherbergt es auf drei Etagen eine feine Sammlung in sechs Galerien, u. a. deutsche Kunst aus der Zeit 1450–1650, Gemälde aus Neapel zwischen 1600 und 1800, chinesische Keramik und Bronzen sowie englische Porträtkunst. Der 50 Hektar große Park, der teilweise das Werk des Gartenarchitekten Capability Brown ist, wird zur Zeit restauriert (11 km östl. von Stratford nahe der Kreuzung der B 4086 mit der B 4455, Bus 269 ab Stratford, April–Nov. Di–So 11–17 Uhr, www.compton verney.org.uk).

Warwick und Umgebung

Warwick ▶ J 16

Nur etwa 10 km nördlich von Stratford-upon-Avon liegt die historische Stadt Warwick – das zweite ›w‹ wird nicht gesprochen. Da Warwick von den Auswirkungen der Industriellen Revolution verschont blieb, ist der kleine, auf einem Hügel gelegene Kern der Stadt (22 000 Einw.) ausgesprochen hübsch. Unter den Fachwerkhäusern ist das **Lord Leycester Hospital** in der High Street besonders sehenswert. In diesem ehemaligen Gildehaus des späten 14. Jh., dessen Fassade eine Reihe von unregelmäßigen Giebeln schmückt, richtete 1571 Robert Dudley, Earl of Leicester, ein Heim für alte Soldaten ein (Di–So 10–17 Uhr). Heute noch dient die Anlage diesem Zweck.

Auf dem Marktplatz steht die stattliche, 1670 erbaute **Markthalle,** die das **Warwickshire Museum** beherbergt. Das Museum informiert über Geschichte, Archäologie und Natur der Region (Di–Sa 10–17, April–Sept. auch So 11.30–17 Uhr).

Die **Pfarrkirche St Mary** wurde 1698–1704 nach einem Brand in einer Stilmischung aus Gotik und Renaissance wieder aufgebaut. Glücklicherweise brannte die Kirche nicht völlig ab, denn der gotische Chor im Perpendicular-Stil ist wunderschön, und die reich verzierten Grabmäler der Beauchamp Chapel sind prächtige Beispiele spätmittelalterlicher Kunst, die den Reichtum der Earls of Warwick im 15. und 16. Jh. dokumentieren. Auch der Earl of Leicester liegt hier begraben. In der Chapel sind Glasmalereien aus dem Jahr 1447 erhalten (tgl. 10–18, Nov.–März 10–16.30 Uhr).

Warwick Castle

Der landesweit bekannte Besuchermagnet der Stadt ist aber Warwick Castle. Dieser gut erhaltene Bau, zugleich mittelalterliche Burg und Herrenhaus, geht auf eine Gründung von William I. aus dem Jahre 1086 zurück. Schon im 10. Jh. errichteten die angelsächsischen Herrscher an der Stelle ein Bollwerk gegen die dänischen Invasoren. 1978 ging ein Stück Geschichte zu Ende, als die Burg den Besitzer wechselte: Der Burgherr ist keine adlige Familie mehr, sondern die Firma Madame Tussaud, die Warwick Castle mit aller Macht als »größtes mittelalterliches Erlebnis« des Landes vermarktet. Für den hohen Eintrittspreis wird einiges geboten, und man sollte dafür einige Stunden einplanen:

Über den äußeren **Burghof** mit den beiden mächtigen Türmen **Caesar's Tower** und **Guy's Tower** gelangt man in den schönen Innenhof mit zwei weiteren Türmen. Von den Zinnen blickt man auf das grüne Tal des Avon hinunter. Der Wohntrakt aus dem 14. Jh. wurde im 17. und 18. Jh. zu einem bequemen Herrensitz umgebaut. In den **Staatsräumen** sind Gemälde, Porzellan, Stilmöbel, Skulpturen und vieles mehr zu sehen. Die Innenausstattung anderer Räume wird der Vorstellung vom kriegerischen Mittelalter gerecht: Im **Verlies** hängen Folterinstrumente an der Wand, die **Great Hall** birgt Ritterrüstungen, Jagdtrophäen und eine erstklassige Waffensammlung. Für mittelalterliche Unterhaltung live sorgt der Rote Ritter, bewaffnet, in voller Pracht gekleidet und hoch zu Ross.

Als Elizabeth I. 1572 Warwick Castle besuchte, waren die Zeiten etwas friedlicher geworden. Ein großes Feuerwerk unterhielt die Königin und setzte einige benachbarte Häuser in Brand. Wie die Aristokratie sich 300 Jahre später amüsierte, wird anhand von Wachsfiguren in zwölf der sorgfältig restaurierten Staatsräume gezeigt. Dargestellt wird eine Royal Weekend Party, die hier im Juni 1898 stattfand. Der besondere königliche Gast war der damalige Prinz von Wales, ein fettleibiger Lebemann, der später als Edward VII. den Thron bestieg. Der **viktorianische Rosengarten,** Parkanlagen innerhalb der Mauern mit Pfauen auf den Rasenflächen und viele Veranstaltungen, wie z. B. mittelalterliche Bankette, sorgen für weitere Unterhaltung (tgl. 10–18, Okt.–März 10–17 Uhr, Eintritt 21 £, Kinder 15 £, Familienticket 50 £).

Infos

Tourist Information Centre: The Court House: Jury St., Tel. 01926 49 22 12, www.shakespeare-country.co.uk, tgl. 9.30–16.30 Uhr.

Übernachten

Preiswert ▶ **Austin House:** 96 Emscote Rd., Tel. 01926 49 35 83, http://austinguesthouse.co.uk/. B & B mit sechs Zimmern, nicht alle mit eigenem Bad. DZ ab 45 £.

Essen & Trinken

Am Fluss ▶ **Saxon Mill:** Coventry Rd., Guys Cliffe (nördl. der Stadtmitte an der A 429), Tel. 01926 49 22 55, tgl. 11–23 Uhr, Küche 12–22, So bis 21 Uhr. Geschmackvoll umgebaute historische Mühle, belebtes Lokal mit Außengastronomie am Fluss. Pizza und Pasta 8–11 £, andere Hauptgerichte 12–18 £.

Verkehr

Bahn: Züge 3 x stdl. ab Birmingham-Moor Street (Fahrzeit: 35 Min.), auch ab London-Marylebone (100 Min.); Verbindungen nach Stratford-upon-Avon.

Royal Leamington Spa ▶ J 16

Der Kurort Royal Leamington Spa, wenige Kilometer nordöstlich von Warwick, hat den gediegenen Charme der Regency- und viktorianischen Ära bewahrt. Um die salzigen Mineralwasserquellen herum wurde in der ersten Hälfte des 19. Jh. eine feine Neustadt gebaut. Die eleganten Straßenzüge mit Plätzen und Grünanlagen, vor allem **Jephson Gardens** mit dem neuen Tropenhaus, eignen sich gut für einen Einkaufsbummel oder einen ruhigen Tag. Die 1814 gebauten **Royal Pump Rooms,** wo vor 150 Jahren die feine Gesellschaft promenierte und das wegen seiner abführenden Wirkung geschätzte Wasser zu sich nahm, wurde aufwendig renoviert und beherbergt heute das Tourist Office, das Stadtmuseum und ein Café. Trotz des 1838 von Königin Victoria verliehenen Titels ›Royal‹ hatte Leamington als Kurort nie den Rang von Bath im Südwesten von England, doch die gepflegten Bauten lassen erkennen, dass die Stadt schon immer etwas auf sich hielt.

Infos

Tourist Information Centre: The Parade, Tel. 01926 74 27 62, www.royal-leamington-spa.co.uk.

Übernachten

Kurort-Eleganz ▶ Angel Hotel: 143 Regent St., Tel. 01926 88 12 96, www.angelhotellea mington.co.uk. Altes Hotel, 50 Zimmer in der Stadtmitte, Bar und Restaurant (für vegetarische Gerichte 13 £ oder Steak ab 15 £). DZ ab 79 £.

Essen & Trinken

Gute Weinkarte ▶ Queans Restaurant: 15 Dormer Place, Tel. 01926 31 55 22, Di–Fr 12–14.30, Di–Sa 18–21.30 Uhr. Moderne britische Küche. Unbedingt reservieren. 2-Gänge-Menü 26 £.

Einkaufen

Elegant ▶ Modegeschäfte an der breiten Prachtstraße Parade, z. B. im Royal Priors Shopping Centre.

Verkehr

Bahn/Bus: 3 x stdl. Züge ab Birmingham (Fahrzeit: 30–40 Min.), Bahn- und Busverbindungen nach Stratford und Warwick.

Kenilworth ▶ J 16

7 km nördlich von Warwick und Leamington Spa stehen die dramatischen Ruinen einer riesigen Burg, die English Heritage bis 2009 aufwendig restaurierte. Wird im benachbarten Touristenmagnet Warwick Castle das Mittelalter gnadenlos vermarktet, erwartet den Besucher in Kenilworth ein nicht minder unterhaltsames Erlebnis, das etwas zurückhaltender und aufgrund fundierter Recherchen präsentiert wird. Der Kern der Anlage ist ein massiver rechteckiger Bergfried aus der Zeit

um 1125, der 50 Jahre später die Krone übernahm und mit Wassergräben zur stärksten Festung Mittelenglands ausgebaut wurde. 1266 ergab sich die Burgbesatzung dem zukünftigen Edward I. erst nach einer sechsmonatigen Belagerung. Das größte Ereignis der Burggeschichte war der Empfang, den der Burgherr Robert Dudley, Graf von Leicester, seiner Königin Elizabeth I. im Jahr 1575 bereitete. Er wollte ihr den Hof machen und zum mächtigsten Mann des Reiches aufsteigen. Die 19-tägige fürstliche Unterhaltung mit Tänzen, Festessen, Jagd, Theater und Feuerwerk übertraf alle bisherigen Festlichkeiten und ruinierte fast den Gastgeber. Sein Ziel erreichte er aber nicht. Wie viele englische Burgen verdankt Kenilworth seinen halb

verfallenen Zustand dem unerbittlichen Oliver Cromwell, der 1656 Teile des Bergfrieds und der Außenanlagen zerstören ließ.

Die heute restaurierte Burg lockt mit einer anschaulichen Darstellung des Burglebens und der Geschichte von Kenilworth Castle. Das von Robert Dudley erbaute Torhaus wurde in den Zustand der 1930er-Jahre versetzt – der Zeit, als die ehemalige Besitzerfamilie zuletzt dort wohnte. Hier erzählt eine Ausstellung im Obergeschoss die Liebesgeschichte zwischen dem charmanten Frauenheld Robert Dudley und seiner Monarchin, der ›Virgin Queen‹, die aus Staatsräson nie heiratete. Das neue Prachtstück in Kenilworth ist der 2009 vollendete, im Stil des 16. Jh. angelegte **Elizabethan Garden,** der mit Mar-

Warwick Castle am Avon

133

morbrunnen, Voliere und historischer Be-
pflanzung den Zustand von Dudleys Zeiten
wiedergeben soll (April–Okt. tgl. 10–17, Nov.–
März 10–16 Uhr).

Verkehr

Bus: Ab Stratford und mit den an den Bahnhöfen Coventry und Leamington Spa verkeh-
renden Linien.

Baddesley Clinton ▶ H 16

Baddesley Clinton liegt 12 km nordwestlich
von Warwick abseits der Hauptstraße
A 41 nach Birmingham. Es gilt als einer der
idyllischsten Herrensitze des späten Mittelalters. Der Garten wird vom National Trust liebevoll gepflegt. Das im 14. Jh. gebaute, von
einem Wassergraben umgebene Haus, das
seit 1634 kaum verändert wurde, hat noch ein
Versteck für katholische Priester. Ende des
16. Jh., als das protestantische England eine
Invasion der papsttreuen Spanier befürch-
tete, galt die katholische Kirche als subver-
siv. Jesuiten drohte die Todesstrafe, und katholische Familien nahmen sie heimlich auf
(März–Okt. tgl. 11–17 Uhr.)

An Avon und Severn entlang nach Worcester

Südwestlich von Stratford fließt der Avon
durch das Vale of Evesham, ein fruchtbares
Tal, in dem Obstanbau betrieben wird, und
erreicht bei Tewkesbury den Severn, den mit
355 km längsten englischen Fluss. Von hier
führt der Weg nach Norden zur Domstadt
Worcester an einer markanten Hügelkette,
den Malvern Hills, vorbei.

Evesham ▶ H 16

In der alten Marktstadt Evesham sind nur
noch Reste einer ehemals sehr wohlhabenden, um das Jahr 700 gegründeten **Abtei** zu
besichtigen. Immerhin blieben auf dem Klos-
tergelände zwei Pfarrkirchen und ein Glockenturm erhalten. Im Almonry, dem Wohnhaus des Almosengebers der Abtei, ist ein
kleines Museum mit einem Tourist Office un-

tergebracht. Das wichtigste Ereignis der
Stadtgeschichte war eine Schlacht des Jahres 1265. Der zukünftige Edward I. vernich-
tete die Armee des aufständischen Simon de
Montfort, der die königliche Macht ein-
schränken wollte und als Gründungsvater
des Parlaments gilt.

Infos

Tourist Information Centre: The Almonry,
Abbey Gate, Tel. 01386 44 69 44, Mo–Sa 10–
17, März–Okt. So 14–17 Uhr.

Übernachten

Familienfreundlich ▶ **The Evesham Hotel:**
Coopers Lane, Tel. 01386 76 55 66, www.
eveshamhotel.com. Nicht ganz billig, aber
komfortabel und einmalig: Der exzentrische
Besitzer des 40-Zimmer-Hotels pflegt eine
spaßbetonte Stimmung mit Spielplatz,
Schwimmhalle, einem guten Restaurant für
die Erwachsenen und vielen Teddybären für
die Kleinen. DZ 123 £ zzgl. altersbezogene
Gebühr für Kinder (2 £ pro Lebensjahr).

Pershore ▶ H 16

In Pershore wurde die schöne **Abteikirche**
(13. Jh.) nach der Enteignung der Mönche als
Pfarrkirche für die Bürger vor dem Abriss gerettet. Das Hauptschiff wurde zerstört, aber
der Chor im Early-English-Stil und der mächtige Turm sind erhalten. Nicht nur zur Blütezeit der Obstgärten zeigt sich die Kleinstadt
farbenprächtig: Am südwestlichen Stadtrand
liegt **Tyddesley Wood**, ein 70 ha großes Gebiet, wo sich im April ein blauer Blumentep-
pich aus *bluebell*s (s. S. 17) am Waldboden
entfaltet; in **Wick,** einer kleinen Ortschaft öst-

Tipp: Wandern auf dem Blütenweg

Im April blühen im Vale of Evesham die Pflau-
men-, Birnen- und Apfelbäume. Im Tourist
Office von Evesham erhält man eine Broschüre über den **Blossom Trail,** den ›Blüten-
weg‹, der durch die Dörfer der Gegend verläuft.

lich der Stadt an der A 44, blühen die Ritterspornfelder und versorgen Hochzeitsfeiern landauf, landab mit Naturkonfetti.

7 km südlich der Stadt erhebt sich der **Bredon Hill** aus der Ebene. Von dem hübschen Dorf Overbury an der Südseite braucht man etwa eine Stunde zum Gipfel, wo die Erdwälle eines weitläufigen Forts aus der Eisenzeit und ein Zierturm aus dem 18. Jh. zu sehen sind. Der Ausblick ist grandios.

Tewkesbury ▶ H 17

Tewkesbury an der Mündung des Avon in den Severn wurde von den Überschwemmungen des Jahres 2007 besonders schwer betroffen. Die Flussauen verhinderten die wirtschaftliche Entwicklung der Stadt, die so mit vielen Fachwerkhäusern noch heute ein altertümliches Bild präsentiert. Auch hier ist die Hauptsehenswürdigkeit eine **Abteikirche.** Zu dem im 12. Jh. gegründeten Benediktinerkloster gehört eine prächtige Kirche im normannischen Stil, von der der hohe Turm und die Arkaden des Mittelschiffs erhalten sind. Der gotische Ostteil stammt aus dem 14. Jh.

Die Malvern Hills ▶ G/H 16/17

Zwischen Gloucester und Worcester verläuft in nord-südlicher Richtung eine Hügelkette mit auffallend zackiger Silhouette, die sich jäh aus der Ebene des Severn erhebt. Die einem Drachenrücken ähnlichen Malvern Hills setzen sich von den weichen, abgerundeten Formen der mittelenglischen Landschaft deutlich ab. Sie entstanden vor 650 Mio. Jahren und bestehen aus magmatischem Gestein, teilweise durch Kalkstein überlagert. Auf einer Länge von 15 km erheben sich 20 meist 300–350 m hohe Gipfel. Der Name Malvern ist keltischen Ursprungs und bedeutet ›kahler Berg‹, aber durch den Rückgang der Viehwirtschaft konnte sich der Waldbestand an den steilen Hängen in den vergangen Jahrzehnten wieder erholen.

An der Ostseite dieser Hügelkette liegt **Great Malvern,** eine elegante kleine Stadt mit einer gotischen Abteikirche. Das Mineralwasser Malvern Water, das an einigen Stellen aus dem Hügel fließt, ließ die Stadt im 19. Jh. zu einem beliebten Kurort werden und zog u. a. auch Mitglieder der deutschen kaiserlichen Familie an.

Am oberen Ende der Church Street steht ein Denkmal für den berühmtesten Einwohner Great Malverns, Sir Edward Elgar. Gefeiert wurde der spätromantische Komponist zum eigenen Leidwesen vor allem für einen Marsch, der mit einem patriotischen Text versehen und unter dem Namen »Land of Hope and Glory« zum Hohelied des späten britischen Imperialismus wurde. Elgars Büste blickt auf sein Lieblingscafé, The Bluebird. Er komponierte gerne im Freien und suchte auf Wanderungen in den Malvern Hills Inspiration.

Überhaupt gibt sich der Ort altmodisch: In Great Malvern wird die bewusst anachronistische Automarke ›Morgan‹ hergestellt. Das **Malvern Museum** im Torhaus der ehemaligen Abtei informiert über Geologie, die Geschichte des Kurbetriebs und Morgan-Automobile (Ostern–Okt. tgl. außer Mi 10.30–17 Uhr). Auch die Kirche **Priory Church** überlebte die Auflösung des Klosters. Die mittelalterlichen Glasmalereien und Wandfliesen aus dem 15. Jh. lohnen einen Besuch.

Viele Wanderwege überziehen die Malvern Hills. Von dem höchsten Punkt, **Worcester Beacon** (425 m), genießt man einen weiten Ausblick über die Severn-Ebene und die dahinter liegenden Cotswold-Hügel. Bei Little Malvern, weiter südlich, erhebt sich der **Herefordshire Beacon** mit den Resten einer eisenzeitlichen Hügelfestung.

Infos

Tourist Information Centre: Great Malvern, 21 Church St., Tel. 01684 89 22 89, www.malvernhills.gov.uk, April–Okt. tgl. 10–17, Nov.–März So 10–16 Uhr.

Übernachten

Grandioser Ausblick ▶ **The Cottage in the Wood Hotel:** Holywell Rd., Tel. 01684 58 88 60, Fax 01684 56 06 62, www.cottageinthewood.co.uk. In herrlicher Lage am bewaldeten Hang. Im angeschlossenen Restaurant gibt es moderne britische Küche (Mittags-

Von Stratford-upon-Avon ins Severn-Tal

menü 14 £, abends Hauptgerichte 18–24 £).
DZ 99–198 £.

**Im Bauernhaus schlafen ▶ Cowleigh Park
Farm:** Cowleigh Rd., Malvern, Tel. 01684 56
67 50, www.cowleighparkfarm.co.uk. Ruhig
gelegene und komfortable Unterkunft in einem Fachwerkhaus aus dem 17. Jh. DZ ab
70 £.

Essen & Trinken

**Herrlich altmodisch ▶ Blue Bird Tea
Room:** Tel. 01684 56 11 66, Mi–Sa 10–17, So
11–17 Uhr. Seit der Eröffnung 1913 scheint
sich wenig geändert zu haben. Kleine Gerichte und Nachmittagstee.

Aktiv

Wandern ▶ Im Tourist Office erhält man gute
Karten für Touren in die Umgebung.

Verkehr

Bahn: Züge fahren von London-Paddington
und Birmingham nach Great Malvern.

Bus: Verbindungen nach Worcester, Stratford
und ins Umland.

Worcester   ▶ H 16

Worcester ist für zwei Produkte bekannt: das
feine Porzellan der Royal Worcester Fabrik, das
seit 1751 hergestellt wird, und die pikante Würz-
sauce Worcester Sauce. Die **Fabrik** und das
Museum of Worcester Porcelain befinden
sich in der Severn Street nahe der Kathedrale
(Museum, Besucherzentrum der Fabrik und
Shop: Ostern–Okt. Mo–Sa 10–17 Uhr). Ohne
Außerordentliches zu bieten, ist die 75 000 Einwohner zählende grafschaftliche Hauptstadt
Worcester ein angenehmer Aufenthaltsort. Die
Stadt geht auf ein römisches Militärlager am
Ostufer des Severn zurück. Zur angelsächsi-
schen Zeit war sie bereits ein bedeutender Ort
und ab dem Jahr 680 Sitz eines Bischofs. Über
viele Jahrhunderte entwickelte sich das unre-
gelmäßige Muster der Straßen, die eine bunte
Vielfalt an Architekturstilen aufweisen. In der
Friar Street finden sich Häuser aus der Tudor-

Die Kathedrale von Worcester

Zeit, darunter ein 1480 erbautes Kaufmannshaus, **The Greyfriars** (Di–Sa 13–17 Uhr).

Die ländliche Oberschicht traf sich vor 200 Jahren unter der schönen Stuckdecke im Ballsaal der 1721 erbauten **Guildhall.** Ihre schöne Fassade trägt die Königstreue der Stadt zur Schau. Am Eingang stehen Statuen von Charles I. und Charles II., darüber eine an den Ohren festgenagelte Totenmaske ihres Gegners Oliver Cromwell (Mo–Sa 9–17 Uhr). Im Bürgerkrieg des 17. Jh. war Worcester die letzte Stadt, die sich der parlamentarischen Armee Cromwells ergab. Nach der Enthauptung seines Vaters versuchte Charles II., sein Königreich zurückzugewinnen. Nach der endgültigen Niederlage versteckte er sich in einem Haus in der New Street, jetzt King Charles's House genannt. Sein ehemaliges Hauptquartier, die **Commandery,** befindet sich östlich der Kathedrale. Der Fachwerkbau von 1541 steht auf dem Gelände eines früheren Hospitals. Die Commandery, ein Museum der Stadtgeschichte, informiert insbesondere über den Bürgerkrieg (Mo–Sa 10–17, So 13.30–17 Uhr).

Der Bau der **Kathedrale,** 1084 begonnen, dauerte mehr als drei Jahrhunderte, sodass sich eine Stilmischung von normannisch über das frühgotische Early English bis zur Spätgotik offenbart. Den schönsten Blick auf den Turm der Kathedrale und das Westfenster hat man vom anderen Ufer des Severn aus. Die normannische Krypta, die Holzschnitzereien des Chorgestühls und das runde Kapitelhaus (um 1120) sind kunsthistorisch besonders interessant. In einer prächtig verzierten Grabkapelle auf der Südseite des Hauptaltars liegen die Gebeine des Prinzen Arthur, der 1502 im Alter von fünfzehn Jahren starb. Er hatte kurz zuvor Katharina von Aragon geheiratet, die später die erste der sechs Ehefrauen seines jüngeren Bruders Henry VIII. wurde. Im Chor findet man die marmorne Grabfigur, die älteste eines englischen Königs, von John ›Lackland‹, zu deutsch ›Ohneland‹. Diesen Beinamen erhielt er, weil er die Normandie an den französischen König verloren hatte. Nach einem rastlosen Leben starb er in der Nähe von Nottingham und wurde 1218 in Worcester beigesetzt (tgl. 7.30–18 Uhr, Sa auch Turmbesteigung).

Infos

Tourist Information Centre: High St., Tel. 01905 72 63 11, www.visitworcester.com, Mo–Sa 9.30–17 Uhr.

Übernachten

Industriearchitektur ▶ **Fownes Hotel:** City Walls Rd., Tel. 01905 61 31 51, www.fownes hotelworcester.co.uk. 60 Zimmer, Restaurant in einer ehemaligen Handschuhfabrik. DZ 80–135 £.

Essen & Trinken

Schick am Fluss ▶ **Brown's:** The Old Cornmill, South Quay, Tel. 01905 262 63, Mo–Sa 12–14.30, 18–22 Uhr. Feine englische und französische Küche in umgebauter Getreidemühle. 3-Gänge-Menü 17 £ mittags, 30 £ abends.

Für Gourmets ▶ **The Glasshouse:** Danesbury House, Sidbury, Tel. 01905 61 11 20, Mo–Sa 12–15, 17.30–22 Uhr. Beste britische Küche mit französischen und italienischen Einflüssen von Shaun Hill, einem der angesehensten Köche des Landes. Hauptgerichte 14–18 £.

Einkaufen

Traditionsprodukte ▶ **GR Pratley & Sons** in der Straße Shambles für Royal-Worcester-Porzellan; **The Gallery,** kleine Geschäfte in der renovierten Markthalle.

Abends & Nachts

Alpenbiere ▶ **The Cardinal's Hat:** 31 Friar St. Diese Gaststätte aus dem 16. Jh. kam in die Schlagzeilen, als die österreichische Wirtin Bier aus ihrer Heimat in Liter-Gläsern ausschenkte: ein Verstoß gegen britische Gesetze, die das Pint-Maß vorschreiben.

Termin

Three Choirs' Festival (2. Aug.-Woche): s. S. 114.

Verkehr

Bahn: Stdl. verkehren Züge ab London-Paddington. Weitere Verbindungen nach Birmingham, Malvern, Hereford.

An der walisischen Grenze

Das wenig bekannte Grenzland zwischen England und Wales hält viele Überraschungen bereit. Ludlow, eine der attraktivsten englischen Städte, ist Ziel der Gourmets und Shrewsbury ist die Fachwerkhauptstadt. Aktivurlauber wandern auf den Spuren romantischer Dichter und Maler im Wye-Tal, den 1200 Jahre alten Erdwall Offa's Dyke entlang oder im wenig frequentierten Hügelland von Shropshire.

Die an Wales und Schottland grenzenden Regionen besitzen den typischen Charakter eines Grenzgebietes: ohne große Städte, weit entfernt von den wichtigen nationalen Ereignissen, aber von den Kriegen vergangener Zeiten noch geprägt. In keinem Teil Englands wurde mehr Blut vergossen als auf dem Landstrich von der Dee-Mündung im Norden bis zur Severn-Mündung im Süden.

Wales fängt, grob gesagt, dort an, wo die Berge sind. Die Römer konnten dieses Land nie vollends beherrschen. Vor den Bergen bauten sie ihre größeren Festungen und Städte wie Chester und Wroxeter bei Shrewsbury. Die angelsächsischen Eindringlinge, die seit dem 5. Jh. n. Chr. auf die Insel kamen, eroberten das Flachland, kamen aber gegen die Kelten im Gebirge nicht weiter.

Die Markgrafen des Mittelalters erhielten von den normannischen Königen Ländereien an der Grenze und sollten die Waliser in Schach halten. Sie bauten große und kleine Festungen, deren Überreste auch den Reiz dieser Gegend ausmachen.

Sind in vielen Regionen die Spuren des Tourismus deutlich zu erkennen, so findet man in Herefordshire und Shropshire, den ländlichen Grafschaften an der englischen Westgrenze, noch relativ unberührte Idyllen. Erst in den letzten Jahren entdeckten die Briten selber den Reiz dieser Landstriche; von ausländischen Touristen werden sie kaum besucht.

Das Wye-Tal

Als im späten 18. Jh. die romantische Bewegung in England aufkam, wurde das Wort ›picturesque‹, pittoresk, als Beschreibung des Wye-Tals gemünzt. J. M. W. Turner malte im Wye-Tal, der Dichter Wordsworth widmete der Szenerie um Tintern Abbey einige berühmte Zeilen, und Admiral Nelson ließ sich von Monmouth auf der walisischen Seite zu den Ruinen der Abtei rudern.

Von Ross-on-Wye nach Süden
▶ G 17

Für eine Erkundung der Gegend bietet sich **Ross-on-Wye** als Basis an. Auf Sandsteinklippen gebaut, überblickt die Stadt eine Schleife des Wye. Berühmt ist die Aussicht auf die Flussauen von dem Park The Prospect. Die interessantesten Gebäude sind St Mary's Church (1284) und das Market House von 1660, in dem es eine Ausstellung über die Stadt und das Wye-Tal gibt (Nov.–März Di–So 10.30–16 Uhr, April–Okt. 10.30–17 Uhr).

Südlich von Ross markiert das Wye-Tal die Grenze zwischen England und Wales. 8 km von der Stadt entfernt steht **Goodrich Castle,** eine weitläufige Burganlage aus dem 13. und 14. Jh. in herrlicher Lage (April–Okt. tgl. 10–17, Nov.–März Mi–So 10–16 Uhr). Bei **Symonds Yat** zwischen Ross und Monmouth, fließt der Wye durch eine eindrucksvolle Schlucht. Berühmt ist der Blick von dem Felsvorsprung Symonds Yat Rock, einem Treffpunkt der Ornithologen. In Symonds Yat West gibt es eines der in England sehr beliebten Labyrinthe, das 1977 zur 25-jährigen Thronbesteigung der Königin angelegte Jubilee Maze (tgl. ab 11 Uhr). Die A 4136 folgt dem Flussverlauf weiter südlich und führt nach **Tintern Abbey,** der Ruine eines 1131 gegründeten Zisterzienserklosters, das ab 1270 im gotischen Stil neu gebaut wurde und zeitweise 400 Mönche beherbergte. Der Ort inspirierte nicht nur Wordsworth: Der amerikanische Pop-Dichter Allen Ginsberg schrieb hier Zeilen unter Drogeneinfluss.

Von Tintern erreicht man über eine unnummerierte Straße auf der Ostseite des Wye die B 4228 und fährt wieder in Richtung Norden durch das schöne Dorf **St Briavels** und zum alten königlichen Jagdforst, dem Forest of Dean. Bis zum 17. Jh. lieferte der Wald Brennstoff für die Öfen der Eisenindustrie und später wurden viele Eichen für die Schiffe der Royal Navy abgeholzt. Ein Gebiet von 7000 ha, als National Forest Park geschützt, ist für Wanderer erschlossen. In den **Clearwell Caves** kann man alte Eisenbergwerke besichtigen (März–Okt. tgl. 10–17 Uhr).

Als Grenzmarkierung nach Wales baute der angelsächsische König Offa Ende des 8. Jh. einen Erdwall. Über die mächtigen noch erhaltenen Reste von **Offa's Dyke** führt heute ein Fernwanderweg durch eine abwechslungsreiche Hügellandschaft mit den Tälern der Flüsse Wye, Severn, Dee und zahlreichen Nebenflüssen, die sich weit ins Gebirge hineinziehen. Von Chepstow am Severn bis Prestatyn an der Irischen See erstreckt sich die von Offa ausgehandelte 257 km lange Grenze, die Hälfte davon durch den Erdwall gesichert. Offa's Dyke ist bis zu 8 m hoch und inklusive Graben 18 m breit (www. offas-dyke.co.uk).

Infos

Tourist Information Centre: Swan House, Edde Cross St., Ross-on-Wye, Tel. 01989 56 27 68, www.visitherefordshire.co.uk und www.visitforestofdean.co.uk.

Übernachten

Feines Landhotel ▶ **Glewstone Court Country House Hotel:** Glewstone (4 km südl. von Ross-on-Wye über die A 40), Tel. 01989 77 03 67, www. glewstonecourt.com. Elegantes Landhaus mit acht Zimmern und Restaurant. DZ 125–145 £.

Direkt am Fluss ▶ **The Saracens Head Inn:** Symonds Yat East, Tel. 01600 89 04 35, www.saracensheadinn.co.uk. Elf geschmackvoll eingerichtete Zimmer mit eigenem Bad. Im Pub gute Auswahl an Ale (Hauptgerichte ab 14 £). DZ ab 89 £.

Essen & Trinken

Britische Küche ▶ **The Mill Race:** Walford, Tel. 01989 56 28 91, www.millrace.info, tgl. 12–14, 18–21.30 Uhr. Dorfkneipe mit Außenterrasse, 4 km südl. an der B 4234. Beste Zutaten aus eigenem Anbau oder von Bauern der Gegend. Hauptgerichte 11–15 £.

Einkaufen

Direkt vom Hersteller ▶ **Markt:** Do und Sa in Ross-on-Wye; Farmers Market am ersten Fr des Monats in Ross-on-Wye.

Aktiv

Wandern ▶ **Wye Valley Walk:** Fernwanderweg im Wye-Tal von der Mündung bei Chepstow nach Hay-on-Wye an der Grenze zu Wales und weiter zur Quelle in den walisischen Bergen. Der Weg ist mit dem Symbol des springenden Lachs markiert. Besonders reizvoll ist der 9 km lange Abschnitt von Symonds Yat nach Monmouth, Rückfahrt mit dem Bus (Fahrpläne im Tourist Office). Näheres auch unter www.wyevalleywalk.org. **Offa's Dyke Path Fernwanderweg** (s. o.): Auskunft über die Tourist Offices.

Bootsausflüge ▶ **Kingfisher Cruises:** Symonds Yat West, Tel. 01600 89 10 63. Touren auf dem Wye, März–Okt. tgl., die wohl schönste Art und Weise, diese grüne Flusslandschaft entspannt zu genießen.

Wassersport ▶ **Wyedean Canoe and Adventure Centre:** Symonds Yat East, Tel. 016 00 89 02 38, www.wyedean.co.uk; Wye Pursuits, Kerne Bridge (an der B 4234 bei Goo-

drich), Tel. 01600 89 11 99, www.wye-pur
suits.co.uk, Kajak, Rafting und mehr.

Verkehr

Bus: Ab Hereford oder Gloucester nach
Ross-on-Wye, dort Verbindungen zu den umliegenden Ortschaften.

Hereford ▶ G 16

Der Name Hereford bedeutet ›Heeresfurt‹ und
verweist auf die strategische Bedeutung der
Flussüberquerung des Wye in den Kriegen
zwischen Angelsachsen und Walisern. In der
Domstadt ist der ländliche Einfluss nicht zu
übersehen. In der Newmarket Street werden
jeden Mittwoch die braunen Hereford-Rinder
verkauft, die das Bild der sattgrünen, sanft
hügeligen Weideflächen der Grafschaft prägen. Das andere wichtige Erzeugnis der Gegend sind die Äpfel, aus denen Cider gekel-
tert wird. Das **Museum of Cider** in einer ehemaligen Cider-Fabrik feiert das Getränk und
erläutert dessen Geschichte und Herstellung
(Ryelands St., über die A 438 Richtung Bre-
con, April–Okt. Di–Sa 10–17, Nov.–März 11–
15 Uhr).

Im alten Stadtkern am Fluss findet man
noch viele Spuren des Mittelalters. Das **St
John Medieval Museum at Coningsby** in
der Widemarsh Street, ein ehemaliges Hospital des Kreuzritterordens der Johanniter,
entstand zusammen mit einer kleinen Kapelle
im 13. Jh. Das Museum informiert über die
Geschichte des Ordens und des Hospitals
(wechselnde Öffnungszeiten, Auskunft im
Tourist Office). Unter den Fachwerkhäusern
von Hereford ist **The Old House** in der Straße
High Town hervorzuheben. Die drei Stock-
werke des 1621 gebauten Hauses sind zeitgenössisch möbliert.

Größter Anziehungspunkt für Besucher ist
die **Kathedrale,** seit dem 7. Jh. Bischofssitz.
Mit dem Bau wurde 1080 begonnen, nachdem ein Heer der Waliser den Vorgängerbau
niedergebrannt hatte. Die Bausubstanz ist
trotz vieler späterer Änderungen im Wesentlichen normannisch. Die Marienkapelle (13. Jh.)
birgt schöne Grabdenkmäler. Im 14. Jh. wurden die Querschiffe neu gebaut und der Mit-

telturm vollendet. Das Schiff wurde nach dem
Einsturz des Westturms 1786 von James
Wyatt restauriert, die Westfassade zu Beginn
des 20. Jh. erneuert (Mo–Sa 9.15–17.30, So
12–15.30 Uhr).

Berühmt ist die Kathedrale eher für ihre
Schätze als für die Architektur. Die **Chained
Library** enthält illuminierte Handschriften und
fast 1500 Bücher aus allen Epochen zwischen 700 und 1500 n. Chr. Jedes Buch ist
mit einem Schloss versehen und angekettet.
Das Wertvollste in Hereford ist die große
Weltkarte »Mappa Mundi« aus der Zeit um
1290. Die auf Pergament gezeichnete, größte
noch existierende mittelalterliche Karte stellt

Hoch über dem Wye-Tal nahe der walisischen Grenze thront Goodrich Castle

die von Fabelwesen bevölkerte Welt als Scheibe um den Mittelpunkt Jerusalem dar (Mo–Sa 10–17, Okt.–März 10–16 Uhr).

Infos
Tourist Information Centre: 1 King St., Tel. 01432 26 84 30, www.visitherefordshire.co. uk, Mo–Fr 10–16 Uhr.

Übernachten
Exzellentes Boutique-Hotel ▶ **Castle House:** Castle St., Tel. 01432 35 63 21, www. castlehse.co.uk. Kleine, mehrfach prämierte Luxusherberge mit hervorragender Küche. DZ ab 190 £.

Preiswertes B & B ▶ **Graisely House:** 180 Whitecross Rd., Tel. 01432 35 82 89, www. graiseleyhouse.co.uk. B & B guter Qualität, vier Zimmer, 15. Min. zu Fuß von der Stadtmitte. DZ ohne Bad ab 60 £, mit eigenem Bad ab 65 £.

Essen & Trinken
Frisch und preiswert ▶ **Cafe at All Saints:** High St., Tel. 01432 37 04 15, Mo–Sa 8–17 Uhr. In einer mittelalterlichen Kirche. Herzhaftes Frühstück, hausgemachtes Brot. Mittagsgerichte 6–9 £. Im All Saints Café sind außerdem die unwiderstehlichen Eissorten der hiesigen Firma Shepherds erhältlich. Die

aktiv unterwegs

Cider Cycling – Radtour im Land des Apfelweins

Tour-Infos

Start/Ende: Ledbury
Länge: ca. 20 km
Dauer: 4–5 Std. mit Besichtigungen
Schwierigkeitsgrad: leicht, nur sanftes Auf und Ab
Radvermietung: Saddlebound Cycles, 3 The Southend, Ledbury, Tel. 01531 63 34 33, 12 £ pro Rad pro Tag.
Info: Tourist Office in Ledbury; www.cider route.co.uk. Eine längere Version (32 km) beschreibt ein Infoblatt des Tourist Office.

Cider, das im Westen und Südwesten Englands so beliebte Apfelgetränk mit 6–8 % Alkoholgehalt, ist in der Grafschaft Herefordshire eine Spezialität. Die hier vorgestellte Rundtour auf ruhigen Landstraßen führt an Obstgärten und Rinderweiden vorbei zu drei Herstellern von Cider und Perry, dem 7,5-prozentigem Pendant aus Birnen.

Vom Bahnhof **Ledbury** fahren wir zuerst nach rechts und unterqueren die Eisenbahn. Die nächste Einfahrt rechts führt an Apfelbäumen vorbei zu **Ledbury Cider and Perry Co.** für eine erste Kostprobe (Voranmeldung empfohlen, Tel. 01531 63 50 24). Alles, was man zur Herstellung eines echten Ciders braucht, steckt im Apfel selbst, und es gibt so viele Cider- wie Apfelsorten: Hunderte. Neben diesen Unterschieden der Bandbreite von herb bis süß beeinflussen die Reifung im Eichenfass und das Mikroklima des Obstgartens den Geschmack. Ein handwerklich hergestellter Farmhouse Cider ist daher nicht nur ein köstliches, sondern auch einzigartiges Getränk – und nicht zu vergleichen mit der Massenware, die üblicherweise in den Pubs ausgeschenkt wird.

Nach der ersten Kostprobe in Ledbury geht es zurück unter die Eisenbahnbrücke und sofort rechts auf den **Town Trail,** der auf einer stillgelegten Bahntrasse verläuft. Dieser Weg führt unter Bäumen westlich um die Stadtmitte herum, überquert dabei den Straßenverlauf Bridge St./Bye St. und mündet in die Little Marcle Road. Dort geht es nach rechts, bald dann nach links zu einem Kreisverkehr, wo wir geradeaus Richtung **Little Marcle** fahren und die Stadt hinter uns lassen. Nach 3 km auf einer kleinen Landstraße ist die Hauptstraße A 4172 erreicht.

Hier halten wir uns rechts und verlassen die A 4172 bereits nach ca. 300 m in Richtung Aylton und Putley (ausgeschildert, links). Nach 1,5 km geht es wieder links Richtung Much Marcle und durch die kleinen Orte **Kynaston** und Rushall. In **Rushall** fahren wir an der Kreuzung links und 1,5 km weiter wieder links an einer Straßengabelung. Bald ist an einer Kreuzung rechts Hereford ausgeschildert. Ein kurzes Stück in dieser Richtung bringt uns zu **Weston's Cider Mill** (Mo–Fr

Firma benutzt Schafsmilch und bietet neben üblichen Sorten auch Exoten wie Lakritzeis oder Kardamom-Lavendel.

Abends & Nachts

Für Gourmets ▶ The Butchers Arms: Woolhope (2km westlich von Rushall), Tel. 01432 86 02 81. Stephen Bull, der als ein Vater der »Modern British«-Küche verehrt wird, übernahm die urige Fachwerkkneipe 2010 und kocht dort auf hohem Niveau zu erschwinglichen Preisen (Hauptgericht bis 15 £).

Cider und Bier aus der Gegend ▶ Pub The Barrels: 69 St Owens St. Uriges Lokal, in dem man Cider und das gute Bier der kleinen Wye Valley Brewery probieren kann.

Termin

Three Choirs' Festival (2. Aug.-Woche): siehe S. 114.

9–16.30, Sa/So 10–16 Uhr). Nach einer Führung durch den Betrieb kann man sich in den *tea rooms* oder im Restaurant, untergebracht im ehemaligen Kuhstall, stärken.

Von Weston's biegen wir nach links auf die Straße, überqueren nach zwei Minuten die A 449 und sind schon in **Much Marcle,** wo nicht nur der sehenswerte **Herrensitz Hellens** (s. S. 144), sondern auch **Gregg's Pit**

Cider (Voranmeldung, Tel. 01531 66 06 87) beheimatet sind. Gregg's Hof profiliert sich besonders mit preisgekrönten Perry-Sorten. 2,5 km weiter auf der selben Straße (B 4024) kommen wie zur Kreuzung mit der B 4215, radeln geradeaus Richtung Bromsberrow, und 1 km weiter links Richtung Leddington. Nach 3,5 km erreichen wir die A 449, die uns rechts zurück nach Ledbury zurückführt.

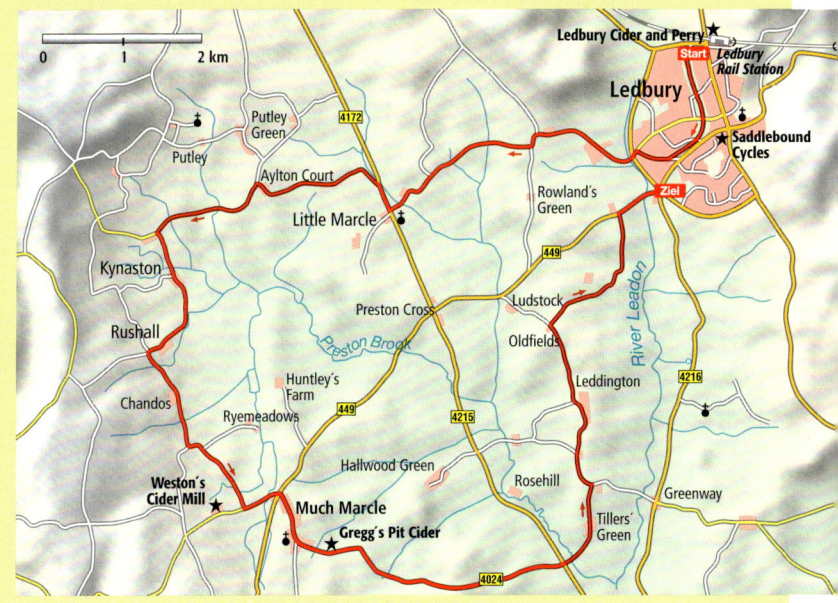

Verkehr
Bahn: Einige Direktzüge ab London-Paddington (Fahrzeit: 3 Std.), stdl. über Newport in Südwales.

Ledbury und Herefordshire
▶ **G 16/17**
Wenn man ländliche Ruhe und typisch englische Kleinstädte sucht, dann liegt man in der Grafschaft Herefordshire, beispielsweise in der Gegend um **Ledbury,** richtig. Hier gibt es einen schönen Marktplatz mit dem alten Market House, die Pfarrkirche St Michael's mit einer Baugeschichte, die in die normannische Zeit zurückreicht, ein malerisches Fachwerkensemble in der Church Lane – und seit 2005 einen ausgewiesenen Fahrradweg auf den Spuren des im englischen Westen beliebten Apfelgetränks Cider (Cider Route, s. oben, aktiv unterwegs).

An der walisischen Grenze

Auch zwei ungewöhnliche Herrenhäuser finden sich in dieser Gegend. **Hellens Manor** in Much Marcle besitzt noch die Atmosphäre der Tudor- und Stuart-Zeit und wirkt weniger museal als viele andere Familiensitze. Die Führung vermittelt ein Gefühl für die gefährliche Zeit, als Parlament und König sich bekriegten und Katholiken als potenzielle Landesverräter galten. Selbstverständlich gehört eine gute Gespenstergeschichte dazu (Ostern–Sept. Mi/Do, So, Führungen um 14, 15, 16 Uhr).

Eastnor Castle, 3 km östlich von Ledbury an der A 438, stammt aus einer friedlichen Zeit. Das Haus wurde im frühen 19. Jh. im neonormannischen Stil gebaut und beeindruckt mit Interieurs von Augustus Pugin, Architekt der Parlamentsgebäude in London (Mitte Juli–Aug. So–Do 11–16.30 Uhr, Ostern und Mitte Juni–Ende Sept. nur So).

Infos

Tourist Information Centre: The Master's House, St. Katherine's, Tel. 01531 63 61 47, ledbury@herefordshire.gov.uk, www.visithere fordshire.co.uk.

Übernachten

Historisch ▶ **The Feathers:** High St., Ledbury, Tel. 01531 63 52 66, www.feathers-led bury.co.uk. Kutscherherberge von 1564. DZ ab 138 £.

Essen & Trinken

Schick ▶ **Ceci Paolo Caffè Bar:** 21 High St., Tel. 01531 63 29 76, Mo–Sa 9–16.30 Uhr. Delikatessen und Café, die Küche lässt sich vom Mittelmeerraum und Orient inspirieren. Gerichte ab 8 £.

Aktiv

Wandern ▶ Ein 240 km langer Rundweg ab Ross-on-Wye führt zu den schönsten Dörfern und Marktstädten Herefordshires (www.here fordshiretrail.com).

Termin

Big Apple (Okt.): Alljährliches Cider-Festival in Much Marcle (7 km südwestl. Ledbury an der A 449).

Verkehr

Bahn: Züge fahren nach Worcester, Birmingham und Hereford.

Ludlow ▶ G 16

Der gute Ruf des etwas verschlafenen Städtchens **Ludlow** liegt sowohl in der Architektur als auch in der Gastronomie begründet. 500 Bauwerke des kleinen Orts (9000 Einw.), teils Fachwerkhäuser, teils Backsteinbauten aus hauptsächlich georgianischer Zeit, stehen unter Denkmalschutz. Das bedeutendste Beispiel ist das **Feathers Hotel** in der Straße Bullring, das eine spektakuläre Fassade aus schwarzweißem Fachwerk zeigt. Auch in der Broad Street gibt es viel zu bewundern.

Das alte Viertel von Ludlow mit Häusern, die teilweise aus elisabethanischer Zeit stammen, liegt malerisch in einem Winkel des Flusses Teme zwischen den Burgruinen und der **Kirche St Lawrence** (13.–14. Jh.), die wegen herrlicher Glasfenster und den *misericords*, geschnitzte Stützen am Chorgestühl, einen Besuch lohnt.

In Ludlow steht auch die schönste und mächtigste **Burg** des Grenzlandes. Gebaut wurde sie ab 1085 von Roger Montgomery, einem Begleiter des Eroberers William I. Von Ludlow aus versuchten die Markgrafen, das Grenzgebiet zu unterwerfen. Die Stärke der Anlage, in der noch eine normannische Rundkirche steht, lässt auf die Schwierigkeit dieser Aufgabe schließen. Die Burg wurde mehrmals ausgebaut, zerstört und wieder hergestellt, bis sie im 18. Jh. zur Ruine verfiel (April–Sept. tgl. 10–17, Feb./März und Okt.–Dez. 10–16 Uhr, Jan. nur Sa/So).

In Ludlow sind zwei Restaurants mit Michelin-Stern ansässig (Mr. Underhills und La Bécasse, s. unten). Die Stadt lockt Gourmets aus der Hauptstadt zu den alljährlich im September stattfindenden gastronomischen Festtagen. Die ansässigen Gastronomen preisen die Stadt vor allem für die Verfügbarkeit von guten Zutaten aus dem fruchtbaren Umland; verlockende Lebensmittelgeschäfte in den alten Straßen zeugen davon. Durch diesen Qualitätsanspruch ist Ludlow zum führenden englischen Stützpunkt der Slow-Food-Bewegung geworden. Normalverdienende Besucher finden neben der Sterne-Küche eine lebhafte gastronomische Szene mit erschwinglichen Preisen.

Infos

Tourist Information Centre: Castle St., Tel. 0184 87 50 53, www.ludlow.org.uk, Mo–Sa 10–17 Uhr.

Übernachten

Herrschaftlich ▶ **Feathers Hotel:** Bull Ring, Tel. 01584 87 52 61, Fax 01584 87 60 30, www. feathersatludlow.co.uk. Komfort hinter einer herrlichen Fachwerkfassade von 1620. DZ ab 120 £.

Gemütlich ▶ **The Hen and Chickens Guesthouse:** 103 Old St., Tel. 01584 87 43 18, www.henandchickensgh.biz. Schon der Name kündigt den freundlichen Empfang an, am Stadtrand. DZ 75–90 £.

Essen & Trinken

Gourmet-Tempel ▶ **Mr. Underhills:** Dinham Weir, Tel. 01584 87 44 31, www.mr-underhills.co.uk, Mi–So ab 19.30 Uhr. Britisch-internationale Küche in einem ›restaurant with rooms‹, d. h. auch das englische Frühstück ist auf Gourmetniveau. Wunderschön gelegen am Ufer des River Teme unterhalb der Burg, luxuriöse Übernachtung (145–190 £). 8-gängiges ›tasting menu‹ 59–69 £.

Sterne-Restaurant ▶ **La Bécasse:** 17 Corve St., Tel. 01584 87 23 25, Mi–So mittags ab 12 Uhr, Di–Sa ab 19 Uhr (letzte Bestellung 21 Uhr). Modern französisch in einem historischen Haus. *Menu du jour* 30 £ für drei Gänge, *menu gourmand* (auch für Vegetarier) 65 £.

Fernöstlich ▶ **Koo:** 127 Old St., Tel. 01584 87 84 62, Di–Sa 19–22 Uhr. Japanische Küche. 4-Gänge-Menü ab 26 £.

Tolles Frühstück ▶ **Ego Café Bar:** Quality Square, Tel. 01584 87 80 00, tgl. 10–22 Uhr. Entspannt brunchen (7 £), Kuchen essen oder abends speisen.

Einkaufen

Delikatessen ▶ Die Qualität der Lebensmittelgeschäfte entspricht dem Niveau der Restaurants. Besonders verlockend sind der **Käseladen Mousetrap** und **Deli on the Square,** beide in der Church St., sowie die **Bäckerei** in der Castle St. **Markttage:** Mo, Fr/Sa, im Sommer zusätzlich Mi.

Abends & Nachts

Schief gebaut ▶ **The Unicorn:** Corve St. Biergarten am Fluss mit Pub-Küche (eigene Wurstsorte für *sausage & mash*).

Hiesige Tradition ▶ **The Church Inn:** The Buttercross. Bekannt für Biersorten aus der Region.

Termine

Ludlow Festival (Ende Juni/Anfang Juli): Festival in der Burg mit Shakespeare-Stücken sowie Musik, Oper, Ausstellungen, Tel. 01584 87 21 50, www.ludlowfestival.co.uk.

Food Festival (Anfang Sept.): Kulinarisches Fest, Näheres unter www.foodfestival.co.uk.

Verkehr

Bahn: Zug ab London-Paddington über Newport (Südwales), Fahrzeit: 3 Std.; die Anfahrt ab Hereford oder Shrewsbury dauert 30 Min.

Tipp: Gourmet-Paradies für Selbstversorger

Auch Selbstversorger können Feinschmecker sein. Kunden im **Ludlow Food Centre** können in acht ››food workshops‹ sehen, wie Brot gebacken, Käse hergestellt und Marmelade gekocht wird. Eine erstklassige Metzgerei verkauft Wild, Rindfleisch und vieles mehr, es gibt geräucherte und getrocknete Fleisch- und Wurstsorten im Delikatessen, frisch gebackene Pies und Quiches und eine Kaffeerösterei (Ludlow Food Centre, Bromfield, 3 km nördl. von Ludlow auf der A 49, Tel. 01584 85 60 00, www.ludlowfoodcentre.co.uk, Mo–Sa 9–17.30, So 10.30–16.30 Uhr).

Stokesay Castle ▶ G 16

11 km nordwestlich von Ludlow (von der A 49 ausgeschildert) liegt der besterhaltene befestigte mittelalterliche Herrensitz ganz Englands: Stokesay Castle. Beeindruckend ist vor allem die Arbeit der Zimmerleute, die in den 1280er-Jahren den Dachstuhl der Great Hall bauten. Die einzigen bedeutenden Änderungen nach dem Mittelalter sind eine holzvertäfelte Kammer und das wunderschöne Torhaus aus Fachwerk, beide 1641 entstanden (April–Sept. tgl. 10–17, Okt.–März Sa/So 10–16 Uhr.).

Shropshire-Hügel ▶ G 15/16

Die Shropshire-Hügel nördlich von Ludlow sind noch relativ unentdeckt. Zwischen der Kleinstadt Bishop's Castle, wo eine leicht exzentrische Hippie-Stimmung spürbar ist, und dem historischen Marktflecken Church Stretton erstreckt sich ein markanter, längst erloschene Vulkan, The Long Mynd. Die weiter nordwestlich liegenden Stiperstones sind auffällig verwitterte Felsformationen auf einem Bergrücken. Obwohl der höchste Punkt bei nur 536 m liegt, hat man einen grandiosen Rundumblick auf eine mythisch anmutende Landschaft mit Tälern, baumbestandenen Hügelkuppen und wilden Felskuppen. Die 270 km lange Fernwanderung **Shropshire Way** (www.shropshirewalking.co.uk) verbindet in leichten Etappen diese Gegend mit dem östlich gelegenen Wandergebiet um Wenlock Edge, an deren Nordseite das hübsche **Much Wenlock** liegt. Mit ihren engen Gassen, Fachwerkhäusern und Abteiruinen lohnt diese Kleinstadt unbedingt einen Besuch.

Shrewsbury und Umgebung ▶ G 15

Shrewsbury verdankt seine Entstehung einem Mäander des Severn, der die Altstadt

Shrewsbury besitzt das imposanteste Fachwerkbau-Ensemble Englands

fast völlig umschließt. Eine **Burg** aus dem 11. Jh., vor 200 Jahren umgebaut und heute als Militärmuseum genutzt (März–Sept. Mo–Mi, Fr/Sa 10.30–16, Juni–Aug. Fr–Mi 10.30–17, So bis 16 Uhr), schloss diesen natürlichen Verteidigungsring. Shrewsbury spielte eine wichtige Rolle in den Kriegen der englischen Könige gegen die Waliser. 1215 und 1232 zerstörte Llewellyn, Fürst des noch unabhängigen Wales, die Stadt. Die Waliser unterlagen Edward I., der während der Eroberungszüge 1277–83 sein Hauptquartier in Shrewsbury etablierte und den letzten walisischen Prinzen von Wales hinrichten ließ. Sein Sohn Edward II. wurde daraufhin erster englischer Träger des Titels.

Im Zentrum der 90 000 Einwohner zählenden Stadt ist das unregelmäßige Straßenmuster des Mittelalters erhalten geblieben. Hier findet man hervorragende Beispiele von Fachwerkarchitektur seit dem späten Mittelalter. **Abbot's House** in der Fish Street stammt aus dem 15. Jh., die beiden früher von Adeligen bewohnten Stadthäuser **Owen's Mansion** und **Ireland's Mansion** (16. Jh.) stehen in der High Street. Sehenswert sind ferner die **Old Market Hall** von 1596 am Marktplatz The Square und die Stadtbibliothek von 1598, die frühere **Shrewsbury School.** Das Denkmal vor der Bibliothek zeigt den ehemaligen Schüler Charles Darwin, bekannt durch seine Evolutionstheorie. Die Statue eines anderen Shrewsbury-Prominenten, Robert Clive (1725–74), schmückt den Marktplatz. Seine militärischen Erfolge begründeten das britische Imperium in Indien, und er vertrat die Stadt Shrewsbury im Parlament.

Über die beiden großen Söhne der Stadt informiert das **Shrewsbury Museum,** das in Rowley's House, einem 1618 errichteten Fachwerkhaus, untergebracht ist. Das Museum zeigt auch eine architektonische und naturhistorische Sammlung, u. a. mit Funden aus der nahe gelegenen römischen Stadt Viroconium (Mo–Sa 10–17, Mai–Sept. auch So/Mo 10–16 Uhr). Sehenswert sind des Weiteren die **Kirche St Mary's** (12./13. Jh.) mit hervorragenden Glasmalereien aus deut-

An der walisischen Grenze

schen Werkstätten sowie – außerhalb der Flussschlinge auf dem westlichen Severn-Ufer – die 1083 gegründete **Abbey Church**. Die Klosteranlagen wurden im 19. Jh. abgerissen, die Kirche mit einem schönen Westfenster blieb jedoch erhalten (Mo–Sa 10.30–15, So 11.30–14.30 Uhr).

Sehenswürdigkeiten im Umland ▶ G 15

Auch drei Attraktionen im Umland lohnen den Besuch, sind allerdings ohne Auto schwer zu erreichen. Hinter der imposanten Fassade von **Attingham Park,** einem Herrensitz des späten 18. Jh., zeigen kostümierte Führer das Leben in den Räumen ›upstairs‹, d. h. für die feine Gesellschaft, und ›downstairs‹, im Bereich der Dienerschaft (6 km östl. über die B 4380, März–Okt. Do–Di 11–13 Uhr).

Wroxeter Roman City präsentiert die Ruinen einer der größten Siedlungen der römischen Provinz Britannia mit Erläuterungen in einem kleinen Museum (9 km östl. über die B 4380, April–Okt. tgl. 10–17, Nov.–März Mi–So 10–16 Uhr).

Hawkstone Historic Park ist ein weitläufiger Landschaftspark, den die Familie Hill im 18./19. Jh. um ihren heute zum Hotel umgebauten Familiensitz gestaltete (15 km nördl. über die A 49, Ostern–Okt. Do–Mo 10–17 Uhr, Juni–Aug. tgl.).

Infos

Tourist Information Centre: Rowleys House, Barker St., Tel. 01743 28 12 00, www.shrewsburytourism.co.uk, Mo–Sa 10–17, im Sommer auch So 10–16 Uhr.

Übernachten

Zimmer mit Spuk ▶ **Prince Rupert Hotel:** Butcher Row, Tel. 01743 49 99 55, www.prince-rupert-hotel.co.uk. Historisches Haus im alten Stadtkern. Dazu gehören selbstverständlich Gespenster. DZ 110 £.

Günstiges B & B ▶ **Anton Guest House:** 1 Canon St., Tel. 01743 35 92 75, www.antonhouse.com. Nichtraucher-B & B in einem viktorianischen Haus nahe dem Stadtzentrum. DZ ab 70 £.

Essen & Trinken

Uriges Kellerlokal ▶ **Traitor's Gate:** St. Mary's Water Lane, Tel. 01743 24 91 52, Di–Sa 10.30–14.30, 18.30–22 Uhr. Italienische Küche im Backsteingewölbe aus dem 13. Jh. Hauptgerichte 12–17 £.

Mit Flussblick ▶ **The Armoury:** Victoria Quay, Tel. 01743 34 05 25, tgl. 12–23 Uhr. Ehemaliges Lagerhaus. Auch gute *ales* und Riesenauswahl an Malt Whisky. Hauptgerichte ab 11 £.

Abends & Nachts

Traditionelle Ales ▶ **The Boathouse:** Mit Biergarten am Fluss.

Abendprogramm ▶ **Old Market Hall:** The Square, Tel. 01743 28 12 81. Kino, Café-Bar, Veranstaltungsraum in einem renovierten Haus aus dem Jahr 1596.

Termin

Flower Festival (Mitte Aug.)

Verkehr

Bahn: Züge ab Birmingham 2 x stdl. (Fahrzeit 45 Min.).
Bus: Verbindungen ab London (5 Std.) und Birmingham (2 Std.).

3 Ironbridge Gorge
▶ G 15

Ironbridge Gorge ist eine industriegeschichtliche Stätte ersten Ranges und stellt einen sehr empfehlenswerten Tagesausflug von Shrewsbury dar. Bei Coalbrookdale, südlich der Stadt Telford, fließt der Severn durch eine längere Schlucht. Auf dem 7 km langen Gelände erinnern insgesamt zehn Museen an die frühen Tage der Industriellen Revolution. 1709 benutzte Abraham Darby erstmals Koks, um Eisenerz zu schmelzen. Historische Schmelzöfen, das Haus der Darby-Familie und die erste Eisenbrücke der Welt (1779) sind zu besichtigen.

Zum Komplex gehören **Blists Hill Open Air Museum** (die Rekonstruktion einer viktorianischen Stadt), das **Coalport China Mu-**

seum (ein historischer Porzellanbetrieb), **Bro-seley Pipeworks** (eine Tonpfeifenfabrik, die in den 1950er-Jahren stillgelegt und bis zur Wiedereröffnung als Museum kaum verändert wurde) und das **Jackfield Tile Museum,** eine Ausstellung dekorativer Keramikfliesen auf dem ehemaligen Werksgelände. Die neueste Attraktion, **Enginuity,** legt Wert auf interaktive technische Exponate, die dem Besucher eine unterhaltsame Lernerfahrung bieten.

Ironbridge Gorge ist kein hässliches Industriegebiet, sondern ein bewaldetes Flusstal. Die Gestaltung der Museen ist überaus ansprechend, Vorführungen und Aktivitäten für Kinder gehören selbstverständlich dazu. Man sollte daher für den Besuch einen vollen Tag einplanen (tgl. 10–17 Uhr, Tagesticket für Erwachsene 22,50 £, Kinder 14,75 £).

Infos

Tourist Information Centre: The Wharfage, Tel. 01952 88 43 91, www.ironbridge.org.uk, tgl. 10–17 Uhr.

Übernachten, Essen

Direkt vor Ort ▶ **Best Western Valley Hotel:** Buildwas Rd., Tel. 01952 43 22 47, Fax 01952 43 23 08. Schönes Haus aus georgianischer Zeit am Severn-Ufer auf dem Gelände des UNESCO-Welterbes. DZ 82–125 £.

Industrie-Ambiente ▶ **The Malthouse:** The Wharfage, Tel. 01952 43 37 12, www.themalt houseironbridge.com. Pub und Restaurant mit sechs Zimmern. Livemusik am Wochenende. Englische und internationale Küche tgl. ab 12 Uhr (Hauptgerichte ab 11 £). DZ ab 70 £.

Preiswert ▶ **Jugendherberge:** In Coalport, Tel. 0845 371 93 25. Zwei Herbergen stehen auf dem Gelände. 18 £ pro Person.

Einkaufen

Im **Museumsladen** findet man viele gusseiserne Mitbringsel.

Verkehr

Bus: Ab Telford, Birmingham oder Shrewsbury zu erreichen.

In Ironbridge Gorge zu sehen: Die erste Eisenbrücke der Welt (1779 erbaut)

Im Hochland des Lake District

Kapitel 2

Der Nordwesten

Kontraste erwarten Besucher des englischen Nordwestens. In dieser Region liegen sowohl die Wiege der Industriellen Revolution, die hier vor mehr als 200 Jahren begann, als auch die Seen und Berge, die etwa zur gleichen Zeit Maler und Dichter zu einer veränderten Sicht der Natur inspirierten. Diese zwei unterschiedlichen Seiten des englischen Nordwestens sind bis heute erlebbar.

Manchester und Liverpool – weltbekannt, aber über lange Zeit nicht unbedingt als lohnende Touristenziele angesehen – haben sich in den vergangenen Jahren zu wirklich attraktiven Großstädten gewandelt. Beide Metropolen bieten interessante Rundgänge, ausgezeichnete Museen, verlockende Einkaufsstraßen, gute Restaurants mit europäischer und asiatischer Küche, Konzerte und Theater auf hohem Niveau sowie ein pulsierendes Nachtleben.

Von den beiden Ballungszentren erreicht man schnell gute Luft und grüne Natur. Wer Sommerfrische mit kurzweiligem Unterhaltungsprogramm sucht, fährt zum Badeort Blackpool, dem traditionellen Urlaubsziel der Fabrikarbeiter. Wer Ruhe und erhabene Landschaft sucht, findet im Nationalpark Lake District stille Seen und Erholung auf Bergpfaden. Hier kann man den Urlaub aktiv und spartanisch verbringen – oder auch in einigen der besten Restaurants des Landes speisen und beim Cocktail von der Terrasse eines noblen Hotels den Seeblick genießen.

Der Nordwesten

Sehenswert

4 **Chester:** Einmalig sind in dieser historischen Stadt die gut erhaltene Stadtmauer
aus Römerzeit und Mittelalter sowie die Fachwerkarchitektur in den Einkaufsstraßen (s.
S. 154).

5 **Liverpool:** Die quirlige Beatles-Stadt beeindruckt mit einem vielfältigen Kulturleben, das Hafengebiet gehört zum UNESCO-
Welterbe (s. S. 160).

6 **Lake District:** Das Berg- und Seengebiet
im Nordwesten ist nach Meinung vieler
die landschaftlich schönste Region Englands
(s. S. 186).

Schöne Routen

Durch den Süden des Lake District: Eine
Rundfahrt mit Beginn am längsten englischen
See, Windermere, führt zu den attraktivsten
Dörfern und Gewässern im Süden der Region. Unterwegs kann man Waldspazier-
gänge unternehmen sowie stattliche Landhäuser besichtigen (s. S. 190).

Von Ambleside zur Küste: Die Fahrt zum
höchsten Berg und zum tiefsten See Englands geht über abenteuerliche Passstraßen
des Lake District (s. S. 197).

Durch den Norden des Lake District: Diese
Tour ab Keswick durchquert das schöne Borrowdale und führt zu längeren Bergwanderungen oder leichten Spaziergängen am Derwentwater (s. S. 199).

SCHOTT-LAND

aktiv Bootsfahrt und Wanderung am Ullswater

Cockermouth

Durch den Norden des Lake District

Keswick

Buttermere

6 **Lake District**

Von Ambleside zur Küste

Grasmere

Ambleside

Muncaster Castle

Windermere

Durch den Süden des Lake District

Cartmel

aktiv Mit Dampfkraft durch den Lake District

Irish Sea

aktiv Auf den Spuren von Tolkien

Ribble

aktiv Golf spielen an der Irischen See

Southport

Formby

Liverpool **5**

Manchester

Mersey

Chester **4**

Stadtmauer in Chester

WALES

Meine Tipps

Stadtmauer in Chester: Der Rundgang besticht mit historischen Sehenswürdigkeiten und durch den erhöhten Blick auf Häuser und Gärten, die Rennbahn und den Fluss (s. S. 154).

Lebendige Viertel: Die bunte, kreative Seite der Städte erlebt man gerade in den Vierteln, die nicht schick sind, z.B. in Liverpool die Straßen um Bold Street (s. S. 168), in Manchester das Northern Quarter (s. S. 174).

Süßes im Lake District: Echte regionale Spezialitäten, die der Zahnarzt nicht empfiehlt, sind Sticky Toffee Pudding aus Cartmel (s. S. 192) und Gingerbread aus Grasmere (s. S. 199).

aktiv unterwegs

Golf spielen an der Irischen See: Wunderschöne Golfplätze liegen bei Liverpool und an der Küste nördlich davon (s. S. 171).

Überall Hobbits – Auf den Spuren von Tolkien: Die Landschaft des Ribble-Tals diente als Inspiration für das Auenland in »Herr der Ringe« und »Der kleine Hobbit« (s. S. 183).

Mit Dampfkraft durch den Lake District: Stilvoller kann man nicht reisen als mit historischen Ausflugsdampfern und einer alten Dampflok (s. S. 193).

Bootsfahrt und Wanderung am Ullswater: Vom See aus kann man die grandiose Natur des Lake District erleben (s. S. 204).

153

In der Stadt am Fluss Dee ist ein Einkaufsbummel in den Fachwerkarkaden ebenso verlockend wie ein Rundgang auf der Stadtmauer. Zu den zahlreichen Spuren der Zeit, als die Stadt zu den bedeutendsten des Landes gehörte, zählen das römische Amphitheater und die fast 1000 Jahre alte Kathedrale.

Zwei Besonderheiten machen Chester zu einer der sehenswertesten Städte Nordenglands: die Fachwerkarkaden an den Geschäftsstraßen und die Stadtmauer. The Rows heißen die zweigeschossigen Arkadengänge an den vier Hauptstraßen in der Stadtmitte. Ihre ungewöhnliche Konstruktion hatte ihren Ursprung vermutlich in dem Wiederaufbau der Stadt nach dem großen Brand von 1278. Überdachte Wege sind in England trotz des feuchten Klimas eine Seltenheit; in Chester kann man nicht nur auf Straßenebene geschützt einkaufen, sondern auch von der ersten Etage auf das Geschehen und die Fassaden der gegenüberliegenden Geschäfte schauen. Man vermutet, dass im damaligen Chester, dem Versorgungszentrum für die militärischen Kampagnen des Königs Edward I. im nahen Wales, Platzmangel herrschte, so dass in die Höhe gebaut wurde. Das reich verzierte schwarz-weiße Fachwerk der Häuser entstand hauptsächlich in viktorianischer Zeit, aber der Stil entspricht der traditionellen Bauweise der Tudor-Zeit. Die imposantesten Gebäude mit der üppigsten Verzierung sind meist neueren Datums, was dem Charme dieser Straßenzüge keinen Abbruch tut.

Chester liegt am Dee, der hier die Grenze zu Wales bildet. Unter dem Namen Deva gründeten die Römer ein Legionslager an dieser Stelle, und bis ins späte Mittelalter war die Stadt ein wichtiger Handelsplatz. Die Versandung der Dee-Mündung begünstigte die Entwicklung des benachbarten Liverpool im Handel mit Irland und Schottland, aber Chester verschwand nie in die Bedeutungslosigkeit. Die Geschäfte der Einkaufszone bestechen mit größerer Auswahl und besserer Qualität, als man von einer Stadt mit nur 120 000 Einwohnern erwartet, denn die Bewohner der umliegenden wohlhabenden Grafschaft Cheshire erledigen hier in schöner Umgebung ihre Einkäufe. Seit Jahrhunderten ist die Grafschaft für ihren Käse berühmt. Das geeignete essbare Andenken ist folglich Cheshire Cheese. Diese halbharte, leicht krümelige Käsesorte hat eine meist weiße Farbe und einen angenehm frischen Geschmack.

Geführte Spaziergänge und besucherfreundliche Attraktionen wie das Grosvenor Museum stellen kurzweilige Möglichkeiten dar, sich über die Geschichte der Stadt zu informieren.

Stadtbesichtigung

Cityplan: S. 156

Rundgang auf der Stadtmauer

Chester bietet die in England einzigartige Möglichkeit, einen kompletten Rundgang auf einer mittelalterlichen Stadtmauer durchzuführen. Der nördliche Teil der Befestigung und die nördliche Hälfte der Ostseite entstanden über der römischen Mauer unter Wiederverwendung des alten Baumaterials. Man läuft stellenweise hoch über dem Kanal und den

Straßen, teils in geringer Höhe am Ufer des Dee oder an der Pferderennbahn, und hat stets einen Blick auf die Häuser und Hinterhöfe der Stadt. Ein guter Ausgangspunkt für den etwa einstündigen Rundgang auf der Mauer ist das Tor **Eastgate** `1`. Im 18. Jh. wurden die Stadtbefestigungen zu einer Flaniermeile für die Bürger neu gestaltet und fast alle Tore und Türme entweder abgerissen oder umgebaut. So ersetzte das Eastgate im 18. Jh. den Vorgängerbau des Mittelalters und wurde 1897 zum 60-jährigen Jubiläum Queen Victorias von einer filigran verzierten Uhr gekrönt. In Richtung Norden führt die Mauer an der Kathedrale vorbei zum Eckturm **King Charles' Tower** `2`. Chester war im Bürgerkrieg in königlicher Hand und hielt einige Monate lang einer Belagerung stand. Von diesem Turm aus beobachtete König Charles I. 1645 die Niederlage seiner Truppen in der Schlacht von Rowton Moor.

Im Norden, wo die Mauer parallel zum Shropshire Union Canal verläuft, kommen wir zum **Northgate** `3`. Der heutige Bau ersetzte 1808–10 das als Gefängnis genutzte mittelalterliche Tor, das wiederum über dem römischen Nordturm errichtet wurde. Über eine moderne Brücke geht es weiter zum 1894 erneuerten **Goblin Tower** `4`. Nach einigen Schritten überquert man die Bahnlinie und gelangt zur Nordwestecke der Stadt, die der **Bonewaldesthorne's Tower** `5` (14. Jh.) markiert. Ein kurzes Verbindungsstück führt zum **Water Tower** `6`, der in früheren Zeiten, als der Dee näher an der Stadtmauer floss, als Zolleinnahmestelle diente. Am Water Tower kann man zu den Kanalschleusen hinabsteigen und das teils römische Mauerwerk von unten inspizieren.

Wir gehen weiter auf dem westlichen Mauerstück in Richtung Süden und genießen den Blick auf das Gelände der Pferderennbahn, wo sich im Mittelalter der Dee-Hafen befand. Seit 1540 werden hier Pferderennen veranstaltet. Die Grosvenor Street, die wir überqueren, führt zur schönen Grosvenor Bridge aus dem Jahr 1832, wir bleiben aber auf der Mauer und erreichen in der südwestlichen Ecke der Stadt **Chester Castle** `7`.

Seit 900 Jahren steht hier eine Burg, aber der heutige Bau wurde, mit Ausnahme einiger Mauerstücke und des Agricola Tower (13. Jh.), zwischen 1788 und 1822 errichtet. In einem Teil der Burg befindet sich das **Cheshire Military Museum** (tgl. 10–17 Uhr). Auf dieser nur wenig erhöhten Mauerstrecke, die zum 1782 erneuerten **Bridgegate** `8` führt, gibt es einen schönen Blick auf den Dee, auf dem man im Sommer eine Bootstour unternehmen kann.

An der Südostecke der Stadt biegen wir wieder in Richtung Norden ab, kommen nach etwa 100 m an einer Reihe von Fachwerkhäusern aus dem 17. Jh. vorbei und gelangen so zum **Newgate** `9`. Dieses Tor wurde 1938 gebaut, weil sein Vorgänger für den Verkehr zu eng war. Am Newgate steigen wir hinunter, um das **römische Amphitheater** `10` zu besichtigen (frei zugänglich). Es bot Platz für ca. 5000 Zuschauer und war damit wahrscheinlich das größte der römischen Provinz Britannia. Grabungen bis 2007 förderten neben Essensresten von den Imbissbuden der antiken Sportstätte – man verspeiste Lachs, Austern, Nüsse und verschiedene Fleischsorten – auch menschliche Knochen zutage. Eine Ausstellung, die diese Funde für Besucher erschließen soll, ist noch in der Planung. Die benachbarten Kirchenruinen sind Überreste des Ostteils der **Church of St John the Baptist** `11`, einer romanischen Kirche des 11. und 12. Jh. Zur Stadtmauer zurückkehrend, erreichen wir wieder unseren Ausgangspunkt am Eastgate.

Kathedrale

Mit dem Spaziergang auf der Mauer sind die Sehenswürdigkeiten von Chester längst nicht erschöpft. Die **Kathedrale** `12`, bis 1540 eine Abteikirche, gehört nicht zu den größten des Landes. Der dunkle Bau aus rotem Sandstein weist sämtliche Stilrichtungen auf, von normannisch über Early English und Perpendicular bis zur viktorianischen Gotik. Beachtenswert sind der Lettner, die Holzschnitzereien des Chorgestühls (14. Jh.) und die Lady Chapel im Early-English-Stil hinter dem Hochaltar. Von den ehemaligen

Klostergebäuden sind der Kreuzgang und das Refektorium erhalten. Gelungen ist die Präsentation des Bauwerks und seiner Geschichte auf den Audiogeräten für den Rundgang auf eigene Faust (Mo–Sa 9–17, So 13–16 Uhr).

The Rows

Unweit der Kathedrale am Market Place steht die neugotische **Town Hall** 13, in der sich ein weiteres Tourist Office befindet. Von hier führt die Northgate Street nach links zum Mittelpunkt der Stadt, **The Cross,** wo sich schon zur Römerzeit die beiden Hauptstraßen kreuzten. Hier sieht man die ›Rows‹ mit den doppelstöckigen Arkaden. Zu den ›echten‹ alten Fachwerkbauten zählen in der Watergate Street Bishop Lloyd's House (17. Jh.), Leche House (1579) und Stanley Palace (1591, um 1700 erweitert).

Über die Bridge Street, südlich von The Cross, und die Gasse Pierpoint Lane erreicht man die Ausstellung **Dewa Roman Expe-** rience 14 (Mo–Sa 9–17, So ab 10 Uhr), die über die römische Vergangenheit der Stadt informiert. Eine Straßenszene mit Geräusch- und Geruchskulisse wurde nachgebaut. In der Verlängerung von Bridge Street, Lower Bridge Street, befinden sich zahlreiche schöne Bauten, u. a. das Tudor House aus dem späten 16. Jh., das Hotel Old King's Head aus derselben Zeit und das viergeschossige Bear and Billet Inn mit einer Fassade von 1664.

Über die Bridge Street gelangt man in die Grosvenor Street und zum **Grosvenor Museum** 15 (Mo–Sa 10.30–17, So 13–16 Uhr), wo römische Grabungsfunde zu besichtigen sind. Der in Chester allgegenwärtige Name Grosvenor ist der Familienname eines der führenden englischen Aristokratengeschlechter, das den Titel Herzog von Westminster führt: Der Herzog ist Grundbesitzer einiger vornehmer Stadtteile von London und gehört zu den reichsten Männern des Landes. Seine Residenz ist diskret am Stadtrand gelegen.

156

Chester

Im Gegensatz zu den meisten seiner Standesgenossen ist er nicht aus finanziellen Gründen gezwungen, dem Publikum Einlass zu gewähren.

Zoo und Aquarium

Ein Magnet vor allem für junge Besucher liegt 3 km nördlich der Stadt an der Straße A 41. **Chester Zoo 16** ist der größte Tiergarten Englands (www.chesterzoo.org, Busverbindung ab Rathaus, im Sommer tgl. 10–18, im Winter 10–16 Uhr). Etwas weiter, in Cheshire Oaks, befindet sich ein Aquarium, **Blue Planet 17**, das mit seinem 70 m langen Glastunnel vor allem für nahe Begegnungen mit Haifischen bekannt ist (www.blueplanetaquarium.com (mit dem Auto über die M 53, Ausfahrt 10, Mo–Fr 10–17, Sa/So 10–18 Uhr).

Infos

Tourist Information Centre: Town Hall, Northgate St., Tel. 01244 40 21 11, Zimmerres. Mo–Fr 9–17 Uhr, Tel. 0845 647 78 68, www.visitchester.com und www.chester.gov. uk, Mo–Sa 9–17.30, So 10–17 Uhr. Startpunkt für geführte Wanderungen: tgl. 10.30, Mai–Okt. auch 11.30 Uhr.

Übernachten

Spitzenklasse ▶ Chester Grosvenor Hotel 1: Eastgate St., Tel. 01244 32 40 24, www.

chestergrosvenor.co.uk. Eines der edelsten und teuersten Hotels in England, Simon Radley's Sterne-Restaurant und exklusive Wellnessangebote. DZ ab 240 £.

Am Kanal ▶ Mill Hotel 2: Milton St., Tel. 01244 35 00 35, www.millhotel.com. Umgebaute ehemalige Getreidemühle in der Stadtmitte, angenehme Kneipe mit Kanalblick. DZ ab 95 £.

Zentral gelegen ▶ Chester Town House 3: 23 King St., Tel. 01244 35 00 21, www.chestertownhouse.co.uk. Hübsches Haus aus dem 17. Jh. in einem historischen Viertel. DZ 75–80 £.

Preiswert ▶ Chester Backpackers Hostel 4: 67 Boughton, Tel. 01244 40 01 85, www.chesterbackpackers.co.uk. Einfache Unterkunft in Bahnhofsnähe. 17 £ pro Person.

Essen & Trinken

Feinkost ▶ Joseph Benjamin 1: 140 Northgate St., Tel. 01244 34 42 95, Di/Mi und So 10–17 Uhr, Do–Sa 9 bis spät (letzte Buchung für Abendessen 21 Uhr). Delikatessen mit kleinem Restaurant. Probieren Sie walisisches Lammfleisch, schottische Meeresfrüchte oder den englischen Käseteller. Hauptgerichte 11–18 £.

Französisch ▶ Chez Jules 2: 71 Northgate St., Tel. 01244 40 00 14, Mo–Sa 12–15, 18–22.30 Uhr, So 12–21.30 Uhr. Das Lokal in der

Chester

alten Feuerwache ist für sein hervorragendes Preis-Leistungs-Verhältnis beliebt: Vorbuchen! Hauptgerichte abends 9–14 £, mittags zwei Gänge 9 £.

Gute Pub-Küche ▶ The Brewery Tap : 52–54 Lower Bridge St., Tel. 01244 34 09 99, tgl. 12–23 Uhr. Im ehemaligen großen Saal eines 400 Jahre alten Wohnsitzes. Ausgezeichnete Ales von der örtlichen Spitting Feathers-Brauerei. Hauptgerichte ab 9 £, Sandwich ab 5,50 £.

Gesegnete Mahlzeit ▶ The Refectory 12: St Werburgh St., Tel. 01244 50 09 64, Mo–Sa 9.30–16.30 Uhr. Preiswerte und gute Küche bietet The Refectory, die eigene Gaststätte der Kathedrale. In dem schönen Bau aus dem 14. Jh. speisten früher die Mönche. Wer heute hier isst, unterstützt den Erhalt des Bauwerks. Englisches Mittagessen und kleine Gerichte. Hauptgerichte ab 6 £.

Einkaufen

In der Stadtmitte findet man zahlreiche attraktive kleine Geschäfte mit Mode, Wohnungseinrichtung, Antiquitäten usw.

Essbare Andenken ▶ The Cheese Shop 1: 116 Northgate St. Hier kann man den schmackhaften Cheshire-Käse kosten und erwerben.

Mode ohne Ende ▶ McArthur Glen Designer Village 2: Das geballte Shopping-Erlebnis außerhalb der Stadt, 140 Geschäfte (ausgeschildert ab M 53 Ausfahrt 10).

Abends & Nachts

Musik ▶ Alexander's 1: 2 Rufus Court neben Northgate St., Tel. 01244 34 00 05. Live-Jazz, Blues, Soul, Sa auch Kleinkunst und Comedy, internationale Küche dazu.

Pub-Tradition ▶ Albion Inn 2: Park St. Sorgfältig gepflegtes viktorianisches Ambiente mit Andenken aus dem Ersten Weltkrieg. Mittags gute Küche, Abendessen nur für Stammgäste: Der Wirt möchte einen authentischen Pub erhalten. Auch zwei gute B & B-Zimmer (85 £).

Köstliche Ales ▶ Old Harkers Arms 3: Russell St., Tel. 01244 34 45 25. In einem alten Lager am Kanal, gute Küche und tolle

Auswahl an Bier- und Malt-Whisky-Sorten. *Cheshire Cat Ale* bringt Sie zum Lächeln: Die grinsende Katze im Film und Buch »Alice im Wunderland« hieß die Cheshire Cat.

Aktiv

Mit Führer ▶ Stadtrundgänge 1: Ab Tourist Office (Auskunft und Buchung dort) auch abendliche *Ghost Walks*.

Bootsfahrten ▶ Chester Boat 2: 30-Min.-Fahrt ab The Groves an der südlichen Stadtmauer, Ostern–Okt. tgl. 11–17 Uhr, alle 30 Min., Nov.–Ostern Sa/So 11–16 Uhr.

Termine

Pferderennen (Mai–Sept.): Mitte Mai und Mitte Juli finden dreitägige Renn-Festivals statt. Karten für das Ereignis bestellen kann man unter Tel. 01244 30 46 00, www.chester-races.co.uk.

Midsummer Parade (Mitte Juni): In diesem wiederbelebten Brauch aus dem Mittelalter ziehen riesenhafte Menschenfiguren und Fabeltiere durch die Stadt. Vor 500 Jahren schlugen dabei sechs nackte Knaben auf einen Drachen ein; heute verzichtet man darauf.

Mystery Plays (Juli): Alle fünf Jahre (2013, 2018) stellen Aufführungen des Zyklus aus dem 14. Jh. die Geschichte von der Schöpfung bis zum Jüngsten Tag dar. Näheres unter www.chestermysteryplays.com.

Verkehr

Bahn: Häufige Verbindungen bestehen nach Liverpool, Manchester und Crewe (dort hat man Anschluss nach London), tgl. gibt es außerdem zwei Direktverbindungen nach London.

Bus: Mehrmals tgl. ab Delamere Street nach London und Birmingham.

Kleines Einkaufsparadies der Region: Chester

Liverpool und Umgebung

In aller Welt ruft der Name Liverpool Erinnerungen an die Musik der Beatles wach. Die Hafenstadt hat ein eigenes, quirliges Flair und eine überaus vielseitige Kulturszene – von den beiden Kathedralen und der klassischen Kultur der Museen und Konzertsäle bis zur zeitgenössischen Kunst und der lebhaften Club-Kultur.

5 Liverpool ▶ F/G 13

Cityplan: S. 164

Es gibt viele Gründe, Liverpool zu besuchen. Die Hafenstadt an der Mersey-Mündung ist energiegeladen, hat ein eigenes Lebensgefühl, eine Fülle von Sehenswürdigkeiten – und ein durchwachsenes Stadtbild. Neben Höhepunkten wie dem Hafenviertel und der anglikanischen Kathedrale findet man auch heruntergekommene Gebiete, die erst nach und nach saniert werden.

In den Jahrzehnten nach 1945 wurde Liverpool von den Problemen der maroden Industrie und hoher Arbeitslosigkeit noch härter getroffen als andere Großstädte des englischen Nordens. Die Hafen- und Fabrikarbeiter standen in dem Ruf, schon bei nichtigen Anlässen zu streiken. Um 1980, als ein linksradikal geführter Stadtrat neue Investoren abschreckte, war der Tiefpunkt erreicht. In diesen Jahren glänzte die Stadt nur mit ihrer Fußballmannschaft FC Liverpool, die in der englischen Liga und europäischen Wettbewerben dominierte.

In den 90er-Jahren begann zunächst zaghaft der wirtschaftliche Aufschwung. Niedrige Löhne zogen die Betreiber von Call-Centres an. Die Softwarebranche boomte, und Liverpool wurde zum führenden europäischen Zentrum für die Entwicklung von Computer-Spielen. Auch die Filmindustrie und Biotechnologie schufen Arbeitsplätze. Und die Stadtväter erkannten, dass die weltweite Bekanntheit von Liverpool als Heimat der Beatles als Touristenmagnet genutzt werden kann. Eine lebhafte Clubszene zog Besucher an und förderte kleine Betriebe wie Designateliers und Aufnahmestudios. Der zunehmende Wohlstand machte sich in der Erneuerung des Stadtzentrums bemerkbar. Alte Lager- und Bürohäuser wurden renoviert, um die Bold Street siedelten sich schicke Restaurants und Bars an. Auch das einst biedere Hotelangebot ist für eine betuchte und designbewusste Kundschaft attraktiver geworden.

Die Kür Liverpools zur europäischen Kulturhauptstadt 2008 hat den Aufschwung nachhaltig gestärkt. 2004 wurde das Hafengebiet in die UNESCO-Liste des Welterbes aufgenommen, und die Stadt verzeichnete zum ersten Mal seit 70 Jahren einen Bevölkerungszuwachs auf 470 000 Einwohner. Die Arbeitslosenquote, die in den 1980er-Jahren bei 20 % lag, ist unter 5 % gesunken.

Wer sich in den Pubs, Clubs und Geschäften umschaut, wird merken, dass die Liverpooler vital und kreativ sind. Sie unterscheiden sich nach landläufiger Meinung nicht nur durch ihren nasalen Akzent vom Rest der Engländer. Es liegt wohl an den maritimen und irischen Einflüssen einer alten Hafenstadt, dass die Menschen hier so schlagfertig und temperamentvoll, teilweise auch sentimental sind – genau wie die Beatles.

Das Hafenviertel

Liverpool sieht man am besten vom Wasser aus. Die Mersey-Fähren, die noch vor zwanzig Jahren vom täglichen Pendlerverkehr lebten, werden heute für Rundfahrten ab dem

Pier Head `1` eingesetzt. Drei stattliche Bauwerke, die ›drei Grazien‹, prägen das Bild am Mersey-Ufer. Das auffälligste der drei ist das **Royal Liver Building** `2` (sprich: Leiwer), dessen Türme von zwei riesigen Vögeln gekrönt werden. Diese *Liver birds* sind zum Wahrzeichen der Stadt geworden. Rechts, vom Wasser aus gesehen, liegt das wuchtige **Cunard Building** `3`, ehemalige Verwaltung der Reederei, die früher den Linienverkehr zwischen Liverpool und New York unterhielt, und daneben die Kuppel des Gebäudes der Hafengesellschaft, das **Port of Liverpool Building** `4`. Hinter dieser Dreiergruppe erblickt man die beiden Kathedralen von Liverpool, links die moderne Krone der römisch-katholischen, rechts auf dem Hügel den neugotischen Turm der anglikanischen.

Die Bedeutung von Liverpool als Umschlagplatz vor 150 Jahren macht der Hafenkomplex **Albert Dock** `5` deutlich. Die fünfstöckigen Lagerhäuser und neu angelegten Hafenbecken waren zur Zeit ihrer Fertigstellung 1846 fortschrittlich: Die Fracht wurde direkt vom Schiff mit hydraulischen Kränen ins Lager gebracht und musste nicht mehr in Schuppen am Kai zwischengelagert werden. Um die Brandgefahr zu verringern, wurde erstmalig in einem größeren englischen Bauwerk kein Holz verwendet, sondern nur Backstein und Gusseisen.

Als im 20. Jh. die Schiffe größer wurden, verlagerte sich der Frachtverkehr vom alten Hafen in den nördlichen Stadtbezirk. Die Eröffnung eines Containerhafens im Norden von Liverpool konnte jedoch den Niedergang nicht aufhalten, denn für den Handel mit Europa liegt Liverpool an der falschen Küste. So wurde Albert Dock in der Nachkriegszeit vernachlässigt, bis 1981 die Sanierung des ehemaligen Hafengebiets begann.

Heute wird die Anlage aus braun-rotem Backstein mit gusseisernen dorischen Säulen, die die Viktorianer als praktischen Zweckbau einstufen, aus ästhetischen Gründen geschätzt. Dort, wo früher Baumwollballen lagerten, befinden sich jetzt Geschäfte, Kneipen und Restaurants. Leben ist in das Hafengebiet zurückgekehrt. Ein Schifffahrtsmuseum, das **Merseyside Maritime Mu-**

seum sowie im selben Haus das **International Slavery Museum** `6`, das seit 2007 – genau 200 Jahre nach der Abschaffung des Sklavenhandels im British Empire – die unrühmliche Rolle der Stadt in diesem Handel aufarbeitet (beide www.liverpoolmuseums. org.uk, tgl. 10–17 Uhr), und ein Ableger der Londoner **Tate Gallery** `7` (www.tate.org. uk/liverpool, tgl. 10–17 Uhr) sind ebenfalls in den Lagerhäusern untergebracht. Dort gibt es auch das unerwartet interessante **Customs & Excise National Museum** `8`, die Sammlung der britischen Zollbehörde, in der man alles über das Schmuggeln erfahren kann (tgl. 10–17 Uhr). Neben dem Albert Dock präsentiert seit 2011 in einem auffälligen Neubau das **Museum of Liverpool** `9` die Entwicklung der Stadt, vor allem die Geschichte der Arbeiter und das Leben der einfachen Leute in dieser Hochburg der Gewerkschaften (www.liverpoolmuseums.org.uk, tgl. 10–17 Uhr).

Im Stadtzentrum

Zeugnisse ehemaliger Prosperität sind im Zentrum der Stadt zahlreich, und der Bau neuer Einkaufspassagen kündigt – allerdings mit Architektur unterschiedlicher Qualität – eine Rückkehr der guten Zeiten an. An vielen Stellen erkennt man, dass manch hässliche Lücke im Stadtbild erst kürzlich gefüllt wurde. Im Geschäftsviertel um die Dale Street stehen imposante Bürohäuser aus der Zeit vor dem Ersten Weltkrieg. Das **Rathaus** `10` in der Water Street stammt aus dem späten 18. Jh. Prächtige öffentliche Bauwerke im neoklassizistischen Stil des 19. Jh. findet man in der William Brown Street.

Das 2005 neu eröffnete **World Museum Liverpool** `11` (www.liverpoolmuseums.org.uk/ wml, tgl. 10–17 Uhr) bietet ethnologische und archäologische Sammlungen aus aller Welt und gute Ausstellungen über Wissenschaft und Technik. Die **Walker Art Gallery** `12` (www.liver poolmuseums.org.uk/walker, tgl. 10–17 Uhr) besitzt eine der qualitätvollsten Sammlungen des Landes. Zu sehen ist europäische Malerei und Skulptur; vor allem frühe italienische und flämische Werke sind gut repräsentiert.

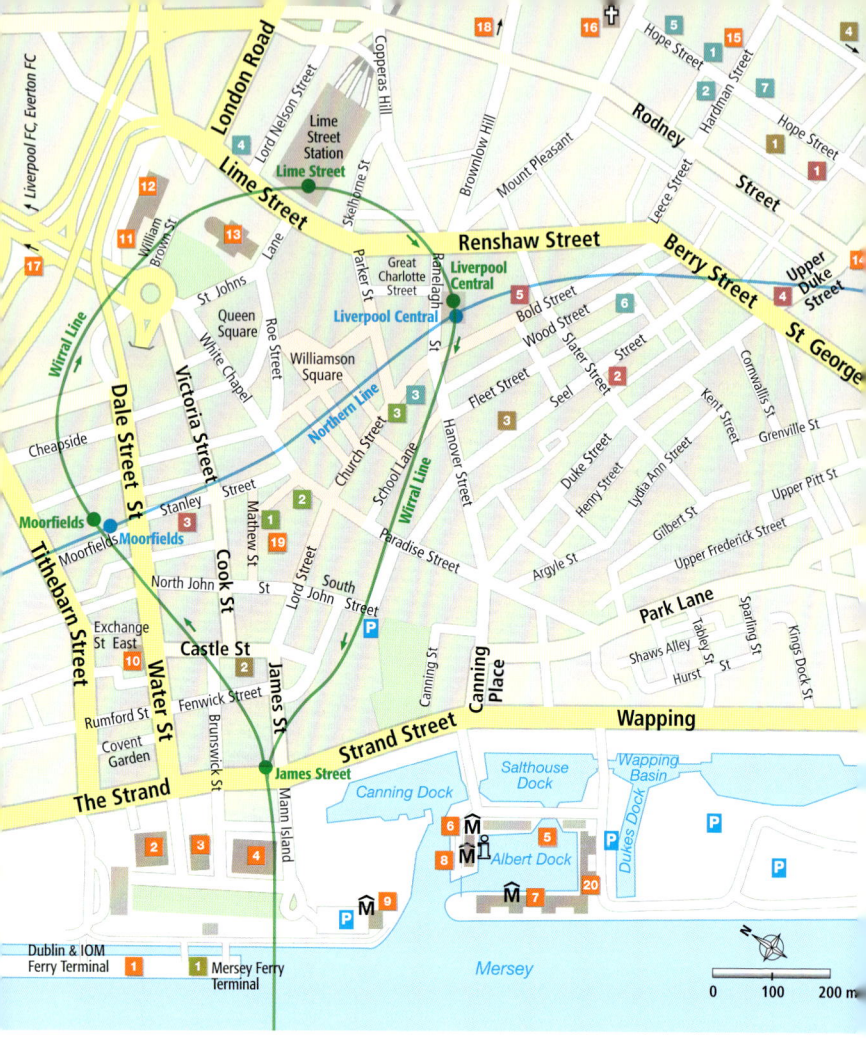

Einige Schritte von der Museumsstraße William Brown Street entfernt liegt **St George's Hall** 13, in den Jahren 1838–54 für Konzerte und Versammlungen gebaut. Das mächtige klassizistische Bauwerk ist unbedingt sehenswert (Di–Sa 10–17 Uhr, mit Ausstellung über die frühere Nutzung als Gericht).

Die anglikanische Kathedrale 14

Zwei Kathedralen thronen in erhöhter Lage über dem Stadtzentrum und prägen die Sky-line von Liverpool. Zwischen ihnen verläuft die lange Hope Street, Mittelpunkt eines Viertels mit zahlreichen Stadthäusern aus georgianischer Zeit. Obwohl beide Kathedralen im 20. Jh. entstanden, könnten sie kaum unterschiedlicher aussehen.

Von der Stadtmitte gelangt man über die Duke Street, die an der bescheidenen China-town vorbei führt, zur anglikanischen Kathedrale. Der Grundstein wurde 1904 gelegt und die Bauarbeiten dauerten über 70 Jahre. Der Architekt Giles Gilbert Scott war erst 22 Jahre

Liverpool

alt, als er den Wettbewerb gewann. Er änderte seinen Entwurf mehrfach und starb 1960, ohne die Vollendung seines Meisterwerks erlebt zu haben. Die Hügellage steigert die Wirkung des 110 m hohen Mittelturms. Von außen wirkt die Kathedrale massiv, fast überwältigend, innen erzeugen Glasfenster und dunkelroter Sandstein eine Stimmung wie in einer riesigen Höhle.

Stilistisch zeigt die Kathedrale ein letztes Aufblühen der Neugotik. Der lange Bau besitzt einen ungewöhnlichen Grundriss mit einem Zentralraum zwischen zwei Querhauspaaren und einer Brücke, die das Hauptschiff von einer Seite zur anderen überspannt. Die mit 9700 Pfeifen ausgestattete Orgel war zur Zeit ihrer Fertigstellung die größte der Welt. Beeindruckend sind neben der Größe der Kathedrale, deren Marienkapelle allein die Dimensionen einer normalen Kirche hat, das Raumgefühl und viele Details der Ausstattung, die weitgehend von Scott entworfen wurde und deshalb einen einheitlichen Eindruck vermittelt (tgl. 8–18 Uhr). Die Turmbesteigung (Aufzug und 108 Stufen, Mo–Sa 10–16.30, So ca. 12–15.30 Uhr) auf 101 m ist sehr zu empfehlen.

Über die Hope Street zur Metropolitan Cathedral

Von der Upper Duke Street biegt man links in die Hope Street, an deren Ende die römisch-katholische Kathedrale steht. Der Weg dorthin führt durch einen vor 200 Jahren entstandenen und heute wieder aufstrebenden Stadtteil. Einige empfehlenswerte Einkehrmöglichkeiten finden sich auf der Strecke, darunter die **Philharmonic Dining Rooms** 2 mit einem wunderschönen Interieur. Um einen Einblick hinter die Backsteinfassaden zu gewinnen, lohnt ein Abstecher zur Parallelstraße Rodney Street, wo im Haus Nr. 59 das von 1947 bis 1988 benutzte **Atelier und Wohnhaus des Fotografen E. Chambré Hardman** 15 zugänglich ist (Ostern–Okt. Mi–So 11–15.30 Uhr).

Während die anglikanische Amtskirche noch im späten 20. Jh. ein gotisches Bauwerk errichtete, entschieden sich die Katholiken für einen Entwurf, der schnell realisiert werden konnte. Die aus Beton und Glas errichtete **Metropolitan Cathedral** 16 wurde 1967 nach fünfjähriger Bauzeit geweiht. Die Bedingung, dass 2000 Personen eine gute Sicht auf den Priester haben sollten, be-

›Die drei Grazien‹ Liverpools: Royal Liver, Cunard und Port of Liverpool Building

stimmte den Grundriss in Form eines Kreises mit radial angeordneten Kapellen. Den Turm bildet ein Zylinder aus farbigem Glas, der im Laufe eines sonnigen Tages wechselnde Lichter auf Bänke und Fußboden wirft. Die Krypta der 1930er-Jahre wurde für eine riesige, nie vollendete Kirche geplant.

FC Liverpool Stadion und Museum 17

Auch Fußball hat in Liverpool fast den Status einer Religion. Der legendäre Trainer des FC Liverpool in den 1960er- und 1970er-Jahren, Bill Shankly, sagte einmal: »Manche Leute glauben, der Fußball ist so wichtig wie das Leben und der Tod. Da bin ich anderer Meinung – Fußball ist noch viel wichtiger.« Anhänger des Kults können zum Museum und Stadion des **Liverpool Football Club** in der Anfield Road pilgern (www.liverpool fc.tv, Tel. 0151 260 66 77, Termin online oder telefonisch buchen).

Williamson Tunnels 18

Wenn man mehr Zeit in Liverpool verbringt, empfiehlt sich der Besuch einer ausgesprochenen Kuriosität. Das Geld, das der exzentrische Millionär Joseph Williamson im 19. Jh. mit Tabak verdiente, steckte er in ein ausgedehntes unterirdisches Tunnelsystem. Warum er das tat, bleibt ein Rätsel. Im **Williamson Tunnels Heritage Centre** findet man Erläuterungen und Zugang zu den in den gewachsenen Fels gehauenen Stollen und dem kunstvollen Mauerwerk seiner Bögen und Galerien (Smithdown Lane, Busse 79, 179 ab Stadtmitte; von der Metropolitan Cathedral ca. 15 Fußminuten über Brownlow Hill, dann rechts in Smithdown Lane, im Sommer Di–So 10–17, im Winter Do–So 10–17 Uhr).

Auf den Spuren der Beatles

Die Energie der Liverpooler, genannt *Scousers*, kommt nicht zuletzt in der Musik zum Ausdruck. Die Beatles waren in den 1960er-

Jahren nur Teil einer musikalischen Bewegung, die als ›Mersey Beat‹ in die Geschichte der Popmusik einging. Die erste Band, die den Durchbruch zum Ruhm schaffte, waren Gerry and the Pacemakers. Ihr Lied ›You'll Never Walk Alone‹ wurde zum Lieblingslied der Fußball-Fans des FC Liverpool und ertönt bei jedem Heimspiel lautstark im Stadion.

Die Beatles, alle vier aus Liverpool und aus einfachen Verhältnissen stammend, begannen ihre Karriere mit Auftritten im Cavern Club, wo sie zwischen 1961 und 1963 fast 300-mal auftraten, aber auch in anderen Städten, so im Hamburger Star Club. Der Durchbruch kam schließlich 1964 mit der Amerika-Tournee. Auch 45 Jahre nach ihren ersten Erfolgen scheint die Anziehungskraft der Beatles ungebrochen. Das touristische Potenzial wird von der Stadt Liverpool voll ausgeschöpft.

Der **Cavern Club** 19 in der Mathew Street, dem Zentrum der Szene Anfang der 1960er-Jahre, wurde zwar abgerissen, um einer Einkaufspassage Platz zu machen, aber originalgetreu wieder aufgebaut (So–Mi 10–24, Do–Sa 10–2 Uhr). Vor dem Cavern Walks Shopping Centre steht eine Statue der Vier.

The Beatles Story 20 im Albert Dock ist eine gut konzipierte Ausstellung über die Geschichte der Gruppe, für die allerdings ein hoher Eintrittspreis verlangt wird (www.beatlesstory.com, tgl. 10–18 Uhr, Eintritt 13 £). Ebenfalls am Albert Dock beginnt täglich um 14.30 Uhr eine knapp zweistündige **Magical Mystery Tour** in einem 1970er-Jahre-Bus mit der entsprechenden Musik. Auf der Tour sieht man die Penny Lane und Wirkungsstätten der vier Stars. Auch die Häuser, in denen John Lennon und Paul McCartney aufgewachsen sind, können im Rahmen einer vorgebuchten Führung besichtigt werden. Beide sind im Besitz des National Trust, der eher als Hüter von ehrwürdigen Herrensitzen und Gärten bekannt

Der Hafen von Liverpool   Thema

Der Hafen hat immer die Geschichte von Liverpool geprägt. Die Lagerhäuser und Docks gehörten einst zu den wichtigsten Umschlagplätzen des Welthandels. Erst vor 30 Jahren wurden sie vor dem Abriss gerettet und sind jetzt Denkmäler inmitten eines Freizeit- und Wohnviertels.

Als König John 1207 dem Ort das Stadtrecht verlieh, war Liverpool eine kleine Fischersiedlung mit Fähranleger. Eine Burg wurde gebaut, die längst verschwunden ist, und vom Hafen aus wurden die Truppen versorgt, die versuchten, Irland zu erobern. Bis zum Ende des 17. Jh. blieb Liverpool unbedeutend. Danach wuchs der Atlantikhandel schnell, und die Stadt am Mersey stieg in den nächsten hundert Jahren zum zweitgrößten Hafen des Landes auf. Die Lage an der Westküste begünstigte Liverpools Anteile an einem Dreieckshandel: Schiffe fuhren nach Westafrika, brachten von dort aus Sklaven in die Karibik und die amerikanischen Kolonien und kamen mit Zucker, Rum und Baumwolle zurück. Auch der Sklavenhandel war eine ergiebige Geldquelle, deren Abschaffung 1806 das Wachstum jedoch nicht bremste, denn über Liverpool importierten die Fabriken von Manchester ihre Rohstoffe, und über Liverpool wurden die Erzeugnisse der ersten Industrienation in alle Welt exportiert. Auch die Fertigstellung eines Kanals nach Manchester im späten 19. Jh., durch den Industriemagnaten sich von den Liverpooler Kaufleuten unabhängig machen wollten, konnte den Reichtum der Hafenstadt nicht mindern. In den ersten Jahrzehnten des 20. Jh. verkehrten die Passagierschiffe nach New York und zu den Kolonien in Afrika und Asien. Dampfer wie die ›Lusitania‹ und die ›Mauretania‹, die größten und luxuriösesten ihrer Zeit, überquerten den Atlantik in der Rekordzeit von viereinhalb Tagen.

Es waren aber nicht nur Reiche, die am Kai von Bord gingen oder wegfuhren. Während der Hungersnot 1847 kamen über 300 000 Iren nach Liverpool. Viele sind geblieben, während für andere England nur Zwischenstation war. Zwischen 1860 und 1900 wanderten 5 Mio. Menschen über Liverpool in die Neue Welt aus. Liverpool war ein raues Pflaster mit vielen Slums. Irische Einwanderer lebten im 19. Jh. in entsetzlichen hygienischen Verhältnissen, die zu Ausbrüchen von Cholera führten. Die Iren brachten ihren gewalttätigen Streit zwischen Grün und Orange, d. h. zwischen Katholiken und Protestanten, mit. Protestanten und Katholiken verprügeln sich heute zwar nicht mehr, aber die Organisationen der militanten irischen Protestanten, die Orange Lodges, marschieren jedes Jahr am 12. Juli trommelnd mit Fahnen und Blaskapellen zum Bahnhof und fahren zum Badeort Southport, wo eine Parade den Jahrestag des Sieges von König William III. über die katholischen Kräfte Irlands feiert.

Der Niedergang des alten Hafenbetriebs war bis in die 1970er-Jahre von Streiks begleitet, die den Ruf von Liverpool als Stadt militanter Gewerkschaftler prägten. Die großartigen Bauten des Albert Dock waren verlassen und marode. Auch dies ist heute Geschichte. Der moderne Containerhafen befindet sich nördlich der Stadtmitte, und die alten Kaianlagen um den gründlich sanierten Albert Dock sind ein Freizeit- und Wohnviertel mit Museen, Gastronomie und teuren Loftwohnungen.

166

ist und auch hier für eine seriöse, informative Führung sorgt.

20 Forthlin Road, Domizil der McCartneys, gilt als typisch für den sozialen Wohnungsbau der 1950er-Jahre. Hier kann man Pauls Jugendzimmer besichtigen – seine Schlafzimmertür hat allerdings das Hard Rock Café dem National Trust weggeschnappt. John Lennon wohnte in besseren, bürgerlichen Verhältnissen im Haus seiner Tante, **Mendips** (Führung zu Mendips und 20, Forthlin Rd. mit Vorbuchung: März–Nov. Mi–So; ab Jury's Inn Hotel, City Centre, No. 31 Keel Wharf, ab Speke Hall, Termine und Buchung: Tel. 0151 427 72 31 oder online bei www.nationaltrust.org.uk).

Für absolute Beatles-Fanatiker gibt es diverse Beatles-Wochenenden sowie alljährlich im Sommer das **International Beatles Festival.**

Infos

Tourist Information Centre: Albert Dock (im Merseyside Maritime Museum), Tel. 0151 233 20 08, Tel. Zimmerbuchung 0151 709 81 11, Mo–Fr 9–17.30, Sa bis 16 Uhr, www.visit liverpool.com, Termine: www.artinliverpool. com.

Übernachten

Elegant ▶ **Hope Street Hotel** `1`: 40 Hope St., Tel. 0151 709 30 00, www.hopestreetho tel.co.uk. Schicker Umbau einer Fabrik mit allem Komfort: breite Betten, tolle Duschen. DZ ab 180 £ ohne Frühstück.

Cooles Design ▶ **62 Castle Street:** `2`: 62 Castle St., Tel. 0151 702 78 98, www.62cast lest.com. Gelungener Umbau einer alten Bank in der Stadtmitte, 2007 eröffnet. Luxusbäder, individuelles Design, CD-Player und Flachbild-TV in jedem Zimmer. DZ ab 125 £ ohne Frühstück.

Industriedesign ▶ **base2stay** `3`: 29 Seel St., Tel. 0151 705 26 26, www.base2stay. com. 106 schicke Zimmer in einer umgebauten Fabrik, zentral in der zur Zeit coolsten Gegend der Stadt gelegen. Preise wie bei Flugtickets: Angebote online ab 50 £ auf einer nach oben offenen Skala.

Für Backpacker ▶ **Embassie** `4`: 1 Falkner Square, Tel. 0151 707 10 89, www.embassie. com. Herberge in einer ehemaligen Botschaft nahe der anglikanischen Kathedrale. Ab 16 £ pro Person.

Essen & Trinken

Feine Adresse ▶ **The London Carriage Works** `1`: im Hope Street Hotel (s. o.), Tel. 0151 705 22 22, Mo–Sa 12–15, 17–22, So 12–21 Uhr. Hoch gelobte moderne britische Küche. Hauptgerichte ab 17 £. Suppen, Sandwiches und Salate ab 8 £ mittags.

Restaurant und Bistro-Bar ▶ **60 Hope Street** `1`: Tel. 0151 707 60 60, Restaurant Mo–Fr, So 12–14.30, Mo–Sa 17–22.30 Uhr, Bistro 17– 22.30 Uhr. Einfallsreiche Gerichte aus aller Welt. Hauptgerichte 20–25 £, Keller-Bistro preiswerter.

Cool-sakral ▶ **Alma de Cuba** `2`: St Peter's Church, Seel St., Tel. 0151 702 73 94. Bar und Restaurant in einer ehemaligen Kirche, Teile der sakralen Einrichtung sind erhalten. Lateinamerikanische Küche (12–18 Uhr), Do Cuba-Abend, Fr/Sa brasilianischer Tanz, So Brunch mit Gospel-Chor. Tapas ab 3 £, Hauptgerichte ab 14 £.

Einfach und gut ▶ **Delifonseca** `3`: 12 Stanley St., Tel. 0151 255 08 08, Mo–Sa 9–22 Uhr. Unten Delikatessen, oben Bistro mit britisch-internationaler Kost. Hauptgerichte 8–12 £, auch Gourmet-Sandwiches zum Mitnehmen.

Echter Chinese ▶ **Yuet Ben** `4`: 1 Upper Duke St., Tel. 0151 709 57 72, Di–So 17–23 Uhr. Erfolgreich seit 40 Jahren, weil authentisch: Chinesen essen gerne hier. 3-Gänge-Menü 18 £.

Mehr als Tee ▶ **Leaf** `5`: 65–67 Bold St., Tel. 0151 70 77 74, tgl. 9–21 Uhr. Café mit ausgezeichneten Teesorten, hausgemachten Kuchen, Mittagsgerichte ab 7 £, abends Veranstaltungen von Kino bis Kunst und Musik.

Einkaufen

Im Beatles-Viertel ▶ **Cavern Walks** `1`: Mathew St., vereint viele Designer-Geschäfte unter einem Dach.

Vorsicht WAGs! ▶ **Metquarter** `2`: Whitechapel. Viele Designerläden unter einem

Liverpool und Umgebung

Dach. Lieblingsziel der Fußballergattinnen (»Wives & Girlfriends« – WAGs).

Vinyl und CD ▶ **Probe Records** **3**: School Lane. Legendärer Plattenladen.

Die Gegend um Bold Street ist eine Fundgrube für preiswerte Mode und individuelle kleine Läden jeder Art.

Abends & Nachts

Im ›Beatles-Viertel‹ Mathew St. sowie rund um die Wood St. gibt es zahlreiche Clubs und Pubs.

Der Klassiker ▶ **Cavern Club** **19**: abends Livemusik, www.cavernclub.org/.

Angesagt ▶ **Korova** **1**: 32 Hope St, www.korova-liverpool.com, Tel. 0151 709 70 97. Tgl.19 Uhr bis spät, jeden Abend Livemusik. Bar und Club der jungen Szene.

Tolles Design ▶ **Philharmonic Dining Rooms** **2**: 36 Hope St., Tel. 0151 707 28 37. Eindrucksvolle Architektur und Dekoration der 1890er-Jahre, einfache Pub-Küche.

Kunst und mehr ▶ **Bluecoat Arts Centre** **3**: School Lane, Tel. 0151 702 53 24. Tanz, Jazz, Lesungen und mehr.

Vielfältige Shows ▶ **Empire Theatre** **4**: Lime St., Tickets: Tel. 08 44 847 25 25, www. liverpoolempire.org.uk. Oper, Schauspiel, Konzerte.

Gutes Schauspiel ▶ **Everyman Theatre** **5**: 11 Hope St., Tel. 0151 709 47 76, www.everymanplayhouse.com. Tanz, Schauspiel, Konzerte.

Medienkunst ▶ **FACT** **6**: 88 Wood St., www.fact.co.uk. Zentrum für Filme, Videokunst, neue Medien mit Kinos, Galerien und Café-Bar.

Klassik ▶ **Royal Liverpool Philharmonic Orchestra** **7**: In der Philharmonic Hall, Hope St., Tel. 0151 709 37 89, www.liverpoolphil.com.

Aktiv

Hafenrundfahrten ▶ **Mersey Ferries** **1**: Pier Head, tgl. ab 10 Uhr, Auskunft Tel. 0151 330 14 44.

Termine

Grand-National-Pferderennen (Ende März/Anfang April): Infos und Tickets unter Tel. 0844 579 30 01, www.aintree.co.uk. Züge fahren ab Central Station zur Rennbahn.

Mathew Street Festival (Ende Aug.): Rockmusik, Ausstellungen, Flohmärkte. Während

Im Cavern Club gaben die Beatles 1961 ihr Debüt

dieser Tage ist die Stadt brechend voll, www.mathewstreetfestival.com.

Liverpool Biennial (Mitte Sept.–Mitte Nov.): Das größte britische Festival für Kunst der Gegenwart findet alle zwei Jahre statt (2012, 2014), www.biennial.com.

Verkehr

Flugzeug: Der John Lennon Airport im südl. Stadtteil Speke entwickelt sich zum Ziel billiger Europa-Flüge, z. B. Easyjet ab Berlin-Schönefeld, Genf, Innsbruck, Salzburg. Bus vom Flughafen zur Stadtmitte 45 Min., nach Manchester 75 Min.

Bahn: Direktverbindung ab London (Fahrzeit: 3 Std.); weitere Verbindungen nach Chester und Manchester.

Bus: Direktverbindung nach London (Fahrzeit: 4–5 Std.) und zu anderen Großstädten, z. B. Birmingham, Manchester.

Ausflüge ins Umland

Port Sunlight ▶ F 13

Die Welt der Industriearbeiter erlebt man auf der **Halbinsel Wirral** zwischen den Flüssen Mersey und Dee von der Sonnenseite. Hier gibt es zwar Industrie, doch Wirral birgt eine Perle: Das Musterdorf Port Sunlight entstand nach einer Idee des Industriellen William Lever, der durch die Herstellung einer Seife der Marke Sunlight reich wurde. Ab 1889 baute er das Dorf für seine Arbeiter.

Die schwarz-weißen Fachwerkhäuser mit Schule, Kantine, Krankenhaus, Konzertsaal und Kunstmuseum bilden eine idyllische Umgebung, in der sich die Belegschaft wohlfühlen sollte. Heute steht das Dorf unter Denkmalschutz. Die Geschichte von Lever erklärt eine Ausstellung im Heritage Centre (95 Greendale Rd., tgl. 10–16 Uhr), und ein Village Trail führt den Besucher über das Gelände.

In der **Lady Lever Art Gallery** (Windy Bank, tgl. 10–17 Uhr) befinden sich englische Gemälde des 18. und 19. Jh., Möbel, Skulpturen sowie chinesisches und englisches Wedgwood-Porzellan.

Der botanische Garten der Universität Liverpool, **Ness Gardens,** befindet sich ebenfalls auf der Halbinsel Wirral. Mit Rhododendren und Azaleen, Staudenbeeten und vielen Baumarten sind die 1898 angelegten Gärten zu jeder Jahreszeit eine Augenweide (Feb.–Okt. tgl. 10–17 Uhr, www.liv.ac.uk/nessgardens, ab Ausfahrt 4 der Autobahn M 53 Liverpool-Chester ausgeschildert).

Verkehr

Bahn: ab Liverpool Central nach Bebington oder Bus 464 ab Sir Thomas St. in Liverpool Stadtmitte.

Speke Hall ▶ G 14

Der Herrensitz Speke Hall im südlichen Stadtgebiet von Liverpool, in der Nähe des Flughafens gelegen, ist ein prächtiges Beispiel der für Nordwestengland typischen ›schwarzweißen Architektur‹. Das reich dekorierte Fachwerk des Gebäudes entstand in der Tudor-Zeit. In einigen Zimmern stammt die Einrichtung aus dem 16. Jh., in anderen überwiegt der viktorianische Stil. Zum Haus gehören ein Priesterversteck sowie schöne Gärten (Ostern–Okt. Mi–So 11–17 Uhr).

Verkehr

Bus: 80A ab Great Charlotte St., 500 ab Bahnhof Lime St.

Auto: Richtung Flughafen, ab dort ausgeschildert.

An der Küste ▶ F/G 13

Die Küste nördlich von Liverpool ist die größte zusammenhängende Dünenlandschaft der britischen Inseln. Am Strand von **Crosby** hat Anthony Gormley ein Großkunstwerk mit dem Titel »Another Place« aufgestellt. 100 lebensgroße eiserne Abgüsse seines eigenen Körpers stehen auf einem 3 km langen Strandabschnitt. Bei Ebbe sind meist alle sichtbar, bei Flut – je nach Tidenhöhe – manchmal gar keine (Bahnstation Hall Road, von dort 10 Min. zu Fuß an herrlichen Seekapitänshäusern des frühen 20 Jh. vorbei zum Strand; mit dem Auto über die A 565, »Another Place« ist ausgeschildert).

Liverpool und Umgebung

Im Naturschutzgebiet bei **Formby** kann man sich am Sandstrand oder in den Dünen aufhalten (Bahnhof Freshfields, von dort 1,5 km zum Strand). Zwischen Crosby, Formby und Ainsdale, einem weiter nördlich gelegenen Ortsteil von Southport, sind wunderschöne Strandwanderungen möglich, und über die relativ nahe zueinander liegenden Bahnstationen kommt man schnell zum Startpunkt zurück, z. B. von Crosby nach Ainsdale, ca. 12 km auf dem gut markierten **Sefton Coastal Path** (www.sefton.gov.uk, s. Transport, 33,6 km insgesamt zwischen Liverpool und Southport, einzelne Etappen 5 bis 12 km).

Der Reiz des Seebads **Southport** besteht neben den Golfplätzen (s. aktiv unterwegs, S. 171) vor allem in der eleganten Lord Street aus dem 19. Jh. Diese von Gärten gesäumte Allee mit Arkaden aus Glas und Gusseisen ist eine der schönsten Einkaufsstraßen Englands. »Seebad« kann sich die Stadt streng genommen nicht mehr nennen, da das Meer sich seit dem 19 Jh. um gut einen Kilometer zurückgezogen hat. Den entsprechend breiten Streifen zwischen der alten Meerespromenade und der heutigen Küstenstraße nehmen jetzt Gärten und ein künstlicher See ein. Der knapp 1,5 km lange Pier bleibt bei Ebbe in voller Länge trocken, bietet trotzdem einen angenehmen Spaziergang mit Blick über die Bucht nach Blackpool und an klaren Tagen zu den nordwalisischen Bergen.

Nördlich der Stadtmitte im Sumpfgebiet an der Mündung des Ribble sammeln sich Abertausende von Zugvögeln, die man im Schutzgebiet des RSPB direkt am Meer im Stadtteil Marshside (direkt an der Küstenstraße, nördlich der Stadtmitte) oder in der Vogelstation **Martin Mere** beobachten kann (www. wwt. org.uk, tgl. 9.30–17.30 Uhr). Über 100 Vogelarten, vor allem Schwäne, Wildenten und Gänse, darunter seltene und bedrohte Arten, halten sich im Laufe eines Jahres in Martin Mere auf. Mit um Seen und Wiesen platzierten Beobachtungsverstecken und Teichen, wo bunte Wasservögel gefüttert werden können, ist der Besuch sowohl für ernsthafte Vogelfreunde als auch für Familien geeignet.

In der Nähe an der A 59 befindet sich ein hübsches Beispiel für die schwarz-weiße Fachwerkarchitektur, der im 16. und 17. Jh. entstandene Herrensitz **Rufford Old Hall.** Hier sieht man noch die alte Wohnweise, wo sich alles um die große Halle mit Riesenkamin drehte (Ostern–Okt. So–Mi 11–17 Uhr).

Infos

Southport Tourist Information Centre: 112 Lord St., Tel. 01704 53 33 33, www.Visit Southport.com.

Übernachten

Luxus für Golfer ▶ **The Vincent:** 98 Lord St., Southport, Tel. 01704 88 38 30, www.thevincenthotel.com. 2008 eröffnet, schick und modern, Wellnessbereich und gute Küche. DZ ab 83 £.

Essen & Trinken

Meeresfrüchte ▶ **Warehouse Brasserie:** 30 West St., Southport, Tel. 01704 54 46 62, Mo–Sa 12–14, 17.30–22 Uhr. Globale Küche mit lokalem Einschlag: Southport-Shrimps-Risotto, Heilbutt mit Chorizo-Kruste. Hauptgerichte 15–25 £.

Aktiv

Golferparadies ▶ **Golf Coast:** Siehe aktiv unterwegs S. 171.

Termin

Blumenspektakel ▶ **Southport Flower Show** (vier Tage um das dritte Augustwochenende): im Victoria Park nahe der Strandpromenade. Eine sehenswerte Gartenschau, eine der größten Englands, www.southportflowershow.co.uk.

Verkehr

Nach **Crosby, Formby** und **Southport** kommt man mit dem Zug ab Bahnhof Liverpool Central, tagsüber alle 15 bis 30 Min., Fahrtzeit Liverpool–Southport: 45 Min.). Southport erreicht man auch mit der Bahn aus Manchester. **Martin Mere** erreicht man mit dem Auto über die A 59 sowie über die Autobahnen M 6 und M 58 (ausgeschildert).

aktiv unterwegs

Golfspielen an der Irischen See

Tour-Infos

Royal Birkdale: Waterloo Rd., Birkdale, Southport, Tel. 01704 55 20 20, www.royal birkdale.com, Reservierung erforderlich; green fees: Mo–Fr 180 £, Sa/So 210 £; Achtung Kleiderordnung!

Royal Lytham and St Annes: Links Gate, Lytham St Annes, Tel. 01253 72 42 06, www. royallytham.org, So–Fr 165 £, Sa 247 £.

Formby Golf Club: 3, Golf Rd., Freshfield, Formby, Tel. 01704 87 21 64, www.formby golfclub.co.uk, Mo–Fr 75–110 £, Sa/So 85–130 £.

Southport and Ainsdale Golf Club: 2, Bradshaws Lane, Ainsdale, Southport, Tel. 01704 57 80 00, www.sandagolfclub.co.uk, Mo–Fr 80 £, Sa/So 105 £.

Weitere Infos: www.englandsgolfcoast.com.

Die Küste von Nordwestengland um und nördlich von Liverpool profiliert sich mit gutem Grund als ›golf coast‹. Diese schöne Dünenküste mit frischem Westwind bietet hervorragende Bedingungen für Golfspieler. Drei der 20 Golfplätze der Region sind unter den 20 besten in Großbritannien und Irland und auch unter den 75 Top-Plätzen weltweit. Hier handelt es sich – der königliche Beiname sagt es schon – um den Royal Birkdale, den Royal Liverpool und den Royal Lytham and St Annes Club, die häufig Austragungsorte führender Wettbewerbe wie des British Open oder Ryder Cup waren. Dort zahlen Besucher hohe Gebühren, aber die preiswerteren benachbarten Plätze bieten eine ebenso schöne Umgebung.

Ein guter Standort für einige Golftage ist Southport. Die 80 000-Einwohner-Stadt verfügt über sechs Golfplätze, darunter der prestigeträchtige **Royal Birkdale,** der seit 1897 ein herrliches Gelände auf begrünten Sanddünen besitzt. Die Meeresbrise und die

Länge des 6565-m-Rundgangs, darunter das 13. Loch mit 456 m für Par 4, stellen eine echte Herausforderung dar, aber ein Drink im Art-déco-Klubhaus mit Panorama-Fenstern entschädigt am Ende. Wer eine zweite Runde in gehobenem Ambiente absolvieren will, fährt weiter nördlich zum **Royal Lytham and St Annes.** Nicht ganz so nobel, aber ebenfalls hochwertig sind der **Formby Golf Club** in einer schönen Wohngegend nahe einem Naturschutzgebiet am Strand und der **Southport and Ainsdale Golf Club.**

Mitreisende, die nicht Golf spielen wollen, können derweil am Dünenstrand in Formby oder Ainsdale wandern, in Southport am zweitlängsten Pier des Landes spazieren oder eine Tour auf dem **Sefton Coastal Path** zwischen Liverpool und Southport unternehmen (www.seftonsnaturalcoast.com, gute Bahnverbindung für einzelne Etappen).

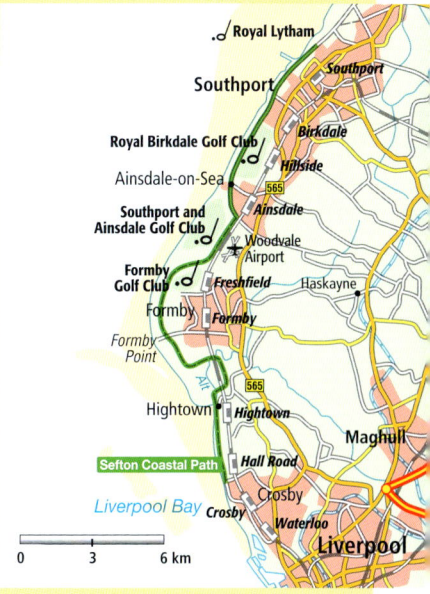

**Eine alte Industriestadt hat Wohlstand und Selbstbewusstsein wieder ge-
wonnen. Das rundum erneuerte Zentrum wartet mit gastronomischer
Vielfalt, schicken und schrägen Einkaufsvierteln und einem vitalen Nachtleben auf. Erstklassige Museen, Musik und Theater auf hohem Niveau
sowie die prächtige Architektur des 19. Jh. prägen das kulturelle Leben.**

Manchester ▶ G/H 13

Cityplan: S. 175

Unter den englischen Städten beansprucht
Manchester nach London den zweiten Platz.
Birmingham ist zwar größer – Manchester hat
offiziell nur 450 000 Einwohner –, doch die
Dynamik der nordwestenglischen Metropole,
Mittelpunkt eines Ballungsgebiets von 2,5
Mio. Menschen, überzeugt.

Der Bau großer Textilfabriken im ausgehenden 18. Jh. machte aus einer ursprünglich römischen Siedlung am Fluss Irwell die
erste Industriestadt der Welt, und der Name
Manchester stand für ein neues Zeitalter. Der
Manchester-Kapitalismus wurde zum Begriff
für eine ungehemmte wirtschaftliche Entwicklung – mit dem von Friedrich Engels hier
beobachteten sozialen Elend, aber auch mit
wegweisenden Errungenschaften.

Die erste Passagiereisenbahn der Welt, die
erste öffentliche Bibliothek des Landes und
ein grandioses Rathaus entstanden im 19. Jh.
Auf der nationalen politischen Bühne stand
Manchester für Demokratisierung und eine
fortschrittliche Sozialpolitik. Noch 1894 am
Ende der Glanzzeit vollendeten die Stadtväter das Großprojekt Manchester Ship Canal,
der unter Umgehung des Hafens des rivali-
sierenden Liverpool die Industriegebiete direkt mit dem Meer verband.

Mitte des 20. Jh. erlahmte diese Dynamik.
Den einst herrlichen Backsteinfassaden der
Geschäftsviertel war der Verfall deutlich an-
zusehen. Die Baulücken, eine Hinterlassenschaft des Bombenkrieges, schienen kaum
hässlicher als manche Neubauten in der
Stadtmitte. Erst mit dem Aufschwung der
1990er-Jahre kam die Sanierung in Gang. Die
Verwüstung, die eine Bombe der Irisch-Re-
publikanischen Armee 1996 im Einkaufsviertel anrichtete, beschleunigte nur die Entwicklung. Der Stadtrat beschloss einen Wiederaufbau, der weit über die Beseitigung der
Bombenschäden hinausging.

Bürogebäude und Lagerhäuser des 19. Jh.
wurden zu Restaurants und Fitness-Studios,
Loft-Wohnungen und Hotels umfunktioniert.
Der ehemals heruntergekommene Platz um
Piccadilly Gardens erhielt ein neues Gesicht,
und das angrenzende Northern Quarter, eine
Hochburg der Jugendkultur, strotzt mittler-
weile vor Vitalität. Um das Kanalbecken von
Castlefield und das Gay Village an der Canal
Street wuchs eine lebhafte Nachtszene. Das
Kunstmuseum City Art Gallery wurde auf-
wendig renoviert, das renommierte Hallé-Or-
chester zog in eine hoch gepriesene neue
Konzerthalle, und ein neues Kulturviertel ent-
stand auf der ehemaligen Industriebrache im
Stadtteil Trafford.

Rathausviertel

Dass Manchester einmal die führende Industriestadt der Welt war und sich bis heute als
große Metropole versteht, sieht man an dem
imposanten architektonischen Erbe aus der
Blütezeit im 19. Jh. Die neugotische **Town**

Hall 1 am Albert Square, 1868–77 nach dem Entwurf von Alfred Walterhouse errichtet, gehört zu den herausragenden öffentlichen Bauten des 19. Jh. in England. Die Wände des großen Saals schmückt ein Freskenzyklus von Ford Madox Brown, eine Darstellung der Stadtgeschichte (Mo–Fr 9–17 Uhr, Auskunft über Führungen im benachbarten Tourist Office). Auf der Südseite des Rathauses steht am St Peter's Square die kreisrunde **Central Library 2**, 1934 als damals größte öffentliche Bücherei der Welt gebaut. An der angrenzenden Peter Street sieht man die prächtige Fassade des ehrwürdigen **Midland Hotel 3**, eine führende Adresse im Eisenbahnzeitalter, aber auch der Ort, an dem sich die Herren Rolls und Royce kennenlernten.

Über die Mosley Street, dann rechts in die Princess Street, erreicht man die **City Art Gallery 4**, wo es vor allem britische Kunst vom 18. bis zum 20. Jh. zu bewundern gibt. Sehenswert ist neben Werken der Präraffaeliten sowie von Francis Bacon und David Hockney aber auch die kleine, feine Sammlung europäischer Kunst mit niederländischer Malerei des 17. Jh. und Werke französischer Impressionisten (Ecke Mosley/Princess St., www.manchestergalleries.org, Di–So 10–17 Uhr). Es sind nur ein paar Schritte weiter entlang der Princess Street zur **Chinatown 5**. In den Straßen rund um das chinesische Tor findet man viele chinesische Restaurants und Geschäfte.

Deansgate und St Ann's Square

An der Nordseite von Albert Square führt die John Dalton Street in westlicher Richtung zur Straße Deansgate, eine Adresse für schicke Bars und Cafés. Links geht es zu einem wahren architektonischen Kleinod, der Bibliothek **John Rylands Library 6** auf der gegenüberliegenden Straßenseite, Hausnummer 150. Eine fast vollständig erhaltene Einrichtung ergänzt die äußerst fantasievolle neugotische Architektur. Die kubanische Witwe des Textilmagnaten John Rylands beauftragte Architekt Basil Champneys im Jahre 1888 mit dem Bau zum Andenken an ihren Ehemann. Das

People's History Museum 7 im ehemaligen Hydraulikwerk in der Bridge Street, das sich der Arbeitergeschichte widmet, öffnet 2010 nach Renovierung wieder (aktuelle Auskunft: www.phm.org.uk).

Über Deansgate geht es in Richtung Norden zum elegantesten Einkaufsviertel der Stadt rund um die King Street und St Ann's Square. Man biegt nach rechts in die St Ann's Street zur **St Ann's Church 8**, 1712 erbaut und im 19. Jh. mit schönen Glasfenstern ausgestattet. Auf der Westseite des Platzes lohnt sich ein Blick in die Barton Arcade, eine aus Glas und Gusseisen gebaute viktorianische Einkaufspassage. Auf der Nordseite des St Ann's Square ist die 1872 vollendete Baumwollbörse, **Royal Exchange 9**, nicht zu übersehen. Ein modernes Theater wurde in die große Halle hineingebaut. Es ist fraglich, ob diese Maßnahme, die den Komplex wahrscheinlich vor dem Abriss rettete, den Neo-Renaissance-Bau verschönert hat, aber der hohe Raum bleibt eindrucksvoll. Eine Tafel zeigt noch die Baumwollpreise des Jahres 1968, als der Handel hier eingestellt wurde.

Millennium Quarter

Weiter in Richtung Norden führt die New Cathedral Street an den großen Kaufhäusern vorbei. Das an der Kathedrale neu entstandene, fußgängerfreundliche Viertel nennt sich Millennium Quarter. Die drei Konsumpaläste Marks and Spencer, Harvey Nicols und Selfridges entstanden alle im Zuge der Sanierung nach dem IRA-Bombenanschlag von 1996. Hält man sich links, so geht es am Ende von Deansgate zur **Kathedrale 10**. Diese ehemalige Pfarrkirche, ein Beispiel des Perpendicular-Stils aus dem 15. Jh., wurde 1847 zum Bischofssitz erhoben und in der Nachkriegszeit nach schwerer Beschädigung durch eine Bombe im Jahr 1940 sorgfältig restauriert. Gegenüber der Kathedrale steht **Chetham's Hospital School and Library 11**, mit Bauteilen aus dem 15. Jh. errichtet und die erste öffentliche Bibliothek Englands, die 1653 gegründet wurde. Die Schule ist heute eine Musikakademie, die auch von den Chorknaben der Kathedrale besucht wird. Ein kur-

Manchester

zer Blick in die historische Bibliothek ist lohnend (Mo–Fr 9–12.30, 13.30–16.30 Uhr). Hier kann man sich an den Eichentisch setzen, den Friedrich Engels und Karl Marx 1845 benutzten. Die Bücher, die sie lasen, gehören noch zu den Beständen.

Über die Fennel Street erreicht man ein auffälliges Bauwerk, das gern als ›gläserne Skipiste‹ bezeichnet wird. Hier zog Anfang 2012 das **National Football Museum 12** ein (www.nationalfootballmuseum.com). Manchesters Anspruch, Fußballhauptstadt zu sein, untermauert hier eine große Ausstellung mit Trophäen, Medaillen, Filmen, Fotos und allerhand Devotionalien wie z. B. das »Hand Gottes«-Trikot von Diego Maradona.

Northern Quarter

Das Kontrastprogramm zum schicken Millennium Quarter bietet das Northern Quarter, das man nach Überquerung der Corporation Street über Withy Grove am überdimensionierten Arndale Centre vorbei erreicht. Hier wurde noch nicht alles fein herausgeputzt. Dafür spürt man in den vielen kleinen Modeboutiquen, Buch- und Musikläden sowie Cafés und Musikkneipen rund um die Oldham Street das kreative Flair der Kunst- und Studentenszene. Rechts in die Thomas Street kommt man zum **Chinese Arts Centre 13**, das mit Teehaus, Laden und Wechselausstellungen als Forum für Kunst, Design, Fotografie und andere Medien aus China dient (Di–Sa 10–17 Uhr). In der Oak Street, die von der Thomas Street links abzweigt, befindet sich das **Craft and Design Centre 14** auf dem Gelände des viktorianischen Fischmarktes. Hier haben sich Kunsthandwerkerateliers mit Verkaufsräumen etabliert (Mo–Sa 10–17.30 Uhr).

Ruhe im kreativen Trubel bietet das **Buddhist Centre 15** – wer nicht meditieren will, kann sich im vegetarischen Earth Café ausruhen (16–20 Turner St., Café Mo–Fr 9–16, Sa/So 10–17 Uhr). Die beiden Adressen der **Richard Goodall Gallery 16** (59 Thomas St. und 103 High St.) sind Verkaufs- und Ausstellungsräume für Fotografie, zeitgenössische Kunst und Rockmusik-Kunstposter.

Castlefield und Universität

Das nach den Resten des römischen Forts benannte Castlefield ist ein neues Freizeitviertel am Kanalbecken direkt südwestlich

der Stadtmitte. Von Albert Square über Deansgate und die Liverpool Road dauert der Fußweg dorthin etwa 15 Minuten. Hier laden Spazierwege am Kanalufer sowie Restaurants und Bars in restaurierten Lagerhäusern zu entspannten Stunden ein. Wissbegierige dagegen können im ausgezeichneten **Museum of Science and Industry 17** viele Stunden verbringen. Das Museum beherbergt eine Ausstellung zur Industrie- und Stadtgeschichte, darunter frühe Dampfmaschinen und -lokomotiven sowie Geräte der Textil- und Druckindustrie. Der erste Passagierbahnhof der Welt, von dem aus ab Sep-

Manchester und Umgebung

tember des Jahres 1830 Fahrgäste befördert wurden, ist Teil des Museums. In zwei ehemaligen Markthallen ist die **Air and Space Gallery,** eine Ausstellung zur Luft- und Raumfahrt, untergebracht (www.mosi.org.uk, tgl. 10–17 Uhr).

Zwei weitere Museen erreicht man am besten mit dem Bus (Nr. 41, 42, 43, 111, 147 ab Piccadilly Gardens). Die wissenschaftlichen Sammlungen der renommierten Manchester University befinden sich im **Manchester Museum** 18. Vor allem die Ausstellungen über alte Hochkulturen sowie die Entwicklung der Erde und des Lebens lohnen

einen Besuch (Oxford Rd., Di–Sa 10–17, So– Mo 11–16 Uhr).

Etwas weiter südlich an der Oxford Road beherbergt die **Whitworth Art Gallery** 19 eine qualitätvolle Sammlung bildender und angewandter Kunst. Gemälde führender britischer Maler, von Constable und Turner bis zur Gegenwart, und Plastiken von Henry Moore und Barbara Hepworth sind ebenso zu sehen wie Tapeten und Textilien von William Morris und anderen Künstlern der Arts-and-Crafts-Bewegung (Mo–Sa 10–17, So 12–16 Uhr; The Gallery Cafè ist sehr gut und preiswert).

Das neue Hafenviertel in Trafford mit dem Lowry Centre

Trafford und das Hafenviertel

Der im Südwesten von Manchester liegende Stadtteil Trafford ist als Heimat des Fußballvereins **Manchester United** [20] berühmt. Das Stadion nennt sich ›Theatre of Dreams‹ und hält für alle, die keine Eintrittskarte ergattern können, das vereinseigene Museum und Führungen durch das Stadion bereit (Manchester United Football Club, Old Trafford, Tel. 0161 868 80 00 Führung und Museum, www.manutd.com, tgl. 9.30–16.30 Uhr).

Unweit davon am ehemaligen Hafen am Ende des Manchester Ship Canal ist ein neues Kulturviertel entstanden (Anfahrt mit der Metrolink-Bahn von der Stadtmitte, Haltestelle Harbour City). 2002 wurde das **Imperial War Museum North** [21], ein Werk des Architekten Daniel Libeskind vollendet. Das Museum ist keine kriegsverherrlichende Institution, sondern birgt eine nachdenklich stimmende Ausstellung zum Thema ›Mensch und Krieg‹ (www.iwm.org.uk, tgl. 10–18 Uhr).

Am Hafen befindet sich auch **The Lowry** [22], eine den Werken des Manchester-Malers L. S. Lowry gewidmete Galerie mit zwei Theatern. Lowry (1887–1976) malte das alte Manchester. Er wohnte bis zu seinem 52. Lebensjahr im Elternhaus im armen Stadtteil

Manchester und Umgebung

Salford und malte nur in seiner Freizeit, da er auf sein Einkommen als Sachbearbeiter einer Versicherungsfirma und später als Mietkassierer angewiesen war. In seinen Bildern wimmelt es von Menschen, die im Dunst ihrer schmutzigen industriellen Umwelt zeigt: Kleine Gestalten vor riesigen Textilfabriken; gebückte Figuren, die in grauen Straßen herumstehen oder Kinderwagen im Park schieben; spielende Kinder mit Streichholzbeinen und merkwürdige Hunde. Er gehört zu den wenigen Malern, die im Volk bekannt und beliebt sind, und viele Besucher der Ausstellung im Lowry Centre gehören nicht zum üblichen Galerienpublikum. Über die Verwandlung des Hafengebiets und die nach ihm benannte moderne Architektur hätte sich der Maler gewundert (www.thelowry.com, Tel. 0843 208 60 00, tgl. 10–20 Uhr).

Infos

Tourist Information Centre: Piccadilly Plaza, Portland St., Tel. 0871 222 82 23,www.visit manchester.com, Mo–Sa 9.30–17.30, So 10.30–16.30 Uhr.

Übernachten

Extravagantes Ambiente ▶ Palace Hotel 1: Oxford St., Tel. 0161 288 11 11, www.pala ce-hotel-manchester.co.uk. Herrliche viktorianische Architektur, zu einem Luxushotel umgebaut, Nähe Stadtmitte. DZ 140 £, bei Buchung per Internet günstige Angebote.

Cool und bequem ▶ Arora International 2: 18–24 Princess St., Tel. 0161 236 89 99, www.arorainternational.com. Denkmalgeschützt, für designbewusste Gäste umgebaut, 140 Zimmer; schicke Bar Obsidian. DZ ab 99 £.

Modern ▶ Castlefield Hotel 3: Liverpool Rd., Tel. 0161 832 70 73, www.castlefield-hotel.co.uk. Hotel am Kanal mitten im sanierten Castlefield-Viertel, mit Fitnessclub, Pool und Sauna. DZ ab 90 £.

Zentrale Lage ▶ The Oxnoble 4: 71 Liverpool Rd., Castlefield, Tel. 0161 839 77 60, www.theox.co.uk. Zehn Zimmer in einem Pub mit guter Küche gegenüber dem Museum of Science and Industry. DZ ab 50 £.

Preiswert ▶ Hatters Hostel 5: 50 Newton St., Tel. 0161 236 95 00, www.hattersgroup. com. Im Mehrbettzimmer ab 15 £, EZ oder DZ 25–35 £ pro Person. Gute Stimmung und Lage im Northern Quarter.

Essen & Trinken

Gute chinesische Küche findet man fast überall im Chinatown-Viertel. Besonders empfehlenswert:

Doppelt asiatisch ▶ Pacific 1: 58 George St., Tel. 0161 228 66 68, Mo–Sa 12–24, So 12–23 Uhr. Oben Thai, unten chinesisch. 3-Gänge-Menü ab 20 £.

Wirklich scharf! ▶ Red Chilli 2: 70–72 Portland St., Tel. 0161 236 28 88. Authentische Sichuan- und Bejing-Küche. Gerichte 8,50–14 £.

Entlang der Wilmslow Road, südlich der Stadtmitte, erstreckt sich die ›Curry Mile‹ mit über 60 meist preiswerten indischen, persischen und pakistanischen Restaurants. Darunter:

Meister der Gewürze ▶ Lal Qila 3: 123–127 Wilmslow Rd., Tel. 0161 224 99 99, tgl. 12–1 Uhr. Großzügige Portionen, Hauptgerichte 8,50–10,50 £. Probieren Sie Haleem, gedämpftes Hackfleisch vom Lamm mit sieben Linsensorten. Auch in der Stadtmitte: 310 Deansgate, Tel. 0161 839 67 30.

Zwei Adressen in der Stadtmitte:

Lowrys Lokal ▶ Sam's Chop House 4: Chapel Walks, Cross St., Tel. 0161 834 32 10, Bar 11–23, Mittagessen 12–15, Abendessen 17.30–23 Uhr. Deftige britische Küche aus Omas Zeit, z. B. Corned Beef Hash (mit Stampfkartoffeln). Eine bronzene Statue ehrt einen Stammgast, den Maler L. S. Lowry. Hauptgerichte 10–15 £.

Nudelbar ▶ Tampopo 5: Albert Square, Tel. 0161 819 19 66, tgl. 12–22 Uhr. Gutes Beispiel für die in England beliebten *noodle bars*. Suppen und Nudelgerichte aus Thailand, Japan, Vietnam und Indonesien. Gerichte 8,50–10,50 £.

Einkaufen

Schicke Boutiquen gibt es in der Gegend um St Ann's Square, große Kaufhäuser im Millennium-Viertel, Junges und Schräges im Northern Quarter.

Traditionshaus ▶ House of Fraser `1`: 98–116 Deansgate. Alles auf sechs Etagen eines Art-déco-Hauses.

Londoner Schick ▶ Harvey Nichols `2`: New Cathedral St. Feine, teure Mode, sehr gutes Café. Fast genau so nobel und nebenan: Selfridges.

Neu und originell ▶ Designer Fashion Market `3`: Ecke Tib St./Market St., Sa 10–17 Uhr. Interessante Unikate.

Abends & Nachts

Junge *Mancunians* (so heißen die Bewohner der Stadt) behaupten, die neuesten Trends der Club- und Musikszene seien zuerst in Manchester, dann in London zu erleben. Mit der Programmzeitschrift ›City Life‹ hält man sich auf dem Laufenden.

Authentischer Pub ▶ Peveril of the Peak `1`: 127 Great Bridgewater St. Dieses urige Lokal bleibt sich seit über 150 Jahren treu und trotzt allen Trends.

Gepflegte Tradition ▶ The Briton's Protection `2`: 50 Great Bridgewater St. Ein weiterer echter Pub im alten Stil.

Treff für junge Künstler ▶ Islington Mill `3`: James St., Salford, Tel. 0161 278 64 04, www.islingtonmill.com. Ehemalige Textilfabrik in Salford am anderen Irwell-Ufer (kostenloser Metroshuttle-Bus bis Bf. Salford Central ab Bf. Piccadilly oder Deansgate). 50 Künstlerateliers und viele Events, auch Club-Abende. Einfache Unterkunft im Haus.

In den Wolken ▶ Cloud 23 `4`: 303 Deansgate. ›Sky Bar‹ auf der 23. Etage des Hilton-Hotels. Gute Weine, kreative Cocktails. So–Do 17–1, Fr/Sa 16.30–2 Uhr.

Lebhafte Szene ▶ Gay Village `5`: Zahlreiche Kneipen und Cafés an der Canal St., die nicht nur von Schwulen besucht werden.

Klassik ▶ Bridgewater Hall `6`: Lower Moseley St., Tel. 0161 907 90 00, www.bridgewater-hall.co.uk. Konzerte des Hallé Orchestra – auch andere Musikrichtungen.

Nicht mainstream ▶ Corner House `7`: 70 Oxford St., Tel. 0161 200 15 00. Galerie und Programmkino.

Musiktheater ▶ Opera House `8`: Quay St., Tel. 0844 871 30 18, www.manchesteropera house.org.uk. Oper und Musicals.

Buntes Programm ▶ Palace Theatre `9`: Oxford St., Tel. 0844 871 76 60. Tanz, Konzerte, Musicals.

Theater mit Niveau ▶ Royal Exchange Theatre `10`: St Ann's Square, Tel. 0161 833 98 33. Klassisches und modernes Schauspiel.

Termine

Chinesisches Neujahrsfest in Chinatown (Ende Jan./Anfang Feb.).
Manchester Pride (Ende Aug.): 10-tägiges Gay-Festival. Info: www.manchesterpride.com.

Verkehr

Flughafen: Manchester International Airport, der größte nordenglische Flughafen, ist von der Stadtmitte mit der Bahn in 20 Min. erreichbar, www.manchesterairport.co.uk.
Bahn/Bus: Vom Flughafen Bahnverbindungen nach Leeds und York und zum Lake District, Busse zu Zielen landesweit.

Ausflüge ins Umland

In einer Stunde sind von Manchester aus das Hochland von Nordwales, der Lake District (s. S. 186ff.), der Peak District (s. S. 304) sowie Yorkshire (s. S. 246) zu erreichen. Auch in unmittelbarer Nähe der Stadtgebiete lohnen industriegeschichtliche Denkmäler sowie Zeugnisse aristokratischer Kultur eine Besichtigung.

Drei Herrensitze ▶ G/H 13/14

Dunham Massey, bis 1976 Familiensitz der Grafen von Stamford, ist ab Ausfahrt 7 der Autobahn M 56 gut ausgeschildert. Das Haus stammt aus dem 18. Jh., aber die geschmackvolle Inneneinrichtung wurde teilweise im Zuge der Renovierung nach 1905 angeschafft. Es gibt einen großen Wildpark, außerdem einen sehr schönen Garten. In Dunham Massey sieht man, wie autark das Gut einer Adelsfamilie war: Der Park lieferte

Quarry Bank Mill

Die Tuchfabrik Quarry Bank Mill, im grünen Tal des Bollin gelegen, ist ein einzigartiges Beispiel für eine Fabrik mit Arbeitersiedlung aus der Anfangszeit der Industriellen Revolution. Besucher sehen die über 200 Jahre alte Maschinerie in Betrieb und erfahren etwas über die Lebensbedingungen der Arbeiter.

Als im Jahre 1784 Samuel Greg mit dem Bau einer Baumwollspinnerei begann, stand England am Anfang der Industriellen Revolution. Die ersten erfolgreichen Erfindungen zur Mechanisierung der Herstellung von Baumwolltuch waren 20 Jahre alt, so beispielsweise eine *mule* (Maulesel) genannte Maschine, die Wasserkraft ausnutzte, um viele Fäden einer bisher unerreichten Qualität gleichzeitig zu spinnen. Das herkömmliche Spinnrad mit nur einer Spindel wurde durch Maschinen mit 48 und, ab dem Jahr 1800, 400 Spulen ersetzt.

Das Museumspersonal führt vor, wie man am alten Spinnrad und Webstuhl arbeitete, und Besucher dürfen es auch probieren. Die fortschreitende Mechanisierung der Baumwollverarbeitung wird anhand vieler noch betriebsbereiter Maschinen erklärt, so dass man einen authentischen Eindruck von der Arbeitswelt in früheren Zeiten bekommt. 9000 m Tuch werden auf den alten Maschinen jährlich produziert. Das Prachtstück der Sammlung ist das riesige, 1818 installierte Wasserrad. Es trieb die Maschinerie der Fabrik mit 100 PS an, bis es nach einem Defekt im Jahr 1904 demontiert wurde. Obwohl Dampfmaschinen ab Anfang des 19. Jh. in Quarry Bank Mill eingesetzt wurden, blieb es wirtschaftlicher, die vorhandene Wasserkraft zu nutzen: Noch Mitte des Jahrhunderts reichte die Wasserströmung an 100 Arbeitstagen im Jahr, um alle Web- und Spinnmaschinen ohne Dampfrad zu betreiben. Das Rad, das sich jetzt langsam und stattlich im tropfenden Kellergeschoss dreht, wurde aus einer anderen Fabrik hierher gebracht und restauriert. 50 t schwer, über 7 m im Durchmesser und fast ebenso breit, war das eiserne Rad einst eine technische Meisterleistung, die heute noch imponiert. Die Gregs bauten ein Reservoir und einen kilometerlangen Tunnel, um die notwendigen 45 000 l Wasser pro Minute dem Rad zuzuführen. Die Maschinerie ist wieder an das Wasserrad angeschlossen; auch eine restaurierte Dampfmaschine aus dem Jahr 1840 wird eingesetzt.

Die Benutzung von Dampfkraft als Möglichkeit, gleichzeitig viele Maschinen zu betreiben, veränderte die Gesellschaft. Manchester wurde zur ersten Industriestadt der Welt. Konservative waren um die Sitten, Reformer um das Wohl des verelendeten Proletariats der neuen Industriestädte besorgt. Reisende, darunter der junge Friedrich Engels, empörten sich über die Zustände in den Armenvierteln. Konkurrenten, die Wolltuch herstellten, griffen die Baumwollmagnaten an und behaupteten, »das Tragen von Baumwolle erweckt erotische Gefühle in keuschen Frauen«. Kinderarbeit war ein besonders kontrovers diskutiertes Thema. Kinder verrichteten gefährliche Aufgaben, für die Erwachsene zu groß waren: Manche krochen den ganzen Tag zwischen den Maschinen auf dem Boden herum, um Baumwollflusen aufzusammeln; andere liefen ständig hinter beweglichen Teilen der Maschinen hin und her, um gerissene Fäden zusammenzurollen.

Thema

Auf dem Lande bei Quarry Bank Mill, wo ›nur‹ 17 Lehrlinge in den ersten 25 Jahren des Betriebs starben, waren die Verhältnisse etwas besser als in der Stadt. Besucher dürfen sich im Lehrlingshaus (Apprentice House) davon überzeugen. Das restaurierte Gebäude bot Unterkunft für zeitweise über 100 Kinder und Jugendliche zwischen 9 und 18 Jahren.

Auch für Nahrungsmittel und Unterkunft sorgte die Familie Greg und baute im nahe gelegenen Dorf Styal Arbeiterhäuschen, eine Schule, zwei kleine Kirchen und ein Geschäft. Heute sind diese Häuser baulich wenig verändert, teilweise noch von Nachkommen der früheren Fabrikarbeiter bewohnt. Die ehemaligen Gemüsegärten, deren Produkte vor 200 Jahren Brei und Kartoffeln ergänzten, werden jetzt liebevoll als Blumengärten gepflegt.

Auch die Familie Greg wohnte neben der Fabrik, im imposanten **Quarry Bank House** am Flussufer und ab 1834 im weiter entfernten **Norcliffe Hall.** Beide Häuser liegen in einem Park, der zu ausgedehnten Spaziergängen einlädt. Er wird heute als Naturdenkmal gepflegt, so dass das Aussehen der Anlage erhalten bleibt.

Nach der Fabrikbesichtigung kann man im Souvenir Shop einkaufen und im Mill Restaurant etwas zu sich nehmen. Typisch englisch wäre es, ein Picknick mitzubringen und, genussvoll den guten englischen Käse mit schlechtem englischen Brot verzehrend, auf nassem, aber gut gepflegtem Rasen sitzend, den Besuch von Fabrik, Lehrlingshaus, Dorf und Park zu einem ganztägigen Ausflug zu erweitern (Öffnungszeiten: s. S. 182).

Einblicke ins Zeitalter der Dampfmaschinen bietet die Tuchfabrik Quarry Bank Mill

Manchester und Umgebung

Wild, die Gärten Obst und Gemüse, der Teich Fisch und Entenfleisch, die Farm Getreide und der Wassergraben um das Haus Energie für die Wassermühle, eine noch funktionstüchtige Anlage aus dem 16. Jh., die das Getreide mahlte (Haus: März–Okt. Sa–Mi 11–17 Uhr; Garten: März–Okt. tgl. 11–17.30 Uhr, Park auch Nov.–März 9–17 Uhr, www.natio naltrust.org.uk).

Auch **Tatton Park,** ab Ausfahrt 7 der M 56 ausgeschildert, lohnt einen Besuch. In dem Herrenhaus (19. Jh.) sind Sammlungen von Gemälden, Glas, Möbeln, Silber und Keramik zu besichtigen. Italienische und japanische Gärten und ein 400 ha großer Wildpark mit zwei Seen laden zudem zu Spaziergängen ein. Die spätmittelalterliche Old Hall, Vorgängerbau von Tatton Hall sowie die Farm sind ebenfalls für Besucher geöffnet (Haus: Ostern–Sept. Di–So 13–17 Uhr; Park: April–Sept. tgl. 10–19 Uhr, Okt.–März Di–So 11–16 Uhr, www.nationaltrust.org.uk).

Lyme Park liegt an der A 6 am Rande des Peak District. Das elisabethanische Haus wurde im 18. und 19. Jh. weitgehend umgebaut. Das Personal in traditioneller Tracht lässt die Welt des ›Haus am Eaton Place‹ wieder aufleben. Selbstverständlich gibt es einen weitläufigen Park mit Rehen und einen Garten, hier im holländischen Stil (Haus: April–Okt. Fr–Di 11–17 Uhr; Garten: April–Okt. tgl. 11–17, www.nationaltrust.org.uk, Anfahrt Zug ab Manchester-Oxford Rd. nach Disley).

Industriedenkmäler

Das herausragende industriegeschichtliche Denkmal dieser Region ist die Baumwollfabrik **Quarry Bank Mill,** nahe dem Dorf Styal am Flughafen von Manchester (März–Okt. tgl. 11–17, Nov.–Feb. Mi–So 11–15.30 Uhr, www. nationaltrust.org.uk, s. Thema S. 180). Weiter südlich, in der Stadt **Macclesfield,** war die Seidenindustrie beheimatet. Das Silk Museum und die ehemalige Seidenspinnerei Paradise Mill informieren darüber (Museum Mo–Sa 11–15, Fabrikführungen Mo–Sa 12 Uhr, www.macclesfield.silk.museum). Westlich von Macclesfield erhebt sich mitten in den Kuhweiden der Grafschaft Cheshire eine

riesige Schüssel. Um das **Radioteleskop von Jodrell Bank** ist ein Science Centre entstanden, das nicht nur über den Weltraum informiert, sondern auch über verschiedene naturwissenschaftliche Bereiche (über Abfahrt 18 der Autobahn M 6 zu erreichen, Mitte Jan.–Mitte Dez. tgl. 10–17 Uhr Uhr, www. jb.man.ac.uk).

Das Programm ›**Industrial Powerhouse**‹ präsentiert eine breite Palette von Spaziergängen durch Manchester, Liverpool und die Region: Geführte Wanderungen und Lehrpfade mit gedruckten oder Audio-Anweisungen führen durch die Städte, entlang dem Kanalufer zwischen den Städten und durch Industriegebiete. Die Kanalufer sind teils begrünt, zeigen andernorts deutliche Spuren der industriellen Vergangenheit, z. B. Bergwerke und Textilindustrie, auch eine funktionierende Dampfeisenbahn. Auskunft im Tourist Information Centre und unter www. industrialpowerhouse.co.uk.

Die eigenartige Verflechtung von Natur- und Industrielandschaft zeigt besonders deutlich die 6-stündige ›**Kreuzfahrt**‹ zwischen Liverpool und den Salford Quays in Manchester auf dem Manchester Ship Canal (Ende April–Mitte Okt., einige Termine pro Monat, Info und Buchung: Tel. 0151 330 14 44, www.merseyferries.co.uk).

Von Manchester an die Küste

Blackpool ▶ F 12

Die Fernsehbilder sind über Englands Grenzen hinaus bekannt. Politiker lächeln in die Kameras, und im Hintergrund sieht man eine englische Version des Eiffelturms. In **Blackpool,** dem größten der vielen Seebäder des Landes, füllen sich die Hotels mit Konferenzen und Parteitagen, wenn die Badesaison im September zu Ende geht. Die Labour-Partei und die Gewerkschaften kommen gerne, weil dieser Ort ein Symbol des Arbeitnehmertums ist. Mitte des 19. Jh. erweiterte die Eisenbahn den Horizont der ganzen Bevölkerung. Fabrikarbeiter entdeckten die

aktiv unterwegs

Überall Hobbits – Auf den Spuren von Tolkien

Tour-Infos

Start: Hurst Green
Länge: 9 km
Dauer: 2,5–3 Std.
Schwierigkeitsgrad: leicht, manchmal schlammig

An der Westseite von England führt die Autobahn M 6 an Manchester vorbei. Die meisten Urlauber rasen nach Norden zum Nationalpark Lake District und übersehen dabei die reizvolle Landschaft des Ribble-Tals und des nördlich davon liegenden **Forest of Bowland.** Wer bei Ausfahrt 31a die Autobahn M 6 verlässt, kommt durch Longridge auf der B 6243 nach **Hurst Green.** Dort verbrachte J. R. R. Tolkien, bereits Autor von »Der kleine Hobbit«, in den 1940er-Jahren mehrmals seinen Urlaub, während er am dreibändigen »Herr der Ringe« schrieb. Sein Sohn studierte damals am Jesuitenseminar St Mary's Hall neben Stonyhurst College. Einige Ortsnamen der Gegend kommen im Buch vor. Auch der Ausblick von seiner Ferienwohnung New Lodge an der St Mary's Hall und die Zeichnungen, die er dort anfertigte, finden sich in der Trilogie wieder.

Vom Kriegsdenkmal in Hurst Green führt der **Tolkien Trail** über Wege, die der Schriftsteller gut kannte. Für eine sehr detaillierte Wegbeschreibung mit Karte siehe www.shireburnarmshotel.com, oder fragen Sie nach der Broschüre im Hotel. Hier eine Zusammenfassung: Zuerst über die kleine Straße Warren Fold, dann über die Wiesen zum **Stonyhurst College.** Dieses katholische Internat (sehenswert, in den Sommerferien geöffnet) entstand als Sitz der Shireburn-Familie. Es geht weiter zum River Hodder und am Ufer östlich zur Ruine der **Cromwell Bridge,** die wohl Pate stand für Tolkiens Brandyweinbrücke, dann rechts auf die Straße. An der nächsten Kreuzung verlässt der Weg die Autostraße, überquert Felder und erreicht den Zusammenfluss des Hodder mit dem River Ribble. Es folgt eine ca. 3 km lange Strecke am Ribble, der eine Schleife nach Süden, dann nach Westen macht. Hier nahe **Hacking Hall** (›Brandygut‹ in den Büchern) gab es bis in die 1950er-Jahre eine Fähre, das Original der Bockenburg-Fähre, mit der die Hobbits aus dem Auenland flüchteten. Kurz hinter einem Aquädukt verlässt man den Fluss und geht 1 km über die Wiesen nach Hurst Green zurück, um, wie früher der Schriftsteller, sich im **Shireburn Arms Hotel** (ein Shirebourne River fließt durch Tolkiens fiktives Auenland) zu stärken.

Wer bei Hurst Green auf keine Hobbits trifft, kann es in zwei weiteren Orten versuchen, die für Tolkien wichtig waren. Seine Kindheit verbrachte er in **Birmingham,** wo geführte Spaziergänge seinen Spuren folgen (Auskunft im Tourist Office, s. S. 323). Sein Arbeitsleben als Professor für Alt-Englisch ist eng mit der Universität **Oxford** verknüpft. Er wohnte in der Northmoor Road im Norden der Stadt und trank Bier im Pub The Eagle and Child (s. S. 106).

Meeresluft. In Manchester und Umland schlossen die Textilfabriken im Sommer eine Woche lang ihre Tore. Wer etwas Geld gespart hatte, fuhr dann nach Blackpool. Die Qualität der Pensionen und Gaststätten entsprach den bescheidenen Ansprüchen ihrer Gäste, und an Unterhaltung wurde viel geboten. In unseren Tagen setzen Theater, Shows, Zirkus, Tanz- und Sportveranstaltungen und vieles mehr diese Tradition fort.

Auch wenn Blackpool wenig Geschmack zeigt, kann man der Stadt einen gewissen robusten Charme nicht absprechen. Hier läuft nichts mit Understatement. Andere Ba-

Manchester und Umgebung

deorte haben einen Pier, auf dem man spazieren oder sich sonnen kann – Blackpool besitzt drei. Der 1894 gebaute, 158 m hohe **Blackpool Tower** bietet Familienunterhaltung auf sieben Etagen mit Zirkus, Aquarien, Abenteuerspielen für Kinder und Tanz zu Livemusik im sehenswerten Ballsaal (Juni–Okt. tgl. 10–23, März–Mai 10–18 Uhr).

Der Rummelplatz **Pleasure Beach** mit Geister- und Achterbahnen ist der größte im Lande, ermöglicht die abenteuerlichsten Achterbahnfahrten und überbietet alle anderen an Lautstärke (April–Okt. tgl.). Die Fahrt für besonders Mutige, eine 70 m hohe, 140 km/h schnelle Achterbahn, an deren Eingang ein ausdrücklicher Warnhinweis für Perückenträger aufgestellt ist, heißt The Big One.

Spielhöllen, Fish-and-Chips-Lokale und billige Andenkenläden reihen sich auf der **Strandpromenade,** der sogenannten Golden Mile, aneinander. Dort sind im **Blackpool Sea Life Centre** Haie und andere Fische zu sehen (tgl. ab 10 Uhr). Will man selber schwimmen, so ist nicht mehr davon abzuraten, denn die Wasserqualität hat sich in den letzten Jahren sehr verbessert. Der Sandstrand erstreckt sich auf einer Länge von 11 km zum nördlich gelegenen Fischereihafen Fleetwood, Heimat der weltbekannten Halspastillen »Fisherman's Friend«.

Infos

Tourist Information Centre: 1 Clifton St., Tel. 01253 47 82 22, www.visitblackpool.com.

Blackpool: Seebad mit Rummelplatzcharakter

Übernachten

B & B elegant ▶ Number One South Beach: 4 Harrowside West, Tel. 01253 34 39 00, www.numberonesouthbeach.com. 5-Sterne-Haus, individuelle Einrichtung mit starken Farben, Luxusbäder. 13 Zimmer, viele mit Meeresblick. DZ ab 120 £.

Zentral ▶ Raffles Hotel: 73–75 Hornby Rd., Tel. 01253 29 47 13, www.raffleshotelblack pool.co.uk. Hotel mit freundlicher Atmosphäre und gut eingerichteten, wenn auch kleinen Zimmern. Empfehlenswerte Küche im *tea room* (tgl. 11–18 Uhr). DZ ab 70 £.

Essen & Trinken

Ambitionierter als Fish & Chips ▶ Kwizeen: 47–49 King's St., Tel. 01253 29 00 45,

Mo–Fr 12–14, Mo–Sa 18–21 Uhr. Moderne britische Küche. Hauptgerichte 13–17 £.

Abends & Nachts

Glitzernder Ballsaal ▶ Blackpool Tower (s. o.): Extravagantes Innendekor und die herrliche Wurlitzer-Orgel sind der Rahmen für Tanzveranstaltungen und bunte Shows.

Shows ▶ Winter Gardens and Opera House: Church St., Tel. 0844 856 11 11. Varieté für ein Familienpublikum.

Eistanz ▶ Im Pleasure Beach: Ice Show, Tel. 0871 222 90 90.

Aktiv

Strand: Der North Beach ist der ruhigste Abschnitt des Strandes – bei Ebbe ist sogar ein Spaziergang in relativer Einsamkeit möglich.

Termin

Blackpool Illuminations (Sept./Okt.): An den Abenden ist die Strandpromenade von Blackpool auf 10 km Länge ein einziges Lichtermeer.

Verkehr

Bahn: Mit dem Zug nach Preston (20 Min.), dort nach Manchester/London umsteigen.
Bus: Von Blackpool hat man gute Verbindungen nach London und in andere englische Großstädte.

Lancaster ▶ G 12

Wer Blackpool lieber meidet, aber die Fahrt von Manchester in Richtung Norden zum Lake District unterbrechen möchte, findet in der alten Hauptstadt der Grafschaft Lancashire, Lancaster, ein angenehmes Besuchsziel. Aus der Blütezeit des Hafens, dem 18. Jh., stammen viele der Häuser in der Stadtmitte. Damals profitierte Lancaster vom Atlantikhandel, auch vom Sklavenhandel. Zu empfehlen ist der Besuch der gut erhaltenen **Burg,** die zum Teil aus dem 14. Jh. stammt und auf eine 1093 erbaute normannische Festung zurückgeht (tgl. 10–17, Führungen alle 30 Min. 10.30–16 Uhr), und des **Seefahrtsmuseums** am Hafen (April–Okt. tgl. 11–17, Nov.–März 12.30–16 Uhr).

6 Lake District

Die höchsten englischen Berge liegen im Seengebiet im Nordwesten des Landes. Seit 200 Jahren schwärmen Romantiker für diese Landschaft, die Wünsche nach aktiven oder auch faulen Tagen gleichermaßen erfüllt. Auf Wanderer und Kletterer warten abends Hotels und Restaurants, die zu den besten im Land gehören, aber auch schön gelegene Jugendherbergen und urige Pubs mit deftiger Küche.

Auf die Frage, welches das schönste Gebiet ihres Landes sei, antworten viele Engländer: »The Lake District«. In dieser Region spiegeln sich steile Berge in den tiefen Seen, die Farben von Wald, Wiesen, Felsen und Schieferhäusern fügen sich harmonisch zusammen. Im Herbst färbt sich das Farnkraut auf den Berghängen braun und rot, im Winter sind die Gipfel weiß, im Frühling bilden die Osterglocken einen gelben und die Hasenglöckchen einen blauen Teppich auf dem Waldboden.

Zwölf größere und viele kleine Seen geben dem 50 mal 40 km großen Gebiet seinen Namen. Sie gruppieren sich um einen vulkanischen Kern. Der Gipfel des höchsten englischen Bergs, Scafell Pike, erhebt sich bescheidene 978 m über dem Meeresspiegel, doch die Berge des Lake District sind keine harmlosen Hügel, sondern steil, teilweise gefährlich, mit schroffen Felsen. Die oberen Hänge sind meist kahl, da die Rodung der Wälder bereits in vorgeschichtlicher Zeit begann, und die seit dem Mittelalter praktizierte intensive Schafzucht neuen Wuchs verhindert.

So formten Natur und Menschenhand ein Paradies für Wanderer. Die Berge sind mit einem dichten Netz von Wanderwegen überzogen. Viele Wege sind beschildert, und die Gipfel sind mit Steinhaufen, so genannten Cairns, markiert. In der Nähe der größten Seen Windermere, Coniston, Derwentwater und Ullswater begegnet man während der Hauptsaison vielen Wanderern. Beliebt ist natürlich die Besteigung der höheren Berge, der vier ›Dreitausender‹ Scafell, Scafell Pike, Helvellyn und Skiddaw – die Rede ist von 3000 Fuß, ungefähr 915 m. Unter der Woche und zu anderen Jahreszeiten ist es möglich, ganz allein den Rundblick von diesen Gipfeln zu genießen, und es gibt in den abseits gelegenen Tälern ebenso schöne Bergpfade, die auch an den sonnigsten Feiertagen nicht überlaufen sind.

Wassersportler, Drachenflieger und Kletterer kommen im Lake District auch auf ihre Kosten, aber man muss sich nicht unbedingt anstrengen. Ebene Wege um die Seen und kurze Spaziergänge zu den Wasserfällen bieten sich an. Für die häufigen regnerischen Tage fehlt es nicht an Ausweichmöglichkeiten, da der Lake District auf den Touristenansturm gut vorbereitet ist. Wie in den anderen Landesteilen sind auch hier die Herrensitze, Museen und Kinderattraktionen zahlreich.

Eine Vielzahl erstklassiger Hotels und Restaurants hat sich in der Region etabliert, aber die Schönheit des Lake District erschließt sich erst dann richtig, wenn man mit schmerzenden Wadenmuskeln und schlammigen Wanderstiefeln auf einem Gipfel steht.

Infos

Cumbria Tourism: Tel. 01539 82 22 22, info@golakes.co.uk, www.golakes.co.uk.

Derwentwater ist Urlaubszentrum im nördlichen District

Lake District

Im Internet: Zwei Websites informieren umfassend über den Lake District: www.golakes.co.uk und für den Aktivurlaub www.lakedistrictoutdoor.co.uk. Eine weitere Website informiert über die Region Cumbria, zu der der Nationalpark Lake District gehört: www.cumbria-the-lake-district.co.uk mit guten Seiten über Busverbindungen.

Übernachten

Das Angebot im Lake District umfasst sowohl einfache Unterkünfte für Wanderer als auch extrem teure Spitzenhotels. Eine **Herberge** des Verbands Youth Hostels Association ist im Lake District nie weit – es gibt über 20 in diesem relativ kleinen Gebiet: YHA, Reservierungen Tel. 01629 59 27 00, www.yha.org.uk. Die **Backpackers Hostel-Gruppe** ist in Ambleside, Kendal, Keswick und Windermere vertreten: www.backpackers.co.uk.

Camping ohne Zelt in alten Scheunen: Lakeland Camping Barns, Tel. 01946 75 81 98, www.lakelandcampingbarns.co.uk.

Auskunft über **Ferienwohnungen** – auch der Luxusklasse – und **Camping:** www.golakes.co.uk/accommodation und auf folgenden Webseiten: www.cumbrian-cottages.co.uk, www.lakelandcottages.co.uk und www.lakebreaks.co.uk.

Aktiv

Einige Webadressen, die im Lake District Alternativen zum Wandern anbieten:

Routen für Kletterer: www.frcc.co.uk

Mountainbike: www.mountain-bike-cumbria.co.uk

Berglaufen (fell running): www.fellrunner.org.uk

Offroad-Fahrten mit Allrad: www.kankku.co.uk

Verkehr

Fahrplanauskunft für den gesamten Lake District in allen Tourist Information Centres und bei Cumbria Traveline, Tel. 0871 200 22 33, www.travelinenortheast.info. Dort gibt es auch Buspässe wie den **Cumbria Goldrider Pass** (7 Tage 23,50 £). Eine wichtige Route ist die häufig verkehrende Buslinie 555 zwischen Kendal und Keswick über Ambleside und Grasmere.

Mietwagen: Westmorland Vehicle Hire, Tel. 01539 72 85 32, www.carhirecumbria.co.uk.

Kendal und Umgebung

▶ G 11

Karte: links

Als Tor zum Lake District gilt **Kendal** **1**, ein Ort (22 000 Einw.), der trotz hoher Besucherzahlen seinen authentischen Marktstadtcharakter bewahrt hat. Alte Hausfassaden aus grauem Stein und kleine Hinterhöfe verleihen der Stadtmitte einen kernigen Charme. An den Markttagen Mittwoch und Samstag ist Kendal besonders belebt. Zwei Museen informieren über Natur und Geschichte der Region: Das **Kendal Museum** in der Station Road widmet sich der Tierwelt, der Geschichte des Gebiets und dem Entstehen der Landschaft (Do–Sa 12–17), das neben der Kirche gelegene **Museum of Lakeland Life** stellt das Alltagsleben im Lake District vor (April–Okt. Mo–Sa 10.30–17, Nov.–März 10.30–16 Uhr). Die **Abbott Hall Gallery** beherbergt eine für die Kleinstadt überraschend qualitätvolle Sammlung englischer Malerei und Möbelstücke (April–Okt. Mo–Sa 10.30–17, Nov.–März 10.30–16 Uhr Uhr). Im **Haus der Quäker,** eine in dieser Region tief verwurzelte Religionsgemeinschaft, am Stramongate wird die Quaker Tapestry ausgestellt. Diesen aus 77 Teilen zusammengesetzten bestickten Wandteppich schufen Tausende von Quäkern aus 15 verschiedenen Ländern. Östlich des Flusses Kent am Stadtrand stehen die Ruinen von **Kendal Castle;** aus der Familie der Burgherren stammte Catherine Parr, sechste und letzte Ehefrau des Königs Henry VIII.

Zwei interessante Herrensitze sind von der Stadt aus schnell erreichbar. Unweit der Hauptstraße A 6 südlich von Kendal befindet sich **Levens Hall,** ein elisabethanischer Bau mit einem bemerkenswerten ›Topiary Garden‹. Dieser Garten von 1694 ist das beste Beispiel im Lande für die Kunst, Hecken und

Lake District

Bäume zu fantasievollen Formen zu schneiden (Ostern–Anfang Okt. So–Do, Haus: 12–16.30 Uhr, Garten: 10–17 Uhr, Busse 555, 552). **Sizergh Castle,** 6 km südlich von Kendal an der A 591, vermittelt einen Einblick in die Lebensweise des Landadels in vergangenen Jahrhunderten. Hier sieht man einen für diese Grenzregion typischen *pele tower,* ein befestigtes Wohnhaus des 14. Jh., und einen schönen Steingarten (Mitte März–Okt. So–Do 13–17 Uhr, Busse 555, 552).

Infos

Tourist Information Office: Town Hall, Highgate, Tel. 01539 72 57 58, Fax 01539 73 44 57, kendaltic@southlakeland.gov.uk.

Übernachten

Zimmer mit Ausblick ▶ **The Castle Green Hotel:** Tel. 01539 73 40 00, www.castlegreen. co.uk. 100 Zimmer, eigener Park. DZ ab 92 £.

Wohnen im Bauernhof ▶ **Tranthwaite Hall:** In Underbarrow (zwischen Autobahnausfahrt und Kendal), Tel. 015395 682 85, www.tran thwaitehall.co.uk. Drei Zimmer auf einem alten Bauernhof. Die Frühstückseier sind garantiert frisch, die Umgebung wunderschön. DZ 70–74 £.

Essen & Trinken

Modern British ▶ **The New Moon Restaurant:** 129 Highgate, Tel. 01539 72 92 54, Di–Sa 11.30–14.15, 18–21.30 Uhr. Probieren Sie Lamm mit Aprikosen und Pastinaken oder als Nachtisch Windermere-Eis. Hauptgerichte 13–18 £.

Ländliche Küche ▶ **The Watermill Inn:** Tel. 01539 82 13 09 (keine Reservierungen), tgl. 12–21 Uhr. Im Dorf Ings neben der A 59 Richtung Windermere. Beliebter Pub mit guter Küche, 16 verschiedenen *ales* sowie acht B & B-Zimmern (79–84 £). Hauptgerichte 9–11 £.

Einkaufen

Bio für Selbstversorger ▶ **Low Sizergh Barn:** von der A 591 ausgeschildert, tgl. 9.30–17 Uhr. Preisgekrönter Farmshop mit den besten Bio-Lebensmitteln der Region,

Kunsthandwerk (Keramik, Kleidung) und einem *tea shop*.

Sportkleidung ▶ **Ausstatter für Outdoor-Aktivitäten** findet man an den Hauptstraßen Highgate und Stricklandgate.

Süßes ▶ Überall sieht man den bei Bergwanderern beliebten **Kendal Mint Cake,** einen süßen Zuckerriegel mit Pfefferminzöl.

Abends & Nachts

Kultur am Abend ▶ **Brewery Arts Centre:** Highgate, Tel. 01539 72 51 33. Café, Bar, Ausstellungen und Unterhaltungsprogramm.

Aktiv

Kletterkurse ▶ **Lakeland Climbing Centre:** Tel. 01539 72 17 66, Di–Fr 10–22, Sa/So 10–19 Uhr. 2 km nördl. an der A 6.

Termin

Appleby Horse Fair, Cumbria (Anfang/Mitte Juni): Traditionelle Veranstaltung der Roma und Sinti zum Pferdehandel in der nahe gelegenen Stadt Appleby.

Verkehr

Bahn: Verbindungen von Manchester (1,5 Std.) und London nach Kendal, von dort weiter nach Windermere.

Bus: Linie 555 ist die Hauptroute nach Windermere, Grasmere, Keswick.

Rundfahrt durch den Süden des Lake District

Karte: S. 188

Windermere ▶ G 11

Der See Windermere ist mit knapp 18 km der längste Englands, der Doppelort **Windermere 2** und **Bowness-on-Windermere** eines der Zentren für die Erkundung dieser Region. Die folgende Autotour führt durch die eher liebliche Landschaft des südlichen Lake District – die höchsten Berge liegen weiter nördlich – und zu sehenswerten Orten rund um Lake Windermere und Coniston Water.

Den Ort Windermere und die Umgebung prägen stattliche Häuser aus dem 19. Jh., einem Zeitalter, das bereits die Reize des Lake District schätzte. Fast gegenüber dem Bahnhof von Windermere geht von der Church Street ein ca. 1 km langer Weg zum Aussichtspunkt Orrest Head hoch. Die Besucherattraktionen liegen aber hauptsächlich im unteren Ortsteil Bowness, der direkt am Wasser liegt: das **Steamboat Museum** mit alten Dampfschiffen (wegen Restaurierung voraussichtlich bis 2015 geschlossen) und die Anlegestelle für Fahrten auf Lake Windermere (s. aktiv unterwegs, S. 193). Boote nach **Lakeside** 3 am südlichen Ende von Lake Windermere haben Verbindung an eine Dampfeisenbahn, die Lakeside and Haverthwaite Railway (s. aktiv unterwegs, S. 193). Auch während der Autofahrt in Richtung Süden auf der A 592 genießt man immer wieder Seeblick.

Infos

Tourist Information Centre: Glebe Rd., Tel. 015394 428 95, bownesstic@lake-district. gov.uk, www.golakes.co.uk.

Übernachten

Klein und fein ▶ **The Samling:** Ambleside Rd., Tel. 01539 43 19 22, www.thesamling hotel.co.uk. Stilvoll, doch nicht steif, das Hotel mit Sterne-Restaurant im 30 ha großen Park bietet viel Luxus in zehn individuell gestalteten Zimmern. DZ ab 250 £.

Hervorragende Küche ▶ **The Waverley:** College Rd., Tel. 015394 425 22, www.jeri chos.co.uk. Zehn elegant möblierte Zimmer in einem 1870 gebauten Haus, teils mit Bergblick, und ein gemütlicher Aufenthaltsraum mit Kaminfeuer. Zum Haus gehört das ausgezeichnete Restaurant Jerichos: Lake District-Lamm, schottisches Rindfleisch, köstliche Desserts (Hauptgerichte 16–22 £). DZ 90–115 £.

B & B mit Qualität ▶ **Fir Trees:** Lake Rd., Tel. 015394 422 72, www.fir-trees.co.uk. Gepflegtes Nichtraucher-Haus aus viktorianischer Zeit außerhalb der Dorfmitte, gutes Frühstück. DZ 65–80 £.

Ruhig gelegen ▶ **Broadlands Guest House:** 19 Broad St., Tel. 015394 465 32, www.broadlandsbedandbreakfast.co.uk. Fünf einfache Zimmer für Nichtraucher, 10 Minuten Fußweg vom See. DZ 60–90 £.

Essen & Trinken

Für Gourmets ▶ **The Punchbowl Inn & Restaurant:** Tel. 015395 682 37, www.the-punchbowl.co.uk, tgl.12–21.30 Uhr. Kutscherherberge aus dem 17. Jh. in Crosthwaite, 5 km südl. Bowness abseits der A 5074. Feines Restaurant mit französisch beeinflusster Küche, unwiderstehlich sind die Desserts; gute, aber bescheidenere Gerichte auch in der Bar; auch sehr bequeme Übernachtung (DZ ab 130 £). Hauptgerichte im Restaurant 15–22 £.

Guter Lunch ▶ **First Floor:** Alexandra Buildings, Tel. 015394 881 00, Mo–Sa 9.30–17, So 11–16 Uhr, Gourmet-Imbiss ganztägig. Sehr gute Mittagsgerichte mit Blick auf die Berge. Gerichte ab 10 £.

Italienisch ▶ **Rastelli:** Lake Rd., Bowness-on-Windermere, Tel. 015394 442 27. Pizzeria, gut für Familien, zu Stoßzeiten nicht sehr entspannt. Gerichte ab 8 £.

Historisch ▶ **The Hole in t'Wall:** Bowness-on-Windermere, Tel. 015394 434 88, tgl. 11–23 Uhr. Einfache Pub-Küche und Ale-Sorten. Freitags Livemusik. Hauptgerichte 8–10 £.

Stilvoll entspannen ▶ **The Old England Hotel:** Church St., Bowness-on-Windermere. Drinks auf der Terrasse mit Seeblick.

Einkaufen

Für Haushalt und Küche ▶ **Lakeland Ltd.:** am Bahnhof, edle Küchenausrüstung und alles rund um die Gastronomie.

Alles aus der Region ▶ **Love the Lakes:** Ash St. Lebensmittel, Kosmetika, Kunsthandwerk.

Aktiv

Zu Fuß oder im Sattel ▶ **Country Lanes Cycle Centre:** Windermere, am Bahnhof, Tel. 015394 445 44, www.countrylaneslakedis trict.co.uk. Fahrradvermietung, organisierte Rad- und Wandertouren.

Lake District

Für Abenteurer ▸ RiverDeepMountain-High: Lowick Old School, Nr Ulverston, Tel. 015395 286 66, www.riverdeepmountain high.co.uk. Wassersport, Klettern und Abseilen, Bogenschießen, Schluchtenwanderungen und mehr.

Rundweg ▸ The Windermere Way: ca. 72 km lange Wanderung ganz um Englands größten See, die man etappenweise zurücklegen kann, da die Bootsanleger am Weg liegen. Karte und Führer vor Ort und über das Internet erhältlich: www.windermere-way.co.uk.

Verkehr

Bus/Bahn: Nach Windermere Bahnverbindungen direkt aus verschiedenen Städten, z. B. Manchester (Fahrzeit: 2,5 Std.). Von dort aus fahren Busse durch den Lake District, darunter Bus 599 vom Bahnhof Windermere nach Bowness.

Holker Hall und Cartmel ▸ G 12

6 km südlich des Bahnhofs Haverthwaite erreicht man über die B 5278 **Holker Hall** **4**. Dieser Herrensitz aus dem 19. Jh. mit Gärten und Rehpark gehört der Cavendish-Familie, einem der großen englischen Adelsgeschlechter (April–Okt. tgl. außer Sa 10.30–16.30 Uhr). Nur 3 km entfernt liegt das reizvolle Dorf **Cartmel** **5**. Schön ist die Kirche der ehemaligen Augustinerabtei aus dem 12. Jh., doch die meisten Besucher sind hier Liebhaber von Pferden oder hochwertiger Gastronomie. Zweimal jährlich, Ende Mai und Ende August, bieten die Race Meetings an der kleinsten Pferderennbahn Englands einen Einblick in die ländliche Prägung dieser Sportart; Restaurantkritiker geraten über die *haute cuisine* von ›L'Enclume‹ in Verzückung. Auch für Antiquitätensammler hält Cartmel Freuden bereit, allerdings nicht für das kleine Portemonnaie. Zur Abwechslung von diesen teuren Genüssen kann man im beschaulichen **Grange- over-Sands,** am Meer 4 km östlich von Cartmel, eine ruhige Stunde verbringen. Seit 2010 zeigt das **Lakeland Motor Museum** eine umfangreiche Sammlung von Oldtimern, Motorrädern und Memorabilien in neuen Räumen bei Newby Bridge (The Old Blue Mill, Backbarrow, Newby Bridge, tgl. 10–17.30 Uhr, Tel. 015395 304 00, www.la kelandmotormuseum.co.uk).

Essen & Trinken

Spitzenadresse ▸ L'Enclume: Cavendish St., Tel. 015395 363 62, www.lenclume.co.uk, Mi–So 12–13.30, tgl. 18.30–21 Uhr. Für innovative Küche auf höchstem Niveau landesweit bekannt. Menü ab 69 £.

Einkaufen

Kalorienbombe ▸ The Village Shop: In Cartmel, The Square. Von der Großküche hinter dem Dorfladen wird der berühmte Nachtisch **Sticky Toffee Pudding** an Süchtige im ganzen Land versandt. Weitere Feinkostartikel erhältlich.

Coniston Water ▸ F 11

Über Haverthwaite, dann auf der A 590, A 5092 und A 5084 geht es weiter zum lang gestreckten Coniston Water. Kurz bevor das südliche Ende des Sees erreicht ist, biegt man rechts ab und bleibt auf der kleinen Straße, die am Ostufer des Sees in Richtung Norden nach **Brantwood** **6** führt. Der Ruhm der ›Lakeland Poets‹ um Wordsworth zog auch später Generationen von Künstlern und Dichtern an. Der Philosoph und Kunstkritiker John Ruskin verbrachte die letzten 30 Jahre vor seinem Tod 1900 in seinem Haus Brantwood. Wer ohne Auto Ruskins Zeichnungen und Aquarelle und einen herrlichen Blick auf See und Berge genießen will, fährt am besten mit dem eleganten **Dampfboot ›Gondola‹** vom Ort Coniston nach Brantwood hinüber. Die ›Gondola‹ beförderte von 1859 bis 1937 Passagiere und wurde 1980 nach einer kostspieligen Restaurierung wieder in Betrieb genommen. Die gepolsterten Sitze sind sehr bequem. Säulen aus poliertem Holz mit vergoldeten Kapitellen umrahmen den Blick auf die Berge (Ostern–Okt. tgl. ab Coniston Pier, Dauer der Rundfahrt 45 Min., Vorbuchung empfohlen, Tel. 01539 43 27 33 für Abfahrtzeiten). Das Boot gleitet fast lautlos über den See, ohne die störende Vibration eines Die-

aktiv unterwegs

Mit Dampfkraft durch den Lake District

Tour-Infos

Start: Bowness am Lake Windermere
Ende: Haverthwaite am Südufer des Sees
Dauer: ca. 4 Stunden
Fahrzeiten der Schiffe: Feb.–Dez. tgl., Jan. nur an Wochenenden! 4 x tgl. im Winter, bis zu 10 x tgl. im Sommer, nähere Infos unter Tel. 015394 433 60, www.windermere-lake cruises.co.uk.
Fahrzeiten der Dampfloks: Ostern–Okt. mehrere Fahrten tgl., Fahrplan Tel. 015395 315 94, www.lakesiderailway.co.uk.

Unter den Booten im **Dampfschiffmuseum** am Lake Windermere (s. S. 191) befindet sich auch die Dampfjacht ›Esperance‹, die im 19. Jh. dem Industriellen Henry William Schneider gehörte. Er war Vorstandsvorsitzender eines Stahlwerks an der Westküste. Täglich verließ er sein Haus am See in Bowness und ging mit einer Prozession von Dienern, die sein Frühstück auf silbernen Tellern trugen, zur Anlegestelle hinunter. Er frühstückte an Bord, stieg am Südufer des Sees in seinen privaten Eisenbahnwagen und fuhr ins Büro. Der Zug wartete auf ihn, denn er besaß die Eisenbahngesellschaft.

Jeder kann heute einen Teil seiner Reise nachvollziehen. Die Windermere-Boote tuckern gemütlich von **Bowness** nach **Lakeside** am südlichen Ende von Lake Windermere, an Wiesen mit altem Baumbestand, kleinen Inseln im See und großen alten Häusern am Ufer vorbei. Während der etwa 40-minütigen Fahrt haben Passagiere Gelegenheit, die wunderschöne Umgebung mit bewaldeten Hügeln um den See und höheren Bergen in einigen Kilometern Entfernung zu bewundern. Mit etwas Glück fährt man auf dem eleganten, über 100 Jahre alten ›Tern‹ – aber auch mit den größeren und moderneren Schiffen ist diese Fahrt ein Vergnügen.

In Lakeside angekommen, hat man am kleinen, gepflegten Bahnhof Anschluss an Schneiders **Lakeside and Haverthwaite Railway,** deren Dampflokomotiven alte Waggons ziehen. Auch diese kurze Fahrt, 18 Minuten durch das hübsche Leven-Tal nach **Haverthwaite**, ist landschaftlich reizvoll. Bereits 1872, als die Strecke gebaut wurde, spielte der touristische Betrieb neben dem Gütertransport eine Rolle. Heute verkehren verschiedene, zwischen 1911 und 1951 gebaute Dampflokomotiven auf der Strecke, die 1965 von der staatlichen Eisenbahngesellschaft stillgelegt und 1973 von einem privaten Betreiber wieder eröffnet wurde.

Wer sich neben See- und Schienverkehr auch für Autos interessiert, kann mit dem Bus von Haverthwaite zum **Lakeland Motor Museum** (s. S. 192) fahren. Eine neue Haltestelle am Museum auf der Bahnstrecke nach Haverthwaite ist geplant.

Lake District

Coniston Water bietet Wassersportlern bei jedem Wetter eine Herausforderung

selschiffes. Lauter war es 1967, als Donald Campbell auf Coniston Water versuchte, den Hochgeschwindigkeitsrekord auf Wasser zu brechen. Bei ca. 500 km/h überschlug sich das Boot, Wrack und Leiche wurden erst 2001 geborgen.

Der Ort **Coniston** **7** ist eine alte Siedlung für die Arbeiter der längst stillgelegten Kupferbergwerke. Westlich der Stadt bietet der 803 m hohe Berg Coniston Old Man eine zu Recht beliebte Bergwanderung. Für die Mühe des steilen Aufstiegs wird man mit einem herrlichen Rundum-Blick belohnt.

Infos

Tourist Information Centre: in Coniston, Tel. 015394 415 33, Fax 015394 418 02, www.conistontic.org.

Übernachten

Film-Location ▶ Yew Tree Farm: Tel. 0153 94 414 33, www.yewtree-farm.com, ausgeschildert auf der A 539 3 km nördl. von Coniston. 5-Sterne-B & B auf einem sehr fotogenen Bauernhof (Schafe und Rinder), Drehort für den Film mit Renee Zellweger über die Schriftstellerin Beatrix Potter, der diese Farm einst gehörte. Angler können eine Tageslizenz für Coniston Water und zwei nahe gelegene kleine Seen erwerben. DZ 105–125 £.

Abends & Nachts

Alter Pub ▶ The Black Bull: in Coniston. Das nach dem Unglücksboot genannte Spezialitäten-Bier Bluebird Bitter wird hier gebraut.

Aktiv

Für Sportliche ▶ Summitreks: Coniston, Lake Rd., Tel. 015394 412 12, www.summitreks.co.uk. Klettern, Wassersport, Abenteuertouren durch Schluchten und Wasserfälle, Mountain-Bikes, ambitionierte Wandertouren.
Wassersport ▶ Coniston Boating Centre: Tel. 015394 413 66, www.lakedistrict.gov.uk/conistonboatingcentre. Ruder- und elektrische Boote, Kanus, Kajaks, Segelboote und -kurse.

Hawkshead ▶ G 11

Die Fahrt zurück in Richtung Windermere führt über die B 5085. Eine Seitenstraße zum kleinen See Tarn Hows, einem vielbesuchten *beauty spot,* ist ausgeschildert. Das attraktive Dorf **Hawkshead** 8 wird von der Kirche St Michael aus dem 15. Jh. überragt. In der 1585 gegründeten Hawkshead Grammar School drückte der Dichter Wordsworth die Schulbank und ritzte seinen Namen in einen noch erhaltenen Pult.

Wordsworth (1770–1850) war für Nordengland eine einflussreiche Figur. Er schrieb einen Reiseführer über den Lake District und feierte seine Heimat in Gedichten. Wordsworth brachte zum Ausdruck, dass der Mensch seelische Erfüllung und Erhabenheit in der Natur empfinden kann. Erst seine Generation entdeckte den Reiz der wilden Landschaft; noch um 1725 schrieb Daniel Defoe, Autor des »Robinson Crusoe«, über den Lake District: »Dieser Teil des Landes gibt wenig oder gar nichts her«, die Berge besäßen »einen unwirtlichen Terror«, »der angenehme Teil von England war zu Ende«.

Im **Grizedale Forest** 5 km südwestlich von Hawkshead gibt es markierte Wander- und Mountain-Bike-Pfade (Radvermietung vor Ort, Tel. 01229 86 03 69), einen Weg zu mehr als 70 Skulpturen, die im Wald aufgestellt sind, und den Abenteuerspielplatz GoApe für Alt und Jung. Unter Aufsicht kann man hier auf Bäumen, Netzen und Seilbrücken klettern und sich abseilen lassen (Ostern–Okt. tgl., Termin vorbuchen, Tel. 0845 643 92 15, www.goape.co.uk).

Infos

Tourist Information Centre: Tel. 015394 369 46, www.hawksheadtouristinfo.org.uk.

Übernachten

Panorama-Blick ▶ **Yewfield Guest House:** Yewfield, Tel. 015394 367 65, www.yewfield. co.uk. Zur Abwechslung kein englisches Frühstück: Die Besitzer des imposanten Hauses bieten vegetarische Küche. DZ ab 90 £.

Einkaufen

Mitbringsel ▶ Von der **Hawkshead Relish Company** hergestellte Marmeladen, Chutneys und Soßen sind leckere Souvenirs. Empfehlung: Damson Jam (Pflaumen).

Hill Top und Blackwell ▶ G 11

Die B 5285 führt von Hawkshead weiter in östlicher Richtung. Ausgeschildert ist die Straße nach **Hill Top,** dem Farmhaus der Kinderbuchautorin Beatrix Potter (»Peter Hase«). Das mit Memorabilien bestückte Haus zieht sehr viele Besucher an. Beatrix Potter arbeitete unermüdlich für den Landschaftsschutz im Lake District, kaufte von ihren Tantiemen 1500 ha Land und vermachte ihren Wohnsitz an den gemeinnützigen National Trust (Ostern–Okt. Sa–Do 10.30–16.30 Uhr). Weiter fährt man zum Westufer des Lake Windermere, wo eine Fähre nach Bowness-on-Windermere verkehrt. 3 km südlich von Bowness befindet sich ein Kleinod der Arts-and-Crafts-Bewegung, das 1898 von Architekt M. H. Baillie Scott entworfene Haus **Blackwell** mit Inneneinrichtung (tgl. 10.30–17, Nov.–März 10.30–16 Uhr, von Hauptstraßen ausgeschildert, im Sommer Shuttle-Bus ab Bowness).

Troutbeck ▶ G 11

Nördlich von Windermere im Dorf Troutbeck an der A 592 zwischen den Seen Windermere und Ullswater stellt **Townend,** das Haus einer wohlhabenden Bauernfamilie, eine Besonderheit dar. Das um 1626 erbaute Haus enthält die von der Familie Brown über drei Jahrhunderte gesammelte Möblierung und vermittelt einen Eindruck von ihrer Lebensweise. Generationen der Familie beschäftigen sich mit der Holzschnitzerei, so dass jede Fläche im Haus verziert ist (April–Okt. Mi–So 11–17 Uhr). Wer eine beeindruckende Fahrt durch karge Landschaft erleben möchte, folgt der A 592 über den Kirkstone Pass bis nach Ullswater.

Ambleside ▶ G 11

Karte: S. 188

Ambleside 9 am nördlichen Ufer des Windermere-Sees gehört mit vielen Geschäften, Gaststätten und B & B-Häusern zu den beliebtesten Urlaubszentren im Lake District. Der Ort ist wunderschön gelegen, verfügt aber über

Lake District

wenige Sehenswürdigkeiten. Die Kirche St Mary und das kleine Museum mit Exponaten über Geschichte und Leben im Lake District (Armitt Centre, Rydal Rd., tgl. 10–17 Uhr) lohnen einen Besuch. Im winzigen, über dem Fluss gebauten **Bridge House** informiert der National Trust über die von ihm betreuten Landschaftsgebiete und Denkmäler der Region. Im Ortsteil **Waterhead** 1,5 km südlich der Stadtmitte befinden sich die Anlegestellen und ein Park am Gelände eines römischen Forts.

Infos

Tourist Information Centre: Central Buildings, Market Cross, Tel. 015394 325 82, www.amblesideonline.co.uk.

Übernachten

Ruhig ▶ **Rothay Manor:** Rothay Bridge, Tel. 015394 336 05, www.rothaymanor.co.uk. Eleganter, schön gelegener Landsitz im eigenen Park. Gutes Restaurant. DZ ab 170 £.

Im Ort ▶ **The Gables:** Church Walk, Tel. 015394 332 72, www.thegables-ambleside.co.uk. Großes B & B mit 15 gut ausgestatteten Zimmern, teilweise mit schönem Ausblick. Zentral gelegen nahe der Kirche. Wellness-Angebot: kostenlose Pässe für die Langdale Spa im nahe gelegenen Elterwater. DZ saisonabhängig 80–120 £.

B & B ▶ **Wanslea Guest House:** Lake Rd., Tel. 015394 338 84, www.wanslea.co.uk. Wie ein komfortables Hotel zu B & B-Preisen. Standardzimmer 72 £, Themenzimmer (Elvis, Afrika) 80–92 £.

Überraschend gut ▶ **YHA Jugendherberge:** Waterhead, Tel. 0845 371 96 20, www.yha.org.uk. Ehemaliges Hotel direkt am Seeufer, bequemer als normale Jugendherbergen, auch Doppel- und Familienzimmer. Ab 22 £ pro Person.

Essen & Trinken

Beliebt ▶ **The Drunken Duck Inn:** Barngates, Tel. 015394 363 47, www.drunkenduck inn.co.uk. Außerhalb von Ambleside, für kreative Küche bekannt: unbedingt vorbuchen. Auch elf individuell eingerichtete Zimmer in diesem wunderschön gelegenen alten Pub

mit eigener Brauerei (DZ 120–220 £). Hauptgerichte im Restaurant ab 19 £, mittags Luxus-Sandwich in der Bar, 5–10 £.

Nachtischparadies ▶ **Lucy's:** Church St., Tel. 015394 322 88. Feinkostladen, Café tgl. 10–18 Uhr, Restaurant abends geöffnet, auch Weinstube/Bistro. Lucy ist eine tatkräftige Dame, die sich für hiesige Lebensmittel guter Qualität einsetzt, z. B. Lamm- und Rindfleisch, Wurst und Käse aus Cumbria. Große Auswahl an verlockenden Nachtischen. Hauptgerichte 16 £.

Kombi-Angebot ▶ **Zeffirelli's:** Compston Rd., Tel. 015394 338 45. Italienische vegetarische Küche, gut und preiswert. Angeschlossen: Art-déco-Kino. Pizza ab 9 £, Zwei-Gang-Menü plus Kino 18 £.

Einkaufen

Markttag ▶ Jeden Mi.

Schoko-Sünden ▶ **Old Bank House Chocolate Shop:** Lake Rd. Handgemachte Trüffel und andere unwiderstehliche Süßigkeiten.

Schiefer-Objekte und Kuchen ▶ **Chesters:** Skelwith Bridge, 3 km westl. an der A 593. Edles für die Wohnung, auch Uhren, Tassenuntersetzer u. v. a. aus Lake District-Schiefer. Schönes Café am River Brathay.

Aktiv

Ruderboot mieten ▶ **Windermere Lake Cruises:** April–Okt. tgl. ab 9 Uhr.

Termine

Daffodil and Spring Flower Show (Mitte März): Für Freunde der Wordsworth-Blume.

Ambleside Sports (am Do vor dem 1. Mo im Aug.): Rydal Park. Bekannt sind die schottischen Highland Games. Zur Lake-District-Variante gehören besondere Sportarten für Kraft, Ausdauer und Geschicklichkeit, z. B. Ringen und *Fell-running* (Bergrennen), auch Wettbewerbe für Schäfer- und Jagdhunde.

Verkehr

Bahn/Bus: Mit dem Zug von London nach Windermere, dort mit dem Bus nach Ambleside. Ab London fährt auch ein Direktbus über Kendal nach Ambleside.

Von Ambleside zur Küste

Karte: S. 188

Great Langdale ▶ F 11

Wer grandiose Landschaft liebt und sich vor engen Straßen mit Haarnadelkurven nicht fürchtet, sollte sich Zeit für eine Autotour zur Küste über den Hardknott Pass und zum abgelegenen See Wast Water nehmen. Von der A 593 westlich von Ambleside zweigt die B 5343 nach **Great Langdale** ab. Bevor man Great Langdale erreicht, kann man nach links einen kurzen Abstecher zum Dorf **Elterwater** 🔟 am gleichnamigen See unternehmen, sich im urigen Britannia Inn erfrischen und den Wasserfall Colwith Force anschauen (siehe auch Tipp rechts). Great Langdale ist der Startpunkt für eine herrliche, knapp 10 km lange Wanderung über zwei markante Gipfel, die Langdale Pikes. Der höhere, Harrison Stickle, bringt es auf nur 730 m, aber das Panorama muss man sich mit einem anstrengenden Aufstieg verdienen.

Hardknott Pass ▶ F 11

Hinter Great Langdale wird die B 5343 zu einer kleinen Passstraße. Nach dem Abstieg geht es dann nach rechts zum Wrynose Pass, eine Strecke über karges Hochmoor zum Tal des Flusses Duddon. Sehr reizvoll ist die Fahrt durch dieses Tal in Richtung Süden nach Seathwaite und Ulpha, aber die Straße zur Westküste führt uns nach rechts zum steilen **Hardknott Pass** 🔟.

Hat man die Serpentinen des Aufstiegs überwunden, so wird man mit einem herrlichen Blick auf das Tal Eskdale und, bei klarem Wetter, die Irische See belohnt. Auf dem Weg hinunter ins Tal sollte man auf halber Höhe halten, um die Ruinen von **Hardknott Roman Fort** zu besichtigen. Dass in dieser windigen, isolierten Lage tatsächlich für die Römer das ›Ende der Welt‹ war, kann man heute gut nachempfinden.

Boot und Umgebung ▶ F 11

In **Boot** 🔟 ist eine über 400 Jahre alte Getreidemühle mit einem noch funktionierenden Mahlwerk aus dem 18. Jh. zu sehen (April–Sept. Di–Fr/So 11.30–17.30 Uhr). Westlich von Boot liegt der Bahnhof Dalegarth, den die **Ravenglass and Eskdale Railway** mit der Küste verbindet. Ursprünglich transportierte diese 1875 eröffnete Schmalspurbahn Eisenerz von den Bergen zur Küste (Ostern–Okt. 5–12 Abfahrten tgl., Fahrplan: Tel. 01229 71 7171). Im grünen **Eskdale Green** 🔟 kann man sich mit Wanderungen und Besichtigungen länger aufhalten.

Hauptattraktion an der Endstation in Ravenglass ist **Muncaster Castle** 🔟. Das Spukschloss, seit 800 Jahren Familiensitz des Pennington-Geschlechts, wird von Erforschern übernatürlicher Phänomene aufgesucht. Das **Owl Centre** ist ein Vogelpark mit verschiedenen, auch gefährdeten Eulenarten und anderen Greifvögeln; ein Labyrinth aus 2 m hohen Gräsern ist der Versuch, die Welt aus der Sicht einer Wühlmaus darzustellen

Tipp:
Auf Schwitters Spuren

Elterwater war die letzte Wirkungsstätte des deutschen Künstlers Kurt Schwitters (1887 –1948), der 1940 aus Norwegen nach England floh, sich im Lake District niederließ und dort, arm, krank und fast unbeachtet, noch einige Jahre arbeiten konnte. Sein »Merz Barn« bei **Elterwater** war einer von vier Merzbau-Projekten. Die Kunstwerke aus diesem Steinbau wurden Mitte der 1960er-Jahre in die Hatton Art Gallery nach **Newcastle-upon-Tyne** (s. S. 238) gebracht. Eine Stiftung restauriert jetzt Schwitters Scheune, die noch Spuren seiner Arbeit aufweist, und plant dort ein Merz-Barn-Museum mit Kurt-Schwitters-Studiencenter (zwischen den Dörfern Elterwater und Chapel Stile gegenüber der Einfahrt zum Langdale Hotel; während der Restaurierung einige Male jährlich geöffnet. z. B. Ostern und an manchen Feiertagen, www. merzbarn.net). Arbeiten von Schwitters befinden sich im Armitt Museum in **Ambleside** (s. S. 196) und in der Abbott Hall Gallery in **Kendal** (s. S. 189).

(Garten, Labyrinth, Owl Centre: März–Okt. 10.30–18 Uhr, Burg: So–Fr 12–16.30 Uhr).

Übernachten

Burggast ▶ **Muncaster Castle:** Tel. 01229 71 76 14, www.muncastercastle.co.uk. Unterkunft in umgebauten Stallgebäuden. DZ 80 £.

Beliebte Wanderunterkunft ▶ **The Boot Inn:** Boot, Tel. 01946 72 32 24, www.boot inn.co.uk. DZ ab 90 £.

Wasdale ▶ F 11

Beeindruckend ist die Landschaft im Tal Wasdale, das man von Eskdale aus über die Dörfer **Santon Bridge** und **Nether Wasdale** erreicht. Hier erheben sich steinige Berghänge fast senkrecht aus dem dunklen Wasser des tiefsten Sees Englands, Wast Water. In **Wasdale Head** 15 hört die Straße auf, und beginnt der Aufstieg auf den 978 m hohen Scafell Pike, den höchsten Berg Englands. Alljährlich im November wird seit 25 Jahren die dunkle Jahreszeit auf englisch-exzentrische Weise erheitert: Im Santon Bridge Inn findet der Wettbewerb für den besten Lügner statt. Seit einigen Jahren berichten britische Medien über eine weitere Aktivität von Witzboldcn in dieser Gegend. Da es am Grund des 80 m tiefen Wast Water selbst bei klarer Sicht nur wenig zu sehen gibt, haben Taucher eine Kolonie von Gartenzwergen unter Wasser aufgestellt. Polizeitaucher entfernten die Figuren, um Tauchunfälle zu verhindern. Nur: Kann man im Land der Lügner sicher sein, dass Polizisten die Wahrheit erzählen?

Infos

Im Internet: Auskunft über das Tal findet man auf der Website www.wasdaleweb.co.uk.

Übernachten

Urig und abgelegen ▶ **Wasdale Head Inn:** Tel. 019467 262 29, Fax 019467 263 34, www.wasdale.com. Wandererherberge mit elf bequemen Zimmern, Bar-Küche und Restaurant, Spezialität Lammfleisch. DZ ab 118 £, auch Ferienwohnungen ab 280 £ für drei Nächte.

Grasmere ▶ G 11

Karte: S. 188

Nur 10 Autominuten nördlich von Ambleside auf der A 591 erreicht man **Grasmere** 16. Die Heimat des Dichters William Wordsworth (1770–1850) zieht an Sommertagen so viele Touristen an, dass ihr unbestrittener Charme verloren gehen kann. Dann profitieren die Inhaber der *tea shops* und Andenkenläden von dem Ansturm und nennen den Ort Gras Vegas. Außerhalb der Stoßzeiten lohnt es sich aber durchaus, hier zu halten. Bei einem kurzen Spaziergang am See Grasmere versteht man, woher Wordsworth seine Inspiration nahm.

Seine produktivsten Jahre verbrachte der Autor im bescheidenen **Dove Cottage** 500 m südwestlich des Ortes. Später, als wohlhabenderer und bekannter Mann, in seinen letzten Jahre sogar als Hofdichter gefeiert, lebte er in **Rydal Mount,** 2 km entfernt in Richtung Ambleside. Er starb dort und liegt unter einer Eibe auf dem Friedhof der schönen Dorfkirche St Oswald begraben. Sowohl in Dove Cottage (Mitte Feb.–Dez. tgl. 9.30–17.30 Uhr) wie auch in Rydal Mount (März–Okt. tgl. 9.30–17 Uhr, Nov.–Feb. tgl. 9.30–16 Uhr) sind Möbel aus Wordsworths Zeit und persönliche Gegenstände des Dichters zu sehen. Wordsworth's Walk, den 3 km langen Weg von Grasmere nach Rydal, kann man bequem zu Fuß zurücklegen.

Übernachten

Für Vegetarier ▶ **Lancrigg Vegetarian Country House Hotel:** Easedale, Tel. 0153 94 353 17, http://lancrigg.co.uk/. Ungewöhnlich: ein Hotel der gehobenen Klasse für Vegetarier, herrlich gelegen im eigenen Park 1 km außerhalb Grasmere. DZ 170–220 £ inkl. Abendessen.

B & B ▶ **Raise View:** White Bridge, Tel. 015394 352 15, www.raiseviewhouse.co.uk. Überdurchschnittlich komfortables B & B mit sieben Zimmern, alle mit eigenem Bad, fünf Minuten zu Fuß von der Dorfmitte. DZ 116 £, Abendessen bei Vorbestellung 27 £.

Familiär ▶ **Chestnut Villa:** Keswick Rd., Tel. 015394 352 18, www.chestnutvilla.com. Klei-

nes, sehr freundliches B & B an der Hauptstraße, bequem eingerichtet, herzhaftes
Frühstück. DZ 70 £.

Rast für Wanderer ▶ Grasmere Independent Hostel: Broadrayne Farm, Keswick Rd.,
Tel. 015394 350 55, www.grasmerehostel.co.uk.Ungewöhnlich komfortable Wandererherberge, 2 km nördl. der Dorfmitte. Fünf
Zimmer mit je 3 bis 6 Betten. 19,50 £ pro Person.

Essen & Trinken

**Erstaunlich aufgeräumt ▶ The Jumble
Room:** Langdale Rd., Tel. 015394 351 88,
Mi–So 17.30–22, Fr–So auch 12–15.30 Uhr.
Küche mit Mittelmeer-Einfluss in der sogenannten »Rumpelkammer«. Hauptgerichte ab
13 £, tagsüber preiswerte kleine Gerichte.

Alte Herberge ▶ The Traveller's Rest:
nördl. des Dorfes an der Straße nach Keswick, Tel. 015394 356 04, tgl. 12–21.30 Uhr.
Gemütliche Kneipe mit Pub-Gerichten.

Einkaufen

Gebäck ▶ Grasmere Gingerbread aus Sarah Nelson's Gingerbread Shop: ein köstliches Gebäck, seit 150 Jahren nach geheimem Familienrezept hergestellt, nur in diesem Geschäft zu kaufen.

**Landschaftsmalerei ▶ Heaton Cooper
Studio:** Aquarelle des Künstlers W. Heaton
Cooper und anderer Mitglieder seiner Familie; angeschlossen ist auch ein kleines Fachgeschäft für Künstlerbedarf.

Termine

Rush–Bearing (Ende Juli/Anfang Aug.): Gottesdienst mit einer alten Erneuerungszeremonie. Wie zur Zeit der Lehmfußböden wird
der Boden der Kirche mit Reet ausgelegt.

Grasmere Sports (Ende Aug.): Traditionelle
Wettkämpfe des Lake District, z. B. Ringen,
Bergrennen, Wettbewerbe für Schäferhunde.

Verkehr

Bus: Busse von London über Kendal und
Ambleside nach Keswick halten in Grasmere.
Auch lokale Buslinien (555, 599) ab Windermere.

Rundfahrt durch den Norden des Lake District

Karte: S. 188

Keswick ▶ F 11

Nördlich von Grasmere führt die A 591 am
See Thirlmere vorbei nach **Keswick** 17.
Thirlmere ist kein natürlicher See, sondern
wurde für die Wasserversorgung von Manchester angelegt. Die Stadt Keswick am See
Derwentwater ist das wichtigste Urlaubszentrum in nördlichen Lake District. Wanderer erreichen mit örtlichen Buslinien oder mit
den Derwentwater-Booten die Ausgangspunkte ihrer Tagestouren, haben ein reichhaltiges Angebot an Pubs und Restaurants
am Abend und finden auch Beschäftigungen
für verregnete Tage. Direkt nördlich der Stadt
liegen zwei größere Berge, der 931 m hohe
Skiddaw und der 868 m hohe Blencathra. Die
Straße nach Süden am See entlang führt ins
Borrowdale, nach Meinung vieler das allerschönste Tal im Nationalpark Lake District.

3 km östlich der Stadtmitte steht **Castlerigg Stone Circle**, ein Megalithring, nicht so
groß wie Stonehenge, aber in unvergleichlicher Lage. Die Anlage entstand ca. 3000 v.
Chr. und steht, wie auf einem Präsentierteller, auf ebenem Gelände etwas erhöht über
dem Tal und von Bergen umringt. Der Kreis
mit 30 m Durchmesser besteht aus 38, bis zu
2,3 m hohen Steinen vulkanischen Ursprungs
und umfasst ein Rechteck aus zehn weiteren
Steinen. Castlerigg ist der besterhaltene von
fast 50 Steinkreisen dieser Region. Wie im
Falle von Stonehenge vermutet man eine astronomische und kultische Funktion.

In Keswick selbst empfiehlt sich der Besuch des **Cumberland Pencil Museum.** Das
Vorkommen von Graphit war Basis für die
Herstellung von Bleistiften, deren Geschichte
im kleinen Museum kurzweilig erzählt wird
(tgl. 9.30–17 Uhr). Über den Abbau von Kupfer, Blei und verschiedenen Mineralien, das
1564 mit der Ankunft deutscher Bergleute begann, informiert das **Keswick Mining Museum** (Otley Road, Di–So 10–17 Uhr). Boote
fahren im Stundentakt rund um den Der

Lake District

wentwater und halten an mehreren Stellen. Wer keine anstrengende Wanderung unternehmen will, kann von der Anlegestelle aus einen kurzen Spaziergang am Ufer zum südlich gelegenen Aussichtspunkt Friar's Crag unternehmen.

Im **Whinlatter Forest Park** an der B 5292 einige Kilometer westlich von Keswick sind vielfältige Aktivitäten möglich. Vor allem unter Mountainbikern hat sich dieses Waldgebiet mit einer Höhe von bis zu 790 m einen Namen gemacht. Der 19 km lange, weitgehend eigens angelegte **Altura Trail** hat die höchste Schwierigkeitsstufe mit Sprüngen, steilen Abfahrten und schwierigen Kehren.

Andere markierte Routen im Forst sind eher familienfreundlich. Das **Go Ape!-Center** bietet Abenteuer in Wipfelhöhe für Baumkletterer, aber auch Wanderer und Vogelfreunde kommen auf ihre Kosten (http://visitlakeland forests.co.uk mit Routenkarten und Videos; Go Ape!: Termine reservieren unter Tel. 0845 643 92 15, www.goape.co.uk; Radvermietung und Unterricht: Tel. 0 17 68-77 87 11; cyclewise.co.uk).

Infos

Tourist Information Centre: Moot Hall, Market Square, Tel. 017687 726 45, keswicktic @lake-district.gov.uk.

Rätselhaft und 5000 Jahre alt: Der Steinkreis von Castlerigg

Übernachten

Historisch ▶ Horse & Farrier: Threlkeld (7 km östl. von Keswick an der A 66), Tel. 0176 87 796 88, www.horseandfarrier.com. 300 Jahre altes Haus mit modernem Komfort, gute Küche (in der Bar ab 8 £, im Restaurant 14–17 £). Eine gute Wandererherberge, Ausgangspunkt für die Berge Blencathra und Skiddaw. DZ mit Bergblick 80–90 £.

Nichtraucher-B & B ▶ Acorn House Hotel: Ambleside Rd., Tel. 017687 725 53, www. acornhousehotel.co.uk. Zehn Zimmer, drei davon mit Himmelbett, und ein gutes Wanderer-Frühstück in einem 200 Jahre alten Haus. DZ 74–90 £.

Essen & Trinken

Mit und ohne Fleisch ▶ Morrel's Restaurant: 34 Lake Rd., Tel. 01787 726 66, Di–So 17.30–23 Uhr. Internationale Küche, auch vegetarische Gerichte. Menü 20 £.

Traditionelle Kneipe ▶ The Dog and Gun: 2 Lake Rd., Tel. 017687 734 63, Essen tgl. 12–21 Uhr. Spezialität ist hausgemachtes Gulasch. Bier aus der örtlichen Kleinbrauerei. Aber aufgepasst: Die Wirtin macht nach alter Manier um 23 Uhr Schluss! Imbisse und einfache Pub-Gerichte ab 5 £.

Einkaufen

Ausrüstung ▶ George Fisher: 2 Borrowdale Rd. Großes Sortiment für Camper, Wanderer, Kletterer, Sportler. Wenn Sie hier das Passende nicht finden, gibt es viele weitere Outdoor-Geschäfte.

Leckereien ▶ Ye Olde Friars: Market Square. Pralinen, Kekse, Chutney- und Senfsorten.

Aquarelle ▶ Viridian Gallery: St John St. Werke von Lake-District-Künstlern und Kunsthandwerk.

Markttag ▶ jeden Sa.

Abends & Nachts

Schauspiel ▶ Theatre by the Lake: Tel. 017687 744 11. Kleines Theater mit einem abwechslungsreichen Programm.

Aktiv

Dampfertouren ▶ Auf dem Derwentwater mit **Wanderungen** kombiniert, z. B. mit dem Boot nach Hawes End, von dort auf den Berg Cat Bells, keine 700 m hoch, aber sehr lohnend.

Abenteuersport ▶ Vivid Events: Denton House, Penrith Rd., Tel. 017687 753 51, www. vividevents.co.uk.

Wassersport ▶ Derwentwater Marina: Portinscale am nördl. Ende des Sees, Tel. 0176 87 729 12, www.derwentwatermarina.co.uk. Vermietung von Segelbooten, Kajaks; **Newland Adventure Centre:** Stair, Newlands Valley bei Keswick, Tel. 017687 784 63, www. activity-centre.com. Wassersport; auch Wandern, Klettern, Bogenschießen.

Verkehr

Bus: Nächster Bahnhof Windermere oder Penrith, von dort Busse, auch Fernbusse von London und anderen Städten, nach Keswick. Von Keswick Busverbindungen ins Umland. Die Buslinie 77 bietet eine wunderschöne Rundfahrt ab Keswick über Borrowdale und Buttermere.

Borrowdale und Honister Pass

▶ **F 11**

Eine landschaftlich wunderbare Autotour, die mit einigen Unterbrechungen bequem an einem Tag zu schaffen ist, führt zunächst auf der B 5289 in Richtung Borrowdale am Ostufer des Derwentwater entlang. Nach 3 km zweigt eine kleine, steile Straße nach links ab nach **Watendlath** 18, einer isolierten – im Sommer allerdings viel besuchten – Siedlung hoch über dem Tal. Zurück auf der B 5289 sieht man Wegweiser zu den Wasserfällen Lodore Falls und, weiter südlich hinter dem hübschen Dorf **Grange,** zum Bowder Stone, einem fast 2000 t schweren Felsbrocken, dessen Ursprung ungeklärt bleibt.

Bald wird die Fahrt steil und kurvenreich, denn die Straße steigt zum **Honister Pass** 19 hinauf. Eine kleine, nach links abzweigende Straße endet nach 2 km in **Seathwaite**, wo einige der besten Bergwanderungen, z. B. auf den Scafell Pike und den Great Gable, anfangen. Oben auf dem Pass wurden die Berghänge über Jahrhunderte durch den Abbau von grünem Schiefer entstellt. Seit den 1990er-Jahren ist die **Honister Slate Mine** wieder in Betrieb, jetzt unterirdisch. Das Visitor Centre erläutert die Geschichte der Industrie, und Fahrten unter Tage sind möglich (tgl. 10.30, 12.30, 15.30 Uhr).

Übernachten

Perfekte Lage ▶ **Borrowdale Gates Country House Hotel:** Grange-in-Borrowdale, Tel. 017687 772 04, www.borrowdale-gates.com. Ein komfortables altes Haus mit Restaurant am südlichen Ende von Derwentwater. DZ ab 190 £.

Echter Bauernbetrieb ▶ **Yew Tree Farm:** Rosthwaite, Borrowdale, Tel. 017687 776 75, www.borrowdaleherdwick.co.uk Altes Bauernhaus in grandioser Lage. Drei Zimmer mit Bad, großzügiges Wandererfrühstück. Die freundlichen Inhaber, Familie Relph, betreiben den Flock-In Tea room gegenüber. Hier gibt es u. a. Wollprodukte von eigenen Herdwick-Schafen. DZ 75 £.

Buttermere   ▶ **F 11**

Auf der Westseite des Honister Pass befindet sich das Dorf **Buttermere** 20 am gleichnamigen See. Hier gibt es mittags gute Einkehrmöglichkeiten. Der eben verlaufende Spaziergang rund um den See dauert nicht länger als zwei Stunden. Für eine etwas längere, auch reizvollere Wanderung kann man den unmittelbar westlich liegenden Crummock Water umrunden.

Von Buttermere aus führt eine schmale, nach rechts abzweigende Straße (ausgeschildert ›Newlands‹) zunächst über einen Pass, dann durch ein grünes Tal nach Keswick zurück.

Übernachten

Am See ▶ **Bridge Hotel:** Tel. 017687 702 52, www.bridge-hotel.com. Die Lage in einem der herrlichsten Lake-District-Täler ist nicht zu überbieten. Zum Hotel gehört auch ein Pub (Gerichte ab 10 £) mit Essen *(afternoon tea* besonders zu empfehlen) und ein Restaurant (Hauptgerichte 15 £). DZ ab 130 £.

Cockermouth und Bassenthwaite   ▶ **F 10/11**

Eine längere Tour in Richtung Norden auf der B 5289 bezieht die Stadt **Cockermouth** 21 und den großen **Bassenthwaite Lake** ein. Die Attraktion in Cockermouth, einer hübschen Stadt am nordwestlichen Rand der Berge, die Ende 2009 von verheerenden Überschwemmungen heimgesucht wurde, ist das **Geburtshaus des Dichters Wordsworth.** In diesem Bau von 1745 hat der National Trust ein wirklich empfehlenswertes Museum eingerichtet, das die Welt der 1770er-Jahre, auch aus der Sicht eines Kindes, zum Leben erweckt (April–Okt. Mo–Sa 11–17 Uhr). Die 130 Jahre alte Brauerei (**Jenning's Brewery,** März–Okt.

Mo–Sa 11 und 14 Uhr) und das georgianische **Castlegate House** mit Galerie (Mo, Fr/Sa 10.30–17 Uhr) lohnen ebenfalls den Besuch. Auch bei einem kurzen Aufenthalt im Lake District fällt auf, dass in der Landwirtschaft der Bergregion die Schafzucht dominiert. Im **Lakeland Sheep and Wool Centre** südlich von Cockermouth kann man mehr darüber erfahren (März–Okt. So–Do, ›sheep show‹ 10.30, 12, 14, 15.30 Uhr).

Angenehmer als die Fahrt zum Bassenthwaite Lake auf der viel befahrenen A 66 sind zwei Nebenstrecken nördlich dieser Hauptstraße, die sich am Nordufer des Sees treffen. Das ruhige Dorf **Bassenthwaite** 22, das am Rand der Berge und deshalb abseits der großen Besucherströme liegt, eignet sich als Standquartier für Wanderungen und Besichtigungen. Über die A 591 In Richtung Keswick an den bewaldeten unteren Hängen des Skiddaw vorbei erreicht man **Mirehouse.** Die Innenräume des 1666 erbauten, noch bewohnten Hauses vermitteln einen Eindruck der Lebensweise des betuchten niederen Adels. Schön ist der Spaziergang durch den Garten zur winzigen Kapelle St Bega am Seeufer (Garten: April–Okt. tgl. 10–17 Uhr, Haus: April–Okt. So, Mi 14–17 Uhr).

Übernachten

Alte Dorfkneipe ▶ **The Pheasant:** Bassenthwaite, Tel. 017687 762 34, www.thepheasant.co.uk. 15 komfortable Zimmer. Britische Küche im Restaurant, z. B. Lamm aus Cumbria, Fisch aus Schottland 20–25 £, im Bistro Gerichte ab 12 £; auf der Terrasse gibt es *cream tea.* Übernachtung 170–190 £.

Mit Ausblick ▶ **Lakeside:** Dubwath, Bassenthwaite, Tel. 017687 763 58, www.lakesidebassenthwaite.co.uk. Gästehaus mit neun Zimmern und Ferienwohnung südl. von Cockermouth. Blick auf den Lake Bassenthwaite und die Berge. Lunchpaket für Wanderer und Abendessen. DZ ab 75 £.

Essen & Trinken

Vegetarisch ▶ **Quince and Medlar:** Cockermouth, 13 Castlegate, Tel. 01900 82 35 79, Di–Sa ab 19 Uhr. Anspruchsvolle Küche

ohne Fleisch. Dessert-Empfehlung: Dattelund Feigenpudding. Gerichte ab 10 £.

Lokale Kost ▶ **The Bitter End:** 15 Kirkgate, Tel. 01900 82 89 93, Küche 12–14, 18–20.45 Uhr. Cumberland-Würstchen und Kotelett vom Lake-District-Lamm, das Bier wird an Ort und Stelle gebraut. Hauptgerichte 9–13 £.

Ullswater und Penrith

▶ **G 10/11**

Karte: S.184

Der See Ullswater ist fast so lang wie Windermere, aber weniger frequentiert und landschaftlich noch beeindruckender, da von höheren Bergen umgeben. Kommt man von Ambleside oder Windermere über den Kirkstone Pass, so erreicht man die kleinen Orte **Patterdale** und, direkt am See gelegen, **Glenridding** 23, wo es Unterkunft, Gaststätten und Geschäfte für Urlauber gibt. Schön ist die Fahrt am Nordufer zum Wasserfall Aira Force und weiter nach Pooley Bridge, noch schöner die Bootsfahrt mit historischen Dampfern von Glenridding oder Pooley Bridge (siehe auch aktiv unterwegs S. 204).

Die Marktstadt **Penrith** 24 gehört nicht zum Nationalpark. Sie ist weniger touristisch, weniger herausgeputzt als die Orte mitten im Lake District und bewahrt so mit ihren Häusern aus rotem Sandstein und Gassen rund um den Marktplatz ihren echten, alten Charakter als Zentrum für die umliegende ländliche Region. Die Burg ist nur noch eine Ruine (tgl. 8 Uhr bis zum Einbruch der Dunkelheit); unterhaltsamer ist der Besuch einer der drei Attraktionen in unmittelbarer Nähe:

Das nach einem Königreich der Kelten genannte **Besucherzentrum Rheged** mit Cafés und Kunsthandwerkläden zeigt Wechselausstellungen über Natur und Kunst und 3D-Filme – eine willkommene Ablenkung für Familien an verregneten Tagen (an der A 66 westl. von Penrith, tgl. 9–17 Uhr).

Im Herrensitz **Dalemain** verbergen sich Bauten aus dem Mittelalter und der Tudor-Zeit hinter einer imposanten georgianischen

aktiv unterwegs

Bootsfahrt und Wanderung am Ullswater

Tour-Infos

Start/Ziel: Glenridding an der Südspitze des Sees Ullswater

Länge: ca. 12 km

Dauer: 3–4 Std.

Schwierigkeitsgrad: mittelschwer, welliges Gelände

Anfahrt: Bus 108 verbindet ganzjährig Penrith mit Glenridding (Fahrtzeit 44 Min., ca. alle zwei Stunden bis spätnachmittags), Nr. 517 fährt nur im Sommer von Bowness-in-Windermere nach Glenridding. **Alternative Anfahrt:** Mit dem Boot von Pooley Bridge am östlichen Ende des Sees nach Howtown, mit Boot oder Bus 108 nach Pooley Bridge zurück.

Schiff-Fahrzeiten: Die Boote von Ullswater Steamers fahren tgl. von Glenridding nach Howtown: April–Aug. 9 x tgl., Sept./Okt. 5 x tgl., Nov.–März 3 x tgl., z. B. ganzjährig Abfahrt 9.45 Uhr). Infos unter www.ullswater-steamers.co.uk.

Diese Wandertour entlang Ullswater ist zu jeder Jahreszeit wunderschön. Die Ausblicke auf den langgestreckten See und auf die Berge wie etwa den südlich liegenden Helvellyn (950 m, Englands dritthöchste Erhebung) sind bezaubernd.

Doch vor Beginn unserer Wanderung schippern wir zunächst mit dem Boot von **Glenridding** nach **Howtown**. Dort angekommen geht es vom Landungssteg nach rechts

auf den Uferpfad. Er führt auf einen Fahrweg, den wir nach links durch ein Tor schnell wieder verlassen. Stufen gehen auf ein zweites Tor zu: Hier geht es nach rechts auf den Pfad, der ein wenig erhöht parallel zum Südufer des Ullswater verläuft. Bereits hier hat man einen schönen Blick nach Osten zurück.

Im weiteren Verlauf passiert der Weg kleine Buchten und steinige Strände, die zum Verweilen einladen. Nach 15–20 Minuten ist ein weiteres Tor erreicht. Dahinter schlängelt sich der Weg unter Bäumen entlang. Einige Minuten später, noch in der lichten Waldparzelle, gabelt sich der Weg: Hier gehen wir rechts bergab, an einem Sandstrand vorbei und durch ein Tor in einer Mauer. Der Weg entfernt sich vom Seeufer und erreicht einen kleinen Fluss im Ort **Sandwick** am Ende einer Stichstraße.

Wir überqueren die Holzbrücke und halten Ausschau nach einem kleinen Pfad mit Wegweiser nach rechts. Nach ca. 15 Minuten führt eine weitere Brücke über einen Bach unterhalb von **Scalehow Force Waterfall**. Dahinter geht es nach rechts auf eine Mauer zu; dort mit einem Linksknick weiter, rechter Hand die Mauer.

Auf diesem Weg, der sich wieder dem Seeufer nähert, bleiben wir eine längere Zeit. Hinter der kleinen Landzunge **Silver Point** (rund 40 Minuten nach der Brücke) sind der südliche Arm von Ullswater sowie das Ziel unserer Wanderung, der Pier in Glenridding, bereits sichtbar. Jetzt geht es Richtung Sü-

---

Fassade. Haus und Garten können besichtigt werden (von der A 592 zwischen Penrith und Pooley Bridge ausgeschildert, Ostern–Okt. So–Do 11–16 Uhr). **Hutton in the Forest** `25` dagegen, Sitz der Familie des Lord Inglewood seit 400 Jahren, hat eine eher wehrhafte äußere Erscheinung und entstand ca. 1350 als *pele tower*. Weitere Flügel stammen

aus dem 16. bis 19. Jh. (7 km nordwestl. von Penrith über M 6, Ausfahrt 41, Mai–Sept. Mi/Do, So 12.30–16 Uhr).

Infos

Tourist Information Centre: Main Car Park, Glenridding, Ullswater, Tel. 017684 824 14, ullswatertic@lake-district.gov.uk.

den bis zum Hof der **Side Farm.** Wir gehen durch das Tor, nach 100 m rechts an den *tea rooms* vorbei und weiter zur Hauptstraße A 592; hier rechts weiter neben der Straße, bis nach einigen Hundert Metern auf dem Gehweg ein Metalltor an einer Straßenüberquerung zu sehen ist. Wir gehen durch das Tor

und ein kurzes Stück am Uferpfad zum **Startpunkt am Bootsanleger.** Wer sich nicht schon im *tea room* der Side Farm gestärkt hat, kann dies nun zum Abschluss der Wanderung in **The Ramblers' Bar** auf dem Gelände des Inn on the Lake (s. S. 206) nachholen.

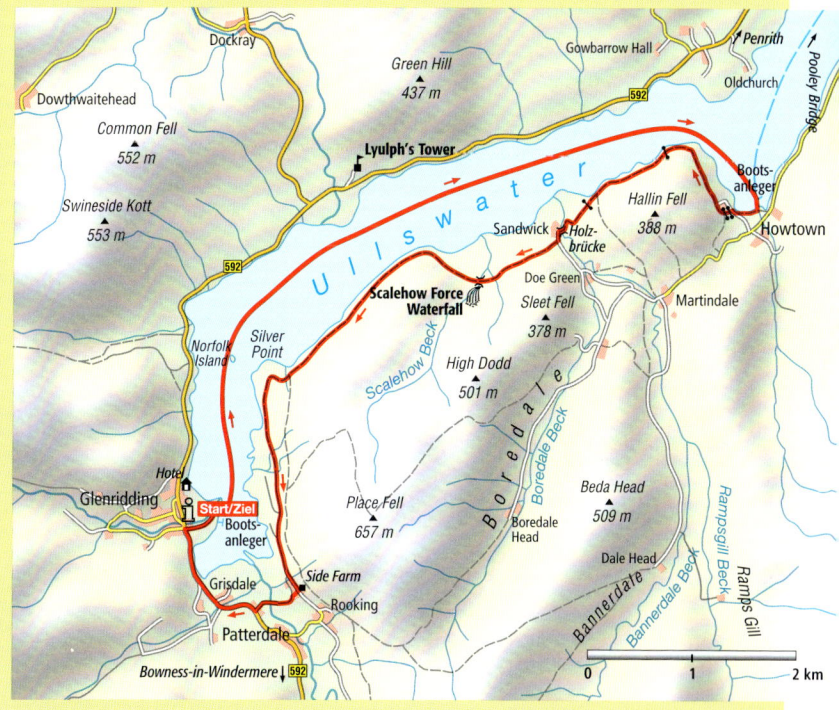

Übernachten

Edel ▶ Sharrow Bay Hotel: Howtown, Ullswater, Tel. 017684 863 01, Fax 01768 48 63 49, www.sharrowbay.co.uk. Wunderschön gelegen am südlichen Seeufer. Nirgendwo kann man stilvoller wohnen und speisen als hier – das allerdings hat seinen Preis. Das vor 60 Jahren gegründete, erste Country

House Hotel prägte eine ganze Gattung von Nobelherbergen. Das 5-Gänge-Mittagsmenü im Sterne-Restaurant ist mit 45 £ relativ erschwinglich. DZ 370 £ inkl. Abendessen.

Bauernhaus ▶ Deepdale Hall: Tel. 017684 8 23 69, www.deepdalehall.co.uk. Unterkunft auf einer Farm aus dem 17. Jh. Guter Aus-

Lake District

gangspunkt für die Besteigung des 950 m hohen Helvellyn. B & B ab 80 £, Ferienwohnung ab 500 £/Woche.

Essen & Trinken

Gastro-Pub ▶ The Queen's Head: Tirrill, Tel. 01768 86 32 19. An der B 5320 zwischen Pooley Bridge und Penrith. Sehr gemütlich, ausgezeichnete Küche, eigene Biersorten. Hauptgerichte 9–14 £.

Deftig ▶ The Ramblers' Bar: Auf dem Gelände des Inn on the Lake, Glenridding, ideal für Wanderer. Pub-Küche ab 8 £.

Aktiv

Schiffstouren ▶ Ullswater Steamers: Dampfboote aus viktorianischer Zeit verkehren auf dem See zwischen Glenridding und Pooley Bridge. Auskunft: Tel. 01768 48 22 29 (s. a. aktiv unterwegs, S. 204).

Bootsverleih ▶ Glenridding Sailing Centre: Ullswater, Tel. 017684 825 41, www.lakesail. co.uk. Vermietung von Segelbooten, Kajaks, Kanus.

Verkehr

Bahn: Penrith liegt an einer Hauptstrecke von Schottland nach Manchester und London.

Bus: Verbindungen ab Penrith oder Ambleside nach Ullswater.

Carlisle ▶ G 10

Die mit 70 000 Einwohnern einzige größere Stadt in der Nähe des Lake District ist Carlisle am Hadrian's Wall, südlich der schottischen Grenze. Die **Kathedrale**, die an der Stelle des römischen Kastells errichtet wurde, verlor den Großteil des normannischen Schiffs zugunsten des Baus von Befestigungen während des Bürgerkriegs im 17. Jh. Der 1380 vollendete Chor blieb unversehrt und hat ein schönes Ostfenster im Decorated-Stil (tgl. 7.40–18.15, So bis 17 Uhr).

Im Jahr 1092 erkämpfte sich William II. die Kontrolle über Carlisle und ließ die **Burg** bauen, die als strategische Festung über die Jahrhunderte gut instand gehalten wurde. Unter Edward I., ›The Hammer of the Scots‹, der einen Teil der Burg in einen Palast umwandelte, fanden hier Parlamente statt. Elizabeth I. ließ Maria Stuart in Carlisle Castle einsperren. Donjon und Burgmauern sind zugänglich, und der königliche Palast beherbergt ein Regimentsmuseum. Zu den weni-

Landschaft bei Buttermere

gen Erfolgen des letzten Versuchs, das Königshaus zu stürzen, gehörte die Einnahme
von Carlisle durch die schottischen Truppen
von Charles Edward Stuart im Jahr 1745. Am
Marktkreuz verlas ›Bonny Prince Charlie‹ die
Proklamation, mit der er den Thron für seinen
Vater beanspruchte, aber die Rebellion wurde
binnen kurzer Zeit niedergeschlagen. In der
Burg erfährt man, welches Schicksal die Rebellen dann ereilte (April–Sept. tgl. 9.30–17,
Okt.–März 10–16 Uhr).

Das Museum **Tullie House** integriert moderne Architektur in ein Haus aus dem Jahr
1689. Neben der Kunstgalerie mit wechselnden Ausstellungen rekonstruiert das Museum
die bewegte Vergangenheit im Grenzgebiet.
Zur ständigen Ausstellung gehören Arts-&-
Crafts-Möbel, Gemälde der Präraffaeliten
und römische Funde von Hadrian's Wall. Be-
zeichnend für die Grenzregion ist der wort-
reiche Fluch, den 1520 der Bischof von Glasgow gegen mörderische Diebesbanden, genannt *rievers,* aussprach. Er verfluchte sie
gründlich, vom Kopf bis zum Fuß mitsamt ihren Gänsen, Hühnern und Grünkohlbeeten.
Der Text wurde in einen Granitfels in der
Unterführung am Museum eingemeisselt.
(Castle St., Mo–Sa 10–17, So 12–17 Uhr,
Nov.–Feb. nur bis 16 Uhr).

Infos

Tourist Information Centre: Old Town Hall,
Greenmarket, Tel. 01228 62 56 00, www.
historic-carlisle.org.uk, März–Okt. Mo–Sa
9.30–17, So 10.30–16 Uhr.

Übernachten

Historische Lage ▶ **Angus Hotel:** 14 Scot-
land Rd., Tel. 01228 52 35 46, www.angus-
hotel.co.uk. Alt und neu vereint: Das 11-Zim-
mer-Haus mit Bistro steht an der Stelle von
Hadrian's Wall, nahe der Burg. DZ ab 79 £.

Essen & Trinken

Café-Bar-Brasserie ▶ **The Gilded Lily:** 6
Lowther St., Tel. 01228 59 36 00, Mo–Sa
9–24, So 12–24 Uhr. Salate, einfache Fleisch-
und Pastagerichte 8–13 £, Steak 18 £, gute
Cocktail-Auswahl.

Am Dom ▶ **Prior's Kitchen:** Das Café der
Kathedrale, tgl. 9.30–16 Uhr. Preiswertes Essen im Gewölbe der Mönche. Gerichte 7 £.

Termin

Carlisle International Summer Festival
(Mitte Juli): Musik in der Kathedrale.

Verkehr

Bahn: Direktverbindungen nach London (ca.
3,5 Std.), Newcastle 1,5 Std.
Busse fahren zum Lake District.

Umgebung von Carlisle

15 km östlich hat die St Martin's Church in
Brampton wunderschöne, von Edward
Burne-Jones gestaltete Glasfenster. Nördlich
von Brampton lohnt ein Besuch des Augus-
tinerklosters **Lanercost Priory,** das ab 1166
mit Steinen der nahe gelegenen Hadrian's
Wall errichtet wurde. Der Kirchenchor ist eine
romantische Ruine, während das Hauptschiff
als Pfarrkirche noch genutzt wird (April–Sept.
tgl. 10–17, Okt. Do–Mo 10–18 Uhr).

Von Lanercost führt eine nicht nummerierte Straße gut 15 km in Richtung Norden in
eine einsame Landschaft nach **Bewcastle.**
Vor der winzigen Kirche steht ein seltenes Re-
likt: ein keltisches Kreuz des 7. Jh., über 4 m,
hoch mit eingeritzten Runen.

Tipp: Mit der Bahn von Carlisle nach Leeds

Eine für ihre grandiose Landschaft berühmte
Bahnstrecke verbindet Carlisle mit Leeds. Vor
allem der Abschnitt zwischen Carlisle und
Settle in den Yorkshire Dales ist als Ausflug
lohnend. Ein Zwischenstopp unterwegs in
den charaktervollen Kleinstädten Dent, Garsdale, Kirkby Stephen oder Appleby lohnt
sich. Das großartige Baudenkmal Ribblehead
Viadukt mit seinen 24 Backsteinbögen sieht
man von der Straße besser als vom Zug aus
(Abfahrten 6 x tgl. Mo–Sa, 3 x So, Fahrzeit
Carlisle–Settle 1 St. 40 Min., www.settle-car
lisle.co.uk).

Bamburgh Castle

Kapitel 3

Der Nordosten

In einem Land mit einer so hohen Bevölkerungsdichte wie England kann keine Region als wirklich ›unentdeckt‹ bezeichnet werden. So beschreiben wir den Nordosten Englands lieber als ›unterentdeckt‹, auch von den Engländern selbst. Der Grund dafür ist einzig und allein die geografische Randlage. Was landschaftliche Schönheit und kulturelle Schätze betrifft, kann der Nordosten es mit jeder bekannteren Region aufnehmen.

Von der Westküste nahe Carlisle bis zur Nordseeküste im Stadtgebiet von Newcastle-upon-Tyne zieht sich die aus der Römerzeit stammende Mauer Hadrian's Wall. Sie markiert die nördlichste Ausdehnung des römischen Imperiums. Erhebliche Reste der Mauer und der dahinter liegenden Forts sind erhalten und wurden für Besucher hervorragend aufgearbeitet. Nördlich davon liegt die am spärlichsten besiedelte Region Englands, das Hügel- und Waldgebiet des Northumberland National Park.

An der abwechslungsreichen Ostküste trifft man auf wunderschöne, niemals überlaufene Sandstrände, Burgen wie Bamburgh Castle, die zu den eindrucksvollsten im Lande zählen, und kleine Fischerhäfen, von denen Meeresfrüchte fangfrisch an die Restaurants geliefert

werden. Stätten wie die ›heilige Insel‹ Lindisfarne, die festungsähnliche Domstadt Durham und Alnwick Castle, Residenz einer der prominentesten Adelsfamilien, geben Einblick in bewegte Epochen der Landesgeschichte. Last but not least: Die regionale Hauptstadt Newcastle-upon-Tyne bietet Kultur, Architektur und pralles Nachtleben.

Der Nordosten

Sehenswert

7 **Lindisfarne:** Im Rhythmus der Gezeiten wird die Straße zur ›Heiligen Insel‹ zweimal täglich überschwemmt. Dünen und Strände, Zeugnisse aus den Anfängen des Christentums und eine Wohnburg machen den Aufenthalt während der Flutstunden kurzweilig (s. S. 225).

8 **Alnwick Castle:** Im Mittelalter herrschte die Percy-Dynastie in Nordostengland wie ein kleines Königshaus. Die Festung dient heute noch als Residenz der Herzöge von Northumberland. Der Besuch von Schloss und Parks erlaubt einen Spaziergang durch die englische Geschichte (s. S. 231).

9 **Durham:** Hoch über dem Fluss Wear erheben sich eine Burg aus normannischer Zeit und eine der schönsten Kathedralen Englands. Beide Bauten liegen inmitten einer kleinen reizvollen Universitätsstadt (s. S. 241).

Schöne Routen

Den Hadrian's Wall entlang: Die Landstraße B 6318 durchquert reizvolle Hügellandschaften direkt entlang der antiken Mauer. Zwischen Greenhead im Westen und Corbridge im Osten gibt es eine Reihe interessanter römischer Stätten (s. S. 212).

Die Küste entlang: Zwischen der Grenzstadt Berwick-upon-Tweed und Alnmouth im Süden erstreckt sich eine bezaubernd schöne Küste. Es gibt keine durchgehende Straße direkt am Meer: Nördlich von Bamburgh muss man von der Hauptader A 1 Abstecher machen, z. B. nach Berwick und Lindisfarne. Südlich von Bamburgh verbinden die B 1340 und Seitenstraßen die attraktivsten Küstenorte. Hier sowie nördlich von Bamburgh bei Budle Bay und Ross Beach befinden sich lange, saubere Sandstrände (s. S. 223).

Meine Tipps

Kippers **zum Frühstück:** Unter den vielen Gelegenheiten, an der Küste Northumberlands Meeresspezialitäten zu kosten und kaufen, sind die Lokale im Fischerdorf Craster besonders zu empfehlen – hier gibt es die besten geräucherten Bücklinge und Krabbenfleisch-Gerichte (s. S. 230).

Leere Strände: An der Nordostküste reiht sich ein herrlicher Sandstrand an den nächsten – und keiner ist überfüllt! Zwei von vielen: Ross Beach (s. S. 227) und Embleton Bay (s. S. 230).

Für Regentage: Falls es am Strand ungemütlich wird, ist die Großstadt Newcastle-upon-Tyne nicht weit – für Shopping (s. S. 239) oder zwei erstklassige Museen, das Baltic Arts Centre (s. S. 236) und das Great Museum North (s. S. 237).

aktiv unterwegs

Mountainbike-Tour im Northumberland National Park: Die Forstbehörde baut in verschiedenen Landesteilen aufregende neue Mountainbike-Strecken. Zu den besten gehören die Trails in allen Schwierigkeitsstufen in den einsamen Weiten des Kielder Forest Park. Gemütliche Strecken für Touring-Räder und Mietstationen gibt es auch (s. S. 220).

Strandwanderung von Bamburgh nach Seahouses: Groß ist die Auswahl schöner Strandwanderungen an der Küste. Der Weg von Bamburgh nach Seahouses gehört zu den interessantesten (s. S. 229).

Hadrian's Wall und schottische Grenze

Die Hügellandschaft, durch die der römische Kaiser Hadrian einst eine Mauer von Küste zu Küste bauen ließ, gehört zu den bevölkerungsärmsten Teilen Englands. Das Cheviot-Gebirge und der bewaldete Northumberland National Park sind beliebte Ziele für Outdoor-Aktivitäten. Wander- und Radwege am Hadrian's Wall verbinden die Überreste der römischen Forts miteinander.

Der Hadrian's Wall, eines der eindrucksvollsten Baudenkmäler des römischen Imperiums, durchzieht die dünn besiedelte Landschaft an der nördlichen Grenze Englands von Küste zu Küste. Kaiser Hadrian baute ab 122 n. Chr. den steinernen Wall, um die Grenze seines Reichs gegenüber den Stämmen im Norden zu markieren (s. Thema S. 217).

Heute verläuft die Grenze zu Schottland nicht mehr parallel zum Hadrian's Wall, sondern in nordöstlicher Richtung von Gretna bei Carlisle im Westen zu der Stadt Berwick-upon-Tweed an der Nordsee. Die Landschaft zwischen der Grenze und dem Hadrian's Wall ist einsam. Die Cheviot-Hügel, auf deren Kamm die Grenze verläuft, werden auf einer Länge von 50 km von nur einer Straße überquert, der A 68. Einen großen Teil des Gebiets nimmt der Northumberland National Park mit ausgedehnten Wäldern und dem Stausee Kielder Water ein.

Das Grenzland blickt auf eine bewegte Geschichte zurück. Der normannische Eroberer William I. ernannte Markgrafen, um die Region ruhig zu halten, was aber nie gelang. Die schlimmsten Unruhen brachen an, als Edward I. Ende des 13. Jh. versuchte, Schottland zu unterjochen. Nach seinem Tod vertrieben die Schotten die Besatzungsarmee und plünderten Northumberland. Ein Schatz von überlieferten Balladen feiert die Heldentaten von Kriegern, aber die Wirklichkeit war eher brutal als glorreich. Überfälle auf einsame Siedlungen brachten Terror und Zerstörung; die Täler eigneten sich gut für die Rinderzucht, und sogenannte *border reivers* vergrößerten ihre Herde durch Raubzüge. So wurden Mord und Brandstiftung zur Gewohnheit. Die Bewohner bauten Türme mit Steinmauern, *pele towers,* die noch heute im nördlichen England zu sehen sind.

Den Hadrian's Wall entlang

Die im 18. Jh. gebaute Militärstraße B 6318 führt nahe der Mauer fast wie eine Achterbahn auf windige Hügel hinauf und in grüne Täler hinab. Doch auch ohne Auto ist der Hadrian's Wall gut zu erkunden, denn ein Shuttle-Bus verbindet im Sommer alle wichtigen Sehenswürdigkeiten. Und auch der Fernwanderweg **Hadrian's Wall Path** erstreckt sich von Küste zu Küste: von Bowness am Solway Firth im Westen bis Wallsend in der Großstadt Newcastle-upon-Tyne. Der Weg entlang der alten Befestigungsanlage mit Blick nach Norden auf den Northumberland National Park ist auf der Strecke zwischen Birdoswald und Chesters am Fluss Tyne besonders reizvoll.

Infos

Im Internet: www.hadrians-wall.org und www.visitnorthumberland.com informieren über alle Dienstleistungen für Besucher.

Aktiv

Wandern ▶ **Hadrian's-Wall-Wanderweg:** Ehrgeizige legen die gesamte, 135 km lange Strecke von Küste zu Küste zurück. Wichtige Infos unter www.nationaltrail.co.uk/hadrianswall. Anbieter von Unterkunft und Gepäck-Transfer: Mickledore Travel, Tel. 017687-723 35, www.mickledore.co.uk, und Contours Walking Holidays, Tel. 01629 82 19 00, www.contours.co.uk.

Radfahren ▶ **Hadrian's Cycleway:** Die National Route no. 72 (www.cycle-routes.org/HADRIANSCYCLEWAY) verbindet Haltwhistle mit Newcastle.

Verkehr

Bahn: Züge fahren Mo–Fr stdl. von Newcastle über Corbridge, Hexham, Bardon Mill (für Housesteads und Vindolanda) und Haltwhistle nach Carlisle.

Bus: Ganzjährig fährt der Bus 685 stdl. zwischen Newcastle und Carlisle über Corbridge, Hexham, Haltwhistle und Greenhead (Teilstrecken mit Bus Nr. 85, 185). Von den Osterferien bis Okt. fährt der **Hadrian's Wall Bus** (Nr. AD122) 4 x tgl. von Hexham nach Carlisle, 3 x zusätzlich von Hexham zum Roman Army Museum, jeweils in beide Richtungen, und hält an allen Sehenswürdigkeiten. Fahrplanauskunft: Traveline, Tel. 0871 200 22 33. Mitnahme von Fahrrädern: Vorbuchen bis 15 Uhr am Vortag, Tel. 01434 32 20 02.

Von Birdoswald nach Housesteads ▶ G 10

Das Fort **Birdoswald** erreicht man am besten, indem man in Greenhead die A 69 verlässt und auf der alten Militärstraße B 6318 5 km westlich entlangfährt. Die alte Anlage thront herrlich über dem Irthing-Tal. Ausgrabungen haben zwei Ecktürme, Getreidelager, eine Basilika und das Westtor freigelegt (www.english-heritage.org.uk/birdoswald, April–Sept. 10–17.30, Okt. 10–16 Uhr). Wie die Soldaten hier gelebt haben, kann man im **Roman Army Museum** bei Greenhead anhand von ausgegrabenen und nachgebauten Waffen, Rüstungen, Standarten sowie in einem Film und durch Aufführungen erleben (nördl. der B 6318, 2 km nordöstl. von Greenhead, März–Okt. tgl. 10–17, April–Sept. 10–18 Uhr).

Weiter östlich befindet sich die interessanteste Stätte aus römischer Zeit. Das Fort **Vindolanda** entstand 40 Jahre vor dem Bau der Mauer und gehörte zu den frühen Befestigungen an der Militärstraße (s. a. Thema S. 217). Die Ausstellung im Museum informiert über die teils sensationellen Ergebnisse neuerer Ausgrabungen. Hier bringen Fundstücke wie eine Perücke, Schuhe und Tafelgeschirr das Leben der Römerzeit näher als die steinernen Zeugnisse. Ein nachgebautes Mauerstück zeigt, wie der Hadrian's Wall im Originalzustand ausgesehen hat (www.vindolanda.com, Mitte Feb.–Okt. 10–17, April–Sept. 10–18 Uhr).

4 km östlich von Once Brewed und direkt an der Mauer haben Archäologen das besterhaltene Fort, **Housesteads,** ausgegraben und viele Gegenstände des täglichen Lebens der 1000 hier stationierten Fußsoldaten entdeckt. Die Funde sind in einem Museum ausgestellt. Besucher können zudem die Ruinen des militärischen Krankenhauses besichtigen (www.nationaltrust.org.uk, April–Sept. tgl. 10–18, Okt.–März 10–16 Uhr).

Infos

Tourist Information Centre: Station Rd., Haltwhistle, Tel./Fax 01434 32 20 02, Mo–Sa 9.30–17, im Sommer auch So 13–17 Uhr.

Ein Tipp für Wanderer

Wer den **Hadrian's-Wall-Wanderweg** (s. links) von Westen nach Osten läuft, hat meist den Wind im Rücken und schont dadurch seine Kräfte. Die schönsten Wege liegen nicht immer direkt am Wall, weshalb die Tourist Information Centres Broschüren mit 40 von der Hauptstrecke abzweigenden Rundwegen bereithalten. Als Wanderkarte empfiehlt sich die »Hadrian's Wall Path Route Map« (Harvey Maps), der offizielle Wanderführer »Hadrian's Wall Path« von Anthony Burton ist im Verlag Aurum Press erschienen.

Hadrian's Wall und schottische Grenze

Übernachten

Stattliches Haus ▶ Ashcroft Guesthouse: Lantys Lonnen, Haltwhistle, Tel. 01434 32 02 13, www.ashcroftguesthouse.co.uk. Sieben bequeme Zimmer in einem alten Pfarrhaus nur 200 m vom Marktplatz. Gäste können einen gemütlichen Aufenthaltsraum und den schönen Garten benutzen. DZ 80–90 £.

Wandererstandort ▶ Vallum Lodge: Military Rd., Twice Brewed, nahe Bardon Mill, Haltwhistle, Tel. 01434 34 42 48, www.vallum lodge.co.uk/northumbria.htm. Gut geführtes B & B mit acht Zimmern in einem modernen Haus, 10 Min. zu Fuß vom Hadrian's Wall und an der B 6318 gelegen. DZ 85 £.

Biobauernhof ohne Umweg ▶ Willowford Farm: Gilsland, direkt an Hadrian's Wall zwischen Birdoswald und Gilsland, Tel. 016977 479 62, www.willowford.co.uk. Gelungener Umbau eines Hofs aus dem Jahre 1830, fünf Zimmer. Eigene Eier, Biospeck und -Würstchen zum Frühstück, auch 3-Gänge-Abendessen (18 £) mit gutem Wein und Lunchpaket für Wanderer. DZ 75–80 £.

Für Wanderer und Reiter ▶ Gibbs Hill Farm: Bardon Mill, Tel. 01434 34 40 30, www.gibbshillfarm.co.uk. Drei Ferienwohnungen für 2–6 Personen, fünf schöne B & B-Zimmer (ab 65 £) und eine einfache Herberge für bis zu 18 Personen (15 £ pro Person). Lunchpakete für Wanderer und Reiter – der Hof hat Stallungen auf der Pennine-Bridleway-Fernstrecke. Hier züchtet die Gibson-Familie in vierter Generation Rinder und Schafe.

135 km zieht sich der römische Wall an der alten Nordgrenze Englands entlang

Essen & Trinken

Zutaten aus der Region ▶ Twice Brewed Inn: Tel. 01434 34 45 34, www.twicebrewe dinn.co.uk. Wärmende Gerichte für Wanderer in idealer Lage. Preiswertes Pub-Essen tgl. 12–18 Uhr und *ales* aus kleinen nordenglischen Brauereien in einem gemütlichen Ambiente, abends ab 18 Uhr Spezialitäten der Region wie Northumberland-Blutwurst, Käseteller mit Cheviot Cheese und auf einer Farm der Umgebung hergestelltes Eis. Mit Internetcafé und Unterkunftsmöglichkeit (DZ 56–84 £). Gerichte ab 9 £.

Wärmende Stärkung ▶ The Milecastle: Military Rd., Haltwhistle, Tel. 01434 32 13 72, tgl. 12–21 Uhr. An der B 6318 neben dem Hadrian's Wall. Gutes Essen in einem Pub aus

dem 17. Jh. Spezialität sind hausgemachte Pies (Teigtaschen mit Fleischfüllung) zu 10 £, andere Gerichte 9–16 £.

Chesters und Corbridge ▶ H 10

Weiter östlich führt die Mauer hinab ins Tal des North Tyne und überquert den Fluss am Fort **Chesters.** In Chesters, einem großen Gelände mit drei Toren auf der Nordseite der Mauer, war die Kavallerie stationiert. Reizvoll ist hier der Blick von den Überresten der römischen Bäder auf die Bäume des Tyne-Ufers, wo Fundamente einer Steinbrücke freigelegt wurden. Im Museum des Städtchens sind römische Statuen zu sehen (April–Sept. tgl. 10–18, Okt.–März tgl. 10–16 Uhr).

Von Chesters aus ist es nicht weit bis **Corbridge,** einer Stadt an der Militärstraße Stanegate. Auch Corbridge wurde vor dem Bau der Mauer besiedelt. Reste von Forts aus verschiedenen Perioden, die Getreidelager und zivile Siedlungen sind auf dem großen Gelände zu sehen. Das Museum zeigt die Grabungsfunde (Corbridge Roman Site, April–Sept. tgl. 10–17.30, Okt. 10–16, Nov.–März Sa/So 10–16 Uhr). Corbridge ist eine charmante Stadt mit ungewöhnlichen kleinen Geschäften, z. B. für Kunsthandwerk und Mode, sowie charaktervollen Kneipen.

Der östliche Abschluss des Hadrian's Wall befindet sich im Ballungsgebiet von Newcastle-upon-Tyne. Hier kann man im Stadtteil Wallsend die Rekonstruktion des einstigen römischen **Forts Segedunum** besichtigen (s. S. 240).

Übernachten

In der Stadt ▶ Angel Inn: Main St., Corbridge, Tel. 01434 63 21 19, www.angelofcor bridge.co.uk. Die neun Zimmer im Anbau The Angel Radcliffe sind ruhiger und moderner als die sechs in dieser Kutscherherberge von 1725 in der Stadtmitte; moderne britische Küche im Restaurant (Hauptgerichte 10–18 £, Imbisse in der Bar). DZ 115–140 £.

Großzügiges Frühstück ▶ Carraw Farm: Tel. 01434 68 98 57, www.carraw.co.uk. An der B 6318 nahe dem Mithras-Tempel Brocolitia, 5 km westl. von Chesters. Schön renoviertes, direkt über der Mauer gebautes Bauernhaus. vier Zimmer, zwei davon für Familien. DZ 80–90 £.

Essen & Trinken

Indisch ▶ **The Valley:** Station Rd., Corbridge, Tel. 01434 63 34 34, Mo–Sa 18–23 Uhr. Indische Küche in renoviertem alten Bahnhofsgebäude. Gerichte 10 £.

Abends & Nachts

Gemütlich ▶ **The Black Bull:** Middle St. Kaminfeuer, Steinplatten auf dem Boden, traditionelle Ales.

Termin

Northumberland County Show (Ende Mai/Anfang Juni): In Corbridge. Wettbewerbe und Ausstellungen rund um das ländliche Leben: Die besten Pferde, Rinder und Schafe, rustikales Kunsthandwerk wie *stick-dressing* (Holzschnitzerei auf Hirtenstäben), Reitturnier, traditionelle Musik aus Northumberland (www.northcountyshow.co.uk).

Hexham ▶ H 10

Sehenswert und als Standort für Ausflüge geeignet ist die 11 000 Einwohner zählende Marktstadt Hexham, deren Abteikirche und Museum von der bewegten Vergangenheit der Region zeugen. Der angelsächsische Heilige Wilfrid gründete die **Kirche** im Jahr 674; Krypta und Taufbecken sind aus dieser Zeit erhalten. 875 wurde die Abtei von dänischen Wikingern, 1297 von Schotten geplündert. Chor und Querschiffe stammen aus dem Mittelalter, erst 1907 restaurierte man das Hauptschiff (tgl. 9.30–17, im Sommer 9–19 Uhr). Die mittelalterlichen Straßen und der große Marktplatz eignen sich für einen ruhigen Einkaufsbummel. Aus der Zeit, als die Bevölkerung sich vor Übergriffen aus Schottland schützen musste, stammen die starken Mauern der **Moot Hall** am Markt (14.–15. Jh.) und der 1330 mit römischen Steinen gebaute und als Gefängnis benutzte Turm, der The Old Gaol heißt und das **Border History Museum** beherbergt. Hier kann man sich über die blutige Grenzlandgeschichte informieren

(März–Okt. tgl. 10–16.30 Uhr, Nov. und Feb. Sa, Mo/Di 10–16.30 Uhr, Dez./Jan. geschl.).

Infos

Hexham Tourist Information Centre: Wentworth Car Park, Tel. 01434 65 52 20, ganzjährig geöffnet.

Übernachten

Wie im Mittelalter ▶ **Langley Castle Hotel:** Tel. 01422 32 32 00, www.celticcastles.com/castles/langleycastle. 27 Zimmer mit Himmelbetten und luxuriösen Bädern in einer um 1350 errichteten Burg. An der A 686 westl. von Hexham (bei Haydon Bridge von der A 69 abbiegen; oder sich vom Bahnhof im hoteleigenen Rolls Royce abholen lassen). DZ ab 140 £.

Zentral ▶ **Hallbank House:** Hallgate, Tel. 01434 60 55 67, www.hallbankguesthouse.com. B & B der oberen Klasse mitten im Ort, zehn komfortabel ausgestattete Zimmer mit eigenem Bad, Frühstück und Abendessen (Hauptgerichte 15 £) im angeschlossenen Restaurant. DZ 80–103 £.

Essen & Trinken

Französisch ▶ **Bouchon Bistrot:** 4–6 Gilesgate, Tel. 01434 60 99 43, Di–Sa 12–14, 18–22 Uhr. Die feinste Cuisine dieser Gegend, vom 3-Sterne-Promikoch Gordon Ramsay zum »Best Local French Restaurant« des Landes gekürt. Hauptgerichte 12–18 £, als Schnäppchen 3-Gänge »Early Bird Menu« (18–19 Uhr) 15,50 £.

Am Mühlenbach ▶ **Dipton Mill Inn:** Dipton Mill Rd., Tel. 01434 60 65 77, Mo–Sa 12–14, 18–20.30 Uhr, 3 km außerhalb von Hexham, mit dem Auto über die B 6306 nach Slaley zu erreichen – oder mit einem schönen Spaziergang. Terrasse am Bach, Kaminfeuer im Winter und preiswerte Pub-Küche. Fünf verschiedene Ales der Hexhamshire Brewery mit Namen wie »Devil's Elbow« werden vor Ort gebraut. Gerichte ab 9 £.

Kunstcafé ▶ **The Garden Station:** Langley, 12 km westl. (von der A 69 bei Haydon Bridge links auf die A 686, nach 4 km links Richtung Langley Saw Mill), Tel. 01434 68 43 91, www.thegardenstation.co.uk, März–Dez. tgl. 10–17

Der Hadrian's Wall   Thema

In keiner anderen Provinz des römischen Reichs waren im 2. Jh. so viele Soldaten stationiert wie in Britannia. Sie schufen eines der eindrucksvollsten Bauwerke, den 122 km langen Hadrian's Wall an der Nordgrenze, und hinterließen auf Holztafeln private Korrespondenz, die uns von ihrem täglichen Leben berichten.

Nach der schwierigen Eroberung Nordenglands und des südlichen Teils Schottlands zwischen 78 und 84 n. Chr. entschieden sich die Römer dagegen, die ganze Insel zu verwalten und errichteten eine Grenze entlang des ostwestlich verlaufenden Tyne-Tals. Hadrian befestigte diese Grenze ab dem Jahr 122 mit einer Kette von 13 Forts entlang der Mauer, die 122 km lang, 5 m hoch und 3 m breit war. In Abständen von ca. 1500 m entstanden 80 kleinere Forts, die sogenannten *milecastles*. Zwischen jedem *milecastle*-Paar standen zwei Wachtürme.

Für das riesige Unternehmen wurde ungefähr 1 Mio m^3 Stein verwendet. Zu der Verteidigungslinie gehörten zwei Gräben, einer vor dem Wall und einer dahinter. Im Westen verlief die Mauer im Tal des Irthing. Hier war sie zuerst ein Erdwall mit Holzzaun, wahrscheinlich, damit die Anlage in einer unruhigen Zeit schnell fertig wurde; doch bereits 40 Jahre nach Beginn des Projekts wurde auch der westliche Teil in Stein gebaut.

Schätzungsweise 10 000 Soldaten bewachten die Grenze. Sie hatten öfter gegen Langeweile zu kämpfen als gegen die Stämme, die im Norden lebten; aber es gab auch unruhige Zeiten: Mehrmals wurde die Mauer durchbrochen, die Forts angegriffen und zerstört. Allein der Stamm der Brigantes, den die Wachsoldaten im Rücken hatten, bereitete der römischen Verwaltung viele Sorgen. Zunehmende Schwierigkeiten in anderen Teilen des Reichs bewirkten gegen Anfang des 5. Jh. den Rückzug der Legionen aus Britannien. Zwei Forts, Birdoswald und Chesterholme, wurden kurz nach 400 zerstört. Archäologen fanden ansonsten nur wenige Spuren von Gewalt und Zerstörung. Wahrscheinlich kehrten die Soldaten, die sich vielfach aus der einheimischen Bevölkerung rekrutierten, auf ihre Felder zurück, als Anweisungen und Lohn aus Rom ausblieben.

In den folgenden Jahrhunderten verfiel das Bauwerk oder diente den Dörfern als Steinbruch. Im Fort Vindolanda stand die Kuppel des Badehauses noch im 17. Jh. Auf diesem Areal machen Archäologen seit 30 Jahren Entdeckungen, die aber noch viel spannender als Bausteine sind. Auf rund 1800 postkartengroßen Holztafeln ist Korrespondenz erhalten, die über das tägliche Leben erzählt. »Ich habe dir einige Paar Socken aus Sattua, zwei Paar Sandalen und zwei Unterhosen geschickt«, ist etwa zu lesen. Offensichtlich spürten die römischen Soldaten die Kälte an dieser Nordgrenze. Ebenfalls erhalten ist eine Geburtstagseinladung an die Ehefrau des Oberkommandierenden und Einzelheiten über das Leben von Sklaven und Schweinehirten, Bauern und Veterinären.

Von den etwa 800 Menschen, die über 350 Jahre in Vindolanda wohnten, wurden u. a. Schmuck, eine Perücke und über 200 Schuhe gefunden. Die Ausgrabungsarbeiten werden wohl noch Jahrzehnte dauern – auf weitere Entdeckungen darf man also gespannt sein.

Hadrian's Wall und schottische Grenze

Uhr. Von Gärten und Wald umgeben, in einem viktorianischen Bahnhof. Vegetarische Gerichte ab 5 £.

Einkaufen
Markttage ▶ **In Hexham:** Di., am 2. und 4. Sa des Monats Farmers' Market.

Abends & Nachts
Unterhaltung ▶ **Queen's Hall Arts Centre:** Beaumont St., Tel. 01434 65 24 77. Musik, Theater, Kleinkunst u. v. m.

Northumberland National Park ▶ G/H 9/10

Einen großen Teil des Gebiets zwischen Hadrian's Wall und den Cheviot Hills an der schottischen Grenze nimmt der bewaldete, 1030 km² große Northumberland National Park ein. Der westliche Bereich um den Stausee **Kielder Water** wurde im 20. Jh. mit Nadelwald aufgeforstet, die Gipfel der Cheviot-Berge sind jedoch kahl. Tier- und Pflanzenarten, die im Flachland selten sind, konnten ungestört auf den einsamen Hügeln und in den Flusstälern gedeihen. Die sauberen Bäche sind reich an Fischarten, und Northumberland ist der Teil Englands, in dem die meisten Otter beheimatet sind. Wanderfalke und Merlin leben hier, auch viele Dachse und verwilderte Ziegen. Das militärische Übungsgelände von Otterburn trägt zum Umweltschutz bei, da das für Flora und Fauna wichtige Torfmoor im Sperrgebiet erhalten bleibt.

Das südliche Ufer von Kielder Water ist mit Parkanlagen und Picknickplätzen gut erschlossen und bietet einen Ausgangspunkt für Radtouren und Wanderungen. Wege am Seeufer führen zu Kunstinstallationen, z. B. das Aufsehen erregende Skyspace, ein Raum mit Himmelsblick des amerikanischen Künstlers James Turrell nahe der 2008 eröffneten Sternwarte (offen für Besucher, Vorführungen und Events s. www.kielderobservatory.org/).

2009 wurden am 44 km langen **Lakeside Way** spektakuläre Kunstwerke aufgestellt, die gleichzeitig als Schutzhütten für Wanderer und Biker konzipiert sind: Riesenköpfe, eine Wellenkammer am See, das Minotaur-Labyrinth, die höchstgelegene Mountain-Biker-Hütte Englands am Gipfel von Deadwater Fell (580 m) oder die drei »Janus Chairs«, rotie-

Eine beliebte Attraktion nicht nur für Landwirte – die County Shows der Region

rende, Blütenblättern nachempfundene Sitzgelegenheiten an einer Halbinsel mit Seeblick. Kurze Abschnitte des Lakeside Way für Familien mit Kindern sind als Radtour oder Wanderung ebenso möglich wie längere oder anstrengende Strecken. Naturfreunde können hier auf eigene Faust oder im Rahmen von Führungen nach Waldvögeln und Greifvögeln sowie nach Ottern, Dachsen und sieben Fledermausarten Ausschau halten.

Leaplish Water Park ist das Zentrum für Wassersport. Hier gibt es auch ein Hallenbad und einen Pier, von dem im Sommer Ausflugsboote starten. Das Dorf **Kielder** liegt mitten im Forstgebiet, durch das markierte Rad- und Wanderwege sowie Lehrpfade führen. In der Burg **Kielder Castle** kann man sich über die Wälder und Outdoor-Aktivitäten informieren (Ostern–Okt. 10–17 Uhr).

Die steinernen Häuser des ruhigen **Bellingham** überblicken das Tal des North Tyne an der Route von Hexham zum Kielder Water. Einige Kilometer nordöstlich zeugen die Bauten von **Elsdon** von der blutigen Geschichte des Grenzlandes. Das Haus des Pfarrers ist ein starker Wohnturm (15. Jh.), der zu den besterhaltenen Beispielen eines *pele tower* gehört. In der Dorfmitte von Elsdon liegt ein breiter Dorfanger. In Zeiten von Krieg und Überfällen trieb man das Vieh auf den Platz und verbarrikadierte die Lücken zwischen den Häusern.

Die hügelige Grenzregion ist mit alten Schlachtfeldern übersät. In Otterburn nahe Elsdon wurde 1388 bei Mondlicht einer der blutigsten Kämpfe ausgetragen, in dessen Verlauf der schottische Führer Douglas getötet und der englische Führer aus der Familie Percy, Harry Hotspur (›Heißsporn‹) gefangen genommen wurde. Im 19. Jh. fand man Tausende von Skeletten auf dem Friedhof von Elsdon. In der letzten großen Schlacht in Northumberland wurde 1513 die schottische Armee bei Flodden Field, nahe der Grenze unweit des Ortes Cornhill, vernichtet. Die Fälle der Grenzländer dauerten bis ins ausgehende 16. Jh. an. 1603 wurde ein Schotte, James I., König von England, und die Region kam langsam zur Ruhe.

Infos

Kielder Castle Visitor Centre: Tel. 01434 25 02 09, www.northumberlandnationalpark. org.uk/visiting und www.visitkielder.com, Ostern–Okt. tgl. 10–16 Uhr.

Übernachten

Bauernhof ▶ Dunns Houses Farmhouse: Otterburn, Tel. 01830 52 06 77, www.north umberlandfarmholidays.co.uk. Drei Zimmer (ab 80 £) und großes Wohnzimmer für Gäste in einem 150 Jahre alten Bauernhaus. Die Farm ist ein echter Familienbetrieb, der gerne Gäste mit ihren Pferden aufnimmt.

Familiär ▶ Butterchurn Guest House: Main St., Otterburn, Tel. 01830 52 05 85, www. butterchurnguesthouse.co.uk. Familienbetrieb mit sieben Zimmern, großer Garten am Ufer des Rede. DZ ab 66 £.

Für Sparsame ▶ Demesne Farm: Bellingham, Tel. 01434 22 02 58, www.demesnefarm campsite.co.uk. Campingplatz und Bunkhouse (einfache Herberge) 15 £.

Stadtflucht ▶ YHA Kielder: Butteryhaugh, Kielder Village, Tel. 0845 371 91 26, ab 17 £ pro Person. Modern und bequem, aber im entlegensten Dorf Englands, der nächste Supermarkt ist 27 km entfernt.

Essen & Trinken

Familienfreundlich ▶ Cheviot Hotel: Bellingham, Tel. 01434 22 06 96, www.theche viothotel.co.uk, tgl. mittags und abends. Typische Pub-Gerichte wie Steak Pie, auch Pizza und Pasta. Auch fünf komfortable Zimmer zum Übernachten (DZ 80 £). Gerichte hauptsächlich unter 10 £.

Aktivurlauber am Kielder Water finden einfache Gaststätten in den Visitor Centres von Kielder und Leaplish.

Einkaufen

Outdoor-Klamotten ▶ Otterburn Mill: Otterburn. Outdoor-Ausrüstung, Wollprodukte, Kunsthandwerk.

Aktiv

Angeln ▶ Die Flüsse North Tyne und Coquet, vor allem aber der nördlich gelegene Tweed

aktiv unterwegs

Mountainbike-Tour im Northumberland National Park

Tour-Infos

Start und Ende: Kielder
Länge: 19,7 km
Dauer: 2 Std.
Schwierigkeitsgrad: schwer
Information: Kielder Castle Visitor Centre, Tel. 01434 25 02 09, www.visitkielder.com und (mit Bildern der Strecken) www.kielder trailreavers.co.uk.

Das Forstgebiet um den Stausee Kielder Water wurde in den letzten Jahren mit viel Aufwand für Biker und Wanderer erschlossen. Die Bike-Strecken führen durch zum Teil einsame Landschaft, wo man dem Wetter ausgesetzt ist und bei Schwierigkeiten jeder Hilfe fern. Ein gutes Rad, das man vor Ort mieten kann (s. unten), und je nach Wetterlage regenfeste, warme Kleidung sind Voraussetzungen. Eine Höhe von 580 m klingt für Mitteleuropäer vielleicht harmlos, aber bei starkem Wind auf exponierten nordenglischen Bergen bekommt man schnell eine andere Sicht der Dinge.

Die markierten Strecken decken alle Schwierigkeitsgrade ab – von Grün (leicht) über Blau (mittelschwer) und Rot (schwer) bis Schwarz (sehr schwer). Die hier beschriebene rote Strecke ›Lonely Pine‹ passiert abwechselnd Wald- und offene Moorlandschaft und eröffnet in den Hochlagen wunderbare Panoramen.

Beginnend an der **Burg in Kielder** geht es zuerst ca. 5 km am gut ausgebauten **Lakeside Way** (Höhe 200 m) entlang, der auch von Wanderern und radelnden Familien benutzt wird (s. S. 218). Dann geht es rechts ab in das **Lewisburn-Tal.** Auf dem engeren, leicht ansteigenden ›singletrack‹-Weg, der bald nach Norden das Tal verlässt und nun steil zur Anhöhe **Purdom Pike** (454 m) steigt, schlägt der Puls schnell höher. Hier oben steht tatsächlich eine *lonely pine* (einsame Kiefer) und es gibt einen tollen Blick auf Kielder Water und das Tal des North Tyne.

sind für Lachs und Meerforelle beliebt. Tageslizenzen erwirbt man vor Ort im Postamt oder im Pub.

Radtouren ▶ Die vielen Forstwege und ruhigen Landstraßen machen Northumberland zur wahrscheinlich günstigsten Region Englands für Radler. Auskunft über Fernstrecken wie den **Pennine Cycleway** (www.penninecycleway.co.uk) oder **Reivers' Way** erhält man über die Tourist Information Centres. Mountainbikes für Touren im Wald kann man in Kielder mieten: The Bike Place, Tel. 01434 25 04 57, www.thebikeplace.co.uk.

Mountainbiking ▶ Tour im Northumberland National Park: s. aktiv unterwegs.

Reiten ▶ Redesdale Riding Centre: Soppitt Farm, Otterburn, Tel. 01830 52 02 17.

Wandern ▶ Eine Vielzahl von Broschüren und Büchern vor Ort gibt Hinweise. Der weiter südl. im Peak District beginnende **Pennine Way** verlässt den Hadrian's Wall beim Fort Housesteads und durchquert den Nationalpark bis zu den Cheviot-Hügeln.

Wassersport am Kielder Water ▶ Motorboot mieten: Leaplish Waterside Park; **Paddeln:** Calvert Trust Kielder in Matthew's Linn vermietet Kajaks, Tel. 01434 250 232. **Segeln:** Kielder Water Sailing Club, Tower Knowe, Tel. 01434 24 00 52, www.kielderwatersc.org. Urlaubsmitgliedschaft für Hobbysegler möglich.

Wasserski: Merlin Brae Water Ski Club, Whickhope Anchorage, Tel. 01434 25 00 37, www.merlinbraewaterski.co.uk. Tagesmitgliedschaft und Unterricht an Wochenden Mai–Sept.

In die Sterne gucken ▶ Kielder Observatory: www.kielderobservatory.org.

Knapp 1 km wird nun auf einem Holzsteg über Sumpfgebiet zurückgelegt, dann fängt das verbleibende Drittel der Strecke mit einem Abstieg an. Nach kurzer Zeit und 100 tiefer wird die Straße zum **Observatory** (Sternwarte) überquert. Das letzte Stück durch das **Bewshaugh-Tal** zum Dorf zurück ist ein schneller, aufregender Abstieg.

Wer nicht nur die sportliche Anforderung sucht, kann unterwegs Kunstwerke wie die »Kielder Column« am See und »Skyspace« nahe der Sternwarte bewundern (s. S. 218).

Wer sich noch mehr anstrengen will, wagt sich an den Deadwater Trail oder die technisch sehr anspruchsvolle schwarze Strecke Up and Over bis zum Gipfel von Deadwater Fell (580 m) an der schottischen Grenze, wo an klaren Tagen der Blick von der West- bis zur Ostküste streift.

Zur Übung gibt es unten im Tal seit Herbst 2009 den **Trials Park** mit großen Sprüngen und Hindernissen in einem Felsgarten (nur für Fortgeschrittene mit Schutzkleidung und ent-

sprechend ausgestatteten Bikes) und den **Castlewood Skills Loop,** einen Parcours, den man wahlweise in blauer, roter oder schwarzer Schwierigkeitsstufe zurücklegen kann.

Verkehr

Bus: Es ist mühsam, die Region mit dem Bus zu erkunden. Fahrpläne erhält man in den Tourist Information Centres. Linie 714 fährt von Mai bis Mitte Okt. an Sonn- und Feiertagen ab Newcastle nach Bellingham und Kielder, Linie 880 von Hexham nach Bellingham und zur Jugendherberge Kielder von Montag bis Samstag. Montags und Donnerstags fährt die Buslinie 693 zweimal täglich zwischen Bellingham und Kielder Water.

Über Belsay ins Coquetdale

Wallington ▶ H 9

Nicht alle Sehenswürdigkeiten im Grenzgebiet zu Schottland besitzen eine von Gewalt geprägte Vergangenheit. Das Haus **Wallington,** ehemals Sitz der Familie Trevelyan und heute im Besitz des National Trust, belegt den hohen Grad an Kultiviertheit, den der englische Kleinadel in der Epoche von Frieden und politischer Stabilität nach 1700 errang. Die Familie Trevelyan pflegte Freundschaften mit Künstlern und Literaten und brachte selbst zwei bekannte Historiker hervor. Nicht nur die Einrichtung des Hauses aus dem 18. und 19. Jh. zeigt Geschmack. Zur aristokratischen Kultur gehörte auch die Gartenkunst. Wallington besitzt einen wunderbaren *walled garden,* geschützt und am Südhang gelegen, der bis ins kleinste Detail durchdacht ist und bis heute liebevoll gepflegt wird (Haus: März–Okt. Mi–Mo 12–17 Uhr; Garten: tgl. 10–19, Okt.–März 10–16 Uhr).

Hadrian's Wall und schottische Grenze

Der benachbarte Ort **Cambo,** eine Idylle aus Steinhäusern, umgeben von schönen Gärten, entstand als zum Familiengut der Trevelyans gehörendes Musterdorf.

Verkehr

Auto: Wallington liegt 35 km nordwestl. von Newcastle-upon-Tyne, abseits der A 696 über die B 6342 zu erreichen.

Belsay Hall und Cragside House ▸ H 9

Einige Meilen entfernt, in Richtung Newcastle, kann man einen weiteren Herrensitz, **Belsay Hall,** besichtigen. Hier wohnte 600 Jahre lang die Middleton-Familie, zuerst in der 1317 erbauten Burg, ab dem frühen 17. Jh. im heute verfallenen Manor House und schließlich bis 1962 im gut erhaltenen neoklassizistischen Haus Belsay Hall. Bemerkenswert sind die riesigen Gärten, zu denen ein *Quarry* (Steinbruch) *Garden* zählt (April–Sept. tgl. 10–17, Okt. 10–16, Nov.–März Sa/So 10–16 Uhr).

Dass auch die Mächtigen der Neuzeit ihre Spuren in dieser Gegend hinterlassen haben, zeigt ein Prachtbau des 19. Jh. **Cragside House,** an der B 6341 bei Rothbury gelegen, ist das Landhaus des 1900 gestorbenen Industriellen William Armstrong. Der Architekt Norman Shaw baute Cragside im üppigsten viktorianisch-feudalen Stil. Die Einrichtung der 30 Räume erreicht eine teilweise atemberaubende Extravaganz. Der gelernte Rechtsanwalt Armstrong war nicht nur einer der mächtigsten Geschäftsmänner seiner Zeit, der es durch die Herstellung von Rüstungsgütern in den Adelsstand brachte, sondern auch ein ideenreicher Erfinder. Er entwarf die Schwingbrücke in Newcastle, erfand hydraulische Kräne, hydroelektrische Systeme und vieles mehr.

Cragside war das erste Haus der Welt, das mit hydroelektrisch erzeugtem Strom beleuchtet wurde. Armstrong ließ auf seinem Gut dafür künstliche Seen und unterirdische Rohre anlegen. Die Maschinerie kann man auf einem 5 km langen Rundgang durch den Park besichtigen. Millionen von Sträuchern

und Bäumen wurden gepflanzt, damit aus einer kahlen Moorlandschaft der schöne Park entstehen konnte. Wer Armstrongs Liebe zu Rhododendren teilt, sollte den Park Ende Mai oder im Juni besuchen (Haus: Ostern–Sept. Di–So 13–17, Okt. 13–17 Uhr; Park: tgl. außer Mo 10.30–17 Uhr).

Rothbury nahe Cragside House bietet eine bescheidene Auswahl an Unterkünften und Gaststätten. Der Ort liegt im schönen Tal des Coquet, dessen Verlauf man auf kleinen Straßen bis zu den Cheviot-Hügeln hinein folgen kann. Im attraktiven, von Burgresten überschatteten Dorf **Harbottle** wird das Tal enger. Hier ist ein befestigter *pele tower* zu sehen. Hinter Alwinton wird die Landschaft immer wilder, bis kurz vor der schottischen Grenze die Straße einfach aufhört.

Infos

Northumberland National Park Centre: Church House, Church St., Rothbury, Tel. 01669 62 08 87, Ostern–Okt. tgl. 10–17, Nov.–Ostern Sa/So 10–15 Uhr, www.north umberlandnationalpark.org.uk. Hier sind auch Wander-Beschreibungen erhältlich, z. B. für den 7,5 km langen Weg zu heiligen Quellen in Holystone bei Harbottle.

Übernachten

B & B mit Ausblick ▸The Haven: Back Crofts, Rothbury, Tel. 01669 62 05 77, www.hello-northumbria.co.uk/the-haven-rothbury. Imposantes altes Steinhaus mit Blick auf das Coquet-Tal. Sieben Zimmer, Bar und Gäste-Lounge, einfaches Abendessen und Lunchpakete auf Wunsch. DZ 80 £.

Termin

Alwinton Border Shepherds Show (2. Sa im Okt.): Brauchtum der Schäfer im Coquetdale, nordwestl. von Rothbury.

Verkehr

Bus: Linie 144 nach Rothbury ab Morpeth an der Bahnstrecke von Newcastle-upon-Tyne in Richtung Norden, verschiedene Busverbindungen von Newcastle über Belsay nach Rothbury.

Die Küste von Northumberland

An der Küstenstrecke südlich der Grenzstadt Berwick-on-Tweed blickt eine Kette von Burgen, teils als Ruine, teils noch bewohnt, auf hübsche Flusstäler, kleine Fischerhäfen und saubere Sandstrände hinab. Nach einem Spaziergang zwischen Wellen und Dünen warten frische Meeresfrüchte in gemütlichen Dorfkneipen.

Der Reiz von Northumberland besteht in der Verbindung von imposanten Denkmälern, die von einer bewegten Geschichte erzählen, mit einer weitgehend unberührten Natur. Dies gilt auch für die Küste, die zu den schönsten und ruhigsten der britischen Inseln gehört. Dünen, Klippen und Sandstrände wechseln sich ab, Naturschutzgebiete wie die Farne Islands sind eine international bedeutende Heimat für Seevögel und Robben.

Northumberland, ursprünglich ›das Land nördlich vom Fluss Humber‹, bezeichnet heute die zwischen dem Tyne und der schottischen Grenze gelegene Grafschaft. Dieser Landstrich ist eine Wiege der europäischen Zivilisation. Vor 1300 Jahren erstreckte sich ein unabhängiges Königreich Northumbria zeitweise vom Humber im Süden bis nach Edinburgh. Nach dem Abzug der Römer und dem Vordringen der heidnischen Germanen vom Festland lebte das Christentum vorerst nur in den keltischen Randgebieten weiter. Der irische Mönch Columban gründete auf der Insel Iona vor der schottischen Westküste

Die Klosterruine von Lindisfarne

ein Kloster. Oswald, der spätere König von Northumbria, wuchs dort auf und holte im Jahre 635 den Mönch Aidan von Iona auf die Insel Lindisfarne, um sein Reich zum christlichen Glauben zu bekehren.

Die Hauptstadt des northumbrischen Reichs war York. Hier lehrte Alcuin, der später an den Hof Karls des Großen ging. Von York aus organisierte die angelsächsische Kirche die Mission der heidnischen Länder, aus denen die Angelsachsen ursprünglich nach England gekommen waren. Die geistige Blüte in Northumbria war jedoch nur von kurzer Dauer. Für das Jahr 793 berichtet die Chronik der Angelsachsen von fürchterlichen Wirbelstürmen, Blitzeinschlägen und dem Erscheinen von Drachen am Himmel. Es waren Ankündigungen der ersten Übergriffe der Wikinger, die die Kirche von Lindisfarne zerstörten und im folgenden Jahrhundert die ganze Küste wiederholt überfielen.

Im Mittelalter musste Northumberland das Schicksal eines umkämpften Grenzgebiets erleiden. Die Hinterlassenschaft davon sieht man in einer Reihe herrlich gelegener und imposanter Burgen, direkt am Meer wie in Bamburgh oder im grünen Hinterland bei Alnwick Castle. Briten schätzen diese Küste als eine Gegend, in der man seinen Urlaub ohne das in anderen Regionen herrschende Gedränge zu relativ niedrigen Preisen genießen kann. Ausländische Touristen dagegen, von Südengland kommend, reisen meist schnell vorbei in Richtung Schottland und wissen nicht, was ihnen in Northumberland entgeht.

Berwick-upon-Tweed

▶ H 8

Die anglo-schottischen Kriege prägten das Gesicht des befestigten Grenzorts Berwick-upon-Tweed. Die Stadt wechselte dreizehnmal den Besitzer, bis sie 1482 endgültig England zufiel. Die Identität Berwicks bleibt bis heute jedoch zwiespältig. Die Bewohner sehen sich nicht als Engländer oder Schotten, sondern als *borderers*. Der Fußballverein Berwick Rangers spielt in der schottischen Liga,

und vor einigen Jahren bot die schottische Tourismusbehörde spaßeshalber 10 000 Silbermark für die Rückgabe der Stadt. Diese Summe war das Lösegeld, das Schottland 1174 für ihren in die Hände der Engländer gefallenen König bezahlen sollte. Da das Geld nicht aufgebracht wurde, nahm die englische Krone die damals blühende Hafenstadt ein.

Stadtrundgang

Die **Festung** von Berwick, ein in Großbritannien einmalig gut erhaltenes Beispiel einer kompletten Stadtbefestigung des 16. Jh., wurde ab 1558 nach den neuesten militärtechnischen Kenntnissen zur Abwehr von Artillerie gebaut, da Elizabeth I. einen Angriff der verbündeten Königreiche von Schottland und Frankreich fürchtete. Ein kompletter Rundgang um die Stadt auf Mauer und Bollwerk ist möglich, er bietet gute Ausblicke auf Meer, Hafen und die Brücken über den Tweed.

Die alte **Tweed-Brücke** aus dem 17. Jh., eine Reihe von 15 Bögen, wird an Schönheit von der 1850 errichteten Eisenbahnbrücke noch übertroffen. Letztere ist ein mächtiges, aber wohlproportioniertes Bauwerk, 600 m lang, über das die Züge von London nach Edinburgh in 40 m Höhe fahren. Im 18. Jh. wurden die **Town Hall** mit hoher Kuppel und das Custom House am Kai errichtet.

Die älteste Kaserne Großbritanniens – sie stammt von 1717–21; vorher nahmen Soldaten immer in Privathäusern Quartier – beherbergt heute drei **Museen:** Die Ausstellung über das Leben britischer Soldaten von 1660 bis 1900 erzählt eine Horrorgeschichte über das Elend und die Misshandlung der Truppen. Leichtere Kost ist eine spannende Ausstellung über die Geschichte von Berwick. Auch das Berwick-upon-Tweed Museum and Art Gallery mit einer gemischten Sammlung von Gemälden und angewandter Kunst befindet sich in der Kaserne (April–Sept. Mo–Fr 10–17 Uhr).

Infos

Tourist Information Centre: 106, Marygate, Eastern Lane, Tel. 01289 30 17 80, www.berwick.org.uk, tgl. 10–17 Uhr.

Übernachten

Luxuriös ▸ **Off Sallyport:** Bridge St., Tel. 01289 30 88 27, www.sallyport.co.uk. B & B in einem geschmackvoll eingerichteten Haus aus dem 17. Jh. Das Frühstück ist ein großer Genuss. Intimes Restaurant, Hauptgerichte 13 £. DZ 110–150 £.

Küstennah ▸ **Old Vicarage Guest House:** Church Rd., Tel. 01289 30 69 09, www.old vicarageberwick.co.uk. Schöne Zimmer in einem Haus mit Charakter im Stadtteil Tweedmouth an der Südseite des Tweed. DZ 76–90 £.

Ehemalige Schuhfabrik ▸ **Berwick Backpackers Hostel:** 56 Bridge St., Tel. 01289 33 14 81, www.berwickbackpackers.co.uk. Einzel-, Doppel-, Familien- und Mehrbettzimmer in der Stadtmitte. Ab 20 £ pro Person.

Essen & Trinken

Gute Weinauswahl ▸ **Foxtons:** Hide Hill, Tel. 01289 30 39 39, Mo–Sa 9–23 Uhr, Café tagsüber, abends Bistro und Weinstube. Hauptgerichte ab 12 £.

Flussblick ▸ **The Rob Roy:** Dock Rd., Tweedmouth, Tel. 01289 30 64 28, Mi–So 12–14, Di–Sa 18.30–20.30 Uhr. Pub mit Restaurant und Gästezimmern (DZ 60 £). Meerblick und gute Fischgerichte. Gerichte 12–16 £.

Abends & Nachts

Kulturzentrum ▸ **The Maltings:** Eastern Lane, Tel. 01289 33 09 99. Theater und Arts Centre.

Aktiv

Rad fahren ▸ Die Gegend um Berwick, z. B. im Tweed-Tal und an der Küste nach Lindisfarne, ist eine der besten Englands für Radler, da viele kleine Landstraßen verkehrsarm sind. Räder kann man beispielsweise mieten bei: **Brilliant Bicycles:** 17A Bridge St., Tel. 01289 33 14 76.

Termine

Riding the Bounds of Berwick-upon-Tweed (1. Mai): Traditioneller Ritt um die alte Garnisonsstadt.

Verkehr

Bahn: Berwick liegt an der Hauptstrecke Newcastle–Edinburgh; entsprechend häufig sind die Verbindungen.

Bus: Busse ab Newcastle halten in Berwick und anderen kleineren Küstenorten.

7 Lindisfarne ▸ H 8

Lindisfarne, auch Holy Island genannt, 12 km südlich von Berwick-upon-Tweed, ist nur bei Flut eine Insel. Bei Ebbe führt eine Straße über den Sand, und Besucher haben sieben Stunden Zeit, um den Ort zu erforschen, von dem aus Nordengland christianisiert wurde. In den Sommerferien ist das Dorf oft überlaufen, aber auf einem Spaziergang um die Insel findet man Stille und empfindet die besondere Atmosphäre dieser heiligen Stätte.

Der auffälligste Bau ist **Lindisfarne Castle,** 1549 zum Schutz des Hafens gegen die Schotten auf einer Anhöhe gebaut. Die für Besucher geöffnete Burg wurde 1903 von dem Architekten Lutyens zu einem bequemen Landhaus umgestaltet. Dieser Auftrag war für den romantisch gesinnten Lutyens eine perfekte Gelegenheit, sein Talent zu beweisen. Er schuf auf den zwei Etagen der kleinen Burg intime Zimmer, deren Einfachheit durch erlesene Antikmöbel, Teppiche, Messingornamente und blau-weiße Keramik noch betont wird. Nahe der Burg wurde der ummauerte, von Gertrude Jekyll angelegte Garten restauriert (April–Okt. Di–So 10–15 oder 12–17 Uhr, je nach Tide).

Von der Burgterrasse blickt man auf den Hafen, das Dorf und das Gelände von **Lindisfarne Priory**. Die Abteiruinen sind die Überreste des im 11. Jh. neu gegründeten Klosters. Sie stehen auf der windgeschützten südwestlichen Ecke der Insel, dort, wo Aidan das erste Kloster gründete. Obwohl der rote Sandstein stark verwittert ist, zeigt die Fassade der Abteikirche etwas von der Pracht dieser Pilgerstätte. Ein kleines Museum informiert über das klösterliche Leben (April–Sept. tgl. 9.30–17, Okt.–März Sa/So 10–16 Uhr).

Die Küste von Northumberland

Holy Island bei Ebbe

Das **Lindisfarne Heritage Centre** zeigt eine informative Ausstellung über die Natur und das Leben auf der Insel sowie über die Abtei und das dort entstandene Evangeliar, »The Lindisfarne Gospels«, aus der Zeit um 700. Das wunderschön illustrierte Evangeliar befindet sich heute im British Museum in London. Faksimiles von Seiten des Evangeliars und anderer keltischer Handschriften der Epoche sind im Heritage Centre zu sehen (April–Okt. tgl. 10–17, Nov.–März 10–16 Uhr).

Infos

Lindisfarne Heritage Centre: Tel. 01289 38 90 04, www.lindisfarne.org.uk.

Übernachten

Die Unterkünfte im nahen Bamburgh (s. S. 227) haben zwar mehr Charme, doch eine Übernachtung auf Lindisfarne bietet außer im Hochsommer Abgeschiedenheit, vor allem bei Flut.

Inselgefühl ▶ Lindisfarne Hotel: Tel. 01289 38 92 73, info@thelindisfarnehotel.co.uk. Familienbetrieb mit acht Zimmern am Rande des Dorfes. DZ 90–120 £.

Essen & Trinken

Segelschiffinterieur ▶ The Ship Inn: Tel. 01289 38 93 11, www.theshipinn-holyisland.co.uk. Gute Pub-Küche, vor allem Fisch, und eine Auswahl an *ales* und Whisky-Sorten. Auch vier Zimmer zum Übernachten (DZ 110–130 £). Gerichte 10–15 £.

Wartezeit nutzen! ▶ The Barn at Beal: kurz vor der Überfahrt nach Lindisfarne, Tel. 01289 54 00 44, tgl. 10–17 Uhr, Abendessen nur Fr/Sa ab 19 Uhr. Besucherzentrum mit einem guten Café, das Produkte der örtlichen Bauern in den Vordergrund stellt (Lindisfarne-Krebsfleisch und Northumberland-Lamm unter 10 £) und außerdem über diese Gegend und Umwelt informiert, z. B. mit Fotoausstellungen. Toller Blick auf Watt und die Heilige

Verkehr

Bus: Linie 477 aus Berwick 2 x tgl. im Aug., sonst nur Mi und Sa. Busse 505 und 515 auf der Küstenstraße halten im 7 km entfernten Beal, manche mit Anschluss zur Linie 477.
Auto: Die Überfahrt ist gezeitenabhängig. Information über Gezeiten von der Tourist Information in Berwick und Alnwick oder auf dem Schild am Straßenrand vor der Überfahrt nach Holy Island und bei www.lindisfarne.org.uk.

Von Bamburgh nach Dunstanburgh

Northumberland war bis ins späte Mittelalter Kampfplatz kriegerischer Feudalherren. Die Reihe von mächtigen Burgen, die sie bauten, um ihre Macht gegen die des Königshauses zu behaupten und sich gegen die wilden Schotten zu schützen, prägt bis heute das Gesicht der Küste Northumberlands.Wer am Strand von Holy Island nach Süden blickt, erkennt die mächtige Silhouette der Burg von Bamburgh, einem reizenden Dorf, das sich als Standquartier für Ausflüge in dieser Gegend empfiehlt. Der südlich gelegene Nachbarort **Seahouses** ist größer und rummeliger.

Insel. Hier kann man bequem sitzen, bis die Tidencam zeigt, dass die Überfahrt frei ist.

Aktiv

Wandern ▶ Auf der Rundwanderung um die Insel, die für Ornithologen besonders interessant ist, geht man durch Dünen, an Steilküste und an Sandstränden entlang. Ein im Heritage Centre erhältliches Faltblatt zeigt eine leichte Route, für die man ca. 2 Std. braucht.
Baden ▶ **Ross Beach:** Der herrliche Strandabschnitt zwischen Lindisfarne und Bamburgh liegt 2 km von der Straße entfernt und ist auch an Feiertagen nicht überlaufen. Anfahrt: von Norden von der A 1 auf die unnummerierte Straße über Elwick nach Ross, von Bamburgh auf der B 1342 über Budle Bay, in Wareford rechts, in Easington wieder rechts. Dort, wo die Straße abgesperrt ist, parkt man und geht über Heideland und durch Dünen zu dem langen sauberen Strand.

Bamburgh   ▶ H 8

Bamburgh Castle, Residenz der Könige von Northumbria seit 547, überragt einen herrlichen Sandstrand mit hohen Dünen. Die Burg, die jetzt an dieser Stelle steht, wurde kurz nach der normannischen Eroberung errichtet, zu einer Zeit, als man in England begann, Festungen aus Stein zu bauen. Der quadratische Grundriss und die eckigen Türme sind typisch für diese frühe Periode. Ende des 19. Jh. kaufte der Industrielle Lord Armstrong die Burg und versetzte sie durch eine umfassende Restaurierung in den guten Zustand, in dem sie sich heute befindet. Bamburgh Castle gehört auch heute noch der Armstrong-Familie. Ihre Sammlungen von Waffen, Ritterrüstungen, Porzellan, Möbeln und Gemälden sowie das Armstrong Museum, das das Lebenswerk des Lords darstellt, sind zu besichtigen (www.bamburghcastle.com, März–Okt. tgl. 10–17 Uhr).

Während der Rosenkriege im 15. Jh. war die Burg noch kein bequemer Landsitz, sondern eine strategisch wichtige Festung. 1461 landete der geistesgestörte Henry VI., König aus dem Haus Lancaster, mit schottischen und französischen Truppen in Bamburgh und versuchte von hier aus vergeblich, sein Königreich zurückzugewinnen. Im folgenden Jahr leisteten die Verteidiger der Burg unter der Führung von Sir Ralph Grey erbitterten Widerstand gegen die Armee der Anhänger des Hauses York, die mit schwerer Artillerie gerüstet war. Die Kanonen rissen große Steinbrocken aus den Mauern und schleuderten sie ins Meer. Eine Kugel zertrümmerte die Decke der Kammer von Sir Ralph. Während er noch bewusstlos am Boden lag, gaben seine Truppen den Kampf auf und lieferten ihren Befehlshaber den Henkern aus.

Lohnend ist ein Blick in die **Pfarrkirche** von Bamburgh, die viele Denkmäler enthält. Unter den Bauteilen aus verschiedenen Jahrhunderten sind keine Reste der ersten Kirche, die im Jahr 635 von Aidan gegründet wurde. Auf dem Kirchhof erinnert ein Denkmal an die viktorianische Heldin Grace Darling, die bei schwerer See mit ihrem Vater zu den vorgelagerten Farne-Inseln ruderte und neun Seeleuten das Leben rettete. Ihr zu Ehren gibt es im Dorf ein kleines Museum (Ostern–Okt. Di–So 10–17, Nov.–Ostern 10–16 Uhr).

Infos

Tourist Info, Seafield Road Car Park: Seahouses, Tel. 01289 30 17 77, www.bamburgh.org.uk, nur im Sommer besetzt, tgl. 10–17 Uhr.

Übernachten

Luxuriös ▶ **St Cuthbert's House:** 192 Main St., North Sunderland, südlich des Nachbarorts Seahouses, Tel. 01665 72 04 56, www.stcuthbertshouse.com. Schicker Umbau einer alten Kapelle, Frühstück der Extraklasse. DZ ab 95 £.

Gemütlich ▶ **Broome:** 22 Ingram Rd., Tel. 01668 21 42 87, MDixon4394@googlemail.

com. Herzlicher Empfang von Mrs. Dixon, die gerne Auskunft über die Gegend erteilt und ihr Haus mit schönen und ungewöhnlichen Gegenständen gefüllt hat. Spezialitäten zum Frühstück: *Kippers* (s. S. 230) und *Bamburgh Bangers* (Würstchen), Abendessen auf Anfrage. DZ 80–90 £.

Essen & Trinken

Tee oder Abendessen ▶ **Blacketts:** 2 Lucker Rd., Tel. 01 68 21 47 14, Di–Sa 18.30–21, Sa/So auch 10–14.30 Uhr. Schwerpunkt Fisch und Fleisch aus Northumberland. Hauptgerichte ab 12 £. Tagsüber *tea room*, tgl. außer Mo ab 10.30 Uhr .

Italienisch ▶ **Lord Crewe Arms:** Front St., Tel. 01668 21 42 43, www.lordcrewe.co.uk. Altes Hotel (Übernachtung 105–145 £) mit Biergarten, Pub und Restaurant (Preise und Öffnungszeiten werden nach Renovierung und Neueröffnung für die Saison 2012 bekannt gegeben).

Hafenkneipe ▶ **Olde Ship Hotel:** in Seahouses, 9 Main St., Tel. 01665 72 02 00, www.seahouses.co.uk. Blick auf Farne-Inseln, nautische Einrichtung. Die Bar des Hotels (DZ 102–130 £) dient als Dorfkneipe und bietet mittags und abends Pub-Essen. Gerichte 10–14 £.

Tea Time ▶ **Copper Kettle Tea Rooms:** Tel. 01665 21 43 15, tgl. 10–18 Uhr. Gemütliches Café, der *afternoon tea* ist zu empfehlen.

Aktiv

Boote zu den Farne-Inseln ▶ Tel. 01665 72 10 99, Auskunft im National Trust Shop, Seahouses, Main St., April–Sept. tgl. 10.30–18 Uhr.

Verkehr

Bus: Mehrmals tgl. Alnwick–Craster–Seahouses–Bamburgh, auch Busse zwischen Berwick und Newcastle mit Halt in Alnwick, Craster, Seahouses und Bamburgh.

Farne Islands ▶ H 8

Die Farne Islands sind von dem kleinen Hafen Seahouses, südlich von Bamburgh, zu erreichen. Hier nisten im Sommer Seevogelar-

aktiv unterwegs

Strandwanderung von Bamburgh nach Seahouses

Tour-Infos

Start: im Dorf Bamburgh ▶ H 8
Ende: Seahouses (Rückfahrt nach Bamburgh Bus 411, mehrmals tgl., Fahrtzeit 9 Min.)
Länge: knapp 5 km
Dauer: 1,5–2 Std. reine Gehzeit

Die Wegbeschreibung ist denkbar einfach. In Bamburgh geht man zum Sandstrand hinunter, biegt nach rechts, geht an der alles überragenden Burg vorbei und immer geradeaus, bis man den nächsten Ort, Seahouses, erreicht. Dort gibt es Erfrischungen, beispielsweise am Fischerhafen im Olde Ship Hotel.

Soweit das Praktische. Das besondere Vergnügen der Strecke besteht einerseits im Rundblick auf Meer und Küste – links die Silhouette der Farne Islands mit Leuchtturm, rechts hinter den Dünen die Sandsteinmasse der Burg –, andererseits im Wechsel zwischen dem weißen, feinen Sand und den vielen, vom Meer umspülten Felsen.

An den Abschnitten mit Sandstrand dient Bamburgh Castle den Kindern mit Schippe und Eimer als Vorbild für den eigenen Burgbau. Bei Ebbe wird eine breite Fläche für Strandspiele freigegeben. Zwischendurch erreicht man felsige Areale. Es sind die letzten Ausläufer des Whin Sill, eine vulkanische Formation, die der Burg von Bamburgh und Teilen des Hadrian's Wall als Fundament dient. Hier kann man der Beschäftigung nachgehen, die in England *rockpooling* heißt.

Rock pools sind vom Meer ausgewaschene Mulden und Becken, die bei Ebbe mit Salzwasser gefüllt sind. Ein guter *rock pool* ist ein ganzer Mikrokosmos, der auf das Auge des Betrachters und auf den Käscher wartet: Kleine Fische, Krebse und Quallen, Algen und Meerespflanzen in allen Farben mit weichen, hin- und herschwappenden Wedeln und Ranken. Muscheltiere wie die Napfschnecken saugen sich an den Felsen fest. Das vulkanische Gestein zeigt eine Farbpalette von Grün und Grau bis Violett. Strandwanderer, die sich von den Unterwasserwelten der *rock pools* in den Bann ziehen lassen, können beliebig viele Stunden auf der nur 5 km langen Strecke verbringen.

Ein Strand wie aus dem Bilderbuch: die Küste bei Bamburgh

Die Küste von Northumberland

ten wie Papageitaucher, Dreizehenmöwen, Seeschwalben, Eidergänse und Eissturmvögel. So zahlreich sind die Vögel, dass der National Trust, der die Insel besitzt, zur Mitnahme eines Hutes rät. Eine große Robbenkolonie lebt im Meer um die Insel. Die kleine Kapelle aus dem 14. Jh. auf Inner Farne gedenkt des hl. Cuthbert, der 687 hier starb.

Dunstanburgh und Craster

▶ **H 9**

Dank einer isolierten Küstenlage auf hohen Klippen ist die verfallene Festung von **Dunstanburgh** vielleicht die romantischste der Burgen Northumberlands. Über einen Fußweg von dem Fischerdorf Craster ist die Burg zu erreichen. Blumen säumen den Weg, und Seevögel bewohnen die Ruinen der Burg, die Thomas, Earl of Lancaster, 1313–16 bauen ließ. Als Henry IV. aus dem Haus Lancaster 1399 Richard II. entthronte, wurde Dunstanburgh zur königlichen Festung. Bis Weihnachten 1461 hielt Dunstanburgh einer langen Belagerung durch die Anhänger Yorks stand und ergab sich erst, als die Verteidiger von Bamburgh ihre Waffen niederlegten. Die Schäden dieser Ereignisse wurden nie beseitigt, und seit 400 Jahren ist die Burg verlassen (April–Sept. tgl. 10–17, Okt./Jan.–März Do–Mo 10–16, Nov./Dez. nur Sa/So 10–16 Uhr).

Das Fischerdorf **Craster** steht in dem Ruf, die besten *kippers* in ganz England herzustellen. Die geräucherten Bücklinge sind eine Fischspezialität der Region und in England zu einem beliebten Frühstücksgericht geworden. Die Firma Robsons arbeitet in 140 Jahre alten Gebäuden nach den alten Methoden – der Hering wird in Salzlake gepökelt , dann 16 Stunden lang über Sägemehl von Eichenholz geräuchert. Nur die Maschine, mit der die Fische aufgeschnitten werden, ist modern, um eine einst von Frauen verrichtete, harte und unangenehme Arbeit zu sparen. Auch Räucherlachs und geräucherter Kabeljau werden hier hergestellt (L. Robson & Sons Ltd., Craster, Tel. 01665 57 62 23, www.kipper.co.uk).

Übernachten

Meeresnähe ▶ **Cottage Inn:** Dunstan Village, Craster, Tel. 01665 57 66 58, www.cottageinnhotel.co.uk. Zehn Zimmer in einem Haus mit großem bewaldetem Garten, Kneipe und Restaurant auf dem Gelände, britische Küche und Fischgerichte (9–13 £). DZ ab 65 £.

Essen & Trinken

Geräuchert oder fangfrisch ▶ **Craster Fish Restaurant:** Craster, im Hof von Robinson's Smokery, Tel. 01665 57 62 30, Mo–Sa 12–14, 18.30–20 Uhr. Hier kann man die vor Ort geräucherten Produkte probieren. Zwei *kippers* für 8,30 £ ist unschlagbar günstig, es gibt außerdem andere Gerichte mit frischem Fisch (11–15 £).

Hafenkneipe ▶ **Jolly Fisherman:** Craster, am Hafen, Tel. 01665 57 64 61, Mo–Sa 11–15, 18–23, So 12–15, 19–22.30 Uhr. Im 150 Jahre alten Pub mit Panoramafenstern gibt es – wenn man nicht zu spät kommt – vorzügliche Krabbenfleisch-Sandwiches und Krabbenfleisch-Suppe mit Whisky und Sahne; auch deftige Burger und eine Pizza-Variante mit einer Brotspezialität des Nordostens, *stottie bread,* alles unter 10 £.

Aktiv

Wandern ▶ Klippenwanderung von **Craster nach Dunstanburgh**, auch weiter am Strand von Embleton Bay nach Newton-by-the-Sea, wo man im Ship Inn gut essen kann (Do–So). **Baden** ▶ Wunderschöne Sandstrände sind **Embleton Bay** und **Beadnell Bay** nördl. von Dunstanburgh Castle.

Verkehr

Bus: Verbindungen siehe unter Bamburgh.

Alnwick und Umgebung

Die Stadt **Alnwick** (gesprochen: Annick) ist als größter Ort der Umgebung ein guter Ausgangspunkt, um die Küste oder das hügelige Hinterland von Northumbria zu erkunden. Zwei Tore der Stadtmauer sind erhalten, und

die Town Hall sowie andere Häuser um den Marktplatz bilden ein überaus reizvolles Stadtzentrum. Besuchermagnet ist jedoch die Burg, eine der profiliertesten Herrensitze Englands.

8 Alnwick Castle ▶ H 9

Alnwick Castle ist Residenz der Herzöge von Northumberland, Nachkommen der kämpferischen Familie Percy, die 1066 den Eroberer nach England begleitete, diese Region im Mittelalter beherrschte und heute hochherrschaftlich zum Besuch des Familiensitzes einlädt. Im 11. Jh. entstanden Befestigungen, die Henry, erster Lord Percy, 1309 übernahm und ausbauen ließ. Im 18. und im 19. Jh. wurde die mittlerweile verfallene Burg zu einem Schloss umgestaltet. Das Innere der Residenz im Stil der italienischen Renaissance ist weitestgehend das Werk des Architekten Salvin. Erlesene Möbel und Porzellanobjekte, Gemälde u. a. von Tizian, Canaletto und Van Dyck schmücken die Staatsräume; Kerker, Rüstungssaal und die äußere Erscheinung der Burg tun der mittelalterlichen Vergangenheit Genüge. Von der Terrasse genießt man die Aussicht über den von Capability Brown gestalteten Park.

Nicht nur als Schulsportplatz für die Harry-Potter-Verfilmungen kam der Schlossgarten in den vergangenen Jahren in die Schlagzeilen. Aus privaten Mitteln der Familie und mit Unterstützung der EU lässt die Herzogin prächtige neue Gärten bauen.

Jahr für Jahr wird **Alnwick Garden** erweitert und bietet als Attraktionen ausgeklügelte Wasserspiele und spektakuläre Brunnen, einen Garten mit Giftpflanzen, Bambushaine und zur Freude nicht nur kleiner Gäste ein riesiges Baumhaus mit hölzernen Hängebrücken (Burg: April–Okt. tgl. 11–17 Uhr, www.alnwickcastle.com; Garten: April–Sept. tgl. 10–18, Okt.–März 10–16 Uhr, www.alnwickgarden.com).

Infos

Tourist Information Centre: The Shambles, Tel. 01665-51 13 33, www.visitalnwick.org.uk, Mo–Fr/So 9.30–17, Sa 10–16 Uhr.

Übernachten

Historisch ▶ White Swan: Bondgate Within, Tel. 01665 60 21 09, Fax 01665 51 04 00, www.classiclodges.co.uk. Alte Kutscherherberge direkt an der Hauptstraße, die Inneneinrichtung in einem Saal stammt von der ›SS Olympic‹, dem Schwesterschiff der ›Titanic‹, die Gästezimmer besitzen modernen Standard. DZ 100–130 £.

Mit Kräutergarten ▶ Bondgate House Hotel: Bondgate Without, Tel. 01665 60 20 25, www.bondgatehouse.co.uk. Acht Zimmer in einem schönen georgianischen Haus nahe der Stadtmitte, Burg und Garten sind zu Fuß erreichbar. Die Dame des Hauses ist Kräuter-Expertin und bietet Aromatherapie-Massagen an. DZ ab 85–110 £.

Ländlich ▶ North Charlton Farm: Chathill, Tel. 01665 57 94 43, Fax 01665 57 94 07, www.northcharltonfarm.co.uk. 8 km nördl. abseits der A 1; ein richtiger Bauernhof, das Haus aber ist elegant eingerichtet und für ein B & B überdurchschnittlich komfortabel. DZ 80 £.

Essen & Trinken

Speisen im Baum ▶ The Tree House: Alnwick Garden, Tel. 01665 51 18 52, Mittagessen tgl. 11.30–14.45 Uhr, Abendessen Do–Sa ab 18.30 Uhr. Britisch-international mit Fisch und Wild aus Northumberland. Das Essen schmeckt und das Ambiente im Baumhaus ist großartig, besonders abends. Hauptge-

Tipp: Pub Masons Arms

Die Gaststätten in Alnwick sind nicht besonders einladend. Autobesitzer fahren besser zum ländlichen Pub Masons Arms in **Rennington,** 6 km nordöstl., an der B 1340 nach Seahouses. Hier genießt man britische Küche, z. B. Steak, Wild, Northumberland-Würste und auch vegetarische Gerichte. Wer möchte, kann in dem Pub auch übernachten (Tel. 01665 57 72 75, Fax 01665 57 78 94, www.masonsarms.net, tgl. 12–14, 18.30–21 Uhr, DZ 85–95 £, Hauptgerichte 9–16 £, unbedingt reservieren!).

Die Küste von Northumberland

richte mittags 8–10 £, abends ab 14 £, auch Imbisse.

Einkaufen

Hochprozentig ▶ **Alnwick Rum:** Diese Spezialität gibt es in vielen Geschäften der Stadt zu kaufen.

Bücherbahnhof ▶ **Barter Books:** Alnwick Station, an der B 6346 südlich der Stadtmitte. In der herrlichen Architektur eines viktorianischen Bahnhofs – die alte Einrichtung ist zum Teil erhalten – ist eines der größten Antiquariate des Landes untergebracht. Es hat alles, von teuren Raritäten bis billigsten Schund. Schmökern Sie vorm Kaminfeuer im Wartezimmer.

Termin

Alnwick International Music Festival (1. Aug.-Hälfte): Volksmusikgruppen aus vielen, auch außereuropäischen Ländern.

Verkehr

Bus: Alnwick erreicht man ab Berwick oder Newcastle (nächster Bahnhof: Alnmouth, ca. 30 Min. ab Newcastle).

Warkworth Castle ▶ H 9

Warkworth Castle, in malerischer Lage nahe der Mündung des Flusses Coquet, 12 km südlich von Alnwick gelegen, gehörte früher ebenfalls den Percys. Die Bauten, die sich heute nicht mehr in Familienbesitz befinden,

Alnwick Castle

232

stammen aus dem 12.–14. Jh. Architektonisch ist Warkworth gefälliger als die Nachbar-Burgen. Nach einer misslungenen Rebellion 1572 und wieder durch die Armee der Parlamentarier 1648 wurde die Burg beschädigt und erst im 19. Jh. teilweise restauriert (April–Sept. tgl. 10–17, Okt. 10–16, Nov.– März Sa/So 10–16 Uhr).

Ein kurzer Spaziergang am Fluss führt zu einer aus dem Fels gehauenen Einsiedelei. Auch das Dorf Warkworth lohnt einen kurzen Aufenthalt. Die mittelalterliche Brücke steht noch, auch die Kirche von St Lawrence ist schön. Sie stammt aus normannischer Zeit, mit gotischem Turm und Seitenschiff. Im Jahr 1174 suchten in dieser Kirche 300 Bewohner

Schutz vor dem schottischen Earl of Fife. Alle wurden jedoch ermordet.

Aktiv

Ruhige Strandspaziergänge ▶ Nahe Warkworth erstreckt sich ein wunderschöner, ruhiger Sandstrand zwischen den Mündungen der Flüsse Aln und Coquet – eine Strecke von ca. 3,5 km. Wer auf der A 1068 an Alnmouth vorbei in Richtung Süden fährt, sollte rechts nach einem unauffällig ausgeschilderten Parkplatz von English Heritage Ausschau halten, zu dem ein unebener Fahrweg führt.

Verkehr

Bus: Ab Newcastle Haymarket in Richtung Alnwick.

Chillingham Castle ▶ H 9

Eine weitere große Burg ist das noch bewohnte Chillingham Castle, seit 800 Jahren Sitz der Grey-Familie. Hier wurde eine um 1200 entstandene Festung im 14. Jh. ausgebaut und nach langer Vernachlässigung in den 1980er-Jahren zum bequemen Wohnsitz wiederhergestellt. Nach eigenen Angaben spukt es in Chillingham mehr als in jeder anderen Burg des Landes. Skeptiker können hier übernachten und sich davon überzeugen. Der Charme von Chillingham liegt in der Exzentrizität der Einrichtung, denn diese Burg wurde nicht vom National Trust oder English Heritage nach historisch korrekten Kriterien renoviert und möbliert, sondern von dem in die Grey-Familie eingeheirateten Sir Humphry Wakefield, einem aristokratischen Abenteurer mit bunter Vergangenheit, nach eigenen Vorstellungen gestaltet (www.chillingham-castle.com, Ostern–Okt. So–Fr 12–17 Uhr, Ferienwohnungen Tel. 01668 21 53 59).

Berühmt ist die Rinderherde von Chillingham. Die 60 schwarz-weißen Tiere sind die letzten Nachkommen der wilden Rinder, die im Mittelalter in der Region lebten.

Verkehr

Auto: Das Castle ist zu erreichen über die B 6346, nach ca. 16 km in Richtung Old Bewick und Chillingham rechts abbiegen.

Newcastle-upon-Tyne und Umgebung

Newcastle gilt als Paradebeispiel für eine Industriestadt, die sich nach schweren Zeiten heute als lebenswert präsentiert. Architekturschätze des 19. Jh. wurden durch die spektakuläre Millennium Bridge und die Großplastik »Angel of the North« ergänzt. Kunstfreunde und Nachtschwärmer werden sich für die Stadt am Tyne gleichermaßen begeistern.

Newcastle-upon-Tyne

Cityplan: S. 237

Die Industriestädte Nordostenglands erlangten ihre Bedeutung durch Schiffbau, Stahlwerke, Metall verarbeitende Industrien und Kohlebergbau. Die wirtschaftlichen und sozialen Probleme, die mit dem Niedergang dieser Branchen verbunden sind, wirken mancherorts bis heute nach; Newcastle-upon-Tyne, die größte Stadt der Region, hat die Krise jedoch gemeistert und erlebt seit den späten 1990er-Jahren einen kulturellen Aufschwung. Als Hoffnungssymbol steht auf einer Anhöhe in Gateshead südlich des Flusses Tyne die größte Plastik des Landes, »The Angel of the North«, ein Mensch aus Stahl mit 54 m breiten Flügeln (s. S. 240). Auf den großen Engel folgten nach der Jahrtausendwende weitere Projekte, die landesweit Aufsehen erregten. Die neue Fußgängerbrücke, Millennium Bridge, die eine ohnehin beeindruckende Brückenreihe am Tyne fortsetzte, gilt als technische und ästhetische Meister-

Die nächtliche Beleuchtung erhöht den ästhetischen Reiz der Tyne-Brücken

leistung. Am Südufer des Flusses entstand nahe der 2004 eröffneten Konzerthallen ein neues Kulturviertel.

Die Bewohner des Nordostens, *Geordies* genannt, sprechen einen auch für andere Engländer teilweise schwer verständlichen Dialekt und gelten als warmherzige, humorvolle Menschen. Ihre Lebenslust kommt in einer pulsierenden Nachtszene zum Ausdruck, ihr ausgeprägter Lokalpatriotismus in bedingungsloser Liebe zur nie wirklich erfolgreichen Fußballmannschaft Newcastle United.

Die Geschichte der Stadt reicht weit in die Zeit vor der Industrialisierung zurück. Die erste Siedlung entstand um ein römisches Fort, Pons Aelius, das direkt am Hadrian's Wall stand. Der Endpunkt der Mauer, deren Verlauf heute die Straßen Westgate und Fenkle Street im Stadtzentrum markieren, befindet sich im Stadtteil Wallsend.

Im Mittelalter entwickelte sich um die normannische Burg ein bedeutender Handelsort, und in späteren Jahrhunderten versorgte der Hafen London mit Kohle: ›Carrying coals to Newcastle‹ ist die englische Version von ›Eulen nach Athen tragen‹. Zur Blütezeit im 19. Jh. wurde Newcastle mit öffentlichen Bauwerken und den Stadthäusern, die im Viertel Grainger Town noch zu sehen sind, verschönert. Der Tiefpunkt der Stadtgeschichte kam in den 1960er-Jahren, eine Zeit gefühlloser Sanierungen, deren Spuren trotz aller Verbesserungen des letzten Jahrzehnts nicht überall getilgt wurden.

Im Stadtzentrum

Der Rundgang fängt im Newcastle des 19. Jh. an. Die Architektur des Hauptbahnhofs, **Central Station** `1`, bringt das Selbstbewusstsein des viktorianischen Zeitalters zum Ausdruck. Die in Richtung Norden führende Grainger Street erinnert mit ihrem Namen an Richard Grainger, der für die Entwicklung dieses Stadtteils, Grainger Town, ab den 1830er-Jahren verantwortlich war. Durch die Säuberung der ehemals geschwärzten Sandsteinfassaden wird die Eleganz vergangener Tage wieder sichtbar. Am nördlichen Ende der Straße sollte man es nicht versäumen, ei-

nen Blick in die 1835 errichtete **Markthalle** `2` zu werfen.

Einige Überbleibsel aus dem Mittelalter sind mit einem Abstecher nach links über Newgate Street und St Andrews Street zu entdecken. Parallel zur Stowell Street, der Chinatown Newcastles, sind Teile der westlichen **Stadtmauer** `3` erhalten. Über die Seitenstraße Friars Street erreicht man **Blackfriars,** die restaurierten Reste eines Klosters aus dem 13. Jh. mit einem sehr zu empfehlenden Café.

Von der Grainger Street geht es weiter zur Grey Street, die mit ihren Steinfassaden zu Recht als einer der schönsten Straßenzüge Englands gefeiert wird. Das **Grey Monument** `4` am oberen Ende der Straße ist dem zweiten Earl Grey gewidmet. Nach ihm ist die bekannte Teesorte benannt, das Denkmal verdiente er mit der ersten großen Parlamentsreform der Neuzeit, die 1832 während seiner Zeit als Premierminister zustande kam. Für Kunstfreunde ist hier ein weiterer Abstecher, zur **Laing Gallery** `5`, unerlässlich: Von der Market Street geht es nach links in die Pilgrim Street und rechts in die New Bridge Street zu diesem Museum für britische Malerei und angewandte Kunst. Zu den Höhepunkten gehören Werke der Präraffaeliten, Plastiken von Henry Moore und der Pop Art sowie die Gemälde eines Künstlers aus Northumberland, John Martin (1789–1854). Auffällig ist die Installation vor dem Museum mit dem Titel »Blue Carpet«, ein aus Recycling-Glas-Fliesen hergestellter Teppich (www.twmuseums.org.uk, Mo–Sa 10–17, So 14–17 Uhr).

Die Grey Street führt nach Süden zum **Theatre Royal** `6` aus dem Jahr 1867, eine der prächtigsten erhaltenen viktorianischen Bühnen. Am Ende dieser Straße gehen wir nach rechts in die Mosley Street und nach links in die St Nicholas Street zur **Kathedrale** `7`, einer ehemaligen Pfarrkirche mit einem Turm aus dem 15. Jh. (Mo–Fr 7.30–18.30, Sa 8–16 Uhr, So von Gottesdiensten abhängig). Bleibt man auf der St Nicholas Street in Richtung Tyne, so sieht man links die normannische **Burg** `8` aus dem 12. Jh., die der Stadt ihren Namen gab. Der hohe Turm steht an der

Newcastle-upon-Tyne

Stelle einer aus Holz errichteten Burg, die im Jahr 1080 auf den Resten des römischen Forts entstand. Vom Dach blickt man auf die Kais am Tyne (tgl. 10–17 Uhr).

Am Tyne

Über die Straße Side geht es nun zum Flussufer hinunter. Die **Side Gallery** 9 ist für die hohe Qualität ihrer fotografischen Ausstellungen (Di–Sa 11–17 Uhr) und ein kleines Programmkino bekannt (www.amber-online.com, Tel. 0191 232 20 00).

Wahrzeichen der Stadt sind die **sieben Brücken** über den Tyne, darunter Robert Stephensons High Level Bridge auf zwei Ebenen aus den Jahren 1845–49, William Armstrongs Swing Bridge von 1868, deren hydraulische Motoren noch funktionieren, und die mächtige Tyne Bridge von 1928. Der neueste Brückenbau ist die **Gateshead Millennium Bridge** für Fußgänger und Radfahrer, eine elegante und raffinierte Konstruktion, die sich um die eigene Achse nach oben dreht, um Schiffe durchzulassen.

Eine beliebte Runde für Fußgänger führt von der Tyne Bridge am Quayside entlang zur Millennium Bridge, hinüber zum neuen Kulturgelände am Südufer – hier befindet man sich streng genommen nicht in Newcastle, sondern in der Stadt Gateshead – und zurück über die Swing Bridge. Noch am Nordufer lohnt ein Blick in **Bessie Surtees' House** 10, ein Wohnhaus aus dem 18. Jh. (Sandhill 41–44, Mo–Fr 10–16 Uhr), und der kurze Weg über Broad Chare zum **Trinity House** 11, dem historischen Sitz der Schifffahrtsgilde. Der Gebäudekomplex entstand in vielen Bauperioden seit dem 14. Jh. (Führungen u. a. zur Kapelle von 1505 und dem Bankettsaal von 1728 nur nach vorheriger Absprache, Tel. 0191 232 82 26).

Das **Baltic Arts Centre** 12 in einem riesigen umgebauten Getreidesilo am Südufer des Tyne soll ein Gegengewicht zur Londoner Kunstszene schaffen. Die ›Kunstfabrik‹ veranstaltet Wechselausstellungen zeitgenössischer Kunst und bietet dort arbeitenden Künstlern einen Raum für ihr Schaffen (www.balticmill.com, tgl. 10–18 Uhr).

Ebenfalls am Südufer des Tyne steht **The Sage Gateshead** 13, ein von Lord Norman Foster erbautes Kulturzentrum mit zwei Konzertsälen, das verschiedentlich mit einer Raupe, einem Gürteltier oder einem Segelboot verglichen wurde. Auf diesem lange Zeit ungenutzten Hafengelände um Baltic und The Sage entsteht ein neuer Stadtteil mit Hotel, Wohnungen und Gaststätten. Im Gateshead Visitor Centre in der mittelalterlichen **St Mary's Church** 14 wird die Entwicklung des Quayside-Viertels gezeigt. Neben einer Gale-

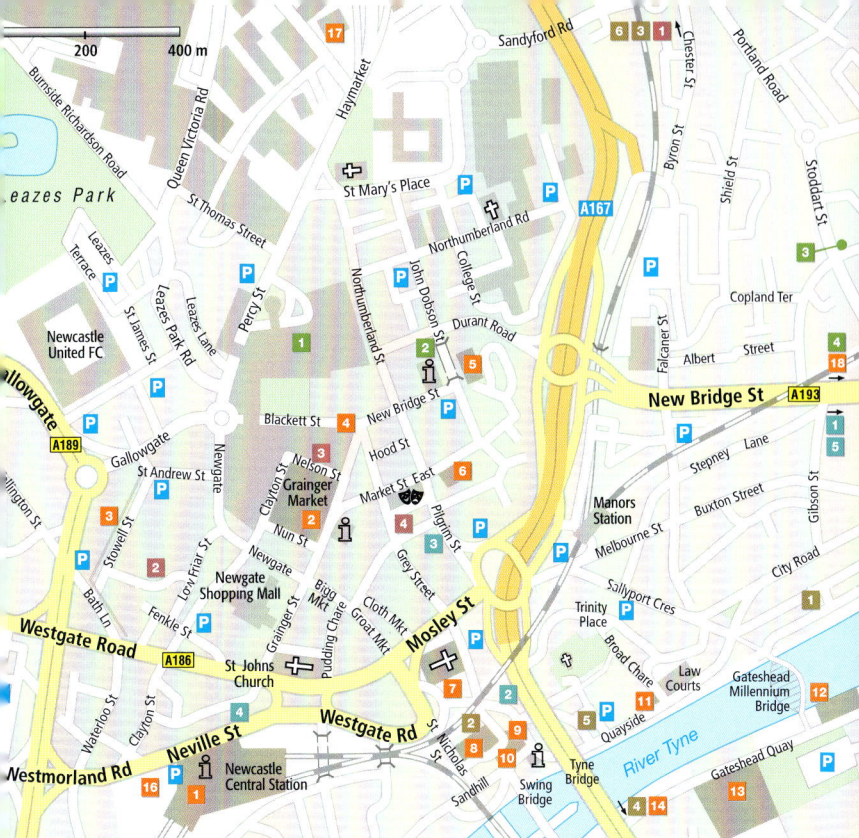

rie mit Kunsthandwerk gibt es auch hier einen guten Blick auf das Tyne-Ufer.

Weitere Museen in Newcastle

Westlich der Central Station gibt es zwei weitere bedeutende Museen. **Newcastle Discovery 15** erläutert die Geschichte der Stadt, wobei ein Schwerpunkt auf den zahlreichen Beiträgen dieser Region zur Entwicklung der Technik liegt: Die Leistungen von Lord Armstrong (s. S. 227, Bamburgh und S. 222, Cragside House); die von Joseph Swan entwickelte Lampe, mit der die Mosley Street in Newcastle als erste Straße der Welt elektrisch beleuchtet wurde; die Dampfturbine, die Charles Parsons erfand, sowie Arbeiten von Vater und Sohn George und Robert Stephenson, die 1829 ihre Lokomotive ›Rocket‹ auf einem Gelände hinter dem heutigen Haupt-

bahnhof bauten (Blandford Square, Mo–Sa 10–17, So 14–17 Uhr). Das **Life Science Centre 16** ist eine neue Attraktion zu den Themen Biowissenschaften und der menschliche Körper; es möchte anhand vieler Effekte, Spiele und interaktiver Exponate Wissen durch Spaß vermitteln (Times Square, Mo–Sa 10–18, So 11–18 Uhr).

Auf dem Universitätsgelände entstand 2009 ein großes Museumsprojekt. Das **Great North Museum: Hancock 17** nahm hochkarätige Sammlungen auf, die vorher in vier verschiedenen Museen zu finden waren: römische Funde, z. B. von der Hadriansmauer aus dem Museum of Antiquities, altgriechische und etruskische Kunst aus dem Shefton Museum, Naturkunde und Erdgeschichte aus dem Hancock Museum sowie afrikanische Kunst, europäische Malerei seit dem 14. Jh.

237

und moderne Kunst aus der Hatton Gallery. Zur letztgenannten Sammlung gehört Kurt Schwitters Mauer aus dem »Merzbarn«, das 1947/48 in einer Scheune im Lake District entstand (s. S. 197; Mo–Sa 10–17, So 13–17 Uhr, www.greatnorthmuseum.org).

Ouseburn und Jesmond

Das ehemalige Industriegebiet Ouseburn im Tal des gleichnamigen Flusses 1,5 km östlich der Stadtmitte hat sich zu einem kreativen Viertel mit Flair entwickelt. Hier findet man Kunstausstellungen und Studios in der **Biscuit Factory** `3`, das **Museum für Kinderbücher Seven Stories** `18` (www.sevensto ries.org.uk, Mo–Sa 10–17, So 10–16 Uhr) und angesagte Lokale wie The **Cumberland Arms** `1` und **The Cluny** `5`. Weiter talaufwärts liegt das etwas vornehmere Viertel Jesmond, wo das bewaldete Tal Jesmond Dene sich für einen Spaziergang im Park eignet – vor allem sonntags, wenn der **Kunstmarkt** `4` stattfindet.

Infos

Tourist Information Centre: 8–9 Central Arcade, Market St., Tel. 0191 277 80 00, www.visitnewcastlegateshead.com, Mo–Fr 9.30–17.30, Sa 9–17.30, So 9–16 Uhr.

Das **City-Magazin** mit allen aktuellen Infos heißt **The Crack,** www.thecrackmagazine.com.

Übernachten

Stilvoll ▶ **Malmaison** `1`: Quayside, Tel. 0845 365 42 47, www.malmaison.com. Mo–

Tipp: Museumscafé

»Tolles Café. Die Gemälde sind auch ganz nett.« Mit diesem Werbespruch schockierte die Londoner Tate Gallery einmal alle ernsten Kunstliebhaber. Zum **Baltic Arts Centre** `12` würde dieser Slogan auch gut passen. Das Rooftop Restaurant war vom ersten Tag an ein großer Hit. Auch nicht Kunstinteressierte genießen hier oben ein unvergleichliches Panorama über den Tyne (tgl. 12–14, 17.30–21 Uhr außer So abend).

dernes Hotel mit guter Küche, gutem Weinangebot, beste Lage an der Millennium Bridge. Die schickste Adresse der Stadt. DZ ab 165 £.

Gute Lage ▶ **The Vermont** `2`: Castle Garth, Tel. 0191 233 10 10, www.vermont-hotel.com. Nahe zur Burg, günstig für Shopping und Nachtleben. Die 100 Zimmer in einem geschmackvollen Umbau eines Hauses der 1930er-Jahre sind mit allen Annehmlichkeiten eher traditionell eingerichtet. DZ ab 125 £ ohne Frühstück.

In Jesmond ▶ **New Northumbria Hotel** `3`: 61–73 Osborne Rd., Tel. 0191 281 49 61, www.newnorthumbria.co.uk. Das solide Hotel der Mittelklasse bietet ein gutes Preis-Leistungs-Verhältnis: Man kommt schnell in die Stadt, und Jesmond hat eine eigene Nachtszene. DZ 95 £.

Dem Engel nah ▶ **Angel View Inn** `4`: Tel. 0191 410 32 19, www.angelviewinn.co.uk. Freundliches Familienhotel außerhalb der Stadt nahe dem »Angel of the North«, teilweise mit ›Engelsblick‹ vom Zimmer. DZ 75 £.

Am Fluss ▶ **Premier Travel Inn** `5`: The Quayside, Tel. 0871 527 88 04. Modernes Hotel mit moderaten Preisen, das einer großen Kette angehört. DZ 65–78 £.

Preisgünstig ▶ **YHA Newcastle** `6`: 107 Jesmond Rd., Tel. 0845 371 93 35, Fax 0845 371 93 36. Gute Lage nahe Metro-Station Jesmond am Rande der Innenstadt. 20 £ pro Person.

Essen & Trinken

Top-Adresse ▶ **Jesmond Dene House** `1`: Jesmond Dene Rd., Tel. 0191 212 30 00. Das vielleicht beste Restaurant der Stadt: Hervorragende britische Küche, Schwerpunkt bilden Zutaten aus der Region wie Wild aus Northumberland und Austern von Lindisfarne. Hauptgerichte 20–35 £.

Historisch ▶ **Blackfriars Café Bar** `2`: Friar St., Tel. 0191 261 59 45, Mo–Sa 11–17 und 18 bis spät, So 11–16 Uhr. Laut Eigenwerbung der älteste Speisesaal Großbritanniens, gute britische Küche mit asiatischen und europäischen Einflüssen. Gerichte mittags und abends früh 9 £, sonst 15–20 £.

Vor Ort gebacken ▶ **Café Royal** `3` : 8 Nelson St., Tel. 0191 231 30 00, Mo–Sa 8–18 Uhr. Für die Shopping-Pause: sehr gute Backwaren und Kuchen, Gourmet-Sandwiches. Hauptgerichte unter 10 £.

Italienisch ▶ **Pani's Cafe Bar** `4` : High Bridge, Tel. 0191 232 43 66, Mo–Sa 10–22 Uhr. Sardische Küche und Stimmung. Gerichte ab 7 £.

Einkaufen

Unterm Glasdach ▶ **Eldon Square Shopping Centre** `1` : Die Monument Mall am Grey-Denkmal vereint Filialen der großen Ketten mit kleineren Geschäften.

Qualitäte Mode ▶ **Fenwick** `2` : Kaufhaus für hochwertige Mode in der Fußgängerzone Northumberland St. In den Boutiquen rund um Princess Square findet man Designer-Mode.

Sehenswert ▶ **Grainger Market** `2` : In der 1835 gebauten Markthalle gibt es Lebensmittel, Kleidung und mehr.

Kunstkaufhaus ▶ **Biscuit Factory** `3` : 16 Stoddart St. östl. der Stadtmitte (Metro-Station Manors), Tel. 0191 261 11 03, So/Mo 11–17, Di–Sa 10–18 Uhr. Gemälde und Objekte in allen Preisklassen; mit gutem Restaurant (David Kennedy's Food Social, tgl. 12–14, Mo–Sa 17.30–21 Uhr, Mittagsmenü zwei Gänge 19 £, Hauptgerichte abends 15–19 £), preiswertes Café tagsüber.

Sonntags ▶ **Kunstmarkt** `4` : So 10–16 Uhr auf der Armstrong Bridge, Jesmond Dene.

Abends & Nachts

Das Nachtleben von Newcastle ist landesweit berühmt-berüchtigt. **Quayside** ist die beliebteste Gegend; **Bigg Market** zwischen der Kathedrale und Grainger St. gibt sich laut und lustig, eher nicht niveauvoll; die **Osborne Road** im Stadtteil Jesmond hat eine junge, coole Szene. Das **Gay-Viertel** befindet sich westl. des Hauptbahnhofs am Anfang der Scotswood Road.

Toller Pub ▶ **The Cumberland Arms** `1` : James Street (südl. der Byker Bridge A 193 und östl. des Ouseburn), Tel. 0191 265 17 25, www.thecumberlandarms.co.uk, Mo

16–23, Di/Do/So 12–23, Mi/Fr/Sa 12–24 Uhr. Sehr gelungene Atmosphäre. Livemusik, Comedy, Theater, 12 Cider-Sorten, einfache Imbisse, Biergarten im Sommer.

Unverfälscht ▶ **The Crown Posada** `2` : 31–33 The Side. Viktorianischer Pub.

Cocktails ▶ **Popolo** `3` : 82 Pilgrim St., Tel. 0191 232 89 23. Bar mit DJ-Abenden und italienischen Kleinigkeiten zum Essen. Retro-Design, große, preiswerte Cocktailauswahl, z. B. exzellente Mojitos.

Konzerte ▶ **The Sage** `13` : Gateshead Quays, Tel. 0191 443 46 61. Zwei neue Konzerthallen am südl. Flussufer.

Livemusik ▶ **The Head of Steam** `4` : 2 Neville St., Tel. 0191 230 42 36, www.theheadofsteam.co.uk. Pub mit Konzertsaal (neue Bands) und DJ-Abenden. Das Schwesterlokal in Ouseburn, **The Cluny** `5` , eine ehemalige Abfüllanlage für Whisky, hat einen überregionalen Ruf für hervorragende Livemusik und deftige billige Küche (36 Lime St., Tel. 0191 230 44 74).

Dramen und mehr ▶ **Theatre Royal** `6` : Grey St. Tel. 08448 11 21 21. Klassisches Schauspiel, Tanz, Musik.

Termine

Chinesisches Neujahrsfest (Anfang Feb.): Im Chinatown-Viertel.

Northumbrian Gathering (April): Brauchtum von Northumbria in der Stadt Morpeth, nordwestl. von Newcastle.

Newcastle Hoppings (Mitte–Ende Juni): Traditioneller Jahrmarkt in Newcastle-upon-Tyne.

Verkehr

Flugzeug: Ab Newcastle Airport Verbindungen nach Düsseldorf und Hannover; außerdem zahlreiche Inlandflüge; Flughafen–Stadtmitte: in 23 Min. mit der Metro.

Bahn/Bus: Newcastle ist der Knotenpunkt für den Regionalverkehr; 2 x stdl. fahren Züge ab London (Fahrzeit: 3 Std.).

Innerstädtischer Verkehr: Die Metro-Bahn ist effizientes Verkehrsmittel in der Stadt, z. B. zwischen der Stadtmitte und Gateshead oder Jesmond.

Ausflüge in die Umgebung

Angel of the North ▶ H 10

Die berühmteste Sehenswürdigkeit des Ballungsgebiets um Newcastle ist der 20 m hohe, 54 m breite und 208 t schwere **Angel of the North,** der aus erhöhter Lage auf die Straße A 1 südlich der Stadt herunter schaut. Der Bildhauer Antony Gormley schuf 1998 die Stahlstruktur an der Stelle eines stillgelegten Kohlebergwerks. Die *Geordies* schlossen das neue Wahrzeichen sofort ins Herz und stülpten einmal ein überdimensioniertes Trikot von Newcastle United über die Figur.

North of England Open Air Museum ▶ H 10

Auf dem ausgedehnten Gelände des **North of England Open Air Museum** in Beamish werden die Arbeitswelt und Lebensverhältnisse um 1900 dargestellt. In alten Straßenbahnwaggons fährt der Besucher zu einer Häuserreihe, die bis in jede Einzelheit exakt rekonstruiert ist. Ein Pub und kleine Läden mit Waren in Originalverpackung fehlen nicht. Ein kompletter Bahnhof samt Schienen, Stellwerk, Fahrkartenverkauf und Fußgängerbrücke wurde hierhin transportiert und neu aufgebaut. Auch eine Fahrt unter Tage in die wiederhergestellte Zeche ist möglich (www.beamish.org.uk, April–Okt. tgl. 10–17, Nov., Jan.–März Di–Do u. Sa/So 10–16 Uhr. Anfahrt über A 693 oder mit dem Bus 28/28A von Newcastle, Eldon Square bzw. vom Busbahnhof in Durham Nr. 21 oder X1 nach Chester-le-Street, dort umsteigen).

Römerfort und Klosterleben ▶ H 10

Das **Römerfort Segedunum** erreicht man in 15 Minuten ab der Stadtmitte Newcastles mit der Metro-Bahn Richtung Wallsend. Die Anlage, die den östlichen Abschluss der Hadriansmauer bildete, steht im Schatten der Schiffswerften und konnte erst nach dem Abriss heruntergekommener Häuser der Werftarbeiter freigelegt werden (April–Okt. tgl. 10–17, Nov.–März 10–15 Uhr). In **Jarrow,** 8 km östlich von Newcastle, erlebt man in **Bede's World** eine Rekonstruktion des klösterlichen Lebens vor 1300 Jahren. Der Gelehrte Beda (673–735) schrieb hier seine Geschichte der frühen englischen Kirche und weitere Werke zur Blütezeit des klösterlichen Lebens in Northumberland. Zu sehen ist auch die Kirche St Paul aus dem 7. Jh. (April–Sept. Mo–Sa 10–17.30, So 12–17.30, im Winter bis 16.30 Uhr).

Wahrzeichen der Region: Der ›Engel des Nordens‹

Auf einer natürlichen Festung hoch über dem Fluss Wear stehen eine der schönsten englischen Kathedralen, eine nie eroberte Burg und eine reizvolle Altstadt. Durham, lange Zeit Mittelpunkt eines halb autonomen Fürstentums und heute eine attraktive Universitätsstadt, bildet einen starken Kontrast zur umliegenden Bergbauregion.

Den schönsten Blick auf Durham haben Reisende, die die Stadt mit der Bahn erreichen. Hoch über den Häusern führt ein langer Viadukt die aus London kommenden Züge zum Bahnhof. Wer nach Osten schaut, sieht die drei Türme des normannischen Doms, der, auf einem Felsen über dem Fluss Wear thronend, von allen englischen Kathedralen die eindrucksvollste Lage besitzt.

Der alte Kern von Durham (gesprochen: ›Durrem‹) nimmt das flache Plateau der Landzunge ein, die vom Wear fast völlig umschlungen ist und dank der steilen, bewaldeten Schlucht in früheren Zeiten gut zu verteidigen war. Im Jahr 995 fanden Mönche aus Lindisfarne hier eine geeignete Ruhestätte für die Gebeine des hl. Cuthbert. 875 durch Angriffe der Wikinger aus ihrem Kloster vertrieben, waren sie mit den Relikten des Heiligen jahrelang durch Nordengland gewandert, bis ihnen, so eine Sage, eine Kuh den Platz im späteren Durham zeigte.

Die Kultstätte zog zahlreiche Pilger an, sodass die erste Kirche aus Holz bald durch ein steinernes Gebäude ersetzt werden konnte. Auch die militärisch vorteilhafte Lage des Orts begünstigte die Entstehung einer Stadt: Nach seiner brutalen Unterdrückung des angelsächsischen Widerstands in Nordengland brauchte Wilhelm der Eroberer ein Bollwerk gegen die Schotten. Diese hatten Durham 1006 und 1038 erfolglos belagert. 1071 ließ Wilhelm der Eroberer eine Burg bauen und setzte als Bischof einen Vertrauten ein, der das umliegende Gebiet als Grenzmark verwaltete.

Die Fürstbischöfe von Durham besaßen eine besondere Stellung im Lande. In ihrer Pfalzgrafschaft regierten sie wie Könige mit eigenem Heer, einer eigenen Münze und besonderen Strafgerichten. Erst 1836, mit der Abschaffung des autonomen Status von Durham, wurden Vertreter ins Parlament nach Westminster geschickt. In der Hierarchie der anglikanischen Kirche bleibt der Bischof von Durham einer der ranghöchsten Prälaten; er residiert in einem großen Palast in der benachbarten Stadt Bishop Auckland und verfügt nach wie vor über ein beträchtliches Einkommen.

Seit 1832 ist Durham Universitätsstadt, nach Oxford und Cambridge die älteste Englands. Der studentische Betrieb prägt die nur 40 000 Einwohner zählende Stadt.

Doch Durham hat auch eine andere Seite. Der Nordosten war schon immer eine Hochburg der Arbeiterbewegung: Unvergessen aus der bitteren Rezession der 1930er-Jahre bleibt der sogenannte ›Hungermarsch‹ von der Werftstadt Jarrow nach London. Die gewerkschaftliche Tradition der Bergarbeiter wird vor allem in der Kohlezechenregion um Durham hochgehalten, obwohl Anfang 2005 das letzte Bergwerk stillgelegt wurde. Einmal jährlich im Juli marschieren die ehemaligen Kumpel und Gewerkschafter mit wehenden Fahnen durch die Stadt, um auf eine stolze Tradition aufmerksam zu machen.

Stadtrundgang

Kathedrale

Die Hauptattraktion in Durham ist ohne Zweifel die Kathedrale, deren Größe und Schönheit von der Macht der frühen Bischöfe zeugen. Die 1093 begonnene Errichtung dieses vollkommensten englischen Beispiels normannischer Kirchenbaukunst dauerte nur vierzig Jahre. Architekturhistoriker begeistern sich für das sehr frühe Auftreten gotischer Bauelemente, wie der Kreuzrippen im Gewölbe des Chors und der Strebepfeiler, die im Dach der Seitenschiffe versteckt sind. Sie werden hier nicht zum Ausdruck eines neuen Stils, sondern bleiben einzelne Elemente eines romanischen Bauwerks, dem während des gotischen Zeitalters weitere Bauteile hinzugefügt wurden.

Die runden Pfeiler des **Langhauses** haben einen Umfang von 6 m und sind mit verschiedenen Mustern – Spiralen, Zickzackformen und Rauten – verziert, um die Steinmasse etwas aufzulockern. Dazu bildet die spätnormannische **Galiläa-Kapelle,** die Ende des 12. Jh. im Westen angebaut wurde, einen deutlichen Kontrast. Hier wirkt der Raum heller und eleganter durch die schlanken Säulengruppen, die die fünf Schiffe der Kapelle trennen. In der Galiläa-Kapelle ruhen die Gebeine eines nach St Cuthbert zweiten angelsächsischen ›Prominenten‹, der Pilger nach Durham lockte: der große Gelehrte Beda, der im Kloster von Jarrow, an der Küste bei Newcastle-upon-Tyne, Anfang des 8. Jh. lebte.

Das östliche Querhaus stammt aus dem 13. Jh., der Vierungsturm wurde im 15. Jh. nach einem Blitzeinschlag erneuert. Von der mittelalterlichen Ausstattung ist nur noch wenig erhalten. Das Schönste ist die gotische Rückwand des Hauptaltars. Die Statuen, die zusammen mit dem kostbaren Schrein des hl. Cuthbert dort ihren Platz hatten, sind der Reformation zum Opfer gefallen. Im 17. Jh. verursachte der puritanische Eifer Oliver Cromwells weitere Schäden. Nach seinem Sieg über die Schotten in der Schlacht von Dunbar im Jahre 1650 ließ er 3000 seiner Gefangenen einige Monate lang in der Kathedrale einquartieren. Diese verheizten das Chorgestühl und sämtliche andere hölzerne Einrichtungen, um sich über den Winter zu bringen. Nach der Restauration des Königshauses 1660 entstanden das neue Chorgestühl und der riesige Baldachin über dem Taufbrunnen, ein Meisterwerk der Schreinerkunst (www.durhamcathedral.co.uk, Mo–Sa 9.30–18, So 12.30–17.30, Mitte Juli–Ende Aug. tgl. 9.30–20 Uhr).

Domschatz

Im Kreuzgang befindet sich der Domschatz, in dem der Sarg Cuthberts aus dem 7. Jh. mit Holzschnitzereien, seinem Brustkreuz, frühen Bilderhandschriften und angelsächsischen Kirchengewändern zu sehen ist. In der Kathedrale galt Asylrecht für Mörder. Wer den am Nordwestportal der Kirche hängenden Türzieher erreichte, war vor dem Arm des Gesetzes sicher. Auch der ursprüngliche Türzieher in Form eines bronzenen Löwenkopfes wird im Domschatz aufbewahrt, wurde aber durch eine Kopie ersetzt. Außerdem haben Besucher Zugang zum ehemaligen Schlafsaal der Mönche, in dem heute ein Teil der Bibliothek untergebracht ist, und – sofern die Kondition für 325 Stufen ausreicht – zum Turm (Domschatz: Mo–Sa 10–16.30, So 14–16.30 Uhr; Monks' Dormitory: Mo–Sa 10–16, So 13–16 Uhr; Turmbesteigung: Mo–Sa 10–16 Uhr).

Die Burg

Das zweite große Bauwerk auf dem Felsen von Durham, die Burg, gehört der Universität. Die Bauteile stammen aus verschiedenen Epochen, die frühesten aus dem 11. Jh. Der Bergfried wurde Mitte des 19. Jh. für die neu gegründete Universität an der Stelle des baufälligen Vorgängers errichtet. Das Bauwerk wurde nie eingenommen; ein Blick auf die wehrhafte Nordseite, die den einzigen Zugang zum Plateau sperrt, zeigt warum. Zu den Höhepunkten der Burgführung gehören

Die Kathedrale von Durham

Durham

die Küche, die große Aula und die Kapelle des Bishop Tunstall's. Studenten leiten die Besuchergruppen (Führungen Ostern–Sept. tgl.; Zeiten im Winterhalbjahr beim Pförtner erfragen, Tel. 0191 334 38 00).

Im Stadtzentrum

Das Stadtzentrum von Durham mit Marktplatz und Einkaufsstraßen ist sehr klein. Empfehlenswert für einen Spaziergang sind die Gegend zwischen Kathedrale und Burg um den Palace Green und der Straßenzug Saddler Street, North Bailey und South Bailey, der vom Marktplatz im Norden der Altstadt bis zur Prebends Bridge im Süden der Halbinsel führt. Hier und in den steilen, zum Fluss hinabführenden Seitengassen, die in Durham *vennels* heißen, sieht man Häuser verschiedener Stilrichtungen und Epochen, viele im Besitz der Universität. Die Kirche St Mary-le-Bow am North Bailey wurde zum **Durham Heritage Centre** umfunktioniert und erläutert heute die Geschichte der Stadt (Juni tgl. 14–16.30, Juli–Sept. 11–16.30, April/Mai und Okt. nur Sa/So 14–16.30 Uhr).

Vier Fußgängerbrücken überqueren den Wear: Elvet Bridge und Framwellgate Bridge stammen ursprünglich aus dem 12. Jh. Auch von der stattlichen Prebend's Bridge (18. Jh.) und der modernen Kingsgate Bridge, die weiter südlich an der Flussschleife liegen, lohnt der Ausblick. Eine angenehme **Rundwanderung,** die keine Stunde dauert, beginnt am Marktplatz, führt über die Silver Street zur Framwellgate Bridge und dort, ohne den Wear zu überqueren, auf dem Uferpfad rund um die Halbinsel.

Nach einigen Minuten erreicht man das in einer alten Mühle untergebrachte **Museum of Archaeology,** das über die frühe und mittelalterliche Geschichte der Gegend informiert (April–Okt. tgl. 11–16, Nov.–März Fr–Mo 11.30–15.30 Uhr). Auf den Wegen unter den Bäumen am Flussufer hat man den Eindruck, auf dem Lande zu sein, obwohl das geschäftige Stadtzentrum nur wenige hundert Meter entfernt liegt. An der Elvet Bridge hat man die Halbinsel umrundet und ist schnell wieder am Marktplatz. Eine reizvolle

Alternative zum Spaziergang ist ein Ausflug auf dem Dampfboot ›Prince Bishop‹ von der Elvet Bridge.

Im Universitätsviertel auf dem Elvet Hill, ca. 1 km südlich der Wear-Schleife, liegt das **Oriental Museum,** das Kunst und Gegenstände aus Alt-Ägypten, Fernost, Indien sowie islamischer Kulturen und des Himalaya zeigt. Die chinesische Sammlung ist ausgezeichnet (Mo–Fr 10–17, Sa/So 12–17 Uhr).

Gut ein Kilometer nördlich der Kathedrale auf der anderen Seite des River Wear steht **Crook Hall,** ein charmantes Anwesen in Privatbesitz, deren Gärten für Besucher geöffnet sind. Das Wohnhaus stammt im Kern aus dem 13. Jh., wurde aber 1673 und 1720 geändert und erweitert. Der Garten ist eine Abfolge von kleinen Räumen, darunter der *cathedral garden,* der mit Hecken und Blumenbeeten die Glasmalereien einer Kirche nachempfindet (Frankland Lane, Sidegate, über Framwellgate Waterside zu erreichen; Tel. 0191 384 80 28, www.crookhallgardens. co.uk, Mai–Sept. So–Do 11–17 Uhr).

Militärmuseum und Galerie

2 km nordwestlich über die A 691 (Framwellgate) und B 6352 liegt das **Durham Light Infantry Museum and Art Gallery,** das über den Resten des letzten, 1949 stillgelegten Kohlenbergwerks im Stadtgebiet steht. Ein Militärmuseum ist nicht jedermanns Sache, aber das Haus zeigt neben Waffen und Uniformen auch bewegende menschliche Aspekte des Krieges, z. B. die 1914 von der Front an seine Ehefrau abgeschickte Flaschenpost eines Soldaten, die 1999 am Ufer der Themse gefunden wurde (Aykley Heads, Tel. 0191 384 22 14, www.durham.gov.uk/dli, April–Okt. tgl. 10–17, Nov. –März bis 16 Uhr).

Infos

Tourist Information Centre: Millennium Place, Tel. 0191 384 37 20, Mo–Sa 9.30–17.30, So 11–16 Uhr, www.thisisdurham. com. Das World Heritage Site Visitor Centre (Owengate 7, tgl. 9.30–17, Juli/Aug bis 19, Okt.–Feb. bis 16 Uhr, www.durhamworldhe ritagesite.com) informiert über die Stadtgeschichte und -architektur mit einer ständigen Ausstellung über Durhams UNESCO-Weltkulturerbe.

Übernachten

Komfortabel ▶ **Cathedral View Town House:** 212 Gilesgate, Tel. 0191 386 95 66, www.cathedralview.com. B & B mit sechs Zimmern, nur 5 Min. vom Marktplatz entfernt, Gartenbenutzung möglich. DZ ab 85 £.

Mit Domblick ▶ **The Georgian Town House:** 10 Crossgate, Tel. 0191 386 80 70, www.durham.bedbreakfastaccommodation. co.uk. Das elegante Interieur des 200 Jahre alten Hauses erregte Aufmerksamkeit in den Seiten der englischen ›Schöner-Wohnen‹-Zeitschriften. In Bahnhofsnähe, alle Zimmer mit Bad. Angeschlossenes Café mit preiswerten Pfannkuchen. DZ ab 75 £.

Außerhalb ▶ **Hillrise Guest House:** 13 Durham Rd. West, Bowburn, Tel. 0191 377 03 02, www.hill-rise.com. Das B & B liegt etwas außerhalb der Stadt, ist aber mit dem Auto gut erreichbar: Von der A 1 Abfahrt 61, 200 m links. DZ ab 60 £.

Studentenzimmer ▶ **Durham University:** Unterkunft zu Ostern und im Sommer, Tel. 0800 28 99 70, www.dur.ac.uk/event.dur ham/tourism/, Zimmer ab 54 £; ganzjährig einige Zimmer in der Burg, darunter die luxuriöse Bishop's Suite (Tel. 0191 334 41 06).

Essen & Trinken

Modern British ▶ **Oldfields Noted Eating House:** 18 Claypath, Tel. 0191 370 95 95. Voll im Trend mit Schwerpunkt auf Zutaten aus der Region. Mittags und vor 19 Uhr 11 £ für zwei Gänge, sonst Hauptgerichte ca. 15 £.

Preiswert ▶ **Vennels Café:** 71 Saddler St., Tel. 0191 375 05 71. Tagsüber Studentencafé mit gesunden Salaten, selbstgebackenen Scones und Suppen, abends Weinlokal.

Kleine Gerichte ▶ **Almshouse:** Palace Green, Tel. 0191 386 10 54, tgl. 9–17 Uhr. Café mit Mittagessen und Nachmittagstee, auch vegetarische Gerichte. Hauptgerichte ab 6 £.

An der Kathedrale ▶ **Undercroft Restaurant:** Tel. 0191 386 37 21, tgl. 10–16.30 Uhr.

Preiswert und deftig im Weinkeller der Mönche. Suppen und Hauptgerichte 5–10 £.

Einkaufen

Markt ▶ Tgl. außer So 9–17 Uhr findet in der Markthalle ein Markt statt.

Abends & Nachts

Pub am Fluss ▶ **Swan and Three Cygnets:** Elvet Bridge. Das preiswerte und gute Bier zieht Studenten an.

Nordenglische Ales ▶ **The Dun Cow:** 37 Old Elvet, Tel. 0191 386 92 19. Gemäuer aus dem 16. Jh., hausgemachte Gerichte und eine gemütliche entspannte Stimmung dank der Mischung aus einheimischer und studentischer Kundschaft. Der Name bezieht sich auf die Kuh der Gründungslegende von Durham.

Sakrale Musik ▶ **Durham Cathedral:** Der hervorragende Knabenchor singt 8 x wöchentlich, z. B. Evensong-Gottesdienst So 15.30, Mo–Fr 15.15 Uhr.

Theater und Kino ▶ **Gala Theatre:** Tel. 0191 332 40 41.

Aktiv

Dampferfahrt ▶ **Prince Bishop River Cruises:** Elvet Bridge, Tel. 0191 386 95 25, www. princebishoprc.co.uk, April–Okt. Auch Vermietung von Ruderbooten.

Termine

Ruderregatta auf dem Wear (Mitte Juni): Seit 175 Jahren ein buntes Spektakel, das an einem Wochenende Leben in die Stadt bringt.

Miners' Gala (2. Sa im Juli): Traditioneller Aufmarsch und Kundgebung der Kohlekumpel mit Jahrmarkt.

Durham County Show (Mitte Juli): Agrarjahrmarkt mit Wettbewerben, Ausstellungen und Verkaufsständen.

Verkehr

Bahn: Durham liegt an der Hauptstrecke London–York–Newcastle–Edinburgh, entsprechend häufig sind die Verbindungen.

Busse ab London oder Newcastle sind preiswerter als die Bahn.

In den Yorkshire Dales

Kapitel 4

Yorkshire

Die Grafschaft Yorkshire vereint viele der attraktivsten Aspekte des Landes: zwei bergige Nationalparks für Aktivurlauber, einen der schönsten Küstenabschnitte mit hohen Klippen und sauberen Sandstränden, die historische Hauptstadt des Nordens, York, sowie weitere sehenswerte Städte mit einem vielfältigen Kulturangebot.

Die Region hat eine eigene Identität: Die Menschen aus Yorkshire gelten als bodenständig und robust, sogar stur; sie sind meist recht gastfreundlich, aber auch gute Geschäftsleute, was ihnen zuweilen den Ruf von Knauserigkeit einbringt. Und sie zeigen einen berechtigten Stolz auf ihre Region, die seit Jahrhunderten als Symbol die weiße Rose aus dem Wappen der Herzöge von York trägt. Hier wird die Rivalität zu Lancashire, der westlich des Pennine-Gebirges liegenden Grafschaft der roten Rose, betont.

Die interessantesten Landschaften befinden sich an den Randgebieten Yorkshires. Im Westen sind es die Yorkshire Dales, ein zum Nationalpark erklärtes Gebiet von Tälern und Hochmooren. Den nördlichen Abschluss der Region bildet der zweite Nationalpark, die North York Moors, den östlichen eine wunderbare

Küste mit der schönen Hafenstadt Whitby. Seit längerer Zeit ziehen die Nationalparks eine wohlhabende Klientel an. Das hat zur Folge, dass Genießer hier ausgezeichnete Restaurants und eine große Auswahl an komfortablen Unterkünften vorfinden. Doch auch preisbewusste Urlauber werden fündig.

Yorkshire

Sehenswert

Whitby: Hafenstadt und Ferienort, vielseitig mit Sandstrand, Klippen, einer langen Geschichte, ausgezeichneten Fish & Chips und Verbindungen zu Captain Cook und Graf Dracula (s. S. 272).

10 Yorkshire Dales: Vor allem in den Tälern Swaledale, Wensleydale und Wharfedale können Besucher herrliche Landschaften mit wunderschönen Dörfern und Kleinstädten entdecken (s. S. 250).

11 Rievaulx Abbey: Die romantisch gelegene Abteiruine, zu der auch ein Landschaftsgarten gehört, liegt am Rande der North York Moors (s. S. 268).

12 York: Die historische Hauptstadt Nordenglands ist berühmt für ihr gotisches Münster, Einkaufen in historischen Straßen und das Eisenbahnmuseum (s. S. 280).

Schöne Routen

Mit der Dampflok durch das Newtondale: Ein Erlebnis ist die North Yorkshire Moors Railway, Fans der Harry-Potter-Filme als ›Hogwarts Express‹ ein Begriff. Sie fährt durch das Newtondale und über die Moore von Pickering nach Grosmont (s. S. 271).

Durch die Yorkshire Dales: Eine Vielzahl reizvoller Routen bieten sich an, um diese Region zu erkunden. Nachfolgend zwei Vorschläge: Von Bolton Abbey im Wharfedale auf der B 6160 über Grassington nach Kettlewell im oberen Wharfedale, dann weiter nach West Burton und Aysgarth im Wensleydale; oder: Von Hawes im oberen Wensleydale nördlich über Hardraw und den Buttertub Pass ins Swaledale, in östlicher Richtung durch das Tal nach Reeth, dort nach links ins wilde Arkengarthdale nach Tan Hill und zurück nach Keld im oberen Swaledale. (s. S. 258).

Meine Tipps

Kilnsey Show: Dieser Jahrmarkt Ende August bietet vielseitige Unterhaltung für Besucher und Einblicke in die englische Lebensweise: Kunsthandwerk, Blumenschau, Pferdesport und skurrile Wettbewerbe (s. S. 262).

Betty's Café Tea Rooms: Im Himmel der Briten gibt es täglich den perfekten Nachmittagstee; auf Erden kommen nach Meinung vieler Kenner Betty's Tea Rooms in Harrogate und in York der Vollkommenheit am nächsten (s. S. 264, 276).

Östliches Yorkshire: Abseits der bekannten Touristenrouten, aber nahe dem Fährhafen Kingston-upon-Hull gibt es Interessantes für Vogelfreunde an den hohen Bempton Cliffs, für Spaziergänger am Spurn Head, für Stadtbummler und Architekturfans in der reizenden Kleinstadt Beverley (s. S. 288).

aktiv unterwegs

Wanderung durch eine spektakuläre Karstlandschaft: Zu markanten und recht unterschiedlichen landschaftlichen Höhepunkten führt diese Wanderung im Yorkshire Dales National Park: Vom Dorf Malham zu einem Wasserfall und einer Kalksteinschlucht, über die Moore zum eiszeitlichen See Malham Tarn und einem Bach, der im Karstboden verschwindet, schließlich zurück über das berühmte natürliche Amphitheater Malham Cove (s. S. 260).

Unter Dampf hin, zu Fuß zurück: Eine Fahrt mit der beliebten Dampfeisenbahn North Yorkshire Moor Railway lässt sich trefflich mit Wanderungen kombinieren, hier durch den Wald im Tal und teils über höher gelegene Wiesen. Die etwa vierstündige Wanderung endet in Pickering, wo es eine Burg und angenehme Lokale gibt (s. S. 270).

Im Nationalpark Yorkshire Dales wechseln sich karge Höhen und menschenleere Moorgebiete mit fruchtbaren Tälern ab. Reizvolle Dörfer mit historischen Herbergen laden nach einem Wandertag ein. Ein Spaziergang in den Gärten und eleganten Einkaufsstraßen des Kurorts Harrogate lohnt ebenso wie die Besichtigung romantisch verfallener Abteien.

Das Pennine-Gebirge bildet das Rückgrat Nordenglands, und das Herzstück der Pennines ist der **Nationalpark Yorkshire Dales.** Über die gesamte Länge dieser Hügelkette, vom Peak District südlich von Manchester bis zur schottischen Grenze, führt der Wanderweg **Pennine Way.** Der Wanderer, der die komplette, 429 km lange Strecke in Angriff nimmt, erlebt eine abwechslungsreiche Landschaft. In den Kalksteingebieten sind die Berge durch tiefe Täler zerklüftet, die Bergkuppen gerundet. Dunkler und schroffer sind die Felsen der Sandsteingebiete, die dramatischer erscheinen. Die Verschiedenartigkeit ist auch das Ergebnis der Höhenunterschiede. Die Hecken der Täler weichen mit zunehmender Höhe den Feldsteinmauern, an denen man die geologischen Verhältnisse ablesen kann.

Unten in den Tälern (in Nordengland *dale* genannt) ist das Land fruchtbar. Erle und Esche gedeihen am Rand der Äcker und Wiesen, während oben auf den Mooren Heidekraut, Moorgräser und Heidelbeere wachsen. Obwohl die Gipfel nirgends höher als 700 m sind, ist das Klima im Winter sehr rau, und die Vegetation der Hochmoore ernährt nur genügsame Schafrassen. Im August, wenn das purpurne Heidekraut blüht, sehen die Berge besonders schön aus.

Der Menschenschlag des Gebiets gilt als zäh, kernig. Eine TV-Serie über einen Tierarzt und seine Praxis, die auch im deutschen Fernsehen lief, machte die ungehobelten Far-mer und die Landschaft der Dales einem breiteren Publikum bekannt. In den Kneipen und Dorfläden, vor allem aber bei der Bed & Breakfast-Übernachtung im Dorf oder auf der Farm, kann man sich davon überzeugen, dass die Dales-Bewohner bei allen Eigenarten dennoch recht herzlich sind.

Weardale und Teesdale
▶ G/H 10/11

Karte: S. 252

Obwohl Weardale und Teesdale nicht zur Grafschaft Yorkshire gehören, gibt es keine natürliche Grenze zwischen diesen Tälern und den Dales von Yorkshire; das Pennine-Gebirge erstreckt sich ununterbrochen nach Norden. Sein nördlichster Teil wurde oft als ›letzte Wildnis von England‹ beschrieben. Das obere Tees-Tal, Upper Teesdale, verdient auf jeden Fall diese Bezeichnung. Hier ist die Natur in einer Vielfalt von Lebensräumen fast unberührt: tundra-ähnliches Torfmoor, Grasland auf Kalksteinböden, Waldstücke und Weideland an den Flüssen. An entlegenen Stellen wachsen alpine Arten wie Frühlingsenzian, die in anderen Landesteilen längst ausgestorben sind. Das Gebiet ist kein Nationalpark, wurde aber zu einem ›Gebiet außerordentlicher natürlicher Schönheit‹, *area of outstanding natural beauty,* erklärt. Naturschutzbehörden, die den mit Besuchern überfüllten Lake District entlasten wollen, ermutigen zum Besuch der relativ leeren Nord-Pennines.

Killhope Wheel und die Bleigewinnung ▶ H 10

Einblick in eine harte Lebensweise gibt es in Killhope – schon der Name wirkt niederschmetternd – im Upper Weardale. 4 km westlich des Dorfes Cowshill an der Straße A 689 befindet sich das **Killhope Wheel Lead Mining Centre** 1, das als besonders kinderfreundliches Museum ausgezeichnet wurde. Reste der Bleigrube und des Schmelzwerks wurden restauriert und mit einer Ausstellung über das Leben der Bergleute ergänzt. Das 10 m hohe Wasserrad lieferte die Kraft, um Erz zu hämmern. Ein Besuch unter Tage im Park Level Mine aus dem Jahr 1853 ist möglich. Das Personal erweckt eine vergangene Arbeitswelt zum Leben, und es gibt viele Exponate zum Anfassen (April–Okt. tgl. 10.30–17 Uhr, www.killhope.org.uk).

Überall im Gebirge, vom Peak District im Süden über die Yorkshire Dales bis zu den nördlichsten Pennines, gibt es Spuren dieser Industrie, die bereits zur Römerzeit bestand, vor 200 Jahren einen Aufschwung erlebte und Ende des 19. Jh. zusammenbrach. Viele der breiten Wanderpfade in den Tälern führen zu den ehemaligen Bergwerken. Das Erz wurde an Ort und Stelle geschmolzen und das Metall auf Pferden in die Täler gebracht. Wer in den Hügeln unvermittelt auf die verfallenen Mauern eines größeren Steinbaus, einen überwachsenen Schacht, eine runde Grube oder sogar auf einen aus dem Boden emporragenden Schornstein stößt, mag daran denken, dass Menschen hier eine zermürbende, gesundheitsschädigende Arbeit verrichteten, damit die Dächer von Palästen in Südengland, Abteien in Frankreich und Kirchen in Rom mit Blei gedeckt werden konnten.

Verkehr

Bus: Busse fahren ab Bishop Auckland durch das Weardale nach Cowshill, auf Anfrage teilweise weiter nach Killhope, Auskunft Tel. 01388 53 75 05.

Barnard Castle und Bowes Museum ▶ H 11

Kleine Straßen durch einsame Landschaft verbinden das Weardale mit dem südlich gelegenen Teesdale. Die schöne Marktstadt **Barnard Castle** 2 hat ihren Namen von der am nördlichen Tees-Ufer gebauten Burg, die seit dem 12. Jh. das Tal an dieser Stelle beherrscht (April–Sept. tgl. 10–18, Okt. tgl. 10–16, Nov.–März Do–Mo 10–16 Uhr).

Am Stadtrand steht ein in dieser Landschaft unerwarteter Kulturpalast, das **Bowes Museum** im Stil eines französischen Château. Der Industrielle John Bowes und seine Frau, eine französische Schauspielerin, konzipierten den Bau nicht als Wohnsitz, sondern von Anfang an als Museum, um ihre Kunstsammlung aufzunehmen. Die bedeutende Sammlung europäischer Gemälde umfasst Werke von der Renaissance bis ins 19. Jh., darunter Bilder von Meistern wie Goya, El Greco und Tiepolo. Komplett eingerichtete Säle zeigen den Wohnstil vergangener Epochen anhand von Keramik, Textilien, Möbeln, Uhren, Tapisserien und anderen Objekten. Das Prachtstück ist ein mechanischer silberner Schwan aus dem 18. Jh., der sich das Gefieder putzt und einen Fisch fängt (www.bowesmuseum.org.uk, tgl. 10–17, Vorführung des Schwans tgl. 14 Uhr).

Lohnend ist ein Ausflug ins obere Teesdale über die attraktiven Orte Romaldkirk und Middleton-in-Teesdale zum **Wasserfall High Force** 3, wo sich der Tees über schwarze vulkanische Felsen ergießt. 12 km nordöstlich von Barnard Castle über die A 688 liegt **Raby Castle,** der im 14. Jh. gebaute imposante Sitz der Vane-Familie seit 1626. Sehenswert sind die Prunksäle mit kostbaren Möbeln, Gobelins, Gemälden und Meissen-Porzellan, die mittelalterliche Küche und die Pferdekutschensammlung (Mai–Sept., So–Mi 13–16.30, Park ab 11 Uhr, www.rabycastle. com).

Infos

Tourist Information Centre: Flatts Rd., Barnard Castle, Tel. 03000 26 26 26, www.teesdaleddiscovery.com, tgl. 10–18 Uhr.

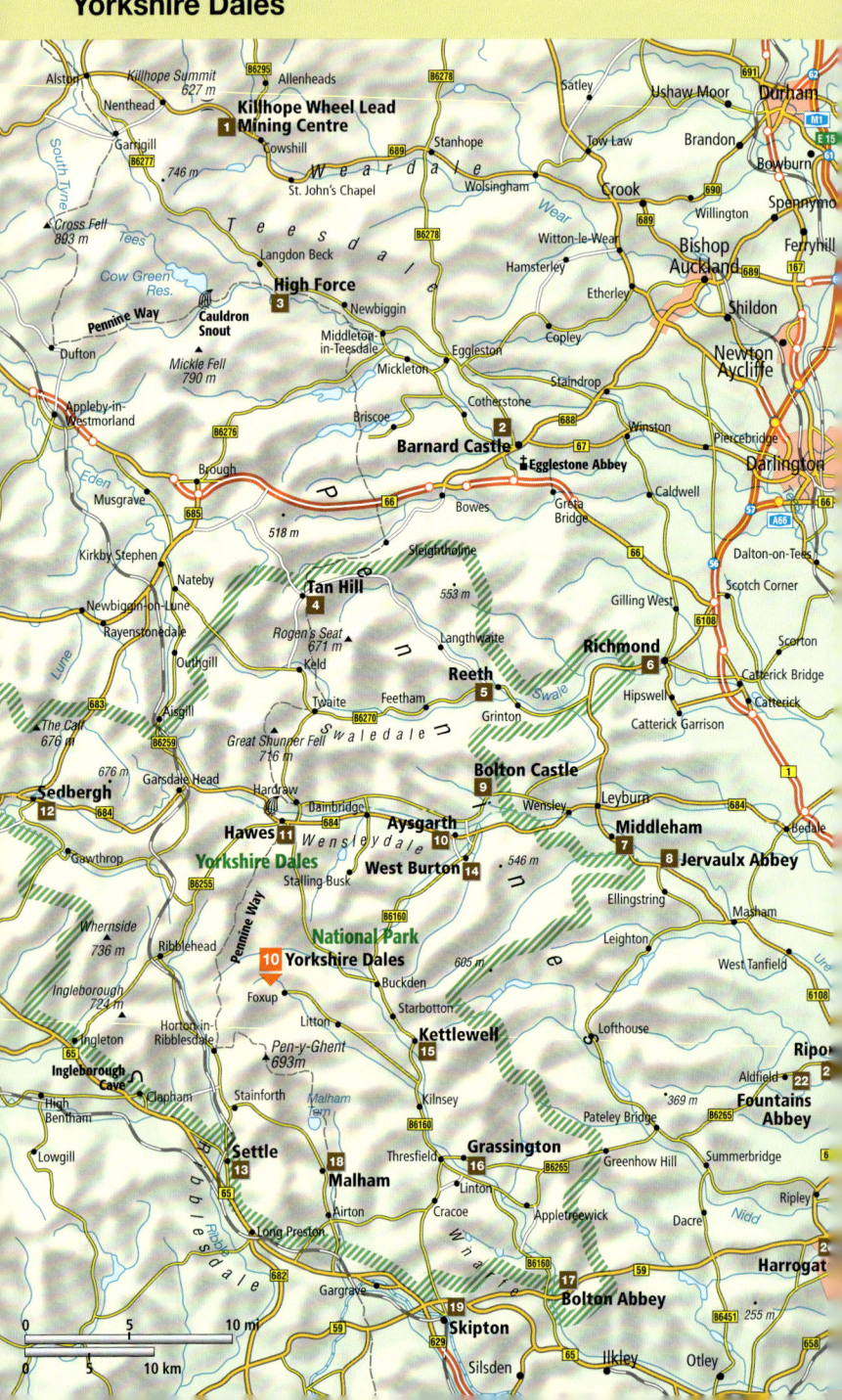

Yorkshire Dales

Übernachten

Landhotel ▶ Jersey Farm Hotel: Darlington Rd., Tel. 01833 63 82 23, www.jerseyfarm.co.uk. 22-Zimmer-Hotel an der A 67 2 km östl. der Stadt, an einen alten Bauernhof angeschlossen, modern eingerichtet und gut ausgestattet. Im Carvery-Restaurant gibt es Selbstbedienung zum Festpreis (ab 9,25 £ je nach Tellergröße) oder Hauptgerichte à la carte (10–20 £). DZ 99–140 £.

Klein und komfortabel ▶ The Homelands: 85 Galgate, Tel. 01833 63 87 57, www.homelandsguesthouse.co.uk. Auf der A 67 nur 400 m von der Stadtmitte entfernt, sehr gepflegtes Nichtraucher-B & B mit sechs Zimmern in einem viktorianischen Haus, auch Abendessen. DZ 70–80 £.

Essen & Trinken

Postkartenromantik ▶ Rose and Crown: Romaldkirk (an der B 6277 10 km nordwestl. von Barnard Castle), Tel. 01833 65 02 13, www.rose-and-crown.co.uk. Bilderbuchartige Herberge aus dem 18. Jh. (DZ 135–175 £) mit einfachem Pub-Essen (tgl. 12–13.30, 18.30–21.30 Uhr, Hauptgerichte 9–15 £) und anspruchsvollerem Restaurant (moderne englische Küche, tgl. 19.30–20.45 Uhr, 4-Gänge-Menü 35 £).

Aktiv

Wandern ▶ Die Fernwanderroute **Pennine Way** passiert Middleton-in-Teesdale. Von der Ortsmitte kann man auf dem gut markierten Weg zu den **Wasserfällen Low Force** und **High Force** wandern (ca. 10 km einfache Strecke, Bus zurück, Fahrplanauskunft im Tourist Office, Middleton, Tel. 03000 26 26 26). Alternativ fährt man zum Wasserfall und wandert vom Parkplatz weiter zur eindrucksvollen **Kaskade Cauldron Snout,** wo der Tees eine 60 m lange Felstreppe hinunterfließt (19 km hin und zurück).

Verkehr

Bus: Busse fahren ab Richmond und Bishop Auckland in das Teesdale; stdl. ab Darlington (ab dort Zugverbindung), 1 x tgl. ab Newcastle.

Yorkshire Dales National Park ▶ G/H 11/12

Karte: S. 252

Der Nationalpark (1773 km^2), in dem nur etwa 20 000 Menschen wohnen, besteht größtenteils aus den Tälern Swaledale, Wensleydale und Wharfedale mit ihren Seitentälern und den dazwischenliegenden Bergen. Die Yorkshire Dales bilden den mittleren Teil des Pennine-Gebirges, in dem sich eine Reihe von landschaftlichen Höhepunkten befindet, wie z. B. das Karstgebiet bei Malham, der höchste Gipfel des Nationalparks, Whernside (736 m), und verschiedene Wasserfälle.

Infos

Touristen-Information zu den Yorkshire Dales: www.yorkshiredales.org.uk, die Website der Nationalparkbehörde, die bei den Tourist Offices in Reeth, Hawes und Grassington sowie in Malham und Aysgarth Falls (April–Okt. tgl. 10–17 Uhr, Nov.–März Sa/So 10–16 Uhr, Jan. geschl.) eigene National Park Centres unterhält, ist eine Fundgrube für Ausflüge, Aktivitäten, Unterkunft und mehr.

Tipp: Auf Nebenstraßen von Tal zu Tal

Kaufen Sie einen Straßenatlas mit einem Maßstab, der kleine Landstraßen deutlich heraushebt, möglichst »3 miles to 1 inch« (ca. 1: 190 000), und befreien Sie sich nicht nur von den viel befahrenen A-Straßen, sondern von allen, die mit einer Nummer markiert sind. Die Atlanten werden oft zu Spottpreisen in den modernen Antiquariaten verkauft. Die Fahrt über die Höhen von Tal zu Tal ist auf den Serpentinen der nicht-nummerierten Straßen ein landschaftlich ganz anderes Erlebnis als das Befahren der Hauptrouten. Besonders gute Nerven braucht man nicht, und man lernt viele wollige Dales-Bewohner kennen, die einzeln oder in kleinen Gruppen am Straßenrand Gras kauen oder auch schon mal die Fahrbahn blockieren.

Die Yorkshire Dales

Wer detaillierte Informationen über die Natur und Kulturgeschichte der Täler sucht, findet diese auf der gut aufbereiteten Website www.outofoblivion.org.uk.

Übernachten

www.yorkshirenet.co.uk ist eine gute Info-Quelle auch für Ferienwohnungen, Urlaub auf dem Bauernhof, B & B und Hotels.

Aktiv

Wandern, Radeln und Reiten ▶ Eine ganze Palette von Fernstrecken – Wander-, Rad- und Reitwege – wurde ins Leben gerufen und wird ständig ausgebaut: Der Wanderweg **Pennine Way** fängt südl. von Yorkshire an, endet an der schottischen Grenze und durchzieht die Dales. www.thepennineway.co.uk informiert und bietet Gepäcktransport an. Die Routenvariante für Radler ist der 580 km lange **Pennine Cycleway**. The **Dales Way** überquert die Pennines auf einer Länge von 129 km von Ilkley im Airedale nach Bowness-on-Windermere im Lake District und verläuft, soweit möglich, auf Uferwegen der Flüsse. Der **Pennine Bridleway** ist eine neue Fernstrecke, die nicht nur für Wanderer, sondern auch für Reiter und Mountain-Biker gedacht ist. Der **Yorkshire Dales Cycleway** mit einer Länge von 210 km beginnt und endet in Skipton und führt in sechs Etappen durch den Nationalpark.

Die Site www.yorkshiredales.org.uk bietet viele praktische Infos für Radfahrer; Mountain-Biker werden unter www.mtbthedales. org.uk fündig. Nähere Auskunft zu allen Wegen über die Tourist Offices, die oben genannten Websites und www.nationaltrail. co.uk.

Verkehr

Bahn: Züge fahren von Leeds nach Settle und Carlisle sowie von Leeds nach Skipton und zur Westküste.
Bus: Ab Darlington, einer Bahnstation auf der Hauptstrecke von Mittelengland nach Norden, gibt es Busse zu den nördlichen Tälern. Näheres unter www.traveldales.org.uk und über die Tourist Offices. Im Sommer verkehren zusätzliche Buslinien zu den beliebtesten Orten.

Arkengarthdale und Swaledale ▶ H 11

Wer von Norden kommend aus Barnard Castle direkt nach Süden fährt und die ausgebaute Schnellstraße A 66 überquert, kommt auf eine nicht-nummerierte Landstraße, auf der man eine großartige achterbahn-ähnliche Fahrt zu den Tälern in Yorkshire erlebt, zuerst zum Seitental Arkengarthdale und dann weiter ins Swaledale. Um eine wahrhaft raue, menschenleere Landschaft zu

erleben, fährt man durch das Arkengarthdale nach Nordwest und kommt nach einigen Kilometern zum höchstgelegenen Pub des Landes (520 m), **Tan Hill** (Übernachtung möglich, DZ 70–80 £, www.tanhillinn.co.uk). Das Lokal steht einsam in einer Umgebung, die je nach Geschmack atemberaubend oder völlig desolat wirkt.

Mittelpunkt des in west-östlicher Richtung verlaufenden Swaledale ist **Reeth** , ein viel besuchter Marktflecken mit Häusern aus dem 18. Jh. um einen offenen grünen Platz. Reeth bietet sich als Standquartier für einen Wanderurlaub an. Dort kann man sich im

Swaledale Folk Museum auch über das Leben in und die Geschichte des Swaledale informieren (Ostern–Okt. So–Fr 10.30–17.30 Uhr). Das wunderschöne obere Tal ist das Land der Schaffarmer und, in vergangenen Zeiten, der Bergarbeiter. Östlich von Reeth wird das Swaledale sanfter, mit grünen Wiesen und vielen Bäumen.

Infos

Tourist Information Centre: Hudson House, The Green, Reeth, Tel. 01748 88 40 59, Fax 01748 88 00 12, April–Okt. tgl. 10–17 Uhr, Nov.–März Sa/So 10–16 Uhr.

Im Swaledale

Übernachten

Geschmackvoll ▸ CB Inn: Langthwaite, Arkengarthdale, Tel. 01748 88 45 67, www.cb inn.co.uk. Herberge mit 19 Zimmern, rundum renoviert, ohne den alten Charakter zu verlieren, Bar mit Kaminfeuer (tgl. 11–23 Uhr) und Restaurant (frischer Fisch, Lammfleisch und Wild aus den Dales, ab 14 £). DZ 108 £, am Wochenende 123 £.

B & B auf einem Bauernhof ▸ Riddings Farm: Reeth, 1 km westl. von Reeth an der B 6270, Tel. 01748 88 42 67. Die Eigentümer züchten Rinder und Swaledale-Schafe. Drei Zimmer in umgebauten ehemaligen Häusern von Arbeitern der Bleibergwerke, erhöhte Lage mit Blick auf Swaledale. DZ 64 £.

Essen & Trinken

Deftig ▸ Als Alternative zu den Hotel-Restaurants bietet sich die Pub-Küche in **The King's Arms** am Dorfanger von Reeth oder **The Farmers Arms** in Muker, westlich von Reeth, an.

Einkaufen

Wärmend ▸ Swaledale Woollen Shop: In Muker, tgl. 10–17, Nov.–Feb. 10–16 Uhr. Pullover, Mützen, Handschuhe usw. in bester Qualität aus einem Zentrum der Schafzucht.
Markttag ▸ Fr in Reeth und Leyburn.

Termine

Swaledale Festival (Ende Mai–Anfang Juni): Musikfestival in Reeth.

Reeth Show (Ende Aug.): Wettbewerb der Schafzüchter, Sporttag, Kunsthandwerk.

Verkehr

Bus: Ab Richmond nach Reeth Mo–Sa 6 x tgl.; 3 x tgl. weiter ins obere Swaledale nach Muker und Keld.

Richmond ▸ H 11

Am Ende des Swaledale liegt die sehr attraktive Kleinstadt **Richmond** 6. Die Häuser um den Marktplatz und im Labyrinth steiler Gassen haben grau-braune Steinfassaden, die sich zu einem harmonischen Stadtbild zusammenfügen. Ein kurzer Spaziergang flussaufwärts am Ufer des Swale führt zu den Ruinen von **Easby Abbey**, 1155 für Prämonstratensermönche gegründet (April–Sept. tgl. 10–18, Nov.–März 10–16 Uhr) und der Church of St Agatha, deren Wandmalereien aus dem 13. Jh. stammen. Von einem anderen Kloster in Richmond blieb nur der Turm, Grey Friars' Tower, nördlich des Marktplatzes, übrig. Hier befindet sich das sehr gut erhaltene normannische **Richmond Castle** in herrlicher Lage hoch über dem Fluss. Der Ausblick von den Zinnen des 30 m hohen Bergfrieds belohnt den Aufstieg (April–Sept. tgl. 10–18, Nov.–März Sa/So 10–16 Uhr).

Mitten auf dem unebenen Kopfsteinpflaster des Marktplatzes steht **Trinity Church,** die im 14. Jh. schon verfallen war. Sie wurde später als Pestkrankenhaus, Schule, Lagerhalle, Rathaus und Gerichtsgebäude benutzt. Im 18. Jh. wurden in die Seitenschiffe Schaufenster von Geschäften eingebaut, und heute beherbergt der Bau das **Green Howards Regimental Museum** (Feb.–Nov. Mo–Sa 10–16.30 Uhr). ›Green Howards‹ ist der Name eines traditionsreichen Regiments, das seit zwei Jahrhunderten seine Soldaten in Yorkshire rekrutiert.

Mit dem **Georgian Theatre Museum** kann Richmond auch auf seine kulturelle Tradition verweisen. Das 1788 errichtete Theater hat seit seiner Eröffnung kaum bauliche Veränderungen erfahren (Victoria Rd., Führung und Museum Mo–Sa 10–16 Uhr). Das **Richmondshire Museum** erläutert die Geschichte der Stadt und Region (Ryders Wynd, nahe Marktplatz über King St., Ostern–Okt. tgl. 10.30–16 Uhr).

Infos

Tourist Information Centre: Friary Gardens, Victoria Rd., Tel. 01748 828 742, www.rich mond.org, April–Okt. tgl. 9.30–17.30 Uhr.

Übernachten

Am Markt ▸ King's Head Hotel: Market Place, Tel. 01748 85 02 20, www.kingshead richmond.com. Georgianischer Bau mit individuell eingerichteten Zimmern. DZ 120–150 £.

Richard III.: Shakespeares Bösewicht

König Richard III. wird im gleichnamigen Stück von William Shakespeare als die Verkörperung des Bösen dargestellt. Inwieweit diese Propaganda stimmt, ist nicht mehr festzustellen, aber in der Burg von Middleham wurde Richard als Jugendlicher zum Ritter ausgebildet und zeigte dort auch menschliche Züge.

Englands meistberüchtigter König, Richard III., hat vor allem durch Shakespeares gleichnamiges Stück einen schlechten Ruf bekommen. Die Tudor-Dynastie, die zu Shakespeares Zeit regierte, war 1485 durch den Sieg ihres Gründers Henry VII. über Richard in der Schlacht von Bosworth auf den Thron gekommen. Die Tudor-Propagandisten verleumdeten den Entmachteten, und der Dichter schloss sich in seinen patriotischen Geschichtsdramen ihrer Interpretation an. Richard wird als widerwärtiger Krüppel dargestellt, der bewusst die Rolle des Bösewichts spielt. Er stachelt die Höflinge gegeneinander auf, verrät seine Mitverschwörer, heuchelt Mitleid bei den Witwen seiner Opfer, lässt seinen Bruder in einem Fass Wein ertränken und seine beiden kleinen Neffen im Tower of London umbringen, damit er selbst den Thron besteigen kann. Shakespeare stellte ihn als wahren Teufel dar, der sich an seinen Greueltaten ergötzt. Für viele der besten britischen Schauspieler, von Laurence Olivier bis Kenneth Branagh, schuf er damit eine Paraderolle. Historiker stritten sich heftig über die Frage seiner Schuld oder Unschuld. Der Verein ›The Richard III. Society‹ wurde eigens gegründet, um den Monarchen zu verteidigen.

Mit neun Jahren kam Richard 1461 an den Hof des Grafen von Warwick nach Middleham, um das Handwerk eines Ritters zu erlernen. Durch seine entscheidende Rolle in den Rosenkriegen des 15. Jh. erwarb Warwick den Beinamen ›Kingmaker‹ (Königsmacher). In den Jahren seiner größten Macht lebte Warwick in Middleham in derart großem Stil, dass Zeitgenossen bemerkten, der Hof von England sei weder in Windsor noch in Westminster, sondern in diesem entlegenen Ort im Norden. 1469 war König Edward IV. kurze Zeit Warwicks Gefangener in Middleham Castle. Das Tal schien sich für königliche Gefangene zu eignen, denn 100 Jahre später wurde Maria Stuart sechs Monate lang im westlich von Middleton gelegenen Bolton Castle gefangen gehalten.

Am Hof des Grafen studierte der junge Richard Schriften über Kriegsführung und ritterliches Verhalten, Etikette, Heraldik und Geschichte, erhielt Unterricht in Religion, Französisch und Latein. Ritte über die Moore in schwerer Rüstung, der Umgang mit Dolch, Kriegsbeil und Schwert, die Jagd auf Wildschwein und Hirsch und mit Falken gehörten auch dazu. Dass seine rechte Schulter und sein rechter Arm größer als die linke Seite waren, wodurch die Legende des missratenen Ungeheuers entstand, war vielleicht eine Folge des harten Trainings.

Ob Unmensch oder nicht, Richard mochte Middleham Castle und wohnte dort nach seiner Heirat mit Anne Neville, der Tochter des Grafen von Warwick. Ihr Sohn kam in dieser Burg zur Welt, wahrscheinlich im Prince's Tower. Als das Kind ein Jahr später starb, berichtete der Chronist, dass die Eltern vor Trauer am Rande des Wahnsinns standen.

Die Yorkshire Dales

Romantischer Garten ▶ Millgate House:
Tel. 01748 82 35 71, www.millgatehouse.
com. Stilvolles Gasthaus mit Antiquitäten,
herrlichem Garten (für alle geöffnet April–Okt.
tgl. 10–16.30 Uhr) und Blick in das Swaledale.
DZ ab 110 £.

Essen & Trinken

Dorfkooperative ▶ The George and Dragon: Hudswell (3 km östl), Tel. 01748 51 83
73. Pubessen wie Fish & Chips, Burger oder
Swaledale-Würstchen 8–10 £, Garten mit einem tollen Blick. Bewohner kauften die
Kneipe, um diese Dorfinstitution zu retten.

Einkaufen

Markttag ▶ Jeden Sa findet auf dem Marktplatz ein bunter Markt statt.

Abends & Nachts

Historisch ▶ Georgian Theatre Royal (s. o.):
Tel. 01748 82 52 52, www.georgiantheatrero
yal.co.uk. Musik, Schauspiel, Lesungen.

Verkehr

Bus: Busse fahren nach Leeds, York und in
die umliegenden Täler.

Wensleydale ▶ H 11

Die Täler sind in der Regel nach ihrem Fluss
benannt, der Name Wensleydale allerdings
geht auf das gleichlautende, im Mittelalter bedeutendere Dorf zurück. 1563 wurde der Ort
von der Pest heimgesucht; die Überlebenden
ergriffen die Flucht und **Wensley** erholte sich
nie wieder von diesem Exodus.

Südlich von Leyburn an der A 6106 liegt
Middleham `7`, einst Sitz des mächtigen
Grafen von Warwick. Der rechteckige Bergfried wurde um 1170 gebaut; einer der prominentesten Gäste war König Richard III. (s.
Thema S. 257). Die Ruine ist noch imposant,
obwohl viele Generationen die Steine zum
Bau ihrer Häuser abtrugen (April–Sept. tgl.
10–18, Okt.–März Sa/So 10–16 Uhr).

Die Straße führt von Middleham weiter in
Richtung Osten durch das schöne Dorf East
Witton zu einer Abteiruine der Zisterzienser,
Jervaulx Abbey `8`, die 1156 gegründet

wurde. Diese Gegend ist ein Zentrum des
Pferdesports. Bei Spaziergängen, z. B. auf
dem High Moor oberhalb von Middleham,
sieht man die Rennpferde beim Training.

Weiter in Richtung Westen liegt **Bolton
Castle** `9`, von außen eindrucksvoll, innen etwas enttäuschend. Die fünfgeschossigen
Türme der Burg, die die Scrope-Familie im
14. Jh. bauen ließ, stehen noch in voller
Höhe. Trotz ihrer Größe, ihrer eckigen, wehrhaften Erscheinung und Lage auf der Talseite,
von der aus herannahende Feinde früh erkennbar waren, ist die Burg eher ein befestigtes Wohnhaus als eine militärische Anlage
(März–Feb. tgl. 11–17 Uhr). Etwas weiter talaufwärts ziehen die Wasserfälle von **Aysgarth** `10` viele Besucher an. Der bis zu diesem Punkt ruhig durch das Tal fließende Ure
rauscht hier durch eine Schlucht.

Touristisches Zentrum des Wensleydale ist
Hawes `11`, durch dessen Mitte ein Bach mit
Wasserfällen fließt. Im alten Bahnhof wurde das
Dales Countryside Museum eingerichtet.
Themen der Ausstellung sind Handwerk und
Lebensweise der Dales-Bauern (tgl. 10–17 Uhr
außer Jan.). Die andere Sehenswürdigkeit des
Orts ist die Käserei, in der der *Wensleydale
Cheese* hergestellt wird (10–16 Uhr). 3 km
nördlich von Hawes auf der Straße nach Swaledale liegt der Wasserfall **Hardraw Force.**

Die Hauptstraße A 684 führt von Hawes
nach Westen weiter ins Garsdale und nach
Sedbergh `12`, einer typischen Marktstadt der
Pennines, die sich als *book town* mit einer
Reihe von Antiquariaten profiliert und eine
gute Basis für Outdoor-Aktivitäten ist. In der
Hochsaison ist diese Nordwestecke des Nationalparks ruhiger als z. B. Wensleydale.

In südwestlicher Richtung überquert die
B 6255 die Wasserscheide zum Ribblesdale.
Hier, um die höchsten Gipfel des Nationalparks, die Three Peaks Pen-y-Ghent (694 m),
Whernside (736 m) und Ingleborough Hill
(724 m), erlebt man die raue Seite des Pennine-Gebirges. Die Zentren der Wanderer und
Höhlenforscher – Ingleton, Horton-in-
Ribblesdale und **Settle** `13` – besitzen einen
herben Charme, der sie von dem eher lieblichen Wensleydale unterscheidet.

Wenn man von Hawes zum östlichen Ausläufer von Wensleydale fährt – hier bietet sich als Alternative zur vielbefahrenen A 684 die kleine Straße an der Nordseite des Tals an –, verdient unter den vielen schönen Dörfern dieser Gegend der Ort **West Burton** `14` mit seinen alten Häusern besondere Erwähnung.

Infos

Tourist Information Centre: Countryside Museum, Hawes, Tel. 01969 66 62 10.

Übernachten

… in Middleham und Umgebung:

Im Schatten der Burg ▸ **The Priory:** West End, Middleham, Tel. 01969 62 32 79, www.prioryguesthouse.co.uk. 14 Zimmer im Gasthaus mit Restaurant. DZ 80–85 £.

Familienhotel ▸ **Golden Lion Hotel:** Market Square, Leyburn Tel. 01969 62 21 61, www.thegoldenlion.co.uk. Altes Hotel am Marktplatz mit 14 Zimmern und einer eigenen Biersorte im Pub. DZ ab 50 £.

… in Hawes und Umgebung:

Wohnen wie ein Lord ▸ **Simonstone Hall:** Tel. 01969 66 72 55, www.simonstonehall.co.uk. Nördl. von Hawes gelegenes wunderschönes Country House Hotel mit sehr komfortablen Zimmern und einem feinen Restaurant. Im Bistro gibt es erschwingliche Küche (Hauptgerichte 12–16 £). DZ ab 100 £.

Essen & Trinken

Feinschmeckerlokal ▸ **The Blue Lion:** Tel. 01969 62 42 73, www.thebluelion.co.uk, tgl. 12–14, 19–21 Uhr. Am Dorfanger von East Witton, zwischen Leyburn und Ripon, die beste Küche in dieser Gegend und umfangreiche Weinkarte; auch Übernachtung möglich (DZ ab 90 £). Hauptgerichte 12–18 £.

Urig ▸ **The White Swan:** Middleham, Tel. 01969 62 20 93, www.whiteswanhotel.co.uk. Neue britische Küche. Hauptgerichte ab 10 £, Übernachtung DZ 75–95 £.

Einkaufen

Kühle Kalorien ▸ **High Jervaulx Farm:** An den Abteiruinen von Jervaulx. Von der Milch der eigenen Jersey-Herde hergestelltes, köst-

Wer die skurrilen, von animierten Plastilin-Figuren bevölkerten »Wallace and Gromit«-Filme des nordenglischen Regisseurs Nick Parks kennt, weiß, dass Wensleydale-Käse die Lieblingsspeise der Hauptfigur Wallace ist. Der weiße, leicht säuerliche *Wensleydale Cheese* ist natürlich im gleichnamigen Tal überall erhältlich, vor allem von der Käserei in Hawes, der die Popularität der Filme zu einem unverhofften Aufschwung verhalf. Die Filme spielen in einer liebevoll-parodistisch dargestellten nordenglischen Umgebung – nicht aber in Yorkshire, sondern in den Textilstädten von Lancashire auf der Westseite der Pennines.

liches Eis, über 30 Sorten von Rhabarber bis Creme Caramel, und andere Produkte.

Kunsthandwerk ▸ **Farfield Mill:** Sedbergh, tgl. 10.30–17 Uhr. Textilien, Keramik, Glas, ein Café und mehr in einer umgebauten Wollweberei.

Termin

Wensleydale Show (Ende Aug.): In Leyburn, ländlicher Jahrmarkt.

Verkehr

Kombinierte Bus/Bahnverbindung: Von Northallerton an der Hauptstrecke Nord–Süd nach Leyburn.

Bus: Aus Ripon und Richmond nach Leyburn. Verbindungen ins obere Wensleydale sind leider selten. Im Sommer fahren Direktbusse vom Ballungsraum West Yorkshire nach Hawes (Fahrpläne im Tourist Office erhältlich).

Wharfedale und Umgebung ▸ H 12

Alle drei von Wensleydale nach Süden ins Wharfedale führende Routen sind landschaftlich eindrucksvoll. Die erste Variante führt von Hawes aus auf einer kleinen Straße mit viel

aktiv unterwegs

Wanderung durch eine spektakuläre Karstlandschaft

Tour-Infos

Start und Ende: Malham
Länge: 11 km
Dauer: 4 Std.
Schwierigkeitsgrad: mittelschwer/schwer, es sind 190 Höhenmeter zu überwinden.
Anfahrt: Bus 211 ab Skipton, Fahrtzeit ca. 40 Min.
Infos: Malham National Park Centre: Tel. 01729 83 32 00, April–Sept. tgl. 9.30–17 Uhr.
Wichtiger Hinweis: Die Wanderung sollte man bei feuchtem Wetter oder Nebel nicht unternehmen, denn die stellenweise steilen und steinigen Wege sind dann rutschig. Gutes Schuhwerk ist bei jedem Wetter erforderlich, vor allem für eine kurze Kletterpartie.

Dieser beliebte Rundwanderweg führt zu faszinierenden Kalksteinklippen, einem Gletschersee und dem berühmten *limestone pavement*. Vom Parkplatz in **Malham** geht es zunächst nach links auf die Straße, noch vor dem Dorfanger rechts über eine kleine Brücke und sofort wieder rechts auf einen brei-

ten Weg, der parallel zum Bach führt. An einer Scheune halten wir uns links und folgen bald dem Fluss zu **Janet's Foss** (ausgeschildert), einem schönen Platz für eine Pause unter Bäumen am Wasserfall.

Vom Wasserfall steigen wir links zur Straße hinauf; dort rechts und weiter bis zum Wegweiser links nach **Gordale Scar,** einer durch geologische Verwerfung entstandenen, teils recht engen Schlucht, durch die der Pfad neben dem Bach zu einem weiteren Wasserfall führt. Hier muss man hinaufklettern, was bei trockenem Wetter nicht schwierig ist.

Oben angekommen, sehen wir den Pfad nach rechts. Er geht auf einen Zauntritt zu und dahinter als breiter Weg zu einer Mauer an der Straße. Rechts in nördlicher Richtung geht es an der Straße entlang und an einer Kreuzung geradeaus weiter zum Tor am Gelände um **Malham Tarn,** ein durch Gletscherwirkung geformter Bergsee.

Nach einer Pause am Tarn gehen wir vom Tor diagonal nach rechts in südwestlicher Richtung über das Feld. Rechter Hand liegen der See und der aus ihm fließende Bach Mal-

Auf und Ab ins obere Wharfedale zum Ort **Hubberholme,** wo ein überzeugter Yorkshire-Patriot, der Schriftsteller J. B. Priestley, auf dem Friedhof nahe der urigen Dorfkneipe The George liegt. Die meisten wählen die Strecke B 6160 von Aysgarth über West Burton nach **Kettlewell** 15, ein hübsches Dorf, das viele Wanderer als Standquartier benutzen. Die dritte Route führt von Leyburn und Middleham durch das reizvolle Coverdale. 4 km südlich von Kettlewell lohnt ein Abstecher ins Seitental Littondale.

Die meisten Besucher halten in **Grassington** 16. Der Ort mit den alten Häusern um den Marktplatz konnte sich trotz dieser Beliebtheit sein Eigenleben bewahren. Im **Upper Wharfedale Museum** erfährt man Wissenswertes

über die Geologie der Region sowie die Geschichte der Bleibergwerke und der Dales-Bewohner (April–Okt. Di–So 14–16.30 Uhr).

Grassington ist ein günstiger Ausgangspunkt für Ausflüge: 14 km südlich liegt das Dorf **Bolton Abbey** 17 malerisch am Fluss Wharfe. Von der um 1150 erbauten Abteikirche blieb neben romantisch anmutenden Ruinen das zur Pfarrkirche umfunktionierte Hauptschiff übrig. Von hier aus sind verschiedene Spaziergänge über die Wiesen am Flussufer möglich. 3 km nördlich der Abtei fließt der Wharfe durch eine spektakuläre Engstelle, The Strid. Eine **Dampfeisenbahn** verkehrt sonntags und im Sommer zwischen dem Dorf Embsay und dem Bahnhof Bolton Abbey, der 2,5 km von der Abtei entfernt liegt ham Water. Bald ist eine Straße mit Parkplatz erreicht. Hier nehmen wir die Brücke über den Bach, dann das erste Tor links und gehen am rechten Ufer des Bachs weiter. Nach 50 m nehmen wir an einer Gabelung den linken Weg und sind nun auf dem **Pennine-Way-Fernwanderweg.** Dem Schild folgend richten wir uns nach dem Dry Valley und Malham Cove, passieren bald die ›**Water Sinks**‹, wo Malham Water in den Kalksteinboden verschwindet, um südlich des Dorfes wieder an der Oberfläche zu erscheinen. Der Weg macht eine Rechtskurve um den Hang vom Comb Scar. Wir gehen nach links über einen Zauntritt. Jetzt ist das Tal eng, der Boden steinig. Im Talgrund führt uns der Weg zum berühmten **limestone pavement:** riesige Kalksteinblöcke, die fast wie Pflastersteine wirken.

Rechts befindet sich ein Zauntritt. Dahinter führen Stufen hinunter zu einem beeindruckenden Amphitheater, **Malham Cove,** wo wir bald unten vor den 100 m hohen Steilwänden stehen. Der kurze Weg zum Dorf zurück ist als Pennine Way deutlich markiert.

(Embsay and Bolton Abbey Steam Railway, Fahrplan Tel. 01756 79 51 89, Bus von Skipton nach Embsay).

Westlich von Grassington über die B 6265 und das Dorf Hetton erreicht man die Karstlandschaft um das Dorf **Malham** 18, eine der landschaftlichen Höhepunkte der Yorkshire Dales. Auch hier gibt es herrliche Wandermöglichkeiten (s. oben aktiv unterwegs).

Um **Skipton** 19 zu erreichen, bleibt man von Grassington aus in Richtung Süden auf der B 6265. Der Name bedeutet ›Schafstadt‹, und tatsächlich lebte der 14 000-Einwohner-Ort seit der Gründung im 7. Jh. bis in die moderne Zeit hauptsächlich von der Schafzucht und dem Wollhandel. An dieser strategisch wichtigen Stelle im oberen Airedale wurde

nach der normannischen Eroberung die Burg Skipton Castle gebaut, in der die Familie Clifford seit 1309 wohnt. Im Jahre 1645 erlitt die Burg im Bürgerkrieg erhebliche Schäden, wurde aber wieder aufgebaut und ist heute eine gut erhaltene, überdachte Wohnburg und lohnendes Ausflugsziel (www.skipton castle.co.uk, tgl. 10–18, So 12–18, Okt.–Feb. 10–16 Uhr).

Auch die spätgotische Kirche von Skipton ist sehenswert. Das kleine aber ansprechende Craven Museum im Rathaus an der High Street informiert über Geologie, Natur und Geschichte dieses Landstrichs. Der Kanal, der vor 200 Jahren gebaut wurde, um Leeds und die anderen Wollstädte mit Liverpool zu verbinden, überquert hier die Penni-

Die Yorkshire Dales

nes. Skipton erlebte eine Blüte als Umschlagplatz für Tuche und Agrarprodukte und profitiert noch heute vom Kanal, der Urlaubsboote auf schlängelndem Weg durch die Felder ins Stadtzentrum bringt. Mit einem Spaziergang entlang der Einkaufsstraßen und am Kanal sowie einer Burgbesichtigung lassen sich einige vergnügte Stunden in der Stadt verbringen, besonders an Markttagen.

Infos

National Park Centre: Colvend, Hebden Rd., Grassington, Tel. 01756 75 16 90, Fax 01756 75 16 93, April–Okt. tgl. 10–17 Uhr.

Übernachten

Luxusherberge ▶ **Devonshire Arms:** Bolton Abbey, Tel. 01756 71 04 41, www.thedevonshirearms.co.uk. Seit 1750 im Besitz der Herzöge von Devonshire, heute mit Hubschrauberlandeplatz. Zimmer mit Möbeln und Gemälden aus dem Familiensitz Chatsworth House. DZ ab 250 £.

Komfortabel ▶ **Ashfield House:** Grassington, Summers Fold, Tel. 01756 75 25 84, www.ashfieldhouse.co.uk. Alle Zimmer mit eigenem Bad, gemütliche Aufenthaltsräume; auch Abendessen möglich (Menü 36 £). DZ 96–120 £.

B & B ▶ **Littlebeck:** The Green, Kettlewell, Tel. 01756 76 03 78, www.little-beck.co.uk. Komfortables Haus mit drei Zimmern in ei-

Tipp: Die Kilnsey Show

Was im ländlichen Leben wichtig ist, sieht man in England auf der ›County Show‹ und ähnlichen Jahrmärkten. Zu den urigsten gehört die **Kilnsey Show,** die alljährlich Ende August stattfindet und eine der größten Agrarmärkte Nordenglands ist. Die besten Schafe und Bullen werden prämiert, es gibt Wettbewerbe für Schäferhunde, Bergläufer und Maurer, Preise für die besten Kuchenrezepte und die längsten Porreestangen, rustikales Kunsthandwerk, Oldtimer-Traktoren und weitere Kuriositäten … auch für Touristen eine Attraktion (www.kilnseyshow.co.uk)!

nem reizenden Dorf. Freundliche Besitzer machen herzhaftes Wandererfrühstück. DZ 78 £.

Essen & Trinken

Himmlische Dorfkneipe ▶ **The Angel:** Hetton 7 km nördl. von Grassington über die B 6265, Tel. 01756 73 02 63, unbedingt reservieren. Erstklassige britische Küche, sehr gute Auswahl an Weinen. Echte Pub-Küche, d. h. selbst hergestellte Gerichte statt eingekaufter Tiefkühlkost, in der Bar & Brasserie (tgl. 12–14.15, 18–21.30 Uhr); im feineren Restaurant (Mo–Sa 18–21 Uhr) Gerichte ab 16 £, Mittagsmenü (So 12–14 Uhr) 26 £.

Hausmannskost ▶ **The White Lion:** Im Dorf Cray, an der B 6160 nördl. von Kettlewell, Tel. 01756 76 02 62, tgl. 12–14, 18–20.30 Uhr. Hier kann man bei gutem Wetter am Bach sitzend essen. Hauptgerichte 9–15 £.

Für Bierfreunde ▶ **The Narrow Boat:** 36–38 Victoria St., Skipton, Tel. 01756 79 79 22. Ein Lokal zum Entspannen mit einer tollen Auswahl an englischen, belgischen und deutschen Biersorten und deftigen Pubgerichten (Shepherd's Pie, Fish Pie) ab 9 £.

Fish & Chips ▶ **Bizzie Lizzies:** 36 Swadford St., Skipton, Tel. 01756 70 11 31, tgl. 11.30–21 Uhr. Freunde des englischen Nationalgerichts schwärmen für diesen preisgekrönten Laden. Gerichte 7,50 £.

Einkaufen

Markttage ▶ Mo, Mi, Fr/Sa in Skipton.

Überdachtes Shoppen ▶ **Craven Court:** überdachte viktorianische Einkaufspassage.

Aktiv

Kanalfahrten ▶ Ostern–Okt. tgl. ab Skipton auf dem Leeds–Liverpool-Canal; Pennine Boat Trips, Fahrplan Tel. 01756 79 08 29. Auch Vermietung von Kanalbooten: www.penninecruisers.com, Tel. 01756 79 54 78.

Termine

Grassington Festival (Ende Juni): Musikwochen mit Jazz, Klassik und Folk.

Kilnsey Show (am letzten Di im Aug. oder am 1. Sept): Siehe Tipp links.

Nach einer langen Wanderung willkommen: der Besuch eines gemütlichen Pubs

Verkehr

Bahn: Züge fahren von Skipton nach Leeds und Carlisle.

Bus: Busse nach Grassington ab Skipton, Leeds und Bradford; nach Skipton ab Leeds, York, Harrogate und Lake District.

Harrogate und Umgebung

Karte: S. 252

Harrogate ▶ H 12

Die kleinen Flüsse der Yorkshire Dales vereinen sich in der nord-südlich verlaufenden Ebene Vale of York und fließen zur Nordsee. Im flachen Land am östlichen Rande der Dales liegt der Kurort **Harrogate** **20**, im Vergleich zum rustikalen Charakter des Berglandes eine Oase der Eleganz und mit 70 000 Einwohnern die größte Stadt der Umgebung. Schon im 17. Jh. wurde Harrogate von Patienten aufgesucht, die Blasen- und Nierenbeschwerden, Epilepsie, Gelbsucht und Hautkrankheiten heilen wollten. Die Stadt erlebte eine Blüte in viktorianischer Zeit, als die bessere Gesellschaft zu den eisen- und schwefelhaltigen Quellen kam. Geblieben sind von den prächtigen Kursälen die **Royal Baths Assembly Rooms** aus dem Jahr 1897, heute noch als türkisches Dampfbad benutzt, sowie der 1842 errichtete **Royal Pump Room,** in dem die Schwefelquelle sprudelte, heute ein der Geschichte des Kurbetriebs gewidmetes Museum (Mo–Sa 10.30–17, So 14–17, Nov.–März jeweils nur bis 16 Uhr). Ein Kursaal aus dem Jahr 1802 in der Swan Road beherbergt jetzt die **Mercer Art Gallery** mit einer Sammlung von Kunst aus dem 19. und 20. Jh. sowie Wechselausstellungen (Di–Sa 10–17, So 14–17, Nov.–März jeweils bis 16 Uhr).

Harrogate hält viel auf sich und profilierte sich erfolgreich als Blumenstadt, um den Rückgang des Kurbetriebs zu kompensieren. Feine Geschäftsstraßen wie **Montpellier Parade** mit blumengeschmückten Parkanlagen laden zu Spaziergängen ein. Eine große Grünfläche südlich der Stadtmitte heißt The Stray, südwestlich liegen die Valley Gardens und am westlichen Stadtrand die wunderschönen **Harlow Carr Botanical Gardens** (März–Okt. tgl. 9.30–18, Nov.–Feb. 9.30–16 Uhr).

Die Yorkshire Dales

Infos

Royal Baths Assembly Rooms: Crescent Rd., Tel. 01423 53 73 00, www.harrogate.gov.uk.

Übernachten

Stilvoll ▶ Hotel du Vin Harrogate: Prospect Place, Tel. 01423 85 68 00, www.hotelduvin.com. Kurstadteleganz in acht alten Häusern, 48 Zimmer, teils mit Parkblick. Gutes Bistro und eine umfangreiche, hochwertige Weinkarte. DZ ab 170 £ ohne Frühstück (Hauptgerichte ab 16 £).

Ländlich ▶ Knabbs Ash: Skipton Rd., Felliscliffe, Tel. 01423 77 10 40, www.knabbsash.co.uk. 10 km westl. an der A 59. Drei Zimmer im Bauernhaus, alle mit Bad. Außergewöhnlich komfortabel gemessen an dem Preis. DZ 75–80 £.

Essen & Trinken

Für Fischfreunde ▶ Drum and Monkey: 5 Montpellier Gardens, Tel. 01423 50 26 50, Mo–Sa 12–14.30, 18.30–22 Uhr. Weinlokal mit Fischrestaurant. Gerichte ab 12 £.

Britische Küche ▶ William & Victoria: 6 Cold Bath Rd., Tel. 01423 52 15 10. Restaurant Mo–Sa 18–22, Wine Bar auch 12–14.30 Uhr, Gerichte 11–22 £.

Klassiker ▶ Betty's Cafe: 1 Parliament St., Tel. 01423 81 40 70, tgl. 9–21 Uhr. Seit 90 Jahren eine Institution für Nachmittagstee, abends mit Klavier (s. a. Tipp S. 288). Cream tea 8,50 £, Hauptgerichte 9–12,50 £.

Einkaufen

Antiquitäten ▶ Harrogate ist Anziehungspunkt der feinen Gesellschaft, was man u. a. an der guten Auswahl an Antiquitätengeschäften merkt, z. B. im Montpellier Quarter.

Süße Spezialität ▶ Harrogate Toffee: Überall erhältlich ist diese Delikatesse, die seit dem 19. Jh. hergestellt wird – ursprünglich, um den Schwefelgeschmack des Kurwassers zu überdecken.

Aktiv

Entspannen ▶ Türkisches Bad: Parliament St., Tel. 01423 55 67 46, Mo 9.30–17, Di/Fr bis 21, Mi/Do 13–21, Sa/So 9.30–20.30 Uhr, unterschiedliche Zeiten für Damen/Herren/gemischt.

Termine

Für Blumen- und Gartenfreunde ist Harrogate vom Frühling bis zum Herbst sehenswert: **Harrogate Spring Flower** (Mitte/Ende April), **Great Yorkshire Show** (Anfang–Mitte Juli), **Great Autumn Flower Show** (Mitte Sept.). **Harrogate International Festival** (Ende Juli/Anfang Aug.): Musik, Tanz, Oper, Theater, Tel. 01423 56 23 03, www.harrogate-festival.org.uk.

Verkehr

Bahn: Züge ab Leeds (35 Min.) und York (30 Min.)
Bus: Verbindungen in die Umgebung.

Ripon ▶ H 12

25 km nördlich von Harrogate liegt Ripon **21**, eine kleine Stadt mit einer langen Geschichte. Schon im 7. Jh. für kurze Zeit Bischofssitz, erhielt Ripon diesen Status 1836 erneut, als die Klosterkirche zur **Kathedrale** erhoben wurde. Ab 1175 im Stil des frühgotischen Early English gebaut, gefällt die Architektur vor allem durch die Gliederung der langen, schlanken Lanzettfenster. Von dem angelsächsischen Bau blieb die Krypta erhalten, die zu den ältesten Steinbauten des Landes gehört (www.ripponcathedral.org.uk, tgl. 7.30–18.30 Uhr). Bauherr der frühen Steinkirche war der heilige Wilfrid, ein Verfechter der römischen Kirche gegen die Bräuche der keltischen Mönche. Der tatkräftige, unbeugsame Mann vertrieb die schottischen Mönche, die er in Ripon vorfand, und war 664 auf der Synode von Whitby maßgeblich an der Entscheidung zugunsten des römischen Ritus beteiligt.

Jeden Abend um 21 Uhr bläst am Marktplatz der amtliche **Hornblower** in ein großes Ochsenhorn, eine der Überlieferung zufolge seit dem Jahr 886 stattfindende Zeremonie. Auch einen Einblick in die Justiz vergangener Tage erhält man in Ripon. Ein ›**Law and Order**‹-**Weg** führt zu drei Museen, die sich mit dem Thema befassen: Im Courthouse Museum, das im Gerichtsgebäude des Jahres 1830 eingerichtet wurde, kann man nachempfinden, wie sich die Angeklagten fühlten, das Police and Prison Museum zeigt die nächste Station des Geschehens, und das Workhouse Museum beleuchtet das entbehrungsreiche Leben im Armenhaus (alle Museen Ostern–Okt. tgl. 13–16, während der Schulferien 10–16 Uhr).

Lightwater Valley ist der führende Freizeitpark der Region. Hier gibt es Wildwasser- und Achterbahnfahrten sowie andere Attraktionen für Familien (5 km nördl. von Ripon an der A 6108, Ostern–Okt. Sa/So 10–16.30 Uhr, während der Schulferien tgl.).

Fountains Abbey ► H 12

Im frühen Mittelalter wurden in den damals einsamen Tälern von Yorkshire zahlreiche Abteien gegründet. Die Mönche machten das Land urbar und besaßen große Schafherden. Ihr Reichtum wurde ihnen während der Reformation zum Verhängnis: 1536 füllte Henry VIII. seine Staatskassen durch die Auflösung aller Klöster des Landes und die Beschlagnahme ihres Besitztums. In anderen Landesteilen, in Städten wie Chester und Gloucester, wurden die Abteikirchen zu Kathedralen, doch in den dünn besiedelten Dales war keine derartige Rettung möglich. So werden die Abteien von Yorkshire heute als großartige, romantisch gelegene Ruinen bewundert, deren halb verfallene Mauern, abgebrochene Steinbögen und unverglaste Fenster die vergangene Schönheit ihrer Architektur nur noch andeuten.

Eine der schönsten ist **Fountains Abbey** 22 ein Kloster der Zisterzienser, über die Straße B 6265 6 km südwestlich von Ripon zu erreichen. Fountains liegt in einem stillen Tal, umrahmt von bewaldeten Hängen. Die 1132 gegründete Abtei wurde im schlichten Stil gebaut, den die Zisterzienser bevorzugten. Dieser strenge Orden strebte ein arbeitsames, asketisches Leben an. Isolierte Lagen fern von Laien und ihren Siedlungen wurden gesucht, kein Mönch sollte von körperlicher Arbeit verschont bleiben. Für diese

Zwecke waren die armen, entlegenen Gegenden von Yorkshire, die sich Anfang des 12. Jh. von den Verwüstungen der normannischen Eroberung noch nicht erholt hatten, bestens geeignet.

Nach der Besichtigung der Abteiruine sollte man es nicht versäumen, den kurzen Weg zum **Studley Royal Water Garden** zu nehmen. Der Landschaftsgarten aus dem 18. Jh. mit Kanälen, Kaskaden und Teichen bildet mit der Abtei und der zum Garten gehörenden, 1871 errichteten neugotischen St Mary's Church ein Ensemble von einzigartiger Schönheit, das in die UNESCO-Liste des Welterbes aufgenommen wurde (www.foun tainsabbey.org.uk, April–Sept. tgl. 10–17, Okt.–März Sa–Do 10–16 Uhr).

Übernachten

Historisches Bauernhaus ► Mallard Grange: Aldfield, Tel. 01765 62 02 42, www. mallardgrange.co.uk. An der B 6265, Farm mit vier Zimmern fast direkt gegenüber von Fountains Abbey. Herzliches Ambiente, eigene Produkte zum Frühstück. DZ 70–90 £.

Tipp: Ein Ort für Bierliebhaber

20 km westlich von Ripon befindet sich die reizvolle Landschaft des Nidderdale. Der kleine Ort **Masham,** 16 km nördlich von Ripon, ist vor allem für eine Brauerei mit einem legendären Ruf unter Ale-Fans bekannt: Theakstons. Ein Sproß der Theakston-Dynastie war nicht einverstanden, als andere Familienmitglieder ihre Anteile an einen Großkonzern verkauften und gründete als schwarzes Schaf der Familie unter dem Namen Black Sheep Brewery eine eigene Brauerei. Zwei schöne Pubs bieten die lokalen Erzeugnisse: The White Bear, von der A 6108 ausgeschildert, und The King's Head am Marktplatz (Brauerei-Besichtigungen: Black Sheep Brewery nach Anfrage Tel. 01765 68 01 00, Theakston Brewery Visitor Centre Sept.–Juni 10.30–16.30, Juli/Aug. bis 17.30 Uhr).

North York Moors und die Küste von Yorkshire

Nach aktiven Tagen auf Wander- und Radwegen lädt der Nationalpark North York Moors zu entspannenden Abenden in Traditionsherbergen mit ausgezeichneter Küche ein. An der abwechslungsreichen Küste mit der Hafenstadt Whitby und dem Seebad Scarborough gibt es verwunschene Fischerhäfen und Schmugglerbuchten, hohe Klippen und breite Sandstrände.

Die Heide- und Moorlandschaft des North York Moors National Park, die von einer dramatischen Steilküste abrupt abgeschlossen wird, ist einer der sehenswertesten Landstriche Englands. Nördlich des breiten, fruchtbaren Vale of York liegen die North York Moors mit den beiden angrenzenden Hügelketten, den Hambleton Hills im Westen und den Cleveland Hills im Norden. Zum Wandern eignet sich das Gebiet hervorragend, denn die Landschaft ist einsam, sobald man die Täler verlässt, bietet aber viel Sehenswertes,

wenn man von den Höhen herunterkommt. Abteiruinen, vor allem die imposanten Reste des Zisterzienserklosters Rievaulx, erzeugen vor der hügeligen Kulisse eine Stimmung, die seit dem Zeitalter der Romantik Besucher begeistert. Da auch wohlhabende Engländer hier aktive Erholung suchen, wie zum Beispiel bei der Moorhuhnjagd, ist die Region auch mit erstklassigen Unterkünften und Restaurants versorgt. Zwei Marktstädte, Helmsley und Pickering, sind angenehme Standorte für einen Aufenthalt im Nationalpark.

In den North York Moors

An der Nordseeküste verstecken sich kleine Fischerorte und die historische Hafenstadt **Whitby** in den Schmugglerbuchten zwischen über 200 m hohen Klippen. Eine interessante Geologie und viele Fossilienfunde aus den bröckelnden Klippen gaben diesem Küstenabschnitt den Namen ›Dinosaurierküste‹. Whitby, als Heimathafen des Entdeckers Captain James Cook und Schauplatz des Schauerromans »Dracula«, besticht mit einer Mischung verschiedener Stimmungen: Die Stadt ist zugleich Fischerhafen, Urlaubsort, historische Stätte aus der frühchristlichen Zeit und Kultziel der schwarz gekleideten *Grufties.* Um Whitby herum gibt es Strände, die Familien mit Kindern und Surfer gleichermaßen erfreuen. Der benachbarte Badeort **Scarborough** lockt mit sicheren Sandstränden und den traditionellen Attraktionen des britischen *seaside*-Urlaubs.

Weiter südlich liegt an den Klippen des **Flamborough Head** ein bedeutendes Schutzgebiet für Seevögel und, nur eine kurze Fahrt von der alten Hafenstadt **Hull** entfernt, ein oft übersehenes Kleinod, die Marktstadt **Beverley** mit einem großartigen gotischen Dom.

Naturraum North York Moors ▶ J/K 11

Der Nationalpark North York Moors ist ein kontrastreicher Naturraum. Etwa ein Drittel der Fläche des Parks besteht aus Moor, rund 20 % aus Wald. Das Moorgebiet wird für Schafzucht und als Jagdrevier benutzt, wobei der niedrige Bewuchs mit Heidekraut nicht nur den Moorhühnern, sondern auch Brachvögeln, Kiebitzen und Regenpfeifern das passende Biotop bietet. Durch kontrollierten Brand sorgen Bauern für den Erhalt der Heide, die keine natürliche Landschaft, sondern das Ergebnis der Waldrodung bereits zu vorgeschichtlicher Zeit darstellt. Im Rhythmus von acht bis fünfzehn Jahren brennen ausgewählte Bodenparzellen, damit nach dem Brand das Heidekraut neu wächst und in unterschiedlicher Höhe vorhanden ist. Die flachen, offenen Höhen werden von steilen Geländekanten und tief eingeschnittenen Tälern geteilt. An den Hängen und Flussläufen gedeihen heimische Baumarten, vor allem Erle, Birke, Eiche und Eberesche, aber der größte Teil des Waldes im Nationalpark besteht aus Nadelholzplantagen. Im Naturraum der kleinen Flüsse gedeihen Otter und Forelle. Die Eiszeit prägte die Landschaftsformen, beispielsweise das beeindruckende Tal Newtondale, das durch das Abfließen des Schmelzwassers entstand.

Die besondere Geologie der Region tritt an deren östlicher Begrenzung, den Seeklippen, zu Tage. Der Rand der Moore besteht aus Kalkstein, der mittlere Abschnitt aus Sandstein des mittleren Jura, unter dem Tonschiefer liegt. Durch die Erosion der Klippen geben diese Schichten ihre Fossilienschätze frei. Im Sandstein wurden die Fußstapfen der Dinosaurier sichtbar, während im Tonschiefer versteinerte Meeresfauna wie Ammoniten, verschiedene Muscheltiere und große Reptilien zu entdecken sind. So werden Amateursammler fündig, und bedeutende Funde gelangen in die Bestände der Museen in Scarborough und Whitby.

Infos

The Moors Centre: Danby (im Esk-Tal an der Nordseite des Nationalparks), Tel. 01439 77 27 37, www.visitnorthyorkshiremoors.co.uk, April–Okt. tgl. 10–17 Uhr.

Aktiv

www.northyorkmoors.org.uk/activities gibt einen Überblick über Wander-, Reit-, Wasser- und Radsportmöglichkeiten im Nationalpark. **Radfahren** ▶ Mountain-Biker finden Meisterschaftsstrecken im Nationalpark. Die 130 km lange **Moor to Sea Cycle Route** verbindet Pickering, Whitby und Scarborough über Forstwege und ehemalige Eisenbahntrassen. www.moortoseacycle.net bietet Auskunft über Radvermietung, Strecke, Unterkunft.
Reiten ▶ Der 60 km lange **Newtondale Horse Trail** führt durch das wunderschöne Newtondale. Das Gebiet verfügt über eine überdurchschnittlich gute Infrastruktur für Reiter.

North York Moors und die Küste von Yorkshire

Wandern ▶ Der 176 km lange Fernwanderweg **Cleveland Way** zieht von Helmsley durch den Nationalpark zur Küste und dann zum Seebad Filey südl. von Scarborough. Infos, auch über Unterkünfte: www.national trail.co.uk/ClevelandWay. Vor Ort sind Broschüren und Bücher mit Beschreibungen von Tageswanderungen erhältlich.

Verkehr

Bus: Der ›Moorsbus‹ verbindet die wichtigsten Ausflugsziele sonntags und an Feiertagen. Auskunft über Streckennetz und Fahrplan erteilen die Tourist Offices.

Helmsley und Ryedale

Helmsley ▶ J 11

In Helmsley spielt sich das Leben auf dem kopfsteingepflasterten Marktplatz ab. Ein neugotisches Denkmal für den zweiten Graf von Feversham dominiert den Platz. **Duncombe Park,** ein klassizistischer Bau aus dem 18. Jh., ist bis heute Sitz seiner Nachfahren. Die kostbar ausgestatteten Innenräume können nur bei besonderen Veranstaltungen besichtigt werden, aber die Pforten des schönen Parks werden im Sommer geoffnet (www.duncombepark.com, Garten: Juni–Aug. Mi–So 10.30–17 Uhr). Sehenswert sind auch die mächtigen Erdwälle und Türme von **Helmsley Castle,** obwohl die Mauern nach einer Belagerung im Bürgerkrieg 1644 teilweise zerstört wurden. Die Burg wurde um das Jahr 1120 angelegt und im 16. Jh. in ein bequemes Wohnhaus umwandelt (April–Okt. tgl. 10–18, Nov.–März Sa/So 10–16 Uhr).

An die Burg grenzt der 2 ha große **Walled Garden,** der ehemalige Küchengarten von Duncombe Park, der mit Obstbäumen und Orchideenhäusern restauriert wird und ein sehr empfehlenswertes Café besitzt (April –Okt. tgl. 10.30–17 Uhr).

Infos

Helmsley Castle: Castlegate, Tel. 01439 77 01 73, www.northyorkshiretowns.co.uk und www.ryedale.gov.uk.

Übernachten

Luxus und Wellness ▶ Feversham Arms: 1 High St., Tel. 01439 77 07 66, www.fevers hamarms.com. Die Traditionsherberge wurde für Design-bewusste Kunden komplett renoviert. 20 Zimmer mit Luxusbetten und DVD, Tennisplatz und beheiztem Pool. Das hoteleigene Verbena Spa verwöhnt mit Wellnessangeboten (4-Gänge-Menü im Restaurant 45 £). DZ 150–220 £.

Stilvoll ▶ No 54: Bondgate, Tel. 01439 77 15 33, www.no54.co.uk. B & B der Extraklasse, drei Zimmer, komfortabel mit einem hervorragenden Frühstück. DZ 90 £.

B & B ▶ Carlton Lodge: Bondgate, Tel. 01439 77 05 57, www.carlton-lodge.com. Gutes Frühstück, alle Zimmer mit Bad in einem viktorianischen Haus. DZ ab 85 £.

Essen & Trinken

Gehobene Küche ▶ Black Swan Hotel: Marktplatz, Tel. 01439 77 04 66, tgl. 12.30– 14.30, 19–21.30 Uhr. Moderne britische Küche. 3-Gänge-Menü 33 £; Brasseriegerichte 12 £.

Pies und Tarts ▶ Castlegate Bakery: 10 Castlegate, tgl. 9–16.30 Uhr. Bäckerei mit angeschlossenem *tea room* für preiswerte Imbisse. Probieren Sie die süße *curd tart* oder den sättigenden *steak pie.*

Abends & Nachts

Ursprünglich ▶ The Feathers: Tel. 01439 77 02 75. Mittelalterlicher Bau am Marktplatz mit Garten. Ein gemütlicher Ort zum Trinken, einfache Pub-Küche. Hauptgerichte 12 £, auch Übernachtung möglich (DZ 70–120 £).

Verkehr

Bus: Verbindungen ab York, Scarborough oder Pickering.

11 Rievaulx Abbey ▶ J 11

▼ Wie im Westen von Yorkshire waren es Mönche, die das Land wirtschaftlich erschlossen. Viele halten Rievaulx Abbey für die schönste der aller englischen Klosterruinen. Die Kirche der 1132 gegründeten Abtei ist verhältnismäßig gut erhalten, obwohl ohne

Dach und umgeben von anderen monastischen Bauten. Nach einem bescheidenen Anfang im abgeschiedenen Tal Ryedale wurde das Kloster um 1300 von über 500 Mönchen und Laienbrüdern bewohnt, für die die Anlage immer weiter ausgebaut und verschönert wurde. Im gut erhaltenen Refektorium und Krankenhaus gewinnt man einen Eindruck früherer Zustände (Busverbindung ab Helmsley; April–Okt. tgl. 10–18, Nov.–März Sa/So 10–16 Uhr, www.english-heritage.org.uk). Am Hang oberhalb der Abtei wurde im 18. Jh. ein Landschaftsgarten mit zwei klassizistischen Tempeln angelegt. Von hier genießt man einen großartigen Blick auf die Abtei und das Ryedale (Rievaulx Terrace and Temples, kein Zugang von der Abtei, März–Okt. 11–17 Uhr).

Byland Abbey ▶ J 12

Weitere eindrucksvolle Ruinen einer Zisterzienserabtei sind die im Vergleich zu Rievaulx spärlichen Überreste von Byland Abbey am Fuß der Hambleton Hills westlich von Helmsley. Eine Vorstellung der alten Pracht zur Blütezeit im 13. Jh. gibt die Westfassade. Durch die landschaftliche Kulisse ist die Abbey auch im verfallenen Zustand ein bewegender Anblick (über die A 170, im Sommer Moorsbus-Verbindung; Ostern–Sept. Mi–So 11–18 Uhr).

Übernachten

Weltlicher Komfort ▶ **Abbey Inn:** Byland, Tel. 01347 86 86 14, www.english-heritage.org.uk, Suchbegriff Byland Abbey. Ruhig und herrlich gelegene, luxuriöse B & B-Unterkunft, Eintritt zur gegenüberliegenden Abtei im Preis inbegriffen. DZ ab 110 £.

Hutton-le-Hole ▶ J 11

Ca. 12 km östlich von Helmsley zweigt von der A 170 eine Straße nach Norden zum Bilderbuchdorf Hutton-le-Hole ab. Die pittoresken Häuser am Dorfanger und das Freilichtmuseum mit Bauernhaus und Dorfschmiede ziehen im Sommer viele Besucher an (**Ryedale Folk Museum**, tgl. 10–17.30 Uhr). Auch das östlich gelegene Nachbardorf **Lastingham** hat großen Charme. St Mary's Church beinhaltet Reste einer ehemaligen Klosterkirche, die auf eine Gründung des Jahres 654 zurückgeht. Der älteste erhaltene Teil ist die

Eine der schönsten Klosterruinen Englands: Rievaulx Abbey

aktiv unterwegs

Unter Dampf hin, zu Fuß zurück

Tour-Infos

Start/Ziel: Am Bahnhof von Pickering
Länge: 11,5 km
Dauer: 4 Std.
Schwierigkeitsgrad: relativ leicht, insgesamt 200 m Auf und Ab. Gutes Schuhwerk empfohlen, da die Waldwege oft schlammig sind.
Infos zu Fahrplan: s. S. 272.

Dieser Ausflug im wunderschönen Tal Newtondale beginnt in **Pickering** am Bahnhof der North Yorkshire Moors Railway, die uns zum Bahnhof von **Levisham** bringt. Dort nehmen wir am Bahnübergang einen breiten Schotterweg nach links. Schon nach 30 m, dort wo der Weg nach rechts knickt, sehen

wir links ein Tor. Wir gehen durch das Tor, über eine kleine Brücke und in den Wald hinein. Einige Minuten lang geht es bergauf. Von links kreuzt ein weiterer Pfad. Wir folgen ihm auf einen Zaun zu, dann parallel zum Zaun über offenes Weideland bis zur oberen linken Ecke einer Wiese. Hier steigen wir über den Zaun und folgen dem Pfad nun bergab in den Wald hinein.

Nach ca. 3 km sanft talabwärts stößt der Pfad auf einen breiteren Weg, auf den wir nach rechts im spitzen Winkel abbiegen. Der Weg führt hinauf in offene Landschaft zu einer Kreuzung; hier links durch ein Tor, an einem Bauernhof vorbei und weiter zum Wald. Auf der anderen Seite des Waldes bleiben wir auf dem Weg. Links liegt ein Farmgebäude, an dem wir vorbeigehen. Der Weg biegt ein wenig nach rechts und führt nach ca. 1 km zur **Blansby Park Farm**. Hier bleiben wir auf dem Weg, der nach rechts durch ein Tor führt und nach 1 km einen kleinen **Teich** erreicht.

Wir verlassen den Weg, um rechts um den Teich herum und durch ein Tor zu laufen. Jetzt führt ein Pfad zu einer Scheune (rechter Hand) und am Feldrand weiter zu Bäumen, wo wir zu einem breiteren Weg hinabsteigen. Wir biegen rechts auf diesen Weg und bleiben darauf. Links unten ist die Eisenbahn. Nach 1 km kommen wir zur Straße in **Newbridge** und überqueren die Bahngleise auf der Straße, die wir nach wenigen Schritten wieder verlassen – dort, wo ein Weg nach rechts abzweigt und die Gleise erneut überquert. Der Weg führt an Häusern vorbei und knickt nach einigen Hundert Metern nach rechts, wir gehen aber geradeaus durch ein Tor und über das Feld auf eine Steinmauer zu. Tritte führen über die Mauer. Dahinter verläuft ein Weg parallel zu einem Bach bis zu einer kleinen Straße, von der wir bald nach rechts auf den **Parkplatz** der North York Moors Railway einbiegen.

900 Jahre alte Krypta. Sehenswert ist des Weiteren die winzige, urige Dorfkneipe The Blacksmith's Arms.

Von Hutton-le-Hole führen mehrere kleine Straßen in Richtung Norden durch dünn besiedeltes Gebiet und über die west-östlich verlaufende Wasserscheide der North York Moors zum hübschen Tal Eskdale.

Pickering und Newtondale ▶ J 11

Pickering wartet mit einer **Burg** auf, die ab 1100 drei Jahrhunderte lang als königliches Jagdquartier diente (April–Sept. tgl. 10–18 Uhr), und der schönen Pfarrkirche St Peter and St Paul. Besuchermagnet ist jedoch die **North Yorkshire Moors Railway,** deren Dampflokomotiven und restaurierte alte Waggons vom liebevoll gepflegten Bahnhof Pickering auf einer 30 km langen, landschaftlich sehr reizvollen Strecke durch das Newtondale und über die Moore nach **Grosmont** verkehren. Diese Bahn ist übrigens als Hogwarts Express in den Harry-Potter-Verfilmungen zu bewundern (Fahrplan Tel. 01751 47 25 08, www.nymr.co.uk). Aktivurlauber benutzen die Dampfeisenbahn für Wanderungen in und um das Newtondale (s. aktiv unterwegs, S. 270).

Thornton-le-Dale, 3 km östlich von Pickering, ist ein weiteres Bilderbuchdorf. Die englische Bezeichnung dafür ist ›chocolate box‹ (Pralinenschachtel) village‹, und das Dorf bietet entsprechende Fotomotive für die Besucher, die im Sommer den Umsatz der Cafés und Andenkenläden fördern.

Infos

Tourist Information Centre: Ropery House, Pickering, Tel. 01751 47 37 91, www.ryedale. gov.uk.

Übernachten

… in Pickering:

Charaktervoll ▶ **White Swan Hotel:** Market Place, Tel. 01751 47 22 88, www.white-swan. co.uk. Herberge in der Ortsmitte mit einem

hohen Niveau, z. B. Duschen nach kontinentaleuropäischem Standard und Luxus-Betten. Das Hotel spricht eine betuchte Klientel an, die die Moors zum Angeln und Jagen besucht, und organisiert für Gäste verschiedene Sportangebote. Im Restaurant britische Küche (Hauptgerichte abends 13–20 £), auch einfachere Pub-Gerichte in der Bar. DZ ab 150 £.

Mitten in den Moors ▶ The Moorlands Country House: Levisham, Tel. 01751 46 02 29, www.moorlandslevisham.co.uk. Geschmackvoll eingerichtetes viktorianisches Haus in bester Lage nördl. von Pickering. Gäste werden zum Frühstück mit Hühner- oder Enteneiern aus dem Garten verwöhnt, ihre Pferde logieren in der hauseigenen Stallung. Mittagsverpflegung für Wanderer, Abendessen auf Wunsch. DZ ab 120 £.

Modern ▶ 17 Burgate: Tel. 01751 47 34 63, www.17burgate.co.uk. Gehört zur neuen Welle der stilbewussten ›Boutique‹-B & Bs. Die fünf Zimmer haben alle Annehmlichkeiten eines guten Hotels. DZ ab 85–110 £.

Individuell ▶ Warrington Guest House: Whitbygate Thornton-le-Dale (5 km westl.), Tel. 01751 47 50 28, www.warringtonhouse. co.uk. Vier schöne B & B-Zimmer in einem alten Haus. DZ ab 65 £.

… in der Umgebung:

Pickering ist ein angenehmer Aufenthaltsort, aber wer Abgeschiedenheit sucht, sollte eine Unterkunft außerhalb der Stadt wählen. Ein beliebter Ausgangspunkt für Wanderungen ist Goathland am nördlichen Ende der North Yorkshire Moors Railway:

Moorblick ▶ Mallyan Spout Hotel: Goathland, Tel. 01947 89 64 86, www.mallyanspo ut.co.uk. Altes, efeubewachsenes Haus. Mit Pub, guter Küche. DZ 110–140 £.

Essen & Trinken

Einfach und gut ▶ Black Swan: 18 Birdgate, tgl. 12–14, 18–21 Uhr. Pub, bodenständiger als der noble White Swan, Küche zu vernünftigen Preisen.

Ländlich ▶ Ye Horseshoe Inn: Egton, Tel. 01947 89 52 70. Pub im Esk-Tal mit großem Garten, 3-km-Spaziergang westl. vom Bahn-

hof Grosmont. Gute Küche 12–14.30, 18–
21.30 Uhr, 3 Gänge 20 £, auch Bar-Imbisse.

Verkehr

Bahn: Die **North Yorkshire Moors Railway**
hat in Grosmont Anschluss an das nationale
Eisenbahnnetz.
Bus: Ab Scarborough oder York, weitere lokale Verbindungen, z. B. nach Helmsley.

Whitby und Umgebung

▶ K 11

Whitby, der interessanteste Ort an der Küste
Yorkshires, konnte bis heute den Charakter
eines kleinen Seehafens bewahren. 1890 hielt
sich Bram Stoker, Autor des Gruselklassikers
»Dracula«, in Whitby auf. Die Ortsbeschrei-
bung in diesem Roman gilt noch heute, denn
das alte Stadtbild von Whitby blieb gut erhalten: »Es ist ein reizendes Fleckchen Erde. Der
kleine Fluss, der Esk, kommt durch ein tiefes
Tal herunter, das sich in der Nähe des Hafens
erweitert. Ein großer Viadukt führt darüber
hinweg, mit hohen Steinpfeilern, durch welche sich eine entzückende Aussicht auf die
Landschaft eröffnet. (…) Die Häuser der alten
Stadt (…) sind alle mit roten Ziegeln gedeckt
und übereinander geschachtelt.«

Whitby Abbey

Den besten Blick auf die sturmerprobten
Häuserreihen und den Fischerhafen an der
von langen Molen geschützten Esk-Mün-
dung erhält man von den Klippen östlich des
Flusses. Auf dieser windigen Höhe stehen
die Ruinen von Whitby Abbey, im Jahre 657
von der heiligen Hilda gegründet. In der Abtei fand 664 die Synode statt, die den Streit
zwischen den keltischen und römischen Kirchen zugunsten des römischen Ritus entschied. Die Abtei wurde 867 von den Dänen
zerstört und nach der normannischen Eroberung als Benediktinerkloster neu gegründet. Die Auflösung der Klöster 1539 überließ
die Kirche dem Küstenklima, aber der Sandstein war so dauerhaft, dass der Vierungsturm erst Mitte des 19. Jh. zusammenbrach.

Die noch stehenden Mauern, besonders die
frühgotischen Lanzettfenster der Ostfas-
sade, beeindrucken in ihrer herrlichen Lage.
Das Besucherzentrum im wiederhergestell-
ten Herrensitz Cholmley House, der aus ge-
plünderten Steinen der Abtei gebaut und
dann selbst zur Ruine wurde, hält eine ansprechende Ausstellung über die Geschichte des Orts bereit (www.english-heri
tage.org.uk, April–Okt. tgl. 10–18, Nov.–
März Sa/So 10–16 Uhr,).

Die **Pfarrkirche St Mary** steht auf dem
Hügel unterhalb der Abtei. Mit ihrem niedrigen, gedrungenen Turm sieht sie aus, als
wolle sie zum Schutz vor dem Wind den Kopf
einziehen. Die von außen uninteressante Kirche besitzt eine ungewöhnliche Innenausstattung mit erhaltenen *box pews,* Sitzbän-

ken aus dem 18. Jh., bei denen die Plätze der einzelnen Familien durch Wände voneinander getrennt waren. Aus derselben Zeit stammen viele der um die Kirche gelegenen Gräber, die einen so gruseligen Eindruck auf Bram Stoker machten. Die Sargträger mussten eine gute Kondition haben, denn der Weg von der Stadt hinauf führt über eine steile Steintreppe mit 199 Stufen.

Captain Cook und Graf Dracula

Das Bild der Stadt prägen nicht nur malerische Fischerhäuschen an den Hängen zu beiden Seiten des Esk, sondern auch stattliche Häuser, die reiche Bürger mit den Erträgen aus dem Seehandel im 18. Jh. bauten. Im Whitby dieser Epoche erlernte James Cook das nautische Handwerk und kam zur

königlichen Marine. Als junger Offizier erhielt er die Aufgabe, den Sankt-Lorenz-Strom in Kanada zu vermessen. Er erledigte den Auftrag so gründlich, dass er zum Leiter einer wissenschaftlichen Entdeckungsreise auf dem Pazifischen Ozean ernannt wurde. Insgesamt unternahm er drei große Seefahrten in den Jahren nach 1768, erforschte die Küste von Australien und betrat als erster Europäer den Boden von Neuseeland. 1778 erschlugen ihn Eingeborene auf Hawaii. Sein Denkmal überblickt den Hafen von Whitby, und das Haus der Schifferfamilie Walker, in deren Dienst er seine Lehre abschloss, beherbergt das **Captain Cook Memorial Museum** (Ostern–Okt. tgl. 9.45–17 Uhr). Whitby war damals im Kohlenhandel und im Walfang bedeutend. Die Schiffe, in denen Cook um

Malerisch erheben sich die Ruinen der Abbey über den Hafen von Whitby

die Welt segelte, wurden hier gebaut. Mehr über Cook und die Geschichte der Stadt erfährt man im **Whitby Museum,** einer wahren Fundgrube mit sehenswerten, auf dieser Küste gefundenen Fossilien und allerhand Merkwürdigkeiten (Pannett Park, Di–So 9.30–16.30 Uhr).

Westlich des Hafens gibt es einen schönen Sandstrand und in den Gassen sonderbare Besucher: Die Dracula-Legende zieht *Goths* und *Grufties* in den Küstenort. Hier jedoch herrscht eine gesunde, selbstbewusste Stimmung, und die Statue von Cook, die von den Höhen der Westseite auf die Häuser herabschaut, ist ein treffenderes Symbol für Whitby als Stokers von Horror und Aberglaube geprägter Roman.

Infos

Tourist Information Centre: Langborne Rd., Tel. 01723 38 36 36, www.whitbyonline.co.uk, tgl. 9.30–18, Okt.–April 10–16.30 Uhr.

Übernachten

Geschichtsträchtig ▶ **White Horse and Griffin:** 87 Church St., Tel. 01947 82 50 26, www.whitehorseandgriffin.co.uk. Charaktervoll, geschmackvoll eingerichtet, guter Fisch zum Frühstück. Zehn Zimmer, im Restaurant Steaks und Meeresfrüchte (16–22 £). DZ ab 65 £.

Gruselig ▶ **Bats and Broomsticks:** Westgrove, 11 Prospect Hill, Tel. 01947 60 56 59, www.batsandbroomsticks.com. Gästehaus, das sich dem Dracula-Thema verschrieben hat, ideal für die *Grufties* und *Goths,* die Whitby aufsuchen. Drei Zimmer. DZ ab 65 £.

Elegant ▶ **Union Place:** 9 Upgang Lane, Tel. 01947 60 55 01, www.unionplacewhitby.co.uk. Schönes Haus aus georgianischer Zeit, gepflegt und passend eingerichtet. DZ 55–65 £.

Günstig ▶ **Abbey House:** East Cliff, Tel. 0845 371 90 49, www.yha.org.uk. Komfortable Jugendherberge der neuen Generation in der ehemaligen Abtresidenz von Whitby Abbey. Toller Ausblick, Familienzimmer, Restaurant. DZ ca. 50 £.

Essen & Trinken

Köstlich ▶ **Greens:** 13 Bridge St., Tel. 01947 60 02 84, Mo–Fr 12–14, 18.30–21.30, Sa/So 12–22 Uhr. Vor allem Fisch, auch Yorkshire-Rindfleisch und vegetarische Gerichte. Hauptgerichte 15–19 £.

Preisgekrönt ▶ **Royal Fisheries:** 48 Baxtergate, Tel. 01947 60 47 38, Mo–Do 11.30–21 (bis 21 Uhr zum Mitnehmen), Fr/Sa 11.30–19.30, So nur im Sommer 11.30–16 Uhr. Gilt als bester Fish & Chip Shop der Stadt, nach der Besitzerfamilie auch Fusco's genannt. Gerichte 7 £.

Schön altmodisch ▶ **Elizabeth Botham's Tearoom:** 35 Skinner St., Tel. 01947 60 28 23, Di–Sa 9.30–17 Uhr. Herrliches Café mit Bäckerei, gut für den Nachmittagstee. Hauptgerichte mittags ab 6 £.

Einkaufen

Schwarzer Schmuck ▶ **Victorian Jet Works:** 123 B Church St. Schmuck und Ornamente aus *Whitby Jet,* einem tiefschwarzen Fossilstein des Araucaria-Baums, der in einer erhaltenen viktorianischen Werkstatt bearbeitet wird. Im 19. Jh. war der Stein als Trauerschmuck beliebt.

Abends & Nachts

Die Lokale an der Church St. sind abends die beste Anlaufstelle, z. B.:

Pub ▶ **The Duke of York:** Meeresblick, Pub-Küche.

Tipp: Preiswert schlemmen im Magpie Café

Vor diesem einfachen Fischlokal in Whitby stehen die Gäste mittags und am frühen Abend Schlange, aber es lohnt sich! Die großzügigen Portionen sind fangfrisch und im Preis sehr moderat: Die Gerichte kosten ab 10 £, für den riesigen gemischten Fischteller zahlt man 20 £. Verlockend ist auch das breite Nachtischangebot, doch hierfür muss man großen Appetit mitbringen. Reservierung ist empfohlen (14 Pier Rd., Tel. 01947 60 20 58, tgl. 11.30–21 Uhr).

Aktiv

Baden/Surfen ▶ **West Cliff,** ein 5 km langer Sandstrand, eignet sich für Familien und Surfer gleichermaßen.

Fossilien sammeln ▶ Durch Klippenerosion treten an vielen Stellen Fossilien der Jura- und Kreidezeit auf. Runswick Bay, 15 km nordwestl. von Whitby, und Saltwick Bay gehören zu den besten Stellen. Weitere Infos: www.dinocoast.org.uk.

Küstenwanderungen ▶ Auf dem **Cleveland Way** von Saltburn in Norden nach Whitby, weiter über Scarborough nach Filey. Näheres unter www.nationaltrail.co.uk/ClevelandWay. Strandwanderungen unterhalb der Klippen an diesem gesamten Küstenabschnitt, z. B. südl. bei Robin Hood's Bay, nördl. in Runswick Bay. Vorsicht: Gefahr durch herabstürzende Steine und durch die Gezeiten!

Bootsfahrten ▶ Im Sommer tgl. ab 10 Uhr mit dem ehemaligen Rettungsboot ›Mary Ann Hepworth‹.

Verkehr

Bahn: Verbindungen über Darlington, Middlesbrough (1,5 Std.) oder Grosmont (North Yorkshire Moors Railway).
Bus: Ab York, Scarborough, Leeds.

Umgebung von Whitby ▶ J 11

Die Fischerhäuser von **Staithes** sind von einer rauen Natur umgeben, auf engem Raum in einer Kluft der gewaltigen Felsen gelegen und von dem oftmals stürmischen Meer bedroht. Das Gebäude der Gaststätte Cod and Lobster Inn wurde dreimal von den Wellen weggeschwemmt. Obwohl die Blüte der Fischerei längst vorbei ist, sieht man in Staithes noch Boote für den Hummerfang und spürt die Atmosphäre eines Fischerhafens. Westlich des Orts bei Boulby trotzen 200 m hohe Klippen, die höchsten der englischen Ostküste, den Stürmen der Nordsee. Östlich liegt das hübsche Küstendorf Runswick Bay, im Sommer eine empfehlenswerte Ausweichmöglichkeit, wenn bekannte Orte wie Robin Hood's Bay überlaufen sind.

Robin Hood's Bay, südlich von Whitby, ist als malerischer Fischerort berühmt. Der Ursprung des Namens war Anlass für viele Spekulationen – es wird berichtet, dass der Abt von Whitby dem Geächteten königliche Begnadigung anbot, falls er die Piratennester dieser Küste säubern könnte – doch der Ort ist viel älter als Robin Hood. Um 1800 soll jeder Einwohner des Ortes vom Schmuggel gelebt haben. Auch hier hat das Meer die erste Häuserreihe gelegentlich überwältigt. Dem von der Flut zerstörten Vorgängerbau des Raven Hall Hotels soll einmal der Bugspriet eines Schiffs durch das Fenster geplatzt sein. Der Ort bietet ein pittoreskes Durcheinander von verwinkelten Gassen, steilen Treppen und Häusern, die aussehen, als stürzten sie gleich ins Meer. Die Klippen zahlen jährlich einige Zentimeter ihres Kalksteins als Tribut ans Meer. Bei Ebbe wird eine große Felsenfläche freigelegt, auf der man mit dem passenden Schuhwerk die mit Seepocken, Muscheln und Tang bewachsenen Steine und Tümpel erkunden kann.

Übernachten

Beste Lage ▶ **Bramblewick:** The Dock, Old Village, Robin Hood's Bay, Tel. 01947 88 01 87, abends bis 21.30 Uhr: Tel. 01947 88 11 86, www.bramblewick.org. Nur wenige Schritte vom Meer, drei komfortable B & B-Zimmer in einem Haus aus dem 17. Jh. mit gutem Restaurant (Gerichte ab 15 £). DZ ab 70 £.

Essen & Trinken

Toller Blick ▶ **Swell Café:** Chapel St., Robin Hood's Bay, Tel. 01947 88 01 80, tgl. 10–15.30 Uhr. Der gute *carrot cake* schmeckt auf der Terrasse mit Klippenblick am besten. Im angeschlossenen kleinen Kino sitzt man auf alten Kirchenbänken.

Sommercafé ▶ **Seadrift Café:** Staithes, im Sommer tgl. 10–17 Uhr. Guter selbst gebackener Kuchen: Probieren Sie *Coble Cake,* genannt nach den Fischerbooten, die einmal in Staithes vom Stapel liefen.

Einkaufen

Möbel und Dekoratives ▶ **Woodcraft Workshop:** Robin Hood's Bay, 3 Station Buildings. Kunsthandwerk aus Holz.

North York Moors und die Küste von Yorkshire

Abends & Nachts

Schmugglerspelunke ▶ The Cod and Lobster: Staithes, ein Pub in spektakulärer Lage unter den Klippen.

Zwischen Scarborough und Beverley

Scarborough ▶ K 11

Das größte und älteste Seebad an der Küste Yorkshires ist Scarborough. Bereits im 17. Jh. zog es Kurgäste zu den Mineralquellen, und im folgenden Jahrhundert kam das Baden im Meer in Mode. Das 19. und frühe 20. Jh. prägten mit gediegenen Hotels das Stadtbild. Die Hanglage ermöglichte Meerblick von vielen Häusern. Blumengärten ergänzten die eleganten Fassaden, und zur Bequemlichkeit der Gäste baute man eine Trambahn, um die obere Stadt mit der Seepromenade zu verbinden.

Das markanteste Bauwerk der Stadt stammt aus früheren Zeiten: Die **Burg** auf einer die beiden Strände des Ortes trennenden Landspitze wurde im 12. und im 13. Jh. gebaut und hielt einer Belagerung durch die Truppen Oliver Cromwells stand, steht aber an der Stelle der Baureste einer römischen Signalstation (April–Okt. tgl. 10–18, Nov.–März Sa/So 10–16 Uhr). Ebenfalls aus dem Mittelalter erhalten ist die **Kirche St Mary** unterhalb der Burg. Der Kirchhof birgt das Grab der Schriftstellerin Anne Brontë. Südlich davon in der Albion Road befindet sich eine weitere sehenswerte Kirche, die 1863 errichtete

Robin Hood's Bay

276

St Martin-on-the-Hill, die Präraffaeliten-Künstler, u. a. William Morris und Edward Burne-Jones, mit Decken-, Wand- und Fenstermalereien schmückten.

Die Sandstrände des Städtchens sind sauber und schön mit guter Wasserqualität. Die **North Bay** ist ruhig, die **South Bay** vom typischen englischen *Seaside*-Rummel umlagert. An Regentagen wartet Scarborough mit traditionellen Seebadvergnügungen auf: Bowling, Kirmesattraktionen (Lunar Park Funfair, tgl. im Sommer ab 10 Uhr) und Spielhöllen dürfen nicht fehlen, qualitätvoller ist das an der North Bay gelegene **Sealife Centre**, teils Aquarium, teils Biotop für Otter und Robben (tgl. 10–16 Uhr). Für Kultur ist gleichfalls gesorgt: Das **Rotunda Museum**, bereits 1828 von dem Geologen William Smith im schönen Rundbau eingerichtet, informiert über Archäologie und Stadtgeschichte; 2008 mit einer Ausstellung über Geologie neu eröffnet (Di–So 10–17 Uhr).

Der kleine **See im Peasholm Park** ist der Standort eines seltsamen Spektakels, das seit 1927 veranstaltet wird: eine simulierte Schlacht mit 6 m langen nachgebauten Kriegsschiffen (Mo, Do, Sa in den Sommerschulferien 15 Uhr, www.peasholmpark.com). Einige Boote sind ferngelenkt und elektrisch angetrieben – die meisten werden aber von darin versteckten Angestellten der Stadtverwaltung gesteuert. Mit viel Rauch und kleinen Explosionen besiegt die königliche Marine einen heute nicht mehr genannten Feind. Früher ging es ausdrücklich um die Schlachten des Ersten Weltkriegs, seit den 1950er-Jahren um den Kampf an der Rio de la Plata 1939 zwischen britischen Verbänden und dem deutschen Panzerschiff ›Admiral Graf von Spee‹.

Infos

Tourist Information Centre: Brunswick Shopping Centre, Westborough, Tel. 01723 38 36 37, Fax 01723 50 73 02, www.discoveryorkshirecoast.com, Mo–Sa 9.30–17.30, So 10.30–16 Uhr.

Übernachten

Herrschaftlich ▶ The Royal Hotel: St Nicholas St., Tel. 01723 37 43 74, www.royalhotelscarborough.co.uk. Keine Nobeladresse mehr, aber das 3-Sterne Hotel mit 118 Zimmern vereint nach Renovierung die prächtige Architektur der 1820er-Jahre mit modernem Komfort. Schauen Sie wenigstens einmal hinein, um das Treppenhaus und den Ballsaal zu bewundern. DZ ab 100 £.

B & B der Luxusklasse ▶ Crown House: 20 Filey Rd., Tel. 01723 37 54 01, www.crownhousescarborough.co.uk. Zwei großzügige, angenehm eingerichtete Zimmer, tolles Frühstück. DZ 110–120 £.

Essen & Trinken

Top-Adresse ▶ La Lanterna: 33 Queen Street, Tel. 01723 36 36 16. Eines der besten

North York Moors und die Küste von Yorkshire

italienischen Restaurants Englands, für Fischgerichte berühmt, aber lassen Sie Platz für hausgemachtes Eis, tolle Zabaglione oder den Käseteller. Fischgerichte ab 19 £.

Fangfrisch ▶ Golden Grid Fish Restaurant: 4 Sandside, Tel. 01723 36 09 22, tgl. 11–21 Uhr (im Winter Mo–Fr 11–18 Uhr). Beliebtes Lokal auf drei Etagen, eine Institution seit 1883. Frische Zutaten werden am Hafen von Scarborough oder Whitby gekauft. Von einfachen Fish & Chips bis Hummer. Gerichte ab 8 £.

Abends & Nachts

Wie zu alten Zeiten ▶ The Spa Complex: South Bay, Tel. 01723 37 67 74. Viktorianischer Theatersaal, Aufführungen des Spa Orchestra.

Verkehr

Bahn: Verbindungen ab York (stdl., Fahrzeit: 45 Min.) und Hull (90 Min., ca. stdl.).
Bus: Busse ab York; Verbindungen entlang der Küste und in die North York Moors.

Bridlington und Flamborough Head ▶ K 12

Der Fischerhafen Bridlington hat unter dem Rückgang der Nordseefischerei gelitten. Aus besseren Tagen erhalten blieb **Bridlington Old Town,** 2 km nördlich des Hafens. Einige Cafés und Pubs laden am Marktplatz und an der High Street zum Verweilen ein. Das Besondere an diesem Küstenabschnitt ist das **Kap Flamborough Head,** ein Vogelreservat von internationaler Bedeutung.

Die 5 km langen, über 120 m hohen **Bempton Cliffs** gelten als eine der besten Stellen des Landes, um Seevögel zu beobachten. Von fünf gesicherten Klippenstationen können Besucher das Schauspiel der mehr als 200 000 Papageitaucher, Tölpel, Trottellummen, Dreizehenmöwen und Eissturmvögel genießen (Besucherzentrum tgl. 9.30–17 Uhr). Zwischen April und Oktober finden täglich Bootsfahrten von Bridlington zu den Klippen statt (z. B. auf dem Yorkshire Belle, Tel. 07774 19 34 04, www.yorkshire-belle.co.uk).

Lohnend ist der Abstecher westlich von Bridlington auf der A 614 zum Herrensitz **Burton Agnes**. Das um 1610 aus Backstein gebaute Haus ist ein Werk des königlichen Architekten Robert Smithson (April–Okt. tgl. 11–17, im Winter bis 16 Uhr), der auch die bekannteren Häuser Hardwick Hall und Longleat House entwarf. Von einem früheren Bau des 12. Jh. blieb das Kellergewölbe erhalten.

An der südlichsten Spitze der Yorkshire-Küste bietet **Spurn Head,** eine enge, weit in die Humber-Mündung hinausgeschobene Nehrung, einen beeindruckenden Spaziergang. Vom Dorf **Kilnsea** beträgt die Entfernung zum Leuchtturm und zurück knapp 13 km. Außer dem endlosen Himmel und Meer zu beiden Seiten sieht man nur bizarre Reste von umgestürzten Verteidigungsanlagen aus dem Ersten Weltkrieg.

Hull ▶ K 12/13

Besucher, die England mit der Fähre nach Hull erreichen, halten selten in der Hafenstadt, die richtigerweise Kingston-upon-Hull heißt und auf eine stolze Geschichte zurückblickt. An der Stelle, wo der kleine Fluss Hull in den breiten Humber fließt, gründete Edward I. 1299 eine neue Siedlung, die als Versorgungszentrum für seine Schottlandkriege dienen sollte. In den folgenden Jahrhunderten blühte der Handel. Von der Fischerei, auch dem Walfang, profitierte Hull, doch Zerstörung im Zweiten Weltkrieg, misslungene Sanierung und wirtschaftlicher Niedergang hinterließen ihre Spuren.

Ohne zum Touristenmagnet zu avancieren, verfügt Hull über einige Sehenswürdigkeiten. Aus dem Mittelalter blieb die größte Pfarrkirche des Landes, die 1285 gegründete **Holy Trinity Church,** erhalten. Das Gebiet um das ehemals verfallene Hafenbecken **Princes Dock** wurde renoviert und glänzt heute mit Jachthafen, Gastronomie am Wasser und Einkaufszentrum. Das gut konzipierte **Maritime Museum** im imposanten ehemaligen Hafenamt erzählt die Geschichte der Seefahrt (Mo–Sa 10–17, So 13.30–16.30 Uhr), die **Ferens Art Gallery** zeigt hauptsächlich britische Kunst des 20. Jh., aber auch Werke alter Meister wie

Canaletto und Frans Hals (Mo–Sa 10–17, So 13.30–16.30 Uhr). Das **Wilberforce House** widmet sich dem Thema Sklavenhandel in der Residenz von William Wilberforce (1759–1833), der im Jahr 1806 maßgeblich an der Abschaffung des grausamen Handels beteiligt war (Mo–Sa 10–17, So 13.30–16.30 Uhr). Führungen auf dem Trawler Arctic Corsair, 1960 gebaut und bis 1999 im Einsatz, zeigen das Leben der Kabeljaufischer (Eintritt über High St.; Mi, Sa 10–16.30, So 13.30–16.30). Auch das Spurn Lightship, ein ›schwimmender Leuchtturm‹, das ab 1927 im River Humber Dienst tat, ist für Besucher geöffnet (April–Okt., Öffnungszeiten Tel. 01482 30 03 00).

Hulls großer Magnet ist das moderne Riesenaquarium, **The Deep,** das 2,5 Mio. l Salzwasser und ein entsprechend beeindruckendes Aufgebot an Meeresgetier enthält. Unterschiedliche Meeresbiotope, wie tropische Korallenriffe, nördliche Gewässer und dunkle Tiefseezonen, wurden nachgebaut (www.thedeep.co.uk, tgl. 10–18 Uhr).

Infos

Tourist Information Centre: 1 Paragon St., Tel. 01482 22 35 59, www.realyorkshire.co.uk, Mo–Sa 10–17, So 11–15 Uhr.

Essen & Trinken

Fischküche ▶ **Cerutti's:** 10 Nelson St., Tel. 01482 32 85 01, Mo–Fr 12–14, Mo–Sa 19–21.30 Uhr. Fisch und Meeresfrüchte mit Hafenblick. Hauptgerichte 16–20 £.

Beverley ▶ **K 12**

10 km nördlich von Hull auf der A 1174 überrascht die reizvolle Kleinstadt Beverley mit einem herrlichen Dom. 719 gründete John, Bischof von York, ein Kloster an der Stelle. Im 11. Jh. wurde der Geistliche heilig gesprochen und Beverley zur Pilgerstätte. Die heutige Kirche **Beverley Minster** entstand ab 1220 und gehört zu den am meisten bewunderten gotischen Bauwerken des Landes. Während der 200-jährigen Bauzeit entwickelte sich der Stil von Early English in den Ostteilen bis zum Decorated-Stil der Westfassade. Im Inneren sind die Holzschnitzereien der 68 Miserikordien

(Stützen am Chorgestühl) und das Hochgrab aus dem 14. Jh., genannt *Percy Tomb,* bemerkenswert.

Im Mittelalter erlebte die Stadt durch die Tuchherstellung eine Blüte, von der die **Pfarrkirche St Mary's** und das Stadttor von 1496, **North Bar** genannt, noch zeugen. Das Stadtbild wird heute von den vielen repräsentativen Häusern des 18. Jh. geprägt. In den Gassen um den Marktplatz mit ihren Antiquitätengeschäften und Kneipen kann man einige Stunden verweilen. Als Ort zum Übernachten ist Beverley dem größeren Nachbarort Hull vorzuziehen.

Info

Tourist Information Centre: 34 Butcher Row, Tel. 01482 39 16 72, www.eastriding.gov.uk, Mo–Sa 10–17 Uhr.

Übernachten

Am Stadttor ▶ **Brook Beverley Arms:** North Bar Within, Tel. 01482 86 92 41, www.thebeverleyarmshotel.co.uk. Hotel im georgianischen Baustil mit 56 Zimmern. DZ ab 134 £.

Essen & Trinken

Im alten Bahnhof ▶ **Cerutti 2:** Station Square, Tel. 01482 86 67 00, Di–Sa 12–14, 19–21.30 Uhr. Angenehmes Ambiente im ehemaligen Wartesaal, internationale Küche. Nebenan ein Feinkostgeschäft für Picknick-Freunde. Hauptgerichte 12–20 £.

Hochklassig ▶ **Pipe & Glass Inn:** West End, South Dalton, 8 km nordwestl. von Beverley über die B 1248, Tel. 01430 81 02 46, www.pipeandglass.co.uk, Di–Sa 12–14, 18.30–21, So 12–16 Uhr. Zwei luxuriöse Zimmer zum Übernachten (B & B 160 £). Einiges für Vegetarier, seit 2010 mit Michelin-Stern. Hauptgerichte 10–20 £.

Einkaufen

Markttag: ▶ an jedem Sa ein bunter Markt.

Verkehr

Bahn: Verbindungen ab Hull (Fahrzeit: ca. 15 Min.).

Für die meisten Besucher Nordenglands ist York ein Muss. Die herausragenden Sehenswürdigkeiten sind die Kathedrale, genannt Minster, und das National Railway Museum. Innerhalb des mächtigen Befestigungsrings finden sich darüber hinaus im vom Mittelalter geprägten Stadtzentrum eine hohe Anzahl historischer Gebäude und ansprechender Besucherattraktionen.

 York ▶ J 12

Cityplan: S. 282/283

Wenn man nur eine einzige nordenglische Stadt besucht, dann sollte die Wahl auf York fallen. Bis in die Neuzeit zweite Stadt im Lande nach London, war York schon zur Römerzeit unter dem Namen Eboracum bedeutend. Ausgrabungen unter der Kathedrale legten Reste eines Legionenlagers frei. Dreimal wurde dieses abgebrannt und wieder aufgebaut, vermutlich im Zusammenhang mit Machtkämpfen innerhalb des Reichs, bevor die Legionen Anfang des 5. Jh. endgültig von der Insel abzogen.

Nach dem Zusammenbruch des Römerreichs war der Ort weiterhin eine bedeutende Siedlung. Die lange kirchliche Tradition, auf die York zurückblickt – die Stadt ist bis heute Sitz eines der beiden Erzbischöfe der englischen Amtskirche, – geht auf das Jahr 627 zurück. Im 8. Jh. erlebte die Stadt als Zentrum des Christentums ein kurzes goldenes Zeitalter. Sein Ruhm brachte den Gelehrten Alcuin von York an den Hof Karls des Großen. Er war einer der wichtigsten Repräsentanten der kulturellen Blüte des fränkischen Reiches.

Das mittelalterliche York war ein bedeutender Handelsplatz mitten in einem fruchtbaren Agrargebiet und ein Zentrum der Tuchindustrie. Damals tagten Parlamente in der Stadt, und die Herrschaft über York war unumgänglich für die Kontrolle Nordenglands. York war Stützpunkt der königlichen Armeen in den schottischen Kriegen und manchmal der Ort, an dem Frieden geschlossen wurde. 1175 unterwarf sich hier der geschlagene schottische König dem englischen Herrscher Henry II.

Erst während der Industriellen Revolution verlor York die Vormachtstellung im Norden Englands, wurde aber zu einem Mittelpunkt des Eisenbahnnetzes. Im 19. Jh. waren auch Hersteller von Süßwaren die großen Arbeitgeber. Zwei Familien der puritanischen Quäker-Sekte gründeten im letzten 19. Jh. Schokoladenfabriken und führten ihre Betriebe mit patriarchalischer Fürsorge für die Mitarbeiter. Als Folge des Ausverkaufs an internationale Lebensmittelkonzerne gingen die meisten Arbeitsplätze in dieser Branche mittlerweile verloren. Dienstleistungen, nicht zuletzt für den Tourismus, und die Universität sind heute Grundlage für den Wohlstand in York. Weitere, ansprechend präsentierte Informationen: www.historyofyork.co.uk.

York Minster

Hauptattraktion der 100 000 Einwohner zählenden Stadt ist das **Minster** **1**, das nicht nur seiner beeindruckenden Dimensionen wegen zu den größten gotischen Bauwerken Europas zählt. Der erste Kirchenbau stammt aus der Zeit um 627, als sich der angelsächsische König Edwin von dem aus Rom kom-

Beeindruckende Dimensionen: das York Minster

York

Sehenswert

1. Minster
2. St William's College
3. Treasurer's House
4. Yorkshire Museum
5. York Art Gallery
6. Barley Hall
7. The Shambles
8. All Saints Pavement
9. DIG
10. Quilt Museum and Gallery
11. Merchant Adventurers' Hall
12. Jorvik Viking Centre
13. Fairfax House
14. St Mary's
15. York Dungeon
16. Clifford's Tower
17. Castle Museum
18. National Railway Museum

Übernachten

1. Grange Hotel
2. Mount Royale
3. Arnot House
4. Bar Convent
5. Queen Anne's Guesthouse

Essen & Trinken

1. Melton's
2. Melton's Too
3. J. Baker's Bistro Moderne
4. ASK
5. Betty's
6. Little Betty's

Einkaufen

1. Newgate Market
2. Henshelwoods Delicatessen
3. York Antiques Centre

Abends & Nachts

1. The Olde Starre
2. The Tap and Spile
3. Black Swan
4. The Living Room
5. Grand Opera House
6. Theatre Royal

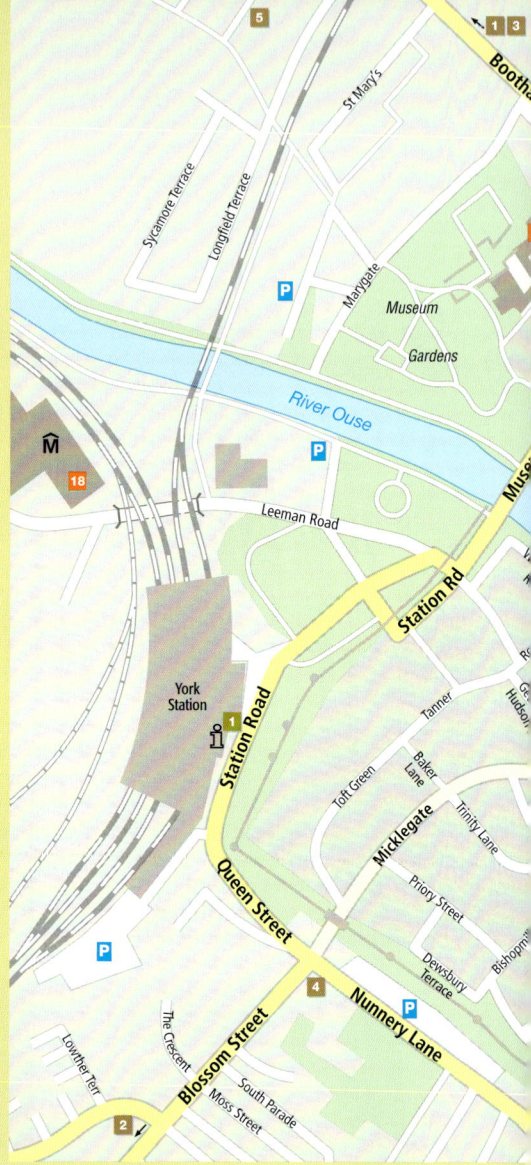

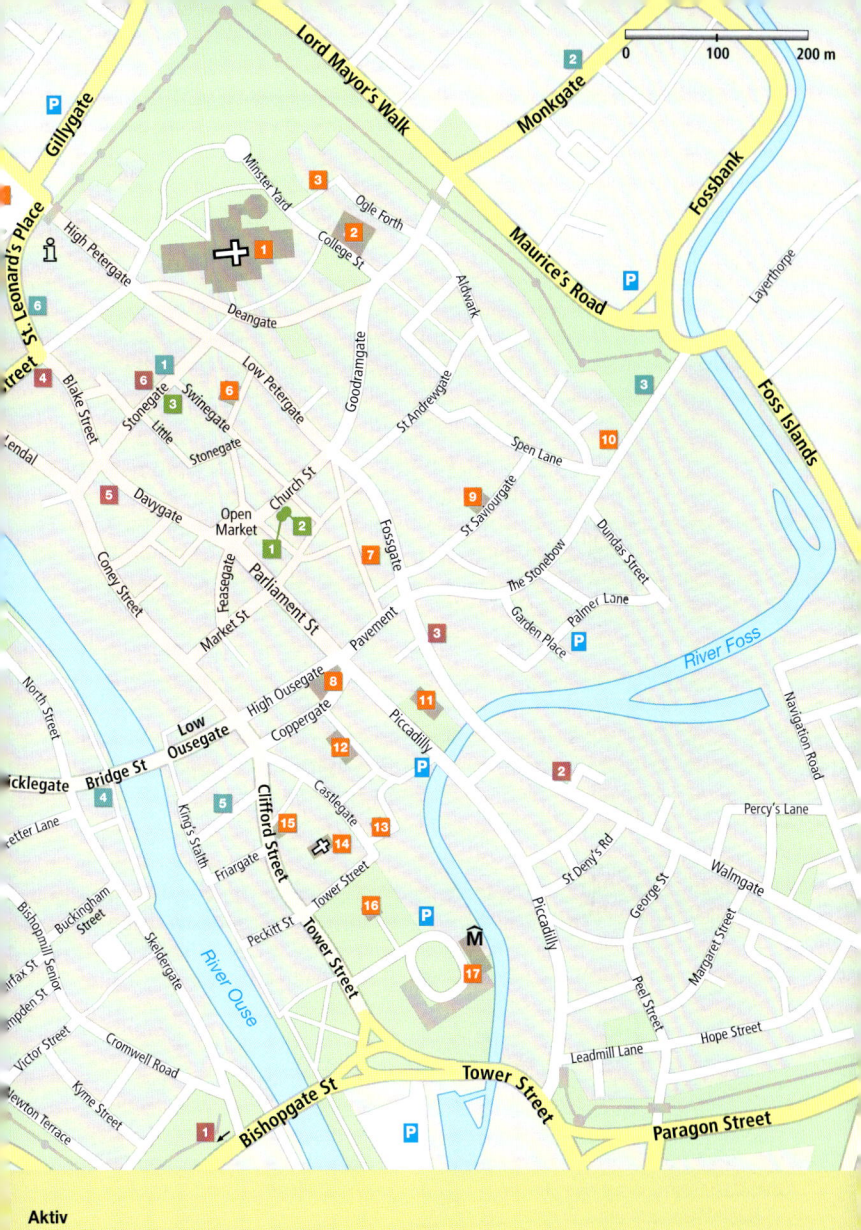

Aktiv

1 Stadtführungen (Buchung)
2 York Boat

menden Mönch Paulinus, dem ersten Bischof von York, taufen ließ. 1075 zerstörten Wikinger den angelsächsischen Dom, doch der normannische Nachfolgebau genügte den Ansprüchen späterer Erzbischöfe nicht. 1220 begann man mit dem Bau der gotischen Kathedrale. Mit einer Länge von 128 m, einer Breite in den Querschiffen von 61 m und einer Höhe bis zu der Spitze des Vierungsturms von 65 m gehört York Minster zu den größten europäischen Domkirchen.

Eine eingehende Besichtigung des Baus lohnt sich. Die frühesten Teile sind die Querhäuser im Early-English-Stil des 13. Jh. Sie sind dreischiffig und mit Säulen aus Purbeck-Marmor reich dekoriert. Dieser dunkle Kalkstein ist kein echter Marmor, lässt sich aber glänzend polieren. Er wurde in dieser Periode der englischen Kirchenarchitektur häufig verwendet, wenn man aufwändig bauen wollte. Im Giebel der südlichen Querhausfassade befindet sich ein schönes Rosenfenster, während fünf elegante, fast 17 m hohe Lanzettfenster, die ›Five Sisters‹, die nördliche Fassade schmücken. York Minster ist insbesondere wegen der Größe und Schönheit der Fenster berühmt, es zeigt bedeutend mehr mittelalterliches Glas als jede andere englische Kirche.

Nach der Erneuerung der Querhäuser begann man 1291 mit dem Schiff, dessen hölzernes Gewölbe um 1360 fertig gestellt wurde. Wie in den Seitenschiffen hielten statische Probleme die Baumeister von einer Steinkonstruktion ab, aber das Gewölbe des Schiffes ist eine geschickte Täuschung, die nach einem Brand 1840 neu gebaut wurde. Der Besucher merkt kaum, dass die 30 m höher gelegenen Rippen und Schlusssteine aus Holz sind. Den Höhepunkt bildet das riesige Westfenster im kurvilinearen Decorated-Stil mit Glasmalereien aus dem 14. Jh.

Nach Vollendung des Schiffes war es natürlich notwendig, einen ebenso prachtvollen Chor zu bauen. Der 1404 fertig gestellte Chor wurde noch länger als das Schiff. Ein Retrochor hinter dem Hochaltar, Chorumgang und Marienkapelle schafften Platz für die Pilgerscharen, die den Schrein des heiligen William,

eines Erzbischofs des 12. Jh., aufsuchten. Wieder sind es die Fenster, die am meisten beeindrucken. Das Ostfenster hat eine Höhe von 23 m und eine Breite von 10 m. Die Seitenschiffe des Chors werden von einem zweiten, östlichen Querhauspaar unterbrochen und durch zwei große Flächen von mittelalterlichem Glas erhellt.

Die Errichtung des Vierungsturmes und der beiden reich verzierten Westtürme im 15. Jh. schloss die Bautätigkeit des Mittelalters ab. Auch in unserer Zeit wurde viel Geld in das Minster gesteckt. Nachdem Messungen zeigten, dass die ehrwürdigen Mauern sich bewegten, wurde die Kirche in den 1970er-Jahren gründlich restauriert und statisch verbessert. Reste früherer Kirchenbauten und des römischen Lagers wurden freigelegt und mit einer Ausstellung dem Publikum zugänglich gemacht. Kaum war die aufwendige Arbeit fertig, schlug 1982 ein Blitz in das Querschiff ein und löste einen Brand im Dachbalken aus, der die ganze Kirche bedrohte.

Lohnend sind ferner das achteckige **Kapitelhaus** mit mittelalterlichen Skulpturen und Glasmalereien und die Besichtigung der **Grabungsfunde** in den Fundamenten der Kirche. Auf einer Stelle, die unter dem Fußboden im südlichen Querhaus des Minsters liegt, stand im Jahre 306 Konstantin der Große, als seine Truppen ihn zum Nachfolger seines Vaters als Kaiser im Westen wählten (www.yorkminster.org, Mo–Sa 9.30–18.30, So 12–15.45 Uhr).

Die **Turmbesteigung** ist buchstäblich der Höhepunkt einer Besichtigung von York Minster. Man sieht Details der Architektur, die unten verborgen bleiben, und wird für die Anstrengung (275 Stufen) mit einem Blick belohnt, der bei klarem Wetter bis zu den Yorkshire Dales und den North York Moors reicht.

Im benachbarten Fachwerkhaus **St William's College** **2**, einer ehemaligen Priesterresidenz mit drei großen Sälen aus dem 15. Jh., gibt es ein Restaurant zur Erfrischung nach dem Besuch des Minsters. Einige Schritte weiter findet man das **Treasurer's House** **3**, die schön möblierte ehemalige Residenz der Domschatzmeister aus dem 17. und 18. Jh. (April–Okt. tgl. außer Fr 11–16.30 Uhr).

Stadtrundgang

Zwischen Minster und Fluss liegen das **York-shire Museum** 4, das neben zahlreichen Relikten der Römerzeit auch Sammlungen mittelalterlicher Kunst bietet (www.yorkshire museum.org.uk, tgl. 10–17 Uhr), und die **York Art Gallery** 5 mit britischer und europäischer Malerei aus verschiedenen Epochen (tgl. 10–17 Uhr). In den Museum Gardens vor den Ruinen einer Benediktinerabtei wird die religiöse Tradition von York durch Aufführungen der mittelalterlichen Mysterienspiele aufrechterhalten, die alle vier Jahre stattfinden.

Das Straßenmuster innerhalb der Stadtmauer ist weitgehend das des Mittelalters. Folgt man vom Minster der Straße Petergate zum alten Stadtkern und biegt nach rechts in die Grape Lane, so erreicht man im Coffee Yard, zwischen Grape Lane und Stonegate, **Barley Hall** 6, ein mittelalterliches Wohnhaus, das man in den Zustand des späten 15. Jh., als es dem Bürgermeister William Snawsell gehörte, zurückversetzt hat (tgl. 10–17 Uhr).

Am Ende von Petergate zweigt rechter Hand die bekannteste Straße von York ab. **The Shambles** 7, die ehemalige Gasse der Metzger, ist wegen ihrer krummen Fachwerkfassaden berühmt. Sie mündet in die Straße Pavement, wo man den schönen Turm der Kirche **All Saints Pavement** 8 (15. Jh.) sieht. Obwohl die Reformation einen Verlust von 15 Kirchen mit sich brachte, sind immerhin noch 17 in York übrig geblieben. Eine davon, St Saviour, wurde restauriert und als Informationszentrum über Archäologie eingerichtet. **DIG** 9 bietet Laien einen Einblick in die Welt der Archäologie, indem sie in einer simulierten Ausgrabung selbst Funde zu Tage bringen können. Das DIG befindet sich im St Saviourgate, über die Pavement zu erreichen (www.digyork.com, tgl. 10–17 Uhr).

Ein kurzer Abstecher führt zum **Quilt Museum and Gallery** 10. Hier sind in der ständigen Sammlung Patchwork-Arbeiten seit dem 18 Jh. sowie Textilkunst aus aller Welt, auch zeitgenössische Arbeiten, in Wechselausstellungen zu sehen. Das Haus ist der Saal einer religiösen Bruderschaft aus dem

Tipp: Mauerspaziergang

Unbedingt zu empfehlen ist der Spaziergang entlang der mittelalterlichen Stadtmauer, ursprünglich 5 km lang und insgesamt gut erhalten. An zwei etwa 400 m langen Stellen fehlt allerdings die Befestigung. Sonst ist ein Rundgang auf erhöhtem Niveau um die Stadt mit interessanten Perspektiven auf das Minster und andere Gebäude möglich, da ein großer Teil der Mauer noch in voller Höhe auf dem früheren Erdwall steht. Auch die vier starken Tore, die Edward III. im 14. Jh. erneuern ließ, sind noch vorhanden. Infotafeln und www.yorkcitywalls.co.uk geben Erläuterungen.

15. Jh. (St Anthony's Hall, Peasholme Green, Di–Sa 10–16 Uhr, www.quiltmuseum.org.uk).

Am anderen Ende der Pavement biegt man nach links in Piccadilly ein und kommt zur **Merchant Adventurers' Hall** 11. Die eindrucksvolle Bauweise in Holz aus der Zeit um 1350 zeigt den Reichtum der Kaufleute von York im Mittelalter (Mo–Do 9–17, Fr/Sa 9–15.30, So 11–16, Winter Mo–Sa 9–15.30 Uhr). Einige Schritte zurück geht es nach links in die Straße Coppergate und zum **Jorvik Viking Centre** 12. Die vielen Straßen, die ›Gate‹ heißen, wie Coppergate oder Castlegate, erinnern an das dänische Wort für Straße *(gade)*. 876 gründeten dänische Wikinger um die Hauptstadt York, damals Jorvik genannt, ein Königreich, das bis zum Jahr 954 bestand. Sorgfältige Ausgrabungen an der Stelle eines geplanten Einkaufszentrums förderten so viele Einzelheiten über das tägliche Leben in dieser Zeit zutage, dass der ursprüngliche Plan, die Ergebnisse ins Museum zu verlegen, nach langer Kontroverse aufgegeben wurde und die Funde an Ort und Stelle bleiben konnten. Das Jorvik Centre ist ein unterhaltsames Stück ›erlebter Geschichte‹, das die Zeit der Wikinger vor tausend Jahren rekonstruiert. Die Ausstellung zeigt das Leben der Wikinger-Stadt genau dort, wo es sich abspielte. Kleine Wagen transportieren Besucher durch verschiedene Szenen, die das Aussehen, die Gerüche und Geräusche der Stadt nachstellen. Die Ausgrabung selbst ist mit wiedererrichteten Bauten aus dem 10. Jh. und dort gefundenen Gegenständen zu sehen (www.jorvik-viking-centre.co.uk, April–Okt. tgl. 10–17, Nov.–März 10–16 Uhr). Alljährlich im Februar feiert die Stadt mit einem zwei Wochen dauernden Festival ihre Wikinger-Vergangenheit.

Wieder auf der Coppergate biegt man links in die Castlegate und findet auf der linken Seite **Fairfax House** 13, ein Wohnhaus aus dem 18. Jh. des Architekten John Carr mit Inneneinrichtung im Rokoko-Stil und einer Sammlung englischer Möbel aus dieser Zeit (März–Dez. Di–Sa 10–17, So 12.30–16 Uhr). In dieser Straße liegt auch die Kirche **St Mary's** 14 aus dem 14./15. Jh. mit dem höchsten Turm der Yorker Pfarrkirchen. Eine neuere Attraktion findet man in der Parallelstraße Clifford Street: Im nachgebauten Kerker **York Dungeon** 15 wird mit vielen Horroreffekten die schaurige Seite der Geschichte gezeigt (tgl. 10.30–17, Okt–März bis 16 Uhr).

Die Castlegate führt weiter zur Burg. Der normannische Eroberer William I. musste zwei Burgen bauen, um die selbstbewussten Bürger einzuschüchtern, aber beide wurden im Aufstand von 1069 eingenommen. **Clifford's Tower** 16, ein Bergfried des 14. Jh. mit vierpassförmigem Grundriss, steht auf einem hohen Erdhügel an der Stelle einer dieser ersten Burgen. Nur der Ausblick vom Vierungsturm des Minsters übertrifft den von den Zinnen von Clifford's Tower (April–Okt. tgl. 10–18, Nov.–März Sa/So 10–16 Uhr). Einige Meter weiter liegt das **Castle Museum** 17, das sich in einem ehemaligen Gefängnis befindet. Die Ausstellungen, darunter komplett rekonstruierte Straßen mit Geschäften samt Einrichtung, zeigen das Alltagsleben vergangener Generationen (www.yorkcastlemuseum.org.uk, tgl. 9.30–17 Uhr).

National Railway Museum 18

Seit 150 Jahren ist York Eisenbahnknotenpunkt, und für Dampfnostalgiker ist das National Railway Museum, auf der anderen Seite des Flusses Ouse in der Nähe des Bahnhofs gelegen, wohl weitaus interessanter als das berühmte Minster. Die herausragende Sammlung alter Lokomotiven und Waggons und aller nur erdenkli-

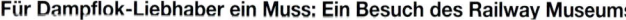

Für Dampflok-Liebhaber ein Muss: Ein Besuch des Railway Museums

Dampfnostalgie im Mutterland der Eisenbahn   Thema

In England sind zahlreiche historische Dampfeisenbahnen in Betrieb. Dabei richtet sich das Angebot nicht nur an Eisenbahnfreaks. Eine Fahrt unter Dampf durch reizvolle Landschaft in liebevoll restaurierten Waggons gehört zu den schönsten Ausflugserlebnissen.

Die Eisenbahn wurde im Norden Englands erfunden, und die Liebe vieler Briten zu diesem Verkehrsmittel ist nicht zu übersehen. Überall gründeten Eisenbahnfreunde Vereine, um alte Lokomotiven, Waggons, Bahnhöfe und Schienenstrecken vor dem Verfall zu retten. Mit neuem Lack und glänzenden Messingteilen, durch mühevolle Arbeit wieder funktionsfähig gemacht, werden die alten Züge ausgestellt und vorgeführt.

Begonnen hat das alles in den frühen Tagen der Industriellen Revolution. Der Schotte James Watt entwickelte im späten 18. Jh. die ersten funktionstüchtigen Dampfmaschinen, und im Jahre 1800 baute Richard Trevithick eine kompaktere Maschine, die sich für den Antrieb einer Lokomotive eignete. Die erste kommerzielle Dampfeisenbahn wurde 1812 in der Zeche von Middleton bei Leeds in Betrieb genommen. Der Vater des Eisenbahnzeitalters war George Stephenson aus dem Nordosten Englands. Seine Lokomotive ›Locomotion No. 1‹ verband ab 1825 Darlington und Stockton-on-Tees in der Grafschaft Durham. Das Original der ›Locomotion‹ ist im Darlington Railway Museum zu sehen, und eine getreue Nachbildung fährt im Beamish Open Air Museum (s. S. 275).

Da Teilstrecken der Darlington-Stockton-Bahn auf die Kraft von Pferden und stationären Dampfmaschinen angewiesen waren, gilt die 1830 eröffnete Liverpool-Manchester Railway als die erste moderne Eisenbahn. Aus einem Wettbewerb waren George Stephenson und sein Sohn Robert mit ihrer Lokomotive ›Rocket‹ als Sieger hervorgegangen. Als der Wettbewerb 1980 anlässlich der 150-Jahr-Feier wiederholt wurde, siegte ein ›Rocket‹Nachbau, der im National Railway Museum in York zu bewundern ist, ein zweites Mal gegen die vier Konkurrenten von damals.

Der Erfolg der Strecke Liverpool–Manchester veränderte die Gesellschaft. Bahnhöfe wurden auch für Fahrgäste gebaut. Der erste Bahnhof, in Manchester, existiert noch als Teil des Museum of Science and Industry. Für diese Strecke wurden bis dahin ungeahnte Leistungen der zivilen Bautechnik vollbracht; ein 8 km langes Viadukt durch Sumpfgebiet und eine tiefe Schneise durch Sandsteinfels in Liverpool. 40 Jahre später verfügte England über ein Eisenbahnnetz von über 20 000 km mit Dämmen, Schneisen, Tunneln und Viadukten, die bis heute das Gesicht der Landschaft prägen. Das 1845–49 gebaute High Level Bridge in Newcastle-upon-Tyne, eine fast 50 m hohe Doppeldeckerbrücke für Bahn und Straßenverkehr, ist heute noch eindrucksvoll.

Heute schwelgt man in Nostalgie über die glanzvolle Frühzeit der Eisenbahn, als die Züge imposant aussahen und pünktlich abfuhren, als es hilfsbereite Gepäckträger gab und der Bahnhofsvorsteher in Frack und Zylinder den Expresszug nach London persönlich am Gleis verabschiedete. Zu den schönsten Dampfeisenbahnen in Betrieb zählen die North Yorkshire Moors Railway (s. S. 271) und die Ravenglass and Eskdale Railway (s. S. 197). Weitere Strecken s. S. 64.

York und Umgebung

chen Gegenstände, die mit dem Thema zu tun haben, ist aber nicht nur für Eisenbahnfans zu empfehlen (www.nrm.org.uk, tgl. 10–18 Uhr).

Infos

Visitor Information Centre: Exhibition Square, Tel. 01904 55 00 99, www.visityork. org, Mo–Sa 9–18, So 10–17, im Winter eine Stunde früher. Verkauf des York Pass (44 £ für zwei Tage: lohnt sich nur, wenn man in kurzer Zeit viel sehen will).

Übernachten

Da York ganzjährig viele Besucher anzieht, ist das Preis-Leistungs-Verhältnis für Unterkünfte ungünstig.

Exklusiv ▶ **Grange Hotel 1**: 1 Clifton, Tel. 01904 64 47 44, www.grangehotel.co.uk. Das 200 Jahre alte Haus mit 30 Zimmern liegt nur wenige Minuten zu Fuß vom Minster entfernt. Empfehlenswert ist auch das hauseigene Ivy Restaurant (tgl. 18.30–21.30, So 12–14 Uhr, Hauptgerichte ab 17 £) und die Brasserie (tgl. 12–14, 18.30–22 Uhr, 10–13 £). DZ 140–240 £ (Himmelbett).

Zentral ▶ **Mount Royale 2**: 119 The Mount, Tel. 01904 62 88 56, www.mountroyale.co.uk. Kleines Hotel der Mittelklasse an der Hauptstraße außerhalb der Stadtmauer. DZ ab 105 £.

Charaktervoll ▶ **Arnot House 3**: 17 Grosvenor Terrace, Tel. 01904 64 19 66, www.arnothouseyork.co.uk. Mit Antiquitäten möbliertes B & B, drei Zimmer, nur fünf Gehminuten von der Stadtmitte. DZ 75–85 £.

Ungewöhnlich ▶ **Bar Convent 4**: 17 Blossom St., Tel. 01904 64 32 38, www.bar-convent.org.uk. 18 schlichte aber ausreichend ausgestattete Zimmer in einem 300 Jahre alten, zentral gelegenen Nonnenkloster. DZ 64–80 £, sehr günstige Einzelzimmer ab 40 £.

Ruhige Lage ▶ **Queen Anne's Guesthouse 5**: 24 Queen Anne's Rd., Tel. 01904 62 93 89, www.queen-annes-guesthouse.co.uk. Haus mit sieben Zimmern, zehn Fußminuten vom York Minster. DZ 50–70 £.

Essen & Trinken

Kreative Küche ▶ **Melton's 1**: 7 Scarcroft Rd., Tel. 01904 63 43 41, Di–Sa 12–14, 17.30 –21.30 Uhr. Anglo-französische Küche, her-

Tipp: Betty's Café Tea Rooms

Landesweit bekannt sind diese großen *tea rooms* in einem Art-déco-Haus der 1930er-Jahre, dessen Einrichtung vom Kreuzfahrtschiff ›Queen Mary‹ inspiriert wurde. Das Mutterhaus der Firma wurde 1919 in Harrogate von einem Schweizer Konditor eröffnet, der laut Familienlegende nur deshalb den Weg nach Yorkshire fand, weil er nach seiner Ankunft in London die Erklärungen des Bahnhofspersonals nicht verstand. Yorkshire lobt das Missgeschick, Londoner bedauern den Verfall der traditionellen Teatime-Kultur in der Hauptstadt und kehren nach einem Aufenthalt in Yorkshire beeindruckt nach Südengland zurück. Die sparsamen Yorkshire-Bewohner echauffieren sich zuweilen über die Preise, bleiben aber nicht fern, denn **Betty's 5** steht für Qualität, freundliche Bedienung und Tradition.

Die Küche wäre mit ›Schweiz meets Yorkshire‹ zu beschreiben: *English breakfast* 11 £, *afternoon tea* für den größten Appetit 17,95 £, Rösti mit Raclette-Käse 10,85 £. Fish & Chips und Yorkshire-Würstchen dürfen nicht fehlen. Sehr gut ist auch das Kuchenangebot, auch zum Mitnehmen. Berühmt sind die *fat rascals* (›dicke Schurken‹), ein fruchthaltiges Gebäck. Liebhaber eines extra-starken englischen Tees kaufen den firmeneigenen Yorkshire Tea.

Im Gegensatz zu fast allen Tea Shops des Landes bleibt Betty's abends geöffnet und verwöhnt Gäste mit Klaviermusik – live (6–8 St Helen's Square, Tel. 01904 65 91 42, www.bettys.co.uk, tgl. 9–21 Uhr). Wer im Hauptgeschäft keinen Platz findet, kann in das **Little Betty's 6** auf der Stonegate ausweichen.

vorragende Weinkarte. Hauptgerichte 15–20 £, Menü mittags und ›early dinner‹, d. h. Bestellungen 17.30–18.45 Uhr preiswerter. Die Filiale **Melton's Too** `2` liegt in der Stadtmitte: 25 Walmgate, Tel. 01904 62 92 22, Mo–Sa 10.30–24, So 10.30–23 Uhr. Beliebt für Tapas 4–6 £, Hauptgerichte 11–15 £.

Delikat ▶ **J. Baker's Bistro Moderne** `3`: 7 Fossgate, Tel. 01904 62 26 88, Di–Sa 12–14, 18–21.30 Uhr. ›Grazing menu‹ mit kleinen und großen Gerichten, sehr gut: *Whitby crab cocktail* und warmer Nachtisch mit Yorkshire-Rhabarber und Ingwer. In der Lounge oben werden Gäste mit Pralinen sowie Schoko-Nachtischen verwöhnt. Gerichte mittags 5–12 £, abends 7 Gerichte für 39,50 £.

Tolles Ambiente ▶ **ASK** `4`: The Grand Assembly Rooms, Blake St., Tel. 01904 63 72 54, Mo–Sa 12–23, So 12–22 Uhr. Standard-Italiener mit gutem Preis-Leistungs-Verhältnis. Was aus dem Rahmen fällt: der herrliche Innenraum der Assembly Rooms. Pasta und Pizza ab 9 £, Fleischgerichte ab 10 £.

Tea Time ▶ **Betty's** `5` und **Little Betty's** `6`: Siehe Tipp S. 288.

Einkaufen

Für Selbstversorger ▶ **Newgate Market** `1`: tgl.; **Henshelwoods Delicatessen** `2`: 10 Newgate, mit tollen Salaten und Sandwiches zum Mitnehmen.

Antiquitäten ▶ **York Antiques Centre** `3`: 41 Stonegate, tgl. geöffnet. Breites Angebot. In der Gasse **The Shambles** befinden sich viele kleine Läden – Bücher, Kleidung, Kunsthandwerk, Antiquitäten. Auch **Stonegate** und **Goodramgate** sind mit ihren vielen originellen Lädchen ansprechende Adressen für einen Einkaufsbummel.

Zu den verschiedenen Spaziergängen, über die es im Tourist Office Broschüren gibt, gehört auch ein **Shopping Trail.**

Abends & Nachts

Nachtschwärmer tummeln sich in den Clubs und Bars um die Straße **Micklegate.** Als Touristen- und Studentenstadt verfügt York über viele stimmungsvolle Kneipen, manche davon mit einer langen Geschichte.

Nach Dombesuch ▶ **The Olde Starre** `1`: Stonegate. Das Haus ist in Teilen über 1000 Jahre alt, Bierausschank gibt es seit 1644. Für Freunde von *real ale* und deftiger Küche.

Pub-Küche ▶ **The Tap and Spile** `2`: Monkgate. Hier kann man zum Bier den berühmten Yorkshire Pudding probieren. Livemusik.

Historisch ▶ **Black Swan** `3`: Peaseholm Green. Fachwerkhaus aus dem 17. Jh.

Schick ▶ **The Living Room** `4`: 1 Bridge St., zur Abwechslung kein traditioneller Pub, sondern eine schicke Cocktail-Bar.

Leichte Unterhaltung ▶ **Grand Opera House** `5`: Cumberland St., Tel. 0844 847 23 22, www.grandoperahouseyork.org.uk. Musicals, Tanz, Comedy.

Schauspiel ▶ **Theatre Royal** `6`: St Leonard's Place, Tel. 01904 62 35 68, www.theatre-royal-york.co.uk. Gemischtes Programm.

Aktiv

Geistergeschichten ▶ **Stadtführungen** `1`: Im Tourist Office kann man viele geführte Spaziergänge buchen. Yorks Spezialität: *Ghost Walks* mit zahlreichen Gespenstergeschichten, verschiedene Anbieter.

Ausflugsboote ▶ **York Boat** `2`: Tel. 01904 62 83 24, www.yorkboat.co.uk. Regelmäßige Abfahrten ab der Lendal Bridge, auch für Nacht- und Gruselfahrten.

Termine

York bietet eine fast ununterbrochene Reihe von Festivals, die unter www.yorkfestivals. com ausführlich dargestellt werden. Zu den Höhepunkten gehören:

York Viking Festival (3. Feb.-Woche): Eine Woche lang verwandelt sich York in ein Wikinger-Lager.

York Mystery Plays: Alle vier Jahre, im Sommer 2014, 2018 usw., mittelalterliche Mysterienspiele.

Early Music Festival (Mai): Musik des Mittelalters und der frühen Neuzeit.

Verkehr

Bahn: 2 Std. von London-St Pancras, gute Verbindungen zu anderen englischen und schottischen Städten.

York und Umgebung

Bus: Ab Rougier St. (neben Station Rd.) im Regional- und Fernverkehr gute Verbindungen zu allen Teilen der Grafschaft Yorkshire.
Park & Ride: Parkplätze sind teuer in der Stadtmitte. Wenn das Hotel keine eigenen Plätze bietet, ist Park & Ride oft besser. Info: www.york.gov.uk/transport/Parking/Park_and_Ride.

Castle Howard ▶ J 12

Castle Howard, der Sitz der Howard-Familie, 25 km nordöstlich von York über die A 64 zu erreichen, gehört zu den grandiosesten *stately homes* Englands. Das 1699 begonnene Schloss ist das Werk von John Vanbrugh und, nach dessen Tod, des Wren-Schülers Nicholas Hawksmoor. Der Bauherr, Charles Howard, der dritte Earl of Carlisle, wollte alles andere im Lande übertreffen. Er bekam eine 25 m hohe Great Hall und eine 50 m lange Long Gallery, aber nicht die uneingeschränkte Zustimmung seiner Zeitgenossen, die den Stil uneinheitlich fanden. Ein Mitte des 18. Jh. hinzugefügter Flügel wurde im 19. Jh. abgerissen, weil er die Symmetrie störte.

Im Inneren bewundert man die Sammlungen von Porzellan, antiken Plastiken und Gemälden italienischer und englischer Meister. Ferner gibt es eine umfangreiche Kostümsammlung im Stallgebäude. Die großzügigen Garten- und Parkanlagen und der Blick über den großen See mit dem Schloss im Hintergrund sind berühmt. Eine Serie von kleinen Seen mit Springbrunnen und Kaskaden setzt die Wasserspiele fort. Vanbrugh und Hawksmoor bauten einen Tempel der Vier Winde, ein Familienmausoleum, eine Pyramide und einen Obelisken, auf die sich bei einem Spaziergang im 4000 ha großen Park schöne Perspektiven öffnen (Tel. 01653 64 84 44, www.castlehoward.co.uk, Ostern–Okt., Park: tgl.10–17.30 Uhr bzw. Dämmerung; Haus: tgl. 11–16 Uhr).

Termine
Im Sommer bietet Castle Howard ein wechselndes Programm, u. a. Blumenfest, Freilichtkonzerte und Nachstellung historischer Schlachten.

Verkehr
Bahn und Bus: von Leeds, Scarborough, York nach Malton; Bus 842 ab Malton.

Castle Howard

West Yorkshire

Die Pennine-Berge bilden die Kulisse für ein vielseitiges Landschaftsbild aus Hochmooren und alten Industriestätten. In der Region finden sich kulturelle Höhepunkte wie die Arbeitersiedlung Saltaire, das Literaturdorf Haworth, Kunst von David Hockney und Henry Moore sowie die Einkaufs- und Partymetropole Leeds.

Die Städte von West Yorkshire verdanken ihr Wachstum der Textilindustrie. Wollwebereien schufen im viktorianischen Zeitalter Zehntausende von Arbeitsplätzen und machten ihre Besitzer in den großen Wollmetropolen Leeds und Bradford sowie in kleineren Städten reich. Im 19. Jh. brachten die Fabrikeigentümer ihren Lokalpatriotismus durch den Bau prunkvoller Rathäuser zum Ausdruck, bei denen sie um den höchsten Turm und die kostbarste Innenausstattung wetteiferten. Erst seit einiger Zeit, nachdem der Schmutz vieler Jahre von den Fassaden der Steinbauten entfernt wurde, finden die Reize der ›Wollstädte‹ ihre verdiente Anerkennung.

Leeds, mit knapp 500 000 Einwohnern die größte und reichste Stadt der Region, besitzt eine starke kulturelle Tradition, zu deren Höhepunkten die besten Opernaufführungen Nordenglands und die erstklassige Sammlung der City Art Gallery gehören. Die Stadt hat sich erfolgreich von einem stagnierenden Industriegebiet in eine moderne, für Nachtklubs und schicke Einkaufsstraßen bekannte Metropole verwandelt. Die Schaffung neuer Arbeitsplätze im Dienstleistungssektor ermöglichte diesen Aufschwung.

Die Nachbarstadt **Bradford,** in der viele Einwandererfamilien aus Indien und Pakistan wohnen, spricht eher das kleine Portemonnaie an und profiliert sich als ›Curry-Hauptstadt‹ Englands. Der besondere Kulturschatz der Stadt ist die Industriesiedlung Saltaire, die zu den UNESCO-Stätten des Welterbes gehört.

Leeds ▶ H/J 12/13

Cityplan: S. 293

Im Stadtzentrum

Ein guter Ausgangspunkt für eine Stadtbesichtigung ist die imposante **Town Hall** **1** von 1858 mit ihrem 61 m hohen Glockenturm. Dieses von Queen Victoria unter großem Jubel eröffnete Rathaus ist Ausdruck des lokalpatriotischen Stolzes der Stadtväter, die neidisch auf die gerade vollendete St George's Hall von Bradford schielten. Die benachbarte **City Art Gallery** **2** zeigt Sammlungen englischer, französischer und amerikanischer Kunst des 19. und 20. Jh. sowie Werke des Bildhauers Henry Moore (www.leeds.gov.uk/artgallery, Mo/Di u. Do–Sa 10–17, Mi 12–17, So 13–17 Uhr).

Die Einkaufsstraße The Headrow führt von hier in östliche Richtung. Über die Cookbridge Street ist ein Abstecher nach links zur **römisch-katholischen Kathedrale** **3** aus dem 19. Jh. möglich. Auf der Querstraße Briggate stehen Zeugnisse der wirtschaftlichen Blüte von Leeds in viktorianischer Zeit: in Richtung links das der Mailänder Scala nachempfundene **Grand Theatre** **4**, nach rechts geht es weiter zu prächtigen **Einkaufspassagen** **5**. Vom Briggate biegt man nach links in die Kirkgate, die zum großen **Kirkgate Market** **6** und weiter zur 1833–41 errichteten **Pfarrkirche St Peter** **7** führt.

Folgt man der Kirkgate zurück in Richtung Zentrum, so sieht man links die **First White Cloth Hall** **8**, ein 1711 eröffnetes Tuchlager.

Leeds

Die erste Straße links führt zum **Corn Exchange 9**, einer Getreidebörse von 1863, und zu den ›**Assembly Rooms**‹ **10** von 1777, Ballsaal und Treffpunkt der feinen Gesellschaft dieser Zeit. Nebenan in der Crown Street liegt die 1775 fertig gestellte **Third White Cloth Hall 11**, wo die im Umland gewebten, noch ungefärbten Tuche zum Verkauf angeboten wurden. Über die Duncan Street kommt man wieder zur Briggate, wo linker Hand die Geschäfte von **Queen's Court 12**, cincr Gebäudegruppe aus dem 18. Jh., einen Besuch lohnen. Auf der Verlängerung der Duncan Street, Boar Lane, geht es weiter zur schönen **Holy Trinity Church 13** von 1727.

Kanalviertel

Die Gegend am Leeds–Liverpool-Canal und am Fluss Aire wird derzeit zu einem neuen Freizeitviertel herausgeputzt. In den Lagerhäusern am **Granary Wharf 14** hinter dem Bahnhof und am Fluss etablierten sich Geschäfte und Restaurants. Tafeln an der neuen Uferpromenade zeigen den Zustand vor der Sanierung. Der Weg am Aire in östlicher Richtung führt zu einem prächtigen modernen Museum mit einer Sammlung, die teilweise aus den Beständen des Tower of London stammt. Das **Royal Armouries Museum 15** widmet sich der Geschichte von Waffen und Rüstung und zeigt prächtige königliche Sammlungen, für die es im Tower of London zu wenig Ausstellungsfläche gibt. Ritterturniere werden nachgestellt und die Kunst der Falkenjagd wird vorgeführt. Zu den kostbarsten Exponaten gehören die Rüstungen Königs Henry VIII. und eines indischen Kampfelefanten (www.royalarmouries.org, tgl. 10–17 Uhr).

Infos

Tourist Information Office: The Arcade, City Station, Tel. 0113 242 52 42, www.leedslive itloveit.com, Mo–Sa 9–17.30, So 10–16 Uhr.

Übernachten

Am Kanal ▶ 42 The Calls 1: (der Name ist die Adresse), Tel. 0113 244 00 99, www.42the calls.co.uk. Luxus in einer umgebauten Getreidemühle. DZ ab 125 £.

Apartments ▶ Roomzzz City 2: Swinegate, Tel. 0113 233 04 00, www.roomzzz. co.uk. Kein Hotel, sondern sehr modern eingerichtete Apartments, zentral und dennoch erschwinglich. Kleine Apartments ab 79 £, größere bis 145 £.

4-Sterne-B & B ▶ Abbey Guest House 3: 44 Vesper Rd., Tel. 0113 278 55 80, www.ab beyguesthouseleeds.co.uk. Sechs-Zimmer-B & B 5 km außerhalb der Stadtmitte nahe Kirkstall Abbey. DZ 58 £.

Essen & Trinken

Kreativ ▶ Anthony's 1: 19 Boar Lane, Tel. 0113 245 59 22, Di–Sa 12–14, 19–21 Uhr. Anthony Flinn gilt als einer der besten und innovativsten Köche der neuen Generation. ›Tasting Menu‹ 65 £, Abendmenü 36–45 £, Mittagsmenü 21 £.

Italiener ▶ San Carlo 2: 6–7 South Parade, Tel. 0113 246 15 00, tgl. 12–23 Uhr. Die Karte ist lang, die Portionen sind groß, die Preise nicht zu hoch für gehobene Qualität, z. B. *frittura di pesce* oder Hummer 18 £.

Sehenswert und köstlich ▶ Piazza 9: Tel. 0113 247 09 95, Restaurant tgl. 10–22 Uhr, Café Mo–Sa 10–19, So 11–16 Uhr. Eine grandiose Kulisse im Erdgeschoss des Corn Exchange für eine Brasserie, Café, Bar und fünf Lebensmittelläden, moderne britische Küche. Hauptgerichte 9–14 £.

Seitengasse ▶ Whitelocks 3: Turks Head Yard, Briggate (Gasse gegenüber Debenhams Kaufhaus), Tel. 0113 245 39 50, www. whitelocks.co.uk, Mo–Fr 12–15, 17–20, Sa 12–18, So 12–16 Uhr im Restaurant, Mo–Sa 12–19, So 12–17 Uhr in der Bar. Die älteste Kneipe der Stadt, beliebt seit 1715. Eine Auswahl von *real ale,* mit hausgemachten Pies. Gerichte ab 9 £.

Einkaufen

Historisch und stilvoll ▶ Victoria Quarter 5: Einkaufspassagen aus dem Jahr 1898 an der Briggate.

Edelkaufhaus ▶ Harvey Nichols 1: 107–111 Briggate. Teure Mode, alles für Haushalt und Wohnung. Hier ist das Fourth Floor Café die feine Adresse für Erholung und Mittagessen beim Shopping.

Designer-Kaufhaus ▶ Flannels 2: 68–78 Vicar Lane. Die Liste der Labels hier ist wie ein Who's Who der Branche. Auch hier ist das Café sehr gut.

Bodenständig ▶ Kirkgate Market 6: Kirkgate, tgl. außer Mi nachmittag 9–17 Uhr. Eine riesige, architektonisch herrliche Halle mit vielen preiswerten Marktständen.

Abends & Nachts

Traditionspub ▶ The Adelphi 1: 3–5 Hunslet Rd., Tel. 0113 245 63 77. Belebte Kneipe nahe den Royal Armouries mit breiter Auswahl an Biersorten und anderen Getränken.

Unter Schutz der UNESCO: Die Fabriksiedlung Salts Mill in Bradford

Überdurchschnittliche Küche, deftige Gerichte 8–10 £.

Rock'n'Roll ▶ **Mojo** 2: 18 Merrion St., Tel. 0845 611 86 43, www.mojobar.co.uk, Mo–Do 18–23, Fr/Sa 18–1 Uhr. Musik und Cocktails haben einen gleichermaßen guten Ruf.

Für Bierfreunde ▶ **Northbar** 3: 24 New Briggate, Tel. 0113 242 45 40, www.northbar.com, Mo–Di 11–1, Mi–Sa 11–2, So 12–24 Uhr. Viele englische *ales,* aber auch Weizenbier, Kölsch, belgische Spezialitäten.

Prächtiger Opernbau ▶ **Grand Theatre & Opera House** 4: 46 New Briggate, Tel. 0844 848 27 00, www.leedsgrandtheatre.com. Renommiertes Ensemble ›Opera of the North‹, gelegentliche Balletaufführungen.

Schauspiel ▶ **West Yorkshire Playhouse** 4: Tel. 0113 213 77 00, www.wyp.org.uk. Klassisches und modernes Schauspiel.

Tanztheater ▶ **Northern Ballet** 5: Quarry Hill, Tel. 0113 220 80 00, http://northernballet.com. Angesehenes Tanzensemble.

Verkehr

Bahn/Bus: Gute Verbindungen zu anderen Großstädten sowie Regionalverkehr.

Ausflüge in die Umgebung ▶ H/J 12/13

Westlich des Stadtzentrums an der A 65 befinden sich das **Leeds Industrial Museum Armley Mills** mit vielen funktionierenden Maschinen aus der ehemals größten Textilfabrik der Welt (www.leeds.gov.uk/armleymills, Di–Sa 10–17, So 13–17 Uhr) und die Zisterzienserabtei **Kirkstall Abbey** von 1152. Die Abtei wurde, wie alle anderen Klöster des Landes, während der Reformation aufgelöst, ist jedoch gut erhalten. Das **Abbey House Museum** im Torhaus der Abtei zeigt eine Ausstellung zum Alltagsleben in Yorkshire in den letzten 300 Jahren (Di–Fr 10–17, Sa 12–17, So 10–17 Uhr).

Preisgekrönt und, weil zum Teil gruselig, unter Kindern sehr beliebt ist das auch für Erwachsene empfehlenswerte **Thackray Medical Museum.** Die Entwicklung der Medizin und der öffentlichen Hygiene seit dem 19. Jh. sowie das Funktionieren des menschlichen Körpers werden äußerst anschaulich dargestellt (in der Beckett St. 3 km östl. der Stadtmitte, mit vielen Bussen, z. B. Nr. 50 ab The Headrow erreichbar, tgl. 10–17 Uhr).

Harewood House, 12 km nördlich von Leeds an der Straße A 61 nach Harrogate gelegen, gehört zu dem exklusiven Kreis der großen *stately homes,* die sich noch im Besitz der aristokratischen Erbauerfamilie befinden. An dem 1759 begonnenen Sitz der Grafen von Harewood haben nur die berühmtesten Künstler des 18. Jh. mitgewirkt. Die äußere Erscheinung ist hauptsächlich das Werk von John Carr of York.

Robert Adam, der größte englische Innenarchitekt seiner Zeit, war auch hier tätig. Die passende Ergänzung zu seinen Stuckdecken bilden die Familienporträts von Sir Joshua Reynolds und das Mobiliar von Chippendale, einem Yorkshireman, der als größter englischer Künstler auf diesem Gebiet gefeiert wird. Den 600 ha großen Park gestaltete Capability Brown. Weitere Attraktionen sind u. a. der Vogelgarten, der Rhododendrengarten und eine Ausstellung über den tropischen Regenwald (www.harewood.org.uk, Ostern–Okt. tgl. 10.30–16, State rooms ab 12 Uhr).

Temple Newsam House, 8 km östlich von Leeds abseits der A 63, ist ein Herrensitz aus dem 16. und 17. Jh. mit Sammlungen von Chippendale-Möbeln, Silber, Keramik und Gemälden, einem großen Park sowie einer Farm, wo seltene Rinder-, Schaf- und Hühnerrassen gezüchtet werden (Park: ganztägig tgl.; Haus: April–Okt. Di–So 10.30–17, Nov.–März 10.30–16 Uhr).

Bradford ▶ H 12/13

Aufgrund des großen, teilweise verarmten asiatischen Bevölkerungsanteils genießt Bradford den zweifelhaften Ruhm einer von Rassenspannungen geprägten Stadt, verfügt aber über eine Attraktion, die man keinesfalls auslassen sollte: den Ortsteil **Saltaire** im nördlichen Stadtgebiet, eine einzigartige Industriesiedlung, die in die UNESCO-Liste des Welterbes aufgenommen wurde. Der reiche Tuchfabrikant Sir Titus Salt, Parlamentsmitglied und Bürgermeister von Bradford, baute Mitte des 19. Jh. im Tal des Aire eine imposante Fabrik im klassizistischen Stil.

Salts Arbeitersiedlung nahe der Fabrik sollte Modellcharakter besitzen und die soziale Fürsorge des Industriellen unter Beweis stellen. Die Straßen ließ der Unternehmer nach Mitgliedern seiner Familie benennen.

Tatsächlich zeigt die Anlage, dass Industrie und Hässlichkeit nicht notwendigerweise zusammengehören. Die Häuser aus hellbraunem Sandstein wurden im Stil der italienischen Renaissance gebaut und um Gärten und Plätze gruppiert. Der philanthrope Bauherr stiftete ferner Kirchen, eine Schule, ein Krankenhaus, eine Wäscherei, die Kleider innerhalb einer Stunde waschen und bügeln sollte und einen großen Park – nur eines durfte es nicht geben: einen Pub.

Die **1853 Gallery,** eine lange Fabrikhalle mit gusseisernen Pfeilern, beherbergt 400 Werke des aus Bradford stammenden Malers David Hockney (geb. 1937); in anderen Teilen der Fabrik sind heute Büros und einige ansprechende Geschäfte untergebracht. Mit einem Einkaufsbummel und einem Rundgang durch die Siedlung kann man einige angenehme Stunden hier verbringen (www.salts mill.org.uk, tgl. 10–17.30 Uhr).

Museen

Den Hintergründen zur Tuchindustrie widmet sich im nordöstlich gelegenen Stadtteil Eccleshill das **Bradford Industrial Museum.** Hier sind in einer alten Fabrik Textilmaschinen, das Haus des Fabrikbesitzers, Arbeiterwohnungen sowie die Arbeit von stattlichen *shire horses* (Zugpferde) zu sehen (Moorside Mills, Moorside Rd., Di–Fr 10–16, Sa/So 11–16 Uhr).

Das **National Media Museum** im Stadtzentrum bietet eine Fülle von Ausstellungen, die Fachkundige und Neugierige, Eltern und Kinder gleichermaßen interessieren. Besonders beliebt sind Vorführungen auf der Großleinwand des Imax-Kinos. Die Sammlungen von alten Fotoapparaten und Zubehör, die Ausstellungen über die Geschichte der Fotografie aus technischer, ästhetischer und gesellschaftlicher Sicht sowie die frühen Fotografien sind nicht weniger beeindruckend. Die lebendige Gestaltung des Museums,

West Yorkshire

z. B. die aufwendige Rekonstruktion eines Fernsehstudios, hat zum verdienten Erfolg beigetragen (www.nationalmediamuseum.org.uk, Di–So 10–18 Uhr).

Weitere Sehenswürdigkeiten

Die **Stadtmitte** von Bradford bietet schöne Architektur aus dem 19. und frühen 20. Jh. mit dem Rathaus, der klassizistischen St George's Hall, der Wollbörse und dem Alhambra Theatre als herausragenden Bauwerken. Auch die Kathedrale, eine ehemalige Pfarrkirche des 15. Jh. mit schönen Glasfenstern, lohnt einen kurzen Besuch. In den 1960er-Jahren wurde das Zentrum mit hässlichen Betonklötzen verunziert, aber 2004 startete ein erfreuliches Abrissprogramm. Die Stadtmitte wird neu gestaltet. Das Little-Germany-Viertel, wo deutsche und jüdische Kaufleute früher im Woll- und Tuchhandel tätig waren, ist bereits eine attraktive Gegend.

Infos

Tourist Information: City Hall, Tel. 01274 43 36 78, www.visitbradford.com, Mo–Sa 9.30–17 Uhr.

Übernachten

Stilvoll ▶ **Great Victoria Hotel:** Bridge St., Tel. 01274 72 87 06, Fax 01274 73 63 58, www.tomahawkhotels.co.uk. Schicker Umbau eines beeindruckenden viktorianischen Bahnhofshotels. Wochenende ab 69 £, sonst 119 £.

Essen & Trinken

Einige der besten Restaurants der ›Curry-Hauptstadt‹ liegen auf der Great Horton Rd., die von der Stadtmitte in Richtung Südwesten führt. Vor allem die Küche der Regionen Gujarat, Punjab und Kaschmir wird serviert: **Berühmte Adresse** ▶ **Mumtaz Paan House:** 390 Great Horton Rd., Tel. 01274 57 18 61, tgl. 11–1 Uhr. 2 km von der Stadtmitte, Küche aus Pakistan. Kein Alkohol. Bollywood- und andere Promis essen hier. Gerichte ab 10 £.

Zentral ▶ **Nawaab:** 32 Manor Row (Stadtmitte), Tel. 01274 72 03 71, abends tgl. 17.30

Uhr bis Mitternacht. Große Auswahl an Balti, Biryani und Curry-Gerichten. Gerichte ab 8 £.

Urgestein ▶ **Karachi:** 15–17 Neal St., Tel. 01274 73 20 15, Mo–Sa 11–1 Uhr. Das älteste Curry-Restaurant in Bradford bietet einfachste Einrichtung, aber hervorragende Qualität zu Preisen unter 10 £.

Einkaufen

Bücher und Anderes ▶ **Wool Exchange:** Alte Wollbörse mit großer Buchhandlung und Geschäften.

Lifestyle-Produkte ▶ **Salts Mill:** The Home. Großes Geschäft für Wohnungseinrichtung; in Salts Mill sind u. a. auch eine Schmuck-Galerie und Läden für Teppiche und Outdoor-Ausrüstung untergebracht.

Abends & Nachts

Kunst und Bier ▶ **The Sparrow:** 32 North Parade, Tel. 01274 27 07 72. Kunst an den Wänden, gute Musik, billiges Essen und »craft beer« von kleinen Brauereien.

Kneipenhimmel ▶ **The New Beehive:** 171 Westgate, Tel. 01274 72 17 84. Hier hat sich seit 100 Jahren kaum etwas verändert. Fünf Räume haben Gasbeleuchtung, drei auch offene Kamine. Große Bierauswahl, auch aus Deutschland und Belgien, deftige Küche, auch 17 B & B Zimmer (DZ ab 46 £).

Termin

Saltaire Festival (2. Sept.-Woche): Kunst, Musik und Veranstaltungen auf der Straße (www.saltairefestival.co.uk).

Verkehr

Bahn/Bus: Zug ab Leeds 20 Min., Manchester 90 Min.; außerdem Verbindungen in den Stadtteil Saltaire (auch mit Bus möglich).

Haworth   ▶ H 12

Die restaurierten Dampflokomotiven der **Keighley and Worth Valley Railway** bringen Besucher in alten Waggons von Keighley zum Ausflugsziel Haworth, als Heimat der Brontë-Schwestern eine Pilgerstätte für Literaturfreunde (s. Thema S. 298), aber dank der herrlichen Landschaft der südlichen Ausläufer der Yorkshire Moors auch der Anfangspunkt lohnender Wanderungen.

Die steile kopfsteingepflasterte Hauptstraße ist von Steinbauten gesäumt. Dieser harte, graue Stein der Pennine-Berge spiegelt den rauen Charakter der Gegend wider. In den meisten Häusern sind Cafés oder Geschäfte für Ausflügler untergebracht, und die ehemalige Apotheke, in der Branwell Brontë sein Opium bekam, verkauft jetzt Andenken. Das Pfarrhaus gegenüber der Kirche wurde samt Inneneinrichtung im Zustand der frühen 1850er-Jahre wiederhergestellt und beherbergt heute das **Brontë Parsonage Museum** (www.bronte.org.uk, April–Sept. tgl. 10–17.30, Okt.–März 11–17 Uhr, Jan. geschl.). Man versteht die Romane der Schwestern erst richtig, wenn man das dunkle Haus am Friedhof, den windigen Ort und die kahle Moorlandschaft gesehen hat.

Infos

Tourist Information Centre: 2/4 West Lane, Tel. 01535 64 23 29, www.haworth-village. org.uk.

Übernachten

Historisch ▶ **Old White Lion Hotel:** Main Street, Haworth, Keighley, Tel. 01535 64 23 13, www.oldwhitelionhotel.com. 300 Jahre altes Haus nahe dem Brontë-Museum, 14 Zimmer mit eigenem Bad. Restaurant mit guten Steaks (3 Gänge 17,50 £); Pub-Essen in der Bar (6–9 £). DZ 93 £.

Komfortabel ▶ **The Old Registry:** 4 Main St., Tel. 01535 64 65 03, www.theoldregistry haworth.co.uk. Zehn Zimmer, einige mit Himmelbett, mitten im Ort, auch Verpflegung für Wanderer. DZ 75–120 £.

Essen & Trinken

Gute Küche ▶ **Weavers:** 15 West Lane, Tel. 01535 64 38 22, www.weaversmallhotel.co.uk. Nahe dem Brontë Parsonage Museum in einem alten Weberhaus, englische Küche gehobener Klasse mit Schwerpunkt auf Zutaten aus Yorkshire, auch Übernachtungsmöglich-

keit (DZ 90–110 £). Mittags 8–13 £, abends 16,50–20 £.

Aktiv

Nostalgie-Bahn-Fahrten ▶ **Keighley and Worth Valley Railway:** Fahrplan Tel. 01535 64 52 14. Fahrten unter Dampf von Keighley über Haworth nach Oxenhope, Mitte Juni– Aug. tgl., Sept.–Mai Sa/So.

Verkehr

Bahn/Bus: Mit der Bahn von Leeds nach Keighley, von dort Eisenbahn oder Bus.

Calderdale ▶ H 13

Auffallend in dem hügeligen Gebiet von West Yorkshire ist der abrupte Übergang von Stadt zu Land. Dafür ist der Ort **Hebden Bridge** im Calderdale, dem tief eingeschnittenen Tal des Calder, beispielhaft. Die Häuserreihen ziehen sich an steilen Hängen entlang; hinter ihnen liegt die grüne Wand des Tals, über ihnen die windigen Moore. Fast alle Bauten der Stadt wurden unter Verwendung des lokalen Steins im 19. Jh. errichtet, sodass Hebden Bridge dem Besucher ein einheitliches Bild präsentiert. Der ehemalige Industriestandort ist heute ein Touristenzentrum, und der Rochdale Canal dient jetzt dem Ausflugsverkehr und nicht mehr dem Tuchtransport.

Lohnende Ziele in der Umgebung sind das Naturschutzgebiet **Hardcastle Crags** (nördlich) sowie das ursprünglich gebliebene Wollweberdorf **Heptonstall** (westlich). Vor dem Bau der ersten Fabriken stellten Bauernfamilien in der gesamten Gegend auf handbetriebenen Webstühlen Tuche im Auftrag der Händler her. Die Tuchballen wurden auf Pferden zum Markt gebracht. An diese Zeit erinnern die Wege, die überall von den Tälern zu den höher liegenden Webersiedlungen hinaufführen und die vielen steinernen Brücken, *pack-horse bridges*. Im Obergeschoss vieler alter Häuser, *weavers' cottages,* sind lange, durch steinerne Mittelpfosten geteilte Fensterreihen zu sehen, die das notwendige Licht für die Weber einließen.

Die Brontës: Ein tragisches Stück Literaturgeschichte

Die Romane der Brontë-Schwestern gehören zu den meistgelesenen Klassikern der englischen Literatur. Im Pfarrhaus von Haworth am Rande der ›Sturmhöhen‹ entwickelte sich die glühend romantische Fantasie der schreibenden Schwestern und fand trotz ihres frühen Todes literarischen Ausdruck.

Zu den traurigsten Geschichten der englischen Literatur gehört das Schicksal der Familie Brontë. Der Ort Haworth und das raue Klima der Yorkshire Moors bilden die Kulisse. Anfang des 19. Jh. kam Patrick Brontë, eines von zehn Geschwistern einer armen irischen Familie, an die Universität von Cambridge. Nach dem Studium wurde Patrick Priester und betreute verschiedene Gemeinden, bevor er 1815 mit seiner Frau Maria und zwei Töchtern nach Haworth kam. Maria Brontë brachte in den nächsten fünf Jahren vier weitere Kinder zur Welt und starb kurz darauf im Jahre 1821. Die fünf Mädchen und ihr Bruder Branwell wurden im großen, kalten Pfarrhaus gegenüber der Kirche von ihrer strengen Tante großgezogen.

Die vier älteren Mädchen besuchten ein Internat für Priestertöchter, wo häufige Strafen und die Lektüre über Tod und Hölle als geeignete Erziehungsmittel galten. Die schlechte Verpflegung und Spaziergänge durch den Schnee zu einer ungeheizten Kirche, wo sie den ganzen Sonntag verbrachten, ruinierten die Gesundheit der beiden Ältesten. Sie starben an Tuberkulose. Von dieser Zeit an verlebten die übrigen Brontë-Kinder, Charlotte, Emily, Anne und ihr Bruder Branwell, eine seltsame, isolierte Kindheit in Haworth. Sie hatten keine Spielkameraden, konnten sich aber auf den weiten, windigen Mooren und in ihrer eigenen Fantasie frei bewegen. Sie fingen an, Abenteuer für Branwells Holzsolda-

ten zu erfinden und in Erzählungen und Gedichten niederzuschreiben.

Es entstanden winzige illustrierte Bücher in Spielsoldatengröße mit Dramen, Liedern und Aufsätzen über das imaginäre Königreich Angria. Als Jugendliche schrieben die vier Kinder für sich in Serie eine Zeitschrift im Kleinformat (5 x 4 cm) mit Geschichten über Kriege, Politik und Liebe. Die Seiten für ihre Hefte nähten sie sorgfältig zusammen.

Die drei Mädchen wurden Lehrerinnen und Gouvernanten, die einzigen Berufe, die mittellosen, gebildeten jungen Frauen damals offenstanden. Sie fanden aber kein Glück in den Abhängigkeitsverhältnissen dieser Stellen und blieben nie lange bei einem Arbeitgeber. Im Jahre 1845 waren alle wieder im Pfarrhaus in Haworth versammelt. Ihr weltfremder und angeberischer Bruder Branwell, den die Familie für brillant hielt, wollte Künstler werden und wurde mit etwas Geld auf die Akademie nach London geschickt. Nach zwei Wochen kam er zurück, ohne das Studium begonnen zu haben. Er hatte das gesamte Geld in Kneipen gelassen, und in der folgenden Zeit sollte seine Trunksucht immer schlimmer werden. Nachdem er in Ungnade aus Stellen als Lehrer und Bahnbeamter entlassen wurde, blieb er zu Hause bei seinem langsam erblindenden Vater und gab sich unter dem Einfluss von Alkohol und Drogen seinen Depressionen und Wutanfällen hin.

Thema

In diesen unglücklichen Haushalt kam endlich Hoffnung, als die drei Schwestern ihre Gedichte in einem Band sammelten und unter männlichen Pseudonymen auf eigene Kosten veröffentlichten. Obwohl nur zwei Exemplare verkauft wurden, fühlten sie sich ermutigt, Romane zu schreiben. Unter den Werken, die entstanden, sind zwei der beliebtesten Bücher der englischen Literatur: »Wuthering Heights« (deutsch: »Sturmhöhen«) von Emily, eine Geschichte von Liebe, Eifersucht und Rache mit leidenschaftlichen Beschreibungen der Moore; und Charlottes Darstellung der stolzen, unabhängigen Heldin »Jane Eyre«, die durch ihre Rebellion gegen die untergeordnete Rolle der Frau in der Liebe die Empörung mancher Kritiker hervorrief.

Gerade als sich eine erfolgreiche Zukunft anzubahnen schien, starben innerhalb von einem Jahr Branwell, Emily und Anne an Tuberkulose. Charlotte, jetzt berühmt, lebte nun allein mit ihrem Vater in Haworth in dem großen, kalten Haus mit Blick auf den Friedhof. Sie schrieb viel und unterbrach die Einsamkeit des Lebens in Haworth mit Besuchen in London, wo sie in literarischen Kreisen verkehrte. 1854, im Alter von 38 Jahren, heiratete sie den Unterpfarrer von Haworth. Nach einigen glücklichen Monaten erkältete sich die letzte Brontë-Schwester während ihrer Schwangerschaft und starb. Die Gräber von Emily, Charlotte und Branwell sind auf dem Kirchhof in Haworth, Anne liegt in St Mary's Church im Seebad Scarborough.

Das Esszimmer der Brontës in Haworth; über dem Kamin ein Bild von Charlotte

Die Kathedrale von Lincoln

Kapitel 5

Mittelengland

Die Gebiete Mittelenglands, die als ›Midlands‹ bezeichnet werden, liegen nicht nur geografisch zwischen dem Süden und dem Norden. Auch in ihrem Charakter stellen sie einen Querschnitt durch das Land dar, zeigen Landschaftsformen und Städte mit recht unterschiedlicher Ausprägung.

Die zweitgrößte englische Stadt, Birmingham, bildet den Mittelpunkt des Ballungsgebiets der West Midlands. Landschaftlich hat diese Region wenig zu bieten, aber die Stadt Birmingham hat in den letzten Jahren an Attraktivität enorm gewonnen. Die Kunstsammlungen und das abendliche Kulturangebot sind ausgezeichnet, und das Stadtbild wurde verbessert. Unter den Städten der East Midlands ist Nottingham hervorzuheben. Die historische Stadt, deren Sehenswürdigkeiten nur vereinzelt auf die Epoche der Robin-Hood-Legenden zurückgehen, besitzt ein attraktives urbanes Flair.

Für Naturliebhaber ist der Peak District ein lohnendes Ziel. Die südlichen Ausläufer des Pennine-Gebirges eignen sich für Outdoor-Aktivitäten von Wandern bis Abenteuersport. Neben reizvollen Dörfern und Kleinstädten kann man in dem Gebiet auch Juwelen aristokrati-scher Wohnkultur wie etwa Chatsworth House besichtigen.

Im Osten liegt die Grafschaft Lincolnshire, eines der ruhigsten Gebiete Englands. Die einst bedeutende Stadt Lincoln, deren Kathedrale zu den beeindruckendsten des Landes zählt, bildet den Mittelpunkt einer ländlichen Region, die durch altmodischen Charme besticht.

Auf einen Blick
Mittelengland

Sehenswert

Little Moreton Hall: Der Herrensitz aus dem 15. Jh. ist das spektakulärste Beispiel für die schwarz-weiße Fachwerkarchitektur dieses Landesteils (s. S. 317).

Kathedrale und Burg in Lincoln: Zum beeindruckenden Ensemble aus dem Mittelalter gehören eine geschichtsträchtige Burg und ein großartiger gotischer Dom (s. S. 334).

13 Chatsworth House: Mitten im Nationalpark Peak District steht einer der prächtigsten aristokratischen Paläste Englands. Die elegantesten der 300 Zimmer im Sitz der Herzöge von Devonshire sind samt Gemälde- und Skulpturensammlung für Besucher geöffnet. Ein berühmter Garten lädt zu Spaziergängen ein, für Kinder gibt es eine Farm und einen Spielplatz (s. S. 311).

Schöne Route

Durch den Peak District: Die Kurstadt Buxton ist Ausgangspunkt für eine Tour durch den ältesten Nationalpark Englands. Über die A 6 und B 6061 erreicht man die höchsten Berge um Castleton und Edale im Norden. Südlich von Castleton zeigt sich im Derwent-Tal die liebliche Seite des Peak District rund um Baslow. Nicht weit entfernt im Wye-Tal liegt Bakewell (s. S. 304).

aktiv Wanderung zu einer Festung und Tropfsteinhöhlen

Meine Tipps

Birmingham Jewellery Quarter: Hier gibt es ein ungewöhnliches Museum in einer ehemaligen Goldschmiedwerkstatt und ein ganzes Viertel mit kleinen Juwelierläden und Schnäppchen (s. S. 319).

Balti-Küche: Diese Art der asiatischen Küche wurde in Birmingham erfunden: Kashmiri-Gerichte werden in einem Wok-ähnlichen Topf zubereitet (s. S. 323).

Stamford: Ein weitgehend intaktes Stadtbild mit stattlichen, aus Stein gebauten Häusern, eine berühmte historische Herberge und einer der ganz großen Herrensitze Englands (s. S. 341).

aktiv unterwegs

Wanderung zu einer Festung und Tropfsteinhöhlen: Diese Route im Grenzgebiet zwischen White Peak und Dark Peak führt auf den markanten Berg Mam Tor mit seiner Festung sowie zu den Höhlen und Bergwerken rund um Castleton – herrliche Blicke über das Hochland des Peak District eingeschlossen (s. S. 308).

Peak District

Die grüne Lunge vieler nord- und mittelenglischer Städte heißt Peak District, ein landschaftlich abwechslungsreiches Gebiet, das 1951 zum ersten Nationalpark Englands erklärt wurde. Herrensitze, Tropfsteinhöhlen und bedeutende Industriedenkmäler bieten ein vielseitiges Besichtigungsprogramm.

Für Wanderer und Naturliebhaber gehört der südliche Abschluss des Pennine-Gebirges zu den attraktivsten Feriengebieten Englands. Die grünen Täler des Peak District bergen aber auch viele Kulturdenkmäler und geschichtsträchtige Orte, in denen die Vergangenheit des Adels und des arbeitenden Volkes lebendig geblieben sind.

Der südliche Teil des Peak District heißt nach dem hellen Kalkstein **White Peak.** Er wird im Norden und an den beiden Flanken hufeisenförmig vom **Dark Peak** umgeben, einem Gebiet mit dunklem Sandstein, der früher für Mühlsteine verwendet wurde. An den Feldmauern und den fast durchweg aus heimischem Stein gebauten Häusern erkennt man sofort, in welchem Teil des District man sich befindet. Die Landschaft des Dark Peak ist felsiger, der White Peak hat hingegen meist sanftere Konturen, obwohl der weiche Kalkstein stellenweise von engen Flusstälern tief eingeschnitten ist.

Das kulturelle Angebot der Region richtet sich vor allem an Liebhaber von Herrensitzen.

Peak District – der erste Nationalpark Englands

In **Chatsworth House,** einem der prächtigsten des Landes, residiert der Herzog von Devonshire, Oberhaupt einer der führenden aristokratischen Familien. Auch die benachbarte **Haddon Hall** und die am Rande des Nationalparks gelegene **Hardwick Hall,** ein herausragendes Bauwerk der elisabethanischen Zeit, sind lohnende Ausflugsziele.

Auch Industriedenkmäler fehlen in dieser Region nicht. Die westlich des Hochlands liegende Stadt Stoke-on-Trent ist seit dem 18. Jh. Zentrum der Keramikindustrie. Die Textilfabriken in Cromford bei Matlock gelten als Wiege der Industriellen Revolution und wurden von der UNESCO zu einem Teil des Welterbes erklärt. Neben Textilarbeitern prägten Bergleute den Peak District. Schon zu Römerzeiten wurde hier Blei gewonnen, vielleicht auch der dunkle, blau- bis purpurrote, kristalline ›Blue John‹, ein Halbedelstein, der für Schmuck verwendet wird.

Nationalpark Peak District

▶ **H 13/14**

Karte: S. 306

In diesem von der Aristokratie geprägten Teil Englands mussten die Wanderer sich zuerst gegen die Grundbesitzer durchsetzen, bevor sie sich auf den Bergen und Hochmooren frei bewegen durften. Im Jahr 1932 fand auf **Kinder Scout,** dem höchsten der Peaks, eine Massendemonstration statt, die bewirkte, dass der Bevölkerung der Zugang zu den privaten Jagdrevieren gewährt wurde. Die Berge sind nicht hoch – die höchsten knapp über 600 m – aber steil und teilweise wild, sodass eine gute Ausrüstung erforderlich ist.

Eine gute Wanderung endet im Pub, wo unter jedem zweiten Tisch ein erschöpfter Hund liegt, denn die Engländer lieben ihre Haustiere so sehr wie das Wandern. Jährlich strömen über 20 Mio. Besucher in den Nationalpark, denn die Ballungsgebiete von Manchester, Sheffield und den East Midlands (Nottingham, Derby) sind nahe. Die Nationalparkbehörde bemüht sich darum, den Tourismus umweltverträglich zu gestalten und hat dafür gesorgt, dass der Park überdurchschnittlich gut mit öffentlichen Verkehrsmitteln versorgt ist und über ein Netz von verkehrsfreien Radwegen verfügt.

Infos

Tourist Information Centres: Siehe einzelne Orte unten.

Im Internet: www.visitpeakdistrict.com lautet die Tourismus-Website für die gesamte Region, www.peakdistrict.org für den Nationalpark.

Übernachten

Das Angebot ist umfangreich. Es gibt mehr als zehn **Jugendherbergen,** z. B. in Bakewell, Castleton, Edale, Eyam und Matlock. **Ferienwohnungen** findet man über Peak Cottages (Tel. 0114 262 07 77, www.peak cottages.com) oder Peak District Farm Holidays (www.peakdistrictfarmhols.co.uk), die auch **B & B auf Bauernhöfen** anbietet.

Aktiv

Abenteuersport ▶ Klettern, Höhlenexpeditionen und andere Sportarten werden im Nationalpark angeboten, z. B. über **Peak Activities** im Dorf Hathersage, Tel. 01433 65 03 45, www.peakactivities.com. Die Outdoor-Seiten unter www.visitpeakdistrict.com bieten viele Adressen für Aktivitäten.

Radfahren ▶ Auskunft über die Tourist Information Centres und die Nationalparkbehörde, die auch die Vermietung von Rädern organisiert: Mapleton Lane, Ashbourne (im Süden des Gebiets), Tel./Fax 01335 34 31 56, und im Dorf Parsley Hay südl. von Buxton an der Stelle, wo die B 5055 nach Bakewell von der A 515 abzweigt, Tel./Fax 01298 844 93.

Verkehr

Bahn: Die Strecke Manchester–Sheffield führt durch den nördlichen, Manchester–Buxton durch den südlichen Peak District.

Bus: Mit der Tageskarte Derbyshire Wayfarer kann man preiswert durch den Nationalpark reisen, auch von den benachbarten Großstädten aus. Fahrpläne sind in den Tourist Information Centres erhältlich.

Buxton ▶ H 13/14

Buxton **1** ist ein vornehmer Kurort, wo schon die Römer heiße Bäder nahmen. Im Mittelalter suchten Pilger die Thermalquellen auf, und im 16. Jh. kam die gesundheitlich angeschlagene Maria Stuart aus Chatsworth hierher. Ab dem Ende des 18. Jh. erlebte die Stadt eine Blütezeit, nachdem sich der damalige Herzog von Devonshire entschlossen hatte, Buxton zu einem modischen Kurort nach dem Vorbild von Bath im Südwesten des Landes auszubauen. Mit etwas mehr als 20 000 Einwohnern ist Buxton der größte Ort der Region.

Sehenswert unter den **Bauten des Kurbetriebs** sind The Crescent aus den 1780er-Jahren mit dem Badehaus und dem teilweise aus dem Jahr 1550 stammenden Old Hall Hotel, die viktorianische Geschäftsstraße The Quadrant, die Kursäle an den Pavilion Gardens und die 1903 gebaute Oper. Die Gartenanlagen am Wye tragen zum eleganten Gesamteindruck der Stadt bei. In der Tropfsteinhöhle **Poole's Cavern,** 1 km südwestlich der Stadtmitte, entspringt die Wye als unterirdische Quelle (März–Nov. tgl. 9.30–17 Uhr).

Die Kur- und Badkultur ist in England schwach ausgeprägt, erlebt seit einigen Jahren aber eine Renaissance. So werden die bis vor Kurzem noch baufälligen Kuranlagen in The Crescent, die in den 1990er-Jahren geschlossen wurden, renoviert. Nebenan zogen bereits Geschäfte in die Cavendish Arcade. Ein weiterer Prachtbau der Stadt besitzt den

Glanz der alten Zeit wieder: Das ehemalige **Royal Devonshire Hospital,** ursprünglich im 18. Jh. als Stallungen gebaut, wurde von der University of Derby übernommen und restauriert. Im 19. Jh. wurde der Innenhof mit der damals größten Kuppel der Welt überdacht. Mit knapp 46 m Durchmesser bleibt sie die breiteste Kuppel Englands.

Infos

Tourist Information Centre: The Crescent, Tel. 01298 251 06, www.visitbuxton.co.uk.

Übernachten

Prachtvoll ▶ **Barceló Buxton Palace Hotel:** Palace Rd., Tel. 01298 220 01, www.barcelo-hotels.co.uk. Imponierender viktorianischer Bau im eigenen Park mit Blick auf die Stadt. DZ ab 107 £.

Mit Überblick ▶ **The Chateau & Wye House Suites:** Corbar Rd., Tel. 07547 57 06 11, www.wyehouse.com. Im Wald hoch über der Stadt gelegen, sehr gut ausgestattete Apartments mit 1–3 Schlafzimmern, teils im Neubau, teils in einem herrschaftlichen Altbau. DZ 100–150 £ je nach Größe und Jahreszeit.

Sehr komfortabel ▶ **Grendon Guest House:** Bishops Lane, Tel. 01298 788 31, www.grendonguesthouse.co.uk. Nichtraucher-Haus im Grünen mit schönem Blick, nur 1 km außerhalb des Stadtzentrums. DZ 70–100 £.

Essen & Trinken

Entspannt ▶ **Columbine:** 7 Hall Bank, Tel. 01298 787 52, Mo–Sa 19–22 Uhr. Britische Küche, gute Nachtische und englische Käsesorten. Hauptgerichte 13–16 £.

Scharf oder mild ▶ **Simply Thai:** 2 Cavendish Circus, Tel. 01298 244 71, tgl. 12–14.30, 17–23 Uhr. Gute Thai-Curry oder Stir-Fry, Hauptgerichte 8–10 £.

Frisch und lokal ▶ **The Café:** 4 Terrace Rd., Tel. 01298 774 80, tgl. 7.30–17.30 Uhr. Tolles Frühstück, guter Kuchen. Kreative Mittagsgerichte unter 10 £ verbinden Zutaten der Gegend mit Mediterranem. Probieren Sie *Staffordshire oatcakes.*

Einkaufen

Kur-Souvenir ▶ **Buxton Mineral Water** ist in Flaschen überall erhältlich. Kostenlos und 27,5 °C warm sprudelt das Wasser aus der St Anne's Well gegenüber The Crescent. **Markttage:** Di und Sa.

Abends & Nachts

Traditionell ▶ **The Swan:** 40 High St. Kneipe in historischem Gemäuer.

Termin

Buxton Arts Festival (Mitte Juli): Mit Oper, klassischer Musik und Jazz kommt das wunderschöne Opernhaus zur Geltung (Tel. 01298 703 95, www.buxtonfestival.co.uk).

Verkehr

Bahn: Züge fahren ab Manchester mind. stdl. (Fahrzeit: 55 Min.).
Bus: Verbindungen ab Manchester, Derby und Nottingham.

Castleton und Umgebung

▶ **H 14**

Der kleine Ort **Castleton** **2** liegt wie die drei größeren Städte der Gegend, Buxton, Bakewell und Matlock, an der Grenze zwischen Dark und White Peak und dient vor allem Wanderern als Standort. Im nördlich gelegenen Tal **Edale,** am Pub The Old Nag's Head, beginnt der 430 km lange **Pennine Way,** ein Fernwanderweg zur schottischen Grenze.

Oben auf **Kinder Scout,** der nördlichen Seite des Edale, stapft man über ein nasses, windiges Moor mit seltsam verwitterten Felsen, wo das dichte, raue Gras die Tritte abfedert und bis zu 2 m tiefe Schluchten von weichem, braunem Torf zu Umwegen oder gewagten Sprüngen zwingen. Hier sollte man eine gute Wanderkarte und einen Kompass mitnehmen, da man sich schnell verlaufen kann. Der Bergrücken, der das Edale nach Süden abgrenzt, bietet eine trockenere Wanderung mit herrlichem Ausblick, insbesondere von **Mam Tor,** dessen Gipfel von den konzentrischen Gräben einer eisenzeitlichen

aktiv unterwegs

Wanderung zu einer Festung und Tropfsteinhöhlen

Tour-Infos
Start und Ende: Castleton **2**
Länge: 7,5 km
Dauer: 3 Std. ohne Besichtigungen
Schwierigkeitsgrad: mittelschwer, welliges Gelände
Öffnungszeiten der Höhlen: S. 308

Diese Wanderung an der Grenze zwischen White Peak und Dark Peak erschließt den markanten Berg Mam Tor sowie die Höhlen und Bergwerke um Castleton und bietet weit reichende Blicke über das Hochland des Peak District.

Vom Visitor Centre in **Castleton** gehen wir zuerst nach rechts auf die Buxton Road (A 6187). Bald ist ein Wegweiser in Richtung Peak Cavern sichtbarzeigt. Einige Schritte hinter diesem Wegweiser geht ein schmaler Weg **(Odin Sitch Path)** zwischen einem Haus und einer Steinmauer nach rechts aufs Feld. Wir halten uns an die Ausschilderung zum Mam Tor und Odin Mine. Nach 1,5 km trifft der Weg auf eine weitere Straße. Hier gehen wir nach rechts und sehen eine Tafel des National Trust mit Erklärungen zu **Odin Mine,** wo bereits vor 3000 Jahren Blei gewonnen wurde. Abraumhalden und ein zum Verklei-

nern des Erzes verwendeter Mühlenstein zeugen davon.

Ein Stückchen weiter an der Straße erklärt eine weitere Infotafel die rutschenden Hänge (links) von **Mam Tor.** Durch ein Tor nach links und den Hang hinauf geht es zur alten, durch Erdrutsche teils zerstörten Straße, dann wieder hinunter zur Stelle, wo die Straße eine Kehre macht, und durch ein kleines Tor gegenüber (rechts davon steht ein Schild: **Mam Farm).** Der oft schlammige, aber deutliche Weg steigt nun an und bietet bald einen wunderbaren Blick zurück. Am höchsten Punkt, **Hollins Cross,** schaut man nach Norden ins Tal Edale und weiter zu den Hochmooren um Kinder Scout.

Wir wenden uns nach links, bleiben auf dem Kamm, wo der Weg gepflastert ist und nähern uns der eisenzeitlichen Hügelfestung auf Mam Tor. Wenn der Weg zwischen zwei kleinen aufgeschütteten Hügeln aufsteigt, haben wir den alten Eingang zur **Festung** zwischen Erdwällen erreicht. Diese mächtigen Verteidigungsanlagen wurden vor ca. 3000 Jahren mit Werkzeug aus Holz und Geweih ausgegraben und aufgeschüttet.

Von hier sind es keine fünf Minuten zum Vermessungspunkt am Gipfel von Mam Tor. Nun steigt der Weg ab, teils über Stufen, pas-

Festung umgeben ist (s. oben, aktiv unterwegs). Hier starten auch Drachenflieger zu ihren Flügen.

Castleton selbst ist ein attraktives Ensemble von Sandsteinhäusern. Hinter dem Ort erheben sich die Reste der normannischen Burg **Peveril Castle,** die ein unehelicher Sohn von William I. errichtete (April–Okt. 10–17, Nov.–März Sa/So 10–16 Uhr). Bei schlechtem Wetter bieten sich vier Höhlenbesuche in der Nähe des Ortes an. In der **Blue John Cavern** (tgl. 9.30–17.30 Uhr) sieht man Tropfsteinhöhlen und erfährt die Geschichte des Ab-

baus des Halbedelsteins Flussspat (Blue John), der bereits zu der Römerzeit zu Ornamenten verarbeitet wurde. Bei den Führungen durch die **Peak Cavern** am Ortsrand wird die hier früher praktizierte Herstellung von Seilen vorgeführt. Nach einem kurzen Spaziergang in westlicher Richtung zur **Speedwell Cavern** gelangen Besucher mit Booten zu einem großen unterirdischen See, von dem man mehr ahnen als sehen kann (Peak Cavern und Speedwell Cavern beide April–Okt. Speedwell Cavern auch Nov.–März tgl. 10–17 Uhr). Die eindrucksvollsten Tropfsteinhöhlen sieht man siert zwei hölzerne Tore, überquert eine Straße und erreicht einen stillgelegten **Steinbruch.** Hier in der **Höhle Windy Knoll** fand man Mammuth-, Löwen-, Bären- und Nashornknochen.

Wir verlassen den Steinbruch nach links, überqueren wieder eine Straße, gehen hier durch ein Tor und bleiben bis zur nächsten Straße auf dem Pfad. Jetzt geht es parallel zur Straße in die beeindruckende Schlucht **Winnats Pass** hinunter. Die Schlucht durchschneidet Kalksteinwände, die vor Jahrmillionen als Korallriffe entstanden. Hinter dem Ausgang befindet sich **Speedwell Cavern** (Café, Besichtigung). Wir überqueren und verlassen die Straße hier. Longcliff ist rechts ausgeschildert. Wir nehmen diesen Weg an der **Peak Cavern** vorbei zur Dorfmitte zurück.

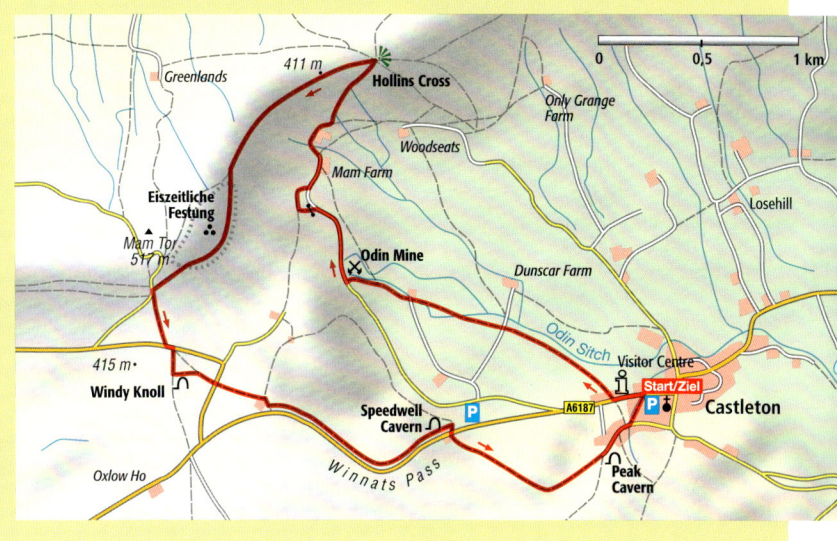

in der **Treak Cliff Cavern**, einem weiteren Bergwerk für den Abbau von Flussspat (März–Okt. tgl. 10–17, Nov.–Feb. 10–16 Uhr).

Infos
Castleton Centre: Buxton Rd., Tel. 016 29 81 65 72, tgl. 9.30–17.30, im Winter 10–17 Uhr.

Übernachten
Ländlich ▶ **Underleigh House:** Off Edale Rd., Hope (3 km östl. von Castleton) Tel. 01433 62 13 72, www.underleighhouse.co.

uk. Komfortable Zimmer in einem alten Bauernhaus mit umgestalteter Scheune. DZ 90–105 £.
Charmant ▶ **Ramblers' Rest:** Mill Bridge, Back St., Tel. 01433 62 01 25, www.ramblers rest-castleton.co.uk. Fünf Zimmer in einem Haus aus dem 17. Jh. nahe der Burg. DZ 60–75 £.

Essen & Trinken
Deftige Gerichte ▶ **The Cheshire Cheese:** How Lane, Hope (östl. von Castleton), Tel. 01433 62 03 30, www.cheshirecheeseinn.co.

Peak District

uk, tgl. 12–21 Uhr, Sa/So bis 20.30 Uhr. In diesem über 400 Jahre alten Pub, der an einer alten Salzhandelsroute liegt, soll der Wirt in früheren Jahrhunderten Käse als Zahlungsmittel akzeptiert haben. Gerichte ab 10 £, zehn Zimmer zum Übernachten ab 65 £.

Mit Charakter ▶ The Olde Nags Head: Cross St., Castleton, Tel. 01433 62 02 48, tgl. 12–21 Uhr. Klein und gepflegt, Frühstück, Pub-Küche und Restaurant; auch Übernachtungsmöglichkeiten. Hauptgerichte ab 8 £.

Einkaufen

Mitbringsel ▶ Aus **Blue John Stone** (Flussspat) gefertigte Souvenirs kann man überall erwerben.

Aktiv

Outdoor ▶ High Peak ist ein Paradies für Abenteuersportler: Klettern, Kajak, Paragliding und vieles mehr. Auskunft erteilt die Touristen-Information.

Verkehr

Bahn: Züge von Manchester nach Sheffield halten in Hope, 3 km von Castleton entfernt. **Bus:** Ab Bakewell, Matlock und Sheffield.

Eyam ▶ H 13

Der Ort **Eyam** 3 (ausgesprochen: Ihm), abseits der A 623 gelegen, steht für die Schattenseite des Lebens in vergangenen Jahrhunderten. 1665 wurde England zum letzten Mal von der Pest heimgesucht: Im September erhielt ein Schneider in Eyam Stoffe aus London. Die Infektion kam mit der Lieferung: Binnen vier Tagen war der Schneider tot, fünf weitere Einwohner des Dorfes starben noch vor Ende des Monats und 23 Personen im Oktober. Die umliegenden Dörfer verdankten es dem Pfarrer von Eyam und seinem Vorgänger, dass sich die Seuche nicht ausbreitete. Sie überredeten fast alle Einwohner, nicht die Flucht zu ergreifen, sondern im Dorf zu bleiben und abzuwarten. Bauern aus den Nachbardörfern brachten Proviant zu einem Brunnen an der Gemeindegrenze. Ein Jahr lang wütete die Pest im Ort, bis ein Drittel der Bevölkerung

gestorben war und der Kirchhof die vielen Leichen nicht mehr aufnehmen konnte.

Gräber in den Feldern um Eyam herum und Denkmäler in der Kirche erinnern noch an die Ereignisse. Die gotische **Kirche** beherbergt zwei seltene Relikte aus angelsächsischer Zeit, einen Taufstein und ein verwittertes Predigerkreuz. Das **Eyam Museum** widmet sich der Pestgeschichte (April–Okt. Di–So 10–16.30 Uhr); in **Eyam Hall**, seit dem 17. Jh. Sitz der Wright-Familie, sind historisch möblierte Zimmer und eine Ausstellung mit Kunsthandwerk zu sehen (Ostern und Juli/Aug. Mi/Do, So 12–16 Uhr, Craft Centre mit Kunsthandwerk und Restaurant ganzjährig Di–So 10.30–17 Uhr).

Übernachten

Am Fluss ▶ Crown Cottage: Main Rd., Tel. 01433 63 08 58, www.crown-cottage.co.uk. Ehemalige Dorfkneipe, jetzt B & B mit vier Zimmern für Nichtraucher. DZ 70 £.

Essen & Trinken

Pub ▶ The Miners Arms: Water Lane, Tel. 01433 63 08 53, tgl. 12–23 Uhr. Historischer Pub, britische Küche ab 8 £, Zimmer ab 70 £.

Bakewell und Chatsworth House

Bakewell ▶ H 14

Südlich von Eyam liegt die alte Marktstadt **Bakewell** 4 am Fluss Wye, der hier von einer Steinbrücke aus dem 14. Jh. überquert wird. Der Name des Orts bezieht sich nicht auf die Backkunst der Einwohner, obwohl die Spezialität der Stadt eine kleine Torte ist, sondern auf die Quelle eines gewissen Badeca, der in angelsächsischer Zeit lebte. Die **Kirche,** die auf einem steilen Hang die Stadt überragt, besitzt normannische und frühgotische Teile und ein Steinkreuz aus dem 9. Jh. im Hof. Den Charme von Bakewell machen die Häusergruppen verschiedener Perioden aus. Besonders zu erwähnen sind die **Markthalle** und das ehemalige Armenhaus, **St John's Hospital,** beide aus dem 17. Jh.

Infos

Tourist Information Centre: Old Market Hall, Bridge St., Tel. 01629 81 65 58, Fax 01629 81 47 82, tgl. 9.30–17.30, Nov.–März 10–17 Uhr.

Übernachten

Imposant ▶ **The Rutland Arms Hotel:** The Square, Tel. 01629 81 28 12, www.rutlandarmsbakewell.co.uk. 200 Jahre alte Herberge in der Stadtmitte, 35 Zimmer. Im Restaurant Hauptgerichte ab 13 £, Brasserie mit Gerichten ab 9–11 £. DZ ab 110 £.

Ländlich ▶ **Castle Cliffe:** Monsal Head, Tel. 01629 640 25 87, www.castle-cliffe.com. Sieben komfortable B & B-Zimmer in einem großen alten Haus im schönen Tal Monsal Dale, 5 km außerhalb Bakewell. DZ 75–90 £.

Essen & Trinken

Fein ▶ **The Peacock:** Tel. 01629 73 35 18, www.thepeacockatrowsley.com. Teures Restaurant und preiswertere Pub-Küche in einem herrschaftlichem Hotel im Dorf Rowsley, 6 km südl. an der A 6. Drei-Gänge-Menü 55,50 £ im Restaurant, 15–20 £ in der Bar; auch 16 luxuriöse Zimmer (155 £).

Süß und klebrig ▶ **Old Original Bakewell Pudding Shop:** The Square, tgl. bis 18 Uhr. Café für *cream tea* und Bakewell Pudding. Die Konkurrenz, Bloomers Old and Only Original, hat ein eigenes »einzig wahres« Rezept.

Einkaufen

Markt ▶ **Farmers' Market:** Letzter Sa des Monats.

Termine

›**Well-dressing**‹ (Mai–Sept.): Verschiedene Orte im Peak District: Tableaus und Bilder aus Blumen und Blättern schmücken den Dorfbrunnen. Terminliste in den Tourist Offices, oder Well Dressing Guide anfordern: Tel. 01246 34 57 77. Siehe auch http://welldressing.com/ für Fotos und Termine.

Bakewell Show (1. Aug.-Wochenende): Seit mehr als 180 Jahren veranstalteter Agrarmarkt mit Unterhaltungsprogramm, Reitturnier, Blumen.

Verkehr

Bus: Nach Bakewell ab Manchester, Nottingham und Derby.

13 Chatsworth House
 ▶ **H 14**

Nördlich der Kleinstadt liegt ein Ort, der wie kein anderer die aristokratische Tradition verkörpert: Chatsworth House gehört zu den grandiosesten Herrenhäusern des Landes und befindet sich seit über 400 Jahren im Besitz der Cavendish-Familie, deren Oberhaupt den Titel Herzog von Devonshire trägt. Das Haus stellt den Reichtum einer Familie, die im 18. und 19. Jh. zu den mächtigsten Englands gehörte und noch in unseren Tagen erheblichen Besitz und hohes gesellschaftliches Ansehen genießt, offen zur Schau.

Schon die Anreise über die Hauptstraße, die neben dem ruhigen Fluss Derwent durch den über 5000 ha großen, mit altem Baumbestand geschmückten Park des Herzogs verläuft, beeindruckt. Die Straße führt durch zwei Dörfer, Pilsley und Edensor, in die die Einwohner des Guts umgesiedelt wurden, damit die Aussicht der Herzöge über ihren Park nicht gestört wurde. Beim Bau von Edensor (gesprochen: Ensor) Mitte des 19. Jh. scheute der Architekt Joseph Paxton keine Mühen. Er entwarf jedes Haus in einem anderen Stil.

Park und Garten gestalteten Capability Brown im 18. und Paxton im 19. Jh., beide die bekanntesten Gärtner ihrer Zeit. Der Garten ist ein abwechslungsreiches Ensemble von Teichen, Grotten, Gewächshäusern, einer reichhaltigen Sammlung exotischer und einheimischer Pflanzen, einer langen Kaskade und einer 40 m hohen Fontäne des großen Springbrunnens. Im bewaldeten, durch Wanderwege erschlossenen Park befinden sich zwei Denkmäler aus dem 16. Jh., die zum ersten Chatsworth House gehörten: ein Turm auf dem Hügel hinter dem Haus und ein befestigter Bau neben der Einfahrt, der als Gefängnis für Maria Stuart gedient haben soll.

Das riesige Haus im klassizistischen Stil entstand 1685–1707. Vom Vorgängerbau des 16. Jh. blieb noch ein Turm erhalten, und 1820–30 wurde der Nordflügel hinzugefügt.

17 500 Bände umfasst die Bibliothek von Chatsworth House

Für den Bau und die reiche Innenausstattung wurden Architekten, Maler und Stuckateure aus England, den Niederlanden, Italien und Frankreich herangezogen. Auch ein Bildhauer aus der Gegend, Samuel Watson, lieferte hervorragende Arbeiten aus Marmor, Stein und Holz. Auf einem langen Rundgang durch die vielen Prunksäle kann der gesammelte Familienreichtum der letzten 300 Jahre besichtigt werden. Die Räume sind mit Kostbarem und Protzigem fast überfüllt: Gemälde von Tintoretto, Van Dyck, Rembrandt und Hals, Skulpturen von Canova, Porzellan verschiedener Epochen aus Ost und West, Essgeschirr und Silberbestecke, wertvolle Möbel, eine Bibliothek mit 17 500 Bänden und allerlei Kuriositäten (www.chatsworth.org, Haus, Garten und Farm: Mitte März–Dez. tgl. 11–17.30 Uhr).

Übernachten

Herzöglich ▶ Cavendish Hotel: Baslow, Tel. 01246 58 23 11, www.cavendish-hotel.net. Nahe Chatsworth House, wunderschön gelegen auf dem Gut der Herzöge von Devonshire. Das hoteleigene Gallery Restaurant bietet gute französische und britische Küche

(tgl. 12–14, 18–22 Uhr, 2 Gänge 35 £); preiswerter ist der Garden Room mit britischen und italienischen Gerichten (10–22 £). DZ ab 169 £.

Essen & Trinken

Spitzenküche ▶ Fischer's Baslow Hall: Calver Rd., Baslow, Tel. 01246 58 32 59, Mo–Sa 12–13.30, ab 19 Uhr. Sterne-Koch Max Fischer führt seit über 15 Jahren eine der besten Adressen des Landes. Hauptsächlich französische Küche, Lammfleisch aus dem Peak District und Wild vom Chatsworth-Gut stehen auf der Speisekarte. Menü mittags 50 £, abends ab 55 £, komplettes Abendmenü 72 £.

Gutskneipe ▶ The Devonshire Arms: Pub im schönen Pilsley nahe Chatsworth House (tgl. 12–14.30, 18–21 Uhr), wegen der Ales und der gehobenen Pub-Küche empfehlenswert. Gerichte 10–15 £.

Einkaufen

Lebensmittel ▶ Chatsworth Shop: In Pilsley, Erzeugnisse der herzoglichen Farm, z. B. Wild, Fleisch und Gemüse.

Termin

Chatsworth Country Fair (Ende Aug./ Anfang Sept.): Im Park des Herrenhauses, Tontaubenschießen und andere *country sports,* Hundeschau, Heißluftballons, Militärmusik usw.

Von Haddon Hall nach Matlock

Haddon Hall ▶ **H 14**

Der Herzog von Devonshire muss nicht weit fahren, um einen standesgemäßen Ebenbürtigen zu besuchen. **Haddon Hall** 5, Sitz des Herzogs von Rutland, liegt wenige Kilometer von Chatsworth entfernt an der A 6 östlich von Bakewell. Im Gegensatz zu Chatsworth macht Haddon einen urtümlichen, romantischen Eindruck. Das Haus, das zu den besterhaltenen englischen Herrensitzen des Mittelalters gehört, weist eine Mischung verschiedener Baustile auf. Aus dem 12. Jh. stammt die normannische Kapelle, aus gotischer Zeit die Küche, und die große Bankett-halle wurde um etwa 1370 gebaut. Ebenfalls sehenswert sind die Rosenterrassen. Die jetzigen Besitzer, die Manners-Familie, erwarben das Anwesen ›erst‹ im Jahre 1567 durch Heirat, in den 1920er-Jahren machte der 9. Herzog das Haus wieder bewohnbar (Mai– Sept. tgl. 12–17 Uhr).

Matlock und Matlock Bath
▶ **H 14**

Das Tal des Derwent bei den Orten **Matlock** und **Matlock Bath** 6 ist für die Ballungsgebiete der East Midlands ein Erholungsgebiet. Im Kurort Matlock Bath zeugen die Gartenanlagen am Derwent, der zwischen Felswänden durch eine tiefe Schlucht fließt, und die auf den Höhen erbauten Häuser von früherem Reichtum. Auch die industrielle Vergangenheit hat ihre Spuren hinterlassen; Blei wurde hier schon zur Römerzeit gewonnen. Das **Peak District Mining Museum** im ehemaligen Kurhaus informiert darüber (Sommer tgl. 10–17, Winter 11–15 Uhr). Familienunterhaltung bietet der Freizeitpark **Gulliver's**

Kingdom (Juni–Aug. tgl. 10.30–17, Mai und Sept. Sa/So 10.30–17 Uhr). Für einen Panoramablick kann man mit der Gondelbahn zu den **Heights of Abraham** hinauffahren (April– Sept. tgl. 10–17 Uhr).

Der 24 km lange Abschnitt des Derwent-Tals zwischen Matlock und der südlich gelegenen alten grafschaftlichen Hauptstadt Derby wurde von der UNESCO zu einer Stätte des Welterbes erklärt. Hier befinden sich viele Denkmäler der Industriegeschichte, vor allem die Textilfabriken **Masson Mills** in Matlock Bath und **Cromford Mill** 7 aus dem Jahre 1771, in der der Unternehmer Richard Arkwright erstmalig Wasserkraft zum Spinnen von Baumwolle einsetzte. Beide Fabriken sind heute Museen, viel Restaurierungsarbeit ist allerdings noch zu leisten, bis wirklich erstklassige Besucherattraktionen der Bedeutung dieser Orte gerecht werden (Masson Mills: Mo–Sa 10–16, So 11–16 Uhr; Cromford Mill: tgl. 9–17 Uhr).

Infos
Crown Square: Matlock, Tel. 01629 58 33 88, Mo–Sa 10–17, Nov.–Feb. 10.30–16 Uhr.

Übernachten
Mit Garten ▶ **Red House Country Hotel:** Darley Dale (4 km nördl. von Matlock abseits der A 6), Tel. 01629 73 48 54, www.thered housecountryhotel.co.uk. Neun Zimmer in einem schön gelegenen Haus. DZ 120 £.

Denkmalgeschützt ▶ **Hodgkinsons Hotel:** 150 South Parade, Matlock Bath, Tel. 016 29 58 21 70, www.hodgkinsons-hotel.co.uk. Acht Zimmer mit viktorianischer Einrichtung; die italienische Abstammung des Eigentümers kommt im Restaurant zur Geltung (2- Gänge-Menü 30 £). DZ 93–145 £.

B & B ▶ **Fountain Villa:** 86 North Parade, Matlock Bath, Tel. 01629 561 95, www.foun tainvilla.co.uk. In einem eleganten Haus aus georgianischer Zeit. DZ 55–75 £.

Essen & Trinken
Pub-Küche ▶ **Boathouse:** 110 Dale Rd., Matlock, Tel. 01629 58 15 19. Altmodische Kneipe mit preiswerter Küche. Für höhere An-

sprüche ist das Hodgkinsons Hotel (s. o.) die richtige Adresse.

Aktiv

Radfahren ▶ **High Peak Trail,** ein 28 km langer Radweg von Cromford nach Dowlow bei Buxton, verläuft weitgehend auf einer stillgelegten Eisenbahntrasse.

Verkehr

Bahn: Von Derby oder Nottingham.
Bus: Regionale Verbindungen.

Hardwick Hall und Kedleston Hall ▶ J 14

Zwei große Häuser, als außergewöhnlich gute Beispiele der Architektur ihrer Zeit beide im Besitz des National Trust, liegen am östlichen Rande des Peak District National Park. Die im späten 16. Jh. gebaute **Hardwick Hall** **8**, westlich von Mansfield über die A 617 zu erreichen, zeigt den elisabethanischen Stil in seiner extravagantesten Ausprägung. Die wehrhafte, pittoreske Erscheinung früherer Epochen weicht einer symmetrischen Bauweise mit vielen sehr großen Glasfenstern. Die prachtvolle Innenausstattung besteht vielfach noch aus der ursprünglichen Möblierung. Die Schönheit der Long Gallery und der High Great Chamber mit ihren Wandteppiche ist im Land wohl unübertroffen (Haus: März–Okt. Mi–So 12–16.30 Uhr; Garten: März–Okt. Mi–So 11–17 Uhr; Anfahrt mit dem Bus ab Bahnhof Chesterfield).

Kedleston Hall 9 nördlich von Derby entstand um 1760 im Stil des Palladianismus. Die prächtige Innenarchitektur gehört zu den besten Leistungen von Robert Adam, dem führenden englischen Architekten dieser Zeit. Kedleston befand sich 800 Jahre im Besitz der Curzon-Familie, deren berühmtestes Mitglied 1898–1905 Vizekönig von Indien war. Die Kirche aus dem 12. Jh. ist seinem Gedenken gewidmet, das Eastern Museum mit Kunstwerken aus Silber und Elfenbein zeugt von seiner Sammlertätigkeit (März–Okt. Sa–Mi, Haus: 12–17, Garten: tgl. 10–18 Uhr).

Sheffield ▶ J 13

Die Stahlstadt Sheffield an der Ostseite des Peak District ist seit dem Mittelalter für Messer und Klingen, seit dem 16. Jh. für Besteck berühmt. Hier erfand Benjamin Huntsman 1740 einen Prozess zur Herstellung von Tiegelstahl, und ab 1912 fanden wichtige Innovationen in der Edelstahltechnik statt. Der Niedergang der Stahlindustrie traf Sheffield hart: Obwohl hochwertiges Stahl noch heute in der Region produziert wird, ist die Zahl der Beschäftigten stark zurückgegangen. Durch eine diversifizierte Dienstleistungsbranche und zwei Universitäten, an denen über 50 000 Studenten eingeschrieben sind, erholte sich Sheffield seit den 1990er-Jahren merklich und gehört mit 535 000 Einwohnern zu den bedeutendsten englischen Großstädten.

Das Stadtbild insgesamt ist enttäuschend, doch sind bei der Sanierung des Zentrums große Fortschritte zu verzeichnen. Sheffield verfügt außerdem über einige empfehlenswerte Besucherattraktionen: Vom Bahnhof aus, wo eine Großplastik aus Sheffield-Stahl, The Cutting Edge, steht, führt die **Gold Route** zu neu gestalteten öffentlichen Plätzen mit Kaskaden und Kunstwerken wie den **Peace Gardens** mit der Bochum Bell, einer von der deutschen Partnerstadt geschenkten Glocke. Der **Winter Garden** am Millennium Square ist ein 70 m langes, 22 m hohes modernes Gewächshaus mit Pflanzen aus aller Welt mitten in der Stadt. Die angrenzenden **Millennium Galleries** bergen bedeutende Sammlungen: Die Metalwork Gallery präsentiert Kunsthandwerk aus Metall und die Geschichte der Metallverarbeitung in Sheffield. Die Ruskin Collection stellt die Kunst- und Architektursammlung des Kunstkritikers John Ruskin aus (Arundel Gate, www.museums-shef field.org.uk, Mo– Sa 10–17, So 11–16 Uhr). Von hier ist es nicht weit zur **Graves Gallery,** deren Stärke britische Malerei seit dem 16. Jh. sowie moderne britische Kunst ist (Surrey St., Mi–Fr 10–15, Sa 11–15 Uhr).

Außerhalb der Stadtmitte sind zwei interessante Industriemuseen zu besichtigen. Das **Kelham Island Museum** lässt die Ver-

Alte Backstein-Brennöfen im Gladstone Pottery Museum

gangenheit der Metall verarbeitenden Industrien wieder aufleben (Alma St. bei Corporation St.), während im **Abbeydale Industrial Hamlet** (Abbeydale Rd. South, ca. 8 km südwestl. an der A 621), ein Stahlofen von 1830 sowie von Wasser- und Dampfkraft betriebene Anlagen zur Herstellung von Messern, Klingen und Landwirtschaftsgeräten zu sehen sind (beide Museen Mo–Do 10–16, So 11–16.45 Uhr, www.simt.co.uk).

Auskunft

Visitor Information Point: 14 Norfolk Row, Tel. 0114 221 19 00, www.sheffield.gov.uk.

Essen und Trinken

Authentischer Italiener ▶ **Nonna's:** 537–541 Ecclesall Rd. (3 km westl. der Stadtmitte an der A 625), Tel. 0114 268 61 66. Caffe tgl. 8.30–23 Uhr, Restaurant 12–15.30, 18–21.30, So bis 20.45 Uhr. Pasta 9–10 £, Fleisch- und Fischgerichte 17 £.

Alte Kneipe ▶ **The Fat Cat:** Alma St. (nahe Kelham Island), Tel. 0114 249 48 01, Küche tgl. 12–15, Mo–Sa 18–20 Uhr. Indische Gerichte, Pub-Essen wie Pies für ca. 5 £.

Verkehr

Gute Bus- und Bahnverbindungen nach London und anderen englischen Großstädten.

Stoke-on-Trent ▶ H 14

Die Gegend rund um Stoke-on-Trent, eine 250 000 Einwohner zählende Stadt westlich des Peak District, heißt nach den seit Jahrhunderten hier angesiedelten Töpfereien *The Potteries.* Die Erde war hier nicht so fruchtbar wie in benachbarten Gebieten, bot aber reichlich Ton für Steingut, Kohle für die Brennöfen sowie Blei und Salz für die Glasur. Mit der Industriellen Revolution wurden die Dörfer zu Städten und die kleinen Betriebe der Töpfer zu Fabriken.

Unternehmer wie Josiah Wedgwood und Josiah Spode erfanden bessere Herstellungsmethoden. Die leuchtend glasierte Keramik von Wedgwood schmückte die Tafeln des Königshauses und der Zarin Katharina II., wurde aber auch in Massen hergestellt. Spodes Innovation hieß *bone china,* ein exquisites Porzellan, das zu 50 % aus Knochenmehl bestand. Dank der

Peak District

Kanäle des 18. Jh. und später der Eisenbahn konnten Rohmaterialien und die fertige Ware billiger und bruchsicherer transportiert werden, sodass Stoke zum Keramikzentrum des britischen Empire wurde und seine Erzeugnisse in die ganze Welt exportierte.

Die wirtschaftliche Entwicklung schaffte Verhältnisse, von denen sich Stoke erst jetzt erholt. Die Potteries waren für ihre Luftverschmutzung berüchtigt. Hunderte von Brennöfen verpesteten die Luft mit ihren niedrigen Schloten. Die Abgase der Stahlindustrie und die verseuchten Abraumhalden der Kohlezechen taten ein Übriges. Seit die kleinen Töpfereien und die Stahl- und Kohlebetriebe ihre Tore schlossen, ist die Umwelt weniger belastet, aber viele Arbeitsplätze gingen verloren. Da Stoke-on-Trent aus sechs Gemeinden gebildet wurde, hat sie kein richtiges Zentrum, es fehlt an Prachtstraßen oder historischen Bauten. Stolz sind die Bewohner auf zwei berühmte Söhne der Stadt, den gefeierten Fußballspieler der Nachkriegszeit, Stanley Matthews, und den 1974 hier geborenen Pop-Star Robbie Williams.

Gladstone Pottery

Das **Gladstone Pottery Museum,** wo Keramik mit traditionellen Methoden hergestellt wird, ist die besterhaltene der historischen Töpfereien. Die kleine Fabrik oder *potbank* erhielt ihr heutiges Aussehen um 1850, obwohl einige Teile älter sind. Die Gebäude aus rußgeschwärztem Backstein gruppieren sich unregelmäßig um einen kopfsteingepflasterten Hof. Auffallend ist die Flaschenform der zylindrischen Brennöfen. Die Produkte wurden mühevoll in keramischen Schutzbehältern verpackt, so hoch gestapelt, wie es die schrägen Wände erlaubten, und anschließend zwei Tage lang gebrannt.

Im Museum werden alle Arbeitsgänge von der Vorbereitung des Tons bis zum Brennen der gestapelten Ware gezeigt. Eine restaurierte Dampfmaschine aus dem 19. Jh., die bis in die 1960er-Jahre in Betrieb war, liefert heute wieder die Energie (Gladstone Pottery Museum im Ortsteil Longton, Anfahrt über die A 50, tgl. 10–17 Uhr).

Weitere Sehenswürdigkeiten

Während die kleinen Töpfereien mit ihren charakteristischen Flaschenöfen Geschichte sind, gedeihen in Stoke noch einige moderne Keramikbetriebe. Im Stadtteil Barlaston man die Fabrik der Firma **Wedgwood** besichtigen und die eigene Geschicklichkeit als Töpfer oder Keramikmaler unter Beweis stellen (Wedgwood Visitor Center, Barlaston am südl. Stadtrand, über die A 34 erreichbar, Mo–Fr 10–17, Sa/So 10–16 Uhr).

Das **Etruria Industrial Museum**, 2001 nach einer umfassenden Restaurierung neu eröffnet, zeigt Anlagen zum Mahlen von Knochen und Feuerstein. Hier, wie bei manch anderem englischen Industriedenkmal sieht man, dass viele Fabriken Mitte des 20. Jh. infolge fehlender Investitionen so wettbewerbsunfähig waren, dass sie in kurzer Zeit von einer Produktionsstätte zu einem Museum umfunktioniert wurden. Die Anlagen in Etruria blieben bis 1972 in Betrieb – nahezu unverändert mit den Produktionsweisen und der Maschinerie der 1820er-Jahre (Lower Bedford St. nahe Bahnhof Stoke-on-Trent, April–Nov. Mi–So 12–16.30 Uhr).

Im **Potteries Museum and Art Gallery** im Stadtteil Hanley sieht man eine ausgezeichnete Sammlung von Keramik aus der Region, anderen europäischen Ländern und aus Nah- und Fernost (Bethesda St., Mo–Sa 10–17, So 14–17 Uhr).

Infos

Tourist Information Centre: Bagnall St., Hanley, Stoke-on-Trent, Tel. 01782 23 60 00, Fax 01782 23 60 05, www.visitstoke.co.uk, Mo–Fr 9–17, Sa 10–14 Uhr.

Übernachten

Als Ort zum Übernachten ist die Gegend nicht empfehlenswert. Besser sind B & Bs am Rand des Peak District, z. B.

Ländlich ▶ Beechenhill Farm: Ilam, Ashbourne, 35 km östl. von Stoke, Tel. 01335 31 02 74, www.beechenhill.co.uk. Zwei schöne Zimmer sowie zwei Cottages im freundlichen Ambiente eines Bio-Bauernhofs, mindestens zwei Nächte. DZ 84 £.

Einkaufen

Keramik ▶ Wedgwood and Royal Doulton Factory Shop: Forge Lane, Etruria. Feine Produkte von Wedgwood, Royal Doulton und anderen Marken. Für Adressen weiterer Fabrik-Outlets s. www.visitstoke.co.uk.

Verkehr

Bahn: Häufige Verbindungen nach Manchester und Birmingham.

Alton Towers ▶ H 14

Der Freizeitpark Alton Towers ist einer der meistbesuchten englischen Freizeitparks. Ein Herrenhaus des 19. Jh. mit Gartenanlagen steht inmitten des ganzen Unterhaltungstrubels der Looping-Bahnen (Ostern–Okt. tgl. 10–17 Uhr; über die A 52 östl. von Stoke-on-Trent zu erreichen).

Little Moreton Hall ▶ H 14

Im Nordwesten Englands und in den Grafschaften entlang der walisischen Grenze, wo guter Baustein relativ schwer zu beschaffen war, herrschte in früheren Jahrhunderten die Fachwerkbauweise vor. Neben Chester und Shrewsbury, wo viele Prachtbeispiele zu se-

hen sind, gibt es eine Reihe von Landsitzen des kleineren Adels, dessen Fachwerk im sogenannten ›black and white‹-Baustil komplizierte dekorative Muster aufweist. Little Moreton Hall in der Grafschaft Cheshire gilt als schönstes Haus in diesem Stil. Der Sitz der Moreton-Familie entstand zwischen 1450 und 1580. Auf den ersten Blick erscheint das krumme, asymmetrische Gebäude mit vorkragenden Geschossen fast unwirklich. Von innen wie von außen erinnert der Bau an ein uraltes Segelschiff, nicht zuletzt, weil die Bretter der unebenen Böden so knarren.

Von den Fundamenten bis zu den Giebeln ist jede Fläche mit Kreuz-, Zickzack- und Vierpassmustern überzogen. Sehenswert sind auch die Holzschnitzereien an den Dachüberständen und die Holztäfelung in den Innenräumen. Der National Trust, der Little Moreton Hall verwaltet, hat sorgfältige Restaurierungsarbeiten durchgeführt und eine informative Ausstellung und Führung zur Geschichte und Architektur des Hauses vorbereitet (15 km nördl. von Stoke-on-Trent auf der Straße A 34 in Richtung Congleton; April–Okt. Mi–So 11–17, Nov./Dez., März Sa/So 11–16 Uhr).

Einer der malerischsten Fachwerk-Landsitze Englands: Little Moreton Hall

Birmingham und Umgebung

Die Großstadt in Englands Mitte glänzt wieder. Neue Freizeitviertel entstanden an den Kanalufern, und eine radikale Umgestaltung der Stadtmitte beseitigte Bausünden der Nachkriegszeit. Mit Shopping, Nachtleben, asiatischer Küche und Kultur profiliert sich die Metropole, die nach London die meisten ausländischen Besucher zählt.

Birmingham ▶ H 15/16

Cityplan: S. 320/321

Birmingham, mit knapp über 1 Mio. Einwohnern die zweitgrößte Stadt Englands, bemüht sich mit zunehmendem Erfolg, seinen schlechten Ruf loszuwerden. Bei dem Wiederaufbau des von Bomben stark beschädigten Stadtzentrums wurden in der Nachkriegszeit und den 1960er-Jahren schwerwiegende Planungsfehler gemacht, die in den letzten Jahren durch großflächige Abrisse und die Verlegung von Straßen unter die Erde nach und nach beseitigt wurden.

Heute bereiten neue Einkaufszonen und sanierte Kanalufer Besuchern, die Birmingham zuletzt vor zehn Jahren sahen, eine freudige Überraschung. Die Stadtmitte wurde fast komplett erneuert und mit Großplastiken geschmückt. Die Kaufkraft des Ballungsgebiets hat feine Einzelhandelsunternehmen aus London angelockt, allen voran das Kaufhaus Selfridges, das mit einem kühnen, von 15 000 Aluminiumplatten bedeckten Neubau von sich reden macht. Unter den positiven Faktoren sind ferner ein reges kulturelles Leben, vor allem die Konzerte des anerkannten City of Birmingham Symphony Orchestra, sowie die gastronomischen Einflüsse der vielen Einwanderer aus China und vom indischen Subkontinent zu nennen.

Engländer aus anderen Landesteilen bemitleiden die *Brummies,* wie Einwohner von Birmingham landläufig genannt werden, um ihren Akzent, den fast keiner für wohlklingend hält. Als »drei Millionen Menschen mit einem gemeinsamen Sprachfehler« bezeichnete der Lokalheld, der Komiker Jasper Carrott, die Bevölkerung der Region. Dabei ist man stolz auf die Metropole und ihre Geschichte. Stadtrecht erhielt Birmingham bereits 1166, damals ein Marktflecken für die Umgebung. Im 16. und 17. Jh. führte das Vorkommen von Kohle und Eisenerz sowie vorhandene Wasserkraft von kleinen Flüssen zum Beginn der industriellen Entwicklung. Im 18. Jh. setzte ein rasantes Wachstum ein, vor allem in Metall verarbeitenden Branchen. Neben Großbetrieben gab es Spezialisten wie Waffen- und Goldschmiede. Mit der verbesserten Transportinfrastruktur durch den Bau der Kanäle und der Eisenbahn wurde die zentrale Lage von Birmingham zu einem entscheidenden Vorteil. Öffentliche Bauten in der Stadtmitte und die hervorragende städtische Kunstsammlung zeugen vom Reichtum der Stadt während der viktorianischen Zeit.

Vom Victoria Square zum Brindleyplace

Startpunkt für einen Rundgang ist der Victoria Square mit dem in englischen Großstädten obligatorischen Denkmal für Queen Victoria sowie einem gelungenen modernen Springbrunnen. Hier stellte das Bürgertum des 19. Jh. seinen Stolz auf die Heimatstadt zu Schau: Die **Town Hall** **1**, 1834 im Stil eines griechischen Tempels erbaut, und das

1879 fertiggestellte Council House im klassizistischen Stil dominieren den Platz.

Nur ein paar Schritte weiter am Chamberlain Square steht die unbedingt sehenswerte **Birmingham City Museum and Art Gallery** 2 mit einer bedeutenden Gemäldesammlung der englischen Maler, besonders der Präraffaeliten, aber auch Werke von Murillo, Lucas Cranach, Van Dyck und verschiedenen italienischen Meistern sowie Skulpturen von Rodin, Henry Moore und anderen (www. bmag.org.uk, Mo–Sa 10–17, So 12.30–17 Uhr).

Die Broad Street führt vorbei am neuen **International Convention Centre** 3, in dem die moderne Konzerthalle des City of Birmingham Symphony Orchestra beheimatet ist, zum sanierten Freizeitviertel an den Kanälen. Über eine Treppe geht es hinunter zum Kanalbecken **Gas Street Basin** 4, das sich hübscher präsentiert, als der Name vermuten lässt. Die Kulisse von bunten Kanalbooten und restaurierten Backsteinhäusern lädt zu einer Pause in einem der Pubs und Cafés ein, die sich am Ufer etabliert haben. Für einen Kanalspaziergang empfiehlt sich die Strecke zwischen Gas Street Basin und den gelungenen Neubauten am **Brindleyplace** 5 mit dem modernen Aquarium **National Sea Life Centre** (Mo–Fr 10–17, Sa/So bis 16 Uhr) und der **Ikon Gallery,** einer angesehenen Galerie für zeitgenössische Kunst (1 Oozells Square, Brindleyplace, Di–So 11–18 Uhr). Der Treidelpfad führt von Brindleyplace weiter in nördlicher Richtung bis zur Newhall Street.

Durch das Jewellery Quarter zum Thinktank

Die Gegend um **St Paul's Square** 6 wurde im 18. Jh. von den Grundbesitzern, der Familie Colmore, als neues Viertel geplant. Hier stehen schöne Häuser aus georgianischer Zeit und die 1779 fertiggestellte St-Paul's-Kirche. Nördlich davon befindet sich das **Jewellery Quarter** 4, wo seit über 200 Jahren Goldschmiede in unzähligen kleinen Werkstätten ihr Handwerk betreiben. In den vielen Juwelierläden des Viertels findet man Schnäppchen – direkt vom Erzeuger.

Ein ausgesprochenes Kuriosum bietet das **Museum of the Jewellery Quarter** 7 in der Vyse Street. Hier wurde die Werkstatt der 1899 gegründeten und bis 1981 von drei Kindern des Gründers geführten Firma Smith und Pepper so bewahrt, wie die Goldschmiede sie bei der Schließung hinterließen: Werkzeug, Auftragsbuch, Teetassen, die auf 6:41 Uhr stehen gebliebene Uhr. Beim Besuch könnte man den Eindruck gewinnen, die Arbeiter hätten gerade für die Mittagspause ihre Plätze verlassen. Bei der Geschäftsaufgabe schloss man einfach ab und ließ alles liegen; nach dem Willen der Museumsleitung bleibt es so (77–79 Vyse St., Stadtteil Hockley, Busse 16, 74, 78, 79, 101 und 8C, Di–Sa 10.30–16 Uhr).

Birmingham besitzt eine römisch-katholische Kathedrale aus dem 19. Jh., die erste in England nach der Reformation. Architekt der **Cathedral of St Chad** 8 war der Pionier der Neugotik in England, Augustus Pugin. Die **Church of St Philip** 9 wurde 1711–25 im barocken Stil erbaut, 1884–85 mit Glasfenstern von Edward Burne-Jones verschönert und 1905 in den Rang einer anglikanischen Kathedrale erhoben.

Östlich der Stadtmitte in der Curzon Street befindet sich das ehemalige Museum of Science and Industry, nun moderner und besucherfreundlicher unter dem Namen **Thinktank** 10. Hier können Kinder und Erwachsene anhand vieler interaktiver Exponate die Welt der Wissenschaft entdecken und Filme auf der Großleinwand des Imax-Kinos sehen. Neben diesen neuen Attraktionen bleiben die alten, der Entwicklung der Stadt und ihrer Industrien gewidmeten Ausstellungen, beeindruckend, z. B. die von James Watt erfundene Dampfmaschine Smethwick Engine (tgl. 10–17 Uhr).

Birmingham Back to Backs

Ab dem frühen 19. Jh. wurden sogenannte ›back-to-back‹-Behausungen 11 für die Arbeiterklasse errichtet. In der Stadtmitte von Birmingham entstanden 20 000 Höfe mit Häusern, die nur ein Zimmer tief waren, d. h. auf der Rückseite eines Zimmers befand sich

Birmingham

Sehenswert

1 Town Hall
2 Birmingham City Museum and Art Gallery
3 International Convention Centre
4 Gas Street Basin
5 Brindleyplace (National Sea Life Centre und Ikon Gallery)
6 St Paul's Square
7 Museum of the Jewellery Quarter
8 Cathedral of St Chad
9 Church of St Philip
10 Thinktank
11 ›back-to-back‹- Behausungen
12 Barber Institute of Fine Arts
13 Aston Hall
14 Cadbury World
15 National Motorcycle Museum

Übernachten

1 Hotel du Vin
2 Staying Cool
3 Woodlands Hotel
4 Nitenite
5 Central Backpackers

Essen & Trinken

1 Purnell's
2 Lasan
3 Al Frash
4 Café Ikon
5 Chung Ying Garden

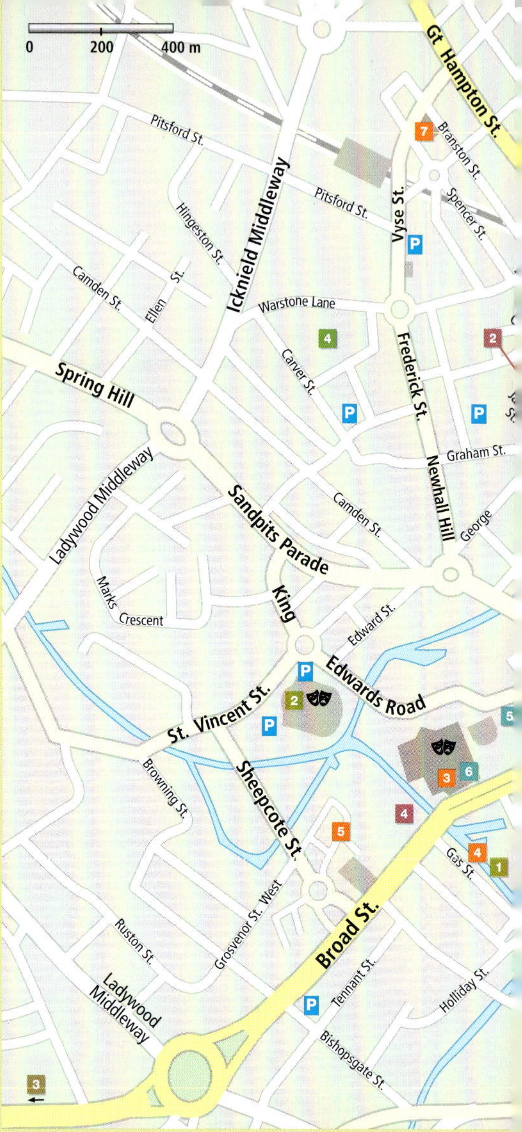

Einkaufen

1 Bullring
2 The Mailbox
3 Custard Factory
4 Jewellery Quarter
5 Balti Triangle

Abends & Nachts

1 The Old Joint Stock
2 The Rainbow

schon ein Haus des benachbarten Hofes, Fenster und Eingang gab es nur auf der Vorderseite. Elf Häuser dieser Art überstanden Kriegszerstörung und Sanierung der Nachkriegszeit, wurden mit originalgetreuer Möblierung restauriert und 2004 für den Besucher

3 The Jam House	**6** City of Birmingham Symphony Orchestra (CBSO)
4 Gay Village	
5 Birmingham Repertory Theatre	**7** Hippodrome
	8 Electric Cinema

Aktiv

1 Second City Canal Cruises
2 National Indoor Arena (NIA)

zugänglich gemacht. Drei verschiedene Perioden von den 1840er- bis zu den 1930er-Jahren werden gezeigt (50–54 Inge St. neben dem Hippodrome Theatre, Di–So 10–17 Uhr, nur mit Führung, Vorbuchung empfohlen: Tel. 0121 666 76 71).

Birmingham und Umgebung

Außerhalb des Zentrums

Südwestlich der Stadtmitte befindet sich der grüne Vorort Edgbaston mit dem botanischen Garten (Westbourne Rd., tgl. 10–19 Uhr) und dem Universitätsviertel. Die Attraktion ist hier das **Barber Institute of Fine Arts** , eine kleine, aber erlesene Sammlung europäischer Kunst seit dem 13. Jh. Französische Impressionisten sind ebenso vertreten wie Botticelli und Rembrandt, Picasso und Magritte sowie große britische Maler wie Gainsborough und Turner (University Rd., www.barber.org.uk, Bus 61, 62 oder 63 ab Corporation St. oder Zug ab New St. bis University; Mo–Sa 10–17, So 11–17 Uhr).

4 km nördlich vom Zentrum im Stadtteil Aston steht ein Haus aus der Zeit 1618–35, **Aston Hall** 13, im frühen 19. Jh. Wohnsitz des Ingenieurs James Watt. Die Stuckdecken sowie die Holztäfelungen und -schnitzereien stammen aus der Bauzeit, die Möblierung und Gemälde teilweise aus dem 17., teilweise aus dem 19. Jh. (Busse 65, 104 und 105, Lichfield Road, oder 7 und 11, Kreuzung Aston Lane/Brookvale Road; Ostern–Okt. Di–So 12–16 Uhr).

Cadbury World 14 in Bournville, 7 km südwestlich der Stadtmitte, ist eine ungewöhnliche Fabrikausstellung. Die Familie Cadbury begann 1831 mit der Herstellung von Süßwaren; bis heute ist die Firma ein führender Schokoladenfabrikant. Die Cadburys, fromme Mitglieder der Quäker-Sekte, waren um das Wohl der Arbeiter besorgt und verlegten 1879 die Produktion in den ›gesünderen‹ Vorort Bournville. Dort gründeten sie eine vorbildliche Arbeitersiedlung, die noch Dorfcharakter besitzt. Die Ausstellung informiert über die Geschichte der Schokolade seit der Azteken-Zeit, die Herstellung der verschiedenen Produkte, die Sozialgeschichte des Werks und die Entwicklung von Verpackung und Werbung für das Produkt Schokolade (Feb.–Nov. tgl., Kernzeit 10–15 Uhr, Reservierung erforderlich: www.cadburyworld.co.uk und Tel. 0844 880 76 67).

Die Bedeutung dieser Industrieregion in der Transportgeschichte wird im **National Motorcycle Museum** 15 gewürdigt. Die eindrucksvolle Sammlung befindet sich im Stadtteil Bickenhill an der A 45 Richtung Coventry (tgl. 9.30–17.30 Uhr).

Wahrzeichen des modernen Birmingham: Das Kaufhaus Selfridges

Infos

Tourist Information Centre: The Rotunda, 150 New St., Tel. 0844 888 38 83, www.visitbirmingham.com, Mo–Sa 9–17, So 10–16 Uhr.

Übernachten

Exklusiv ▶ **Hotel du Vin** 1: Church St., Tel. 0121 200 06 00, www.hotelduvin.com. Das stilvollste Hotel der Stadt, der gelungene Umbau einer Augenklinik aus dem 19. Jh. mit Bistro und Weinangebot der gehobenen Klasse. Individuell eingerichtete Zimmer mit großen Betten und allem Komfort. DZ ab 135 £.

FeWo zentra ▶ **Staying Cool** 2: The Rotunda, Tel. 0121 285 12 50, www.stayingcool.com. The Rotunda ist ein kreisförmiges Hochhaus mitten in der Einkaufszone. Studio- und größere Apartments in den oberen Etagen mit einem tollen Ausblick und schicker Einrichtung. Ab ca. 100 £.

Familiengeführt ▶ **Woodlands Hotel** 3: 379–381 Hagley Rd., Tel. 0121 420 23 41, www.thewoodlandshotel.co.uk. 2 km westl. des Zentrums in dem Wohngebiet Edgbaston. DZ 50–64 £.

Klein und fein ▶ **Nitenite** 4: 18 Holliday St., Tel. 08458 90 09 99, www.nitenite.com. Unkonventionell: sehr kleine, aber perfekt eingerichtete Zimmer für einen preiswerten Kurzaufenthalt in zentraler Lage. DZ ab 40 £.

Günstig ▶ **Birmingham Central Backpackers** 5: 58 Coventry St., Tel. 0121 643 00 33, www.birminghamcentralbackpackers.com. Gut ausgestattete privat geführte Herberge, 4- bis 8-Bett-Zimmer, Stadtmitte zu Fuß erreichbar. 12,50–20 £ pro Person.

Essen & Trinken

Spitzenküche ▶ **Purnell's** 1: 55 Cornwall St., Tel. 0121 212 97 99, Di–Fr am 12, letzte Bestellung 13.30 Uhr, Di–Sa am 19, letzte Bestellung 21.30 Uhr. Glynn Purnells innovative Küche brachte ihm einen Michelin-Stern. 3-Gänge-Menü 48 £. Fast ein Schnäppchen: mittags 3 Gänge 26 £.

Edel-Inder ▶ **Lasan** 2: 3–4 Dakota Buildings, James St., Tel. 0121 212 36 64, So–Fr

Tipp: Asiatische Küche

Asiatische Küche ist in Birmingham ein besonderer Genuss, z. B. in den ca. 50 pakistanischen Restaurants im ›**Balti-Dreieck**‹ 5 an der Ladypool Road im Stadtteil Balsall Heath, 3 km südlich vom Zentrum, und in **Chinatown** an der Hurst Street südlich der New Street Station. ›Balti‹ bezeichnet ein Gericht, das in dem Wok-ähnlichen ›Kahari-Topf‹ gegart wird. Statt Besteck gibt es Nan-Brot.

12–14.30, tgl. 18–23 Uhr. Preisgekrönte indische Küche. Hauptgerichte 16–22 £.

Balti ▶ **Al Frash** 3: 186 Ladypool Rd., Tel. 0121 753 31 20, tgl. 17 Uhr bis spät. Nach Meinung vieler Kenner das Beste der Balti-Szene, Hauptgerichte 6,50–9 £. Wenn Sie dort keinen Tisch finden, ist Adil (353–355 Ladypool Rd.) ähnlich gut und preiswert.

Tapas ▶ **Cafe Ikon** 4: 1 Oozells Square, Brindleyplace, Tel. 0121 248 32 26, Di–Sa 11–22, So 11–18 Uhr. Restaurant am Kanalbecken mit spanisch beeinflusster Küche und einer guten Auswahl für Vegetarier, z. B. Paella 12–14 £.

Kantonesisch ▶ **Chung Ying Garden** 5: 17 Thorpe St., Tel. 0121 666 66 22, tgl. 12–22.30 Uhr. Mitten in Chinatown, großes Lokal, in dem die Chinesen selbst gerne essen. Das Schwesterlokal um die Ecke in Wrottesley St. ist auch für *dim sum* empfehlenswert. Gerichte ab 8 £, mehrgängige Menüs ab 17 £.

Einkaufen

Riesig ▶ **Bullring** 1: 140 Geschäfte auf einem 10 ha großen Gelände. Flaggschiff ist das Kaufhaus Selfridges mit Aufsehen erregender Architektur und trendigen Designerlabels. Das Kontrastprogramm um die Ecke in der Edgbaston St.: die billige, authentische, alles andere als hippe **Markthalle.**

Fashion & Lifestyle ▶ **The Mailbox** 2: Wharfside St. Neueste Mode und Ableger einer Londoner Institution: das noble Kaufhaus Harvey Nichols. Detaillierte Infos über Mode und Marken: www.stylebirmingham.com oder www.mailboxlife.com.

Birmingham und Umgebung

Kreativ-Quartier ▶ Custard Factory [3]**:** Gibb St., Digbeth. Im ehemaligen Fabrikgelände entsteht eine junge Szene mit Modegeschäft, z. B. Urban Village für echte Retro-Kleidung seit den 1940er-Jahren und Geschäfte für Graffiti- und Skater-Bedarf, Galerien, Cafés.

Glitzernd ▶ Jewellery Quarter [4]**:** Im Stadtteil Hockley, www.the-quarter.com, Bus 8, 101 / 101a, 443 von der Stadtmitte oder Zug nach Snow Hill. Schmuck direkt vom Hersteller, teilweise zu günstigen Preisen.

Exotisch ▶ Balti Triangle [5]**:** Bus 2, 4, 6, 12, 31, 37 ab Corporation St. Im Viertel der pakistanischen Restaurants (s. Tipp S. 323) findet man Gewürze, Küchenutensilien für die asiatische Küche und wunderschöne Stoffe.

Abends & Nachts

Viele Clubs befinden sich in der Broad St. In den modernen Vergnügungskomplexen **The Arcadian** (Hurst St.), **The Mailbox** und **Brindleyplace** findet man verschiedene In-Lokale.

Imposant ▶ The Old Joint Stock [1]**:** 4 Temple Row West, Tel. 0121 200 18 92. Eine herrliche denkmalgeschützte Kneipe, 1864 als Bank gebaut. Trinken Sie die guten Ales der Brauerei Fullers unter der Glaskuppel. Dazu sättigende Pies, z. B. Steak und Austern zu 9,75 £.

Clubabende ▶ The Rainbow [2]**:** 160 Digbeth High St., www.therainbowvenues.co.uk. Tickets und Info: Tel. 0121 643 39 33. Pub aus viktorianischer Zeit mit Keller und über-

---

Tipp: Ein Kinobesuch der besonderen Art

Das unabhängige Programmkino **Electric Cinema** [8] ist das älteste Lichtspielhaus Englands, das noch in Betrieb ist. Im Jahr 1909 gebaut, wurde es für ein stilbewusstes Publikum prächtig restauriert. Die Sitze sind bequeme Sofas, und Kellner bringen Drinks sowie hausgemachte Pralinen oder Eis. Ganz dekadent: der Absinth-Brunnen (47–49 Station St., Tel. 0121 643 78 79).

---

dachtem Hof für Musik, dazu The Rainbow Warehouse für größere Veranstaltungen.

Livemusik ▶ The Jam House [3]**:** 3–5 St Paul's Square, Tel. 0121 200 30 30, Di–Do 18–24, Fr/Sa 18–2 Uhr. Bar, Club, Restaurant, die führende Adresse für Jazz, mit guter britischer und mediterraner Küche.

Schwulen- und Lesbenszene ▶ Gay Village [4]**:** Kneipen und Nachtclubs befinden sich in der Gegend von Hurst St., südl. von New Street Station.

Theater ▶ Birmingham Repertory Theatre [6]**:** Broad St., Tel. 0121 236 44 55, www.bir mingham-rep.co.uk. Klassisches und modernes Theater (unterschiedliche Orte während des Umbaus bis 2013).

Klassik ▶ City of Birmingham Symphony Orchestra (CBSO) [6]**:** ein Orchester der Weltklasse, das in der Symphony Hall in der Berkley St. spielt, Tel. 0121 616 65 00, Karten: Tel. 0121 780 33 33, www.cbso.co.uk.

Erstklassiges Ballet ▶ Hippodrome [7]**:** Hurst St., Tel. 0844 338 50 00, www.birming hamhippodrome.com. Heimat des Birmingham Royal Ballet.

Kino ▶ Electric Cinema [8]**:** siehe Tipp links.

Aktiv

Stadterkundung ▶ Second City Canal Cruises [1]**:** Tel. 0121 236 98 11. Mehr Kanäle als Venedig besitze Birmingham, so behauptet das Tourist Office. Bei einem Kanalspaziergang oder einer Bootsfahrt ab Gas Street Basin kann man sehen, wie ein ehemals marodes Stadtzentrum sich zu einem sehenswerten Freizeitviertel gemausert hat.

Große Events ▶ National Indoor Arena (NIA) [2]**:** Moderne Halle in der Stadtmitte für Sportveranstaltungen, Konzerte, Messe und mehr, Karten: Tel. 0844 338 80 00.

Termin

St Patrick's Day: 17. März. Die irische Bevölkerung der Stadt feiert, mit Straßenfest.

Verkehr

Flugzeug: Zahlreiche Direktflüge nach Deutschland, Österreich und in die Schweiz (s. S. 69). Vom Birmingham International Airport fahren häufig Züge zur New Street Station in der City.

Bahn/Bus: Sehr gute Bus- und Zugverbindungen in alle Landesteile.

Ausflugsziele rund um Birmingham

Dudley ▶ H 15

Das **Black Country Museum** in Dudley ist ein großflächiges Freilichtmuseum, das anhand eines vollständig nachgebauten Dorfes mit Pub, Schmiede, Kirche, Arbeiterhäusern, Apotheke und anderen Geschäften die Welt des beginnenden 20. Jh. darstellt. Der Name ›Black Country‹ weist auf das schmutzige Metallverarbeitungsgewerbe hin, das seit Jahrhunderten in dieser Gegend angesiedelt ist. Die Kanalfahrt durch einen in die Hügel geschlagenen Tunnel zu den 200 Jahre alten Kalksteingruben ist ebenfalls interessant (März–Okt. tgl. 10–17, Nov.–Feb. bis 16 Uhr).

Verkehr

Bahn: Züge fahren 2 x stdl. nach Dudley ab Birmingham-New St.

Coventry ▶ J 16

Coventry ist keine schöne Stadt mehr, obwohl einige Gebäude in den engen Straßen um die Kathedrale noch die Atmosphäre der Zeit erahnen lassen, als die Stadt ein blühendes Zentrum des Wollhandels war. Am 14. November 1940 zerstörte ein Angriff der deutschen Luftwaffe das gesamte mittelalterliche Stadtzentrum. Innerhalb von zehn Stunden war ein Drittel der Häuser Coventrys unbewohnbar geworden. Es war der Anfang einer neuen Phase des Luftkriegs, für die deutsche Propagandastellen den Begriff ›Coventrieren‹ prägten, um die physische und psychologische Zerstörung einer ganzen Stadt zu bezeichnen.

Die alte **St Michael's Cathedral** wurde nach Kriegsende nicht wieder aufgebaut. Auf dem spätmittelalterlichen Bau sind Teile der Außenmauern und der 90 m hohe Turm erhalten. Eine Treppe führt von den Ruinen hinunter zur modernen Kathedrale, einem viel bewunderten Werk von Sir Basil Spence, das 1962 eingeweiht wurde. Die Architektur, vor allem die Glasfenster, symbolisiert Frieden und Versöhnung. Ein Wandteppich des Künstlers Graham Sutherland, eine Darstellung des thronenden Christus, bedeckt die gesamte Altarwand.

In der Straße Jordan Well, wenige Schritte von der Kathedrale entfernt, findet man im gelungenen, 2008 eröffneten Neubau des **Herbert Art Gallery and Museum** Ausstellungen über die Stadtgeschichte und Kunstsammlungen mit den Schwerpunkten Fernost, Osteuropa und englische Malerei des 20. Jh. (Mo–Sa 10–16, So 12–16 Uhr).

Coventry hat als Zentrum der Autoindustrie durch die Schließung der Jaguar-Fabrik an Glanz verloren. Mit einer umfangreichen Sammlung von Automobilen und Motorrädern dokumentiert das **Coventry Transport Museum** eine stolze Tradition (Hales St. nahe der Stadtmitte, tgl. 10–17 Uhr). Das Gelände zwischen der Herbert Art Gallery und dem Transport Museum wurde in den letzten Jahren saniert und mit Kunstwerken im öffentlichen Raum verschönert.

Der Flugplatz bei Baginton, südlich von Coventry, ist Heimat des **Midland Air Museum,** in dem vor allem Militärflugzeuge und frühe Düsenmaschinen zu sehen sind (Bus 539 ab Bahnhof Coventry; April–Okt. Mo–Sa 10–17, So 10–18 Uhr, Nov.–März tgl. 10.30–16.30 Uhr).

Infos

Coventry Tourist Information Centre: St Michael's Tower, an der Kathedrale, Tel. 024 76 22 56 16, www.visitcoventry.co.uk, tgl. 10–16.30 Uhr.

Essen & Trinken

Traditioneller Pub ▶ **The Town Wall Tavern:** Bond St. Deftige Fleischgerichte 8–12 £.

Verkehr

Bahn: 2 x stdl. Züge ab London-Paddington (Fahrzeit: 100 Min.); recht häufig fahren Züge von Birmingham nach Coventry (20–30 Min.).

Urlaub auf dem Kanal

Die langsame Art, eine Tour durch das ländliche Mittelengland zu gestalten, ist der Urlaub auf einem Kanalboot. Auch der Freizeitwert vieler Städte hat durch die Restaurierung historischer Kanäle und den Umbau von alten Lagerhäusern zu Hotels und Restaurants gewonnen.

200 Jahre nach ihrem Bau scheinen die Kanäle ein natürlicher Bestandteil der Landschaft geworden zu sein. Bäume und Sträucher wachsen am Treidelpfad und Schilf am Rand. Es gibt mal ein paar Cottages am Ufer oder einen Pub und ein kleines Geschäft dort, wo eine Straße den Kanal überquert, aber selbst die Dörfer liegen meist abseits des Kanals. Die ersten Kanäle hatten enge Schleusen mit einer Breite von nur 2,20 m, um den Wasserverlust, der bei jeder Durchfahrt entsteht, zu verringern. Entsprechend schmal *(narrow)* sind die traditionellen *narrowboats.* Aus Kostengründen wurden möglichst wenige Schleusen, Dämme und Tunnel gebaut. Die Kanäle schlängeln sich deshalb um Hügel herum und erreichen ihr Ziel auf Umwegen.

Die Kanäle des 18. Jh., besonders die Werke von James Brindley (1716–72), waren Wunder ihrer Zeit. Brindley baute den ersten Kanal des Industriezeitalters, um Kohle aus den Bergwerken des Herzogs von Bridgewater nach Manchester zu befördern. Der Aquädukt, mit dem er 1761 den Irwell überbrückte, rief Erstaunen hervor, und Neugierige reisten aus allen Teilen des Landes an, um zu sehen, wie Kähne in 12 m Höhe von Pferden über den Fluss geschleppt wurden. Dieser erste Aquädukt des Bridgewater Canal steht nicht mehr, aber Boote befahren noch den Nachfolgebau, eine Meisterleistung viktorianischer Ingenieure. Die Generation nach Brindley baute aufwändiger. Thomas Telford (1757–1834) schuf eindrucksvolle Brücken, Dämme

und Durchstiche, deren Steinmetzarbeiten die Fähigkeit damaliger Ingenieure zeigen. Unter seiner Mitwirkung entstand das bedeutendste Monument des Kanalzeitalters, der Aquädukt von Pontcysyllte bei Llangollen in Wales.

Die Werke dieser Ingenieure sind in fast allen Regionen noch zu sehen. Das touristische Potenzial der Kanäle wurde erkannt, sodass nach über 100 Jahren endlich wieder investiert wird. 2002 nahm das Bootshebewerk Anderton Boat Lift, eine technische Meisterleistung am Trent-und-Mersey-Kanal in der Grafschaft Cheshire, den Betrieb wieder auf. 2003, 50 Jahre nach der Schließung, wurde die Verbindung zwischen Manchester und Leeds wieder eröffnet. In Manchester, Birmingham und Leeds hat die Sanierung von Kanalbecken einstige Industriebrachen verwandelt. In Lagerhäusern richtete man Hotels, Restaurants und Wohnungen ein, die Treidelpfade sind zu Spazierwegen geworden.

Bootsvermieter bieten bequem eingerichtete *narrowboats* an, für die man keinen Führerschein benötigt (s. auch S. 75f.). Sie sind langsam, nicht schwer zu lenken und außerdem ausgesprochen hübsch, wenn sie mit traditionellen Motiven bemalt sind. Abends kann man in der Nähe eines ländlichen Pubs oder im Kanalbecken eines Dorfes anlegen. An den Schleusen und Anlegestellen werden unter den Bootsleuten Erfahrungen ausgetauscht, eine gute Gelegenheit, zu den Einheimischen Kontakt zu finden.

Thema

Es empfiehlt sich, die Reise in einer Gruppe zu unternehmen, da die Miete nicht billig ist und es viele helfende Hände braucht, um das Boot durch die Schleusen zu manövrieren. Man dreht an einer Handkurbel, um das Wasser in die Schleuse zu lassen und öffnet dann die schweren Holztore, um in die Schleuse hineinfahren zu können.

Der **Leeds–Liverpool Canal** überquert das Pennine-Gebirge. Er hat dem Gelände entsprechend viele Schleusen: 91 auf einer Länge von 204 km. In Burnley auf der Westseite führt ein Aquädukt in Höhe der Dächer durch alte Arbeiterwohnviertel, in den Hügeln um Skipton schlängelt sich der Kanal an Farmhäusern vorbei, und in Bingley auf der Ostseite bringt eine ›Treppe‹ von fünf Schleusen den Kanal hinunter ins Tal.

Der **Grand Union Canal,** der mit Nebenstrecken eine Gesamtlänge von 500 km erreicht, verbindet London mit Birmingham. Die Städte Leamington Spa und Warwick liegen an diesem Wasserweg. Östlich von Leamington Spa zweigt der **Oxford Canal** vom Grand Union Canal ab und führt durch sehr ruhige Gegenden in Richtung Themse.

Der **Trent and Mersey Canal** (1766–77 gebaut) zieht durch das ländliche Cheshire zum Potteries-Gebiet und durch das Trent-Tal in Richtung Nottingham. Nahe dem Mersey befördert der Anderton Boat Lift, eine 1875 gebaute Hebeanlage, die Boote vom Kanal zum 16 m tiefer liegenden Weaver.

Der **Avon Ring** verbindet zwei Kanäle und zwei Flüsse miteinander. Von Birmingham führt der **Stratford Canal** zum Avon und zum Severn. Flussaufwärts am Severn erreicht man den **Worcester–Birmingham Canal,** der von der Ebene hinauf wieder nach Birmingham führt.

Auf einem *narrowboat* lässt es sich gemütlich über Englands Kanäle schippern

Von Nottingham nach Lincolnshire

Nottingham, die Stadt der Robin-Hood-Legenden, präsentiert sich mit Geschichte und modernem Großstadtflair als Ziel für Kurzreisen. Weiter östlich lohnt Lincoln, eine der attraktivsten historischen Städte des Landes mit einer beeindruckenden gotischen Kathedrale und Mittelpunkt einer ruhigen, ursprünglich gebliebenen Landschaft, den Besuch.

Mit **Nottingham** verbindet man in aller Welt den Namen Robin Hood und zahlreiche Abenteuer mit Pfeil und Bogen, Schwert und Ritterrüstung. Leider ist in dieser sehenswerten Stadt aus dem Mittelalter nicht so viel geblieben, wie man es sich wünscht. Die Burg erlitt im 17. und 19. Jh. schwere Schäden, und entspricht nicht mehr der Kulisse der beliebten Hollywood-Filme über den legendären Helden. Wenn es um mittelalterliche Se-

henswürdigkeiten geht, wird Nottingham heute von der kleineren Stadt **Lincoln** übertrumpft. Diese römische Gründung in Hügellage besitzt eine beeindruckende gotische Kathedrale, eine gut erhaltene Burg aus dem 11. Jh. und eine reizvolle Altstadt mit dem Straßenplan des Mittelalters. Da Lincoln abseits der wichtigsten Verkehrsadern liegt und weniger bekannt ist als beispielsweise York, bietet sich hier die Gelegenheit, eine interes-

Eines der ältesten Pubs Englands steht in Nottingham

sante historische Stadt ohne großen Touristenrummel zu erleben.

Die Industrielle Revolution vor 200 Jahren verschonte Lincoln. Nottingham dagegen avancierte zu einem Zentrum der Spitzenherstellung und der Tabakindustrie. Durch eine Belebung der Restaurant- und Hotelszene, eine kaufkräftige Kundschaft für die Modegeschäfte und ein überaus aktives Nachtleben profiliert sich Nottingham als moderne Großstadt mit einer hohen Lebensqualität.

Wer lieber in ruhige ländliche Gegenden fährt und den Charme des Altmodischen schätzt, ist in der **Grafschaft Lincolnshire** richtig; der langsame Lebensrhythmus in Orten wie Louth und Boston dürfte perfekte Entspannung bieten. Aus dem bescheidenen Spilsby, mitten in der Agrarlandschaft und 20 km von der Küste beim Badeort Skegness entfernt, stammte der Polarforscher Sir John Franklin, dessen Leben der deutsche Autor Sten Nadolny einst unter dem Titel »Die Entdeckung der Langsamkeit« beschrieb.

Nottingham ▶ J 14

Cityplan: S. 330

Nottingham Castle **1**, 1068 als königliche Burg errichtet, steht auf einem hohen Felsen und dominiert die Stadt. Von der mittelalterlichen Festung ist infolge der Zerstörung im Bürgerkrieg, der 1642 von Charles I. in Nottingham ausgerufen wurde, wenig geblieben. 1674 kaufte der Duke of Newcastle das Grundstück, um ein herzogliches Schloss zu errichten. Auch dieser Bau wurde zerstört, diesmal während der Unruhen im Zusammenhang mit der Ausdehnung des Wahlrechts 1831, und blieb bis 1875 eine ausgebrannte Ruine. Schließlich restaurierte die Stadt das Gebäude und richtete ein Museum ein. Neben audiovisuellen Vorführungen über die bewegte Geschichte von Stadt und Burg beherbergt das Castle Museum Sammlungen von Kunst und Kunsthandwerk (Di–So 10–17, Okt.–Feb. bis 16 Uhr, Höhlenführung S. 330).

Der lockere, krümelige Sandstein des Burgbergs ist von Höhlen und unterirdischen Gängen durchzogen. **Mortimer's Hole,** ein 100 m langer Gang, führt vom Schloss hinunter zum Brewhouse Yard am Fuße des Bergs. Der Überlieferung nach benutzte Roger Mortimer, Liebhaber der Königin Isabella und Mörder ihres Mannes Edward II., diesen Weg 1330 bei dem vergeblichen Versuch, vor den Truppen des jungen Edward III., dem Sohn des Ermordeten, zu flüchten.

Das **Brewhouse Yard Museum** **2**, eine Gruppe von fünf Häusern aus dem 17. Jh., zeigt eine historische Ausstellung über das tägliche Leben und die Wirtschaft der Stadt. Zu sehen sind u. a. eine rekonstruierte Geschäftsstraße der 1930er-Jahre, ein Schulzimmer und eine Spielwarenhandlung aus derselben Zeit sowie aus dem Stein gehauene Kellerräume, die in der Vergangenheit verschiedentlich als Lager, Küche und Luftschutzbunker genutzt wurden (März–Sept. Fr–So 10–17, Okt.–Feb. bis 16 Uhr). Der Name Brewhouse Yard deutet darauf hin, dass sich die Schlossbrauerei ehemals hier befand; ebenfalls am Fuß des Burgfelsens liegt der Pub **Ye Olde Trip to Jerusalem** **3**, der 1189 erstmals urkundlich erwähnt wurde und der älteste Englands sein könnte. Das hintere Zimmer ist eigentlich eine Höhle im Felsen.

Tatsächlich befinden sich unter vielen alten Häusern von Nottingham künstlich geschaffene Höhlen. Ein weiterer Pub, **The Salutation** **4**, 1420 gebaut, benutzt als Kühl-

Tipp: Auf den Spuren von Robin Hood

Robin-Hood-Fans mit entsprechenden Englischkenntnissen können auf dem Robin Hood Audio Trail an zwölf mit dem Held des Bogens verbundenen Stellen in Nottingham und der Grafschaft Nottinghamshire die Legenden nacherleben. Audio-Dateien als Podcast oder auf CD führen unter anderem zur Burg in Newark, dem Dom Southwell Minster und den in der Steinzeit bewohnten Höhlen von Cresswell Crags. Infos unter www.visit nottingham.com.

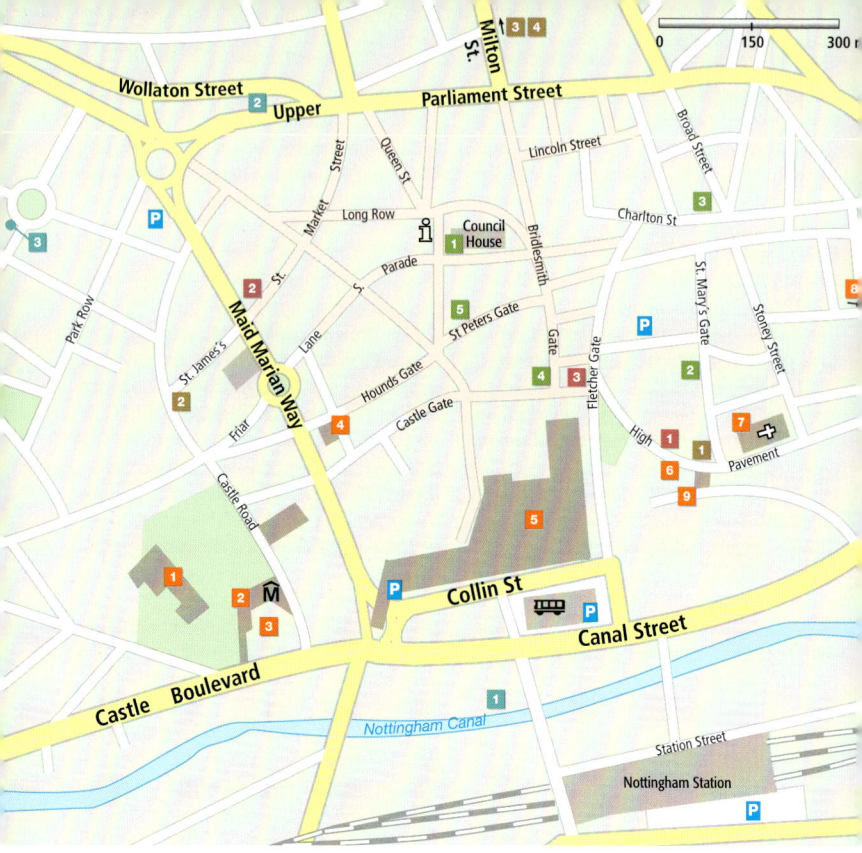

raum für Bierfässer geräumige Keller auf mindestens zwei Ebenen mit Brunnen und Schornstein. Vor über 1000 Jahren war die unterirdische Anlage Teil eines sächsischen Bauernhofs. Ein Besuch in den **Höhlen** gehört heute auch bei gutem Wetter zu den Höhepunkten einer Erkundung von Nottingham, der Eingang befindet sich im Broadmarsh Shopping Centre**, City of Caves** 5 (tgl. 10.30–17 Uhr, www.cityofcaves.com). Die Tunnel und Höhlen, die in früheren Jahrhunderten gewerblich und als Wohnungen, im Zweiten Weltkrieg als Luftschutzbunker genutzt wurden, sind heute eine Besucherattraktion mit Führungen.

Das bekannteste traditionelle Gewerbe der Stadt ist die Herstellung von Spitze (lace). Das ehemalige Lace-Viertel um die Straße High Pavement und den **Lace Market** 2 ist

zu einer attraktiven Einkaufs- und Ausgehgegend geworden. Ende 2009 eröffnete an der Straße High Pavement **Nottingham Contemporary** 6, eine Galerie für Wechselausstellungen zeitgenössischer Kunst in einem kontrovers diskutierten Neubau (Di–Fr 10–19, Sa 10–18, So 11–17 Uhr, www.nottingham contemporary.org).

Rund um die **Pfarrkirche St Mary** 7 (15. Jh.) erstrahlt die bunte Stilmischung der viktorianischen Fabrik- und Lagerhallen nach einer Restaurierung seit einigen Jahren in neuem Glanz. Am Rande des Lace Market steht der futuristisch anmutende Bau des **National Ice Centre** 8, der besten Anlage des Landes für Schlittschuh- und Eiskunstlauf.

Wer gute Englischkenntnisse besitzt, sollte es nicht versäumen, sich für die **Galleries of Justice** 9 an der Straße High Pavement Zeit

Nottingham

zu nehmen. Hier kann man ein Gefängnis und Gerichtssäle des 19. Jh. besichtigen. In weniger romantischer Weise als die Robin-Hood-Mythen erhellt diese Ausstellung das Thema Verbrechen und Justiz über die Jahrhunderte (Mo–Fr 9–17.30, Sa/So 11–16.30 Uhr, Führungen ab 10.30 bzw. 11.30–15.30 Uhr).

Infos

Tourist Information Centre: 1–4 Smithy Row, Tel. 08444 77 56 78, www.visitnottingham.com, Mo–Sa 9.30–17.30 Uhr.

Übernachten

Schick ▶ Lace Market Hotel 1: 29–31 High Pavement, Tel. 0115 852 32 32, www.lacemarkethotel.co.uk. Schön renoviertes altes Bürgerhaus mit 42 Zimmern in bester Lage. DZ 110–140 £.

Altehrwürdig ▶ Rutland Square Hotel 2: St James St., Tel. 0115 941 11 14, www.forestdale.com. Umbau eines alten Lagerhauses neben der Burg, gepflegt-altmodischer Stil. DZ 75–120 £.

B & B im alten Stil ▶ Greenwood Lodge 3: 5 Third Ave., Sherwood Rise, Tel. 0115 962 12 06, www.greenwoodlodgecityguesthouse.co.uk. Sechs Zimmer ab 75 £, drei mit Himmelbett, in einem gepflegten Haus aus dem Jahr 1834. 1,5 km von der Stadtmitte über die A 60 Mansfield Road.

Günstig ▶ Igloo Backpackers Hostel 4: 110 Mansfield Rd., Tel. 0115 947 52 50, www.

igloohostel.co.uk. 36 Betten in einer viktorianischen Villa, günstige Lage am nördlichen Rand der Stadtmitte. 16 £ pro Person.

Essen & Trinken

Elegant ▶ Merchants Restaurant 1: 29/31 High Pavement, The Lace Market, Tel. 0115 852 32 32, Di–Sa 12–14, Di–Sa 18–22 Uhr. Schöne Einrichtung in altem Bürgerhaus, französisch-englische Cuisine. Zwei-Gänge-Menü 25 £.

East meets West ▶ Chino Latino 2: 41 Maid Marian Way, Tel. 0115 947 74 44, Mo–Sa 12–22.30 Uhr. ›Chino‹ steht in diesem coolen Lokal für asiatische Küche, vor allem aus Japan, China, Thailand, ›Latino‹ für die westliche Cocktail-Bar. *Dim sum* und *Sushi* 7–15 £, Hauptgerichte ab 17 £, Mittagsmenü 10 £.

Imbiss mit Niveau ▶ Delilah 3: 15 Middle Pavement, Tel. 0115 948 44 61, Mo–Fr 8–19, Sa 9–19, So 11–17 Uhr. Verführerischer Delikatessenladen mit Café. Kleine Gerichte ab 5 £, Sandwiches, Salate zum Mitnehmen oder vor Ort essen.

Einkaufen

Stilvoll ▶ Exchange Arcade 1: Old Market Square. Verschiedene Boutiquen unter einem eleganten Glasdach.

Designermode ▶ Lace-Market-Viertel 2: um die Straßen Low Pavement und Lace Market Square exklusive Mode, im Bridlesmith Gate gute Schuhgeschäfte.

Von Nottingham nach Lincolnshire

Junge Szene ▶ **Hockley** `3`: das Viertel für Schräges und Kreatives um Pelham Street, Carlton Street. Junge Mode, Accessoires, Kunst und Design.

Exklusiv ▶ **Paul Smith** `4`: Willoughby House, 20 Low Pavement. Paul Smith, der britische Star-Designer, stammt aus Nottingham. Seine Kollektionen werden in einem eleganten historischen Haus im Lace-Market-Viertel präsentiert.

Käsevielfalt ▶ **The Cheese Shop** `5`: 6 Flying Horse Walk. Aus über 200 Käsesorten kann man wählen.

Abends & Nachts

Die Nachtszene in Nottingham ist durchwachsen; die Stadt ist bekannt für exzessiven Alkoholgenuss und Rowdytum. Die Kneipen am Marktplatz sind samstags zu meiden, niveauvoller ist das Lace-Market-Viertel.

Am Wasser ▶ **The Canal House** `1`: 48-52 Canal Street, Tel. 0115 955 50 60, tgl. 12–23, Fr–Sa 12–24 Uhr. Einfaches Pub-Essen ab 5 £ (Mo–Do bis 21, Fr/Sa bis 19, So bis 17 Uhr). Ungewöhnliches Ambiente: Der Kanal fließt durch das Lokal. Sehr große Bier-Auswahl.

Kulturzentrum ▶ **Nottingham Royal Centre** `2`: Theatre Square. Das viktorianische Theatre Royal mit Ballett, Oper, Schauspiel und die moderne Royal Concert Hall für klassische Konzerte, auch Tanz und andere Musikrichtungen, Karten unter Tel. 0115 989 55 55.

Theater und mehr ▶ **Nottingham Playhouse** `3`: Wellington Circus, Tel. 0115 941 94 19. Schauspiel und Tanz.

Termin

Der Marktplatz bildete jahrhundertelang die Kulisse für einen der lebhaftesten Jahrmärkte Englands, die ›Goose Fair‹. Er findet noch jedes Jahr im Oktober statt, allerdings jetzt am Stadtrand, und ist eine riesige Kirmes.

Verkehr

Bahn: Gute Verbindung ab London-St Pancras (stdl., Fahrzeit: 2 Std.) und anderen Großstädten.

Ausflüge in die Umgebung
▶ **J 14**

Wollaton Hall, ein elisabethanischer Herrensitz in einer ausgedehnten Parkanlage, wurde 1588 von Sir Thomas Willoughby mit dem Gewinn aus seinen Kohlebergwerken gebaut. Zu besichtigen sind Prunksäle im Stil des 19. und 20. Jh., die Küchen der Tudor-Zeit und die geologischen, botanischen und zoologischen Sammlungen des Natural History Museum (tgl. April–Okt. 11–17, Nov.–März bis 16 Uhr). Die Dampfmaschinen des Industrial Museum werden am letzten Sonntag des Monats vorgeführt.).

8 km nördlich der Stadt, bei Ravenshead, liegt **Newstead Abbey**, Familiensitz des Dichters Lord Byron (1788–1824). Die im 12. Jh. im Stil der Gotik entstandene Abtei wurde im 16. Jh. zum Herrenhaus umgebaut. Zu sehen sind die Säle, die Byron bewohnte, andere Zimmer im Stil des 19. Jh. sowie ein schöner Park und Gärten. Byrons Grab befindet sich in der Kirche des nahe gelegenen Ortes **Hucknall Torkhard** (Park: ganzjährig; Haus: So, nur mit Führung, um 13 und 14 Uhr).

Das Fehlen eines Doms in Nottingham macht **Southwell Minster** (27 km Richtung Nordosten an der Straße A 612) wieder wett. »Minster« bezeichnet die Hauptkirche einer Region, meist mit Ursprüngen in der Zeit der angelsächsischen Königreiche. Bereits im 10. Jh. bestand in Southwell – heute eine beschauliche Kleinstadt mit stattlichen georgianischen Häusern an der Church Street – eine bedeutende, an der Stelle einer römischen Villa erbaute Kirche. Der heutige Bau ist ein Prachtexemplar des normannischen Stils, das 1108 begonnen wurde. Imposant sind die beiden Westtürme und Portale mit der für diese Zeit typischen Zickzackverzierung. Innen beeindrucken der Lettner (14. Jh.) und der Chor im gotischen Early-English-Stil sowie im nördlichen Querhaus das aus Alabaster geschnitzte Grab des Erzbischofs Sandys (Ende des 16. Jh.) mit feiner Detailzeichnung. Das Kapitelhaus (spätes 13. Jh.) ist für die wunderbaren, naturnahen Darstellungen von Blättern an den Kapitellen berühmt.

Wer war Robin Hood?   Thema

Er hat vielleicht nie existiert, aber der legendäre Robin Hood hat die Fantasie vieler Generationen beflügelt. Hollywood feierte seine Taten in über 30 Filmen. Das Bild des antiautoritären, mit sozialem Gewissen ausgestatteten Rebellen aus dem Wald von Sherwood machte Robin zum geeigneten Helden für ein umweltbewusstes Zeitalter.

Historiker können sich über den Ursprung der Robin-Hood-Legende nicht einigen. Die Lokalpatrioten Nottinghams dementieren die Behauptung, Robin käme aus dem südlichen Teil von Yorkshire, jedoch fehlen ihnen die Beweise, um zu verhindern, dass sich ein aufstrebender kleiner Flugplatz dort seit 2004 Robin Hood Airport nennt. Laut Überlieferung lebte Robin im dichten Laubwald von Sherwood mit einer lustigen, vogelfreien Bande. Sie bekämpften mit Pfeil und Bogen den grausamen Sheriff, Statthalter der königlichen Macht in der Grafschaft von Nottingham, und teilten mit den Armen die Beute ihrer Überfälle auf wohlhabende Prälaten.

In den Geschichten kommen die Ressentiments des einfachen Volkes gegen die normannische Oberschicht zum Ausdruck. Robin ist treuer Untertan des Königs, kämpft aber gegen dessen Machtmissbrauch. Meist spielen die Geschichten in der Regierungszeit des populären Richard I., ›Richard Löwenherz‹ (1189–99), der sein Königreich kaum besuchte, sondern sich dem Kreuzzug ins Heilige Land anschloss und auf der Heimreise auf der Burg Trifels in der Pfalz gefangen gehalten wurde. In seiner Abwesenheit regierte sein Bruder John und machte sich einen Namen als gieriger Steuereintreiber.

Robins fast übermenschliches Können im Umgang mit Pfeil und Bogen hat einen realen Hintergrund. Zur Sicherung der Landesverteidigung war es im Mittelalter Pflicht, sich im Gebrauch dieser Waffe zu üben, und die Fähigkeit der englischen Bogenschützen, auf große Entfernung mit ihren Pfeilen eine Ritterrüstung zu durchbohren, war entscheidend in den Schlachten des Hundertjährigen Krieges gegen Frankreich.

Seit dem 11. Jh. bestand das Forstgesetz, das im Interesse der Jagdleidenschaft der normannischen Könige die traditionelle Nutzung breiter Landstriche untersagte. In diesen Gebieten, zu denen auch Sherwood Forest gehörte, war die Jagd dem König vorbehalten. Weil die Wälder Nahrung – Honig, Wild und Eicheln für Schweine – sowie Holz als Brennstoff oder Baumaterial lieferten, wurden die neuen Gesetze als großes Unrecht empfunden. Robin Hoods freizügiges Leben im Wald verkörperte gleichzeitig die damalige Opposition gegen das Forstgesetz und den späteren Mythos von ›Merrie England‹, dem angeblich lustigen, unverdorbenen England des Mittelalters.

Sherwood Forest war auch im Mittelalter nicht durchgehend bewaldet, sondern eine mit Waldstücken übersäte Heidelandschaft. Heute gibt es noch einen ungefähr 200 ha großen Eichenwald um das Dorf Edwinstowe, 30 km nördlich von Nottingham. Hier findet man Wanderwege und das Sherwood Forest Visitor Centre. Ausgeschildert ist eine riesige, mehrere hundert Jahre alte Eiche, *the major oak,* unter der sich Robin mit seiner Bande getroffen haben soll.

Lincoln

Lincoln ► K 14

Cityplan: S. 335

Steep Hill, steiler Hügel, heißt die enge Straße, die die Altstadt von Lincoln mit dem Kai unten am Fluss verbindet. Der Höhenunterschied zwischen dem Hafenbecken und der Turmspitze der Kathedrale beträgt 147 m. Vor dem Sturm, der im Jahre 1548 den hölzernen Spitzhelm des Vierungsturms in die Tiefe riss, waren es mehr. Der immer noch imposante Turm ist weithin sichtbar und kündigt dem Besucher an, dass er sich einer historischen Stadt nähert.

48 n. Chr. etablierten die Römer eine Garnison an der Stelle, wo der Fluss Witham durch eine lange Hügelkette aus Kalkstein bricht. Die Siedlung, die sie vorfanden, hieß London. Der spätere römische Name, Lindum Colonia, wurde zu Lincoln verkürzt. Die Römer bauten die erste künstliche Wasserstraße Englands, Foss Dyke, um den Witham bei Lincoln mit dem Trent zu verbinden und damit ihre Truppen im Norden des Landes mit Proviant von den fruchtbaren Äckern des Ostens versorgen zu können. Einige Kilometer westlich der Stadt kann man noch an diesem Kanal spazieren gehen.

Vom Hafen in die Altstadt

Im Mittelalter war der Hafen **Brayford Pool** 1 als Umschlagplatz des Wollhandels einer der wichtigsten Englands. Obwohl noch viele Boote auf dem Witham und dem Kanal fahren, lebt der Hafen heute vom Bootstourismus und nicht mehr vom Handel. Im Sommer ist Brayford Pool ausgesprochen lebhaft und ein guter Ausgangspunkt für eine Stadtbesichtigung. In Richtung High Street kommt man zur **High Bridge** 2, einer Brücke aus dem 12. Jh., auf der Fachwerkhäuser des 16. Jh. stehen. An der High Street liegt auch das südliche Stadttor, **Stonebow** 3, im 15. Jh. an der Stelle des römischen Tors errichtet. Im Obergeschoss, seit dem Mittelalter Versammlungsplatz des Rats, befindet sich die **Guildhall,** in der der Ratsschatz aufbewahrt wird (Öffnungszeiten im Tourist Office erfragen).

Den Weg vom Hafen hinauf in die Altstadt säumen die **Jews' Houses** 4, steinerne, im 12. Jh. errichtete Wohnhäuser, die jüdischen Kaufleuten gehörten. In Lincoln gab es eine reiche jüdische Gemeinde, bis die Juden 1290 aus dem Königreich vertrieben wurden. Das Haus des Juden Aaron auf Steep Hill ist möglicherweise das älteste Wohnhaus Englands. In der ersten Etage des Nachbarhauses, Jew's Court, befand sich die Synagoge. Überall in den Gassen der Altstadt sind interessante Häuser aus Stein, Backstein oder Fachwerk und altmodische kleine Geschäfte zu sehen.

Als William I. versuchte, seine Macht im neu eroberten Inselreich zu sichern, ließ er 1068 auf dem Hügel von Lincoln 166 Häuser abreißen und eine Burg bauen. **Lincoln Castle** 5 ist teilweise noch gut erhalten, da der Bau bis ins 19. Jh. als Gefängnis diente. Sehenswert ist die Gefängniskapelle, deren

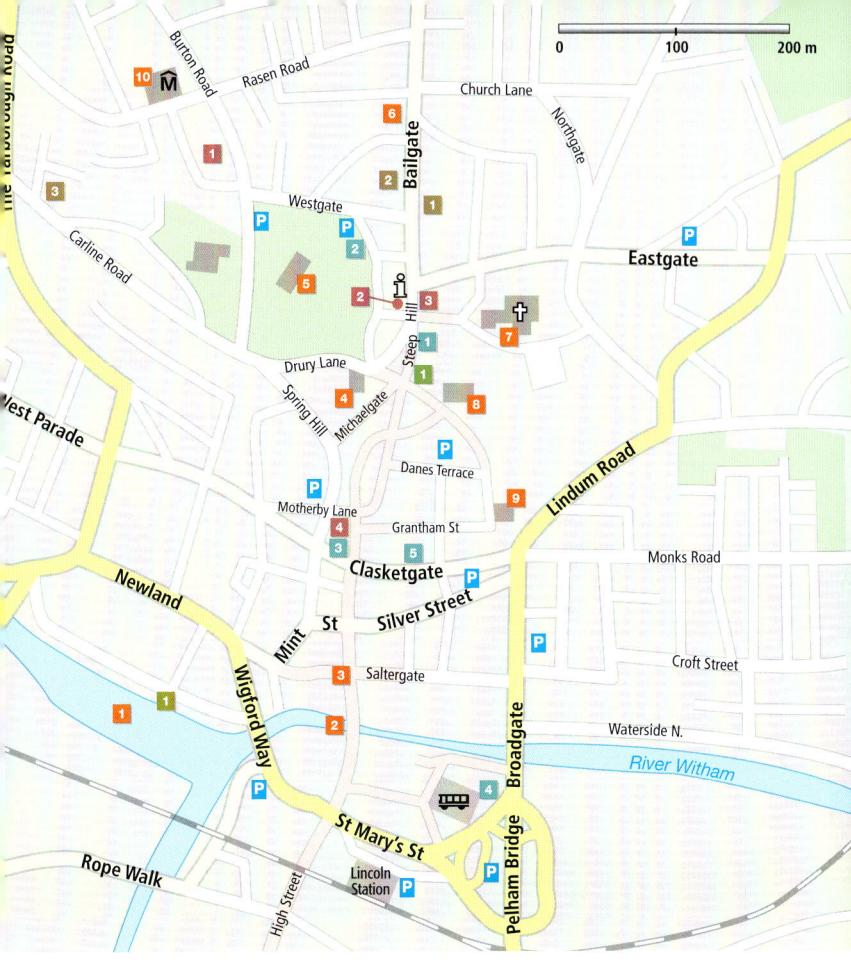

Bänke durch Trennwände in einzelne Zellen aufgeteilt sind, sodass kein Mitglied der unfreiwillig anwesenden Gemeinde mit seinen Nachbarn kommunizieren konnte. Auf dem Dach des nordöstlichen Turms, Cobb Hall, befand sich der Galgen, an dem noch bis 1868 öffentliche Hinrichtungen durchgeführt wurden. Der älteste erhaltene Teil der Burg ist der auf einem Erdhügel stehende Lucy Tower aus dem 12. Jh., in dem verstorbene oder hingerichtete Häftlinge begraben wurden. Einem angenehmeren Zweck diente der eckige Observatory Tower, der im 13. Jh. auf dem zweiten Erdhügel errichtet wurde. Ein an Astronomie interessierter Gefängnisdirektor ließ

ihn im 19. Jh. zu einer Sternwarte umbauen. Von den Zinnen der Burg hat man einen weiten Blick über die Ebene von Lincolnshire (www.lincolnshire.gov.uk, April–Sept. tgl. 10–17, Mai–Aug. bis 18, Okt.–März 10–16 Uhr). Am Ende der Straße Bailgate, die von der Burg nach Norden führt, steht das römische Stadttor **Newport Arch** 6.

Die Kathedrale

Hauptattraktion der Stadt ist die **Kathedrale** 7, eines der bedeutendsten gotischen Bauwerke Englands. Die Westfassade und die unteren Teile der beiden mächtigen Westtürme sind Reste eines romanischen Vorgän-

335

Von Nottingham nach Lincolnshire

gerbaus, der von Feuer und Erdbeben zerstört wurde. Die breite Fassade, die einen figurenreichen Schmuck besitzt, macht einen überwältigenden Eindruck auf den Besucher, der den abgeschlossenen Dombezirk durch das gotische Tor betritt.

1186 ernannte Henry II. Hugo von Avalon, den späteren Heiligen, zum Bischof. Dieser trieb den Bau der Kathedrale im gotischen Stil voran. Aus dieser Zeit stammt das Hauptschiff. Im nachfolgenden Jahrhundert stürzte der gerade vollendete Vierungsturm ein, wurde aber schnell wieder aufgebaut. Das sogenannte ›verrückte Gewölbe‹ des Chors aus dem 13. Jh. ist einmalig in der gotischen Baukunst. Die Steinrippen, die den sich direkt gegenüberliegenden Pfeilern entspringen, treffen nicht symmetrisch im Scheitel des Gewölbes aufeinander, sondern sind seitlich versetzt, um eine Verbindung zu den Rippen der diagonal gegenüberliegenden Pfeiler herzustellen.

Besonders schön ist die Erweiterung des Chors nach Osten, der Angel Choir, benannt nach den Engelsfiguren, die zwischen den Arkadenbögen schweben. Mit etwas Mühe er-

kennt man im Gewölbe des Ostchors eine kleine groteske Figur, die als ›Lincoln Imp‹ zum Wahrzeichen der Stadt geworden ist. Weitere architektonische Höhepunkte des Doms sind die Fensterrosen der Querhäuser, im Süden das Bishop's Eye im Decorated-Stil des frühen 14. Jh. und im Norden das Dean's Eye, ca. 1200, beide mit mittelalterlichem Glas. Der Kreuzgang und das zehneckige Kapitelhaus stammen aus dem 13. Jh. (www.lincolncathedral.com, tgl. ab 7.15 Uhr).

Im Schatten der Kathedrale liegen die Ruinen des **Bischofspalastes** 8 . Die große Banketthalle verdeutlicht, dass die Bischöfe von Lincoln im Mittelalter zu den Reichsten des Landes gehörten; ihre Diözese erstreckte sich bis zur Themse (April–Okt. tgl. 10–17, Nov.–März Sa/So 10–16 Uhr).

Weitere Sehenswürdigkeiten

Wenige Schritte vom Palast entfernt zeigt das neue Museum **The Collection** 9 die Kunst- und archäologischen Sammlungen der Region. Dazu gehören Glas, Porzellan und Uhren sowie Gemälde von britischen Malern (Danes Terrace, tgl. 10–16 Uhr).

Auf dem Weg hoch in die Altstadt von Lincoln

Das **Museum of Lincolnshire Life** `10` bietet Ausstellungen über das Alltagsleben der letzten 200 Jahre in der Region (April–Sept. tgl. 10–16, Okt.–März Mo–Sa 10–16 Uhr).

Infos

Tourist Information Centre: 9 Castle Hill, Tel. 01522 54 54 58, www.visitlincolnshire.com, Sommer Mo–Sa 10.30–16, Winter Mo–Sa 11–15 Uhr.

Übernachten

Mittelalterlich ▶ White Hart `1`: Bailgate, Tel. 01522 52 62 22, www.whitehart-lincoln.co.uk. Seit 600 Jahren eine Herberge, 1387 übernachtete Richard II. hier. Beste Lage zwischen Kathedrale und Burg. Gute Cocktails in der Bar. DZ 120–150 £.

Charaktervoll ▶ Bailhouse `2`: 34 Bailgate, Tel. 01522 54 10 00, http://bailhouse.co.uk. Zehn sehr gut ausgestattete Zimmer in einem Haus, das auf das 13. Jh. zurückgeht. Zentral. DZ ab 79 £, Ferienwohnung ab 49 £.

Fußläufig zur Stadt ▶ Carline Guest House `3`: 1–3 Carline Rd., Tel. 01522 53 04 22, www.carlineguesthouse.co.uk. Bewährte B & B-Qualität etwas außerhalb der Stadtmitte. DZ ab 60 £.

Essen & Trinken

Früh buchen! ▶ The Old Bakery `1`: 26/28 Burton Rd., Tel. 01522 57 60 57, www.theold-bakery.co.uk, Di–So 12–13.30, Di–Sa 18.30–21 Uhr. Das beste Restaurant der Stadt, serviert werden britische und europäische Küche, riesige Auswahl an Käsesorten. Tipp: Bestellen Sie Peter Lundgren, eigentlich Schweinebraten, aber sensationell anders. Auch Übernachtung möglich (vier Zimmer, 60–65 £). Mehrgängiges ›tasting menu‹ 49 £, Gerichte à la carte ab 15 £, mittags 10–12 £.

Göttliche Pasteten ▶ Brown's Pie Shop `2`: Steep Hill, Tel. 01522 52 73 30, Mo–Sa 12–14.30, 17 Uhr bis spät, So 12–20 Uhr. Spezialität: Pies in vielen Varianten, meist deftig (ab 11 £), auch Lincolnshire sausage, *haslet* (eine Art Fleischkäse), Steak und Fleischgerichte 13–24 £.

Tolles Eis ▶ The Ice Cream Parlour `3`: 3 Bailgate. Beliebter Eissalon in der 4. Generation. Probieren Sie Eis mit Apple-Pie-Geschmack.

Alles Käse ▶ Cheese Society Café `4`: 1 St Martin's Lane, Tel. 01522 51 10 03, Mo–Sa 10–16.30 Uhr. Raclette, Fondue, Käsesorten aus ganz Europa. Gerichte ab 8,50 £.

Einkaufen

Heißgetränke ▶ Imperial Tea and Coffee `1`: 47 Steep Hill. Eine wunderbare Auswahl, auch schöne Teekannen und Accessoires.

Abends & Nachts

Pub-Abend ▶ Widow Cullen's Well `1`: 29 Steep Hill, Tel. 01522 52 30 20. Entspannte Stimmung, bequeme Sofas, gutes Bier.

Trendig mit Blick ▶ Cloud Bar `2`: 1 St Paul's Lane, Tel. 01522 51 12 84. Der spanische Koch macht leckere Tapas (4–10 £), Wein und Cocktails mit einem Blick von der Terrasse auf Burg und Kathedrale.

Unverfälscht ▶ The Tap and Spile `3`: 21 Hungate. Gute Ales, Fr Livemusik.

Livemusik ▶ The Engine Shed `4`: Brayford Pool, Tel. 01522 83 74 00. Club-Abende und Konzerte auf dem Uni-Gelände.

Unterhaltung ▶ Theatre Royal `5`: Clasketgate, Tel. 01522 51 99 99. Kleines viktorianisches Theater. Schauspiel, Tanz, Musik.

Aktiv

Kanalfahrt ▶ Lincoln Boat Trips `1`: Brayford Pool/Lucy Tower St., Tel. 01522 88 12 00, Ostern–Sept. tgl. 11, 12.15, 13.30, 14.45, 15.45 Uhr, Fahrt auf der Brayford Belle.

Termin

Lincolnshire Show (Ende Juni): www.lincolnshireshowground.co.uk. Großer Jahrmarkt mit Verkaufsbuden, Familienunterhaltung, Preise für Zuchtbullen usw.

Verkehr

Bahn: Züge London-King's Cross (Fahrzeit 2,5 Std.), Nottingham und Birmingham.
Bus: Direktverbindungen nach London (Fahrzeit: 5 Std.), Leeds und Manchester.

Durch das ländliche Lincolnshire

Lincolnshire Wolds und Küste
▶ **K/L 13/14**

Der Marktflecken **Louth** (Markt Mi, Fr, Sa) ist der beste Ausgangspunkt für Erkundungen der Lincolnshire Wolds, einer landschaftlich schönen Gegend mit niedrigen Hügeln. In der kleinen Stadt sind Bauten aus georgianischer Zeit zu finden. Viele wurden aus rotem Backstein mit passenden Dachpfannen gebaut. Architektonisches Juwel von Louth ist die Pfarrkirche St James mit einem 90 m hohen Spitzturm aus dem frühen 16. Jh.

Weitere Marktstädte am Rande der Wolds sind **Horncastle** (Markttag Do, Sa) und **Spilsby** (Markttag Mo). Die meisten Häuser in Horncastle stammen aus dem 18./19. Jh., doch Reste einer römischen Mauer in der Bibliothek an der Wharf Road zeugen von einer älteren Siedlungsgeschichte. Antiquitätensammler finden viele interessante Geschäfte in der Kleinstadt. Bekanntester Sohn des kleineren Orts Spilsby ist der Polarforscher Sir John Franklin, dessen Denkmal den Marktplatz schmückt.

An der flachen, sandigen Küste von Lincolnshire liegt eine Reihe von Badeorten, von denen **Skegness** und **Mablethorpe** die größten sind. Hierhin kommen vor allem Familien zum einfachen Badeurlaub, denn Lincolnshire gehört nicht zu den Gebieten, die wohlhabende Londoner für sich entdeckten.

Infos

Tourist Information Centre: Louth Town Hall, Cannon St., Louth, Tel. 01507 60 11 11, www.visitlincolnshire.com, Mo–Sa 10–17, Mi, Sa bis 16 Uhr.

Übernachten

Denkmalgeschützt ▶ **The Priory Hotel:** 149 Eastgate, Louth, Tel. 01507 60 29 30, www.theprioryhotel.com. Ungewöhnliches neugotisches Haus, 12 Zimmer mit individuellem Charakter. DZ 69–79 £, auch Familienzimmer (119 £).

Essen & Trinken

Mit Liebe gekocht ▶ **Magpies:** 71–73 East St., Horncastle, Tel. 01507 52 70 04, Mi–Fr/ So 12–14.30, Mi–So 19–22 Uhr. Französische Küche. 2-Gänge-Menü 42 £, Mittagessen 17 £.

Verkehr

Bus: Regelmäßige Verbindungen nach Louth von Lincoln und Boston, andere ländliche Busrouten verkehren nicht sehr häufig.

Boston und Lincolnshire Fens
▶ **K/L 14/15**

Weiter südwärts wird das Land immer flacher. Wir nähern uns dem ehemaligen Sumpfgebiet, **The Fens.** Bei Coningsby, südlich von Horncastle, wird die Ruhe öfter durch Fluglärm unterbrochen: Die königliche Luftwaffe ist in Lincolnshire zu Hause. In East Kirkby gibt es ein Museum mit alten Jägern und Bombern aus dem Zweiten Weltkrieg sowie Ausstellungen zur Geschichte des Luftkriegs (**Aviation Heritage Centre,** Mo–Sa 10–17, Nov.–Ostern bis 16 Uhr).

Wer das alles lieber vergisst, wird an **Tattershall Castle** bei Coningsby mehr Freude haben. Diese Backsteinburg aus dem 15. Jh. sieht zwar auf den ersten Blick wehrhaft aus, aber der Bauherr, Ralph Cromwell, Schatzkanzler von Henry VI., dachte offensichtlich nur in zweiter Linie an Verteidigung, da er große Fenster einsetzen ließ. Auf dem Burggraben schwimmen Enten und Schwäne, Pfauen stolzieren auf dem Rasen innerhalb der jetzt abgerissenen Außenmauern. Von der Innenausstattung ist nur wenig übrig geblieben (April–Okt. Sa–Mi 11–17, Nov.–März Sa/So 11–16 Uhr).

Boston, eine alte Hafenstadt an der Witham-Mündung, gab der amerikanischen Großstadt in Massachusetts ihren Namen, denn von hier aus segelten 1620 die so genannten ›Pilgerväter‹ auf der Suche nach religiöser Freiheit in die Neue Welt. Im **Guildhall Museum,** einem Bau aus dem Jahr 1450, sind die Zellen zu sehen, in denen sie 1607 nach einem Fluchtversuch nach Holland eingesperrt wurden (Mi–Sa 10.30–15.30 Uhr). Die Stadt wirkt heute etwas verschlafen, aber die große spätgotische Kirche, Church of St Botolph, zeugt noch von früherem Reichtum. Sie besitzt einen weithin sichtbaren Turm, genannt ›The Boston Stump‹. Lohnend ist auch der Besuch des zweiten Hochbaus der Stadt: Die 1819 errichtete 7-stöckige **Maud Foster Windmill** ist noch im Betrieb (Besichtigung Mi und Sa 10–17, Sommerferienzeit Mi–Sa 10–17 Uhr).

Am Rand des großen Meerbusens, The Wash, trennen Deiche das fruchtbare Agrarland von Schlick und salzigem Gras. Der Blick zum weiten Horizont wird nirgendwo von Hügeln oder hohen Bauten verdeckt, und es herrscht Stille. Südlich von Boston in der Gegend um **Spalding,** dem Zentrum des Gartenbaus, blühen von April bis Mitte Mai viele Narzissen und Tulpen. Die Festival Gardens, denen ein großes Einkaufszentrum mit Verkauf zu Fabrikpreisen angeschlossen ist, sind eine ganzjährige Attraktion (Mo–Sa 10–18, So 11–17 Uhr).

Infos

Tourist Information: 2 South Square, Boston, Tel. 01205 36 59 54, www.visitlincolnshire.com, Mi–Sa 10.30–15.30 Uhr.

Übernachten

Am Marktplatz ▶ **New England Hotel:** 49 Wide Bargate, Boston, Tel. 01205 36 52 55, www.newenglandhotelboston.co.uk. Hotel der Mittelklasse mit 28 Zimmern. DZ ab 85 £.

Essen & Trinken

Traditionell ▶ **Goodbarns Yard:** 8 Wormgate, Boston, Tel. 01205 35 57 17, tgl. 11.30 –23.30 Uhr. Ein Pub mit preiswerter Küche, historischem Interieur und einer Terrasse am Fluss.

Verkehr

Bahn: Nach Boston fahren Züge von Peterborough oder Nottingham (Fahrzeit: 2–2,5 Std.).

Grantham und Umgebung
▶ K 14

Grantham im Südwesten der Grafschaft erfreut sich eines doppelten Ruhms als Geburtsort des Wissenschaftlers und Mathematikers Sir Isaac Newton (1642–1727) und als der von Margaret Thatcher. Newton besuchte die Grammar School, ein Bau des 16. Jh. Sein Geburtshaus **Woolsthorpe Manor,**

Ein überaus lohnendes Ausflugsziel in Lincolnshire: Belton House

Von Nottingham nach Lincolnshire

in dem er während der Pestjahre 1665–66 an seinen Theorien über Optik und Schwerkraft arbeitete, liegt 11 km südlich der Stadt (April–Okt. Mi–So 11–17 Uhr, März Fr–So 11–17 Uhr).

Buchstäblicher Höhepunkt in **Grantham** ist der grazile Spitzturm der Pfarrkirche St Wulfram aus dem 14. Jh. In vergangenen Jahrhunderten war die Stadt eine wichtige Station auf der Great North Road, der Hauptverkehrsader von London nach Norden. Zwei Herbergen, die auf das 12. Jh. zurückgehende Angel and Royal und The George, erinnern noch an die alte Bedeutung der Stadt.

10 km westlich liegt **Belvoir Castle,** Sitz der Herzöge von Rutland. Das Schloss, das seine heutige Form durch viele Veränderungen während der letzten 300 Jahre erhielt, beherbergt eine Gemäldesammlung mit Werken von Rubens, Rembrandt, Holbein und englischen Malern. Die prachtvollen Innenräume stammen hauptsächlich aus dem frühen 19. Jh. (www.belvoircastle.com, Mai–Aug. So/Mo, Haus nur mit Führung um 11, 13, 15 Uhr, Garten: 11–17 Uhr.).

Belton House, 4 km nördlich von Grantham an der A 607 gelegen, gilt aufgrund der erhaltenen Inneneinrichtung mit hervorragenden Stukkateurarbeiten und Holzschnitzereien als schönster Landsitz des späten 17. Jh. Man kann kostbare Gemälde und Sammlungen von Möbeln und Silber bewundern und im ausgedehnten Landschaftspark spazieren gehen (Haus: Ostern–Okt. Mi–So 12.30–17 Uhr; Garten: tgl. 10.30–17.30 Uhr).

Infos

Tourist Information Centre: The Guildhall Centre, St Peter's Hill, Tel./Fax 01476 40 61 66, Mo–Fr 9.30–16.30, Sa bis 13 Uhr.

Übernachten

Historisches Flair ▶ **The Angel and Royal:** High St., Tel. 01476 56 58 16, Reservierung Tel. 0808 178 76 66, www.angelandroyal.co.uk. Einer der Kandidaten für den Titel ›älteste Gaststätte des Landes‹. Geht auf das Jahr 1203 zurück, die Fassade ist 600 Jahre alt.

Sieben englische Könige übernachteten hier. Mit Bistro (tgl. 7–21.30 Uhr, 9–14 £). DZ ab 110 £.

Essen & Trinken

Das feinste und kleinste ▶ Harry's Place: 17 High St., Great Gonerby (nordwestl. von Grantham an der B 1174), Tel. 01476 56 17 80, Di–Sa 12.30–14.30, 19–21.30 Uhr. Eigentümliches Lokal mit nur zehn Plätzen. Harry kocht, seine Frau kellnert. Beschränkte Auswahl internationaler Gerichte, hervorragende Qualität. Menü ab 40 £.

Rustikal ▶ The Chequers Inn: Woolsthorpe-by-Belvoir, Grantham, Tel. 01476 87 07 01, www.chequersinn.net, tgl. 12–14.30, 18–21.30 Uhr. Gemütliche Herberge aus dem 17. Jh. Klassische Pub-Gerichte 10–11 £, Steak und Fisch 14–19 £ (Übernachtung DZ 70 £).

Verkehr

Bahn: Züge ab London (Fahrzeit: 2,5 Std.) und Nottingham (40 Min.).

Peterborough und Stamford
▶ **K 15**

Die Industriestadt **Peterborough** wird vor allem wegen ihrer **Kathedrale** besucht. Die erste Kirche gehörte zu einer im Jahre 654 gegründeten Abtei, die nach der Zerstörung durch die Dänen im Jahre 975 neu errichtet wurde. Das heutige Bauwerk entstand im 12. Jh. im normannischen Stil, aber es sind spätere Änderungen, die am meisten Beachtung finden. Um 1220 erhielten Schiff und Querhäuser eine hölzerne Decke, die nicht, wie sonst fast immer, einem Brand zum Opfer fiel oder durch Gewölbe aus Stein ersetzt wurde. Der beeindruckendste Bauteil ist die im Jahre 1238 vollendete Westfassade mit ihren beiden Seitentürmen. Einen weiteren Höhepunkt stellt das Anfang des 16. Jh. fertiggestellte Fächergewölbe im Retrochor dar. Den Status einer Kathedrale verlieh Henry VIII. der Abtei, nachdem seine erste Königin, Katharina von Aragon, 1536 hier bestattet wurde. Ihr Grab befindet sich im nördlichen Seitenschiff des Chors gegenüber dem einer zweiten glücklo-

Tipp: The George Hotel

The George in Stamford ist seit den großen Tagen der Postkutschen von London nach York eine berühmte Herberge, das Gebäude geht auf ein Spital der Johanniter im 12. Jh. zurück. Heute ist es ein komfortables Hotel (DZ ab 150 £) mit einem sehr guten Restaurant, **The Oak-Panelled Dining Room,** und dem informelleren **Garden Lounge.** Küche Mo–Sa 12.30–14.30 und 19.30–22.30 Uhr, Mittagsmenü im Restaurant 23,50 £, Hauptgerichte abends 18–26 £, im Garden Lounge 15–20 £. Für das bescheidene Portemonnaie gibt es Nachmittagstee ab 7 £ oder Pub-Essen in der Bar, 7–11 £ (71 St Martins, Tel. 01780 75 07 50, www.georgehotelofstamford.com).

sen Königin der Tudor-Zeit, Maria Stuart. Nach ihrer Enthauptung in der unweit gelegenen Burg Fotheringhay wurde sie hier bestattet. Ihr Sohn, der als James I. 1603 König von England wurde, ließ ihre Gebeine später nach Westminster Abbey umbetten.

Als Elizabeth I. 1587 ihre Rivalin in Fotheringhay beseitigen ließ, hatte ihr treuester Diener und langjähriger Minister, William Cecil, den Bau eines der prächtigsten Paläste dieser Zeit eben vollendet. Noch heute befindet sich **Burghley House,** am Rande von Stamford, im Besitz der Cecil-Familie. Die drei reich ornamentierten Renaissance-Fassaden und prunkvollen Staatsräume dokumentieren die Macht des klugen Staatsmanns, der in einer Zeit von Krieg, Komplott und Invasionsgefahr die Geschicke des Landes mitbestimmte. Ende des 17. Jh. gestaltete der fünfte Earl of Exeter, ein begeisterter Kunstsammler, die Räume neu. Aus dieser Zeit stammen viele Barockgemälde sowie die von Laguerre und Verrio ausgeführten Deckenmalereien. Berühmt ist der Heaven Room mit Darstellungen der antiken Götter auf Wänden und Decke, nicht minder eindrucksvoll ist die riesige alte Küche, in der die Führung durch das Haus beginnt. Den großen Park schuf Capability Brown im 18. Jh. (www.burghley.co.uk, Os-

tern–Okt. Haus: Sa–Do 11–16.30 Uhr, Garten: tgl. 11–17 Uhr).

Auch **Stamford** selbst lohnt den Besuch. Die fast ausschließlich aus braunem Kalkstein gebaute, im Mittelalter und in georgianischer Zeit wohlhabende Stadt wurde von der Industriellen Revolution kaum berührt. Zu den bedeutendsten Bauwerken gehören fünf mittelalterliche Kirchen, darunter St Martin's und Browne's Hospital aus dem 15. Jh. Die Hauptstraßen säumen stattliche georgianische Häuser, bemerkenswerter jedoch als einzelne Bauten ist das Gesamtbild eines Stadtzentrums, das wie kein anderes in England im Zustand der Zeit vor Queen Victoria erhalten blieb.

Infos

Tourist Information Centre: Stamford Arts Centre, 27 St Mary's St., Stamford, Tel. 01780 75 56 11, www.stamford.co.uk, Mo–Sa 9.30–17 Uhr. Siehe auch: www.stamfordartscentre.com.

Essen & Trinken

Traditionsherberge ▶ Crown Hotel: 6 All Saints Place, Tel. 01780 76 31 36, www.thecrownhotelstamford.co.uk. Braten, Wild, Steak 14–18 £; komfortable Unterkunft ab 120 £.

Stimmungsvoll ▶ The Tobie Norris: 12 St Paul's St., Tel. 01780 75 38 00, www.tobienorris.com, warme Küche tgl. 12–14.30, Mo–Sa 18–21 Uhr. Pizza 7–8 £, andere italienische Gerichte 11–13 £, gute Weinliste und Ales aus Ufford's Mikrobrauerei. Herrliches Ambiente in einem 1280 erbautes Haus.

Termine

Stamford Shakespeare Company: Ende Juni–Aug., Theater im Herrensitz Tolethorpe Hall, Tel. 01780 75 61 33.
Burghley Horse Trials (Ende Aug.–Anfang Sept.): Renommiertes Pferdeturnier im Park von Burghley House.

Verkehr

Bahn: Nach Stamford ab Peterborough (Fahrzeit: 15 Min.).

341

Im Nationalpark Norfolk Broads

Kapitel 6

Ostengland

Ostengland ist seit mehr als einem Jahrtausend dicht besiedelt und doch ländlich geprägt. Die Böden sind fruchtbar, und das Klima ist sonniger als in anderen Landesteilen. Der kurze Seeweg sorgte für gute Handelsverbindungen zum Kontinent und lockte Einwanderer wie die Angeln, die vor 1500 Jahren hierher kamen und der Region den Namen East Anglia gaben. Hier trifft man weder auf Berge noch auf größere Hügelketten, dennoch ist eine Vielfalt an Landschaftstypen vorhanden. Das Zusammenspiel von Natur und Menschenhand wird offensichtlich: im Nationalpark Norfolk Broads, einem durch Torfabbau entstandenen Gebiet von Seen und Wasserwegen, ebenso wie im trockenen Breckland und im flachen Fenland, einem ehemaligen Sumpfgebiet.

Die Grafschaft Suffolk zieht alle in den Bann, die einen Sinn für die sanfte Seite englischer Landschaften besitzen. Lauschige Dörfer mit gemütlichen alten Kneipen, Fachwerkarchitektur wie aus dem Bilderbuch und Pfarrkirchen, die zu den schönsten des Landes zählen. Weiter nördlich ist die Küste von Norfolk ein Erholungsgebiet mit langen, oft leeren Sandstränden und Biotopen für Wasser- und Seevögel in den Salzwiesen.

Auch historische Städte fehlen nicht. Seit 1000 Jahren ist Norwich regionale Hauptstadt mit einem Schatz an Bauten aus dem Mittelalter, seit 800 Jahren ist Cambridge ein Zentrum der Gelehrsamkeit. Mit dem Geld, das Könige, Adlige und Reiche stifteten, entstanden prächtige Architektur und ein Stadtbild, das nur in Oxford seinesgleichen hat.

Auf einen Blick
Ostengland

Sehenswert

Norwich: Die überraschend vielseitige Stadt wartet mit herrlichen Einkaufsstraßen, guten Museen, Flussfahrten und einer sehenswerten Kathedrale auf (s. S. 379).

Audley End: Ein imposanter, für Besucher gut aufbereiteter Herrensitz (s. S. 356).

14 Cambridge: Nach Besichtigung der mittelalterlichen Universitätsbauten laden urige Pubs und grüne Wiesen am Cam zur Erholung ein. Hier wandelt man auf den Spuren berühmter Dichter, Wissenschaftler und Staatsmänner (s. S. 346).

15 Suffolk: Diese Landschaft mit grünen Flusstälern und romantisch anmutenden Dörfern mit Fachwerk und Reetdächern verwirklicht den Traum des unverdorbenen ›Old England‹ (s. S. 382).

Schöne Routen

Küste von Norfolk: Die A 149 ist die Hauptroute von King's Lynn entlang der Nordküste von Norfolk. Teils direkt an der Straße, teils nur wenige hundert Meter abseits, liegen attraktive Strände, Feuchtgebiete am Meer und Kleinstädte (s. S. 360).

Ländliches Suffolk: Das reizvolle Gebiet südlich und südöstlich von Bury St Edmunds bereist man am besten unter Umgehung der viel befahrenen Hauptstraßen, z. B. ab Bury St Edmunds führt die B 1066 zur Antiquitätenstadt Long Melford, von dort die B 1064 nach Cavendish und Clare. Weiter östlich fährt man auf der B 1068 durch das untere Stour-Tal (s. S. 382).

Küste von Suffolk: Zwischen Ipswich und Southwold liegen Badeorte und Feuchtgebiete, Strände und eine fast verlassene Nehrung (s. S. 390).

Meine Tipps

Abendmesse im Kings College in Cambridge: Architektur und Chorgesang vom Allerfeinsten (s. S. 350).

Regionale Spezialitäten in Norfolk: Ausgezeichnete Meeresfrüchte und eine wenig bekannte Gemüsesorte (s. S. 364), außerdem gute Biere (s. S. 375).

Norfolk Broads National Park: Wer die Seen und Flüsse nicht per Boot erkunden will, kann ein Rad mieten (s. S. 374).

Bury St Edmunds: Ein unspektakulärer Marktflecken mit einer hohen Lebensqualität, historischen Sehenswürdigkeiten und einem großen Herrenhaus am Stadtrand (s. S. 382).

Dunwich: Das Verschwinden einer einst blühenden Stadt in den Nordseewellen erzeugt eine ungewöhnliche Stimmung (s. S. 391).

aktiv unterwegs

Spaziergang von Cambridge nach Grantchester: Der 3 km lange Weg vom alten Zentrum der Universitätsstadt am Fluss Cam entlang bis zum Dorf Grantchester war Lieblingsspaziergang berühmter Gelehrter (s. S. 355).

Küstenwanderung von Wells-next-the-Sea nach Cley: Eine lange, aber flache Wanderung, die sich auf unkomplizierte Weise abkürzen lässt und für Vogelfreunde besonders interessant ist. Der Weg besticht durch den weiten Himmel, kleine Häfen und die Abwechslung von Feuchtgebieten mit Salz- und Süßwasser. Es gibt mehrere Einkehrmöglichkeiten und eine bequeme Busverbindung zurück zum Startpunkt (s. S. 366).

Cambridge und Fenland

In der mittelalterlichen Universität von Cambridge studierten so unterschiedliche Persönlichkeiten wie der Wissenschaftler Sir Isaac Newton und der Dichter Lord Byron. Über acht Jahrhunderte wuchs ein unvergleichliches Ensemble von Kapellen, Höfen und Bibliotheken – bis heute eine Schmiede für Nobelpreisträger.

Die Universitätsstadt Cambridge hat mit der Rivalin Oxford das Verkehrschaos gemein – es empfiehlt sich also, das Auto auf einem Parkplatz am Rande des alten Stadtkerns stehen zu lassen. Wie Oxford besitzt auch Cambridge eine Konzentration von historischen Bauten, der man sonst selten begegnet. Die Colleges sind nicht so zahlreich, aber geräumiger als in Oxford und öffnen sich nach hinten zum Fluss, statt ihre Schönheit hinter hohen Steinmauern zu verbergen. Während Oxford fast ausschließlich aus gelbbraunem Cotswold-Kalkstein gebaut ist, fehlte es in Cambridge an nahe gelegenen Steinbrüchen, sodass eine breite Palette von Baumaterialien benutzt wurde: Fachwerk, roter und weißer Backstein sowie Naturstein verschiedener Herkunft.

Laut Überlieferung ließen sich Gelehrte aus Oxford in den 1220er-Jahren am Ufer des Flusses Cam nieder. Anlass für die Abspaltung waren gewalttätige Auseinandersetzungen in Oxford zwischen Stadtbewohnern und Universitätsmitgliedern, doch diese Spannung zwischen ›town and gown‹ (Stadt und Talar) übertrug sich auch auf Cambridge, wo die ersten Colleges sich ab 1270 bildeten.

Die Universität hat vor allem in den Naturwissenschaften weltweit eine führende Stellung. Fast 100 Nobelpreisträger studierten hier. Wegen der Konzentration von Forschungszentren und Hi-Tech-Firmen um die Universität erntete Cambridge den Namen ›Silicon Fen‹. Doch für Besucher liegt die Faszination in den College-Bauten aus vergangenen Jahrhunderten, die am grünen Cam-Ufer liegen und um historische Höfe, genannt ›Courts‹, gruppiert sind.

Nördlich der Universitätsstadt erstrecken sich die Niederungen, Fens, bis zur Küste am Meerbusen The Wash. Die herausragende Sehenswürdigkeit ist hier die großartige Kathedrale der Kleinstadt Ely.

14 Cambridge ▶ L 16

Cityplan: S. 348

Das sehenswerteste Viertel von Cambridge befindet sich zwischen dem Cam und der Straße, die im Norden St John's Street heißt, dann Trinity Street, King's Parade und schließlich im Süden Trumpington Street.

Als Alternative zum ermüdenden Fußmarsch durch unzählige Höfe und Kapellen ist ein Ausflug auf dem Cam zu empfehlen. Die College-Gärten erstrecken sich bis zum Ufer, und die Bauten bilden eine romantische Kulisse, die man am besten vom Boot aus bewundert.

Magdalene College und St John's College

Wir beginnen nordwestlich der Biegung des Cam in der Magdalene Street. **Magdalene College** 1, 1542 gegründet, hat zwei kleine, schöne Höfe hinter dem Toreingang aus dem Jahr 1585. Das Doppeltreppenhaus der Hall stammt aus dem frühen 18. Jh. Teile der Chapel stammen von einer Kirche, die im 14. Jh.

zu einer Benediktinerherberge gehörte. Ein bekannter Ehemaliger des College, nach dem die in einem Renaissancebau untergebrachte Bibliothek benannt wurde, war Samuel Pepys. Er war im späten 17. Jh. Staatsdiener im königlichen Marineamt und schrieb in geheimer Kurzschrift ein sehr umfangreiches Tagebuch mit unterhaltsamen, manchmal zotenhaften Beschreibungen der Ereignisse in London zur Zeit Charles' II.

Über Magdalene Bridge gelangt man in die Bridge Street, kurz danach zweigt die St John's Street nach rechts ab. Nahe der Kreuzung befindet sich eine seltene normannische Rundkirche, **Church of the Holy Sepulchre** **2**, die 1130 nach dem Vorbild der Grabeskirche in Jerusalem gebaut wurde. In der St John's Street liegt gleich rechter Hand **St John's College** **3**, das drei großzügig angelegte Höfe besitzt. Das dreigeschossige Torhaus wurde kurz nach seiner Gründung, 1511 durch Margaret Beaufort, errichtet und trägt in seiner reichen heraldischen Verzierung die Wappen der Familie Beaufort und des Königs Henry VII., Sohn der Gründerin. Der erste Hof mit Hall und einer im 19. Jh. restaurierten Chapel ist der älteste. Der zweite gehört mit seiner elisabethanischen Backsteinarchitektur zu den schönsten in Cambridge. Von dem dritten, in dem sich die Library befindet, gelangt man zum Fluss und zur Bridge of Sighs, die der venezianischen Seufzerbrücke nachempfunden wurde.

Trinity College und Trinity Street

Neben St John's liegt **Trinity College** **4**, das größte in Cambridge, eine reiche, stolze Institution mit besten Verbindungen zur Oberschicht. Die Gründung 1546 war eine der letzten Amtshandlungen von Henry VIII.: Der eitle, misstrauische, sechsmal verheiratete Monarch vollbrachte damit am Ende einer grausamen Regierungszeit noch eine gute Tat. Der riesige Great Court, ein quadratischer Hof mit 100 m langen Seiten, wurde Ende des 16. Jh. im Tudor-Gotik-Stil gebaut. Ein unter adligen Draufgängern vergangener Zeiten beliebtes Spiel bestand darin, nach einem ausgiebigen Dinner einmal um den Hof zu laufen und zwar in der Zeit, die die Glocke im King Edward's Tower braucht, um Mitternacht zu läuten. Die Hall von Trinity ist sehenswert, aber das prächtigste Gebäude im College ist die Bibliothek des späten 17. Jh., ein klassizistischer Bau mit Arkadengängen von Christopher Wren.

Zu der sehr langen Liste hervorragender Studenten von Trinity gehören der Philosoph Francis Bacon, die Dichter Lord Byron und Lord Tennyson sowie der Mathematiker und Naturwissenschaftler Sir Isaac Newton. Auf dem Rasen rechts zwischen der Straße und dem Eingangstor Great Gate steht ein Apfelbaum, ein Ableger des Baumes von Newtons Landhaus. Es wird überliefert, dass er das Prinzip der Schwerkraft entdeckte, als er unter dem Baum meditierte und von einem herabfallenden Apfel am Kopf getroffen wurde.

Nach rechts zweigt die enge Gasse Trinity Lane zu **Clare College** **5** ab. Hier kann man durch die Höfe zur anmutigen Clare Bridge gehen und den Fellows' Garden, einen der schönsten College-Gärten in Cambridge, sehen. Gegenüber Clare College führt eine Gasse zwischen **Gonville and Caius College** **6**, einer mittelalterlichen Gründung, deren Gebäude hauptsächlich aus dem 19. Jh.

Tipp: Öffnungszeiten der Colleges

Generell sind die Pforten tgl. 11–17 Uhr für Besucher geöffnet, geschlossen bleiben sie während der Prüfungstermine (Ende April–Anfang Juni). Führungen ab dem Visitor Information Centre (Mo–Sa 11.30 und 13.30, So 13.30 Uhr) bieten eine gute Einführung. Die als Sehenswürdigkeit profiliertesten Colleges erheben Eintritt – z. Zt. King's, St John's und Trinity College (Änderungen möglich). Belebter, aber teils in den Öffnungszeiten eingeschränkt sind die Colleges während der Trimester, wenn alle Studenten anwesend sind (Okt.–Anfang Dez., Anfang Jan.–März, Ende April–Anfang Juni).

Cambridge

20 Jesus College
21 Castle Mound
22 Folk Museum
23 Kettle's Yard
24 Cambridge Botanical
   Garden

Übernachten

1 Hotel Felix
2 Arundel House Hotel
3 Warkworth House
4 Jugendherberge

Essen & Trinken

1 Midsummer House
2 Loch Fyne Restaurant
3 Brown's Restaurant
4 Backstreet Bistro
5 Michaelhouse Café
6 Fitzbillies
7 Dojo

Einkaufen

1 All Saints Market
2 Heffer's
3 Cambridge University Press

Abends & Nachts

1 The Eagle
2 The Cambridge Blue
3 The Granta
4 Arts Theatre
5 Arts Picture House

Aktiv

1 Scudamores-Bootsverleih
2 Granta Punt & Boat
  Company
3 Cambridge Station Cycles
4 Pool am Jesus Green

Sehenswert

1 Magdalene College
2 Church of the Holy Se-
  pulchre
3 St John's College
4 Trinity College
5 Clare College
6 Gonville and Caius College
7 Senate House
8 Great St Mary's Church
9 King's College
10 St Catherine's College
11 Corpus Christi College
12 Queen's College
13 Pembroke College
14 Peterhouse
15 Fitzwilliam Museum
16 Museum of Archaeology &
   Anthropology
17 Emmanuel College
18 Christ's College
19 Sidney Sussex College

stammen, und dem **Senate House** 7 , Sitz des ›Universitätsparlaments‹, zur Haupt-straße Trinity Street zurück. Hier finden wir **Great St Mary's Church** 8 , von deren Turm man einen besonders guten Blick auf die Stadt hat (Mo–Sa 9.45–16.30, So 12.30–16 Uhr).

King's College

Rechter Hand befindet sich ein absoluter Hö-hepunkt des Rundgangs, **King's College** 9 , eine königliche Gründung (1440) von Henry VI., dessen Statue im großen Hof steht. Die von weiträumigen Gartenanlagen umgebe-nen College-Gebäude entstanden überwiegend im 18. und 19. Jh. Die große Attraktion von King's College ist die **Chapel,** die zu den schönsten Bauwerken Englands gehört (Eingang Sept.–Juni an der Nordseite der Kapelle, über Senate House Lane zu erreichen; Eintrittskarten in The Shop at King's gegenüber dem Torhaus). Der 1446 begonnene und erst 80 Jahre später fertig gestellte Raum mit viereckigem Grundriss ist fast 90 m lang und 25 m hoch. Die Fenster der Kirche sind so groß, dass sie fast nur aus Glas zu bestehen scheint. Atemberaubend ist der ununterbrochene Blick über die ganze Länge des Fächergewölbes, gebildet aus einer regelmäßigen Abfolge von Kreisen und strahlenförmigen Rippen. Der Fensterzyklus im Renaissance-Stil und die Holzschnitzarbeiten am Lettner und Chorgestühl sind bemerkenswert (außerhalb des Trimesters Mo–Sa 9.30–16.30, So 10–17, während des Trimesters Mo–Sa 9.30–15.30, So 13.15–14.30 Uhr).

King's Parade und Trumpington Street

Wir gehen die King's Parade entlang und treffen rechts auf **St Catherine's College** `10`, 1473 gegründet mit Höfen aus dem 17. und 18. Jh. Gegenüber liegt **Corpus Christi College** `11`, dessen Old Court aus dem 14. Jh. der älteste Hof in Cambridge ist. Schauen Sie unbedingt auf die glänzende Corpus Christi Clock an der Ecke King's Parade/Benet Street. Eine schön-schaurige Heuschrecke auf dem Zifferblatt aus 24-karätiges Gold ›frisst‹ die Zeit.

Silver Street bringt uns über den Cam und zum unbedingt sehenswerten **Queen's College** `12`, das wie kein anderes sein mittelalterliches Aussehen bewahrt hat. Im First Court aus rotem Backstein findet man Hall, Library und Old Chapel. Es folgen der alte Kreuzgang, Cloister Court und Erasmus Court, in dem Erasmus von Rotterdam Anfang des 16. Jh. arbeitete. Eine Kuriosität des Queen's College ist die Holzbrücke, die Mathematiker 1749 ohne Verwendung von Nägeln konstruierten.

Die Silver Street führt zur Trumpington Street, der Verlängerung von King's Parade,

zurück. Zum **Pembroke College** `13` auf der linken Seite gehören Gebäude aus verschiedenen Epochen. Besonders zu erwähnen ist die Chapel, 1663–65 von Christopher Wren erbaut. Auf der anderen Straßenseite befindet sich das älteste College der Stadt, das 1284 gegründete **Peterhouse** `14`. Die Hall stammt noch aus dieser Zeit.

Museen in Cambridge

Das **Fitzwilliam Museum** `15` an der Trumpington Street, ein aufwendiger frühviktorianischer Bau, beherbergt umfangreiche Sammlungen: antike Skulpturen, Bilderhandschriften des Mittelalters, Waffen, Münzen, Glas, Musikinstrumente und eine Gemäldegalerie mit Werken von Tizian, Tintoretto, Murillo, Poussin, Corot, Renoir, Pissarro, Cézanne, Matisse, Gainsborough, Turner, Constable usw. (www.fitzmuseum.cam.ac.uk, Di–Sa 10–17, So 12–17 Uhr).

Um zu den Universitätsmuseen von Cambridge zu gelangen, kehrt man zum Pembroke College zurück, biegt dann rechts in die Pembroke Street und geht weiter zur Downing Street. Das **Museum of Archaeology and Anthropology** `16` zeigt archäologische Sammlungen aus allen Epochen bis zum Mittelalter und völkerkundliche Exponate aus aller Welt (Di–Sa 10.30–16.30 Uhr; Neueröffnung 2012 nach Renovierung). Themen der anderen Museen auf dem Gelände sind Geologie, Zoologie, Mineralogie und die Geschichte der Naturwissenschaft.

St Andrews Street bis Castle Street

Dem gründlichen Besucher bleiben noch vier weitere Colleges. Sie liegen an dem Straßenzug St Andrew's Street, Sidney Street und Bridge Street, der zurück zum Ausgangspunkt dieses Stadtrundgangs führt. Am Ende von Downing Street stoßen wir auf **Emmanuel College** `17`, das besonders schöne Gärten besitzt. Die Gebäude stammen hauptsächlich aus den zwei Jahrhunderten nach der Gründung 1584, aber Teile eines Dominikanerklosters, das ab dem 13. Jh. an dieser Stelle stand, wurden mit einbezogen. Hier studierte John Harvard, der später nach Amerika auswanderte und die gleichnamige Universität gründete. An ihn erinnern ein Fenster und eine Gedenktafel in der Chapel.

Christ's College 18, wie St John's eine Gründung von Margaret Beaufort (1505), liegt ebenfalls inmitten schöner Gärten. Die Gebäude entstanden im 17. Jh. oder später. Sidney Street führt zum **Sidney Sussex College** 19, das 1596 von Frances Sidney, Gräfin von Sussex, gegründet wurde. Bekanntester Ehemaliger ist Oliver Cromwell, aber er würde die Höfe seines alten College nicht mehr erkennen, da sie im 19. Jh. neu gebaut wurden. Mittelalterliches bietet dagegen ein Abstecher zum **Jesus College** 20, von Sidney Street aus über Jesus Lane zu erreichen. Das Jesus College entstand 1494 an der Stelle eines Nonnenklosters. Die Klosteranlagen wurden übernommen und im Laufe der Jahrhunderte erweitert. Besonders zu erwähnen sind die frühgotische Chapel und der Kapitelsaal des alten Klosters.

Hiermit sind noch nicht alle der 31 Colleges aufgezählt. Wer nur Zeit für einen kurzen Besuch hat, kann einen verkürzten Weg von St John's nach King's College nehmen, dann zurück zu Trinity Lane und über den Cam zu The Backs laufen. Aber auch an Alternativen zum Besuch der Colleges mangelt es nicht.

Tipp: Chormusik im King's College

Geistliche Musik, wie sie nicht besser sein kann, und das perfekte Ambiente dafür bietet die **King's College Chapel.** Der Männerchor King's College Choir gehört zu den besten im Lande, und die stimmliche Reinheit der Chorknaben kommt in der wunderschönen Kapelle mit einem langen, aber klaren Echo zur Geltung. Gesungene Messe (Evensong): Mo–Sa 17.30 Uhr. Sonntags gibt es Gottesdienst mit Gesang um 10.30 und 15.30 Uhr. Während des Trimesters finden Orgelkonzerte regelmäßig um 18.30 Uhr statt, s. www.kings.cam.ac.uk/events.

Nahe dem Anfangspunkt dieses Rundgangs, in der Castle Street, befindet sich die Erhebung **Castle Mound** 21, auf der früher eine Burg stand; sie ist ein guter Aussichtspunkt. Auf der anderen, westlichen Seite der Castle Street liegt das **Folk Museum** 22, ein Blick in die Geschichte der Stadt, und die reizende Kulturoase **Kettle's Yard** 23 (April–Sept. Di–So 13.30–16.30, im Winter 14–16 Uhr). Diese Anlage besteht aus Arbeiterhäuschen, die zu einer Galerie mit Kunst des 20. Jh. und Räumen für Wechselausstellungen zeitgenössischer Kunst und Konzerte umgebaut wurden (Galerie und Buchladen Di–So 13–17 Uhr).

Ein großes Vergnügen sind die Grünanlagen in Cambridge. Nördlich der Colleges bietet **Jesus Green** die Gelegenheit zu einem Spaziergang unter Platanen oder zum Schwimmen im Freibad mit fast 100 m langen Bahnen (Mitte Mai–Mitte Sept.). An Jesus Green grenzt die offene Fläche Midsummer Common. Sehenswerte College-Gärten sind die von Clare College, Christ's College und Sidney Sussex College. Der 1760 gegründete **Cambridge Botanical Garden** 24 gehört zu den besten des Landes mit 8000 Arten, Lehrpfaden, Café und Shop und ist über die Trumpington Street in Richtung Süden, dann links in die Bateman Road, zu erreichen (tgl. April–Sept. 10–18, Feb./März, Okt. 10–17, Nov.–Jan. 10–16 Uhr).

Infos

Visitor Information Centre: The Old Library, Wheeler St., Tel. 0906 586 25 26, Zimmerbuchung: Tel. 01223 45 75 81, www.visitcambridge.org, Mo–Fr 10–17.30, Sa 10–17 Uhr.

Übernachten

Feine Adresse ▶ **Hotel Felix** 1: Whitehouse Lane, Huntingdon Rd., Tel. 01223 27 79 77, www.hotelfelix.co.uk. Viktorianischer Herrensitz im eigenen Park, 1,5 km von der Stadtmitte, mit allem Luxus in den 47 Zimmern: Große Betten, wirklich gute Duschen (in England eine Seltenheit), CD-Player. Mediterrane Küche im Graffiti Restaurant (tgl. 12–14, 18.30–22, So bis 21.30 Uhr, Haupt-

Berühmt für ihr ungewöhnlich schönes Fächergewölbe: Kings College Chapel

gerichte ab 17 £). DZ inkl. kontinentales Frühstück ab 200 £.

Blick aufs Wasser ▶ Arundel House Hotel **2**: 53 Chesterton Rd., Tel. 01223 36 77 01, www.arundelhousehotels.co.uk. 103 Zimmer, alle mit eigenem Bad, in einem alten, modern eingerichteten Haus nicht weit von den Colleges mit Blick auf Park und den Cam. Das Restaurant bietet die beliebte moderne Fusion aus britischer, mediterraner und asiatischer Küche (Hauptgerichte 12–19 £). DZ 95–140 £.

Freundlich ▶ Warkworth House **3**: Warkworth Terrace, Tel. 01223 36 36 82, www.warkworthhouse.co.uk. B & B mit freundlicher und angenehmer Umgebung, nahe Busbahnhof und Grünanlage Parker's Piece, Colleges zu Fuß erreichbar. DZ ab 85 £, Familienzimmer ab 95 £.

Preiswert ▶ Jugendherberge **4**: YHA, 97 Tenison Rd., Tel. 0845 371 97 28, Fax 01223 31 27 80. Reservierung empfohlen. In einem viktorianischen Haus in Bahnhofsnähe, 15

Fußminuten von der Stadtmitte. 18–25 £ pro Person inkl. Frühstück.

Essen & Trinken

Spitzenküche ▶ Midsummer House **1**: Midsummer Common, Tel. 01223 36 92 99, Di–Sa 18.30–21.30 Uhr, Mi–Sa 12–14 Uhr. Das beste Restaurant der Region mit zwei Michelin-Sternen. Sehr gute französisch-mediterrane Küche in einem Garten am Cam. 3-Gänge-Menü 75 £, mittags 40 £.

Guter Fisch ▶ Loch Fyne Restaurant **2**: The Little Rose, 37 Trumpington St., Tel. 012 23 36 24 33, Mo–Fr 11.30–22, Sa 10–22.30, So 10–22 Uhr. Meeresfrüchte aus Schottland: Muscheln, Räucherlachs, Austern, auch vegetarische Gerichte und schottisches Rindfleisch von Glen Fyne. Angenehmes Ambiente im 500 Jahre alten Pub gegenüber dem Fitzwilliam Museum. Fischgerichte 12–16 £, vegetarische Gerichte 9 £.

Für jeden etwas ▶ Brown's Restaurant **3**: 23 Trumpington St. gegenüber Fitzwilliam

Cambridge und Fenland

Museum, Tel. 01223 46 16 55, abends keine Reservierung, tgl. 12–23 Uhr. Belebtes großes Studentenlokal, jedoch nicht sonderlich preiswert. Britische und internationale Küche. Hauptgerichte ab 9 £.

Britisch-französisch ▶ Backstreet Bistro **4** : Sturton St., Di–So ab 18 Uhr, Sa/So auch Brunch ab 10.30 Uhr. Fleischgerichte 14–16 £, vegetarische Gerichte 11–12 £. Eine beliebte Adresse: reservieren!

Stilvolles Ambiente ▶ Michaelhouse Café **5** : Trinity St., Mo–Sa 8–17 Uhr. Vegetarische und Fleischgerichte in einer ehemaligen Kirche aus dem 14. Jh., preiswertes Lokal für ein schnelles Mittagessen.

Süße Tradition ▶ Fitzbillies **6** : 52 Trumpington St., Tel. 01223 35 25 00. Beliebte Bäckerei seit 1922: Probieren Sie einen Chelsea Bun (süßes Brötchen). Café Mo–Fr ab 8, Sa/So ab 10 Uhr, Fr/Sa auch abends geöffnet.

Asiatisch günstig ▶ Dojo **7** : 1–2 Millers Yard, Mill Lane, Mo–Fr 12–14.30/17.30–23, Sa/So 12–23 Uhr. Asiatische Nudelgerichte (6–7 £), beliebter Studententreff.

Etwas außerhalb in der Regent Street (Verlängerung von St Andrews Street Richtung Süden) und Mill Road (Richtung Bahnhof) isst man preiswerter als in der Stadtmitte, die Lokale bieten Genüsse aus der ganzen Welt:

Sightseeing per Stakkahn – u. a. an den Gebäuden des King's College vorbei

türkische, marokkanische, indische und Mittelmeerküche.

Einkaufen

Kunsthandwerk ▶ All Saints Market 1: Trinity St., jeden Sa 10–17 Uhr.
Bücher ▶ Heffer's 2: 20 Trinity St., gehört zu den weltgrößten Buchhandlungen. **Cambridge University Press 3:** 1 Trinity St.: seit 1581 gibt es eine Buchhandlung hier – heute die Filiale des Universitätsverlags.

Abends & Nachts

Cambridge verfügt über eine vielfältige, lebhafte Kneipenszene.

Charaktervoll ▶ The Eagle 1: Benet St. Historische Kneipe (ca. 1600) in der Stadtmitte mit einfacher Pub-Küche. Amerikanische Flieger im Zweiten Weltkrieg haben sich mit Unterschriften an der Decke des Pubs verewigt. Das Lokal ist auch deshalb berühmt geworden, weil am 28. Februar 1953 der Wissenschaftler Francis Crick ins Lokal kam und seinem Forscherkollegen James Watson mitteilte: »Wir haben das Geheimnis des Lebens entdeckt.« Das Bier meinte er nicht; die beiden Biologen hatten die Struktur der DNA entschlüsselt.
Gute Kneipe ▶ The Cambridge Blue 2: 85 Gwydir St. (Seitenstraße von Mill Rd.), Tel. 01223 47 16 80, Mo–Sa 12–23, So 12–22.30 Uhr. Angenehmer Pub ohne schicke Allüren, bodenständige Gerichte (Pie, Curry) 6–9 £.
Am Fluss ▶ The Granta 3: 14 Newnham Rd., Tel. 01223 50 50 16. Herrliche Lage mit Biergarten am River Cam. Probieren Sie Abbott Ale. Küche tgl. 12–22, So bis 20 Uhr.
Live-Unterhaltung ▶ Arts Theatre 4: St Edwards Passage, Tel. 01223 50 33 33, www.cambridgeartstheatre.com. Schauspiel und Konzerte.
Kino ▶ Arts Picture House 5: 39 St Andrews St., Tel. 0871 902 57 20. Programmkino.

Aktiv

Stadtrundfahrt ▶ Cambridge Bus Tour: Bus mit Ein- und Aussteigemöglichkeit an 20 Stellen, im Sommer mit offenem Oberdeck alle 20 Minuten 10–18 Uhr, im Winterhalbjahr alle 40 Minuten 10–16 Uhr.
Punting (Stakkähne) ▶ Scudamores 1: Bootsmiete an der Magdalene Bridge und der Silver Street Bridge, Tel. 01223 35 97 50. **Granta Punt & Boat Company 2:** Newnham Rd., Tel. 07587 12 97 01. Für Ungeübte ist es leichter, hier ein Ruderboot oder Kanu zu mieten.
Radfahren ▶ Cambridge Station Cycles 3: am Bahnhof und in der Grand Arcade in der Corn Exchange St., Tel. 01223 30 71 25, Mo–Fr 8–18, Sa 9–17, So 10–17 Uhr. Fahrradverleih für kurze Fahrten in und um Cambridge, z. B. am Fluss nach Grantchester. Der

Tipp:
Im College übernachten

Von Juli bis September sowie während der Weihnachts- und Osterferien gibt es preiswerte Unterkunft in den Studentenzimmern der Colleges, meist im Einzelzimmer. Frühstück in einer historischen Mensa ist ein Erlebnis. Unter www.cambridgerooms.co.uk können Sie zwischen historischen und modernen College wählen.

Cyclists' Touring Club (s. S. 77) hat eine 538 km lange Tour durch die flache ostenglische Landschaft ausgearbeitet, die in Cambridge beginnt und endet.

Schwimmen ▶ Pool am Jesus Green `4`: tgl. 12–19.30, Di und Fr 7.30–19.30 Uhr.

Termine

Ruderrennen der Colleges (Anfang Juni) in Cambridge (›May week‹).
Strawberry Fair (Anfang Juni) und **Midsummer Fair** (eine Woche lang ab ca. 21. Juni): Jahrmarkt im Park Midsummer Common.

Verkehr

Flugzeug: Ab Stansted Airport mit Bus oder Bahn.
Bus: Häufige Verbindungen von London (ca. 2 Std. Fahrzeit).
Bahn: 80 Min. 2 x stdl. ab London-King's Cross oder Liverpool Street; auch Züge von Norwich, Peterborough, Birmingham.

Ausflüge von Cambridge

Flugzeugmuseum Duxford
▶ **L 16**

In Duxford (16 km südl., Ausfahrt 10 der Autobahn M 11) befindet sich eine Zweigstelle des Imperial War Museum. Zu den Beständen einer der weltführenden Flugzeugsammlungen gehören ›Rappelkisten‹ des Ersten Weltkriegs sowie eine Concorde und modernste Kampfflugzeuge. Die Land Warfare

Hall ist Panzern und Artillerie gewidmet, und denkmalgeschützte Gebäude vermitteln einen Eindruck einer Fliegerstation während des Ersten und Zweiten Weltkriegs sowie des Kalten Kriegs. Mehrmals jährlich wird eine Flugschau veranstaltet (www.iwm.org.uk/visits/iwm-duxford, April–Sept. tgl. 10–18, Okt.–März 10–16 Uhr).

Anglesey Abbey ▶ **L 16**

Im Dorf Lode, 10 km nordöstlich von Cambridge an der B 1102, befindet sich der Herrensitz Anglesey Abbey. Das um 1600 im Jacobean-Stil erbaute Haus ist vor allem wegen des wunderschönen, 40 ha großen Landschaftsgartens und der Sammlungen von Möbeln, Uhren und Gemälden, darunter Werke von Claude Lorrain, sehenswert (Garten: tgl. 10.30–17.30 Uhr, Haus: März–Okt. Mi–So 11–17 Uhr).

Newmarket ▶ **L 16**

Die Kleinstadt 21 km östlich von Cambridge ist seit der Regierungszeit von Charles II., der zweimal jährlich mit seinem gesamten Hof hierher kam, Englands Pferdehauptstadt. Eine Jockey-Schule, Lieferanten für alles, was die Pferdebranche benötigt, Verbände und Institute rund um die Themen Pferderennsport, Pferdezucht und -gesundheit sind in Newmarket beheimatet. Hier trainieren 2500 Rennpferde von 65 Gestüten auf einem Gelände von mehr als 1000 ha, denn die Stadt ist von schöner Kalk-Heidelandschaft umgeben, wo man den täglichen Betrieb beobachten kann. Im **National Horse Racing Museum** kann man sich umfassend über das Thema informieren und an einer Tour zu den Stallungen und zum Trainingsgelände teilnehmen (www.nhrm.co.uk, 99 High St., März–Okt. tgl. 10–17 Uhr). Das Gestüt National Stud veranstaltet Führungen (www.nationalstud.co.uk).

Termine

Pferderennen (Mitte April bis Herbst): Hoch dotierte Rennen werden an zwei Rennbahnen, der Rowley Mile mit großer moderner Tribüne und der July Course, ausgetragen (www.newmarketracecourses.co.uk).

aktiv unterwegs

Spaziergang von Cambridge nach Grantchester

Tour-Infos

Start und Ende: Zentrum von Cambridge
Länge: 10 km hin und zurück
Dauer: 2,5–3 Stunden
Schwierigkeitsgrad: leicht

Dieser reizvolle Spaziergang an den grünen Ufern des trägen kleines Flusses Cam ist auch ein berühmter Weg, denn in Grantchester lebte Anfang des 20. Jh. der Dichter Rupert Brooke (1887–1915), zu dessen Freundeskreis der Ökonom John Maynard Keynes, die Autorin Virginia Woolf und die Philosophen Bertrand Russell und Ludwig Wittgenstein gehörten. Wittgenstein legte die Strecke zwischen Universität und Grantchester gern mit dem Pferd oder Kanu zurück.

Von King's Parade oder Trumpington Street kommend biegen wir in die Silver Street ein und überqueren die Brücke neben Scudamores Mietstation für Stakkähne. Hinter der Brücke geht es nach links am Fluss in südlicher Richtung. Bald wird die Straße Fen Causeway unterquert. Ca. 300 m weiter halten wir uns rechts und überqueren auf einer Fußgängerbrücke einen Seitenarm des Cam. Jetzt führt der Weg durch das **Naturschutzgebiet Paradise Fen** zur Owlstone Road und der Straße Grantchester Meadows. Wir bleiben auf dieser Straße bis zum Ende der Häuserreihe, wo die asphaltierte Fahrbahn einem Gehweg weicht. Einige Schritte weiter kommen wir zu einer Gabelung und haben die Wahl, rechts zu bleiben oder links zum Ufer hinunter zu gehen. Letzteres ist empfehlenswert, wenn der Boden nicht zu schlammig ist. Ab hier bleibt der Weg mehr oder weniger nahe am Flussufer und quert deren Auen, die **Grantchester Meadows,** bis das Dorf Grantchester erreicht ist.

Der im Ersten Weltkrieg gefallene Brooke verewigte das Dorf in seinen etwas pathetischen Versen. Viel zitiert sind die Zeilen, »Stands the church clock at ten to three? / And is there honey still for tea?« (Steht die Kirchturmuhr auf zehn vor drei? / Und gibt es noch Honig zum Tee?).

Im Ort hat man die Wahl zwischen verschiedenen Gaststätten. Neben **The Rupert Brooke** mit Biergarten an den Flussauen gibt es **The Green Man,** einen fast 500 Jahre alten Pub, ebenfalls mit Garten. Besonders charmant ist die Möglichkeit, unter Apfel- und Birnenbäumen in den **Orchard Tea Gardens** Nachmittagstee, auch mit Honig, zu nehmen (Tel. 01223 55 11 25, im Sommer tgl. 9.30–19, sonst 9.30–17.30 Uhr, auch kleine Mittagsgerichte ab 5 £).

Die vielleicht stilvollste Art jedoch, diesen Ausflug zu beenden, bietet ein Lunch auf dem Fluss: Man mietet sich bei Scudamores an der Silver Street Bridge (s. S. 353) einen Stakkahn und verspeist ein selbst zusammengestelltes Picknick auf den Grantchester Meadows.

Wimpole Estate ▶ L 16

Das 1000 ha große Gut 12 km südwestlich von Cambridge bietet eine Palette von Attraktionen. Wimpole Hall, der größte Herrensitz der Region, entstand 1643. Die Grafen von Hardwicke beschäftigten zwischen 1740 und 1895 namhafte Architekten wie James Gibbs und Sir John Soane für Änderungen und Erweiterungen. Einiges ist erhalten, so Soanes elegantes Gelbe Zimmer und das Badehaus. Die letzte Besitzerin stellte sich ab 1938 die Aufgabe, möglichst viele der ehemaligen Möbel in das Haus zurückzuholen und vermachte es samt Inhalt 1976 dem National Trust. Die Außenanlagen zeichnen die englische Gartengeschichte vom späten 17 Jh. bis zu frühen 19. Jh. nach: Anfängliche strenge Geometrie wich den natürlichen Formen von Capability

Cambridge und Fenland

Brown und Humphrey Repton, die beide hier arbeiteten. Die 200 Jahre alte Home Farm pflegt seltene Rassen – Schafe, Ziegen, Pferde, Geflügel, Schweine – und veranstaltet viele Aktivitäten für Kinder (März–Okt. Haus und Garten Sa–Mi 10.30–17 Uhr, Farm tgl. 10.30–17 Uhr, www.wimpole.org, Besuch mit öffentlichen Verkehrsmitteln ist umständlich).

Saffron Walden und Audley End ▶ L 16

Knapp 20 km südlich von Cambridge lohnt ein Stündchen in **Saffron Walden,** wo es viele herrliche Fachwerkhäuser an der Hauptstraße, um den Marktplatz und in der Church Street gibt. Am westlichen Stadtrand gehört **Audley End House** zu den großartigsten Herrensitzen des Landes, obwohl das Bauwerk heute nur ein Drittel seiner ehemaligen Ausmaße hat. Thomas Howard, Graf von Suffolk, leistete sich zwischen 1603 und 1614 einen prunkvollen Sitz, verlor aber bereits 1618 die Gnade seines Monarchen. Das Haus verfiel, wurde 1668 von König Charles II als Standort für seine Lustreisen nach Newmarket gekauft und von Christopher Wren aufwendig renoviert. In der zweiten Hälfte des 18. Jh. ließ ein neuer Besitzer, Baron Braybrooke, den führenden britischen klassizistischen Architekt der Zeit, Robert Adam, viele Räume erneuern, aber die heutige Ausstattung stammt weitgehend aus den 1820er-Jahren. Neben kostbaren Gobelins und einer Gemäldesammlung (u. a. Holbein und Canaletto) und einem wunderschönen Park ist auch die Kehrseite des adeligen Lebens zu sehen: Die Ausstellung Audley End 1880 zeigt das harte Schicksal der Dienerschaft im Service Wing, einige Male im Jahr mit kostümiertem Personal, das Kochen, Putzen und Waschen nach alten Methoden erklärt (April–Sept. Mi–So 12–17, Im Winter 10–16 Uhr, www.english-heritage.org.uk, 1,5 km westl. von Saffron Walden auf der B1383, Bahnhof Audley End ist ca. 2 km entfernt).

Fenland ▶ L 15/16

The Wash heißt der Meerbusen, der die runden Konturen der Ostküste Englands unterbricht. Westlich und südlich der Küste erstreckt sich fruchtbares Ackerland, das im Süden fast bis nach Cambridge reicht. Auf der Landkarte fällt auf, dass Flüsse und Landstraßen hier gradlinig verlaufen. Diese Landschaft, das ehemalige Feuchtgebiet **The**

Flache Landschaften, einsame Höfe und Wassergräben prägen die Fens

Fens, wurde über zwei Jahrtausende von Menschenhand gestaltet.

Die Praxis, Land- und Wasserwege mit dem Lineal zu entwerfen, führten die Römer ein. Sie entwässerten Teile der Fens, doch wurden nach ihrem Abzug die Deiche nicht instand gehalten. Die bedeutendste Spur ihrer Arbeit ist Carr's Dyke, ein ursprünglich 150 km langer Kanal zwischen Lincoln und Cambridge, der kleinere Flüsse um die Fens herumleitete. Während der angelsächsischen Zeit und im Mittelalter wurde die Arbeit wieder aufgenommen. Schon zur Zeit der normannischen Eroberung gab es eine lang gezogene Reihe von Dörfern um The Wash herum, die sowohl zum Meer als auch zu den Fens hin durch Deiche geschützt waren. Im 13. Jh. entstand ein 100 km langer Deich um The Wash, der über 500 Jahre lang eine halbe Million Hektar Land vor Überschwemmungen schützte. Die Bewohner der Fens betrieben Schaf- und Rinderzucht, Fischfang, Jagd auf Wasservögel, Ackerbau auf den trockenen Flächen und den Verkauf von Torf und Reet. Diese ausgewogene Nutzung des Landes ist in den letzten 400 Jahren zunehmend verschwunden. Im 17. Jh. vereinten sich das Kapital des Herzogs von Bedford und die technischen Kenntnisse des Holländers Vermuyden zum ersten großflächigen Versuch, die Fens trockenzulegen. Bis ins 20. Jh. ging die Arbeit weiter.

Die Fens heute? Eine flache, teilweise einsame Landschaft fast ohne Hecken und Bäume, mit vereinzelten Gehöften und Entwässerungsgräben. Die schnurgeraden Straßen enden an Deichen und Kanälen oder biegen im rechten Winkel ab. An einigen Stellen, meist dort, wo die großen Drainageprojekte einen abgelegenen Winkel am Rande der Hügel nicht mit einbeziehen konnten, besteht ein Rest des alten Fen.

Wicken Fen ▶ L 16

Von den Feuchtgebieten, die sich ehemals über große Teile der ostenglischen Niederungen ausdehnten, sind nur noch Reste vorhanden (s. Thema S. 359). Wicken Fen zwischen Cambridge und Ely, seit über 100 Jahren Naturschutzgebiet, ist mit einer vielfältigen Pflanzen-, Insekten- und Vogelwelt eines der allerletzten ursprünglich erhaltenen Beispiele eines Fen-Biotops (an der A 1123, ca. 20 km nördlich von Cambridge in Stretham von der A 10 rechts abbiegen; immer zugänglich, Information Centre tgl. 10–17 Uhr).

Ely ▶ L 16

Der sehenswerteste Fenland-Ort ist Ely. Die kleine Domstadt 25 km nördlich von Cambridge leitet ihren Namen von den vielen Aalen ab, die einmal hier gefangen wurden. Ely war früher eine einsame Insel in den Fens, dem Sumpfgebiet zwischen Cambridge und dem Meerbusen The Wash. Hier leisteten 1070/71 die Angelsachsen unter ihrem Anführer Hereward letztmalig erbitterten Widerstand gegen die normannischen Eroberer.

Die **Kathedrale** von Ely geht auf eine Abtei zurück, die Königin Etheldreda von Northumbria im Jahre 673 gründete. Nach ihrem Tod geschahen Wunder am Schrein von Etheldreda, und Ely wurde zu einer Pilgerstätte. Die Normannen bauten 1083 eine neue Kirche als Bischofssitz, die Ende des 12. Jh. fertig war. Die Größe des romanischen Neubaus reichte angesichts des Pilgeransturms nicht aus, und Bischof Hugo verlängerte den Chor bis 1253 im frühgotischen Stil. Das heutige Aussehen der Kathedrale ist die Folge von zwei Unfällen. 1322 stürzte der Zentralturm samt Vierungspfeiler ein und wurde durch einen einmaligen Plan ersetzt: Anstatt die Pfeiler eines neuen viereckigen Turms zu bauen, wurde ein hölzernes Oktagon errichtet. In den Wäldern des ganzen Landes wurde nach Eichen gesucht, die Balken von der nötigen Länge liefern konnten. Das Oktagon, das eine achteckige Laterne trägt, ist die ehrgeizigste, vielleicht auch die schönste Holzkonstruktion Englands. Der zweite Unfall war weniger produktiv: 1701 brach das nordwestliche Querhaus zusammen und wurde nicht erneuert. Die noch erhaltenen Abteigebäude, der Bischofspalast und die Grünflächen um die Kathedrale bilden eine reizvolle Gruppe mitten in der Marktstadt (ganzjährig tgl. 7–18.30, im Winter So bis 17.30 Uhr).

Cambridge und Fenland

Sehenswert sind in Ely noch das **Museum of Stained Glass** mit Glasmalereien des Mittelalters (Mo–Sa 10.30–17, So 12–18 Uhr) sowie eine Ausstellung über den berühmtesten ehemaligen Bewohner der Stadt in **Oliver Cromwell's House**, dem Fachwerkhaus, das auch das Verkehrsamt beherbergt (Öffnungszeiten wie das Tourist Office).

Infos
Tourist Office: Oliver Cromwell's House, 29 St. Mary's St., Tel. 01353 66 20 62, http://visitely.eastcambs.gov.uk, April–Okt. tgl. 10–17, Nov.–März 11–16 Uhr.

Übernachten
Charmant ▸ Cathedral House: 17 St. Mary's St., Tel. 01353 66 21 24, www.cathedral house.co.uk. Historisches Haus mit zwei Nichtraucher-Zimmern nahe der Kathedrale, schön restauriert. DZ 80–100 £.

Essen & Trinken
Feine Küche ▸ Anchor Inn: Sutton Gault (8 km westl. von Ely über die A 142), Tel. 01353 77 85 37, www.anchor-inn-restaurant.co.uk, tgl. 12–14, 19–21 (Sa 18.30–21.30 Uhr). Sehr gutes Restaurant (moderne britische Küche)

Tipp: Spaziergang am Fluss

The Fen Rivers Way ist ein Fernwanderweg von Cambridge über Ely nach King's Lynn, bei dem man meist auf erhöhten Dämmen am Flussufer geht. Aus erhöhter Lage hat man einen weiten Blick über die flache Landschaft. Von Ely aus startet man am Stadtrand nahe dem Bahnhof und spaziert nach Norden oder Süden am Fluss Great Ouse entlang. Aus der Entfernung wirkt die Kathedrale fast noch imposanter als aus nächster Nähe – dann versteht man, warum sie als ›ship of the Fens‹ bezeichnet wird. Will man einen kurzen Spaziergang unternehmen, empfiehlt sich der Weg in Richtung Norden, wo man nach ca. 1,5 km an der Cuckoo Bridge einen schönen Platz zum Picknicken findet.

in einem Haus aus dem 17. Jh. Hauptgerichte 13–18 £.

Britische Küche ▸ The Old Fire Engine House: 25 St Mary's St., Tel. 01353 66 25 82, tgl. 12.15–14, 15.30–17.15 (Nachmittagstee), 19.15–21 Uhr. Lamm, Meeresfrüchte aus Norfolk, kalorienreiche Nachtische. Hauptgerichte 16 £.

Teevergnügen ▸ Peacocks Tearoom: 65 Waterside, Tel. 01353 66 11 00, Mi–So 10.30–16.30 Uhr. Große Auswahl an Teesorten, guter Kuchen, mit Blick auf den Fluss.

Einkaufen
Frische Produkte ▸ Farmers' Market (2. und 4. Sa des Monats): Obst und Gemüse aus dem fruchtbaren Fenland ist ein Genuss, besonders in der Erdbeersaison. Gute Käsesorten der Region – probieren Sie den Schafskäse Norfolk White Lady.

Aktiv
Spaziergang ▸ Am Great Ouse River: Siehe Tipp links.

Verkehr
Bus und Bahn (schneller) nach Ely ab Cambridge und King's Lynn.

March und Wisbech   ▸ L 15
Nördlich von Ely Richtung Küste liegen zwei ruhige Fenland-Städte: In **March** befindet sich die Church of St Wendreda. Die extravagante Holzdecke (frühes 16. Jh.), deren Balken mit 120 Engelsfiguren verziert sind, ist eine Spitzenleistung der Schreinerkunst.

In **Wisbech**, einer Hafenstadt am Fluss Nene, lohnen das Fenland Museum (Museum Square, April–Okt. Di–Sa 10–17, Okt.–März 10–16 Uhr) und die Church of St Peter and St Paul, deren Baugeschichte bis in das 12. Jh. zurückgeht, einen Besuch. Viele stattliche Häuser aus georgianischer Zeit zeigen die frühere Bedeutung von Wisbech als Handelsplatz. Das 1722 errichtete Peckover House ist wegen der Rokokodekoration der Stuck- und Holzteile und eines viktorianischen Gartens sehenswert (April–Okt. Sa–Mi Garten: 12–17 Uhr, Haus: 13–17 Uhr).

358

Feuchtbiotope Thema

An der Ostküste Englands wird durch die Einrichtung neuer Überschwemmungsgebiete die Erosion gebremst, und Wasservögel erhalten mehr Lebensraum. Auch im Binnenland schafft man zunehmend Reservate für Vögel und Wasserpflanzen, und gleicht so das Verschwinden von Sumpfland stellenweise wieder aus.

An den Küsten der Britischen Inseln breiten sich insgesamt 45 000 ha Marschwiesen aus, die bei Flut von Meerwasser überschwemmt werden. Für zahlreiche Vogelarten sind sie ein wichtiger Lebensraum, der Jahr für Jahr weiter schrumpft, eine Folge der globalen Erwärmung und des Absinkens der Landfläche von Südostengland. Bis 2050 rechnet man mit einem Anstieg des Meeres an der ostenglische Küste um mindestens 21 cm, bei manchen Szenarien sogar um 70 cm. An einem Deichabschnitt bei Freiston, einem Dorf östlich von Boston in Lincolnshire, versucht man deshalb seit 2002, neue Wege einzuschlagen. An drei Stellen wurde der Außendeich abgetragen, sodass 80 ha ehemaliges Agrarland bei Flut unter Wasser stehen und neue Marschwiesen mit typischer Flora und Brutplätzen für Wasserläufer entstehen. Der innere Deich wird verstärkt. Der wirtschaftliche Vorteil: Bau- und Unterhaltungskosten für einen durch Marschwiesen vor den Wellen geschützten Deich betragen nur 10 % der Kosten eines der vollen Wucht der Gezeiten ausgesetzten Deiches. Außerdem ist es unter Umständen leichter, Land mit hohem wirtschaftlichem Wert zu schützen, wenn benachbarte Gebiete aufgegeben werden.

Die 80 ha in Freiston sind nur ein kleiner Ausgleich für die Flächen, die andernorts jedes Jahr verschwinden, aber das Projekt hat Schule gemacht. Auch an der Humber-Mündung sowie in East Anglia wird Agrarland bald dem Meer überlassen.

Feuchtgebiete im Binnenland werden ebenfalls erweitert. Bei Needingworth östlich von Huntingdon soll ein 4 km^2 großes Gelände ehemaliger Baggergruben zu Schilf- und Sumpfgebiet werden. Otter und zahlreiche seltene Vogelarten wie Löffler und Rohrdommel werden dort einen Lebensraum finden. Doch handelt es sich hier um einen winzigen Bruchteil der verloren gegangenen Feuchtgebiete, und es werden Jahrhunderte vergehen, bis der Artenreichtum eines natürlichen Fen dort entsteht. Nur wenige Kilometer entfernt begann 2005 das Projekt Ouse Washes, ein 30 km langer und 1,5 km breiter Landstreifen am Fluss Ouse, in einem Biotop von internationaler Bedeutung. Auf den überschwemmten Uferwiesen versammeln sich im Winter tausende Schwäne aus Island und Sibirien. Im Sommer verwandelt sich das Gebiet in Feuchtwiesen, wo Uferschnepfen, Bekassinen, Rotschenkel und Kiebitze nisten. Zunehmende Besiedlung an den Zuflüssen des Ouse und die Drainage der Felder führten immer wieder dazu, dass das Gelände auch im Sommer unter Wasser stand und Nester weggeschwemmt wurden. Für über 20 Mio. € kauft die Regierung Ackerland auf und wandelt es um in ein für die Vögel geeignetes Feuchtbiotop. Dies geschieht, um einer EU-Vogelschutz-Richtlinie Folge zu leisten – englische Europagegner müssen zähneknirschend hinnehmen, dass die verhasste Brüsseler Bürokratie ihre eigene Regierung zum Erhalt der heimischen Natur zwingt.

Die Küste von Norfolk

King's Lynn, eine Hafenstadt mit vielen Zeugnissen der Blütezeit im Mittelalter, ist der Ausgangspunkt einer Reise entlang einer ursprünglich geblieben Küste, wo man unter weitem Himmel wandert und die Königin unbehelligt ihre Hunde ausführen kann. Aristokratenpaläste, auch das königliche Schloss Sandringham, öffnen ihre Pforten für Besucher und alte Herbergen locken mit Fischgerichten.

Die Nordküste von Norfolk gehört zu den schönsten, natürlichsten Küstenabschnitten des Landes. Der ständige Stimmungswechsel im endlos weiten Himmel und die stündlichen Veränderungen durch Ebbe und Flut machen Wanderungen am Strand oder durch die Sumpfgebiete zu einem unvergesslichen Urlaubserlebnis, auch wenn die flache Landschaft auf den ersten Blick nicht spektakulär wirkt. Was Sandstrände und Seevögel angeht,

wird diese Region von keiner anderen übertroffen. Gestresste Londoner suchen in der frischen Luft und der Weite der Landschaft Erholung und innere Ruhe, was eine spürbare Auswirkung auf die Qualität der Hotels und Restaurants, aber leider auch auf die Preise hatte. Diese Küste ist eher zum Wandern, Radeln und Drachensteigenlassen als zum Schwimmen geeignet. Das Wasser ist meist zu seicht, die Strömungen teils gefährlich.

Ein ideales Erholungsgebiet für Ruhesuchende: Die unberührte Küste Norfolks

King's Lynn ▶ L 15

Cityplan: S. 362

Wenige englische Hafenstädte haben ihren historischen Charakter so bewahrt wie King's Lynn. Obwohl bis heute der Überseehandel floriert, haben weder Industrialisierung und Bombenkrieg noch gefühllose Sanierung die Stadt ihres Charmes beraubt. Die Sehenswürdigkeiten des alten Stadtkerns und die guten Ausflugsmöglichkeiten zu Herrensitzen und anderen Orten in Norfolk und dem Fenland machen King's Lynn zu einem empfehlenswerten Standquartier. Im 11. Jh. entstand eine Siedlung um drei Wasserläufe, genannt Fleets, die in den Strom Great Ouse münden. Der Fluss Ouse, ehemals ein wichtiger Handelsweg, entwässert einen großen Teil des Fenland und erreicht The Wash, einen Meerbusen der Nordsee, nördlich von King's Lynn. Durch den Handel mit den Niederlanden, den deutschen Hansestädten, Skandinavien und dem Baltikum wurden die Kaufleute von Lynn reich.

Der südliche Stadtbezirk

Das mittelalterliche King's Lynn bestand aus zwei Städten. Die erste baute man dort, wo heute der Saturday Market Place liegt. Der sumpfige Boden bot für die Fundamente von **St Margaret's Church** **1** nicht den solidesten Untergrund. Die Türme der um 1100 gegründeten Kirche sind schief, und am Portal lassen sich die Gefahren ablesen, denen eine Siedlung an einer flachen Küste mit feuchtem Hinterland ausgesetzt ist: Hochwassermarken zeigen die Höhe der Überschwemmungen an. Die Flut von 1953 war eine verheerende Katastrophe für die Gegend. Den Reichtum der Kaufleute im Mittelalter zeigen zwei schöne Messinggrabplatten des 14. Jh. in der Kirche.

Ihr gegenüber, am Saturday Market Place, liegen Old Gaol House und **Trinity Guildhall** **2**. Die Guildhall, das ehemalige Zunfthaus, besitzt eine schöne Fassade. Das schwarzweiße, aus Flint und hellem Sandstein gearbeitete Schachbrettmuster findet sein harmonisches Gegenstück in den Erweiterungen der elisabethanischen und viktorianischen

Epoche. Im **Old Gaol House,** einem ehemaligen Gefängnis, gibt es eine Ausstellung über Kriminalität und Strafen in vergangenen Jahrhunderten. Eine Etage tiefer unter der Guildhall liegen in den **Regalia Rooms** die Schätze der Stadt, die vergoldeten Teller, Gefäße und Pokale der Patrizier. Zu den schönsten Stücken gehört der Nürnberg-Pokal, 1634 im Auftrag des Bürgermeisters von Lynn vom Hofgoldschmied Kaiser Rudolfs II. angefertigt. Das kostbarste Exponat ist der sogenannte King John's Cup, ein großer Liebespokal aus vergoldetem Silber aus der Zeit um 1340 – d. h. 120 Jahre nach dem Tod des Königs, der aber gerne als Besitzer genannt wird, weil er 1216 bei einer Flussüberquerung an The Wash Teile seines Gepäcks verlor (April–Okt. Mo–Sa 10–17, Nov.–März Di–Sa 10–16 Uhr).

Vom Saturday Market Place biegt man in die Queen Street ein. Zwischen dieser Straße und dem Kai hatten die Kaufleute ihre Niederlassungen. Auf den langen, engen Grundstücken befanden sich Wohnhäuser, Warenlager, Gärten, Ställe und Kontore. Die Fassaden auf Queen Street und ihrer Verlängerung nach Norden, der King Street, zeigen Backstein aus georgianischer Zeit, aber dahinter verbergen sich Fachwerk- und Steinbauten der Tudor-Zeit und des Mittelalters. Am südlichen Ende des Kais, in der St Margaret's Lane, liegt **Hanseatic Warehouse** **3**, die ehemalige Niederlassung der Hanse, die 1428 gebaut wurde und bis 1750 in deren Besitz blieb.

Der Natur des Meerbusens The Wash widmet sich **The Green Quay** **4**, ein Informationszentrum in einer Scheune aus dem 16. Jh. direkt am Fluss (South Quay, tgl. 9–17 Uhr).

Der nördliche Stadtbezirk

Queen Street führt zum schlammigen Flussarm Purfleet, wo das **Custom House** **5**, ein 1683 im Renaissance-Stil erbautes Zollamt, jetzt als Domizil des Tourist Office dient. Im oberen Stockwerk kann man eine Ausstellung über Schifffahrt und Handel sehen (April–Sept. Mo–Sa 10–16.30, So 12–16.30 Uhr, Okt.–März Mo–Sa 10.30–15.30, So 12–15.30 Uhr). Nördlich davon befindet sich die

King's Lynn

- **6** Guildhall of St George
- **7** St Nicholas Chapel
- **8** True's Yard
- **9** Lynn Museum

Übernachten
- **1** The Bank House
- **2** The Old Rectory

Essen & Trinken
- **1** Bradley's

Einkaufen
- **1** Tuesday Market Place
- **2** Saturday Market Place

Abends & Nachts
- **1** The Crown and Mitre
- **2** The Globe
- **3** Corn Exchange

Sehenswert
- **1** St Margaret's Church
- **2** Trinity Guildhall
- **3** Hanseatic Warehouse
- **4** The Green Quay
- **5** Custom House

zweite mittelalterliche Stadt, die im späten 12. Jh. an der King Street und um den großen Tuesday Market Place entstand. Auch sie besaß Guildhall, Zunfthaus und Kirche. Die **Guildhall of St George 6** in der King Street wurde Anfang des 14. Jh. gebaut und dient heute als Theater. In einem eleganten Saal im ersten Stock gibt es eine Ausstellung über Hafen und Handel von King's Lynn und über berühmte Seefahrer wie Nelson und Vancouver, die hier anlegten. Den Tuesday Market Place säumen einige schöne Häuser, am auffälligsten ist das Duke's Head Hotel von 1685 und die viktorianische Corn Exchange, die ehemalige Getreidebörse. Die spätgotische **St Nicholas Chapel 7** in der St Anne's Street ist fast so schief wie St Margaret's.

True's Yard 8, ein kleines Museum in zwei Fischerhäusern, berichtet über das Leben der Fischer vergangener Generationen (3–5 North St., Di–Sa 10–16 Uhr). In der Market Street nahe Busbahnhof ist das **Lynn Museum 9** in einer historischen Kapelle untergebracht. Eine Ausstellung über den im Meer gefundenen bronzezeitlichen 4000 Jahre alten Kreis aus Eichenstämmen, ›Seahenge‹, ist dort zu sehen (Di–Sa 10–17 Uhr).

Infos
Tourist Information Centre: The Custom House, Purfleet Quay, Tel. 01553 76 30 44, www.west-norfolk.gov.uk, April–Sept. Mo–Sa 10–17, So 12–17, Okt.–März Mo–Sa 10.30–16, So 12–16 Uhr.

Übernachten

Hotels mit Charme findet man eher an der Küste östlich von King's Lynn als in der Stadt.

Direkt am Kai ▶ The Bank House `1`**:** King's Staithe Square, Tel. 01553 66 04 92, www.thebankhouse.co.uk. Elf Zimmer in einem wunderschön renovierten Haus. Die Zimmer sind unterschiedlich groß, nicht alle mit Blick auf den Fluss. DZ 100–140 £

Klein und zentral ▶ The Old Rectory `2`**:** 33 Goodwins Rd., Tel. 01553 76 85 41, www.theoldrectory-kingslynn.com. Vier Nichtraucher-Zimmer, modernisiert. DZ ab 65 £.

Essen & Trinken

Die großen kulinarischen Genüsse liegen weiter nördlich und östlich an der Küste (s. S. 364).

Wein und Fisch ▶ Bradley's `1`**:** 10 South Quay, Tel. 01553 81 98 88. Restaurant und Weinlokal mit Fischgerichten und Norfolk-Ente, im Sommer Tische im Hof und am Kai. Hauptgerichte 16–20 £.

Einkaufen

Märkte ▶ Tuesday Market Place `1`**:** Di und Fr, großer, belebter Lebensmittel- und Flohmarkt. Sa am **Saturday Market Place** `2`**:** vor allem Lebensmittel.

Abends & Nachts

Gemütliche Pubs ▶ The Crown and Mitre `1`**:** Ferry St., Tel. 08721 07 70 77. Schöne alte Kneipe in Flussnähe. Fast nebenan am Tuesday Market Place hat **The Globe** `2` einen schönen, bis zum River Ouse reichenden Biergarten, aber die Stimmung drinnen ist weniger angenehm.

Kleinkunst ▶ Arts Centre `7`**:** in St. George's Guildhall, 27 King St., Tel. 01553 76 48 64. Musik, Tanz, Theater.

Musik und anderes ▶ Corn Exchange `3`**:** Tuesday Market Place, Tel. 01553 76 48 64. Konzerte und Theater.

Termin

King's Lynn Festival (Mitte–Ende Juli): Klassische Musik, Jazz, Schauspiel, Literatur, Ausstellung, Tel. 01553 76 48 64.

Verkehr

Bahn: Verbindungen stdl. nach Ely (30 Min.) und Cambridge (45 Min.), auch Direktverbindungen nach London.
Bus: Nach Peterborough und Norwich.

Von King's Lynn die Nordküste entlang

Karte: S. 365

Königliche Assoziationen und wunderschöne Strände sind die Stichworte bei einer Tour von King's Lynn parallel zur Küste in nördlicher und östlicher Richtung.

Östlich von King's Lynn beginnt die landschaftlich reizvolle Küstenstrecke mit kleinen Orten wie Brancaster und Burnham Market. Erst gut 80 km von King's Lynn entfernt trifft man mit Sheringham und Cromer auf größere Siedlungen, die dann allerdings als Aufenthaltsorte nicht mehr so attraktiv sind.

Castle Rising   ▶ L 15

7 km nördlich von King's Lynn abseits der A 149 zeigt **Castle Rising** `1` die Wohnverhältnisse einer Königin, die weit weniger beliebt war als die jetzige: Isabella von Frankreich. Sie und ihr Liebhaber Roger Mortimer ließen Isabelles Mann, König Edward II., umbringen. Edward III., der Sohn von Isabelle und dem Ermordeten, verbannte seine Mutter 1327 nach Castle Rising, wo sie 27 Jahre lang in Luxus lebte. An den Blendarkaden und anderen Ornamenten der Ruine kann man erkennen, dass die Burg nicht nur zur Verteidigung diente. Durch das Portal gelangt man über eine Steintreppe zu den Wohnräumen und zur Burgkapelle. Der grasbewachsene Burghof wird umgeben von einem mächtigen Erdwall und einem Graben (April–Okt. tgl. 10–18, Nov.–März Mi–So 10–16 Uhr).

Schön ist der Blick von der Burg auf das **Dorf,** in dem eine hübsche, im 19. Jh. restaurierte normannische Kirche steht. Wenige Schritte von der Kirche entfernt liegen die Armenhäuser, **Trinity Hospital,** die Henry Howard, Graf von Northampton, 1614 stiftete. Der

Die Küste von Norfolk

Backsteinbau bietet Unterkunft für acht alte Frauen, die beim sonntäglichen Kirchenbesuch rote Umhänge im Stil des 17. Jh. tragen.

Sandringham ▶ L 15

Für ›Royal Watchers‹, die Fans der königlichen Familie, bietet sich eine ganz besondere Ausflugsmöglichkeit an. **Sandringham House** 2 ist einer der Landsitze der Queen. In den Sommermonaten werden einige Räume dem Publikum geöffnet. In Sandringham feiert der Hof Silvester und beginnt das Jahr mit Fasanenjagd im Park.

Die Qualität dieses Jagdreviers reizte den ersten königlichen Besitzer von Sandringham, Edward VII., der noch Prinz von Wales war, als Königin Victoria ihm 1862 das Gut schenkte. 1870 ließ er anstelle des alten Hauses eine neue Residenz mit 365 Räumen errichten. In den 1970er-Jahren wurde das Haus um ein paar Dutzend Räume verkleinert. Die Architektur ist nicht großartig, aber die Innenausstattung zeigt eine standesgemäße Eleganz. Im Museum stehen die Automobile, die die Windsor-Familie seit 1900 angeschafft hat. Vier Räume werden von Jagdtrophäen ausgefüllt, die meisten davon sammelten Familienmitglieder zwischen 1880 und 1930. Auch der Garten und der Park sind zugänglich (15 km nordöstlich von King's Lynn, über die A 149 zu erreichen, www.sandringham-estate.co.uk, Mitte April–Okt. tgl. 11–17 Uhr. Änderungen möglich, wenn Mitglieder des Königshauses anwesend sind).

Tipp: Regionale Spezialitäten

Die Küste von Norfolk ist für **Meeresfrüchte** bekannt, z. B. Austern und Muscheln aus Brancaster, Krabben aus Cromer. Das besondere Gemüse der Gegend ist *Samphire,* eine wild wachsende Pflanze der Salzwiesen, früher genannt ›Spargel des armen Mannes‹, jetzt eine hoch geschätzte Delikatesse. Auch ungewöhnlich: **Eis mit dem Aroma von Norfolk-Lavendel,** z. B. in The White Horse, Brancaster Staithe.

Houghton Hall ▶ M 15

Der Sitz des Marquess of Cholmondely (sprich: Tschummli) liegt 22 km östlich von King's Lynn und ist von der A 148 aus ausgeschildert. Das 1735 vollendete Haus von **Houghton Hall** 3 wurde für Sir Robert Walpole im Stil des Palladianismus gebaut. Walpole leitete über 20 Jahre lang bis 1742 die Regierung der aus Hannover stammenden Könige George I. und George II. Der machtbewusste und korrupte Spross einer kleinen Adelsfamilie baute sich eines der großartigsten Schlösser des Landes. William Kent, der führende Innenarchitekt der Zeit, gestaltete die Räume im Wesentlichen so, wie wir sie heute sehen. Seitdem haben Generationen von Walpoles und Cholmondelys viele Kostbarkeiten gesammelt: Gobelins, Möbel im chinesischen Stil, Familienporträts und 20 000 Zinnsoldaten (www.houghtonhall.com, Ostern–Sept. Mi/Do, So 13.30–17 Uhr).

Von Holme-next-the-Sea nach Blakeney ▶ L/M 14

Als Wanderer auf dem 76 km langen Norfolk Coast Path kann man gesunde Anstrengung mit Komfort verbinden, denn gute Herbergen verteilen sich in günstigen Abständen auf der Route. Autofahrer halten sich an die Hauptstrecke entlang der Küste, der A 149, von der sie Abstecher machen können.

Westlich der A 149 bei **Snettisham** 4 liegt ein durch Beobachtungsstände für Besucher gut erschlossenes Vogelreservat. Tausende Watvögel wie Austernfischer, Strandläufer und Uferschnepfen suchen im Salzschlick Nahrung. Weiter nördlich in **Hunstanton** 5 ist der Start- oder Endpunkt des **Norfolk Coast Path** (s. S. 368), dem man als bequeme Tageswanderung bis Holme-next-the-Sea folgen kann.

Bei **Holme-next-the-Sea** 6 legte das Meer 1998 den sogenannten ›Seahenge‹, einen bronzezeitlichen Kreis aus Eichenstämmen, frei. Die 55, bis zu 3 m hohen Stämme wurden im Jahr 2049 v. Chr. gefällt. Zwecks Untersuchung und Konservierung wurden sie entfernt. Die zuständige Organisation, English Heritage, sah den Kreis am Fundort ge-

Die Küste von Norfolk

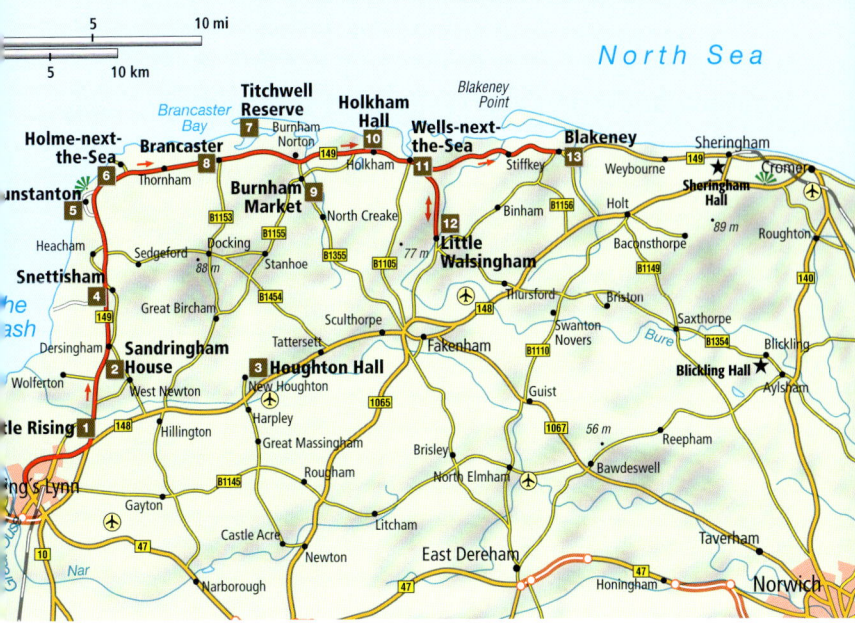

fährdet und gab den Einwänden der Druiden, die Seahenge an der ursprünglichen Stelle halten wollten, nicht statt. Etwa die Hälfte der Stämme steht jetzt im Lynn Museum (s. S. 362).

Östlich liegt **Titchwell Reserve 7**, ein bedeutendes Vogelschutzgebiet mit Tümpeln und Reetbeständen. Hier kann man Ferngläser leihen, um Säbelschnäbler, Rohrweihen Seeschwalben und viele andere Vögel – ca. 300 Arten wurden hier registriert – zu sehen.

Das nahe **Brancaster 8** wird von Seglern aufgesucht und ist wie Burnham Market ein guter Standort für einige Tage in der Gegend. **Burnham Market 9** mit Häusern aus georgianischer Zeit um den Dorfanger ist ein reizvoller Ferienort für ein betuchtes Publikum, berühmter ist aber der direkt östlich gelegene Geburtsort von Admiral Nelson, Burnham Thorpe. Der große Seemann kam im Jahr 1758 im Pfarrhaus zur Welt. Das Geburtshaus wurde leider abgerissen, aber das Andenken an den Admiral wird in der Kirche, deren Kanzel aus Holz von seinem Flaggschiff gezimmert wurde, und in der Dorfkneipe, in der er nachweislich verkehrte, hoch gehalten.

Südlich der A 149 befindet sich **Holkham Hall 10**, ein imposantes Schloss im palladianischen Stil, das der erste Graf von Leicester Mitte des 18. Jh. bauen ließ. Noch residieren die Grafen hier und gewähren Zutritt zu ihren kostbar ausgestatteten Räumen. Passend zum ausgedehnten Landschaftspark gibt es einen Saal mit erlesenen Landschaftsbildern sowie weitere Gemälde, u. a. von Rubens, Gainsborough und Poussin. Unter Besuchern fast beliebter als diese aristokratische Pracht ist das **Bygones Museum** (›bygones‹ bedeutet Vergangenes), ein Sammelsurium aus Gegenständen des täglichen Lebens vergangener Generationen (www.holkham.co.uk, Haus: Ostern–Okt. So/Mo, Do 12–16 Uhr, Museum: Ostern–Okt. tgl. 10–17 Uhr; Park tgl. ganzjährig geöffnet).

Den weiten, weißen **Sandstrand von Holkham** halten viele für den schönsten dieser Küste. Zur Fan-Gemeinde gehört die Königin, die von Sandringham Palace für win-

aktiv unterwegs

Küstenwanderung von Wells-next-the-Sea nach Cley

Tour-Infos

Start: Am Kai von Wells-next-the-Sea
Länge: 16 km
Dauer: 4–5 Std.
Schwierigkeitsgrad: leicht
Rückfahrt: mit dem »Coast-Hopper«-Bus, Mo–Sa 10 x tgl., So 4 x tgl. Fahrzeit Cley–Wells 22 Min.
Hinweis: Wem die Wanderung zu lang ist, kann in Morston oder Blakeney den Bus zurück nach Wells-next-the-Sea nehmen.

Diese Wanderung am **Norfolk Coast Path** durchquert eine Landschaft von Schilf, Nehrung und Salzwiesen, die als Naturschutzgebiet internationale Bedeutung besitzt. Unterwegs sind viele Vogelarten zu sehen. Die Wanderung lässt sich mit weiteren Aktivitäten verbinden: Direkt westlich von Wells liegen der großartige Sandstrand von Holkham und der Herrensitz Holkham Hall. Auf der Wanderstrecke sind in Blakeney und Morston Bootsfahrten zur Robbenkolonie an der langen, steinigen Nehrung Blakeney Point möglich.

Am **Kai in Wells** nehmen wir die Küstenstraße in Richtung Osten bis zur Rechtskurve. Hier biegt die Hauptstraße ab, wir gehen aber geradeaus am Meer auf einer kleineren Straße weiter. Auch diese Straße knickt nach rechts, wir halten uns wieder links und bleiben am Meeresufer. Wir steigen auf den Deich, halten uns links an dessen Ende und passieren ein kleines Waldstück. Linker Hand ziehen links kleine Wasserläufe durch Schlick und Salzwiesen zum Meer. Der Weg ist als Norfolk Coast Path klar markiert und hält lange einen geraden, östlichen Kurs.

Nach ca. zwei Stunden (7 km) führt der Weg wieder auf den Deich hinauf und geht an **Stiffkey Fen** vorbei. Am Ende des Deichs nehmen wir hinter einem Tor den Pfad nach links, schwenken dann wieder rechts in einen Wiesenweg ein, der im weiteren Verlauf etwas schlammig sein kann. An einer Gabelung halten wir uns rechts und gehen am Drahtzaun entlang.

Bald ist **Morston** erreicht, wo ein Visitor Centre über die Pflanzen und Vögel der Salz-

terliche Spaziergänge mit ihren Corgi-Hunden hierhin fährt. Meilenweit kann man über den feinen Sand oder in den dahinter liegenden Dünen und Wäldern laufen. Royal Watchers aufgepasst!

Wells-next-the-Sea 11 liegt nicht mehr am Meer, hat aber noch einen funktionierenden Hafen und gehört mit seinem weiten Dorfanger und kleinen Gassen aus der Zeit, als der Überseehandel blühte, zu den attraktivsten Orten an dieser Küste. Man kann bei Flut hier schwimmen und mit einer Kleinbahn zur Abteiruine von **Little Walsingham** 12 fahren. Der Ort war vom 11. Jh. bis zur Auflösung der Klöster ein Wallfahrtsort für die Marienverehrung und neben Canterbury das bedeutendste Pilgerziel im mittelalterlichen England. Seit den 1930er-Jahren gibt es einen anglikanischen Schrein, und Walsingham empfängt wieder fromme Besucher.

12 km östlich erreicht man **Blakeney** 13, eine überaus attraktive kleine Stadt. Der alte

wiesen, die Robben und Zugvögel am Blakeney Point und die Natur der Feuchtgebiete in Blakeney. Am Kai von Morston hat man einen weiten Blick und bei Flut die Möglichkeit, mit dem Ausflugsboot zur Robbenkolonie hinaus zu fahren (Temples, Tel. 01263 74 07 91, www.sealtrips.co.uk). Wer Stärkung braucht, geht vom Parkplatz am Segelklub ein Stückchen landeinwärts auf der Straße zum Anchor Inn.

Von Morston führt der Küstenpfad ohne Orientierungsprobleme am Deich und am Ufer nach **Blakeney.** Auch von hier fahren Boote zu den Robben (Bishop's Boats, Tel. 01263 74 07 53, www.bishopsboats.com). Lohnend ist der kurze Umweg zu den Resten der Guildhall (frei zugänglich), einem Kaufmannshaus aus dem 14. Jh., das später die Zunft der Fischhändler nutzte.

Am Parkplatz im Dorf dreht der Weg nach Norden und bleibt auf dem Deich. Nach einigen Hundert Metern geht es auf dem Deich nach rechts. 1,5 km weiter passieren wir die **Ruinen einer Kapelle** und gehen dann rechts auf die Windmühle von **Cley-next-the-Sea** zu. Links und rechts sind die Süßwassersümpfe **Blakeney Freshes.** Sobald wir einen weiteren Deich kurz vor der Hauptstraße erreichen, halten wir uns rechts, steigen über einen Zauntritt und gehen nach links in das Dorf. Die Bushaltestelle befindet sich gegenüber dem Delikatessenladen.

Wer noch Zeit und Energie hat, sollte die Windmühle besichtigen und von dort den Pfad zum Meer nehmen. Hier beginnt die 5,5 km lange Nehrung, wo das Fortkommen auf kleinen Steinen allerdings recht beschwerlich ist.

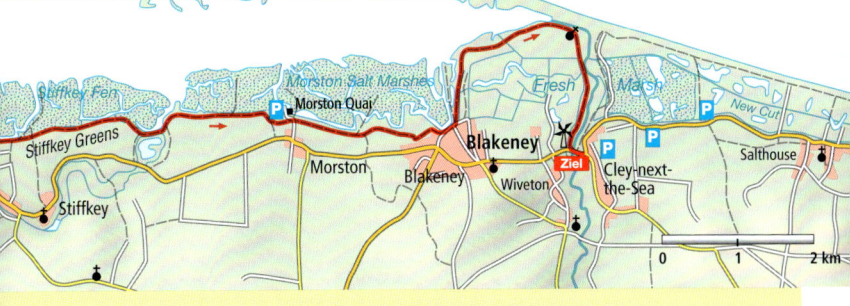

Hafen, in vergangenen Jahrhunderten ein florierendes Zentrum des Handels, ist ein angenehmer Platz zum Verweilen. Hier starten Bootsausflüge zur Robbenkolonie an der Kiesnehrung **Blakeney Point,** wo über 400 Seehunde und Kegelrobben leben.

Infos

Tourist Information Centre: Staithe St., Wells-next-the-Sea, Tel. 01328 71 08 85, www.north-norfolk.gov.uk und www.norfolk coastaonb.org.uk, März–Okt. Mo–Sa 10–17, So 10–16, Juni–Aug. Mo–Sa 9.30–18, So bis 17 Uhr.

Übernachten

Meerblick inklusive ▶ The White Horse: Main Rd., Brancaster Staithe, Tel. 01485 21 02 62, www.whitehorsebrancaster.co.uk. Direkt am Norfolk Coast Path, 15 geschmackvoll möblierte Zimmer, alle mit Meerblick von der Terrasse; besonders gut der Blick aus

Die Küste von Norfolk

dem Room at the Top, Fernglas inklusive. Sehr gutes Restaurant, moderne britische Küche mit Schwerpunkt Meeresfrüchte aus Brancaster (Hauptgerichte 13–17 £). DZ 140 –210 £.

Exklusiv ▶ The Hoste Arms: The Green, Burnham Market, Tel. 01328 73 87 77, www. hostearms.co.uk. 36 unterschiedlich große Zimmer, sehr komfortabel, meist rustikal – bis auf den Zulu-Flügel, den die südafrikanische Ehefrau des Besitzers eigenwillig einrichtete. Sehr beliebt das britisch-europäische Restaurant – vorbuchen! – auch wegen der Weinkarte (Hauptgerichte 15–22 £, mittags Imbiss 7–10 £, auch Frühstück und Cream Tea werden serviert). DZ ab 150 £, am Wochenende im Sommerhalbjahr ab 200 £.

Günstig und strandnah ▶ Deepdale Stables Backpacker Hostel: Burnham Deepdale, Tel. 01485 21 02 56, www.deepdale farm.co.uk. Östl. von Brancaster am Norfolk Coast Path und nahe dem Radweg National Cycle Route Nr. 1, umweltfreundlicher Betrieb, einfach, aber angenehm eingerichtet in historischen Stallungen (deftige Gerichte 5– 10 £). 10,50–15 £ im Mehrbettzimmer, DZ 30–60 £.

Essen & Trinken

Für Fischfreunde ▶ The Lifeboat Inn: Ship Lane, Thornham, Tel. 01485 51 22 36, Fax 01485 51 23 23, www.lifeboatinn.co.uk. Die Pub-Küche ist für Muscheln bekannt, gut auch der Fish Pie und Kabeljau im Bierteig. Kaminfeuer und Ales aus der Gegend – zu empfehlen sind Adnams, Greene King und Woodforde's. 14 rustikale Zimmer, meist mit Blick auf Hafen und Meer (DZ ab 120 £). Auch das Frühstück schmeckt nach Fisch, z. B. *kippers,* geräucherter Schellfisch. Hauptgerichte 10–15 £.

Meeresfrüchte ▶ Cookies Crabshop: The Green, Salthouse (östl. von Brancaster), Tel. 01263 74 03 52, tgl. 9–19, im Winter bis 15 Uhr. Fangfrische Krabben, Flusskrebse, und allerlei Muscheliere zum Selbstkochen oder in Suppen, Salaten und Sandwiches zum Mitnehmen. Alles billig – leider auch das Ambiente.

Einkaufen

Wohlhabende Londoner machten Burnham Market zu ›Chelsea-on-Sea‹. Erstaunlich in einem Land der Handelsriesen: Ca. 50 unabhängige kleine Geschäfte verkaufen Mode, Antiquitäten, Haushaltseinrichtung und erlesene Lebensmittel.

Feinkost ▶ Humble Pie: Market Place, Burnham Market. Hier rüstet man sich fürs Strandpicknick: Biokäse, hausgemachte Kekse, Kuchen, Chutney und vieles mehr.

Abends & Nachts

Gedenk-Gaststätte ▶ The Nelson: Burnham Thorpe. Die Dorfkneipe ist ein Schrein des Nationalhelden, die Wände mit Porträts bedeckt. Ein regionales Ale heißt Nelson's Revenge (›Nelsons Rache‹), ein Cocktail auf Rum-Basis Nelson's Blood.

Aktiv

Zur Robbenkolonie ▶ Bootsfahrt: ab Blakeney oder Morston (direkt westlich von Blakeney), Fahrplan, Buchung: Bean's Boats, Tel. 01263 74 05 05, Fax 01263 74 13 06.

Wandern ▶ Der **Norfolk Coast Path** verbindet auf einer Länge von 76 km Hunstanton im Westen mit Cromer im Osten. In Holme-next-the-Sea hat man Anschluss zum 74 km langen **Peddars Way,** der über Land in Richtung Süden einer Römerstraße nach Knettishall Heath bei Thetford in Suffolk folgt: www.na tionaltrail.co.uk.

Rad fahren ▶ Auf Teilen des Peddars Way sind Fahrräder erlaubt, auf dem Norfolk Coast Path nicht. Dafür gibt es die National Cycle Route Nr. 1 an der Küste und verschiedene Mietstationen, Info über das Tourist Office.

Verkehr

Bus: Linie 36 (Norfolk Coast Hopper) fährt von King's Lynn nach Sheringham und hält u. a. in Heacham, Thornham, Holme-next-the-Sea, Titchwell, Brancaster, Burnham Market, Wells-next-the-Sea, Morston und Blakeney. Karten für mehrere Fahrten auf der gesamten Strecke, auch mit anderen Linien: Coast Hopper Rover, 1, 3 oder 7 Tage. Fahrpläne online: www.travelineeastanglia.org.uk.

Norwich, seit 1000 Jahren die bedeutendste ostenglische Stadt, wartet mit Kultur, attraktiven Einkaufsmöglichkeiten und vielen historischen Sehenswürdigkeiten auf, darunter die imposante Burg und Kathedrale. Wenige Kilometer von der Stadtmitte liegt eine faszinierende Seenlandschaft, der Nationalpark Norfolk Broads.

Norwich ▶ M/N 15

Cityplan: S. 370

Norwich, jahrhundertelang nach London und York die drittgrößte Stadt des Landes, kann man heute als eine geglückte Verbindung von interessanter Vergangenheit und neuem Wohlstand bezeichnen. Die Stadt (174 000 Einw.) ist weder zu einem leblosen Schaustück für Touristen noch zu einem gesichtslosen Ballungszentrum geworden.

Der Name Norwich erscheint zum ersten Mal auf einer um 920 geprägten Münze. Die Normannen fanden im Jahr 1066 eine blühende Handelsstadt mit ca. 10 000 Einwohnern vor. Sie etablierten ihre Macht durch den Bau der Burg und der Kathedrale. Die Bedeutung von Norwich in den folgenden Jahrhunderten bezeugen 32 erhaltene Kirchen des Mittelalters – mehr, als jede andere englische Stadt aufzuweisen hat. Die Staatskirche hatte hier jedoch keine Monopolstellung. East Anglia war nach der Reformation eine Hochburg der Nonkonformisten, der nicht-anglikanischen Protestanten. Dies war zum Teil Folge der Einwanderung religiös Verfolgter aus den Niederlanden, die um 1580 ein Drittel der Bevölkerung stellten. Ein Jahrhundert später kamen Hugenotten, protestantische Flüchtlinge aus Frankreich. Auswanderer gab es auch: 1620 segelten 32 Menschen aus Norwich und Norfolk auf der ›Mayflower‹ nach Amerika, um Kolonien in der Neuen Welt zu gründen.

Norwich ist heute eine der wohlhabendsten Städte des Landes, die bedeutendste der Region. Die relative Nähe zu London fördert die Wirtschaft, die Universität das kulturelle Leben.

Um den Marktplatz

Um einen ersten Eindruck von der Stadt zu gewinnen, ist das Viertel um den Market Place geeignet. Auf dem ältesten und größten Straßenmarkt Englands herrscht ein reges Treiben. In den vielen Gängen unter den Markisen kann man sich leicht verirren. Überblickt wird das Geschehen vom Rathaus, **City Hall** 1, einem schlichten Bauwerk aus den 1930er-Jahren, und der **Church of St Peter Mancroft** 2. Die Kirche wurde 1430–55 im Perpendicular-Stil erbaut. Besondere Beachtung verdienen die Stichbalkendecke und das herrliche Ostfenster, dessen Glas aus dem 15. Jh. erhalten ist. Während die Obrigkeit in Burg und Kathedrale herrschte, bezog sich der Stolz der Bürger auf ihre Kirche am Marktplatz. Der gepflegte Zustand von St Peter Mancroft zeigt, dass man diese schöne Kirche noch zu schätzen weiß.

1404 erhielt die Stadt das Recht, einen Bürgermeister zu wählen. Drei Jahre später begann der Bau der **Guildhall** 3 an der nordwestlichen Ecke des Marktplatzes. 500 Jahre lang befand sich die Stadtverwaltung in diesem Flintbau, der im 19. Jh. restauriert wurde. **The Forum** 4, ein aufwändiger Neubau gegenüber St Peter Mancroft, setzt die

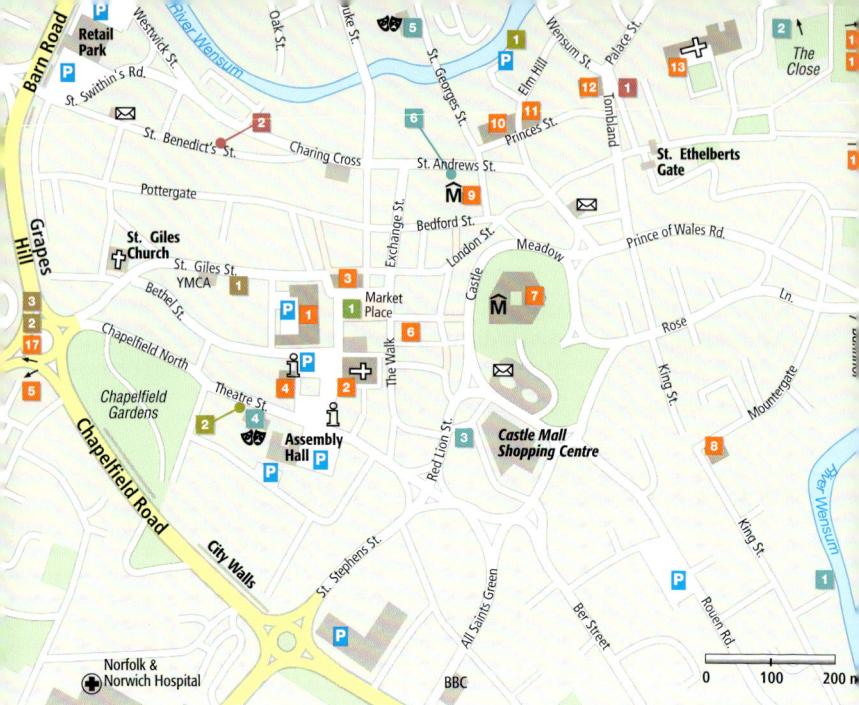

Tradition der stolzen Bürgerschaft im 21. Jh. fort. Hier befinden sich das Tourist Information Centre, die Stadtbibliothek und die Regional-Studios der BBC.

Seit 1910 besitzt Norwich zwei Kathedralen. Die neuere, römisch-katholische **Cathedral of St John** `5`, von der Guildhall aus über die Straße St Giles zu erreichen, nimmt den höchsten Punkt im alten Stadtkern ein und bietet vom über 50 m hohen Turm einen guten Blick auf die Stadt.

Rund um die Burg

Östlich vom Marktplatz liegt die wunderschöne viktorianische Jugendstilpassage **Royal Arcade** `6`. Darin betreibt die Firma Colman's, Senffabrikant seit über 150 Jahren und einer der bedeutendsten Arbeitgeber der Stadt, einen **Mustard Shop.** Hinter dem Geschäft befindet sich eine kleine Ausstellung über die Herstellung von Senf, die Geschichte der Firma und die Entstehung eines der bekanntesten Markennamen in England. Die Exponate von frühen Werbekampagnen

zeigen erfrischenden Witz und Einfallsreichtum (Mo–Sa 9.30–17 Uhr).

Durch die Royal Arcade geht es weiter zur imposanten **Burg** `7`. Nach der normannischen Eroberung wurden viele Wohnhäuser abgerissen, um einem Erdhügel mit Holzbauten Platz zu machen, der wiederum nach 1100 dem massigen steinernen Bergfried weichen musste, der heute noch diesen Stadtteil dominiert. Die elegante Verkleidung der Fassaden ist aber nicht das Werk der Normannen, sondern des Architekten Salvin, der zwischen 1833 und 1838 die Burg erneuerte. Bis zum Umbau für das 1894 eröffnete Museum diente sie 700 Jahre lang als Gefängnis. Burgführungen finden regelmäßig statt, und eine Fülle von Ausstellungen ist im rundum erneuerten, sehr empfehlenswerten **Castle Museum** zu sehen. Unter den geschichtlichen Ausstellungen ist die Abteilung über die angelsächsische und dänische Zeit mit Grabfunden und Goldschmuck hervorzuheben. In der Gemäldegalerie sind neben einer hervorragenden

Norwich

Sammlung von Werken der Norwich School (s. S. 389.) auch französische und niederländische Landschaftsbilder sowie moderne englische Malerei vertreten. Außerdem gibt es geologische und naturhistorische Sammlungen, sowie die angeblich weltgrößte Sammlung keramischer Teekannen. Direkt neben der Burg hat sich ein großes Einkaufszentrum, The Mall, angesiedelt (www.museums.norfolk.gov.uk, Mo–Sa 10–16.30, So 13–16.30, Juni–Sept. bis 17 Uhr).

Lohnend ist ein Abstecher östlich der Burg zum **Dragon Hall** 8 in der King Street. Eindrucksvoll ist die Architektur des um 1430 errichteten Hauses eines Kaufmanns, insbesondere die Dachkonstruktion. In der Great Hall wurden Tuche zum Verkauf angeboten, heute informiert eine Ausstellung über den Handel und das Leben in der Stadt zu dieser Zeit (115–123 King St., Mo–Fr 10–16, So 12–16 Uhr).

Zwischen Burg und Kathedrale

Das unregelmäßige Straßenmuster der Stadtmitte geht auf die Zeit vor der normannischen Eroberung zurück. Ein Bummel durch die Stadt zeigt eine Mischung von Häusern und Kirchen aus vielen Jahrhunderten. Nördlich der Burg in der Bridewell Alley beherbergt ein Kaufmannshaus aus dem 14. Jh. das **Bride-**well **Museum** 9, das sich dem wirtschaftlichen Leben von Norwich und dem Umland widmet. Noch zwei Jahre vor der Eröffnung des Museums 1925 wurde das Gebäude als Fabrik genutzt; davor war es ein ›Bridewell‹, ein Gefängnis für Bettler und Landstreicher. Das Museum zeigt eine breite Palette von Industrie- und Handwerksprodukten: Senf, Schokolade, Maschendraht, Schuhe, Textilien, Uhren, eine nachgebaute Schmiede u. v. a. (wg. Renovierung geschlossen, Neueröffnung voraussichtlich Sommer 2012).

Am nördlichen Ende der Bridewell Alley geht es nach rechts in die St Andrews Street, wo die ehemalige Kirche eines Dominikanerklosters zweigeteilt und umfunktioniert wurde: **St Andrew's Hall** und **Blackfriars Hall** 10, das Hauptschiff bzw. der Chor der Kirche, werden heute für Veranstaltungen genutzt. Norwich besitzt mehr als 30 mittelalterliche Kirchen. Viele werden nicht mehr als Gotteshäuser genutzt und sind nicht zugänglich. Eine, die man besichtigen kann, ist **St Peter Hungate** 11. in der nach links abzweigenden Straße Elm Hill. Die im 15. Jh. erbaute Kirche besitzt eine für Ostengland typische *angel roof,* eine Stichbalkendecke mit Engelsfiguren. In den Ost- und Westfenstern kann man noch die ursprünglichen Glasmalereien bewundern.

Norwich, Norfolk Broads und Breckland

Reizvoll ist der Weg über **Elm Hill.** Die Bomben, die 1940/41 große Schäden anrichteten, verschonten die Fachwerkhäuser und georgianischen Bauten dieser Geschäftsstraße. Am Ende von Elm Hill biegt man nach rechts in die Wensum Street, die zur Straße Tombland, in angelsächsischer Zeit der Marktplatz, führt. Auf der Westseite von Tombland steht ein Bau aus Tudor-Fachwerk (Nr. 14), genannt **Augustine Steward House** **12**. Zur Zeit des Bauernaufstands von 1549 versteckte sich Steward, Bürgermeister von Norwich, auf der obersten Etage, während Rebellen das Haus plünderten.

Kathedrale

Gegenüber dem Augustine Steward House führt das schöne Erpingham Gate von 1420 zur **anglikanischen Kathedrale** **13**. Die Domfreiheit mit Häusern des späten Mittelalters und des 18. Jh., bis 1535 der ummauerte Bezirk des Domklosters, ist heute ein friedliches Viertel. Dies war nicht immer so. 1272 drangen aufgebrachte Bürger ein und zerstörten die Gebäude der verhassten Mönche. Als Buße mussten sie das andere erhaltene

Tor zur Domfreiheit, das reich verzierte Ethelbert's Gate, errichten. Der Eingang zur Kathedrale ist das architektonisch eindrucksvolle, 2009 eröffnete Besucherzentrum, The Hostry, das an die Tradition der Gastfreundschaft und Gelehrsamkeit der Benediktinermönche anknüpft und u. a. eine Ausstellung als Vorbereitung des Rundgangs in der Kathedrale bietet.

Der erste Bischof von Norwich, Herbert de Losinga, begann 1096 mit dem Bau, der schon Mitte des 12. Jh. einschließlich des Vierungsturms vollendet war. Infolge der kurzen Bauzeit ist der Stil sowohl innen als auch außen einheitlich. Spätere Änderungen haben die Schönheit des normannischen Baus nicht beeinträchtigt, sondern wurden harmonisch hinzugefügt. Mitte des 15. Jh. wurden die hölzernen Dachstühle des Schiffs, des Chors und der Querhäuser nacheinander durch gotische Steingewölbe ersetzt. Gotisch sind auch das große Westfenster, der Turmhelm (mit 96 m nach dem von Salisbury Cathedral der höchste Englands) und die Fenster des Obergadens im Chor, die nach dem Brand von 1462 entstanden.

Von den Bomben des Zweiten Weltkriegs verschont: Die idyllische Straße Elm Hill

Ein Besuch des **Kreuzgangs** auf der Südseite der Kathedrale ist unbedingt zu empfehlen, denn hier hat man die Chance, ein gotisches Gewölbe aus der Nähe zu betrachten. Der Bau des Kreuzgangs dauerte von 1297 bis 1430. Aus der ersten Periode stammt der Ostflügel mit dem schönen Zugang zum Schiff, zuletzt wurde der Nordflügel fertig gestellt. Die fast 400 farbigen Schlusssteine rund um den Kreuzgang stellen Szenen aus der Passionsgeschichte, der Apokalypse, dem Leben Mariens und den Legenden der Heiligen dar. In der Mitte des Kreuzgangs wurde nach mittelalterlichem Vorbild ein Labyrinth angelegt. Die **Cathedral Refectory** bietet preiswerte Erfrischungen (www.cathedral.org.uk, Hostry Mo–Sa 9.30 –16.30 Uhr, Kathedrale tgl. 7.30–18.30 Uhr, Refectory Mo–Sa 10–17, So 11–17 Uhr, Führungen Mo–Sa 11, 12, 13, 14 und 15 Uhr).

Spaziergang am Fluss und Mousehold Heath

Im Osten hinter der Kathedrale führt Bishopgate zu der einzigen erhaltenen mittelalterlichen Brücke von Norwich, **Bishop's Bridge** 14 (um 1340). Hier stößt man auf den Riverside Walk, einen Spazierweg am Wensum, der flussaufwärts zurück zum Zentrum führt, flussabwärts zu **Pull's Ferry** 15, einem befestigten Tor aus dem 15. Jh. In der Gegend um Bishop's Bridge hat sich vieles ereignet. Stadtauswärts über die Brücke gingen Protestanten zum Scheiterhaufen Lollard's Pit, der sich hinter dem Bridge House Inn in der Riverside Road befand.

Der Weg über die Brücke und nach links führt hinauf zu **Mousehold Heath** 16, jetzt ein Park mit Blick auf die Stadt, 1549 Lagerplatz der aufständischen Bauern unter ihrem Führer Robert Kett. Sie belagerten und besetzten Norwich nach erbitterten Kämpfen um Bishop's Bridge. Der Versuch, sie mit Hilfe italienischer Söldner zu vertreiben, misslang. Schließlich besiegten die deutschen Söldnertruppen des Grafen von Warwick die Rebellen. Der letzte große Bauernaufstand Englands endete mit blutigen Repressionen. Nach einem Spaziergang empfiehlt es sich,

in der historischen Kneipe Kett's Tavern in der Straße Ketts Hill auf den mutigen Rebellenführer zu trinken.

Universität

Auf dem grünen Gelände der University of East Anglia im Westen der Stadt liegt das **Sainsbury Centre for the Visual Arts** 17. Ein High-Tech-Bau (1974–78) von Lord Norman Foster beherbergt diese bedeutende private Kunstsammlung, die die Sainsbury-Familie, Besitzer einer englischen Supermarktkette, der Universität stiftete. Skulpturen von Henry Moore und Epstein, Bilder von Picasso und Francis Bacon stehen Objekten afrikanischer Kunst, Plastiken der Römer, Ägypter, Etrusker, Indianer und Inuit gegenüber. Sammlungen von Jugendstilkunst sowie von abstrakter und konstruktivistischer Kunst sind auch zu sehen (www. scva.org.uk, Di–So 10–17 Uhr, Bus 22, 25, 35 ab Castle Meadow).

Infos

Tourist Information Centre: The Forum, Millennium Plain, Tel. 01603 21 39 99, Fax 01603 21 39 90, www.visitnorwich.co.uk, April–Okt. Mo–Sa 9.30–18, So 10–15, Nov.–März Mo–Sa 9.30–17.30 Uhr.

Übernachten

Stilvoll ▶ 38 St Giles Street 1 : 38 St Giles St., Tel. 1603 66 29 44, www.38stgiles.co. uk. B & B der Luxuskategorie mit fünf geschmackvoll eingerichteten Zimmern. Alles in bester Qualität: Betten, Badzubehör und Frühstück, außerdem eine unschlagbare Lage. DZ 130–140 £.

Mit Gartenblick ▶ Beaufort Lodge 2 : 60 Earlham Rd., Tel. 01603 66 74 02, www. beaufortlodge.com. Elegantes viktorianisches Haus mit vier Nichtraucher-Zimmern. Stadtmitte zu Fuß schnell erreichbar. DZ 70 £.

Einfaches B & B ▶ Earlham Guesthouse 3 : 147 Earlham Rd., Tel. 01603 45 41 69, www.earlham-guesthouse.co.uk. Neun Zimmer, unterschiedlich groß, aber bequem eingerichtet und preiswert für die relativ zentrale Lage. DZ 45–50 £.

Essen & Trinken

Bestes aus der Region ▶ **Tatlers** **1**: 21 Tombland, Tel. 01603 76 66 70, Mo–Sa 12–14, 18–21 Uhr. Moderne britische Küche mit Zutaten der Region nach Saison, z. B. schottischer Lachs mit Blinis, Norfolk-Rindfleisch. Hauptgerichte abends 13–20 £.

Italienische Stimmung ▶ **Pinocchio's** **2**: 11 St Benedict's St., Tel. 01603 61 33 18, Mo 17–23, Di–Sa 12–14, 17–23 Uhr. Italienische Küche, mit guter Stimmung und einer Karte, die über Pizza und Pasta hinausgeht. Pizza/Pasta ab 7,25 £, 2-Gänge-Menü mittags 9 £.

Im Dom ▶ **Cathedral Refectory** **13**: An der Südseite des Kreuzgangs, Tel. 01603 21 83 22, Mo–Sa 10–17, So 11–17 Uhr. Imbiss, Sandwiches oder Hauptgerichte 4–8 £.

Einkaufen

Echt scharf! ▶ **Mustard Shop** **6**: in der Royal Arcade, s. S. 370.

Preiswert ▶ **Market Place** **1**: Der größte tägliche Markt in England (Mo–Sa).

Kleine feine Läden ▶ **Mode, Antiquitäten, Secondhand, Geschenke:** ›Norwich Lanes‹ zwischen Upper St Giles und Pottergate sowie in St Benedicts, Elm Hill, Timberhill.

Abends & Nachts

Als Universitätsstadt bietet Norwich eine lebhafte Szene.

Musik-Mischung ▶ **The Waterfront** **1**: 139 King St., Tel. 01603 50 80 50, www.waterfrontnorwich.com. Clubabende und Livemusik, von Ska und R & B bis Britpop und Indie, auch Oldies-Abende.

Historisch ▶ **Adam and Eve** **2**: 17 Bishopgate. Älteste Kneipe der Stadt, mittags sehr beliebt, Ales der Region und billiges Pub-Essen. Bierausschank für Steinmetze der Kathedrale vor 700 Jahren.

Außergewöhnlich ▶ **Gardener's Arms and Murderers' Café** **3**: 2–4 Timberhill, Tel. 016 03 62 14 47. Nicht nur ein unwiderstehlicher Name, auch gute Ales und Pub-Gerichte.

Buntes Programm ▶ **Theatre Royal** **4**: Theatre St., Tel. 01603 63 00 00. Oper, Konzerte, Tanz, Schauspiel.

Theater ▶ **Norwich Playhouse** **5**: St George's St., Tel. 01603 59 85 98. Dramen und Musik.

Programmkino ▶ **Cinema City** **6**: St Andrews St., Tel. 0871 902 57 24.

Aktiv

Bootsfahrt ▶ **City Boats** **1**: Station Quay am Bahnhof oder Elm Hill Quay, Tel. 01603 70 17 01, www.cityboats.co.uk. Ostern– Sept., mehrmals tgl. Fahrten in der Stadt auf dem Wensum und zu den Norfolk Broads.

Geführte Wanderungen ▶ **Tourist Information Centre** **4**: in The Forum, Tel. 01603 21 39 93, www.visitnorwich.co.uk. Zahlreiche Themen werden angeboten.

Bustour ▶ **CitySightseeing** **2**: Tel. 01263 58 70 05, www.city-sightseeing.com. April– Sept. tgl. jede Stunde 10–16 Uhr, Start vor dem Theatre Royal, Theatre St., mehrere Stellen zum Einsteigen.

Termine

Norfolk and Norwich Festival (Mai): Musik und Theater, www.nnfestival.org.uk, Tel. 016 03 76 64 00.

Royal Norfolk Show (Ende Juni): Country Show – d. h. teils Agrarmesse, teils Volksfest.

Verkehr

Norwich ist regionaler Knotenpunkt mit Bus- und Bahnverbindungen ins Umland, einschließlich Norfolk Broads und der Küste.

Bahn: Ab London-Liverpool Street 2 x stdl., Fahrzeit 1,5 Std.; aus Mittel- und Nordengland mit der Bahn über Peterborough.

Bus: U. a. nach King's Lynn, zur Küste bei Cromer und zu den Dörfern der Norfolk Broads.

Nationalpark Norfolk Broads ▶ N 15

Das flache Gebiet mit Flüssen und Seen (Broads) zwischen Norwich und der Küste ist ein sehr beliebtes Urlaubsziel. Tausende von Segelbooten sowie Kabinenkreuzern haben hier ihre Ankerplätze, Orte wie Wroxham und Horning sind im Sommer übervölkert. Es gibt zwölf große und mehr als 30 kleinere Broads, die durch ein Labyrinth von Wasserwegen miteinander verbunden sind. Das System, von dem fast 200 km schiffbar sind, hat Zugang zur Nordsee über den Fluss Bure und die Hafenstadt Great Yarmouth.

Die Broads sind keine natürliche Seenplatte, sondern entstanden durch den Abbau von Torf im Mittelalter. Infolge des gestiegenen Meeresspiegels füllten sich die Gruben im 14. Jh. mit Wasser. Im größten Feuchtgebiet Englands finden sich seltene Wasserpflanzen, Vögel und Insekten, aber die Natur, die teilweise durch Menschenhand geschaffen wurde, sah sich in den 1970er- und 1980er-Jahren Bedrohungen ausgesetzt. Durch den Einsatz von Nitraten und Phosphaten in der Landwirtschaft ging die Vielfalt der Pflanzen zurück, die Fisch- und Vogelbestände schrumpften. Der Entwässerung der Feuchtgebiete, die vor 200 Jahren begann, und der Verseuchung durch industrielle und kommunale Abwässer wurde zwar Einhalt geboten, aber gegen die Landwirte und die Freizeitindustrie hatten Naturschützer einen schweren Stand. Motorboote wühlten den Schlick auf, verursachten Ufererosion und beschleunigten somit den natürlichen Prozess, durch den die Broads seichter und kleiner werden.

Der neue Status der Broads als Nationalpark unterstützt die Arbeit der Naturschützer. Dort, wo Gewässer für Motorboote gesperrt oder an das Netz der Felddrainagen nicht angebunden sind, etablierten sich Teichrosen und Fischarten wieder. Die Landschaft ist ein Flickenteppich aus Süßwasserseen und träge fließenden Wasserwegen, Sümpfen mit Reet- und Schilfbeständen, Salzwiesen in Küstennähe und attraktiven Dörfern mit am Wasser gelegenen Kirchen, Windmühlen und Pubs.

Einen echten Mittelpunkt hat die Gegend nicht, doch sind **Wroxham** und **Potter Heigham** die geschäftigsten Orte für Freizeitbeschäftigungen. Die 14 km lange Strecke von Wroxham zur Marktstadt **Aylsham** kann man mit der Dampfeisenbahn **Bure Valley Railway** (Fahrplanauskunft Tel. 01263 73 38 58) oder auf dem Radweg neben den Gleisen zurücklegen. Auch ein südlich gelegenes Gebiet um die Flüsse Yare und Waveney im Hinterland der Küstenstädte Great Yarmouth und Lowestoft gehört zu den Broads, aber das Revier der Freizeitkapitäne ist der nörd-

Tipp: Bier für Lokalpatrioten

Die reetgedeckte Kneipe Fur & Feather Inn mit ihrem einladenden Garten liegt gleich neben der Brauerei in **Woodbastwick,** einem der reizvollsten Broads-Dörfer. Hier gibt es ideenreiche Varianten der traditionellen englischen Küche: Hirsch- oder Steak-und-Champignon-Ragout wird im Yorkshire Pudding serviert, statt Fish & Chips gibt es Fishcakes und einen großen Meeresfrüchteteller. Die Brauerei verfügt über eine eigene Quelle und benutzt nur Gerste aus Norfolk für das Malz. Auch die Namen der hervorragenden Ales sind der Grafschaft Norfolk verpflichtet: Woodforde's Wherry wurde nach einem traditionellen Segelboottyp genannt, Nelson's Revenge wurde konzipiert, um die Invasion ausländischer Biersorten zurückzuschlagen. Die 1981 gegründete Brauerei trägt den Namen des Pfarrers Woodforde aus Norfolk, dessen im 18. Jh. geschriebene Tagebücher eine amüsante Lektüre sind. Neben der Theologie fühlte sich der Pfarrer sehr der Gastronomie verpflichtet und beschrieb seine Gaumenfreuden in aller Ausführlichkeit. Um Appetit auf die deftigen Gerichte zu bekommen oder hinterher zum Nüchternwerden, empfiehlt sich der Spaziergang um den nahe gelegenen See Salhouse Broad. **Fur & Feather Inn:** Slad Lane, Woodbastwick, Tel. 01603 72 00 03, Vorbuchung empfohlen. Küche Mo-Sa 10–14, 15–21, So 10–15, 15.30–21 Uhr, Hauptgerichte 11–14 £.

Geruhsames Landleben wie auf einem Gemälde von John Constable

liche Teil um die Flüsse Bure, Ant und Thurne. Das Auto ist kein günstiges Verkehrsmittel, um diese Gegend kennenzulernen; zu Fuß, mit dem Fahrrad und vor allem mit dem Boot erschließt sich die Schönheit der Landschaft.

Ranworth Broad und Ludham
▶ N 15

Über die Natur der Norfolk Broads informiert das schwimmende **Broadland Wildlife Centre** auf Ranworth Broad (April–Okt. tgl. 10–17 Uhr. Hier lohnt der Besuch in der St Helen's Church (»the cathedral of the Broads«, 15 Jh.) wegen des wunderschön verzierten Lettners

und der Aussicht von dem Turm. Der benachbarte Wald-, Sumpf- und Blumengarten **Fairhaven Garden** mit altem Baumbestand bietet schattige Spaziergänge und Bootsfahrten (tgl. 10–17, Dez.–Feb. bis 16 Uhr).

Toad Hole Cottage Museum in **Ludham** zeigt in einem Haus eines Aalfängers aus dem 18. Jh., wie Broads-Bewohner früher lebten und informiert über die Geschichte der Broads (Juni–Sept. tgl. 9.30–17, April/Mai und Okt. tgl. 10.30–13, 13.30–17 Uhr). In Ludham beginnt der Ausflug mit der ›**Electric Eel‹** auf dem kleinen Fluss Ant (Juni–Sept. tgl. jede Stunde, 10–16 Uhr, April/Mai und Okt. Sa und So 11–15 Uhr).

nördlich von Potter Heigham, überwintern viele Wasservögel. Zwei- bis dreistündige Bootsfahrten in ruhigem Gewässer sind hier möglich (Tel. 01692 59 82 76).

Eine interessante Präsentation vieler Aspekte der Norfolk Broads findet man im **Museum of the Broads,** direkt am Wasser in Stalham Staithe. Hier sieht man Boote und andere Gegenstände des täglichen Lebens und kann sich über die Entstehung und Tradition der Broads informieren (Ostern–Okt. tgl. 10.30–17 Uhr).

An der Küste ▶ N 15

Die Windmühlen, die die Fens trockenlegten, sind zu Denkmälern geworden. Die vom National Trust wiederhergestellte **Horsey Windpump,** nahe an der Küstenstraße B 1159, war bis zu einem Blitzschlag 1943 in Betrieb (April–Okt., tgl. 10–16.30 Uhr). Von der Windmühle bietet sich ein grandioser Blick – betrübt durch die düstere Prognose, dass wahrscheinlich in 50 Jahren mehr als 50 km^2 des umliegenden Gebiets, darunter Dünen, Teile der Broads und einige Dörfer, nicht mehr gegen die Wellen der Nordsee geschützt werden können. 5 km nördlich steht **Waxham Barn,** eine beeindruckende Scheune des 16. Jh. mit Stichbalkendecke.

An der Küste östlich der Broads gibt es viele Sandstrände. In den Badeorten an diesem Abschnitt der Küste herrscht in der Saison viel Rummel.

Barton Broad und Hickling Broad ▶ N 15

Auf dem breiten **Barton Broad** bei Neatishead nordwestlich von Ludham fährt das mit Sonnenkraft betriebene Boot ›Ra‹. Während der 90-minütigen Fahrt erfährt man, wie dieser Broad vor den Folgen der Überdüngung gerettet wurde (Juni–Sept. tgl., April/Mai und Okt. Sa/So, Tel. 01692 67 07 79). Am Barton Broad wurden Wege durch ein sumpfiges Waldgebiet angelegt, um einen Blick auf einen der manchmal schwer zugänglichen Seen zu ermöglichen.

Auf **Hickling Broad,** einem großen See mit Marsch, Wald und feuchtem Weideland

Infos

Broads Information Centre: Station Rd., Wroxton & Hoveton, Tel. 01603 75 60 97, April–Okt. tgl. 9–13, 13.30–17 Uhr, und im Toad Hall Cottage Museum, Ludham, Tel. 01603 75 60 96, Juni–Aug. tgl. 9–18 Uhr, sonst Öffnungszeiten wie oben.
Im Internet: www.norfolkbroads.com (Tourismus-Website) und www.enjoythebroads. com (Besucher-Site des Nationalparks).

Übernachten

Am besten übernachtet man auf dem Boot. **Individueller Luxus** ▶ **Norfolk Mead Hotel:** Coltishall, Tel. 01603 73 75 31, www.norfolk

mead.co.uk. Zwölf geschmackvoll eingerichtete, unterschiedlich große Zimmer in einem 200 Jahre alten Haus im eigenen Park am Ufer des Fluss Bure. DZ 100–110 £ (sechs Zimmer) bzw. 140–150 £ (die besten Zimmer), Hauptgerichte abends 18–20 £.

Flussblick ▶ **Hotel Wroxham:** The Bridge, Wroxham, Tel. 01603 78 20 61, www.arlingtonhotelgroup.co.uk. Carvery Restaurant mit z. B. Roast Beef auf der Aussichtsterrasse. DZ 89 £ ohne Balkon, Balkonzimmer mit Wasserblick 99 £.

Bäuerlicher Charme ▶ **Manor Farmhouse:** Happisburgh, Tel. 01692 65 12 62, www.northnorfolk.co.uk/manorbarn. Gelungener Umbau einer historischen Scheune, nur 8 km von den Broads und nahe an schönen Stränden. Drei Zimmer mit eigenem Bad, Aufenthaltsraum, Blick über die Wiesen zum Leuchtturm von Happisburgh. DZ 55 £.

Essen & Trinken

Feinschmecker steuern die Küste von Nord-Norfolk an. Das gastronomische Angebot in den Broads ist einfacher – vor allem Nachmittagstee und Pub-Essen.

Gutes Fischangebot ▶ **King's Head:** 26 Wroxham Rd., Coltishall, Tel. 01603 73 74 26, tgl. 12–14, 18.30–21 Uhr. Traditionsherberge am Ufer des Bure, die man mit Auto oder Boot erreichen kann. Einrichtung mit Anglergerätschaften. Hauptgerichte ab 11 £.

Tea rooms ▶ **Wroxham Barns:** Tunstead Rd., Hoveton, Tel. 01603 78 37 62, tgl. 10–17 Uhr. Cream tea und kleine Gerichte ab 6 £.

Aktiv

Bootstour auf den Broads ▶ **Broads Tours:** Mietstationen in Potter Heigham und Wroxham, bietet Rundfahrten für alle, die nicht selber steuern möchten, Tel. 01603 78 22 07, www.broads.co.uk. Adressen der großen Anbieter Blakes und Hoseasons s. S. 75. Weitere kleine Bootsvermieter findet man vor Ort oder online über die oben genannten Websites; eine große Auswahl an Booten, von kleinen Kabinenkreuzern für zwei Personen bis zu größeren Booten und historischen Segel-

schiffen steht zur Verfügung. Bootsscheine sind zum Mieten von Kabinenkreuzern nicht erforderlich, man erhält bei der Vermietung eine kurze Einweisung. An den kleinen Werften um Wroxham und Potter Heigham kann man kleine Boote ab ca. 10 £ pro Stunde mieten.

Wassersport ▶ Segeln, Kanu fahren und Windsurfen sind auf den Broads möglich. Segelschulen: **Try Sailing,** Stalham Marina, Tel. 01603 78 28 97, www.trysailing.com; **Norfolk Broads School of Sailing,** www.norfolksailingschool.co.uk. **The Thatched House,** Hill Common, Hickling, Tel. 07796 97 40 50.

Radfahren ▶ Viele Seen, keine Hügel, gute Wege: Die Norfolk Broads eignen sich hervorragend für Radtouren. Fahrradmiete und Auskunft über die schönsten Strecken der Broads bei: **Norfolk Broads Cycling Centre:** Bewilderwood, an der A 1062, 3 km von Hoveton, Richtung Horning, Tel. 07887 48 03 31.

Wanderungen ▶ Der 90 km lange **Weaver's Way** zwischen den Hafen- und Badeorten Cromer und Great Yarmouth durchquert die Norfolk Broads. Die Broads Information Centres halten umfangreiche Literatur für kurze und längere Wanderungen bereit.

Vogelreservate ▶ Der Vogelschutzverein RSPB unterhält zwei Naturschutzgebiete: **RSPB Berney Marshes** (westlich von Great Yarmouth: 13 km lange Rundwanderung oder Radtour, ab Supermarktparkplatz am Bahnhof Great Yarmouth ausgeschildert) und **Strumpshaw Fen** (ab A 47 bei Brundall ausgeschildert).

Verkehr

Bahn: Stdl. von Norwich zum Bahnhof Wroxham & Hoveton, Fahrzeit 15 Min. Auskunft über Bahnverbindungen im nördlichen Broads-Gebiet und zur Küste: www.bitternline.com.

Bus: Linie 54 ab Norwich (Castle Meadow) über viele der sehenswertesten Orte wie Hoveton und Horning nach Stalham. Der Broads-Hopper verbindet Blickling Hall mit Acle an der Hauptstraße Norwich–Great Yarmouth A 47 und hält an Bahnhöfen unterwegs.

Fahrpläne: Traveline, Tel. 0871 200 22 33, www.travelineeastanglia.org.uk.

Breckland

Das wirtschaftliche Wachstum der letzten Jahre, das in East Anglia besonders kräftig war, verstärkte den Druck auf die Natur. In manchen Gegenden, z. B. den Tälern der Flüsse Deben und Stour in Suffolk, scheinen moderne Landwirtschaft und Natur relativ harmonisch nebeneinander zu bestehen. Anderswo, besonders in der Kornkammer Norfolk, hat der Fortschritt die Landschaft zerstört. In Norfolk begann im 18. Jh. die sogenannte Agrarrevolution, die durch verbesserte Methoden bei Viehzucht und Ackerbau die Erträge der Landwirtschaft erhöhte.

Im 20. Jh. ging der Prozess mit dem Einsatz von Pestiziden und Kunstdüngern weiter. Die Rodung von Hecken, die Beseitigung von Teichen und Waldstücken sowie die Begradigung von Bächen schufen große Weizenfelder, die ›rationeller‹ zu bewirtschaften sind. Viele Hecken sind einige hundert Jahre alt und werden mit zunehmendem Alter von immer mehr Pflanzenarten besiedelt. Wenn sie zerstört werden, verschwinden Insekten und Vögel, da sie keine Nahrung mehr finden.

Eines der auffälligsten Beispiele für den Eingriff des Menschen in die Natur stammt nicht aus unseren Tagen, sondern aus dem Mittelalter: In der Mitte von East Anglia fällt eine Fläche ins Auge, die im Kontrast zur umliegenden Gegend leer aussieht. Dieses Gebiet um die Stadt Thetford heißt Breckland und hat eine ungewöhnliche Entstehungsgeschichte. ›Breck‹ bedeutet Land, das durch intensiven Ackerbau ausgelaugt wurde, sodass es brach liegt und zur Heide wird. Der leichte, sandige Boden wird vom Wind schnell abgetragen.

Aber nicht nur der Ackerbau hat die Qualität des Bodens beeinträchtigt. Das Kaninchen, kein heimisches Tier, wurde Anfang des 12. Jh. nach England eingeführt. Das Fleisch galt als Delikatesse, auch die Pelze waren begehrt. Die trockene Heidelandschaft um Thetford war ideal für die Kaninchenzucht, und so schufen die Bischöfe von Ely und die Äbte von Bury St Edmunds großflächige Gehege. Erdwälle und Gräben zum Schutz gegen Füchse, Wildkatzen und Wiesel wurden gebaut, kleine Hügel aufgeschüttet, damit die Kaninchen ihre Baue leichter graben konnten. Auch gegen Wildererbanden war Schutz nötig: Die Kaninchenhüter lebten in befestigten Häusern. Kaninchen und auch Schafe grasten das Land so ab, dass es wüstenähnlichen Charakter erhielt. Sandstürme verschütteten ganze Dörfer. Nach dem Bevölkerungsrückgang infolge der Pest im 14. Jh. wurde das weniger fruchtbare Land aufgegeben. In und um das Breckland hat man 28 verlassene Dörfer identifiziert.

Bis zum Zweiten Weltkrieg bestand die Kaninchenzucht im Breckland noch, aber schon Anfang des 19. Jh. begann man, Nadelwald anzupflanzen, um die Bodenerosion einzudämmen. Im 20. Jh. wurde Thetford Forest zum größten Forstgebiet Englands. Öde Monokulturen von Nadelholzarten, die in der Gegend nicht heimisch sind, haben aus der ehemaligen leeren Sand- und Heidelandschaft ein dünn besiedeltes Waldgebiet gemacht.

Thetford   ▶ M 15

Die Städte des Breckland sind klein. Thetford war vor 1000 Jahren ein bedeutender Ort, der aber den Bischofssitz an Norwich verlor. Von der normannischen Burg blieb nur der Erdhügel, von mehr als 20 Kirchen des Mittelalters sind noch drei erhalten. Sehenswert sind die Ruinen der **Abtei,** 1103 für Mönche des kluniazensischen Ordens gegründet, und des **Warren Lodge,** der Residenz eines Wildhüters an der B 1107 westlich der Stadt. Das **Ancient House Museum** in einem Fachwerkhaus (15. Jh.) mit schönen Holzschnitzereien an den Deckenbalken bietet Ausstellungen u. a. über die Kaninchenzucht und die Flintindustrie (April–Sept. Di–Sa 10–17, Okt.–März 10–16 Uhr).

Im Naturschutzgebiet **East Wretham Heath,** 5 km nordöstlich von Thetford abseits der A 1075, gibt es einen Naturlehrpfad bei einem See. Die Forestry Commission bemüht sich um umweltfreundliche Wirtschaftsformen in den Nadelholzwäldern, die zunehmend für Besucher erschlossen werden.

Im **Wangford Warren Nature Reserve,** ca. 3 km südlich von Brandon 11 km westlich von Thetford, werden wieder Kaninchen gehalten, damit kein Wald auf dem Grasland wächst und die Blumenarten erhalten bleiben. Seit **Weeting Heath** als offenes Heideland gepflegt wird, sind Brachvögel und Steinschmätzer zurückgekehrt (3 km westlich von Brandon an der Straße zwischen Weeting und Hockwold, Visitor Centre April–Sept. 10 Uhr bis zur Dämmerung).

Jungsteinzeitliche Stätte **Grime's Graves** (s. S. 381): Über die A 134. April–Sept. tgl. 10–17, März u. Okt. Do–Mo 10–17 Uhr.

Infos

Tourist Information Centre: Pal House, Market Place, Thetford, Tel. 01842 75 19 75, www.visitbreckland.com, April–Sept. Mo–Sa.

Übernachten, Essen

Historisch ▶ **The Bell:** King St., Tel. 0 842 75 44 55, www.bellhotel-thetford.com. Herberge mit Blick auf den Fluss Ouse, 46 Zimmer im ›Old Inn‹-Stil eingerichtet. Restaurant tgl. 8–22 Uhr, Hauptgerichte 8–12 £, bis 17 Uhr kleine Gerichte bis 6 £. DZ ab 75 £.

Aktiv

Radfahren ▶ **Bike Art Cycle Hire:** High Lodge, Thetford Forest, Tel. 01842 81 00 90. Das Waldgebiet um Thetford ist für Radler gut geeignet; www.brecks.org informiert über Reitwege, Wanderwege, Natur und andere Outdoor-Aktivitäten.

Verkehr

Bahn: Nach Thetford fahren stdl. Züge ab Norwich und Ely.

Swaffham ▶ M 15

30 km nördlich von Thetford lohnt Swaffham, eine kleine Stadt mit einem großen dreieckigen Marktplatz, einen Besuch. Das **Market Cross** von 1783, ein offener Kuppelbau,

stammt aus der Blütezeit der Stadt, als Swaffham Treffpunkt des Landadels von Norfolk war. Einige stattliche georgianische Häuser erinnern an diese Zeit.

Das Ortsschild an der Nordseite des Marktplatzes zeigt John Chapman, den ›Pedlar of Swaffham‹. Der Legende nach träumte der Tuchhändler, dass er in London reich werden würde. Mit seinem Hund machte er sich also auf den Weg und erreichte London Bridge, wo er einem Mann von seinem Traum erzählte. Dieser berichtete seinerseits von einem Traum, in dem ein Mann namens Chapman einen Schatz unter dem Baum in seinem Garten in Swaffham findet. Chapman kehrte daraufhin zurück, fand den Schatz und konnte den Bau der Kirche finanzieren. Die **Church of St Peter and St Paul** besitzt eine *angel roof,* eine mit Engeln verzierte Stichbalkendecke.

Oxburgh Hall ▶ M 15

Oxburgh Hall, abseits der A 134 zwischen Thetford und King's Lynn, gehört zu den sehenswertesten englischen Herrensitzen des späten Mittelalters. Die Bedingfield-Familie, die das von einem Wassergraben geschützte Haus im Jahre 1482 baute, residiert immer noch hier. Während ihres unfreiwilligen Aufenthalts in England wohnte Maria Stuart eine Zeitlang in Oxburgh Hall. Stickereien, an denen sie gearbeitet haben soll, werden gezeigt. Garten und Park laden zu einem Spaziergang ein (März–Sept. Sa–Mi 11–17, Aug. tgl., Okt. Sa–Mi 11–16 Uhr).

Gressenhall Museum ▶ M 15

Das Gressenhall Museum of Rural Life zeigt das Leben der Menschen von Norfolk in einem ehemaligen Workhouse, d. h. ein Armenhaus mit Arbeitszwang, das von 1777 bis 1948 bedürftige Menschen aufnahm. Besucher können die harten Betten ausprobieren und die Dampfmaschinen in der Wäscherei bewundern. Nicht nur Kinder haben ihre Freude am Bauernhof im Stil der 1920er-Jahren (5 km nördlich der Kleinstadt Dereham an der B 1146, Mitte März–Okt. tgl. 10–17 Uhr, www.museums.norfolk.gov.uk).

Feuersteingruben   Thema

Die Mulden und Erhebungen von Grime's Graves hielt man früher für ein Gräberfeld, doch bauten hier Menschen der Jungsteinzeit Flint ab und versorgten ganz England mit Steinwerkzeug. In der Neuzeit kam das Material als Feuerstein in Steinschlossgewehren zum Einsatz; seine ästhetischen Qualitäten sind in der Architektur von Ostengland zu sehen.

Im Breckland nördlich von Brandon liegt eine offene, von Nadelwald umgebene Grasfläche mit Mulden und kleinen Erhebungen. Früher hielten die Menschen dieses Areal für ein Gräberfeld der alten Götter und nannten es Grime's Graves nach Wotan, der auch den Namen Grim trug. Tatsächlich handelt es sich um eine der ältesten ›industriellen‹ Anlagen Europas. Hier gruben vor 4000 Jahren die Menschen der Jungsteinzeit nach Feuerstein, ›Flint‹. Das Silikatgestein kommt in dünnen Schichten zwischen Kreideablagerungen vor. Flint ist von einer weißen Kreidehülle umgeben und sieht innen glasig, fast schwarz aus.

Der Stein ist besonders hart, lässt sich aber spalten und schleifen – das ideale Material für die Werkzeuge und Waffen des Neolithikums. Auf dem Gelände von Grime's Graves wurde Flint zu Äxten, Messerklingen und Pfeilspitzen verarbeitet und in alle Landesteile exportiert. Archäologen schätzen, dass 20 Männer mit Spitzhacken aus Hirschgeweih 100 Tage benötigen, um die 14 m tiefen Schächte auszugraben. Auf dem 30 ha großen Gelände findet man über 700 solcher Schächte. Einer davon ist zu besichtigen. Man steigt auf einer Leiter hinab in ein dunkles Loch, wo gerade genug Licht schimmert, um die Flöze am Boden der Grube zu sehen.

Um 1000 v. Chr. wurden die Gruben verlassen, weil Werkzeuge aus Metall die Flint-Erzeugnisse ersetzten. Der Abbau war aber damit noch nicht beendet: Im 17. Jh. kamen in Steinschlossgewehren Feuersteine zum Einsatz. Die besten kamen aus Brandon, wo ein geschickter Arbeiter, *flint-knapper* genannt, 300 Feuersteine pro Stunde anfertigen konnte. Selbstständig arbeitende Bergleute versorgten die *knapper* mit Rohmaterial. Sie bauten den Stein mit Methoden ab, die nicht viel anders waren als im Neolithikum. Seine Glanzzeit erlebte der Industriezweig während der Napoleonischen Kriege, aber alte Gewehre blieben lange in Gebrauch. Der letzte Bergmann arbeitete bis in die 1930er-Jahre.

Nachdem die Splitter von einem Stück Flint abgeschlagen waren, blieb ein Kern, der sich als Baumaterial eignete: für Bauernhäuser, aber auch für die Stadtmauer und Kirchen in Norwich. Die Schwierigkeit, mit Flint Ecken zu bauen, mag ein Grund sein, warum viele frühe Kirchen von East Anglia runde Türme haben. Sie führte auch dazu, dass Flint mit Kalkstein verbunden wurde, eine Kunst, die im 14. Jh. ihre Blüte erreichte, z. B. zu sehen im schwarz-weißen Schachbrettmuster, das die Fassaden der Guildhalls von King's Lynn und Norwich schmückt. Den Höhepunkt des Stils bildet das aufwändige ›Flushwork‹, wobei mit Hilfe des Kontrasts von Flint und hellem Kalkstein die komplizierten Muster gotischen Maßwerks nachgebildet werden, z. B. an der Kirche von Long Melford (s. S. 386). Der Chor der Kathedrale in Bury St Edmunds aus den 1960er-Jahren zeigt, dass diese Kunst nicht in Vergessenheit geriet.

381

Das überstrapazierte Wort ›Idylle‹ ist für die lieblichen Täler von Suffolk der passende Ausdruck. Die zur Blütezeit der Tuchindustrie vor 500 Jahren erbauten Kirchen und Fachwerkhäuser schmücken eine Vielzahl von hübschen Orten. Die Flussszenerie am Stour inspirierte den Landschaftsmaler John Constable.

Westlich von Ipswich, der größten Stadt der Region, führen schmale kurvenreiche Landstraßen durch die leicht hügelige Landschaft Suffolks. Die tunnelartig wirkenden Straßen werden zu beiden Seiten von hohen Hecken mit altem Baumbestand und grünen Böschungen begrenzt, die im Frühling mit Teppichen aus Osterglocken und Schlüsselblumen bedeckt sind. Die Häuser, deren Bauweise eine wunderbare Vielfalt aufweist, machen die rustikale Idylle perfekt. Es gibt Reet- und Strohdächer in allen Variationen: steile, runde, bemooste, gepflegte, unordentliche, tief hängende. Auch Fachwerk ist reichlich vorhanden in schwarz-weiß, grau-weiß, seltener sogar schwarz und rosa. Eine Eigenart der Gegend ist eine Farbe, Suffolk Pink genannt, die an Zuckerguss erinnert und ursprünglich durch Beimischung von Schweineblut entstand. Um einen vornehmen Eindruck zu erwecken, erhielten manche Stuckfassaden eine so genannte *pargetting*-Dekoration mit Blumenmustern, Arabesken oder anderen Formen. Neben den traditionellen Bauformen gibt es die wohlproportionierten Fassaden georgianischer Häuser. Flint, roter Backstein und *white brick,* ein heller, graugelber Ziegelstein, tragen zur Vielfalt bei.

Im späten Mittelalter und bis in das 16. Jh. erlebte Suffolk durch die Herstellung von Wolltuch eine Blütezeit. Bleibende Zeugnisse dieser Zeit sind riesige Kirchen, die in keinem Verhältnis zur heutigen Bedeutung der Orte stehen, die so genannten *wool churches,* und

aufwändige säkulare Bauten, Wohnhäuser sowie die Zunfthäuser, Guildhalls, der Tuchmacher. Dann passierte eine aus heutiger Sicht erfreuliche Katastrophe: Hohe Steuern, Krieg und Konkurrenz aus anderen Ländern bewirkten den Niedergang der Tuchindustrie, es wurde nicht mehr gebaut oder investiert. Die Industrielle Revolution vor 200 Jahren überging Suffolk. In der Fachwerkstadt Lavenham beispielsweise blieb alles beim Alten. So bewundern wir heute eine der hübschesten englischen Landschaften und die unversehrten kleinen Orte, die wir dem wirtschaftlichen Niedergang vor 500 Jahren zu verdanken haben.

Bury St Edmunds ▶ M 16

Stadtrundgang
Gelegentlich bedauern Nostalgiker den angeblichen Niedergang altenglischer Marktstädte. Wenn die Klagen andernorts stimmen, dann sicher nicht in Bury St Edmunds, auch St Edmundsbury genannt. Die Stadt macht einen wohlhabenden Eindruck und ist ein angenehmer Aufenthaltsort. Das Stadtwappen zeigt einen Wolf und einen Menschenkopf. Der Kopf gehörte Edmund, dem Märtyrerkönig von East Anglia, der im 9. Jh. von den heidnischen Dänen hingerichtet wurde. Der Sage nach bewachte ein Wolf den abgetrennten Kopf, der im Wald gefunden wurde. Den Leichnam bestatteten Edmunds Ge-

folgsleute in Bury, wo seit dem 7. Jh. eine Holzkirche stand. An dieser Stelle wurde 1021 ein Kloster gegründet. Ab 1080 baute Abt Baldwin eine ungewöhnlich große, über 150 m lange Abteikirche und plante die Stadt mit regelmäßig angelegten Straßen. Die Stadt sollte nur ein Anhängsel des wirtschaftlich mächtigen Klosters bilden. 1327 rebellierten die unterdrückten Bürger gegen die Mönche, die ihre Klostermauer erhöhten und ein zweites starkes Torhaus bauten.

Heute sind das 1353 vollendete **Abbey Gate** und das frühere **Norman Gate,** 1120–48 gebaut und seit 1785 Glockenturm, die besterhaltenen Reste des Klosters. Die Auflösung erfolgte 1539, und in den folgenden Jahrhunderten benutzten Bürger die Klostergebäude als Steinbruch. Die Westfassade ist teilweise erhalten, da hier seit dem 17. Jh. Häuser angebaut wurden. Im Osten schließt sich ein Park an. Auf der befestigten **Abbot's Bridge** (um 1200, im 14. Jh. verstärkt) über den kleinen Fluss Lark ist die Außenmauer des Klosterbezirks erhalten.

Von der **Abtei** stehen noch stumpfartige Mauerstücke und Säulenreste, aber nur der Mauerkern aus Feuerstein ist zu sehen, denn die Kalksteinverkleidung war gutes Baumaterial und wurde abgetragen. Eine Tafel markiert die Stelle, wo im Jahre 1214 25 Barone schworen, King John zur Unterzeichnung der Magna Charta zu zwingen (Abteigelände jederzeit zugänglich, Eintritt frei).

Die **Kathedrale** von Bury St Edmunds ist die ehemalige Pfarrkirche von St James, die im frühen 20. Jh. zum Bischofssitz erklärt wurde und ab 1970 einen neuen Chor erhielt. 2005 wurde der Turm vollendet. Die Erweiterung wurde im Perpendicular-Stil ausgeführt, um mit dem spätmittelalterlichen Hauptschiff zu harmonieren. Die Stichbalkendecke ist viktorianisch (tgl. 8.30–18 Uhr). Auch die andere mittelalterliche Kirche von Bury, **St Mary's** besitzt eine schöne Stichbalkendecke.

Einige Schritte von St Mary's entfernt erreicht man das **Manor House,** Nr. 5 Honey Hill, eine repräsentative Stadtresidenz, 1736 für die Hervey-Familie errichtet. **Moyse's Hall** am Marktplatz ist eins der wenigen erhalte-

nen normannischen Häuser des Landes, 1180 von einem jüdischen Finanzier gebaut und jetzt Stadtmuseum (Mo–Sa 10–17, So 12–16 Uhr). Die Fassade von Moyse's Hall hat unter späteren Restaurierungen gelitten; die **Guildhall** (15. Jh.) dagegen zeigt noch einen schönen Eingang mit einem Schachbrettmuster aus Flint und Kalkstein.

Aus späteren Jahrhunderten hat die Stadt auch einiges zu bieten, denn Bury war ein wohlhabender Marktflecken und Versammlungspunkt des örtlichen Landadels. Zentrum des Geschehens war der Platz Angel Hill mit dem 1789 erbauten **Athenaeum,** das einen überaus eleganten Ballsaal beherbergt. Das **Theatre Royal,** das besichtigt werden kann, ist ein ungewöhnlich gut erhaltenes Beispiel für ein Schauspielhaus aus dem frühen 19. Jh.

An die Zeit des Königs Edmund erinnert die Rekonstruktion eines angelsächsischen Dorfs bei West Stow (11 km nordwestl. über die A 1101, Mo–Sa 10–17, So 12–16 Uhr).

Ickworth House

Ickworth House, 5 km südwestlich von Bury St Edmunds an der A 143 gelegen, gehört zu den imposantesten Herrensitzen des Landes. Der vierte Graf von Bristol, damaliges Oberhaupt der Hervey-Familie, die das Gut Ickworth seit dem 15. Jh. besaß, ließ das Schloss ab 1794 bauen. Es wurde 30 Jahre nach seinem Tod 1803 vollendet, ein großer Rundbau mit weit ausladenden Seitenflügeln. Der vierte Graf war ein begeisterter Kunstsammler, dessen Schätze die Räume schmücken. Auch die folgenden Generationen haben die Sammlung bereichert. Werke der besten englischen Porträtmaler des 18. und 19. Jh. – Gainsborough, Hogarth, Lawrence und Reynolds – hängen neben Gemälden von Velazquez, Tizian und anderen europäischen Meistern. Die Möbel sind so angeordnet, wie die Familie sie über Generationen benutzt hat, eher eindrucksvoll als wohnlich. Bis 1999 wohnte ein Hervey im Seitenflügel. Dann starb der drogenabhängige siebte Graf, der zweimal im Gefängnis gesessen und sein Erbe von 30 Mio. Pfund verprasst hatte. Der

Im Fachwerkparadies Lavenham

Ostflügel wurde nach seinem Tod renoviert und dient heute als luxuriöses Familienhotel (Haus: März–Okt. Fr–Di 11–17 Uhr, Garten tgl. 8–17 Uhr, Bus 15 ab Bury St Edmunds).

Infos

Tourist Information Centre: 6 Angel Hill, Tel. 01284 76 46 67, www.visit-burystedmunds. co.uk, April–Okt. Mo–Sa 9.30–17, So 10–15, Okt.–März Mo–Fr 10–16, Sa 10–13 Uhr.

Übernachten

Von Dickens verewigt ▶ Angel Hotel: Angel Hill, Tel. 01284 71 40 00, www.theangel. co.uk. Eine berühmte Herberge – das efeubedeckte Haus wird seit 1452 ununterbrochen als Hotel genutzt, hat einen ehrenhaften Platz in Charles Dickens' Roman »The Pickwick Papers« und besitzt heute alle moderne Annehmlichkeiten. Beste Lage mitten in der Altstadt. DZ ab 145 £.

Altenglischer Stil ▶ The Six Bells Country Inn: The Green, Bardwell, Tel. 01359 25 08 20, www.sixbellsbardwell.co.uk. Zehn Zimmer in einer umgebauten Scheune nahe dem Dorfanger von Bardwell, 15 Min. Autofahrt nordwestl. von Bury St Edmunds. Der Inn bietet auch gute, traditionell britische Küche: Übernachtung inkl. Abendessen 45–60 £ pro Person, Restaurant tgl. 18.30–20.30, 3-Gänge-Menü (17,50 £). DZ 65–90 £.

Essen & Trinken

Fischrestaurant ▶ Maison Bleue: 31 Churchgate St., Tel. 01284 76 06 23, Di–Sa 12–14, 19–21.30 Uhr. Die beste Küche der Gegend, vorwiegend französisch. 3-Gänge-Menü mittags 21 £, abends 32 £.

Gemütlich ▶ Theobald's: 68 High St., Ixworth, Tel. 01359 23 17 07, Di–Sa 19–21, Fr, So 12–13.15 Uhr. 10 km südl. von Bury St Edmunds. Englisch-französische Küche im altenglischen Ambiente, alte Balken, Kaminfeuer. Hauptgerichte 15–19 £.

Brauhaus ▶ Old Cannon Brewery: 86 Cannon St., Tel. 01284 76 87 69, www.oldcannon brewery.co.uk. Gezapft werden 3–4 vor Ort gebraute Biersorten, auch Suffolk-Cider, dazu gibt es ›Kanonenfutter‹: Deftige englische Gerichte wie Fish & Chips, Lamm- und Kanincheneintopf in guter Qualität. Fünf B & B-Zimmer 90 £. Hauptgerichte 10–11 £.

Abends & Nachts

Für schlanke Trinker ▶ **The Nutshell:** The Traverse. Mit 13 m² Kneipenfläche ist der Name (›Die Nussschale‹) Programm.

Alte Spielstätte ▶ **Theatre Royal:** Westgate St., Tel. 01284 76 95 05, www.theatreroyal. org.

Termin

Arts Festival (Mitte Mai): Musik, Schauspiel und mehr, Tel. 01284 75 80 00, www.bury festival.co.uk.

Verkehr

Bus / Bahn: Ab Cambridge; Busse zu den umliegenden Ortschaften.

Lavenham ▶ M 16

Südlich von Bury St Edmunds an der A 1141 liegt das Fachwerkparadies Lavenham. Im 14. Jh. siedelten flämische Tuchmacher hier, und in den beiden folgenden Jahrhunderten wurde das blaue Tuch von Lavenham berühmt. Danach begann der langsame Niedergang der Stadt, da Orte im Westen und Norden des Landes seit dem 17. Jh. über mehr Wasser zum Walken des Tuches verfügten. Die Dampfkraft bedeutete das endgültige Aus für die Industrie von Lavenham. Da die Stadt im Gegensatz zu benachbarten Orten keine alternative Einkommensquelle fand, fehlte das Geld für Neubauten. So findet man heute ein im Wesentlichen mittelalterliches Stadtbild vor. Die 300 unter Denkmalschutz stehenden Häuser zeigen Fachwerkarchitektur von höchster Qualität. Das hervorragende Exemplar ist die Anfang des 16. Jh. erbaute **Guildhall of Corpus Christi** am Marktplatz mit reich verzierten Balken und Streben. Nach Auflösung der Gilden diente das Haus als Gefängnis, Armenhaus, Rathaus und Wolllager und ist jetzt Museum der Tuchindustrie (April–Okt. tgl. 11–17, März und Nov. Mi–So 11–16 Uhr).

Das Haus nebenan, The Old Chapel, zeigt eine restaurierte Ladenfront der Tudor-Zeit. Das Kreuz auf dem Marktplatz steht seit 1502

dort. Eine zweite Guildhall, die der Marien-gilde, ist heute Teil der ältesten Gaststätte im Ort, dem **Swan Hotel,** dessen Fachwerkbau während der Regierungszeit der ersten Königin Elizabeth entstand, und, wie man bei genauer Betrachtung erkennt, zur Zeit der zweiten, noch lebenden Elizabeth erweitert wurde. Die **Church of St Peter and St Paul** steht am Ortsrand auf einem Hügel, wo der hohe Turm besonders gut zur Geltung kommt. Sie wurde 1444–1525 aus Feuerstein und bestem Kalkstein errichtet.

Infos

Tourist Information Centre: Lady St., Tel. 01787 24 82 07, www.visit-suffolk.org.uk, www.lavenham.co.uk.

Übernachten

Außergewöhnlich ▶ **The Swan:** High St., Tel. 01787 24 74 77, www.theswanatlaven ham.co.uk. Wunderschönes, geschmackvoll eingerichtetes Fachwerkhaus. Service zum Verwöhnen. DZ ab 200 £.

Landhauscharme ▶ **Milden Hall:** Milden, Lavenham, Tel. 01787 24 72 35, www.thehall-milden.co.uk. B & B in einem herrlich und ruhig gelegenes Bauernhaus aus dem 16. Jh. Die Dame des Hauses vermittelt gerne ihr umfassendes Wissen über Natur und Ökologie der Gegend. DZ 70–90 £.

Kuschelig ▶ **Guinea House:** 16 Bolton St., Tel. 01787 24 90 46, www.guineahouse.co. uk. B & B in kleinem historischem Haus mit altenglischer Einrichtung. DZ ab 75 £.

Essen & Trinken

Top-Restaurant ▶ **The Great House:** Market Place, Tel. 01787 24 74 31, www.great house.co.uk, Mi–So 12–14.30, Di–Sa 19–21.30. Eines der besten Restaurants in Ostengland, von einem französischen Ehepaar geführt. Auch sehr gemütliche Übernachtung in fünf wunderschönen Zimmern mit alten Deckenbalken (DZ ab 110 £, Fr–Sa 160 £). Hauptgerichte ab 19 £, 3-Gänge-Menü am Abend 32 £.

Komfortabel ▶ **The Angel:** Market Place. Tel. 01787 24 73 88, www.wheelersangel.

com. Historisches Ambiente im Hotel (DZ ab 110 £) mit Restaurant, tgl. 12–14, 18.45–21.15 Uhr, moderne britische Küche, Hauptgerichte ab 14 £; The Angel ist auch ein richtiger Dorfpub.

Verkehr
Bus: Ab Bury St Edmunds oder Colchester.

Long Melford ▸ M 16

Zu den großen *wool churches* gehört auch die **Pfarrkirche** von Long Melford einige Kilometer südwestlich von Lavenham. Besonders schön ist der Blick auf die lange Reihe von Perpendicular-Fenstern und *flushwork*-Dekoration an der Südseite (s. Thema S. 381). Auch diese Pfarrkirche, die zu den schönsten des Landes gezählt wird, finanzierten reiche Tuchhändler im späten 15. Jh. Dazu gehörten Mitglieder der Familie Clopton. In einem der Glasfenster wird der Stifter John Clopton abgebildet, in die Steinplatten des Bodens sind Messinggrabplatten anderer Familienmitglieder eingelassen.

Die Cloptons waren Besitzer von **Kentwell Hall.** Dieser Herrensitz aus der Tudor-Zeit (ca. 1550), ein Backsteinbau mit Wassergraben, den man von der Hauptstraße über eine 300 Jahre alte Lindenallee erreicht, ist in Privatbesitz, wird aber nachmittags im Sommer zur Besichtigung geöffnet (Tel. 01787 31 02 07, wechselnde Öffnungszeiten).

Fast direkt gegenüber liegt ein anderes Tudor-Schloss, **Melford Hall,** das zur gleichen Zeit in ähnlichem Stil gebaut wurde. Die hohen Schornsteine und achteckigen Türmchen waren eine würdige Kulisse, als der Bauherr, Sir William Cordell, Elizabeth I. 1578 in großem Stil empfing. Aus Cordells Zeit stammt die Banquetting Hall, während andere Räume im 18. und 19. Jh. für die späteren Besitzer, die Familie Hyde-Parker, renoviert wurden. Die Hyde-Parkers waren aus Familientradition Marine-Offiziere. Ihre Ahnenbilder hängen im Haus, ihre Denkmäler stehen in der Kirche (Mai–Sept. Mi–So 13–17, April und Okt. Sa/So 13–17 Uhr).

Von dem hübschen Gartenpavillon des Hauses mit seinen Tudor-Giebeln blickt man auf das *village green* und die lange Hauptstraße, wo ein Antiquitätengeschäft neben dem anderen steht.

Infos
Tourist Information Centre: Das nächste Office befindet sich in Sudbury, Town Hall, Market Hill, Tel. 01787 88 13 20, www.visit-suffolk.org.uk, Mo–Fr 9.30–16, Sa 10–15.30 Uhr.

Übernachten
Rustikal ▸ **Bull Hotel:** Hall St., Long Melford, Tel. 01787 37 84 94, www.thebull-hotel.com. Haus aus dem 15. Jh. mit geschnitzten Holzbalken, seit 400 Jahren eine Gaststätte, 25 schön eingerichtete Zimmer. DZ 110–140 £.

Essen & Trinken
Moderne britische Küche ▸ **Scutchers Bistro:** Westgate St., Long Melford, Tel. 01787 31 02 00, Di–Sa 12–14, 19–21.30 Uhr. Gegenüber Schloss Melford Hall. Hauptgerichte a la carte 15–24 £, gute, aber teure Weinkarte.

Einkaufen
Antiquitäten ▸ Long Melford ist das regionale Zentrum des Antiquitätenhandels.

Termin
Tudor Days (Juni–Juli): Kentwell Hall lässt alte Zeiten wieder aufleben – Musik, Tanz, Schauspiel u. a. in Kostümen, www.kentwell.co.uk.

Verkehr
Bus: Stdl. ab Bury St Edmunds; ab Norwich und Cambridge in Sudbury umsteigen.

Das Stour-Tal ▸ M 16

Reizvoll wegen seiner Landschaft und der alten Bauten der Dörfer ist das Tal des Stour. Die Gegend, vor allem die Orte Dedham und East Bergholt, ist mit dem Maler John Constable verbunden (s. Thema S. 388).

Die Church of St James in **Nayland** erhielt viele Stiftungen der Tuchhändler, darunter den schönen Eingang von 1525 am Turm. Den Innenraum bereicherten sie mit *brasses* (Messinggrabplatten) und Holztäfelung. Das Altarbild malte John Constable 1809. Das Stilgemisch verrät es: An Alston Court, einem Wohnhaus im Zentrum des Dorfes, wurde vom 15. bis zum 18. Jh. gebaut. Unter den vielen Fachwerkbauten sind die beiden Gaststätten Butchers' Arms und Queen's Head bemerkenswert, letztere mit einem Hof aus der Zeit des Postkutschenbetriebs.

Etwa eine Meile weiter auf dem Hügel liegt **Stoke-by-Nayland.** Die Kirche im Perpendicular-Stil besitzt einen hohen Turm und schöne Messinggrabplatten. Nicht weniger sehenswert ist das Fachwerk der Guildhall und der Mälzerei *(Maltings)* vor der Kirche.

In **Dedham** zeigen die Häuser der breiten Hauptstraße den Wohlstand der Gegend zur Blütezeit der Tuchindustrie. Man leistete sich eine herrliche Pfarrkirche (16. Jh.) mit einem hohen, stattlichen Turm. Das Sun Hotel, ein Fachwerkbau, stammt aus dem 16. Jh., das

Marlborough Head Inn aus der Zeit um 1500. Die Old Grammar School wurde 1732 gebaut. Das lohnende Ziel einer kurzen Wanderung flussabwärts nach **Flatford** ist Bridge Cottage mit einer Ausstellung über den Maler Constable (Mai–Sept. tgl. 10.30–17.30, April, Okt. tgl. 11–17, März, Nov./Dez. Mi–So 11–15.30, Jan./Feb. Sa/So 11–15.30 Uhr).

Das benachbarte Dorf **East Bergholt** wird vor allem wegen der im Perpendicular-Stil errichteten Kirche besucht. Zum Bau eines Turmes reichte das Geld nicht, laut Überlieferung hätte Kardinal Wolsey bezahlt, aber Henry VIII. ließ ihn enthaupten. Da in keiner englischen Pfarrkirche die Glocken fehlen dürfen, baute man 1531 als Turmersatz eine überdachte Holzkonstruktion im Kirchhof.

Übernachten

Mitten im Grünen ▶ **Gladwins Farm:** Harper's Hill, Nayland, Tel. 01206 26 22 61, www. gladwinsfarm.co.uk. Bequemes B & B im Fachwerkhaus, ruhig gelegen, auch Ferienwohnungen. Schwimmbad und Tennisplatz. B & B DZ 70 £.

Die Pfarrkirche von Long Melford

Ostengland und seine Maler

In Ostengland wandelt man auf den Spuren zweier berühmter Maler, John Constable und Thomas Gainsborough. Aber es lohnt sich, auch die weniger bekannten Aquarellmaler der Norwich-Schule zu entdecken.

Das Tal des Flusses Stour ist auch als ›Constable Country‹ bekannt. Die Inspiration, die Constable in der Landschaft des Stour-Tals fand, kann man heute noch vor Ort nachempfinden. **John Constable** (1776–1837) war der Sohn eines wohlhabenden Müllers, Besitzer der Wassermühle Flatford Mill am Stour. Er fand seine schöpferische Kraft in der Natur, die er genau beobachtete, insbesondere in der Landschaft seiner Jugend um die Orte East Bergholt und Dedham. Flatford Mill mit der alten Schleuse malte Constable mehrmals. Er stellte die kleine Bootswerft seines Vaters und die Treidelpferde auf dem Leinpfad dar. Sein berühmtestes Bild, ›The Haywain‹, zeigt einen Heuwagen vor dem Cottage seines Freundes Willy Lott. Das Cottage, ein Bau des frühen 17. Jh., steht noch gegenüber der Mühle. Um einen echten Constable zu betrachten, muss man zum städtischen Museum von Ipswich, Christchurch Mansion, oder zur National Gallery nach London fahren.

Flussabwärts von Dedham und Flatford liegt die Stadt Sudbury. Dieses einst blühende Zentrum der Wollindustrie am Stour besitzt eine Gedenkstätte für einen der größten englischen Maler: **Thomas Gainsborough.** Seine Statue blickt auf den Marktplatz herunter, von dem aus man das Geburtshaus, Gainsborough Street Nr. 43, in zwei Minuten zu Fuß erreicht. 1727 kam Gainsborough hier als eines von neun Geschwistern zur Welt. Sein Talent zeigte sich früh, und Vater Gainsborough schickte den 13-Jährigen nach London in das Atelier eines französischen Meisters. Mit 18 besaß Gainsborough sein eigenes Atelier in London, drei Jahre später kehrte er jedoch mit seiner Braut nach Sudbury zurück. Er liebte die Landschaft von Suffolk und malte sie oft, doch um gesellschaftlichen Erfolg zu erreichen, musste er einen anderen Weg einschlagen. Er wurde zum Porträtisten der High Society des 18. Jh. Das Gainsborough House in Sudbury zeigt einige seiner Werke in einer intimen Umgebung. Zu

sehen sind Porträts, Skizzen und Radierungen, auch einige persönliche Gegenstände wie sein Stockdegen (Mo–Sa 10–17 Uhr). Weitere Gemälde von Thomas Gainsborough befinden sich im Christchurch Mansion in Ipswich (Di–So 10–17 Uhr).

Die Kunst des in Norwich geborenen **John Sell Cotman** (1782–1842) ist eng mit Norfolk verbunden. Er gilt als wichtigster Vertreter der **Norwich School**. In leuchtenden Farben geben seine Aquarelle Szenen an den Flüssen und der Küste von Ostengland wieder.

Cotmans Bilder strahlen eine Ruhe aus, die man auch bei der Betrachtung der Werke seiner Söhne Miles und John Joseph empfindet und z. B. der Bilder, die drei Generationen der **Stannard-Familie** schufen. Förderer ermutigten diese Maler, die Landschaft und Denkmäler von Norfolk festzuhalten. Sie malten ohne Affektiertheit und Sentimentalität. Obwohl manche der Aquarellfarben mit der Zeit etwas verblasst sind, zeigen sie noch den Reiz Ostenglands: die Dörfer, Mühlen und Flüsse der Norfolk Broads, die Fischerboote und den weiten Himmel an der Küste bei Yarmouth und Cromer, die Szenen des alltäglichen Lebens in Norwich vor 150 Jahren (s. Castle Museum Norwich, S. 370).

John Constable verewigte seine Heimat u. a. in dem berühmten Bild ›Der Heuwagen‹

Suffolk

Oase der Ruhe ▶ **Hill House:** Gravel Hill, Nayland, Tel. 01206 26 27 82, www.heigham hillhouse.co.uk. Denkmalgeschütztes Haus aus dem 16. Jh. mit einem schönen Garten, am Dorfrand gelegen. DZ ab 74 £.

Essen & Trinken

Charaktervoll ▶ **Angel Inn:** Stoke-by-Nayland, Tel. 01206 26 32 45, Küche Mo–Fr 12–14.45, 18–21.45, Sa/So 12–21 Uhr. Dorfkneipe mit ungewöhnlich guter Küche im Pub-Teil und Restaurant. Im Sommer genießt man hervorragende Ales auf der Gartenterrasse. Hauptgerichte wie Steak oder Fish & Chips 10–12 £.

Gastro-Pub mit Zimmern ▶ **The Crown Inn:** Park St., Stoke-by-Nayland, Tel. 01206 26 20 01, www.crowninn.net, tgl. 12–14.30, 18–21.30 Uhr. Moderne britische Küche auf hohem Niveau, elf elegant eingerichtete Zimmer (ab 120 £). Hauptgerichte 12–18 £.

Verkehr

Bus: Verbindungen bestehen ab Ipswich oder Colchester zu den Orten im Stour-Tal.

Die Küste von Suffolk

▶ **M/N 16**

Die Küste von Suffolk bietet vielfältige Landschaftsformen: Heide und Wald, Flussmündungen und Salzwiesen, eine bemerkenswerte, menschenleere Nehrung, Dünen und Sandstrände, einen weiten Himmel. Familien mit Kindern, Vogelfreunde, Wanderer und alle, die Geschichte, Malerei und Musik lieben, kommen hier gleichermaßen auf ihre Kosten.

Die Hafenstadt **Ipswich** besitzt ein schönes Viertel am Wasser und eine sehenswerte, kompakte Altstadt. Die Hauptsehenswürdigkeit ist die im Park gelegene Christchurch

Tipp: Dörfer in Suffolk

Jeder, der durch England fährt, wird vom Charme der vielen unbekannten Orte eingefangen werden. Das englische Dorf hat viele Gesichter: Es erstreckt sich entlang einer Hauptstraße oder gruppiert sich um einen Anger, den *village green.* Es sieht in jeder Region anders aus, da die vorhandenen Baumaterialien von Gegend zu Gegend unterschiedlich sind. Kalkstein, Sandstein, Granit, Schiefer, Backstein, Fachwerk, Stroh- und Reetdächer spiegeln Geologie und Natur der umliegenden Landschaft wider.

Um tiefere Eindrücke vom Land zu gewinnen, lohnt es sich, von der Autobahn abzufahren, auf einer kleinen Straße die Landschaft zu genießen und in einem Pub oder einer Kirche oder auf einem kurzen Spaziergang die Atmosphäre eines alten Dorfes einzuatmen. Nicht selten sind die besten Gaststätten einer Gegend die Dorfkneipen mit guter Küche.

In der Gegend südlich von Bury St Edmunds und westlich der Hafenstadt Ipswich gibt es viele malerische Dörfer. Westlich von Long Melford führt die A 1092 nach Cavendish am Fluss Stour. In **Cavendish** gruppieren sich Fachwerkhäuser und bunt getünchte Cottages um den Turm der Kirche St Mary. In **Clare** sind die Reste einer eisenzeitlichen Festung und einer mittelalterlichen Burg zu sehen, denn der Ort liegt an einer strategisch wichtigen Nord-Süd-Route. Die große Kirche St Peter and St Paul zeugt vom Reichtum zur Glanzzeit des Tuchhandels.

Abseits der A 1141 östlich von Lavenham in Richtung Hadleigh trifft man auf **Kersey.** Dieses malerische Dorf ist bekannt als ›beauty spot‹ – als ›schöner Flecken‹. Die Hauptstraße führt steil von der Kirche herunter zur Furt, wo gut genährte Gänse auf Häppchen warten und sich vom Autoverkehr wenig stören lassen. Die Straße steigt von der Furt wieder den Hügel hinauf, und wird zu beiden Seiten von Fachwerkhäusern mit krummen Dächern gesäumt.

Mansion mit einer gemischten Sammlung moderner und alter Kunst, darunter Werke von Constable und Gainsborough, sowie Kunsthandwerk (Di–So 10–17 Uhr).

Von der nördlich führenden A 12 zweigt bei Woodbridge die A 1152 zur Ausgrabungsstätte **Sutton Hoo,** wo die Schiffbestattung eines angelsächsischen Königs des 7. Jh. Aufsehen erregende Schätze preisgab (Grabfunde im British Museum in London, vor Ort ein gelungenes neues Visitor Centre, April –Okt. tgl. 10.30–17 Uhr, sonst Sa/So 11–16 Uhr). Die B 1084 führt weiter nach **Orford.** Hier bietet die längste europäische Steinnehrung ein streng gehütetes Naturschutzgebiet für seltene Pflanzen und Vögel wie die Zwergseeschwalbe. Die einzige Zufahrt ist die Fähre am Kai von Orford (www.national trust.org.uk/orfordness, April–Juni und Okt. Sa 10–14, Juli–Sept Di–Sa 10–14 Uhr, markierte Pfade zum Selberentdecken mit Infobroschüre).

Der Badeort **Aldeburgh** ist berühmt für einen besonders guten, für das Strandpicknick ideal an der High Street gelegenen Fish & Chip Shop und für das hoch angesehene Aldeburgh Festival, das 1948 der hier lebende Komponist Benjamin Britten ins Leben rief. Die Küstenorte, z. B. **Thorpeness** direkt nördlich von Aldeburgh, besitzen einen altmodischen Charme. **Minsmere** weiter nördlich ist eines der bedeutendsten und am besten erschlossenen Reservate des Vogelschutzvereins RSPB. Hier leben unter vielen anderen Arten die Rohrdommel, Rohrweihe und Bartmeise (tgl. bis Einbruch der Dunkelheit, Visitor Centre 9–17 Uhr, www.rspb.org.uk).

Das Dorf **Dunwich** wird eines Tages nicht mehr existieren. Im 13. Jh. hatte hier die sechstgrößte Stadt Englands acht Kirchen, fünf Klöster und einen blühenden Seehandel. 1286 leiteten verheerende Stürme einen langen Prozess der Küstenerosion ein. Nach und nach fiel alles ins Meer, bis heute nur die Ruinen eines Franziskanerklosters, 120 Einwohner und eine schöne Kneipe, The Ship Inn aus dem 17 Jh., geblieben sind. Das Dorfmuseum erzählt die bewegende Geschichte (April –Sept. tgl. 11.30–16.30, Okt. 12–16 Uhr,

www.dunwichmuseum.org.uk), die Flora Tea Rooms tischen tolle Fischgerichte auf. Die Heidelandschaft **Dunwich Heath** ist ein ruhiges, schönes Naturschutzgebiet.

Southwold ist ein klassisches »seaside resort«, ein Badeort im alten Stil mit Pier, einem familientauglichen Sand- und Steinstrand und einem angenehmen Ortsbild. Fast noch reizvoller ist das direkt südlich gelegene Dorf **Walberswick,** das man mit dem Ruderboot erreicht.

Infos

Tourist Information Centre: St Stephens Church, St Stephens Lane, Ipswich, Tel. 014 73 25 80 70, www.visit-suffolk.org.uk.

Übernachten, Essen

Am Marktplatz ▸ **The Swan:** Southwold, Tel. 01502 72 21 86, http://hotels.adnams. co.uk/the-swan, DZ ab 150 £. 42 bequeme Zimmer; Suffolk-Lamm und Fisch im Restaurant 14–20 £, in der Bar einfachere Pub-Küche und ausgezeichete Adnam's ale.

Nahe der Nehrung ▸ **Crown and Castle:** Orford, Tel. 01394 45 02 05, www.crownand castle.co.uk, DZ ab 130 £, Fr/Sa ab 200 £ mit Halbpension. Gut geführtes historisches Haus mit 18 Zimmern und einem exzellenten Restaurant.

Fünf Minuten vom Meer ▸ **The Anchor:** Walberswick, Tel. 01502 72 21 12, www.an choratwalberswick.com, DZ ab 110 £. Acht Zimmer, auch mit Kinderbetten. Die Küche im Restaurant ist rustikal mit Niveau (Hauptgerichte 13–15 £).

Aktiv

Wandern ▸ Auf dem Suffolk Coast Path, z. B. 26 km von Aldeburgh nach Southwold für Ambitionierte oder 10 km hin und zurück von Walberswick nach Dunwich.

Termin

Aldeburgh Festival (Mitte Juni): in Snape, 8 km westlich, www.aldeburgh.co.uk. Vor allem die Musik von B. Britten und seiner Zeit, auch neue und ältere Werke und einzelne Veranstaltungen ganzjährig.

Abendstimmung in den Cotswold Hills

Register

Der Haupteintrag ist **fett** hervorgehoben

Register

Der Haupteintrag ist **fett** hervorgehoben

Register

Der Haupteintrag ist **fett** hervorgehoben

Das Klima im Blick

Reisen verbindet Menschen und Kulturen. Wer reist, erzeugt auch CO_2. Der Flugverkehr trägt mit bis zu 10 % zur globalen Erwärmung bei. Wer das Klima schützen will, sollte sich – wenn möglich – für eine schonendere Reiseform entscheiden. Oder die Projekte von *atmosfair* unterstützen: Flugpassagiere spenden einen kilometerabhängigen Beitrag für die von ihnen verursachten Emissionen und finanzieren damit Projekte zur Verringerung des CO_2-Ausstoßes in Entwicklungsländern *(www.atmosfair.de)*. Auch der DuMont Reiseverlag fliegt mit *atmosfair*!

nachdenken • klimabewusst reisen

atmosfair

Abbildungsnachweis/Impressum

Abbildungsnachweis

Bilderberg/Avenue Images, Hamburg: S. 3 M., 96 li., 124, 302 li., 317 (Grames); S. 194 (Popperfoto); S. 372, 392/393 (Zielske)

DuMont Bildarchiv, Ostfildern/Lyons: S. 1 li., 7 u., 25, 36, 44, 51, 56/57, 64/65, 77, 158/159, 164/165, 181, 184/185, 210 re., 218, 240, 254/255, 266, 269, 294, 299, 300, 302 re., 315, 327, 328, 356

Rainer Hackenberg, Köln: S. 5 o., 35, 263

Bildagentur Huber, Garmisch-Partenkirchen: S. 360 (Dutton); S. 344 li., 376/377 (Mackie); S. 4 o., 187, 200/201, 351 (Ripani)

f1 online, Frankfurt: S. 214/215 (Acfotodesign); S. 339 (Krusebecker); S. 7 M., 152 li., 176/177 (Prisma)

laif, Köln: S. 1 re., 81, 92/93, 94, 103, 116/117, 130, 312, 387, Umschlagrückseite (Zielske)

LOOK-Foto, München: Titelbild (H. & D. Zielske)

Petra Juling, Lissendorf: S. 2 o., 16

David Lyons, Ambleside: Umschlagklappe vorne, S. 4 M., 5 M., 6 u., 8/9, 248 li., 226/227, 286, 322

Mauritius Images, Mittenwald: S. 10/11 (ACE); S. 1 M., 22, 246, 281, Umschlagrückseite (Age fotostock); S. 96 re., 108/109, 290 (Kord); S. 112, 132/133, 136, 234, (Nägele); S. 3 o., 104/105 (Photononstop); S. 344 re., 384 (Vidler); S. 232/233 (World Pictures)

Kai Ulrich Müller, Neukirchen: S. 5 u., 7 o., 15, 86, 146, 153 li., 206, 208, 304, 353/353

Picture-Alliance, akg/Archie Miles: S. 140/141; picture-alliance/dpa, akg-images: S. 388/389; picture-alliance/dpa, Beatty, David: S. 150; picture-alliance/dpa, KPA/HIP: S. 210 li., 223

Ingolf Pompe, Stuttgart: S. 2 u., 3 u., 6 o., 41, 73, 149, 152 re., 168, 229, 243, 248 re., 272/273, 276/277, 336, 342

Kartografie

DuMont Reisekartografie, Fürstenfeldbruck
© DuMont Reiseverlag, Ostfildern

Umschlagfotos

Titelbild: Fountains Abbey in Yorkshire; Umschlagklappe vorne: Cumbria/Esthwaite

Über den Autor: John Sykes, 1956 in Southport an der Nordwestküste Englands geboren, studierte Geschichte in Oxford und Betriebswirtschaft in Manchester. Seit 1979 lebt und arbeitet er in Deutschland. John Sykes ist Autor von mehreren Reiseführern über Großbritannien.

Für Birgit

Lektorat: Susanne Pütz

Hinweis: Autor und Verlag haben alle Informationen mit größtmöglicher Sorgfalt geprüft. Gleichwohl sind Fehler nicht vollständig auszuschließen. Alle Angaben erfolgen ohne Gewähr. Bitte schreiben Sie uns! Über Ihre Rückmeldung zum Buch und über Verbesserungsvorschläge freuen sich Autor und Verlag:
DuMont Reiseverlag, Postfach 3151, 73751 Ostfildern, E-Mail: info@dumontreise.de

2., aktualisierte Auflage 2012
© DuMont Reiseverlag, Ostfildern
Alle Rechte vorbehalten
Grafisches Konzept: Groschwitz, Hamburg
Printed in Germany